西方各國佛教略史

淨海法師等——編著

序

很多年以前，我就想編寫這本書，但總是無法決定下筆，因為搜集到的西方各國佛教的資料不夠充足，甚至有些國家完全缺乏。所幸近些年來，網路資訊非常發達，有很多中、英文等各國佛教情形的報導，這些資料除了有些專文論著，大多是些零碎雜亂的資訊，如果懂得利用，知道選取抉擇，也有很多珍貴的資料。現在這本《西方各國佛教略史》的初稿，能夠很快地編寫好，就是從已搜集的史書和網路的資訊來完成的。

先說，我為什麼要編寫這本書呢？有以下三個原因：

第一，就是最早萌發編寫的起因，記得在四、五十年前，那是一九六〇年代初，我赴泰國讀書，學習泰文、巴利文，功課很忙。那時我與聖嚴法師常互相通信，討論一些有關中國佛教的事情。詳情我已記不清了，可能是由於聖師的提議，我們要合作編寫一部約百萬字的《世界佛教通史》，當時我就欣然地同意了。我們的計畫，上冊包括印度、西藏、日本部分，下冊包括西域、中國、韓國等部分，由聖師負責；中冊包括斯里蘭卡、緬甸、泰國、柬埔寨、寮國的南傳佛教及西方各國佛教部分，由我擔任❶。其實當時我清楚地知道，中冊雖只占三冊中三分之一，卻是最難編寫的。因為就南傳佛教而論，除了斯里蘭卡佛教歷史較完備外，其他緬甸、泰國等本身都沒有較完整的佛教史；至於近代東方佛教傳入西方各國的情形，中文資料和信息更是完全缺乏，幾乎近於沒有；再加以我一向不善於文辭章句，很多種有關外語也不能通達，障礙重重，就像去做無米之炊，是很難達成的事。但心中又覺得總要有人去做，因此抱有「知難而進」和「逆流而上」的勇氣，先試試看，盡力去做，能做多少就做多少吧。

第二，聖嚴法師平時文思敏捷，下筆有如行雲流水，參考中文和日文資料，至一九六九年夏，他已經把《世界佛教通史》上冊編寫完成了，計約三十五萬字。那時我們同在日本東京立正大學讀書，在我暑假回國時，聖師將文稿託我順便帶到臺灣，交由臺北世界書局出版。而我擔任的南傳佛教及西方佛教部分，因我課業繁忙，資料缺少，經過十多年，只是斷斷續續地編寫完成了南傳佛教的部分，先在國內外一些佛教雜誌上發表，後來集成《南傳佛教史》，一九七四年由臺北慧日講堂正聞出版社發行。但有關西方佛教部分，我在泰國讀書時，最先僅編寫了〈英國佛教史〉和〈德國佛教史〉初稿，也在佛教雜誌上登出，後來被張曼濤居士收集在他主編的《現代佛教學術叢刊》第八十四冊裡。其他西方各國的佛教，由於資料缺乏，就沒有再繼續編寫下去，一直擱置下來很久。

第三，時光過去四十多年了，自二〇一二年起，當我進行修改和增刪〈英國佛教史〉和〈德國佛教史〉時，同時又試著編寫〈美國佛教略史〉，在翻查參考書資料及網路資訊時，卻有些意外收獲，很快地就寫成了一篇三、四萬字的文章。接著又編寫了〈法國佛教略史〉、〈義大利佛教略史〉、〈俄羅斯佛教略史〉等。北美洲除了美國外，還有〈加拿大佛教略史〉、〈墨西哥佛教略史〉等。南美洲有〈巴西佛教略史〉、〈阿根廷佛教略史〉等。另外，大洋洲的〈澳大利亞佛教略史〉、〈紐西蘭佛教略史〉，是現代佛教發展最快速的國家。再者非洲有些國家，也有佛教的傳入。全文共包括五十多個國家。依佛教傳播的情形，資料的多寡，字數略多的國家，就獨立為一個章節，而字數少的國家，依地區各國合為一個章節，而逐次編著完成。最後集成初稿的框架，共約十六萬餘字。我很高興，有了這個初稿的框架，猶如繪畫有了輪廓，然後著上各種顏色；又如建築房屋有了結構設計圖，然後依圖施工興建。當然，這個初稿的框架，還要經過多次或無數次地增刪和修改，充實內容，然後才能成為定稿。

之後，當我整理和修改我的初稿框架時，常使我想起這本書，主要是依靠中文資料和中文網路資訊編寫完成，不能廣泛引用外文資料，尤其是英文方面有很多更好的資料，不去參考引用，是個極大的缺憾。說起我的英文，因為基礎本來就不好，聽、看、說、寫，都發生困難，特別是發音無法正確和改正，加以弘法事務繁忙，我自六十歲起，就不再學習和溫習英文了（其他的外文也不學不溫習了）。荒廢了二十多年後，不進則退，當我再去翻開英文歷史書本時，很多地方都看不懂了。因此，我決定設法聯絡邀請我們德州佛教會裡多位優秀的會友梁文魁、楊士慕、黃素惠、陳湘蕙（他們都住在外州）、王欣欣、宋淑玲居士等，他們都曾留學美國，有很好的中文和英文根基，請求他們參考英文等方面的資料，共同參與本書的編著，補充本書的不足和糾正錯誤，增強內容，幸都能得到他們慷慨地應允，願意共同分工編著這本書，結合各人的智慧，希望我們能做得更好，這是我最感欣慰的事。

二〇一六年四月，有馬來西亞青年華僧明惟法師，來美國弘法和訪問，在我們德州佛教會暫住約一個月，得知他曾在臺灣福嚴佛學院修學五年，後又至斯里蘭卡培拉德尼亞大學（University of Peradeniya）攻讀，獲得博士學位。現任泰國國際佛教學院的網路「大乘佛教典籍」教學，及獨立翻譯員。他在受到我們的邀請後，亦慨然願意參加本書的編著，負責從網路上搜集英文資料做對照查證，並對全書再做校訂，達到資料的正確性和統一性，在此特致以深切的感激。

因此，我們就這樣共同計畫合作分工編著的這本《西方各國佛教略史》，全書主要分工為：

淨海法師：編著全書的初稿、增訂非洲各國的佛教、西方佛教大事記、參考文獻、中文主要名詞索引、外文主要名詞中譯對照表。

明惟法師：負責全書英文資料對照校正及網路資料查證。

王欣欣居士：依據英文資料增訂英國、法國、墨西哥、澳大利亞、紐西蘭佛教略史，中美洲各國的佛教，及全書統一整理。

楊士慕居士：依據英文資料增訂德國佛教略史。

梁文魁居士：依據英文資料增訂歐洲其他各國佛教略史。

陳湘蕙居士：依據英文資料增訂美國佛教略史。

宋淑玲居士：依據英文資料增訂加拿大佛教略史，及南美洲各國的佛教。

黃素惠居士：負責全書文字加以修改潤色。

世界上五大洲，即亞洲（Asia）、歐洲（Europe）、美洲（America，地理學上又分為北美洲、中美洲、南美洲）、非洲（Africa）和大洋洲（Oceania）。五大洲中最大的是亞洲，第二大的是美洲，第三大的是非洲，第四大的是歐洲，最小的是大洋洲。如奧運的五環分別代表五大洲。

佛教發源於亞洲，在不同的國家和地區，流行最久的已達二千五百年之久。此書內容，依據亞洲佛教不同的宗派源流，它們在最近兩個多世紀之內，佛教由亞洲傳播到西方各國，也就是除了亞洲之外，涵括了歐洲、美洲、大洋洲、非洲。一般而言，所謂西方，指的是幾個歐洲人文萃薈的強國，如英國、德國、法國，以及北美洲的美國等。然依照我們現代佛教歷史的發展，及佛教文化的認知來說，並不受到地域性的限制，而將佛教新傳到的各國，以及尚在播種和萌芽的地區，都歸納包涵在西方範圍內。當然，佛教在西方各國的發展和傳播的影響力，主要還是在歐美等各重要國家。

再說，我編著的《南傳佛教史》❷和我們這本《西方各國佛教略史》，其內容正好相當於《世界佛教通史》的中冊。不過遺憾的一件事，聖嚴法師已在二〇〇九年二月圓寂了，當初我們要合作編寫《世界佛教通史》的意願，下冊已經無法實現了。然而下冊的主要內容，正如前述，主要是西域（西域實為中國佛教史的一部分）、中國、韓國等部分。所幸的，過去和現在已有多位中、日等學者，編寫這部分的佛教史比我們做得更多更好了。

在最近四、五年裡，我們從網路資訊報導得知，中國大陸已經出版了兩部佛教史巨著：第一部巨著是《中國佛教通史》，共四輯十五冊，全書達六百五十萬字，由中國南京大學中華文化研究院著名學者賴永海教授主編，集合國內十多個高校和研究所的專家學者共計二十二人，共同編著完成，二〇一一年出版。第二部巨著是《世界佛教通史》，由中國社會科學院學部委員魏道儒主編，國內外二十多位學者參與撰寫的，分十四卷十五冊，共八百萬字，二〇一五年十二月由中國社會科學出版社發行。其中第一卷和第二卷是「印度佛教」，第三卷至第六卷是「中國漢傳佛教」，第七卷是「中國藏傳佛教」（分上、下冊），第八卷是「中國南傳佛教」，第九卷是「日本佛教」，第十卷是「韓國佛教」，第十一卷是「越南佛教」，第十二卷是「斯里蘭卡與東南亞佛教」，第十三卷是「亞洲之外佛教」（包括歐洲、北美洲、南美洲、大洋洲、非洲等各國佛教），第十四卷是「世界佛教大事年表」。這兩部巨著的完成，為中國佛教文化做出了很大的貢獻。

其次，我還要說的兩件事：其一、二○一○年，我八十歲時幾乎完全退休，警覺我的人生時間已經不太多了，就決定規畫修改我的舊作，重新做一次整理，有些還要加以增訂或補寫，每本書才能算是完成，大約分為六、七本。其中有三本是有關佛教史方面的[3]，這需要搜集大量的參考資料，包括書刊文獻和網路資訊等。因我住在美國南部德州休士頓，很少有藏書豐富的中文圖書館，所以我要設法能夠買到的參考書，就盡量自己購置，用起來最為方便，購置不到的，就邀請別人幫忙協助尋找。在這方面，我要特別感謝北京中國佛學院中國佛教圖書文物館工作的華梵法師，及另一位溫潔（Wen ji）居士；臺灣新竹福嚴佛學院院長厚觀法師、嘉義香光寺圖書館館長自衍法師；香港的王偉頤、劉錦華居士等，他們一直在幫助我尋找資料，從圖書館館藏的書刊上影印，或攝成文字圖片，或將備份存書寄贈給我參考。

其二、編寫佛教史要購置不少參考書，就涉及到經費方面，尤其以中文為主的參考書，甚至我要親身多次回國在大陸和臺、港等地，在各大書店、舊書市場、古籍書坊，搜購歷史文獻資料。在這方面，我要特別感謝印尼的慧雄法師，我們佛教會裡多位會友，計有融通法師、修道法師、慧明法師、王錦瑛和高麗月居士夫婦、Patrick Okell 和石樸慧居士夫婦、陳政雄和李靜珠居士夫婦、梁茂承和林如如居士夫婦、林仁傑和劉新金居士夫婦、陳詩章和陳素貞居士夫婦、李秀麥居士、張汝南和陸燕玲居士夫婦（居臺灣）、翁錫肇和黃銳銑居士夫婦、陳龍耀和袁有惠居士夫婦、江叔芳居士、楊妙雲居士、林靜秋居士、邱慈賢居士、蔡三平和楊淑娥居士夫婦、何汝材和林玉冰居士夫婦、吳槼和陸燕琪居士夫婦、沈文昌和吳秀鑾居士夫婦（居臺灣）、吳麗茜居士、陳素圓居士等，他們一直都在供養支持我。而他們絕大多數的款項是供養我個人的，我把它轉為購書、著書和贈書的費用，他們都成為功德的贊助者。所以，每當法鼓文化出版一本書後，我要購買二、三百本，寄贈給我國內外的師友、信眾、佛教學者、佛教文化和教育機構，以及需要的索求者。以上總結起來，實是一筆不少的費用。如再有不足的，就從我個人設置的「佛教報恩基金會」墊出，這也是我願意做的事。

在二〇一一年四月，我安排了回臺灣一趟，試想找一家佛教出版社，出版我正在計畫新編訂的六、七本書。首先想到的是與法鼓文化接洽，因為他們出版的佛教書籍，特別是有關佛教法義思想、學術文化研究方面的論作，選材嚴格，校對精確，設計新穎，具有很高的水準，出版後行銷臺灣及港、澳各大著名書店。於是，我先與法鼓山聯絡拜訪果東方丈和尚會談，然後由果東方丈和尚再介紹與法鼓文化編輯總監果賢法師詳細商洽，約定了四月二十六日下午採訪我。他們敬重我是聖嚴法師的同學和老友，採訪近三小時，非常坦誠，輕鬆而愉快，他們歡迎我的書在法鼓文化出版，尤其是我新增訂的《南傳佛教史》和正在編著的《西方各國佛教略史》二書，這是聖嚴法師在世和我共同想要完成的願望。果賢法師非常歡迎我的書，能在他主持的法鼓文化出版，感到滿心地歡喜。因為，這也是當前臺灣佛教界較少人注意研究的課題。

時光流逝得飛快，由上世紀六十年代開始編寫《南佛佛教史》，到二十一世紀十多年代完成《西方各國佛教略史》，已經穿越半世紀以上的時間，終於實現了這個心中常存在的願望。不過我們既不是佛教史專家學者，也不是研究佛教歷史專業人士，這本書終於在我們共同的努力之下完成了。在進行分工合作中，大致經過五個階段：即先完成初稿的框架，兩次分工做各國佛教略史的增編和修改，最後兩次做全書統一的整理。每個階段也都經過無數的增刪和修改。我們這樣慎重地做了以後，雖然還是覺得不很滿意，但已比最初的預期好得多了。這本書的文稿，即將要交給法鼓文化出版，我（我們）自知能力有限，內容是不夠充實完備的，祈望高明者多指教！

淨海　二〇一六年十二月三十一日於休士頓玉佛寺

目錄

第六篇　非洲

第一章　非洲各國的佛教　634

附錄

第一篇

歐洲

第一章　英國佛教略史

英國佛教的研究，與十八世紀它在東方的殖民統治有不可分的關係。英人為了統治殖民地，開始研究東方的語言文化、生活風俗及宗教思想。通過殖民官員、傳教士以及前往東方修學佛法的先驅，讓英國人有機會認識佛教。

一七八三年，畢業於牛津大學的語言學家、古印度學家和法學家威廉·瓊斯（William Jones，一七四六—一七九四）被派往孟加拉擔任最高法院法官。一七八四年，他在加爾各答創立「孟加拉亞洲學會」（Asiatic Society of Bengal），並出版《亞洲研究》會刊（*Asiatic Researches*）。瓊斯對梵語有特別的研究，一七八六年，他在亞洲學會的演講上指出，梵語與波斯語、拉丁語和希臘語四種古老的語言之間有相似之處，提出「原始印歐語」（Proto-Indo-European）的主張而聞名。第一期《亞洲研究》的發行，非常成功，七百份寄到英國，其餘寄到美國，瓊斯聲名遠播。

一七八四年，瓊斯曾至菩提伽耶訪問，雖然菩提伽耶是佛陀成正覺處，佛教誕生之地，有各地印度人前往朝聖，非常有名；但當地早期還未開發，沒有佛教的碑刻、寺院和佛教徒。而且瓊斯對佛教認識不多，觀點不正確，受印度教觀念的影響，將佛陀看著是毘濕奴的化身之一[1]。

之後，同在亞洲學會的英國官員亨利．托馬斯．寇爾布魯克（Henry Thomas Colebrooke，一七六五—一八三七）駐錫印度三十二年期間，專研梵文，寫出《梵文語法》（*Sanskrit Grammar*〔1805〕），並英譯出威廉．瓊斯爵士未完成的《印度法律》（*Hindu Law*）。寇爾布魯克返回英國後，於一八二三年在倫敦創立「英國皇家亞洲學會」（Royal Asiatic Society of Great Britain and Ireland，簡稱 RAS），與大英帝國在東方的亞洲學會關係密切，成立宗旨是「調查和研究與亞洲相關的自然科學、歷史文化及風土人物的課題」，並提供對巴利文和梵文的研究，其成員包括對亞洲研究有極高成就的著名學者。英國皇家亞洲學會自成立後，通過講演、會刊和其他出版作品，成為代表有關亞洲文化及社會，最高水準的學術論壇。

一七九六年，英國取代荷蘭，殖民斯里蘭卡；在一八五〇年代，英國又將印度、巴基斯坦和孟加拉納入自己的旗下；之後更將勢力擴張至東南亞一些國家，而早期殖民的葡萄牙、西班牙、荷蘭都退居次要地位。

第一節　英國學者開始研究佛教

佛教傳入英國，學者們依循對不同文字的佛典文獻的探討，研究方向可分為三支。

一、研究巴利文獻的學者

一八三〇年代，佛教引起了更多英國人的注意。他們認為佛教是東方國家的宗教信仰，出版了關於佛教信仰的書刊，大部分是基督教傳教士編寫的，絕大多數是攻擊佛教，充滿偏見和誤解；但也有少數書刊持同情的態度，對佛教在英國的傳播產生了一定的作用。英國考古學及東方學家詹姆斯・普林塞普（James Princep，一七九九—一八四〇），在印度發掘到用古婆羅米文（Brāhmī）撰寫的碑銘，內有「喜見王」（King Devanampriya Piyadasi）一詞，普林塞普於一八三六至一八三七年間，將此一發現發表在亞洲學會的期刊上。後經駐在錫蘭的英國學者和歷史學家喬治・杜諾爾（George Turnour，一七九九—一八四三）研究證實，婆羅米文的喜見王碑銘就是阿育王碑銘。杜諾爾並將記錄錫蘭歷史的大紀事《大史》（*Mahāvaṃsa*），翻譯成英文，於一八三七年出版。隨著杜諾爾與普林塞普的發現，開啟了解譯阿育王石柱碑銘的先鋒；也確認阿育王派遣其子摩哂陀長老，將巴利語系之佛教傳入錫蘭。

十九世紀中期，除了杜諾爾，另外一位英國派駐錫蘭的公務員羅伯特・凱撒・奇爾德斯（Robert Caesar Childers，一八三八—一八七六）是英國東方學者，也是第四任愛爾蘭總統厄斯金・漢密爾頓・奇爾德斯（Erskine Hamilton Childers）的祖父。奇爾德斯於一八六一年大學畢業後，前往錫蘭擔任公職，閒時研習巴利文及佛典，被佛陀崇高的教義所感動。一八六四年他由於健康欠佳，辭職返回英國。一八六九年，他出版了英國有史以來的第一部巴利文的作品《小誦》（*Khuddakapāṭhapāli*）。一八七二年至一八七五年，他獨力完成兩冊《巴利語字典》（*A Dictionary of the Pali Language*），在倫敦出版[2]；這是最早的一部巴利語英文字典，對西方人研究巴利文提供極大的便利。奇爾德斯也曾在皇家亞洲學會出版的期刊裡發表《大般涅槃經》（*Mahāparinibbānasutta*）。一八七二年，他成為倫敦大學學院（University College, London）第一位巴利文和佛教文獻的教授。

英國傳教士班傑明・克洛夫（Rev. Benjamin Clough，一七九一—一八五三），於一八一三年被派往錫蘭。克洛夫除了傳教外還在加爾（Galle）創辦了亞洲第一所衛斯理學院，後改為里奇蒙特學院（Richmond College）。克洛夫並於一八二四年完成《簡明巴利語文法》（*A Compendious Pali Grammar, with a Copious Vocabulary in the Same Language*），在可倫坡出版；一八三〇年編輯《英語—辛哈利語辭典》（*A Dictionary, English and Singhalese*）出版。另外，克洛夫將巴利文的《佛教僧侶的儀軌》（*Kamawachan*）譯為英文"*The Ritual of the Buddhist Priesthood*"，由皇家亞洲學會出版，讓英國人有機會認識佛教。

一八二五年前往錫蘭的耶穌教會牧師羅伯特．斯賓斯．哈迪（Robert Spence Hardy，一八〇三—一八六八），在一八五三年英譯僧伽羅文的手稿《現代佛教手冊》（*A Manual of Buddhism, In Its Modern Development*），書中介紹了佛教的宇宙觀、生命觀與佛陀的生平及其教法等佛教的理論與實踐。哈迪又在一八六〇年出版了《東方寺院制度》（*Eastern Monachism*）詳述佛教僧侶的修持與生活細節[3]。這兩本介紹佛陀、佛法與僧團的書，引起早期西方學者對佛教的興趣。

一八七九年，英國爵士埃德溫．阿諾德（Sir Edwin Arnold，一八三二—一九〇四）的著作《亞洲之光》（*The Light of Asia*）出版。此書是詩歌體裁的佛陀傳，詞藻典雅優美，生動地描寫了佛陀從出生至成正覺的過程。此書成為英文佛書名著，極受學者和一般人的歡迎，暢銷半世紀，再版八十多次，並被譯成十多種語文出版。由於此書的引導，讓很多歐洲人士認識了佛教，進而信仰佛教甚至出家修行。阿諾德是牛津大學的學士、碩士，一八五六年前往印度擔任浦那（Poona）英國政府梵語學院院長，因而有機會研究東方宗教與文化。他對印度學、梵文及佛教文獻的努力，曾被維多利亞女王賜與爵士勳章，並受到印度政府和泰王的加冕。雖然他沒有公開說明是佛教徒，但他做到自動放棄射殺動物及鳥類，顯示他遵守佛教的道德。除《亞洲之光》外，他還著有《薄伽梵歌》（*The Song Celestial or the Bhagavad-Gita*）、《死亡的祕密》（*The Secret of Death*）、《印度田園詩》（*Indian Idylls*）等[4]。一八八五年，阿諾德曾經造訪印度菩提伽耶，並撰寫了多篇報導，引起世人對菩提伽耶的注意。一八九一年，阿諾德與錫蘭佛教徒達摩波羅（Anagarika Dharmapala，一八六四—一九三三），一起創立摩訶菩提協會（The Maha Bodhi Society），旨在從印度教手中收回菩提伽耶大塔等佛教聖地[5]。

弗蘭克・李・伍德沃德（Frank Lee Woodward，一八七一—一九五二）出生於英格蘭，劍橋大學畢業後，在斯坦福中學（Stamford School）任教期間，開始研究西方和東方哲學。一九〇二年，他加入了靈智學會（Theosophical Society），接觸到佛陀的教法，成為他人生的轉捩點。伍德沃德與靈智學會創始人，也是錫蘭佛教教育先驅的奧爾科特上校（Colonel Henry Steele Olcott，一八三二—一九〇七）成為好朋友，他接受奧爾科特上校的邀請，於一九〇三年至一九一九年前往錫蘭南部加爾的摩哂陀學院（Mahinda College）擔任校長，並教授英語、拉丁語、巴利文、佛教和藝術等學科。由於他對學生要求嚴格，學生學業進步很快，學生人數也由六十名，增加到三百名。伍德沃德是一個博學多才的巴利文學者和翻譯家，一九一九年他離開加爾，到塔斯馬尼亞（Tasmania）獻身巴利經典的翻譯工作。伍德沃德翻譯了十八部巴利文經典，計有《增支部》（*Aṅguttaranikāya*）、《相應部》（*Saṃyuttanikāya*）、《自說經》（*Udana*）等。其中，於一九二五年出版的《佛陀的格言》（*Some Sayings of the Buddha*）最膾炙人口❻。伍德沃德本人生活非常簡樸，保持素食和獨身，自己精神生活充實。

二、研究梵文文獻的學者

一八二〇年，布萊恩．霍頓．霍奇森（Brian Houghton Hodgson，一八〇〇——一八九四）被派往尼泊爾擔任公職，並於一八三三年成為英國駐尼泊爾公使。霍奇森是一位人種學家、自然科學家，也是一位佛教學者，他是第一位在尼泊爾從事學術研究的歐洲人。霍奇森精通尼泊爾語和尼瓦爾語，駐外期間，他蒐集並研究以巴利文與梵文書寫的種種佛典。霍奇森判斷佛教應該有四個學派，但誤以為梵文佛典比巴利文佛典更原始。

他在尼國二十多年中，搜集到梵文貝葉經文獻三百八十一部和梵文紙本多件，並分贈給英國倫敦皇家亞洲學會和牛津大學六十六部。之後，霍奇森又從西藏運了藏文的大藏經《甘珠爾》和《丹珠爾》到英國。因法國著名佛教學者尤金．比爾奴夫（Eugene Burnouf，一八〇一——一八五二），精通東方語言，如波斯、巴利、梵語及古楔形文字等，所以霍奇森也分贈一百七十一部給巴黎亞洲學會（貝葉佛經後藏於巴黎圖書館）。霍氏又將一百四十四部佛典，厚贈他敬佩的印度學人密多羅（Rājendralāla Mitra）先生（貝葉佛經後藏於加爾各答圖書館）。在三百八十一部佛典中，包括有《八千頌般若》、《普曜經》、《金光明經》、《法華經》等。一八五二年，由比爾奴夫將《法華經》譯成法文 "*Le Lotus de la Bonne Loi*" 出版，在三十年之後，荷蘭學者柯恩再譯為英文 "*The Lotus of the True Law*"，收在《東方聖書》叢書中。霍奇森在尼國期間，發表了大量有關印度、尼泊爾及西藏的人文宗教及自然科學的文稿[7]。一八二八年，霍奇森在《亞洲學會》期刊（*Journal of the Asiatic Society*），發表關於「尼泊爾及西藏的語言、文學和宗教」的論文，文章於一八七四年由倫敦川博納的東方系列（Trübner's Oriental Series）重新編輯成 "*Essays on the Languages, Literature and Religion of Nepal and Tibet*" 出版。又自譯《金剛針論》（Vajrasūcī），送贈「皇家亞洲學會」（會址設在當時印度孟加拉，密多羅先生任書記，後來累昇為會長）刊行，發揚佛教四姓平等的精神，破除婆羅門教階級的觀念。又據梵文，引用《小品般若最勝名義》及顯密各種經文，著《尼泊爾佛教略論》，二書在一八二八年出版。由於霍奇森努力搜集尼泊爾國內的梵文典籍，並分贈給印度與歐洲各國圖書館收藏，促成歐洲學者研究梵文大乘佛教思想的開端，進一步校訂梵本原文，開始翻譯並編著梵文文法、梵文辭典等出版。

英國駐尼泊爾公使的軍醫丹尼爾・賴特（Dr. Daniel Wright），因受劍橋大學教授高愛勒的囑託，於一八七三年至一八七六年間，在尼國做第二次梵文典籍的蒐集。三年中，賴特共購得八百五十部梵文經本，其中有三百二十五部佛經。

愛德華・拜爾斯・科威爾（Edward Byles Cowell，一八二六—一九〇三）是一位博學家，也是印度學與梵語學家。科威爾年輕時就對東方語文特別有興趣，牛津大學畢業後，於一八五六年至一八六七年，曾於加爾各答的總統學院（President College）教授英國歷史，同時在一八五八年，擔任梵語學院院長。科威爾於一八六七年回到倫敦，受聘為劍橋大學的第一位梵語教授，直到一九〇三年去世。科威爾於一八九四年英譯古印度馬鳴菩薩所著的梵本《佛所行讚》（*The Buddha-karita of Aśvaghosha*）和《本生經》（*The Jātaka*）出版，讓人們對佛陀的生平事蹟有了更詳細的了解。

一八五七年，莫尼爾・威廉姆斯爵士（Sir Monier Monier-Williams，一八一九—一八九九）完成《實用梵文文法》（*A Practical Grammar of the Sanskrit Language*），由牛津出版。一八九九年，威廉姆斯的另一部巨著《梵英大辭典》（*A Sanskrit-English Dictionary*），也由牛津出版，是梵文辭典的權威。這兩本文法書和辭典的出版，對學習梵文提供了很大的幫助。威廉姆斯因父親工作的關係，出生於印度孟買。英國牛津大學畢業後於一八四四年至一八五八年，在東印度公司學院（East India Company College）

教授亞洲語言。一八六〇年回到英國，與德國學者馬克斯・繆勒角逐牛津大學梵文博登教授的職位。因為威廉姆斯是英國人而且曾在印度居住過的優勢，取得從一八六〇年至一八九九年在英國牛津大學擔任梵文博登教授的榮譽，是目前為止，擔任該職位最久的梵文教授。

一八八〇年，英國政府派遣漢彌頓・鮑爾（Hamilton Bower，一八五八—一九四〇）中尉至新疆。他在龜茲附近覓得梵文《孔雀王經》貝葉寫本，後經英學者考證，斷定為四世紀印度笈多王朝寫本。貝葉寫本，後來成為著名的鮑爾寫本（The Bower Manuscript）。因為鮑爾在中國新疆找到一個被遺忘的佛教文明，此發現震驚了許多研究印度學的學者。一八九四年鮑爾出版《西藏旅程的日記》（*Diary of A Journey Across Tibet*），並於一八九五年在地理雜誌上發表他橫跨新疆（*A Trip to Turkistan*）[8]的記錄。

馬爾克・奧萊爾・斯坦因（Sir Marc Aurel Stein，一八六二—一九四三）是匈牙利裔的英國考古學家，也是一位人種學家、地理學家和語言學家，擁有梵文和波斯文博士學位。斯坦因於一八八四年赴英國留學，專攻東方語言和考古學，後來成為英國公民。一八八七年，斯坦因前往印度，擔任拉合爾東方學院（Oriental College, Lahore）的校長。斯坦因受斯文・安德斯・赫定（Sven Anders Hedin，一八六五—一九五二）的影響，認為研究中亞的歷史和考古對英國是非常重要的。後得到英國政府的贊助，斯坦因在二十世紀初期，率領英國探險隊，四次前往中亞探險。一九〇七年，斯坦因於莫高窟千佛洞發現歷史上最早（八六八年）的印刷本《金剛經》，及包括龜茲文、于闐文、回鶻文、土爾古語、粟特文等梵本經典、繪畫、繡像、卷子、印本。斯坦因後來收買看守莫高窟的王元籙道士，以很少的金錢收購了二十四箱寫本和印本的經卷、四箱繪畫、繡像等文物，所獲既豐，每件都是稀世之珍。運回英國後，震驚西方的學術界，因而引起法、日、俄、德、美等國的探險隊，接踵而至西域探險發掘，也都有所獲擄掠而歸。一九二一年，斯坦因將考古探險經過詳細記錄繪圖，出版了《西域考古記》（*On Ancient Central Asian Tracks*），是研究中亞與敦煌一部很重要的論著。

英國近代研究般若經頗負盛名的佛經翻譯家及佛學著述家艾德華・孔茲博士（Dr. Edward Conze，一九〇四——一九七九），出生於倫敦，有著德、法及荷蘭血統。孔茲於一九二八年在德國科隆（Cologne）大學獲得博士學位，之後並從事比較歐印哲學的研究。孔茲在二十四歲時，就已學會十四種語言，其中包括梵文。二次大戰初期，他因為閱讀了鈴木大拙（Daisetz Taitaro Suzuki，一八七〇——一九六六）的著作，對佛教產生興趣，之後，畢生投入佛教的研究、翻譯及著作。一九五一年孔茲出版了頗具影響力的《佛學：它的本質與發展》（*Buddhism: Its Essence and Development*），內容深入淺出，條理分明，極受讀者的喜愛，直到目前仍持續出版。一九五五年孔茲又出版了《大智度論》的英譯本，採集了佛經精粹編輯《佛教聖典》（*Buddhist Scriptures*），此書現已出版了二十餘版。同時還編輯出版了《般若文獻辭典資料彙編》（*Materials for a Dictionary of the Prajñāpāramitā Literature*）。之後二十年裡，孔茲翻譯了三十幾卷梵文本的般若經，包括《金剛經》與《心經》，是歐美近代著名的般若學專家。因他學識淵博，加上翻譯精確，深為世人所敬佩，被譽為「西方的玄奘」。孔茲博士不僅是一名佛教學者，也是一位修行實踐者，特別是靜坐止觀的練習，著有《佛教禪修》（*Buddhist Meditation*），他是西方佛教學者中，真正修行佛法的先鋒。

三、研究漢文文獻的學者

約瑟夫·埃德金斯（Joseph Edkins，一八二三—一九〇五）畢業於倫敦大學，是英國新教傳教士，也是漢學家、語言學家和翻譯家，對中國的宗教有深入的研究，特別是佛教。他從一八四八年被教會派往中國後，在中國住了五十七年，曾長期活動於京津滬地區，考察中國宗教的情況，直到一九〇五年在上海去世。埃德金斯寫了許多有關學習中國語言文法的入門書和有關中國宗教的書籍以及《中西通書》（*The Chinese and Western Almanac*），對外國人學習漢語，有很大的幫助。一八八〇年，埃德金斯辭去教會的工作，被中國大清帝國的海關聘為翻譯。同年他並出版《中國佛教》（*Chinese Buddhism*）一書，從佛陀的一生開始介紹，及至佛教如何傳到中國，佛教在中國的發展與形成的宗派，以及佛教的教法與戒律等。埃德金斯是第一位將中國佛教的歷史與發展，研究得特別透徹的西方人[9]。

英國學者塞繆爾．比爾（Samuel Beal，一八二五—一八八九）是東方學家。劍橋大學畢業後，在中英鴉片戰爭時，申請加入海軍牧師，隨軍隊前往中國。一八七七年，自海軍退休後，比爾被聘任為倫敦大學學院的中文教授。比爾於一八六九年，英譯發表《法顯、宋雲遊記》（*Travels of Fah-Hian and Sung-Yun, Buddhist Pilgrims, from China to India*〔400 A.D. and 518 A.D.〕），一八八四年，再譯玄奘大師的《大唐西域記》（*Si-Yu-Ki, Buddhist Records of the Western World*），並於一九〇〇年出版譯自中文的《佛所行讚》（*The Fo-sho-hing-tsan-king, A Life of Buddha*），一九一一年出版英譯的《慈恩傳》（*The Life of Hiuen-Tsiang*）介紹玄奘大師。比爾的翻譯著作令英國的東方學家們大開眼界，了解到要研究佛教，除了梵文、巴利文外，漢文佛教經典也是不容忽視的。

一九三七年，曾在中國傳教二十九年的英國傳教士威廉．愛德華．蘇鐵爾（William Edward Soothill，一八六一—一九三五）與曾在中國傳教十七年的美國傳教士何杜斯（Lewis Hodous，一八七二—一九四九）合作編著《中國佛學術語辭典》（*Dictionary of Chinese Buddhist Terms*），在倫敦出版，也是西方人研究中文佛學的工具書。

在二十世紀歐美的佛教研究中，英國有許多大學開設佛學課程。牛津大學東方研究所（The Oriental Institute, University of Oxford）設有佛教研究系（Buddhist Studies），開辦包括巴利文、梵文、中文、藏文、日文、韓文等研究佛經的各種語文課程。其中，世界著名專門教授梵文和南傳佛教的岡布里其教授（Prof. Richard Gombrich，一九三七—），任教於牛津大學超過四十年，並於二〇〇四年退休後，創立牛津大學佛教研究中心（Oxford Center for Buddhist Studies）。另外，牛津大學的心理系也設有牛津正念中心（Oxford Mindfulness Center），由馬克．威廉斯教授（Mark Williams）主導「正念療法」，將佛教修行的正念培育應用在心理治療上。布里斯托爾大學（University of Bristol）在神學及宗教研究系內，設有佛教研究中心（The Center for Buddhist Studies），是英國大學裡第一個佛教研究中心，中心主任魯柏．葛汀教授（Prof. Rupert Gethin，一九五七—）以研究南傳佛教和阿毘達磨著稱。此外還有許多大學，雖然沒有佛學專科，但也在大學本科兼設有佛學課程，如曼徹斯特大學（University of Manchester）、衛斯米斯特大學（University of Westminster）和利物浦大學（University of Liverpool）等。

在眾多的大學中，當以倫敦大學亞非學院（School of Oriental and African Studies,

University of London）的佛學研究最為全面。該校設有幾乎所有的東方語言課程，如漢語（包括古漢語）、日語、泰語、藏語、馬來語、印度語等，還有梵語、巴利語等古老的語言。從師資方面來看，斯考羅布斯克教授（Prof. Tadeusz Skorupski）精通梵語、巴利語、藏語、法語和波蘭語等多種語言，以研究印度佛教和藏傳佛教為主；巴瑞特教授（Prof. Timothy Hugh Barret）精通古漢語、日語和法語，研究中國佛教和日本佛教為主的漢語系佛教、道教和儒學；出生於前蘇聯的皮亞得考夫斯基教授（Prof. Piyatigovski），精通西方哲學，以研究印度哲學和南傳佛教為主。從藏書方面來看，亞非學院是目前英國乃至世界收藏有關佛學書籍最多的學院，特別是中文書籍的館藏尤為豐富，它蒐集了大陸、香港和臺灣出版的各類書籍，並且設有專門管理中文書籍的圖書管理員。該校也是英國現在唯一擁有《房山石經》的學校。

英國的主要佛學刊物是：《巴利聖典協會會刊》（*Journal of the Pali Text Society*）、《皇家亞洲學會會刊》（*Journal of the Royal Asiatic Society*）、《宗教研究》（*Religious Studies*）、《中道》（*The Middle Way*）、《倫敦大學東方和非洲學院通報》（*Bulletin of The School of Oriental and African Studies*）、《中亞雜誌》（*Central Asiatic Journal*）、《牛津佛學研究中心雜誌》（*Journal of the Oxford Center for Buddhist Studies*）、《佛學研究評論》（*Buddhist Studies Review*）。

另外，匈牙利著名佛教學者喬瑪，是位語言學家、東方學家，尤其對藏文文獻有獨特深入的研究，詳在本篇第十三章〈匈牙利佛教略史〉中再做介紹。

第二節　二戰前英國的佛教團體

一、巴利聖典協會

巴利聖典協會（Pali Text Society，簡稱 PTS）是專事校訂、翻譯和出版「巴利佛教聖典」的文化機構。由英國學者賴斯・戴維斯（Thomas William Rhys Davids，一八四三—一九二二）於一八八一年創設於倫敦。

賴斯・戴維斯教授生於英國的科赤斯特（Colchester），父母都在基督教會工作。戴維斯畢業於布萊斯勞大學（University of Breslau），專攻梵文，獲得博士學位。一八六四年他前往錫蘭，在英國政府機關從事法律上的職務，業餘悉心研究巴利文佛典。他和錫蘭人耶・烏那斯（Y. Unnase）及蘇曼伽羅法師（Ven. Sumaṅgala）學習當地的僧伽羅語（Sinhalese，亦譯辛哈語）及泰米爾語（Tamil），並探討佛教的信仰。戴維斯在錫蘭十二年期間，蒐集了在古僧伽羅人的城市——阿耨羅陀城（Anurādhapura）的銘文與手稿。他於一八七六年回到英國，在倫敦大學教授巴利語及佛教文學，後任職曼徹斯特大學比較宗教學教授，兼為「皇家亞洲學會」祕書。戴維斯並將奧登堡編纂的《律藏》譯為英文，列為《東方聖書》之一。戴維斯是在英國推行佛教最熱忱，貢獻最偉大的佛教學者之一。

巴利聖典協會成立，得到很多東西方學者的支持和擁護，定期出版會報，並盡力蒐集歐亞佛教的論著出版。戴維斯在四十年的會長任內，為校訂及英譯巴利佛典的工作苦心籌畫。期間，將巴利三藏用羅馬字母拼音刊行的計畫因工作太過龐大，基金不足，戴維斯曾呼籲東西方佛教徒及各界支持。事為泰國拉瑪五世王（King Rama V）所知，撥國幣相助；英國人也集資捐助。戴維斯經過三十年的努力，直到一九二二年去世，浩瀚的巴利文三藏和註釋，才大致完成。

戴維斯曾英譯佛教經論十二部，佛教著作三十多種。其中英譯的《彌蘭陀問經》（*Questions of King Milinda*）和附加評註的第一卷《長部》（*Dīghanikāya*），為研究經論很好的參考書。戴維斯的著作中以《佛教：其歷史及文學》（*Buddhism: Its History And Literature*，一九〇七）和《印度佛教》（*Buddhist India*，一九〇三），兩書最具學術價值。他最偉大的著作是與助手威廉．施鐵達博士（Dr. William Stede）共同合作完成的《巴英辭典》（*Pali-English Dictionary*）。戴維斯認為最早由奇爾德斯出版的《巴利語字典》，已不敷使用，為便利後人學習巴利文佛典，需要再有一部解釋詳盡的新巴利文辭典問世。但戴維斯只完成了該辭典的上半部三冊，在一九一六年出版。後因第一次世界大戰影響工作，又戴維斯因高齡在一九二二年去世，未完成的部分，由施鐵達博士繼續，終於一九二五年完成出版。此一《巴英辭典》具有權威性，是西方人學習巴利語最好的工具書；即使南傳佛教國家如斯里蘭卡、緬甸、泰國，也參考此書編輯巴利文辭典。巴利聖典協會用現代新方法編輯翻譯巴利聖典，影響很多西方近代佛教學者，甚至也影響東方印度、日本等國佛教學者研究佛學的方式。

戴維斯除了在佛學專業領域的成就卓越以外，他對弘揚佛法也不遺餘力。他深受知識青年的喜愛；無論在大學或社會的演說佛法，席下聽眾都非常踴躍，許多人以戴維斯為導師，受他影響而信仰佛教，甚至皈依佛教。一八九四年，戴維斯與卡洛琳．奧古斯塔．芙麗（Caroline Ausgusta Foley）結婚，夫婦信佛虔誠，建立佛教化的家庭。他仿造印度式住宅，起名「那爛陀」（Nalanda）；並教子女和媳婦學習巴利佛典。戴維斯認為巴利佛典的內涵，比西方高深的哲理更精深透徹；因此盡力將佛法介紹給西方，想改造歐洲的思想，導致有些神教徒譏他為迷信。曾經有人用略帶責備的語氣問他：「你為什麼要做一個佛教徒？」戴維斯慨嘆地回答：「我已經研究過世界上每個偉大的宗教，但未發現有如佛陀博大精深的八正道，可以讓人遵循，做為安身立命之道！有了佛法，我已經感到幸福滿足了，隨你們認為我是怎樣的人都可以！」

戴維斯一九二二年去世後，各國佛教學者對他在佛學研究及其品德修養上評價極高。例如布拉格大學的教授摩利斯・溫尼茲（Prof. Moritz Winternitz，一八六三—一九三七）在紀念戴維斯追悼詞上說：「過去沒有一個人能像他那樣，對佛教知識及佛學文獻做出如此多的貢獻。他的名字將永遠被記得，他是一位最熱心且專注的學者；但對有幸認識他的人而言，他們將會永遠珍惜記著他是一位仁慈可愛的人，而且是一位真正的佛教徒[10]。」

戴維斯教授去世後，由他的夫人繼承他的工作。卡洛琳・賴斯・戴維斯夫人（Mrs. Caroline. Augusta. Foley. Rhys Davids，一八五八—一九四二）年輕時曾入倫敦大學攻讀，成績優越，並獲文學博士，亦曾在該大學任教。她對語言、文學及東方哲學特別有研究。她對佛教的貢獻也是不朽的，她因戴維斯的關係而信仰佛教，並協助他工作，終生為佛教服務。一九〇〇年，戴維斯夫人英譯出《法集論》（*A Buddhist Manual of Psychological Ethics*），是第一部英譯的巴利文論藏。一九〇四年，再譯出第二部論藏《分別論》（*The Vibhanga*）。一九〇九年，戴維斯夫人譯《長老尼偈》（*Psalms of the Early Buddhists: I. Psalms of the Sisters*）為英文，詞意非常優美，僅遜於阿諾德的《亞洲之光》。戴維斯夫人另外英譯有《長老偈》（*Psalms of the Early Buddhists: II: Psalms of the Brethren*）、《論事》（*Points of Controversy*）等。[11]。戴維斯夫人從一九二二年起，負責巴利聖典協會達二十年之久，至一九四二年去世，她對巴利聖典的翻譯和研究，顯示出她在這方面的權威性和獨特性，翻譯巴利經典達二十部，著作十多種，都有極高的水準。

二、大不列顛愛爾蘭佛教會

二十世紀初，許多英國的知識分子對佛教的興趣，已從教理轉向「實踐」的學習。青年傑克森（R. J. Jackson）因為在麗晶公園（Regent Park）聽到劍橋大學數學高材生摩爾（Mr. More）有關佛教的演說，而對佛教產生興趣。傑克森被介紹閱讀了《亞洲之光》後，與曾在緬甸從軍的好友班因（J. R. Pain），一起學習佛法，也開始在麗晶公園公開演講佛法，並且將演講內容印製成小冊子。他們也聯繫上在緬甸出家的英國比丘阿難陀彌勒（Bhikkhu Ānanda Mettayya，一八七二—一九二三）。不久，他們認識了印度醫療服務團的羅斯特博士（Dr. Ernest Rost），三人一起在倫敦博物館附近的柏里街（Bury Street）十四號，合開了一間「佛教書店」。他們將佛書擺在櫥窗，以吸引過往的行人；並在書店後面的小房間和公園裡演講佛法。他們自製的鮮艷橘色講台很吸引人，上面還寫著「世尊佛陀的教法是真理的語言」（The Word of the Glorious Buddha is sure and everlasting）的標語[12]。

一九〇七年秋季的某一天，這間書店吸引了從博物館出來的弗朗西斯・槃尼（Francis Payne，一八七〇—一九五四）的注意，槃尼問店主班因為什麼把迷信帶進英國。班因拿了戒行比丘（Bhikkhu Sīlācāra，一八七二—一九五一）所著的《蓮花盛開》（*Lotus Blossoms*）請他先閱讀，再對佛教下評語。結果，很快地槃尼也加入了宣揚佛法的行列，日後，槃尼對佛教在英國的開展，扮演很積極的角色。經常聚在佛學書店的一群熱心人士，因為得知英籍阿難陀彌勒比丘將於一九〇八年春季返回英國弘法的計畫，所以在一九〇七年十一月三日，決定成立「大不列顛愛爾蘭佛教會」（The Buddhist Society of Great Britain and Ireland），以籌備及接待阿難陀彌勒比丘率領的弘法團。會址設在倫敦市中心，會中共推戴維斯教授為第一任主席，彌爾博士（Dr. Edmund James Mills）擔任副主席兼會長，艾倫上尉（J. E. Ellam）任祕書長。該會第一次演講即標明宗旨：「這是佛教徒對巴利文佛典和梵文佛典有研究興趣的集會。」該會並參考阿難陀彌勒比丘在緬甸成立的「國際佛教協會」的章程規則訂立規章，定位為其英國分會。

會內的運作分三組：一是以戴維斯教授為主的學術界佛教學者，包括奧登堡、伍德沃德、奇爾德斯等著名學者。二是以槃尼（被譽為阿難陀彌勒比丘之後，最熱心的弘法者）為主的熱心弘揚佛教的人士，包括《佛教評論》雜誌編輯艾倫上尉、鈴木大拙、亞歷珊卓・大衛・尼爾（Alexandra David-Neel，一八六八—一九六九）和錫爾瓦博士

（Dr. W. A. de Silva）。三是比較宗教學的學生及受過高等教育的社會大眾⑬。

大不列顛愛爾蘭佛教會自成立後，即積極推動弘揚佛法的工作，包括舉辦佛學講座、印製宣傳小冊子、集會活動、出版佛書及雜誌《佛教評論》（*Buddhist Review*），組織和學術研究的範圍也擴大了。在倫敦市中心的總會，設有新式佛教圖書館、會議廳、辦公室、佛堂、禪堂，樓上有比丘僧房，其他還有空房，以低價租給會員。除總會以外，在其他大城市設有分會，如利物浦（Liverpool）、伯明罕（Birmingham）、曼徹斯特（Manchester）、牛津（Oxford）、劍橋（Cambridge）、布來登（Brighton）等地。最大的分會是利物浦分會，一九〇八年由阿威尼女士（Mrs. Avery）成立，格陵來博士（Dr. Greenly）為第一任會長，此分會方便接待乘船至英國的外國比丘。不過分會的成立多數與東方佛教徒學生有關，如留學生回國了，有些分會工作就告停止。

佛教會的發展，雖以推廣佛法為宗旨；但大部分會員仍偏重佛學的研究，缺乏生活中的實踐。再加上創辦人戴維斯教授、彌爾教授及忠實服務的祕書福朗哥巴爾斯相繼去世，一九二四年，大不列顛愛爾蘭佛教會就解散了。但是，槃尼還是鍥而不捨，繼續聚合會員，在艾薩克斯會堂（Essex Hall）主持了三十六場系列的佛學講座。一九二四年，槃尼發起創辦「佛教聯盟」（Buddhist League），自任第一任會長，雖然不久後聯盟也解散了，但他仍以無比的熱忱繼續弘揚佛法⑭。

三、英國早期的西方比丘

英國的第一位僧人是阿育比丘（Bhikkhu Asoka，？—一九〇五），俗名戈登·道格拉斯（Gordon Douglas），他於一八九八年在斯里蘭卡出家，但有關他的記載並不多，他對佛教在西方傳播的影響不大。阿育比丘於一九〇五年在緬甸去世。

英國的第二位比丘阿難陀彌勒，俗名貝尼特（C. H. Allan Bennett），生在倫敦，父親為電機工程師，他本人是化學分析師。貝尼特十八歲時讀了阿諾德著的《亞洲之光》，發現了嶄新的心靈探索領域；接著他研讀當時歐洲所有的佛典，信心增長，於是捨棄原有的宗教信仰，而轉信佛教。一八九八年，他為了更深入了解佛教，遠行到錫蘭。

貝尼特到錫蘭沒有多久，就發心到緬甸出家為沙彌。後受聘在一緬僧佛學院教授英文四年，課餘時間他致力於聽聞和研讀佛法。貝尼特於一九〇二年受比丘戒，法名阿難陀彌勒。受戒之後，他發願：「我皈依佛教，願意奉獻生命，誓將法輪轉動到我的祖國英國，並在歐洲成立僧團和佛教會。」

阿難陀彌勒比丘修學佛法非常精進，胸懷將佛教傳播到歐洲的使命感，所以積極與一些英、德、美國佛教學者聯絡。一九〇二年，他在仰光召集佛教信眾，在緬甸成立了「國際佛教會」（International Buddhist Society），計畫將佛教發展至歐洲。同時出版

《佛教》（*Buddhism*）季刊，是英國第一份佛教期刊。藉由宣傳，阿難陀彌勒比丘得到緬甸一位女慈善家哈拉翁夫人（Mrs. Hla Oung）相助，負責弘法團的經費。

英國方面，一群佛教徒為了迎接阿難陀彌勒比丘弘法團的蒞臨，也於一九〇七年成立大不列顛愛爾蘭佛教會，會址設於靠近大英博物館的柏里街，由戴維斯擔任會長，這是西方的第一個佛教協會，也是阿難陀彌勒比丘隔年在倫敦停留六個月的講經場所。

一九〇八年春，阿難陀彌勒比丘和羅斯特博士、麥克欽（J. K. M'Kechie），以及他的護法哈拉翁夫人及其家人，到了倫敦，展開傳教的工作。他以獨特的巧思，印製宣傳手冊、撰寫文章、出版期刊、舉辦講座。無比熱忱，推動弘法工作。

阿難陀彌勒比丘非常努力，他具有深沉的智慧，莊嚴的修養風度。但弘法成效不彰，檢討原因是因為阿難陀彌勒比丘嚴格地遵守比丘的戒律生活，但英國沒有比丘住的佛寺精舍，日常生活有很多不便。再者，因為他的健康狀況不佳，所以心有餘而力不足。大約經過半年的時間，同年十月二日，原有弘法團的人，就都回到緬甸仰光。弘法團在英國發展的計畫，雖然不如預期的效果，但因半年中，他們常在學校、工商會和其他公開場所演講佛法，倫敦報紙也時常登載他們活動的消息。所以，阿難陀彌勒比丘，是將佛教弘法團帶進西方的先驅，為後來英國佛教的開展播下了種子。

一九一四年五月，阿難陀彌勒在緬甸生了重病，他在英國的姊姊，請他赴美國靜養。阿難陀彌勒比丘，雖有將佛教傳至歐洲的宏願，但因健康情況，醫生囑咐必須停止工作，長期休養，他只好選擇去了美國。可是，他為了戒律的莊嚴，預知在西方生活，一定會產生很多困難；所以起程前，在緬甸一百多位佛教徒前，阿難陀彌勒比丘捨去比丘戒，這是他受比丘戒十二年後的事。

十月他原訂乘船赴美，但臨時收到通知，因他患有傳染病不准赴美，所以返回倫敦。雖然他健康不好，但仍持續為佛教做事，護持佛教。阿難陀彌勒比丘曾著有一本著名的《聖者的智慧》（*The Wisdom of the Aryas*，一九二三）和《緬甸的宗教》（*The Religion of Burma*，一九一一）。他於一九二三年去世，年五十二歲。在阿難陀彌勒去世之後不久，佛教協會也就解散了。

戒行比丘，俗名麥基奇尼（J. P. McKechnie），早期特別歡喜讀赫胥黎、叔本華等哲學作品。由於對現實不滿，曾想自殺。後來讀到阿難陀彌勒比丘主辦的《佛教》雜誌，討論到涅槃的問題，他很感興趣。思考後，覺得很接近他想要的生活方式，於是他立刻寫信給緬甸《佛教》雜誌的編者，表示參與的意願。阿難陀彌勒比丘接受他的要求，麥基奇尼於是前往緬甸，於一九〇六年出家成為戒行比丘。他是位模範的僧人，在緬甸和英國為佛教服務將近四分之一個世紀。他的著作可讀性極高，如《蓮花盛開》、《佛陀的年輕時代》（*A Young People's Life of the Buddha*）等，翻譯有《中部》佛經[15]。

四、倫敦佛教協會

倫敦佛教協會（London Buddhist Society）是西方最早的佛教組織之一，由英國法官韓福瑞（Christmas Humphreys，一九〇一—一九八三）於一九二四年春成立，初為「佛教居士林」（Buddhist Lodge）。最初兩年，會址設於以研究宗教哲學為目的的「倫敦靈智學會分會」（Lodge of the Theosophical Society，靈智學會總會設在南印度馬德拉斯）。一九二六年，佛教居士林成為獨立的佛教團體，同時出版《佛教會報》，刊物不久後改稱《英國佛教》（*Buddhism in England*）。一九四三年時又改為《中道》季刊，發行多年，在國際享有其知名度。

倫敦佛教協會會長韓福瑞，年輕時在劍橋大學攻讀比較宗教學，對修習神智學很感興趣。一九一八年，十七歲時讀《佛陀及佛教福音》（*Buddha and the Gospel Buddhism*）與《神祕原理》（*The Secret Doctrine*）二書後，覺得佛教的真理能令人完全解脫痛苦，而開始信仰佛教。韓福瑞當時常前往大不列顛愛爾蘭佛教會，親近槃尼聽聞佛法，因而對佛教的信心日增。韓福瑞非常敬重佛教學者，也常幫助佛教會工作。當不列顛愛爾蘭佛教會於一九二四年解散後，為承續前佛教會的工作，韓福瑞創立「佛教居士林」，自己擔任會長，直到一九八三年去世。

從一九二七年到一九三九年之間，韓福瑞提供自己在威斯敏斯特（Westminster）的住宅，為佛教協會聚會的場所。一九四三年，佛教居士林正式定名為為「佛教協會」（The Buddhist Society），是一個跨宗派的居士組織，宗旨在倡導佛教之解行，主要為上座部、大乘佛教和禪宗。會址遷至大羅塞爾街（Great Russell Street），有佛殿供坐禪之用，會客室做為交誼處所，並設有佛教圖書館，有四千五百冊佛教書籍。並出版《中道》季刊及代售佛書。協會每週舉辦一次佛法演講和研討，會員常定期聚會，研究佛學或修習禪坐。佛教協會數十年間，曾接待過泰國國王及王后、不丹王后和達賴喇嘛，也得到他們的肯定和支持[16]。

五、倫敦佛教精舍——摩訶菩提協會英國分會

斯里蘭卡的達摩波羅長者，原名大衛（David）。年輕時，因聽聞當時斯里蘭卡兩位大長老的開示，對佛法產生很大的興趣。二十歲時，達摩波羅放棄富裕的家庭生活，自己改名為 Anagārika——無家可歸者。他受到美籍佛教徒奧爾科特上校的感化，對佛教產生堅固的信念，致力研究佛教，後來更發願以振興印度佛教為其畢生的志向，也是中興斯里蘭卡佛教的推動者。一八九一年五月，達摩波羅在斯里蘭卡創辦了摩訶菩提協會，隔年將菩提協會總部遷至印度加爾各答。

一八九三年，達摩波羅出席在芝加哥舉行的世界宗教大會，他在會議上介紹佛教的

精彩演說，震撼人心，將佛法之光傳播到西方世界。一九二五年九月，達摩波羅長者接受邀請前往英國，有機會見到《亞洲之光》的作者阿諾德，他被西方人士對佛法的熱忱所感動，發願要在當時號稱「世界中心」的倫敦，成立有比丘住持的弘法道場，與英國人分享佛法的智慧。隔年七月，達摩波羅長者得到瑪麗・米卡哈拉・福斯特夫人（Mrs. Mary Mikahala Foster，一八四四—一九三〇）的贊助，在倫敦愛林區（Ealing）成立了倫敦佛教精舍（The London Buddhist Vihara）。這是亞洲以外的第一座斯里蘭卡佛寺。他為精舍舉行過多次弘法活動，與倫敦佛教協會合作共辦《英國佛教》雜誌。

後來，因健康狀況不佳返回斯里蘭卡的達摩波羅，組織了一個佛教團體，並派遣成員前往英國，實現他的理想。團中有三位青年比丘，由金剛智法師（Ven. Dr. Vajirñāṇa，一九二八—二〇〇六）率領，主持精舍事務，每星期日集會課誦，巴利文和英文並用。精舍的弘法活動一直持續到第二次世界大戰期間，因精舍房屋被徵用，僧侶被送回到錫蘭，活動暫時告停。

達摩波羅長者晚年出家，法號吉祥天友比丘（Bhikkhu Srideva Mitra），於一九三三年在鹿野苑去世，留下遺言：「讓我乘願再來！我願再來二十五次，為傳播佛陀的正法而獻身[17]。」

第三節　二戰後英國佛教的復甦和發展

第二次世界大戰期間（一九三九—一九四五），英國佛教受到戰爭的影響，倫敦及其他各地佛教的弘法工作，多數停頓下來。有些佛教團體，也只能艱辛地維持。一九四五年九月大戰結束後，英國還存在的佛教團體，如巴利聖典協會和韓福瑞的佛教協會，仍舊持續不斷。

一、南傳上座部佛教

巴利聖典協會專門出版巴利文羅馬字體三藏、註釋及英譯巴利文經論，也出版會員及世界佛教學者的佛學名著。二次大戰後，繼續該會過去的宗旨，也再版過去已售罄的各種佛書。

巴利聖典協會，自戴維斯夫人於一九四二年去世後，一九四二年至一九五〇年，由威廉・亨利・鄧漢姆・羅斯博士（Dr. William Henry Denham Rose）擔任會長，因適值第二次世界大戰期間，學會的很多會務工作，幾乎陷於停頓。一九五〇年至一九五八年，由威廉・施鐵達博士擔任會長，學會工作漸漸恢復。

接著由原任該會總幹事多年的伊莎琳．布露．荷娜小姐（Miss Isaline Blew Horner，一八九六—一九八一），主持二十多年（一九五九—一九八一）。學會重新進入興盛階段，聯繫到很多世界知名佛教學者，出版了大量英譯的經、律、論著作，精校出版了羅馬拼音字體的巴利三藏一百七十二冊。

荷娜是戴維斯夫人的學生，也是研究上座部巴利文佛典的權威學者，她英譯的巴利文《律藏》（*Vinaya Pitaka*），文字簡鍊精深，是不朽的傑作。一九四五年，荷娜譯《中部》出版；一九五一年至一九五二年，荷娜譯的《律藏．犍度部》出版。一九五六年，《巴利三藏索引》（*Pāli Tipitaka Concordence*）出版。此時巴利聖典協會統計，已出版巴利文經論一百二十部，英譯經論四十三部，其他還有學者著作、期刊、書目等。

荷娜小姐，一生為佛教翻譯，主持巴利聖典出版，不遺餘力，至八十歲時仍在為巴利聖典協會服務，極受各地佛教學者敬重。一九八〇年，獲英國女王頒發大英帝國勳章。

一九六〇年，巴利聖典協會商得印度的「印度聖典刊行會」（Indian Texts Series）同意，將《巴利語專有名詞辭典》（*Dictionary of Pali Proper Names*）兩巨冊，在倫敦影印問世。此辭典原始資料，由瑞士學者穆勒海斯（Edward Muller-Hess）及戴維斯蒐集，後再經斯里蘭卡學者馬拉拉塞奇羅博士（Dr. Malalasekera）加以補充，增加許多新資料，完成後，由「印度聖典刊行會」出版。此次巴利聖典協會商得影印，也是應許多人的要求，因這部辭典，為現在研究巴利佛學極具價值的必備參考書。一九六二年，巴利聖典協會出版緬僧那羅陀尊者（U. Nārada）英譯的《界論》（*Dhatu-Katha: Discourse on Elements*）。

巴利聖典協會近年來的工作，是將巴利聖典的資料登載在電子網路上，讓學者和希望研究巴利聖典或學習巴利語的人，可以很方便的取得資料。現任會長魯柏・葛汀教授，是英國布魯斯托大學（University of Bristol）的佛學教授。

佛教協會會長韓福瑞，戰後陞任英國大法官，並一直擔任佛教協會會長。為了會務的發展，自一九四六年起，協會每年固定舉行盛大的佛誕紀念慶典，成為倫敦市區一項最具特色的佛事。

一九四六年，韓福瑞為了促進與世界各地佛教的聯繫，前往日本、緬甸、泰國、印度、斯里蘭卡等國訪問。在緬甸獲得緬人佛教徒熱心的支持，捐助資金給佛教協會，在倫敦印刷佛教書刊宣揚佛教。韓福瑞對大乘禪宗也懷抱著很高的熱忱；因此，回英後致力介紹日本鈴木博士的著作，自己也撰文闡揚禪宗的勝義。一九五一年韓福瑞最重要的著作《佛教》（*Buddhism*）出版，四年內銷售達十一萬冊以上；同時，學者孔茲的《佛教：它的起源與開展》，也深獲大眾喜愛，這兩本書的出版，對佛教在西方的推廣，產生很大的影響。

一九五六年，佛教協會遷移至倫敦愛克斯頓廣場（58 Eccleston Square）現址，協會新址設有大講堂，中有佛龕，佛像為泰國贈送。會內有一座完善的圖書館，收藏佛教書籍四千多冊。佛教協會出版的《中道》季刊，內容有佛學論著、讀書心得、佛教通訊等，為西方出版最悠久和篇幅最多的佛刊，訂戶遍及世界各地。

一九六四年十一月，佛教協會慶祝成立四十週年，會長韓福瑞舉行一個招待會，有多項佛教活動節目，在圖書館中展覽佛教各種文獻和佛學著作。韓氏在紀念會中說：「二十世紀西方人由於科學發達及物質文明的進步，對西方原有宗教信仰產生動搖，同時造成心理上的空窗期。他們正尋找合適的東西來加以彌補，……佛教最符合他們的需要，也正是可以彌補心靈空白的良藥。」

佛教協會是歐洲歷史最悠久、規模最龐大，影響最深廣的佛教社團，在丹佛、愛丁堡等地設有分會。主張南傳上座部佛教和大乘佛教並重，沒有宗派門戶之見。協會每年開辦暑期佛學班，並且設立了佛學函授班。佛教協會到一九七〇年代，會員已達一千多人，每週有佛學講座，並定期舉行共修、坐禪、研究佛學等活動。該會設有經書流通處，包括著名佛教學者演講的錄音帶和佛學書刊。

一九七五年，韓福瑞以佛教代表的身分，被邀請參加於聖保羅大教堂舉行女王銀婚（Queen's Silver Jubilee）的感恩節慶典[18]。他認為這項邀請，表示佛教已是被英國政府正式承認的宗教，也是被英國人接受的宗教。韓福瑞自己奉行佛法，將佛法與生活結合。他在擔任法官期間，曾經告訴受審者：不是法官、也不是陪審團決定你入牢獄，而是你自己的行為將自己帶往監牢。他認為佛陀是最偉大的老師，佛陀教導的智慧對現代人的精神提昇，有著關鍵性的作用，所以他終生努力宣揚佛法，直到一九八三年去世[19]。

摩訶菩提協會英國分會——倫敦佛教精舍，於一九四〇年因二次大戰爆發，精舍停止活動。一九五四年五月，西里爾．德索伊薩爵士（Sir Cyril de Zoysa）和一群熱心的斯里蘭卡佛教徒租下位於倫敦奧文頓廣場（Ovington Square, Knightsbridge）的場地，做為倫敦佛教精舍的會所，邀請那羅陀尊者（Venerable Narada Maha Thera，一八九八—一九八三）主持開光及擔任住持，恢復倫敦佛教精舍的活動。

佛教精舍舉辦定期佛法演講，集會共修，或舉行座談研究佛法，或修習止觀。薩他帝須法師（Ven. H. Saddhatissa）也常應邀至各佛教道場或大學演講佛法，聽眾除斯里蘭卡人、英國人，尚有德國人、加拿大人等。至佛教節慶日，如佛誕紀念日等，必舉行盛大慶祝。佛寺中的布置，大多依斯里蘭卡型式。一九五九年五月一日，佛寺弘法的活動，首次被英國電視台轉播，歷時十二分鐘。

自佛教精舍成立，住持薩他帝須法師為了在西方建立僧團，依律為西方年輕人傳授沙彌戒法。一九八五年，佛教精舍由金剛智長老接任住持，至二〇〇六年圓寂。一九九四年時，由摩訶菩提信託購得位於奇西克大道（Avenue, Chiswick）的精舍現址。

斯里蘭卡金剛智長老於一九六六年，至倫敦佛教精舍擔任副住持，開辦佛學課程與巴利文課程接引英國人士；一九七四年擔任英國佛教學會會長，一九八五年受任倫敦佛教精舍住持，終生對於英國佛教的教育工作不遺餘力。一九八七年，受邀擔任英國跨宗教網的創始人之一，致力推廣英國各不同宗教間互相包容的理念，並以佛教代表的身分擔任英國中央政府宗教的諮詢顧問。一九九九年成立羅睺羅慈善基金會，不分宗教文化為孩童們提供優良的教育資源。二〇〇六年長老以在英國跨宗教的卓越貢獻，獲英國女王策封為皇家爵士。金剛智長老於同年十二月十五日在倫敦哈默史密斯醫院（Hammersmith Hospital）圓寂，享年七十八歲，火化後骨灰遵照其遺言，灑於倫敦泰晤士河[20]。

二〇〇八年，希拉威瑪拉尊者（Ven. Bogoda Seelawimala Nayaka Thera）被任命為精舍住持。他現在是英國的僧伽代表（The Chief Sangha Nayaka of Great Britain），精舍目前定期舉辦弘法課程和修行活動，辦有《三摩地》（*Samadhi*）期刊，並積極參與宗教佛事活動。倫敦佛教精舍的常住比丘及寺務，還是由斯里蘭卡的「達摩波羅信託」（Anagarika Dharmapala Trust in Colombo）的精舍管理委員會（Vihara Management Committee）直接管理[21]。

一九六四年五月二十四日，泰國有兩位比丘飛至倫敦弘法，一位是智成（Ñāṇasiddhi）上座，一位是帝須達多（Tissadatta）法師。兩位原都住在曼谷大舍利寺（Wat Mahādhātu），智成上座獲泰國巴利文最高學位，也是傳授止觀著名的大師，信徒眾多，並精通阿毘達磨。帝須達多為智成上座後學，朱拉隆功佛教大學畢業，具有時代知識及通曉英文。

他們至英國弘法的因緣，與一位加拿大比丘名阿難陀菩提（Ven. Ānanda Bodhi，一九三一—二〇〇三）有關。阿難陀菩提於一九五〇年後期，在印度受沙彌戒，然後至緬甸受比丘戒。之後，在亞洲參學三年，先跟緬僧修習「止法」，後至泰國曼谷大舍利寺親近智成上座修習「觀法」[22]。一九六二年夏，阿難陀菩提應英國僧伽會邀請至倫敦翰普斯泰佛教精舍弘法，並接任住持。

阿難陀菩提比丘在英國弘法二年後，略有基礎，就聯合他的一些信眾，邀請智成上座赴英弘法。於是，智成上座就與他的翻譯帝須達多法師，由英、泰雙方信徒出資遠赴倫敦。五月二十五日是佛誕紀念日，智成上座一行上午至斯里蘭卡僧人住持的倫敦佛教精舍參加法會，並受到信眾們供養午齋。晚上七時，翰普斯泰佛精舍也舉行慶祝典禮，來賓有泰國駐英大使夫婦、官員、泰國留英學生及僑民，其他多數為英人佛教徒，合共一百餘人參加。

在倫敦西北一百六十英里的比都爾夫市（Biddulph），有一所四百年前查爾斯王（Prince Charles）遺留下來的古宮（Old Hall），被英國佛教徒購下，設為「佛教禪定中心」（The Buddhist Meditation Centre）。智成上座常受請至此處教授止觀方法。因為智成上座精通三藏，有豐富的經驗，教授修習止觀方法，講解佛法義理，能滿足西方佛教徒的要求，而且上座具有莊嚴威儀，極得西方佛教徒的崇敬，西德佛教徒也常禮請上座前往傳授止觀方法。

泰僧在英國弘法的成功，引起西方佛教徒的注意，增加西人佛教徒的信心；同時又能幫助居留在英國的泰國僑民和學生了解佛教，有很好發展的前途，有鑑於此，泰國佛教認為有在英國建立佛寺和創立僧團的必要。泰國上座部僧伽會及宗教廳，知道他們在英國弘法的成就，便禮請智成上座，為泰國僧團駐英傳教領導人，帝須達多法師為祕書，一切經費由泰國宗教廳支持。

智成上座，為了在倫敦建造泰國佛寺的籌款，一九六四年十一月即回國，途經德國傳授止觀半月。仍留帝須達多比丘在英繼續弘法。智成上座回國後，向僧團及政府報告在歐洲弘法的經過，由宗教廳發起，泰王和政府為贊助人，後經國務會議通過，撥泰幣二百萬銖（十萬美元），全國佛教徒也獻款近百萬泰銖，經過一年半就籌足了建寺經費。

在倫敦方面，因有泰國駐英大使館和泰僑的協助，很快購下一處合適的場地，在倫敦市靠近里奇蒙特公園（Richmond Park）的基督教堂路九十九號兩層樓的建築，占地四英畝，環境幽靜，購價泰幣一百七十二萬銖。經過裝修後，樓上設僧房五間，樓下佛殿，可容納一百餘人，另有接客室、圖書室、僧人餐室、廚房等。一九六五年十一月十五日，裝修全部結束，泰僧即從僧伽會遷入，除帝須達多法師，還有一位在英國攻讀碩士的泰僧。十二月，智成上座在泰國又選派了兩位朱拉隆功佛教大學畢業學僧，沃拉索比丘（Phra Maha Vorasak）和布恩查埃比丘（Phra Maha Boonchuay）飛赴倫敦，幫助寺中推行弘法事務，另有一位德國沙彌同住。

倫敦泰寺的名稱，經由泰王賜名為「佛光寺」（Wat Buddhapadipa）。一九六六年六月三日，一位美國青年普拉尼爾（Kenneth Platner）在佛光寺出家為沙彌，法名「法光」（Dhammapadīpa），禮請斯里蘭卡達摩洛迦長老（Ven. Dhammāloka Nayaka Thera）為戒和尚，帝須達多法師為教授。

一九六六年八月一日，是泰國佛教的敬僧日（Āsalhapūjā）紀念，即安居前一天，倫敦佛光寺舉行開光大典，由當時正在英國遊憩的泰王和王后親臨主持，泰國高僧、政府官員、信眾，特別組成一個團體飛往參加。佛寺開光之日，英國外交部次長、東方各佛教國家駐英使節、倫敦各國佛教徒，前往觀禮的近一千五百人，英國及各國記者多人、倫敦最大的《時代報》（*The Times*）等，都以重要消息刊出，並撰文特別介紹，電台、電視台也以實況播報。

佛寺開光之日，並委任帝須達多法師為佛光寺住持，因他可長住歐洲弘法，仍兼任泰僧駐英傳教團祕書，而智成上座，仍任傳教團領導人，因為他需要常常回到泰國。

值得一記的，佛光寺是依律舉行結界（sīmā）儀式，可在佛殿中舉行任何僧伽羯磨，如傳授比丘戒、說戒等重要儀式，這是當時歐洲僅有能舉行僧伽羯磨的唯一佛教寺院。以前西方人出家，都要至東方佛教僧團中求受比丘戒，倫敦佛光寺建立後，可便利西方人出家及受比丘戒，這也是泰僧希望在西方培植佛教僧團的一項計畫。佛光寺出版《友道》（*The Friendly Way*）英文季刊、《佛光寺手冊》（*A Manual of the Buddhapadipa Temple*）及其他佛教宣傳小冊子，並受到泰國皇家駐英大使館宗教事務部領導和支持。

一九七五年，佛光寺設立三個附屬組織：「英國佛教布道團」（The Sub-Committee for the Buddhist Mission in the UK），完全由泰人組成，常舉行集會討論在英國傳教所需要採取的措施。「青年佛教會」（The Young Buddhist Association），主要成員也是泰人，與佛教布道團配合安排寺院的活動、講座和課程。「居士佛教會」（The Lay Buddhist Association）主要由英國人組成，在寺院轄區內提供服務，安排課程等[23]。

佛光寺於一九七六年搬遷至位於溫布頓（Wimbledon）卡隆路（Calonne）的現址，隸屬於泰國皇家駐倫敦大使館，該基金會在四英畝的土地上，建造了傳統泰式風格的大殿（Ubosot）和數間僧舍，環境幽雅，有湖泊和花園等。並於一九八二年由泰國公主瓦塔娜（Galyani Vadhana）親自主持落成儀式[24]，同時舉行結界儀式，佛光寺是泰國佛教在歐洲的弘法中心。

一九五〇年，威廉．珀弗斯特（William August Purfurst，一九〇六—一九七一）和其他十一位成員，成立「鳳凰學會」（The Phoenix Society）。威廉介紹他們認識緬甸的提帝羅長老（Ven. Sayadaw U Thittila，一八九六—一九九七）。後來，鳳凰學會的成員慢慢增加，改稱「曼徹斯特佛學會」（The Buddhist Society of Manchester）。佛學會在祕書康妮．沃特頓（Connie Waterton）的督促下，會員們都積極參與投入，也是這批熱心的成員，後來幫忙成立英國僧伽信託基金會（English Sangha Trust）與英國僧伽會（English Sangha Association）。

英國僧伽信託基金會成立的目的，是照顧弘法的僧伽、支付佛學講座的開銷並幫助經濟困難的會友。僧伽會於一九五二年，在劍橋大學開辦第一期的暑期學校。一九五三年開始，協會在格羅夫納廣場（3 Grosvenor Square）的房舍聚會，一九六〇年時，祕書康妮決定買下這個地方，後經友人發心贊助，讓協會的聚會所能持續固定。一九五六年秋季，十六名學員參加僧伽會第一次舉辦的嚴格的七天靜修活動。

威廉．珀弗斯特是出生在英國的德國後裔，父親早逝，由母親撫養長大。威廉天資聰穎，二十歲時已經擔任著名公司的經理，但世俗的名利並不是他要追求的。他想解開生命之謎，深入探討哲學和心理學的領域，但是西方哲學並不能令他滿意。後來他前往倫敦探尋解答，在從事專業新聞攝影記者之餘，遇到了一位傳授他佛學的老師。老師對他紮實的教導、引導他解行並重的修學，讓他的身心有了轉變。一九三九年，二次大戰爆發，威廉成為皇家空軍的戰地攝影記者，這樣的機緣讓他出生入死，看到生靈塗炭，體驗無常。戰爭結束後，威廉在倫敦佛教協會演講，巧遇出國留學的緬甸比丘提帝羅尊者，威廉後來成為尊者得力的學生。一九五二年，威廉在提帝羅尊者座下出家成為沙彌，法名達磨難陀（Dhammānanda）。他持續協助佛教協會的弘法工作，分別於劍橋及牛津大學成立佛學社團，並創辦佛教暑期學校。

達磨難陀出家後，嚴格地遵守上座部佛教的戒律，他想要證明上座部佛教出家人的生活方式，在英國是可以行得通的。達磨難陀奔走於英國各地的弘法活動，經報章雜誌及新聞廣播的報導，吸引了許多英國人對佛教的關注，也得到一批人的護持。之後，為了籌集前往亞洲受比丘戒的旅費，達磨難陀還俗賺錢。雖然他修學的是緬甸上座部佛教，可是因為申請不到緬甸的簽證，一九五三年十月，得到在英國訪問的泰國法身寺提達瓦多長老（Phra Ṭhittavaḍḍho）的幫忙，取得泰國簽證，達磨難陀終於可以前往泰國求受比丘戒。一九五四年達磨難陀在吞武里先受沙彌戒，再受比丘戒，成為第一位在泰國出家的英國比丘，取新法名迦毘羅瓦多（Kapilavaḍḍho，弘法者之意，也取佛陀出生地迦毘羅衛國的音）。他精進修學內觀禪法，並通過經律論三藏的考試，被認證為合格說法的法師和教授內觀的禪師。同年十一月他獲准回英國弘法。迦毘羅瓦多比丘返回英國後，住在剛恢復運作的倫敦佛教精舍。

一九五五年，又有三位青年追隨迦毘羅瓦多比丘受沙彌戒。十一月時，迦毘羅瓦多比丘發起成立英國僧伽信託基金會，護持僧伽，由忠實的護持者西里爾．巴特利特（Cyril John Bartlett）擔任會長。一九五六年一月，迦毘羅瓦多比丘帶領三位沙彌到泰國求受比丘戒（分別為 Saddhāvaḍḍho 比丘、Vijjāvaḍḍho 比丘、Paññāvaḍḍho 比丘），在曼谷造成轟動，傳戒當天，有上萬人前往觀禮。同年十二月，僧伽會月刊的創刊號在李斯特（Ruth Lester）的編輯下出刊。

迦毘羅瓦多比丘的弘法工作非常繁忙，除了照顧倫敦各大學講座和曼徹斯特的弘法活動外，他還到歐洲各國演講。在德國的哲學博士斯克羅德（Dr. Lisa Schroeder）和她的兩個雙胞胎弟弟，後來也發心到英國出家。龐大的工作量終於讓迦毘羅瓦多比丘的健康亮起紅燈，醫生宣布他只剩下幾個月的壽命，要他停止工作。迦毘羅瓦多比丘於一九五七年還俗，改名為藍多（Richard Randall），僧伽會的事務由般若瓦多法師（Ven. Paññāvaḍḍho）接管。般若瓦多法師悉心照顧教導徒眾，講學弘法，僧伽會得以穩定成長。期間，因為獲得兩筆巨額的捐款，除了購置位於翰普斯泰（Hampstead）的一棟建築，還讓在英國剃度的沙彌可以到泰國去受戒參學。一九六一年，般若瓦多法師離開僧伽會，前往泰國跟隨泰國森林禪師阿姜摩訶布瓦（Ajahn Maha Boowa，一九一三—二○一一）學習，直到二○○四年圓寂。僧伽會再請加拿大出生，在泰國、緬甸、斯里蘭卡受戒參學的阿難陀菩提法師來到倫敦，接管僧伽會直到一九六七年。

一九六七年時，恢復健康的藍多被聘請回僧伽會幫忙，幾個月後，他再度受戒出家為迦毘羅瓦多比丘，馬上又投入緊湊的弘法活動、處理繁瑣的僧伽會務及解決四位數的財務赤字。隨著他的回來，舊時的許多護法也再度投入僧伽會的活動。僧伽會的講座及禪修課程在社會上獲有很高的評價，因為迦毘羅瓦多比丘個人與官方機構及新聞界的交情，以及與醫學界及社會團體的互動，英國僧伽會快速的成長。每星期，有五個晚上的禪坐教學，星期日的佛學講座，隨著信眾的增加，常有學員坐在樓梯上或會場外的情況發生。在迦毘羅瓦多比丘的領導下，基金會的財務狀況漸趨穩定，也恢復原有支持僧伽生活的功能。一九七〇年八月，迦毘羅瓦多比丘再度因為健康的關係，脫下僧衣，一年後去世㉕。

成立於一九五六年的英國僧伽信託，其目標是在西方成立南傳比丘僧團，但由於生活習俗和文化環境的差異，此目標一直未能達成。一九七二年至一九七六年，僧伽會陷入青黃不接的狀況，一九七六年時任會長的喬治・夏普（George Sharp）親自到泰國拜訪兩位著名的禪師——阿姜摩訶布瓦和阿姜查（Ajahn Chah），請求他們派遣森林比丘到英國駐錫翰普斯泰精舍（The Hampstead Buddhist Vihara or Dhammapadipa），並教授禪法。或許是因為阿姜摩訶布瓦曾訪問過翰普斯泰精舍，看到在西方國家因為對比丘的戒律不了解，居民與僧伽之間的互動是相當困難的；而且精舍位在一間酒吧的對面，似乎並不適合森林比丘。所以阿姜摩訶布瓦並沒有答應喬治・夏普的請求。但是，阿姜查卻決定在一九七七年前往英國了解情況，他帶著阿姜蘇美多（Ajahn Sumedho，一九三四—）和其他三位西方比丘同行。

考查後，阿姜查囑咐阿姜蘇美多與另外三位西方比丘留在翰普斯泰精舍，依照森林道場的生活作息方式，自修並弘法，直到在英國找到更適當的森林道場。由於文化的差異與生活方式的驟然改變，對阿姜蘇美多等諸位比丘，是很大的考驗，幸好比丘們內部相處和諧。一九七八年春天的一個早晨，小小的奇蹟出現了，阿姜蘇美多照例外出托缽，在路途中，一位慢跑者被阿姜蘇美多莊嚴的威儀震懾住了。這位慢跑者擁有位於西薩塞克斯（West Sussex）的一片森林（Hammer Wood），他一直希望能將森林恢復往昔的茂盛，所以，他雖然不是佛教徒，但當他看到威儀莊嚴的森林比丘時，就想將那片森林贈送給這位比丘。隨後，他參加了阿姜蘇美多在牛津大學附近的佛教中心主持的十日禪修，禪修後，他就將整片森林捐贈給阿姜蘇美多，也就是日後的奇瑟斯特佛寺。

奇瑟斯特佛寺（Cittaviveka Chithurst Monastery），是泰國森林傳統上座部佛教寺院，座落在西薩塞克斯郡奇瑟斯特的小村莊。英國僧伽信託於一九七九年，在阿姜蘇美多獲贈的森林旁，購置了一棟古屋，並請阿姜蘇美多擔任住持。這是阿姜查巴蓬寺（Wat Pah Pong）在泰國以外成立的第一座分院。寺院由阿姜蘇美多命名為奇瑟斯特，巴利文Cittaviveka是「心遠離」之意。道場從成立開始，即提供免費禪坐教學課程。寺院成立初期只有幾間修行的小木屋，後來修建了兩棟木屋，分別做為男女眾修行的地方。為適應英國的氣候和社會條件，雖然寺院的風格已略有調整，但奇瑟斯特佛寺仍與泰國森林傳統寺院，保持密切的聯繫，並得到亞洲與西方社會的贊助。

直到目前，奇瑟斯特佛寺的比丘們仍然維持一星期中，有數天到附近的村鎮托缽的傳統。在溫暖的季節裡，他們還出外行腳，做夜間露宿空地的修行者。奇瑟斯特佛寺現任住持是阿姜蘇美多剃度的阿姜迦魯尼（Ajahn Karuniko）[26]。

阿摩羅缽底佛寺（Amaravati Buddhist Monastery，或譯為甘露法道場，Amarāvatī巴利文的意思是不死的境界）座落在英國東南部赫特福德（Hertfordshire）的奇爾特恩丘陵（Chiltern Hills）東端，環境幽美，幾棟木結構的建築物，矗立在一大片綠意盎然的草地上。

一九八四年，阿姜蘇美多為了要安置日益增多的比丘、比丘尼及跟隨的信眾，他帶領一半的比丘及所有的比丘尼和部分住眾離開奇瑟斯特佛寺，搬遷至由英國僧伽信託購置建立的阿摩羅缽底寺，並以此為森林道場的總部。此處提供一個傳統森林禪修的環境，讓追求解脫的出家人與在家人，在律制的團體中共住共修，也開放給參訪的遊客，讓他們有機會學習正念的禪修，探索佛陀的教法，提昇心靈生活的品質。

道場裡原有的建築，是二次大戰時的軍事用地，後改為一所住宿學校。一九九九年，由泰王的妹妹瓦塔娜公主捐獻，另外建造了一座傳統泰式的佛殿。道場內平常住有二、三十位奉行佛教戒律生活的比丘、比丘尼及受持八戒的在家居士。還有一個靜修中心，除了冬安居外，每年有九個月的時間，對外開放，教授禪法，舉辦禪修活動。所有活動教學及膳宿靜修，一切免費。

阿摩羅缽底佛寺設有分院在英國西南部德文郡、北部諾森伯蘭郡和西薩塞克斯郡的奇瑟斯特森林道場。英國以外，在紐西蘭、義大利、瑞士和北美，都有分院。二〇一〇年秋，阿姜蘇美多退位，由曾在美國加州紅木谷的無畏山寺道場，擔任過十四年副住持的高僧阿姜阿默爾（Ajahn Amaro）接任阿摩羅缽底佛寺住持[27]。

阿姜蘇美多生於美國華盛頓州的西雅圖，成長在一個信仰英國國教的家庭裡。一九五一年至一九五三年間，他在華盛頓大學攻讀中文及歷史，其後又擔任美國海軍醫務兵四年。一九五九年，他再度回到大學，完成遠東研究所的文學士課程，這些課程使得他從書籍中認識了佛教。隨後，阿姜蘇美多在一九六三年，於加州柏克萊大學的南亞研究所取得碩士學位。

一九六四年至一九六六年間，他曾前往婆羅洲的沙巴，擔任和平工作團的教師。之後，他到泰國學習禪坐，並且出家為僧，一九六七年五月正式受具足戒。在一次偶然的機會遇到阿姜查的弟子後，他就到巴蓬寺的森林道場尋找這位禪師，不久即成為阿姜查座下的弟子，並且在他的指導下修行，達十年之久。一九七五年，阿姜查指派他帶領幾位比丘，在離巴蓬寺不遠的地方，為西方比丘們建立拿那恰國際森林道場（Wat Pah Nanachat International Forest Monastery），用英語教導禪修，接引了很多西方人士。

一九七七年，阿姜蘇美多陪同阿姜查訪問英國，之後，阿姜查囑咐他留在英國翰普斯泰精舍。此後，他以無比的努力與慈悲，在英國創建了四座莊嚴的道場，阿姜蘇美多是在英國創建傳統森林禪修道場的始祖，一九八一年，阿姜蘇美多被授權可以剃度比丘、比丘尼，也被視為佛教在英國生根的象徵。護持森林道場的居士團體從一九八一年的四個組織，增至二〇〇一年的三十六個團體，道場出版《森林僧伽通訊》[28]。阿姜蘇美多數十本的英文著作，對歐美人士也產生很大的影響。

阿姜差摩達摩（Ajahn Khemadhammo，也稱為 Chao Khun Bhavanaviteht，一九四四—）生於英國，戲劇學校畢業後為專業演員。他在倫敦皇家國家劇院工作幾年後，因對佛法產生興趣，一九七一年他前往泰國，同年十二月，他在曼谷出家。一個月後他到阿姜查的巴蓬寺受比丘戒，跟隨阿姜查學習。一九七七年，他陪伴阿姜查和阿姜蘇美多前往英國，而後留在翰普斯泰精舍二十個月。

離開翰普斯泰精舍之後，阿姜差摩達摩在英國南部的懷特島（The Isle of Wight）成立了一個小靜修道場。一九八四年，他接受一群指導多年的佛教禪修者的邀請，搬到了橫幅山附近的凱尼爾沃思郡（Kenilworth），在那裡建立森林靜修道場（The Forest Hermitage）並成立佛法基金會（Buddha-Dhamma Fellowship）。基金會於一九八七年，收到來自泰國的大筆捐獻，於是購下這片土地，道場裡包括男眾「寂靜法」（Santidhamma）和女眾「修習法」（Bhavanadhamma）兩座道場，並於隔年修建佛塔[29]。

從一九七七年開始，翰普斯泰精舍就曾收到監獄請求佛教提供宗教輔導，阿姜查也鼓勵阿姜差摩達摩去輔導受刑人，阿姜差摩達摩於是開始了他的監獄布教工作。幾年下來，佛教監獄輔導的需求愈來愈大，阿姜差摩達摩於一九八五年，設立了一個佛教監獄布教機構「鴦掘摩羅協會」（Angulimala, the Buddhist Prison Chaplaincy），在英國與威爾斯輔導受刑人，在蘇格蘭也設有分會。鑑於他對英國監獄犯人的輔導貢獻，英國女皇在二〇〇三年授予他英帝國勳章（OBE）名號「大英帝國最優良團體的領導人」。現在英國約有五十多名，來自各地佛學院的佛教監獄教誨師[30]。

奢摩他信託（Samatha Trust）成立於一九七三年，是一個居士團體。創立者為泰國的禪修老師奈布恩曼（Nai Boonman，一九三二—），奈布恩曼曾經在泰國出家十五年，一九六〇年時，幫忙成立英國的第一座泰國佛寺。一九六三年，開始接受英國僧伽會的邀請，在翰普斯泰精舍和劍橋大學教授止禪。一九七一年在劍橋大學首次帶領禪七後，參加的學員們初嘗禪味，之後，有固定的聚會。一九七三年，奈布恩曼和蘭斯．考辛斯（Lance Cousins，一九四五—二〇一五）及保羅．丹尼森（Paul Denison）成立奢摩他信託，教導專注呼吸的修止方法，強調此為佛陀證道前的修行方法。由於參加的成員多為劍橋及牛津大學的學生與教職員，所以此團體的學術風氣很盛，大家對研讀與修行有關的經論很有興趣。奢摩他信託於一九八七年，在威爾斯（Wales）購置了九十畝地的農場，成為英國的禪修總部。一九九一年至一九九六年，將農場穀倉改造為一棟很大的佛殿、一間小佛殿、一間小圖書館及一個小會議室。工程完成後，一九九六年舉行隆重的慶祝，奈布恩曼回到英國，當時有英國、泰國、緬甸、斯里蘭卡、柬埔寨僧人、奢摩他信託成員三百人及其他佛教信眾參加。另外在其他各大小城市，如倫敦、劍橋、曼徹斯特等，有三十多個禪修中心，提供禪修課程。

由葛印卡（Satya Narayan Goenka，一九二四—二〇一三）創辦的內觀禪中心，在英國成立內觀信託（Vipassana Trust），並於一九九一年在赫里福德（Hereford）成立法燈（Dharma Dīpa）內觀中心，中心占地二十二英畝。該中心擁有約五十個單人靜修房間，可容納一百三十名學生共修。二〇〇一年又在附近，開發了精勤法（Dhamma Padhāna）內觀中心，是西方第一個專為長期靜修設計的中心，提供每位禪修者獨立修行的空間。目前在英國，另外還有三個禪修中心。

僧護（Sangharakshita 或 Saṅgharakṣita，一九二五—），原名丹尼斯・林伍德（Dennis Lingwood），一九二五年生於英國倫敦，從小喜歡閱讀，年輕時因讀了《金剛經》有所體悟而信佛。二次大戰時，應徵入伍，被派往印度，二戰結束後，他留在印度出家，一九四九年受南傳沙彌戒，法名僧護，一年後在鹿野苑受比丘戒。之後的十四年，他一直留在印度，為佛教在印度的復興的而努力。他曾擔任《摩訶菩提》雜誌編輯十二年。僧護不想拘限於某宗某派，凡是南傳、北傳、藏傳他都學習。一九六四年，僧護法師受「英國僧伽信託」的邀請，回英國弘法。他觀察當時在英國弘法的南傳佛教僧人，很強調僧人外在形相，講求嚴格地守持戒律，但在西方文化現實中，卻有處處難行的困境。又由於他對大乘菩薩道的推崇，與對《維摩詰經》的讚歎，所以他提出新的佛教教團理念。但是，因為他的新理念與傳統佛教有衝突，一九六六年，僧護被英國僧伽信託解聘。

僧護法師深感佛教若要在西方發展，需要在經濟上獨立，在戒律上調整。一九六七年，他創立一個「西方佛教僧團之友」（Friends of The Western Buddhist Order, or FWBO Centers），其核心組織「西方佛教僧團」（The Western Buddhist Order，簡稱 WBO），成員是都是皈依受戒的佛弟子，他們發願精進修行，實踐佛法和弘揚法義。此組織於二〇一〇年，全世界統一改稱「三寶普濟會」（Triratna Buddhist Community）。位於貝斯納爾格林（Bethnal Green）的倫敦佛教中心（London Buddhist Centre），是目前英國最大的會所，每天中午對初學者提供午餐靜坐教學課程。

西方佛教僧團之友不歸屬任何傳統教派，只將自己視為「佛教徒」。有居家的生活，也有寺院式的生活，是一種新型的、改革的佛教團體運動。以八正道的「正命」，為弘法事業求經濟上的自主。他們在英國各地建立分支社團和中心，在一九七〇年代迅速發展起來。他們在社區經營飯店、健康食品店、書店、印刷廠、園藝所、建築公司等，同時也潛心研究佛法。該組織在北歐、澳大利亞、太平洋諸島各地也有支持者。僧護自己改蓄長髮、只有特別儀式時，才穿上僧袍主持，他也剃度弟子。僧護的改革，在一九七〇至一九八〇年代，被批評有成員不夠虔誠，修行也很鬆弛，有「縱情享樂」的傾向，受到傳統佛教團體的排斥。雖然僧護是一位爭議性的人物，但西方佛教僧團之友成長快速。二〇〇〇年時，僧護退休，由須菩提（Subhuti）擔任主席[31]。

英國相即共同體（The Community of Interbeing UK，簡稱COI）是遵循越南一行禪師的教誨，落實正念於生活，期望創造更有智慧更有同情心的社會。從二〇〇一年開始，英國相即共同體在英國立案為慈善機構，推廣一行禪師的教法與理念。他們尊重其他不同的宗教傳統，提供人們學習一行禪師的正念修行。目前在英國有九十個正念中心。一行禪師近百本的英文著作，教導歐美人士生活中的正念禪[32]。

二、漢傳佛教

一九七二年，英籍比丘尼慈友．肯尼特禪師（Roshi Jiyu Kennet，一九二四—一九九六）從日本學禪歸來，把曹洞宗的禪法帶回英國。之後，日本佛教的禪宗、淨土真宗、真言宗、日蓮正宗等，也相繼傳入英國。

曾在日本學禪的英籍比丘尼慈友．肯尼特禪師，大學主修音樂，曾任教堂的司琴。

她因為不滿教會對女性的歧視，而開始接觸佛法。一九五四年時，參加韓福瑞的佛教協會，學習南傳佛教教導的禪定。一九六〇年，日本曹洞宗總持寺的孤峰智燦禪師（一八七九—一九六七）應邀到倫敦佛教協會弘法，由她幫忙策畫行程。禪師離開時，邀請她到日本參學。一九六二年肯尼特禪師先到馬六甲的中國佛寺青雲亭，由該寺住持金星法師剃度出家，法號慈友33。三個月後，慈友到日本名古屋曹洞宗大本山總持寺，隨孤峰智燦禪師學習禪法，成為日本曹洞宗百年來唯一的女禪師，也是日後在西方教授曹洞禪的第一位女禪師。為了方便在西方弘法，她的師父亦破例准許她為男女眾授出家戒。一九七〇年慈友．肯尼特禪師在美國舊金山成立禪宗傳教會（Zen Mission Society）。一九七二年六月在英國最北的諾桑伯蘭郡（Northumberland）成立禪宗傳教會英國分會，並建立「瑟羅塞洞穴修道院」（Throssed Hole Priory），首創英國曹洞宗的道場。一九七八年禪宗傳教會改名為「佛教修行道場」（Order of Buddhist Contemplatives），在美國、加拿大、英國、荷蘭、德國都有分會。

肯尼特禪師在英國教禪和講課，也有一定的影響，有十二人接受菩薩戒，另有五人跟隨她回到美國受戒。其中一名叫戴吉．斯特拉森（Daiji Strathern）回到英國，又出資在諾桑伯蘭郡購買了一個農場。因此瑟羅塞洞穴修道院，有場地可舉辦周末活動和七日的禪修。一九七六年初，肯尼特禪師身體健康欠佳，她閉關修行，為死亡準備。肯尼特禪師著有《禪是永恆的生命》（*Zen Is Eternal Life*）等書，並創作了六十多首佛曲[34]。

一九八〇年代，大進・摩根（Rev. Daishin Morgen，一九五一—）在美國「夏思塔寺院」（Shasta Abbey）被授予禪師稱號。一九八二年，摩根和其他留美的英籍僧人，回到英國瑟羅塞洞穴修道院，摩根擔任院長，剃度僧尼得以恢復，僧團進一步擴大了。一九八八年，一座新的大禪堂和一座新的修道院在雷丁（Reading）建成。一九九二年，瑟羅塞洞穴修道院住有三十名僧尼，四十名居士傳法人，三十個禪修組，修行者超過一千人[35]。

瑟羅塞洞穴修道院除供學生學習坐禪外，住持禪師並為人主持婚禮，為幼兒命名宗教儀式，舉辦葬禮及佛教主要節日慶典等活動。

臨濟宗的傳人伊姆佳德・史羅格爾博士（Dr. Irmgard Schloegl，一九二一—二〇〇七）表現也很突出。史羅格爾博士從一九五〇年開始，參加韓福瑞佛教協會裡的禪修課程，對禪修產生興趣。一九六〇年，她前往日本京都大德寺，跟隨盛永宗興禪師學習臨濟禪法十二年。一九七九年，她在韓福瑞的佛教協會裡，成立倫敦禪中心（London Zen Center）。

一九八四年時，盛永禪師從日本帶了六位比丘抵達倫敦，韓福瑞提供他的宅舍成立臨濟宗的道場——正法庵（Shobo-an Temple），盛永禪師並剃度史羅格爾博士為妙鏡比丘尼（Myokyo-ni），由她住持正法庵。妙鏡比丘尼又於一九九六年在盧頓（Luton）成立費爾萊特禪寺（Fairlight Zen Temple）。二〇〇七年，妙鏡比丘尼去世後，兩處道場由她的弟子接管[36]。

國際禪協會英國分會（International Zen Association United Kingdom），隸屬於日本曹洞宗的禪師弟子丸泰仙（一九一四—一九八二）在法國創立的國際禪協會。一九八六年，由弟子丸泰仙禪師的兩位出家弟子吉恩・修健・貝比（Jean Shogen Baby）和南茜・南星・恩姆弗克斯（Nancy Nanshin Amphoux）在英國成立分會，教導曹洞宗禪法。目前在英國，有十四個禪修中心，其中倫敦禪學會（London Zen Society）有四個靜坐中心，定期聚會共修，吸引很多人習禪[37]。

因為受到肯尼特禪師的影響，加上韓福瑞和妙鏡禪師等人極力倡導，禪宗在英國一時極為風行。各地紛紛設立禪中心，其中以「法屋」（Dharma House）和國際禪協會的「倫敦禪學舍」等最為著名。

英國第一位與日本淨土真宗接觸的人是傑克・奧斯汀（Jack Austin，一九一七—一九九三），他於一九七七年與在倫敦大學教書的日本淨土真宗的師父久雄稻垣一起成立「英國淨土真宗協會」（Shin Buddhist Association of Great Britain）。但此協會在會長奧斯汀生病後，於一九八〇年解散。原本淨土真宗的成員，後來發展成淨土佛教聯誼會

（Pure Land Buddhist Fellowship）[38]。聯誼會出版通訊，一九八三年後，已改為《淨土札記》（*Pure Land Notes*）期刊。

在倫敦成立的「英國真言宗佛教協會」（The British Shingon Buddhist Association）也出版《流星》（*Flowing Star*）會刊，推行經典研讀，教人學習靜坐、舉行曼陀羅儀式活動，也在其他城市設立分支。

一九六一年，一批日本女子隨著在倫敦經商的先生們去到英國，同時也將創價學會帶到英國。一九七五年，創價學會英國分會（Soka Gakkai International—SGI-UK）成立，學會成員僅約二百人；隨後該組織發展快速，到一九八六年，成員已達三千人，隸屬分支機構一百三十個。一九八八年，成員達到四千人，而且其影響已經從倫敦地區擴展到其他城市。學會買下位於伯克郡（Berkshire）的特普洛科特為總部，有八十五英畝土地，改造為新伊麗莎白式建築，被用來舉辦會議、展覽藝術活動和音樂節。一九八九年，總部成為東方哲學研究所歐洲中心，擁有一間很大的圖書館，學者們可以在這裡學習、舉辦講座和研修班。在二〇一五年，已有四個中心，六千多會員[39]。

另一日蓮宗支派日本山妙法寺，為落實創辦人藤井日達在全世界建造和平塔的願望，由長瀨法師於一九七八年抵達英國，負責策畫在倫敦泰晤士河畔的巴特西公園（Battersea Park），建立一座二十四公尺高的和平塔（Peace Pagoda）。和平塔於一九八五年完成，塔內供奉來自亞洲各地的舍利子，現在每年在塔前，固定舉辦祈求世界和平的大活動。

一九九〇年星雲法師應邀至歐洲弘法，途經英國考察時，交代當時在倫敦的依益法師及永有法師兩項任務，希望在倫敦成立道場，並在當地成立佛光會。一九九一年秋，他們很順利地在倫敦最熱鬧的牛津街及里仁街側，覓得一座基督書院（The Institute of Christian Studies）做為寺址，命名為倫敦佛光山道場，並成立國際佛光倫敦協會。一九九三年七月，應曼徹斯特信眾的要求，於該地成立曼城佛光會。一九九四年，雅適士市許瓊華女士捐贈舍宅成立分會，供法師領眾熏修。星雲法師於一九九四年八月應邀至英國主持佛學講座，並為曼徹斯特佛光協會、雅適士佛光分會主持成立大會。倫敦佛光山道場及佛光會，經常舉辦各種弘法活動，佛教藝術與慈善活動。

慈濟功德會在英國倫敦亦設分支會聯絡處，帶領各地慈濟人弘揚四大志業：慈善、醫療、教育、人文。

三、藏傳佛教

一九五八年，十六世噶瑪巴帶領很多喇嘛，攜帶珍貴的佛教法器、經典逃到印度。一九六二年，他在錫金境內建立隆德寺（Rumtek Monastery），做為駐錫之地，隨後發展成為國際噶舉派的總部。在隆德寺發展期間，十六世噶瑪巴得到第一位西方女性剃度弟子斐達・貝荻（Freda Bedi，一九一一—一九七七），她是西方世界最早在藏傳佛教中出家的女眾，法名格隆瑪・噶瑪・肯邱・帕摩（Gelongma Karma Kechog Palmo）。斐達・貝荻原名斐達・赫斯頓（Freda Houlston），生於英格蘭，在牛津大學讀書時認識她的丈夫，巴巴・帕萊・拉爾・貝荻（Baba Pyare Lal Bedi，一九〇九—一九九三），他是錫克人。貝萩於一九三四年移居印度，擔任英語教師。一九五二年，因擔任聯合國社會服務規畫委員會的社工，曾至緬甸仰光，有機會向馬哈希等佛教僧人學習內觀。一九五九年，第十四世達賴喇嘛由中國西藏流亡至印度，在賈瓦哈拉爾・尼赫魯（Pandit Jawaharlal Nehru）的請求下，貝萩前往幫忙，主管當地的社會福利委員會（Social Welfare Board）。在此，她成為第十六世噶瑪巴的徒弟，接受噶舉派信仰。她與第十四世達賴喇嘛（Dalai Lama，一九三五—）合作，建立了青年喇嘛之家學校（Young Lamas Home School），由丘揚創巴（Chogyam Trungpa，一九三九—一九八七）擔任這間學校的導師，噶廷萊仁波切擔任方丈。貝荻也在印度達爾霍烏西耶（Dalhousie），創建女眾道場噶瑪竹舉薩迦林（Karma Drubgyu Thargay Ling）。

之後，創巴仁波切和阿貢喇嘛（Shetrop Akong Tarap，一九四〇—二〇一三），獲得獎學金前往英國牛津大學攻讀。一九六一年，遇到受英國僧伽信託聘請的加拿大籍住持，上座部比丘阿難陀菩提。一九六五年，阿難陀菩提比丘因為要返回加拿大，將他在蘇格蘭鄧弗里夏（Dumfriesshire）創辦的約翰斯敦靜修道場（Johnstone House Contemplative Community）轉讓給阿貢喇嘛和創巴仁波切，於一九六七年成立「噶舉桑耶林藏族中心」（The Kagyu Samye Ling Tibetan Center），是藏傳佛教在西方的第一座道場。創巴仁波切於一九七〇年離開英國前往美國，中心由阿貢喇嘛及一九八〇年代後期抵達的阿貢喇嘛的弟弟喇嘛益西仁波切（Yeshe Losal Rinpoche，一九四三—）一起負責。

一九六三年，丘揚創巴仁波切至英國牛津大學留學時，英格蘭出生的戴安．派瑞（Diane Perry）成為他在西方世界的第一位學生，跟隨他學習禪修技巧。戴安．派瑞在二十歲時，首次到達印度，在第十四世達賴喇嘛與斐達．貝荻創立的「青年喇嘛之家學校」擔任英文教師。教課之餘，她跟隨竹巴噶舉札西炯的康祖法王學習密宗，以他為根本上師，並於一九六四年，接受金剛乘灌頂並以沙彌尼身分出家，法名丹津．葩默（Jetsunma Tenzin Palmo，一九四三—），是繼斐達．貝荻之後的藏傳西方尼師。丹津．葩默曾在印度喜馬拉雅山區的岩洞中，獨自修行十二年，二〇〇八年，噶舉竹巴傳承的精神領袖——第十二世嘉旺竹巴法王授予她傑尊瑪（Jetsunma）的稱號，是目前藏傳佛教中位階最高的女性出家眾之一。丹津．葩默於二〇〇〇年，在印度創立道久迦措林尼寺（Dongyu Gatsal Ling Nunnery），為藏傳佛教的女性修行者提供教育以及學習禪修的處所㊵。

噶舉桑耶林藏族中心，是藏傳佛教在歐洲最早也是最大的道場之一。在一九七〇年代末和一九八〇年代初，第十六世大寶法王、達賴喇嘛、薩迦法王和頂果仁波切等相繼的走訪及弘法，為藏傳佛教在英國的弘傳，奠定了穩固的基礎。一九七〇年代前後，噶舉桑耶林藏族中心的管理，注重靜修，弘揚比較嚴肅的修行方式，開辦了一個進行禪修和佛教學習的固定修行群體，有十個西方人在中心受戒。到一九八二年，增加到五十人，有部分人長期閉關。每年約有一千人來參觀，得到阿貢仁波切的單獨指導，有直接聯繫的佛教徒達到四千人。中心這時也修建大的藏式佛寺。一九八八年，中心已增長到九十名僧尼，其中也包括西方人。每年參觀人數多達六千名。

一九八八年八月八日，噶舉桑耶林藏族中心舉行落成典禮，有二千名政界和宗教界代表，以及三百名來自英國和國外的噶瑪噶舉派修行者，與當地的居民一起參加慶祝儀式。有十六人完成了四年閉關，又有四十位候選人，準備參加即將開始的為期四年的閉關靜修。一九九二年，有三十四名男女信徒完成第二期四年的閉關。一九九五年，中心的宗教、醫療和慈善活動繼續擴大，修建了新厨房和食宿設備，一個居士的社區擴展到相鄰的村莊，一座新佛塔也落成開光。

經過半世紀的發展，中心除了佛殿和僧眾寮房外，寺院外圍還開發了住宅區及大片有機農場，入住中心的住眾身分不居，但都需守持五戒。中心對大眾開放。另外，還有瑜伽課程、佛教藝術、太極等教學。中心設有佛殿、圖書館、齋堂、文物流通處和遠客住宿寮房等，處處呈現精美西藏藝術的桑耶寺成為推廣西藏文化和藝術的中心，也是蘇格蘭的旅遊景點之一[41]。

一九九八年，在蘭貝斯（Lambeth）市區中心，成立了「倫敦噶舉桑耶宗」（Kagyu Samye Dzong London），設有固定禪修課、佛教和藏族文化課程，為新信徒和有經驗的修行者舉辦短期閉關。倫敦噶舉桑耶宗於二〇〇九年，購下倫敦東南薩瑟克區（Southwark）的伯蒙德賽（Bermondsey）圖書館舊址，主要由丹麥出生的桑姆喇嘛（Lama Gelongma Zangmo）指導，她是一位經驗豐富的西方比丘尼。此外在鄧迪（Dundee）、格拉斯哥（Glasgon）、都柏林（Dublin），也有一些大的中心[42]。

一九六五年，奇美仁波切（Lama Chime Rinpoche）與阿貢喇嘛、創巴仁波切，一起抵達英國，進入牛津大學就讀。一九七三年，奇美仁波切在埃塞克斯的艾須頓（Ashdon Essex）成立「康藏之家」（Kham Tibetan Center）坐禪中心，後改名為馬爾巴之家，是噶舉派的道場，由佛法信託管理（The Dharma Trust）[43]。

曾在尼泊爾教授西方人佛法的喇嘛，土登耶喜（Thubten Yeshe，一九三五—一九八四）和土登梭巴（Thubten Zopa，一九四六—），一九七四年到歐洲參觀訪問。之後，耶喜喇嘛開始在西方各國建立佛教中心，指派喇嘛進行管理。一九七五年，兩位喇嘛訪問英國，得到很多信徒支助，在一九七六年買下坎布里亞郡（Cumbria）的孔尼斯赫德修道院（Conishead Priory）為校舍，創辦了文殊師利佛學院（Manjushri Institute，一九七六—一九九一）。文殊師利佛學院占地七十英畝，有空地和森林，靠近莫肯比海灣，風景幽美。

一九七七年，學院邀請曾在喜馬拉亞山閉關十八年的格西格桑嘉措（Geshe Kelsang Gyatso，一九三一—）到文殊師利佛學院任教及常駐，他原本是耶喜喇嘛的同學。文殊師利佛學院因有了更多的僧人和信徒，準備創建為一所可容納二百名學生的大學。之後的發展，因耶喜喇嘛和格西格桑兩人意見不合，分道揚鑣。文殊師利佛學院於一九九一年，由格西格桑購下校舍，並成立新噶當巴傳承（New Kadampa Tradition，簡稱NKT），自稱是格魯派的一個現代分支。格西格桑並於校舍旁，興建了噶當派的第一座寺院——文殊師利噶當巴禪修中心（Manjushri Kadampa Meditation Center），目前由比丘尼德雍法師（Gen-la Kelsang Dekyong）負責。

二〇〇三年，該組織改名為「國際噶當巴佛教聯盟」（International Kadampa Buddhist Union，簡稱IKBU）。目前在全球各地設立了超過一千一百所佛法中心。格西格桑設計了一個國際性佛法課程，讓人們不分國籍、年齡和性別，都有機會學習禪修技巧，開展內在的平靜，尋找真正的快樂。到目前為止，這個課程已經遍及全球四十多個國家。該組織每年都在春季、夏季及秋季舉辦大型國際噶當巴的弘法活動，吸引世界各地數千人來參與這項盛會。根據人口普查，噶當巴佛教聯盟所在的坎布里亞郡，是英國唯一佛教徒人口多於回教徒的地區[44]。

耶喜喇嘛離開文殊師利佛學院後，一九八〇年另建立文殊師利中心（The Manjushri Centre），一九九〇年又改名為蔣揚禪修中心（Jamyang Buddhist Centre），屬於總部在尼泊爾加德滿都的護持大乘法脈基金會（The Foundation for the Preservation of the Mahayana Tradition，簡稱 FPMT）。自一九九四年起，由獲有南印度色拉寺拉然巴格西學位的札西策林（Geshe Tashi Tsering，一九五八—）擔任住持[45]。

鑽石道佛教中心（Diamond Way Buddhism），是藏傳佛教噶瑪噶舉派（Karma Kagyu Lineage）的居士組織。第一個鑽石道佛教中心，是由歐雷．尼達爾喇嘛（Lama Ole Nydahl）和漢娜（Hannah）夫婦，在十六世大寶法王的託付下，成立於丹麥首都哥本哈根，也是噶瑪噶舉派在西方的第一個團體。鑽石道佛教中心以十六世和十七世大寶法王欽列泰耶多傑為精神領袖，在尼達爾夫婦積極投入下，成功地將噶瑪噶舉派的教法在西方世界弘揚開來。目前包括英國的三十個中心，全世界大約有六百五十個鑽石道佛教中心[46]。

西藏寧瑪派喇嘛索甲仁波切（Lama Soygal Rinpoche，一九四七—），出生於西藏東部的康巴，他於一九七一年至英國劍橋大學專研比較宗教學。一九七五年，擔任敦珠仁波切（Dudjom Rinpoche，一九〇四—一九八七）在歐洲及美國弘法的翻譯。一九七七年，成立倫敦「大圓滿佛法中心」（Dzogchen Orgyen Chö Ling），邀請大寶法王及多位仁波切蒞臨弘法，講授坐禪、菩薩道、瑜伽與密宗等。索甲仁波切能說流利的英語，講經說法深入淺出，極吸引人，在英、法兩國擁有很多信眾。一九七九年，索甲仁波切將所創設的佛學中心命名為「本覺會中心」（Rigpa Center），提供各種佛學與修行課程，並舉辦工作坊，將西藏智慧和修行與當今社會議題相互結合，希望超越種族、宗教、文化與心理的障礙，直指本心，弘揚佛法。目前在全世界有一百三十多個佛法中心[47]。索甲仁波切撰寫了《大圓滿和蓮花生》（*Dzogchen and Padmasambhava*）、《佛教的未來》（*The Future of Buddhism*）等書；他的《西藏生死書》（*The Tibetan Book of Living and Dying*）最著名，在西方產生了巨大的影響。

噶廷萊仁波切（Karma Thinley Rinpoche，一九三一—）於一九七三年，訪問蘇格蘭時，遇到他日後的西方弟子強巴塔耶（Jampa Thaye）。強巴塔耶擁有英國曼徹斯特大學西藏宗教史博士學位，跟隨噶廷萊仁波切學習噶舉派、薩迦派、寧瑪派和噶當派的傳承。噶廷萊仁波切於一九七五年和強巴在曼徹斯特成立第一座道場——堪波貢噶噶舉林（Kampo Gangra Kagyu Ling），又於一九七七年與強巴，在英國布里斯托（Bristol）創設「薩迦派佛法中心」（Sakya Buddhist Centre Bristol，又稱 Sakya Thinley Rinchen Ling），教導佛法與靜修，是藏傳佛教在英國的主要中心之一。一九八八年，喇嘛強巴塔耶被認可，以喇嘛的身分教導佛法與指導修行，並於蘭開夏郡（Lancashire）成立噶舉派的道場（Kagyu Dzong）。強巴在曼徹斯特大學和曼徹斯特城市大學教授有關西藏宗教史的課程達二十多年。強巴成立德千國際協會——薩迦和噶瑪噶舉藏傳佛教中心（Dechen International Association of Sakya and Karma Kagyu Tibetan Buddhist Centres），是英國十七個靜修分會的總部。另外，在法國、義大利、德國和美國也設有分會。噶廷萊仁波切與喇嘛強巴塔耶著有多本英文著作[48]。

一九九四年十月五日，英國的教育部長、大英王國大主教與全英國教科書決策委員會主席三人，召集全英國各大宗教代表會議，正式宣布新宗教教育政策，規定政府主辦之公費學校的所有學生由五歲至十六歲，在中學（GESC）會考之前，必須研讀五種宗教科目，即基督教為必修科外，佛教、伊斯蘭教、印度教、猶太教、錫克教等，由各地方教育部與學校磋商，選讀其中之四科。全國一百零八個大小州郡以此為依據，分別制訂出各自的宗教教學大綱，其中肯特郡（Kent Country）為全英國最大之州郡，亦擁有最多學校（共有六百三十所中小學校）。此郡之教育部已議決公布，並指示其所管轄之所有學校，選擇佛教為第二宗教必修科（基督教是當然的必修科）。

根據肯特郡宗教教育官員韓利普先生（Mr. Hannibal）所言，佛教以緣起法、四聖諦為基礎，符合當今科學，易為西方人接受。佛教宣導五戒、十善、四攝和六度；又主張和平、非暴力，對提昇社會道德和維護社會安定都有極重要的作用。所以，肯特郡教育部宗教組的官員，積極地促成佛學成為學校的正修科。

由於缺乏可供英國中小學使用的佛教教材，一九九五年在倫敦大學攻讀宗教研究所博士的淨因法師發起成立「英國佛教教育基金會」，廣徵編輯人才與教材。目前淨因法師已編完三冊的英文佛教教材，以供當地中小學課程選用[49]。法師現任英國佛教教育基金會理事。

佛教網絡團體（The Network of Buddhist Organizations，簡稱NBO）是一個民間機構，成立於一九九三年，正值佛教在英國已漸鞏固的時期。成員涵蓋佛教的不同宗派；而且大都是英國本土化的新宗教運動者。佛教團體網絡成立的主旨，希望各個佛教團體間有更多的交流與互動。他們更大的目標是希望各個不同宗教之間，能有更開放的對話與合作。他們積極參與政府和公共機構的運作，包括慈善委員會，宗教教育理事會和平等人權委員會的協商[50]。

綜觀佛教在英國的發展，從十八世紀中，先是學者們對巴利聖典的蒐集、翻譯和研究開始；到十九世紀初，隨著韓福瑞成立佛教協會、達摩波羅長者成立倫敦佛教精舍，佛教除了學術的研究，信仰和修行的部分也開始緩慢地成長。及至二次大戰後由迦毘羅瓦多比丘創辦的僧伽信託會，致力在英國成立南傳上座部僧團，為落實佛教本土化做出種種努力。直到一九七〇年後，阿姜蘇美多領導的上座部森林道場成立，數十位西方比丘依戒律共住修行，可算是上座部佛教在英國本土化的實現。日本禪宗在兩位英國尼師，肯尼特禪師和妙鏡禪師的弘揚下，也穩定成長。藏傳佛教在一九七〇年代，也隨著流亡的喇嘛傳到西方。一九八〇年後，除了藏傳新噶當派的成立，許多新興的佛教團體陸續成立。其中發展蓬勃，會員數量眾多的有西方佛教僧團之友（約八千會員）、創價學會（約四千會員）和法國一行禪師領導的正念修行中心。這些團體都是以居士為主，強調佛法在日常生活中的落實。

佛教在英國，經過百年的開展，由南傳上座部而日本禪宗而藏傳佛教，乃至新興的佛教；正是百家爭鳴的局面，但真正本土的「英國佛教」，仍在摸索與成長。許多佛法書籍的出版，對法義和修行都有深入淺出的引導，對佛教的普及人群也有重要的影響。至於佛教徒的人口，從開始的少數學者，一九八〇年代約十五個佛教團體，一九九〇年代增為四十五個佛教團體，至二〇〇一年時，激增至四百五十多個團體。根據二〇一一年的人口普查，在英國有二十六萬五千八百四十人（約占英國人口的百分之零點四）登記是佛教徒，比二〇〇一年的十四萬四千五百四十三人，成長了快一倍。

❶ 楊健著：《亞洲之外佛教》，載魏道儒主編：《世界佛教通史》第十三卷，第三十七—三十八頁。
❷ William Peiris 著，梅迺文譯：《西洋佛教學者傳》，載《世界佛學名著譯叢》第八十四冊，第八十三頁。
❸ Gerald H. Anderson, *Biographical Dictionary of Christian Missions*, p. 280。
❹ 鄭金德著：《歐美的佛教》，第十—十一頁。
❺ 摩訶菩提協會網站：http://mahabodhisociety.com/
❻ 鄭金德著：《歐美的佛教》，第十三頁。
❼ 英國圖書館收藏霍奇森的文稿資料：http://catalogue2.socanth.cam.ac.uk:8080/exist/servlet/db/Hodgson/hodgson.xq。
❽ Hamilton Bower, 1895, "*A Trip to Turkistan*" *Geographical Journal*, Vol. 5, pp.241-257.
❾ 任繼愈、杜繼文編著：《佛教史》，第六二七—六二八頁。

❿ William Peiris 著，梅迺文譯：《西洋佛教學者傳》，載《世界佛學名著譯叢》第八十四冊，第三十九頁。

⓫ 出處：http://lirs.ru/do/The_Path_of_Purity_Part-I,Maung_Tin,1923.pdf。

⓬ Terry Shine, 2009, Honour Thy Fathers: A Tribute to The Venerable Kapilavaddho.
出處：http://www.buddhanet.net/pdf_file/honourfathers.pdf。

⓭ Christmas Humphreys, 1968, *Sixty Years of Buddhism in England (1907-1967): A History and a Survey*, page 1-5.

⓮ Terry Shine, 2009, Honour Thy Fathers: A Tribute to The Venerable Kapilavaddho.
出處：http://www.buddhanet.net/pdf_file/honourfathers.pdf.。

⓯ William Peiris 著，梅迺文譯：《西洋佛教學者傳》，載《世界佛學名著譯叢》第八十四冊，第九十一—九十二頁。

⓰ 佛教協會網站：http://www.thebuddhistsociety.org/。

⓱ 參考：Andrew Scott, 1981, *"About Anagarika Dharmapala" The Maha Bodhi*, Vol. Apr- Jun, p. 129。

⓲ 出處：https://vajratool.wordpress.com/2010/05/05/christmas-humphreys-the-most-eminent-of-20th-century-british-buddhists/。

⓳ 佛教協會網站：http://www.thebuddhistsociety.org/。

⑳ 佛教新聞網：http://www.bbc.com/sinhala/news/story/2006/12/061215_vajiragnana.shtml。

㉑ 倫敦佛教精舍網站：http://www.londonbuddhistvihara.org/。

㉒ 一九六〇年代，著者在泰國修學南傳佛法期間，亦與智成上座同住大舍利寺，但不同僧組（僧寮）；一九六三年三個月安居期中，著者亦曾親近智成上座修習南傳止觀法門，包括坐禪和行禪。

㉓ 楊健著：《亞洲之外佛教》，載魏道儒主編：《世界佛教通史》第十三卷，第六十五頁。

㉔ 佛光寺網站：http://www.watbuddhapadipa.org/。

㉕ Terry Shine, 2009, Honour Thy Fathers: *A Tribute to The Venerable Kapilavaddho.*
出處：http://www.buddhanet.net/pdf_file/honourfathers.pdf。

㉖ 奇瑟斯特佛寺網站：http://www.cittaviveka.org/。

㉗ 阿摩羅鉢底佛教寺院網站：http://www.amaravati.org/。

㉘ 出處：https://forestsangha.org/。

㉙ 出處：https://forestsangha.org/community/monasteries/forest-hermitage。

㉚ 出處：https://angulimala.org.uk/。

㉛ 西方佛教僧團之友網站：https://thebuddhistcentre.com/。

㉜ 英國相即共同體網站：http://www.coiuk.org/。

㉝ 馬六甲青雲亭古剎，龜山寺歷代禪師譜系在青雲亭的傳衍情況及各禪師之出生地。

34 出處：http://obcon.org/。

35 楊健著：《亞洲之外佛教》，載魏道儒主編：《世界佛教通史》第十三卷，第七十四頁。

36 倫敦禪中心網站：http://www.rinzaizencentre.org.uk/。

37 國際禪協會英國分會網站：www.izauk.org。

38 英國淨土真宗協會網站：http://www.purelandnotes.com/。

39 楊健著：《亞洲之外佛教》，載魏道儒主編：《世界佛教通史》第十三卷，第七十五—七十六頁。

及創價學會網站：https://www.sgi-uk.org。

40 出處：http://tenzinpalmo.com/jetsunma-tenzin-palmo/。

41 噶舉派桑耶林藏族中心網站：www.samyeling.org。

42 楊健著：《亞洲之外佛教》，載魏道儒主編：《世界佛教通史》第十三卷，第七十七—八十頁。

43 出處：www.marpahouse.org.uk。

44 國際噶當巴佛教聯盟網站：http://kadampa.org/。

45 蔣揚禪修中心網站：https://jamyang.co.uk/。

46 鑽石道佛教網站：http://www.diamondway-buddhism.org/。

47 本覺會網站：http://www.rigpawiki.org/。

48 出處：http://www.dechen.org。

49 出處：http://faculty.stust.edu.tw/~tang/Mahayana/bef_uk.htm。

50 佛教網絡團體網站：http://www.nbo.org.uk/。

第二章　德國佛教略史

第一節　德國的早期佛教

德國是歐洲文化發達的國家之一，培育了很多傑出的哲學家、科學家、音樂家、藝術家、文學家和外交家等。自英國盛行研究印度學與佛學以來，德國人也急起直追。而且，今天在歐洲的佛教，能有穩固基礎和成長，也首推英、德兩國的宣揚。

十七世紀前，德國有一位基督教徒聖海歐納莫斯（St. Hieronymus），在他的著作中曾提到佛陀神異的誕生，但他對佛教所知有限。除了少數神教徒讀過此書，一般德國人並不知道有佛教的存在。到了名哲學家萊布尼茲（Gottfried Wilhelm Leibniz，一六四六—一七一六）著《辨神論》（*Theodicee*）❶，曾提到一些佛教典故，對佛教的認識才比較正確❷。對佛教認識更多的是大哲學家康德（Immanuel Kant，一七二四—一八〇六），在他的著作及演講中，常提到斯里蘭卡、緬甸、西藏和中國的佛教，對僧團的生活也有相當地了解，描寫的也比較精細。他說：「他們的資生物質食住等，都由乞化得來，不需要的，就施給貧苦的人。他們行善平等，不會因不同宗教而有分別，對眾生一視同仁，沒有差別心。」康德對佛教的業果輪迴很感興趣，他深信凡俗的人須經多生歷練，才可達到至善的境界。他在臨終時曾向友人表示堅信輪迴的道理。

一、哲學家、學者的佛教研究

佛教早期傳入德國，和德國的哲學家很有關係。十九世紀初期，西方各國漸有翻譯的佛書流通，哲學家們有更多的機會了解佛教。此時，德國的哲學家謝林（Friedrich Wilhelm Joseph von Schelling，一七七五—一八五四）、黑格爾（George Wilhelm Friedrich Hegel，一七七〇—一八三一）、叔本華（Arthur Schpenhauer，一七八八—一八六〇）、及略晚的尼采（Friedrich Wilhelm Nietzche，一八四四—一九〇〇）等，都有涉獵佛教。其中以叔本華為代表。他主張的哲學思想，內涵有東方印度哲學的元素，他曾讀過輾轉翻譯成拉丁文的《奧義書》，及當時歐洲少數翻譯的佛典。他認為人類遭遇到的痛苦不幸，是由於欲求無厭的蓋覆，所以永遠得不到安寧。他說：「佛教是一切宗教中最崇高者，不僅是亞洲之光，也是世界上的明燈。」他更以佛教徒自命，家中的壁爐上供有一尊鍍金的西藏佛像，生前幾乎收藏了歐洲所出版的佛書。一八八四年他在著作《意志與表象世界》（*The World as Will and Representation, or Die Welt als Wille und Vorstellung*）中提到，他已讀過很多由俄國、德國、法國學者所寫的佛教書籍。在書中他對佛教的讚詞：「似乎看起來最古的語言是最完美的，最古的宗教也同樣。如果，把我的哲學成果當作真理的標準，我應當承認佛教之優越超過於其他宗教。無論如何，很高興看到自己的學說與這個宗教如此地接近。而此宗教又是地球大部分人所相信的……。」叔本華對佛教的讚詞，對西方學者有很大的影響，也有助於佛教在西方的推廣。一八五一年，叔本華出版兩冊論述，書名為《附加及剩餘之物》（*Parerga and Paralipomena*），他在書中提到：「釋迦牟尼佛的目的是要把果仁從果殼中挑出來，他從混合了諸神及形象的東西中把高尚的教義釋放出來，顯示其純粹之本質讓人更容易接近和了解。他是不可思議地成功！他的宗教是地球上最優秀的；也有很多追隨者[3]。」

大哲學家尼采是基督教牧師的兒子。他雖然批評佛教為「消極的虛無主義」，但他又讚揚佛教：「佛教的真實性比基督教高了一百倍。佛教對問題的處理是客觀的、冷靜的和理智的。這個哲學是經過數百年的發展。佛教出現了，上帝的觀念很快就泯滅了，更不用說祈禱。佛教裡沒有無上命令，就是在僧團中也沒有強制的事情。佛教不與異教徒相爭，它的教誡不容許修學佛法的人存有報復心、敵視心和憎恨心[4]。」

德國著名音樂作曲家華格納（Wilhelm Richard Wagner，一八一三—一八八三），他的哲學思想受叔本華影響最多，也為尼采所敬慕，他稱頌佛教說：「佛陀對人生觀點思想之偉大，使任何其他思想與之相較，均顯得渺小。最精深的哲學家，最精微的科學家，最富想像力的藝術家，最富有同情的慈善家，他們都能在這微妙無比的意象中得到無盡的棲止[5]。」

雖然當時已經被翻譯成歐洲文字的佛經很有限，而且以上這些德國偉大的學者和音樂家，他們都不是佛教徒，但他們非常敬慕讚歎佛教真理的崇高。

德國早期學者在著作中介紹佛教的是卡爾．弗里德里斯．科本（Carl Friedrich Koeppen，一八〇八—一八六三）在一八五七年出版的《佛陀的宗教》（*Religion Des Buddha*）二卷，標誌德國佛教學術研究的開端。此書第一卷記述了佛陀生平故事和上座部佛教綱要，但採用資料不完全可靠；第二卷敘述藏傳密教一些內容[6]。

被譽為「西方印度學之父」的學者弗里德里希．馬克斯．繆勒（Friedrich Max Muller，一八二三—一九〇〇），是語言學家和東方學家，也是西方學術界的印度學和比較宗教學之父。繆勒十七歲就進入萊比錫大學專修梵語，由於天資聰明，三年便獲得博士學位，他對佛教研究的貢獻巨大。繆勒曾赴巴黎，在比爾奴夫門下研究《梨俱吠陀》（*Rigveda*）。一八四八年以後，客居倫敦，受東印度學會邀請，校刊《梨俱吠陀》。一八六八年受聘於牛津大學為比較語言學教授，特別專長在東方文獻，博學精通。繆勒以牛津大學為研究東方新學術的中心，成績非凡，為學界所仰慕。在牛津教席期間，他所領導翻譯多達五十冊的《東方聖書》叢書，更是維多利亞時代學術的永久性紀念碑。該叢書系統地蒐集和翻譯了古代東方宗教經典，包括有佛教大小乘經論，極具學術價值。繆勒曾譯《法句經》（*Dhammapada*）、《無量壽經》（*The Larger Sukhâvatî-vyûha*）、《阿彌陀經》（*The Smaller Sukhâvatî-vyûha*）、《金剛般若經》（*The Vagrakkhedikâ*）、《大品般若經》（*The Larger Pragñâ-pâra-mitâ-hridaya-sûtra*）及《小品般若經》（*The Smaller Pragñâ-pâramitâ-hridaya-sûtra*）等為英文。他的著作包括有哲學、心理學、宗教學，而且以語言學為名家[7]。

一八八三年，日本東本願寺派南條文雄及笠原研壽留學牛津大學，學於繆勒教席下。繆勒從橫濱基督教傳教士手中獲得《梵語千字文》，因而推知日本必藏有古本梵經。繆勒請南條、笠原兩人，在日本努力蒐集，結果在法隆寺得古貝葉梵書，高貴寺得《金剛經》原文。這些經書後來重刊入牛津大學叢書。

與繆勒齊名，並稱雙傑的德國學者阿爾布雷希特・弗里德里希・韋伯（Albrecht Friedrich Weber，一八二五—一九〇一），以研究《耶柔吠陀》（*Yajurvada*）著名，也是研究梵文文獻《雜阿含》的權威，掌教於柏林；曾譯《金剛針論》等。日本佛教學者常盤井、渡邊海旭、荻原雲來等，都出於韋伯門下。

漢堡出生的學者赫爾曼・奧登堡（Hermann Oldenberg，一八五四—一九二〇），可以說是在德國弘揚佛法的第一人。奧登堡於一八七九年，翻譯巴利文寫成的斯里蘭卡最古的編年史《島史》（*The Dīpavaṃsa*），其中對於佛教的起源與開展，有詳細的紀錄。一八七九年至一八八三年，奧登堡曾編纂巴利文本《律藏》（*Vinayapitaka*），並於一八八一年至一八八五年間，與賴斯．戴維斯一起將其中最重要的《戒經》（*Pātimokkha*）及《大品》（*Mahāvagga*）、《小品》（*Cūlavagga*）譯為英文，分別收藏在《東方聖書》叢書的第十三、十七、二十冊。一八八一年，奧登堡不朽的傑作《佛陀：他的生涯、他的教法、他的僧團》（*Buddha: Sein Leben, Seine Lehre, Seine Gemeinde*）在柏林出版。此書是奧登堡根據巴利原典的資料，從學術角度探討，敘述佛陀的生平，掃除過去有關佛陀多種神話傳奇的傳說。因為佛陀是在婆羅門教的環境背景長大，所以奧登堡追溯到雅利安人信仰的吠陀宗教，探索其對佛教的影響；書中還詳細介紹了佛陀的生平，及佛教的基本義理四聖諦及僧團的戒律。此書文義優美，風行於世，已被譯成十四種文字（英譯本 *Buddha: His Life, His Doctrine, His Order*，一八八二年英人威廉．霍伊〔William Hoey，一八四九—一九一九〕譯）。奧登堡認為巴利經典比其他經典，更忠實地保留佛陀的教義，所以他鼓勵賴斯．戴維斯在英國創立「巴利聖典協會」。

威廉．蓋格（Wilhelm Geiger，一八五六—一九四三）生於紐倫堡，在厄爾蘭格大學攻讀東方語言，他對伊朗語、巴利語、辛哈利語（斯里蘭卡語）都有研究。一八九五年他第一次到斯里蘭卡，一八九八年出版了第一本德文版的《辛哈利語語言文法》（*A Grammar of the Sinhala Language*），一九〇〇年又出版《辛哈利文學與語言》。蓋格也是最先校勘出版羅馬字母拼音版《大史》的人，此書於一九〇八年由英國巴利聖典協會出版，當年並譯成德文出版。巴利文《大史》是斯里蘭卡的國寶，是以佛教發展史為線索的王朝史。《大史》長達一百零一章，敘述的內容從公元前五世紀佛陀三次訪問錫蘭島，直至十八世紀英國入侵。一九一二年，此書德文版又被譯成英文，流傳甚廣，影響頗大。蓋格所編訂及翻譯的《大史》，被稱為「精審語言學之巨著」，他被當代認為是最優秀的巴利語學者。他也把所有編寫《巴英辭典》的資料寄給英國賴斯．戴維斯，有助於編寫《巴英辭典》。蓋格於一九一六年出版的《巴利文語法》，是巴利文學者不可或缺的參考書。此書於一九四三及一九五六年，由加爾各答大學出版英譯本。蓋格曾譯出《相應部》的第一冊和第二冊，譯本語言優美，用辭精確，同樣引人注目。一九四〇年他完成了《中世紀錫蘭之文化》（*Culture of Ceylon in Mediaeval Times*）手稿，由海因茨．貝洽特（Heinz Bechert）編輯，於一九六〇出版。此書提供了辛哈利語結構文法的研究[8]。

其他佛教學者如理查德．匹斯切爾（Richard Pischel，一八四九—一九〇八）著有《佛陀的生平與教義》（*Life and Doctrine of the Buddha*，一九〇六）、《普拉克里語比較文法》（*Comparative Grammar of the Prākrit Languages*）。普拉克里語（Prākrit）是古印度西部、中部的地方語，佛陀常用各地方俗語說法。海因里斯．盧德斯（Heinrich Lueders，一八六九—一九四三）通曉多種語言，著有《佛教原始經典語言的現象》（*Observations on the Language of the Buddhist Original Canon*，一九五四），他認為有些巴利文經典是摩揭陀語（Magadha）翻譯過去的，因此摩揭陀語就是最原始的佛教經典用語[9]。

二、佛教學者與社團

一九〇三年，哲學博士卡爾．塞頓杜克（Karl Seidenstücker，一八七六—一九三六）在萊比錫創立了德國第一個佛教社團「德國佛教傳道協會」（Buddhistischen Missionsverein für Deutschland），為佛教在德國的開展，寫下了新的里程碑。一九〇五年該會開始出版、發行歐洲第一份佛學刊物《佛教徒》（*Der Buddhist*）及副刊《佛教世界》（*Die buddhistische Welt*），內容包括大乘佛教、南傳上座部佛教和藏傳佛教。一九〇五年，佛教傳道協會在柏林成立了分會，一九〇六年易名為「德國佛教會」（Buddhist Society for Germany），會員五十人。一九〇七年塞頓杜克又在萊比錫舊址創立「摩訶菩提中心」（Mahabodhi Center），並發行月刊《佛教展望》（*The Buddhist*

Lookout），內容概括佛教倫理、內心修養和修行覺悟等[10]。一九〇九年，塞頓杜克與沃爾特·馬克格拉夫（Walter Markgraf）成立德國巴利文協會（Deutshe Pali Gesellschaft，簡稱DPG），希望仿傚英國的巴利聖典協會，翻譯出版巴利文聖典。

塞頓杜克博士，原來研究自然科學、哲學與醫學，後來以研究巴利文佛經在萊比錫大學獲得博士學位。他將巴利文《小部》中的《如是語》等譯成德文，並著《巴利文法》、《巴利文佛學翻譯》等工具書。

一八九一年開始，弗里德里希·齊默爾曼（Friedrich Zimmermann，一八五二—一九一七）擔任摩訶菩提協會在德國的代表，並於一九一一年擔任在萊比錫的「摩訶菩提協會德國分會」（German Branch of the Mahabodhi Society）會長，塞頓杜克為祕書。並將已停刊的《佛教展望》復刊，一九一二年雜誌更名為《大菩提葉》（*Mahabodhi Leaves*），一直發行至一九一六年。

齊默爾曼是專業的政府工程師，因受叔本華影響，而接觸佛教。他研習巴利文，讀巴利聖典，並細心研究紐曼《中部》之譯本（*Die Reden Gotamo Buddhos, aus der Mittleren Sammlung Majjhimanikayo des Pali-Kanons*, 3 Vol, R. Piper, Munchen）。齊默爾曼用「須跋陀羅比丘」（Subhadra Bhikshu）為筆名撰寫文稿。他看到奧爾科特上校於一八八一年為錫蘭及緬甸中小學編寫的英文版《佛教教義問答》（*The Buddhist*

Catechism），決定參考巴利文經論，以同樣的書名，撰寫一本德文《佛教教義問答》（*Buddhistischer Katechismus*），於一八八八年出版，結果此書亦如英人阿諾德的《亞洲之光》，成為德文著名的暢銷書。英、美兩國也在一八九〇、一八九五年出版該書之英譯版，接著法國、瑞士、日本、義大利、匈牙利、西班牙及斯里蘭卡也相繼翻譯出版。此書的內容強調佛陀理性的教義與實踐，略去佛教晚期有些教派將佛陀神化後，給人帶來的困惑與迷信。

著名佛教學者喬治．格利姆（George Grimm，一八六八—一九四五）是德國政府法官，他受叔本華的哲學思想影響，也被佛教的義理吸引。學佛的格利姆在他的法官生涯，被譽為「巴伐利亞州最仁慈的法官」。一九二一年摩訶菩提協會德國分會與佛教生活聯盟組織合併，在慕尼黑附近的烏亭（Utting）成立「德國佛教團體」（Buddhistische Gemeinde für Deutschland），創始人是塞頓杜克和格利姆法官。格利姆法官奉獻出他位於距離慕尼黑五十公里的烏亭，自己的三層樓住宅，做為社團活動的地方，並創辦了《佛教世界鏡報》（*Buddhist World Mirror*）雜誌。一九二四年該會易名為「三寶佛學社」（The Buddhist Lodge for The Three Jewels）。雖然經過兩次世界大戰，但是弘揚佛法的工作從未間斷。

格利姆法官因為讀了紐曼翻譯的《中部》，深受感動。為了能參考原典，他自學巴利文和梵文。他從高等法院退休後，用了三十多年的時間，研究並修行，以期今生得到初果。他熱心助人並宣揚佛教，並在慕尼黑大學等地方講課，吸引了很多學佛者，其中包括不少法國佛教徒，因此也有助於法國佛教社團的建立。一九一五年紐曼去世後，格利姆接替了紐曼遺留下來的著作和翻譯的工作。他的名著《佛陀的教義，理性與禪定之宗教》（*Die Lehre des Buddha, die Religion der Vernunft der Meditation*），直到現在仍深受歡迎。之後佩恩（Et. Col. Payne）將其譯成清新流暢的英文，於一九五八年出版，其後共印刷了十五版，此書以《經集》為基礎，對佛法具有啟發性詮釋⓫。格利姆專心研究東方佛教，尤其是巴利文佛法，著作十多種。他喜歡修習止觀，認為佛教是認識自己，尋求自身的利益。而自身的利益，也就是社會的利益。佛教教人自信，信自己所作的業。有問題要返求諸己，不是問神決定。

一九三三年希特勒奪取政權後，干涉佛教活動，焚毀格利姆的著作，三寶佛學社的活動被迫停止。但一九三五年會員們又祕密地成立了「原始佛教社團」（Altbuddhistische Gemeinde）。後由格利姆的女兒佛勞．瑪雅．凱勒．格利姆（Frau Maya Keller Grimm，一八九九—一九九〇）主持會務，有基本會員七十人，皆受持三皈五戒，一般信眾多達五百人。每年會員至少集會討論佛法兩星期，地點在烏亭思麥湖的集會所。並出版《佛乘》（*Yana*）雙月刊，創刊多年以來，並與世界其他佛教刊物交流⓬。原始佛教社團在負責人相繼過世後，已於二〇〇二年解散[13]。

韓斯．穆克（Hans Much，一八八〇－一九三二）在二十三歲時，拿到生理學博士，也是醫學界有名的「穆克顆粒」（Much's Granules）的發現者。三十五歲時他讀了喬治．格利姆寫的《佛陀的教理，理性與禪定之宗教》，而走上學佛之路，也改變了他的一生。三十九歲時，他成為格利姆在德國弘揚佛法的活躍伙伴，做很多財布施，並協助格利姆和塞頓杜克編輯《世界佛教之鏡》月刊，也是固定的撰稿人。穆克第一本著作《佛陀，步向無家之路》（*der Schritt in des Heimatlossigkett, or Buddha, the Step into Homelessness*），成為名著。之後，他又以小說體裁，撰寫佛陀訪問故鄉迦毘羅衛國的故事，書名《成就者歸家》（*Die Heimkehr des Vollendeten*）。他也將《法句經》流暢清晰地翻譯出來，在《世界佛教之鏡》連載[14]。

德國外科醫生保羅．達爾克（Paul Dhalke，一八六五－一九二八），是德國佛教非常重要的人物。達爾克醫生認為佛教不只是理論上的學習，更應是生活中的實踐，因此，他於一九二四年在離柏林北方約二十五英里的福瑙（Frohnau），設計建築了一所亞洲式的精舍，這就是德國柏林有名的「佛教精舍」（Das Buddhistische Haus）。精舍坐落在一座小山上，為三層樓的建築，設有平房的專用佛殿，可容納二百人。又附獨立禪堂一座，內有禪室三間，取名「斯里蘭卡堂」，以紀念斯里蘭卡保存完整的原始佛教經典。精舍及庭園共占地約四英畝，進入三門後，需登七十三級石階才能抵達佛殿，環境優美清幽，早已成為柏林郊外的名勝之一，現已被認定為國家遺產。

達爾克醫生因為受叔本華思想的影響，對佛教的義理產生興趣。一八九八年他前往斯里蘭卡，接觸到佛教長老及學者，讓他正式進入佛教的堂奧。之後，達爾克醫生曾多次往返斯里蘭卡與德國，學習巴利文佛法多年，能熟諳巴利文經典，閱讀及翻譯巴利聖典超過二十五年，是一位能力極強的思想家。戒行比丘讚揚達爾克醫生是歐洲佛教中的一支健筆，而且有很好的頭腦。他以正統而科學的方法闡揚佛理的著作，列為世界佛教名著，其中以《佛教世界觀》（*Buddhismus als Weltanschauung*）及《宗教與道德的佛教》（*Buddhisimus als Religion Moral*）等最著名。除了十二本佛教著作外，達爾克醫生編有佛教刊物，還譯有《長部》、《中部》選本以及《法句經》。其中一部分主要著作已翻譯成英文、荷文和日文⑮。

達爾克是位極優秀的佛教徒，嚴守五戒，保持素食，不飲酒。他所理解的「涅槃」，就是欲望的消除。在精舍的牆壁上，有達爾克留下的法語：「你所做的，每個人都會看見；你所說的，每個人都會聽見；你所想的，每個人都會知道。」

一九二八年達爾克醫生去世後，佛教精舍由他的胞妹繼任管理，各種弘法的活動曾告停頓，特別在第二次大戰期間，柏林受損很大，精舍無法繼續維護。

一九三三年，希特勒的「國家社會黨」取得政權，禁止宗教活動，焚毀佛教著作，許多佛教團體領袖被祕密逮捕。但仍有人不畏強權，暗中進行佛教活動。在錫蘭弘法的德國比丘也受到戰爭波及。直至一九四五年，德國戰敗投降，飽受戰爭摧殘的百姓急於擁抱宗教，佛教尤其能安慰心靈的創傷，各地佛教團體因此紛紛成立。一九五二年，佛教精舍建築轉售給斯里蘭卡僧團。

馬克斯．華雷沙（Max Walleser，一八七四—一九五四）一九二五年在慕尼黑創立「佛學研究所」（the Institut Fur Buddhismus Kunde），促進西歐學者對於佛教哲學的研究，並與東方各國學者協力合作。與會者有印度、中國、日本、斯里蘭卡、緬甸、泰國、英、俄羅斯各國佛教學者。事業範圍則有：一、翻譯佛典，刊行會報，研究論文。二、設立佛教圖書館。三、編寫大學佛教講義及舉辦一般佛學講座等。此會當時無固定會址，只是臨時租借，負責人為盧巴士先生，他很熱心，常邀請名人弘法，會員一百多人，月費二點五馬克。華雷沙通梵、漢、藏等語文，於一九二四年擔任倫敦巴利聖典協會編輯，編有《增支部註》第一冊，並著有《早期佛教的哲學基礎》，書中包含早期部派佛教、中文、藏文的資料，摘譯《金剛經》及《八千頌般若》而集成一冊，書名為《圓滿的智慧》（*Die Vookommenheit der Erkenntnis*）。一九二八年華雷沙在海德堡成立了「華雷沙佛教研究院」（Walleser Institute of Buddhism in Heidelberg），培養了許多有成就的學生，一共出版了二十一冊佛教書籍⑯。

關於巴利文經典的翻譯，特別重要的是《五部》，大多已譯成德文，這要歸功於紐曼、塞頓杜克、奧登堡、高僧三界智比丘、達爾克醫生和施密特等佛教學者。

法學博士庫爾特・施密特（Dr. Kurt Schmidt，一八七九—一九七五），因為讀了奧登堡和紐曼翻譯的巴利佛典，覺得內容有些出入，激發他學習巴利文，後來成為巴利文專家。施密特同時也學習梵文和中文，專心從事佛學研究。一九一七年，被請至慕尼黑舉行講座，討論佛教。施密特除了發表大量有關佛教的文章，還出版了十五本佛教有關的著作，其中有佛教義理的介紹，佛教聖者的傳記，兩本巴利經典的詩集，及一本《簡明巴利語法》和《中阿含》的濃縮翻譯⑰。

當時還有很多位佛教學者，如海因里斯・盧德斯、赫爾穆特・格拉塞納（Helmuth von Glasenapp，一八九一—一九六三）、弗里德里希・威雷（Friedrich Weller，一八八九—一九八〇）、約翰尼斯・諾伯耳（Johannes Nobel，一八八七—一九六〇）、厄恩斯特・瓦斯密特（Ernst Waldschmidt，一八九七—一九八五）。前三人是研究巴利文佛法，後二人是研究梵文佛法。其中多人兼精藏、漢、日文。

三、高僧三界智尊者、向智尊者等

德國第一位比丘法名三界智（Nyanatiloka Mahathera，一八七八—一九五七），俗名安頓．華特．弗羅斯．古斯（Anton Walter Florus Gueth），維斯巴登（Wiesbaden）人，他的父親是教授，母親是音樂家。安頓．古斯高級學校畢業後，在法蘭克福的霍克學院（Hock Conservatory）學習音樂、作曲，以及小提琴和鋼琴的演奏。後留學巴黎，在巴黎音樂學院（Paris Conservatoire）跟隨查爾斯．瑪麗．維多爾（Charles-Marie Widor）學習作曲。安頓．古斯因為某日在素食餐廳聽到佛法的演講後，隔天閱讀了小提琴老師給他齊默爾曼的著作《佛教教義問答》，開始對佛教產生了很大的興趣[18]。一九〇二年，安頓．古斯懷著想要去印度做一名佛教僧人的願望，從薩洛尼卡（Thessaloniki）出發，經由巴勒斯坦前往開羅。在開羅、賽德港（Port Said）和孟買（Bombay）通過演奏小提琴賺到足夠的旅費之後，安頓．古斯就啟程前往斯里蘭卡、緬甸。一九〇四年初，在緬甸僧團中依鳩摩羅長老（U Kumara）出家為比丘，法名三界智。為了學習巴利語以及巴利文獻，三界智尊者於一九〇五年前往斯里蘭卡。

一九〇六年三界智尊者返回緬甸仰光，繼續進行翻譯巴利三藏增支部的工作。同年，出版了《佛陀聖言》（*The Word of Buddha*），多次再版，被譯成十多國語文，在西方影響甚大。在緬甸跟隨三界智尊者出家的沃爾特．馬克格拉夫，後來還俗返回德國。

一九〇九年，馬克格拉夫在德國成立了第一個佛教出版社，並編輯出版一份名為《印度和佛教的世界》（*Indien Und Die Buddhistische Welt*）的雜誌。同時，邀請三界智尊者擔任「德國巴利文學會」的名譽會長。馬克格拉夫希望能在歐洲成立上座部佛教僧團，他聯絡一班德國和義大利的佛教徒開會，決定在瑞士南部蒙勒馬山麓（Monte Lema）的諾瓦焦（Novaggio），建築一所佛教精舍，共推三界智尊者擔任主席。次年一月三界智尊者離開斯里蘭卡抵達瑞士，住在諾瓦焦山區環境優美的精舍。但因他穿著南傳僧衣，嚴寒的氣候以及營養不良，患上了嚴重的支氣管炎，所以半年後，決定轉往南方義大利的羅馬、那不勒斯（Naples）等地。後受邀請至瑞士洛桑（Lausanne），一位佛教徒建立的慈善精舍（Caritas Viharo）弘法。佛院內供有佛像及設有圖書室，在院牆的外壁上，寫上很多佛教格言，提供每天經過的行人佇足觀讀。由於三界智尊者很有計畫、也很有耐心地做著各種弘法工作，佛教徒一天天多起來。他首次在歐洲為一青年巴特·鮑爾（Bartel Bauer，一八八七—一九四〇）舉辦剃度出家為沙彌的儀式[19]。由於德國巴利文學會一直很少活動，一九一三年「佛教生活聯盟」（Bund für buddhistisches Leben）由之脫胎而出。它不像前者那樣強調巴利文的研究，而強調佛教的適應性與落實性，但還是以宣揚南傳上座部佛教教義為主。聯盟的創立人是伯恩（Bohn），祕書施洛斯（Oskar Schloss）。該會在柏林、漢堡、慕尼黑設立分會，並發行《佛學月報》

（*Journal for Buddhism*）季刊。

因為感覺在歐洲成立僧團的因緣還不成熟，一九一一年，三界智尊者帶了很多跟隨他的信徒再返回斯里蘭卡，他非常仰慕這個上座部佛教發源地的美麗島嶼，將之視為修學佛法的棲身之處。信徒們買下了位於斯里蘭卡南部的波加斯都瓦（Polgasduwa）小島，後來稱為「隱居島」（Island Hermitage），供養尊者。波加斯都瓦小島後來成為培養德國佛教僧伽的中心，至少訓練出十五位優秀的德籍比丘。三界智尊者帶領大眾在島上學佛修行，並進行翻譯巴利佛典的工作。期間，一些歐美知名的佛教人士，也到隱居島拜訪尊者，包括第一位進入拉薩的亞歷珊卓．大衛．尼爾。直至第一次世界大戰發生（一九一四年六月二十八日），一天夜裡，很多士兵包圍了三界智尊者居住的地方，把他當俘虜帶走，拘押在軍營中。一同被帶走的還有他的弟子學生，比丘有憍陳如（Koṇḍañña）、婆波（Vappa）、摩訶男（Mahāmāna）、毘摩羅（Vimala）、須那（Soṇa）、耶舍（Yasa）及一對信佛的夫婦。

一九一五年，他們被送至澳洲，繼續拘押在軍營中。次年，他獲准前往美國檀香山，在此地他決定不返回德國，三界智尊者轉往東方，經過中國上海，希望能尋得接近緬甸上座部佛寺居住以研究佛法，當時得到一位中國佛教徒協助，指示他在雲南之西南有上座部佛寺。於是他艱難地南行，但是到了近西藏邊境，卻被阻止不能再前行。

一九一七年，英駐中國大使館發出命令拘捕三界智尊者，認為他是德國間諜。他被囚禁在漢口，卻沒遭受審問，很憂傷地度過很長的時間。一九一九年，他與一些住在中國被拘禁的德國人，透過國際紅十字會，以交換的方式，回到德國。

同年四月，他到漢堡的布朗齊斯（Blankeuese）他的哥哥家。不久，他前往法蘭克福的奧登瓦特（Odenwald）一所精舍居住。一九二〇年，三界智尊者想再去斯里蘭卡，但未獲得政府許可，他只好改變計畫轉赴日本東京。初抵日本，人地生疏，但不久他就認識了很多日本出家人，很快成為好友。後來他受聘為駒澤大學等多所大學的教授。三界智尊者在日本大學裡教授巴利語、德語、拉丁語之餘，仍然積極進行翻譯《彌蘭王問經》（*Milindapañha*）和《增支部》等巴利佛典的工作。

一九二六年，他得到英國批准前往斯里蘭卡。起程前，東京和京都很多日本朋友相聚歡送。他這次到斯里蘭卡，已是被驅逐後的第十二年。

一九三九年，英國宣布參加第二次世界大戰，英國與德國開戰，因為斯里蘭卡當時為英國殖民地，所以境內的所有德藉男子，包括三界智尊者與向智尊者都被拘留。之後，所有拘留者都被遷往印度北邊喜瑪拉雅山附近的拘留所，前後被拘留了約七年，直到一九四六年，戰爭結束才獲釋放。釋放後，三界智尊者就回到斯里蘭卡的波加斯都瓦島上長期靜居，修行和翻譯經論。

三界智尊者最著名的德文翻譯計有：《增支部》五冊、《彌蘭王問經》二冊、《人施設論》（*Puggalapannatti*）、《清淨道論》（*Visuddhimagga*）及《阿毘達磨概要》（*Abhidhammattha-sangaha*）。德文著作有《巴利文法》、《佛教偈頌》、《佛教辭典》等，另著有多部英文佛書。他所譯著的佛教書籍，在語言和文學上都有極崇高的價值，蘊涵豐富精深的哲理，也吸引了許多歐洲人士學佛。

一九五七年尊者已至高齡，在斯里蘭卡圓寂。數以萬計的斯里蘭卡和各國佛教徒，到斯國向三界智尊者致最後的哀敬[20]。尊者五十四年的出家生涯，深入經藏、翻譯佛典，帶動歐美人士學佛出家；尊者雖因兩次世界大戰而流離顛沛，但也因為被驅逐逃難，得以走訪亞洲及歐洲許多國家，堪稱西方弘揚上座部佛教的先驅。德國佛教學者達爾克醫生曾在一本佛教雜誌上稱讚他：「三界智尊者是當代佛教中最轟轟烈烈的人物，他的著作和翻譯，是佛教文學最有價值的財產，也是最優良的書籍[21]。」

向智尊者（Nyānaponika Mahāthera，一九〇一——一九九四）出生於德國法蘭克福（Frankfurt）近郊的漢諾鎮（Hanau），父母是虔誠的猶太教徒。尊者幼時在康尼格蘇提求學，學習拉丁文、希臘文及法文。他喜歡閱讀，很早就接觸到佛書及翻譯的佛經，他被佛教的義理所吸引。他覺得佛法的教義，不僅能滿足他知識方面的需求，同時也能滿足他對宗教的渴望。佛法教義次第分明，對生命的真相——苦與惑，有深入的解釋，解開他對痛苦來源的迷惑，讓他豁然開朗，並啟發他想達到解脫的目標及成就佛果的崇高理念。尊者二十歲時，佛教就對他有很深刻的影響。一九二二年，隨父母搬到柏林，結識了當地的佛教徒，並加入佛教團體，得以接觸更多的佛教著作。當時，他認識了一位日後影響他極為深遠的人，就是三界智尊者。

一九三六年，他到了斯里蘭卡，在三界智尊者座下出家，住在波加斯都瓦小島上，次年受比丘戒。向智尊者跟隨三界智尊者學習佛法的義理，也學習巴利文，並自學英文。向智尊者在佛法上的潛修與造詣，讓他很快地投入翻譯佛典及寫作的工作。一九五二年，他與三界智尊者同赴緬甸參加「第六次三藏結集」會議，是首次受邀參與三藏結集的西方僧侶。一九五六年又一起出席三藏結集的開幕典禮。他也代表世界佛教友誼會參加在仰光、曼谷和金邊舉行會議；而且，曾被選為副會長。一九五八年，向智尊者與兩位斯里蘭卡友人，在康提（Kandy）成立「佛教出版協會」（Buddhist Publication Society）。由他擔任編輯及會長，此出版社原只是想印刷簡單的佛教小冊子宣揚佛法，沒想到發行後，因為各方的反應熱烈，讓出版社也編輯印刷出版巴利文佛經原典及翻譯本，持續到目前，近六十年的時間，成為出版免費結緣的南傳上座部典籍的主要出版社。向智尊者的英文著作包括被翻譯成七國語文的《佛教禪修心要》（*The Heart of Buddhist Meditation*）、《法見》（*The Vision of Dhamma*）與《阿毘達磨研究》（*Abhidhamma Studies*）。德文翻譯有《法集論》、《經集》，以及一部分《五部》中的翻譯[22]。佛教出版協會也長期發行《法輪》（*The Wheel*）與《菩提葉》（*Bodhi Leaves*）兩種小冊叢書。向智尊者透過佛教出版協會，致力向世界傳播佛陀的教法。一九八八年，尊者退休後，由美國籍的菩提比丘接下出版社社長的職務[23]。

源智長老（Nyānasatta Mahāthera，一九〇八－一九八四），俗名馬丁．諾沃薩德（Martin Novosad），生於南摩拉微亞（South Moravia）。此地本屬奧地利，後來變為捷克之地，但他是德國人。他高中時已顯露對語言的天分，並取得世界語特別的資格。在捷克他曾有三年半的婚姻生活，他的妻子到波茨坦探望姑母時，寄一份禮物給他，裡面有些巴利語佛教短文。他從這個因緣開始接觸巴利佛教，也因此改變了他的一生。一九三五年他開始學習巴利文及佛教。兩年後，他決定去斯里蘭卡跟三界智長老出家，他的妻子也在柏林出家，奉獻一生研習佛法，宣揚佛法。一九四〇年起，他擔任隱居島的教職，並把時間分配在研究、禪修、寫作、教書。源智長老除了德語外，也精通英語和斯里蘭卡語，可用多種語言講經說法。他的名著是：《佛教之基本教義》（*Basic Tenets of Buddhism: Aids to the Study and Teaching of the Dhamma*）[24]。他曾翻譯過《念處經》（*The Foundations of Mindfulness: Satipatthana Sutta*）出版。以及曾擔任英文《佛教百科全書》（*Buddhist Encyclopedia*）的編輯工作。

三界智尊者的另一位英籍弟子髻智比丘（Bhikkhu Ñāṇamoli，一九〇五—一九六〇）俗名奧斯伯特．約翰．莫爾（Osbert John S. Moore），出生於英國，父親是生物學家。莫爾於牛津大學埃克塞特學院（Exeter College, Oxford）主修現代語言。二次世界大戰爆發後，莫爾被派往義大利，他在那裡讀到義大利哲學家尤利烏斯．埃佛拉（Julius Evola，一八九八—一九七四）的著作《覺醒的教義》（*The Doctrine of Awakening*），引起他對佛教的興趣。一九四九年，戰爭結束後，莫爾即前往斯里蘭卡隱居島隨三界智尊者出家為沙彌，法名髻智，後又於可倫坡金剛摩羅寺（Vajirarama Temple）受比丘戒[25]。由於髻智尊者的語言天分，他很快地就能很精準地將艱深的巴利文佛典翻譯成流暢的英文著作。尊者自受戒返回隱居島後，即很少離開。他努力修學佛法，精勤翻譯佛典。十一年的出家生涯，他翻譯出許多巴利文佛典，包括深奧的《導論》（*The Guide*〔*Nettippakaraṇa*〕）、《清淨道論》（*The Path of Purification*〔*Visuddhimagga*〕）、《無礙解道》（*The Path of Discrimination*）、《除痴迷論》（*Dispeller of Delusion*〔*Sammohavinodanī*〕）《藏釋》（*The Pitaka Disclosure*）、《小誦》（*Minor Readings and The Illustrator*）、《中部》（*The Middle Length Discourses of the Buddha*）、《入出息念》（*Mindfulness of Breathing*〔*Anapanasatti*〕）及《親近釋迦牟尼佛》（*The Life of The Buddha*）等，對上座部佛教在西方的弘揚，有很大的貢獻[26]。

藍蓮花（Uppalavaṇṇā，一八八六—一九八二）比丘尼是德國人，也是歐洲的第一位上座部比丘尼，俗名埃爾斯·巴克霍茲（Else Buchholz）。巴克霍茲年幼時，父母因染霍亂過世，由一對非常富裕的夫妻收養了她。巴克霍茲從小被刻意栽培，她在聲樂、小提琴、鋼琴和舞蹈等方面都非常有造詣。青春美麗的巴克霍茲在德國的上流生活圈裡，過著無憂甜蜜的生活。但在她二十六歲時，養父母相繼過逝。雖然，他們留給她龐大的遺產，但是，失去親人的巴克霍茲想知道，為什麼仁慈的上帝，一再殘酷地帶走她最親愛的家人。她從哲學書籍裡接觸到佛教的思想，進而閱讀當時已翻成德文的佛典。她自己修學四念處，安頓身心。一九一九年，她很幸運地遇到從斯里蘭卡被遣送回德國的三界智尊者及婆波尊者，她將自己的住宅提供給尊者們充當精舍，供養他們，也親近尊者聽聞正法，並立志有機會要到保存佛法原味的斯里蘭卡修學。一九二〇年，巴克霍茲隨同三界智尊者前往斯里蘭卡。但是，當他們抵達時，卻因為是德國籍，不被允許入境，所以只好轉往日本。巴克霍茲在日本修學了五年的大乘佛教；一九二六年，終於被允許進入斯里蘭卡。她在斯里蘭卡阿耨羅陀城的摩訶菩提樹（Sri Maha Bodhi）下出家為尼，受持十戒。可能是由於她有藍色的眼睛，獲得巴利法名藍蓮花。雖然她在俗家時，過著富裕享受的生活；但出家後的藍蓮花，堅守南傳戒律，托缽為生，她認為簡樸規律的生活是助道的重要因緣。藍蓮花比丘尼的修持，在斯里蘭卡感召了許多信眾，獲得很多供養；但她仍堅持住在郊外設備簡陋的地方，與周圍的動物和平共處。由於她的慈悲，有許多人將流浪的貓狗也都放到她的住處，由她照顧。藍蓮花比丘尼一直到九十四歲，身體開始有狀況，才接受信眾的請求，住到有專人照顧的老人院（Mallikaa Nivaasa Home）。婦女信眾更自發性地排班輪流照顧她。一九八二年，九十六歲高齡的藍蓮花比丘尼，面帶微笑，自在安祥地捨報[27]。

馬丁・斯坦基（Martin Steinke，一八八二—一九六六），一九二二年以上座部佛教特色為主，在柏林創立「佛陀的團體」（Gemeinde um Buddha），出版定期刊物，並從事佛教講授及指導課程。一九三三年他到中國南京的棲霞山皈依佽虛法師，受大乘比丘戒，改名道峻（Tao Chün），法名照空。一九三四年返國，他當選為在倫敦召開的「首屆歐洲佛學會議」主席。第二次世界大戰期間，他住在德國南部，專事寫作佛書、講授佛經。一九六二年，他出版著作《生命之法則》（*Das Lebensgesetz*）。圓寂時八十四歲[28]。

淨行比丘（Bhikkhu Pāsādika，一九三九—）俗名埃克哈德・班格特（Eckhard Bangert），出生於德國黑森林（Hesse）州的巴特阿羅爾森（Bad Arolsen）市。是一位教授也是翻譯家。淨行比丘於一九六〇年在泰國上座部寺院剃度出家，法名淨行。淨行比丘天資聰穎，具有語言天賦，熟練掌握德語、英語、法語、泰語，並鑽研梵語、巴利語、印度語、漢語、藏語、日語，利用這些語言從事學術研究。

淨行比丘在印度接受了學院式正規教育，一九六〇年代在那爛陀巴利文研究院（Nālandā Pāli Institute）學習，在菩提伽耶的摩竭陀大學（Magadh University）獲得巴利文碩士學位，於帕蒂亞拉的旁遮普大學（Punjabi University）以《維摩詰經》為主題的研究論文取得博士學位。之後，在旁遮普大學教授巴利語和德語。

一九七〇年至一九七五年，淨行比丘在挪威卑爾根大學（University of Bergen）教授宗教史。之後，被奧斯陸大學（University of Oslo）任命為歷史及宗教教授。一九七六年後，擔任挪威科學與文學院成員。一九七八年至一九八二年，淨行比丘是法國橋連城的靈山寺佛學研究院的主要成員，並負責《靈山》佛學季刊的編輯與出版，現為巴黎國際佛學院副院長。一九八二年至一九九三年，以研究員身分，在哥廷根科學院佛學研究委員會，從事於吐魯番發現佛教文獻的梵文詞典編纂工作。一九九五年至二〇〇七年，擔任德國馬爾堡大學（Philipps-Universität Marburg）印度和西藏研究系名譽教授，教授巴利文、梵文、古典藏文和佛教漢語。與此同時，於一九九六年至二〇〇〇年，在維爾茨堡大學（Würzburg University）擔任印度研究教授。也在德國卡塞爾大學（University of Kassel）宗教研究部教授佛學。此外還擔任波鴻魯爾大學（Ruhr University Bochum，二〇〇〇年、二〇〇二年）的客座教授。淨行比丘針對早期大乘文獻和聲聞乘阿含的比較研究，出版多部著作。他還是西藏的苯教文獻及歷史方面的專家。

一九二二年，德國文學家、諾貝爾文學獎得主赫曼・赫塞（Hermann Hesse，一八七七—一九六二），以悉達多太子的故事為主軸，寫出他對追求解脫之道的探索，出版了《流浪者之歌》（Siddhartha 或譯為《悉達求道記》）。一九二五年，德國導演弗朗茨・奧斯滕（Franz Osten）根據埃德溫・阿諾德的名著《亞洲之光》，拍攝印度歷史上的佛陀一生的故事，由慕尼黑電影協會於一九二五年製作。可以見到在二次大戰之前，佛教在德國已漸為人所認識。

第二節　二戰後的德國佛教

因為二次大戰的爆發及一九三三年希特勒掌政後，干涉佛教活動，在慕尼黑、柏林、漢堡、萊比錫等地的佛教團體，幾乎全部停止活動或解散。

一九四五年二戰結束，德國戰敗後不久，各地佛教團體相繼成立，其中「韋勒出版社」（Kurt Weller Publishing House）創立，出版《阿育王文集》（*Aśoka Edition*）系列叢書，吸引不少人接觸佛教。此時德國著名的印度學和宗教學家赫爾穆特・格拉塞納教授，是德國最偉大的印度宗教學者之一。他的不朽之作《印度人之哲學》，影響巨大。此書明確闡述印度、斯里蘭卡、西藏及蒙古的哲學基礎；並且說明印度思想對中國和日本形而上學系統的影響。格拉塞納說：「二千多年來，『無我』是佛教最精髓的部分了。而且持續至今，尚未被推翻。」另外，他的其他著作《佛教在印度及遠東》（*Buddhism in India and the Far East*）、《佛陀之智慧》（*The Wisdom of the Buddha*）、《德國思想家之印度映像》（*The Indian Image of German Thinkers*）等書，被裴因（Francis J. Payns）譯成英文。德國學術界公認他為印度學大師[29]。

一、南傳上座部佛教

一九五一年，斯里蘭卡年輕的珠寶商阿育．威爾拉特那（Asoka Weeraratna，一九一八—一九九九）第一次到德國進行商務考察時，看到歷經二次大戰摧殘後的德國人，漸漸從殘酷的戰爭中復甦，積極追求非暴力與和平的道德理念與精神哲學。威爾拉特那深深覺得佛教在德國有開展的潛能，於是在返回錫蘭後，於一九五二年成立斯里蘭卡法界協會（Lanka Dharmaduta Society），後來改稱德國法界協會（The German Dharmaduta Society）；並邀請三界智尊者擔任會長，旨在將佛教弘揚於德國及歐洲國家。協會成立後，威爾拉特那再度前往德國考察，分別會見了時任漢堡佛教工作小組（Buddhist working group Hamburg）的負責人赫爾穆特・帕米里醫生（Dr. Helmut Palmie，一八九六—一九五四），慕尼黑佛教協會（Munich Buddhist Society）會長瑞塔・明博士（Dr. Ritter von Meng）及柏林佛教之友協會（Gessellschaft Fur Freunde Des Buddhismus）會長克諾布洛（F Knobloch）和佛界（Buddhistische Gemeinde）領導人萊昂內爾・斯塔特勒（Lionel Stutzer）[30]。返國後，就佛教在德國的展望寫出書面報告。在這分報告中，威爾拉特那提出：二次大戰後，德國人對整體遠景產生巨大的改變。兩次世界大戰的慘痛經驗告訴他們，「所有的東西都是空、無常」。如果詢問他們有關過去的戰爭，德國人只會回答：「全毀了。」佛教闡揚的四諦和「無常、苦、空和無我」說明了世間的現象，對德國人來說，被認為是有史以來，人類已知的最完善的教導。所以威爾拉特那開始籌募基金，計畫在可倫坡成立會所，並培養講德語的弘法人才。在斯國人民及政府的支持下，協會於一九五五年在可倫坡購地興建會所。期間，三界智尊者帶領八位傑出的法師，負責教授培養德語佛教弘法師資。

一九五七年，德國法界協會選派三位金剛摩羅寺的比丘，蘇摩（Ven. Soma）、差民陀（Ven. Kheminda）和維尼多（Ven. Vinīta），前往德國弘法，這是德國法界協會派往德國的第一個弘法團。威爾拉特那同時飛往柏林，從達爾克醫生的後裔手中買下「佛教精舍」，整修後，改名為「柏林佛教精舍」（Berlin Buddhist Vihara），成為上座部佛教在德國的第一座佛寺。威爾拉特那自己也於一九七二年，在錫蘭若那羅摩大長老（Venerable Ñānārāma Maha Thero）座下出家成為達摩尼薩提比丘（Ven. Mitirigala Dhammanisanthi Thero），之後的二十七年，他就在斯國自己捐贈的出離森林道場（Nissarana Vanaya Forest Hermitage）修行[31]。

柏林佛教精舍是最理想的坐禪讀經之處，內有僧寮、佛殿、法堂和圖書館。自一九六〇年起，開始出版上座部佛學著作及宣傳佛教小冊子；每週舉行佛學演講和共修，夏季開設暑期班，使用德語講課。並由各佛教社團的領導人在此主持各種講習會。一九六一年，佛教精舍的佛殿開始重建工程，經費由德國佛教徒施密特（Herrn Schmidt）的遺產捐獻。一九六七年，斯國駐德大使維克拉馬辛庫以女兒的名義捐贈新建的圖書館（Hemamala Wickramasinghe Library）開張，裡面有來自許多佛教國家捐贈的三藏佛典，藏書豐富，已被柏林市政府列為公立圖書館。目前精舍每週有佛學講座及靜坐教學課程。這座精舍已成為當代佛教徒活動的中心，時有來自歐洲各地的佛教徒到此修習[32]。

一九五一年柏林佛教徒成立了「柏林佛教協會」（Berliner Gesellschaft für Buddhismus），一九五六年改為「柏林佛教會」（Buddhistische Gesellschaft Berlin），由奧斯特博士（Guido Auster，一九一二—一九九六）擔任會長，他也是世界佛教友誼會副會長之一，對佛教很熱心，會員約一百四十人，每月集會一次，當時還沒有固定會址，集會演講佛法或討論，是借用學校教室或咖啡廳。每年佛誕慶祝法會，則租用柏林市政府大會堂舉行。曾印發宣傳小冊《現代的佛教》等十多種，另編有《佛經摘要》，吸引約有二百人信仰佛教。並且借地方開設夜間佛學講習班。一九六五年，因奧斯特博士的努力，西柏林力亞廣播電台，有定期的佛學節目。奧斯特為達爾克博士的學生，是西德佛教領導人之一，「德國佛教聯盟」成立，主要是靠他的努力；「佛教精舍」維持也是仰賴他的支持。一九九〇年後，柏林佛學會會長由萊納諾亞克博士（Dr. Rainer Noack）擔任。目前柏林佛教會開放給各個不同佛教傳統的組織，使用場地舉辦活動[33]。

德國佛教的弘法先驅保羅・德貝斯（Paul Debes，一九〇六—二〇〇四），原來準備讀神學院當神父，但心中對天主教的許多教義存有疑問。一九二七年時，由於閱讀韓斯・穆克寫的佛書《成就者歸家》，讓他對佛教非常嚮往，遍讀紐曼翻譯的巴利佛典後，於一九三一年偕同長他三歲的哥哥遠航至斯里蘭卡的隱居島，在三界智尊者座下受沙彌戒。德貝斯出家後，努力修學巴利經典，精進練習禪修，半年後即有很深的體驗。德貝斯兄弟隔年還俗返回德國。一九四五年，從戰爭中倖存的保羅・德貝斯，有因緣認識法學博士弗里茨・舍費爾（Dr. Fritz Schäfer，一九二三—二〇一二）和赫爾穆特・黑克爾（Dr. Hellmuth Hecker，一九二三—二〇一七）律師（曾出版兩冊《德國佛教編年史》〔*Chronik des Buddhismus in Deutschland*〕和三界智尊者傳記《德國第一位比丘》〔*Der erste deutsche Bhikkhu*〕，並德譯《相應部》）。一九四八年，保羅・德貝斯在漢堡成立佛教研討會（Buddhistische Seminar），並聯合黑克爾與舍費爾發行《知識與變革》（*Wissen und Wandel*）雙月刊。由於德貝斯紮實的佛學素養與禪修體驗，佛教研討會在各處舉辦的佛學講座，長期吸引一班對佛教有興趣的學員參與研討與禪修，並將講座及研討內容編輯在雙月刊發行。佛教研討會持續至今，是德國歷史最久的佛教團體之一；《知識與變革》雜誌也是發行最久的佛教刊物之一。德貝斯於一九五四年和一九五五年，先後發起成立漢堡佛教會和德國佛教協會，並於一九八二年出版八百七十五頁的巨著《通過佛陀的教誨掌握存在》（*Meisterung der Existenz durch die Lehre des Buddha*），為佛教教學提供全面整體的內容。經過半個世紀的努力，德貝斯有系統地將佛法的義理與禪修介紹給西方人士，是德國在一九四五年之後，對佛教最重要和最有影響力的代表之一[34]。

一九五四年，保羅・德貝斯發起漢堡佛教徒成立了「漢堡佛教會」（Buddhistische Gesellschaft Hamburg），會長為威廉・斯特曼（Wihelm Stegmann）。當時有固定會員近二百人，常舉辦佛學演講、討論會、坐禪。每月出版《佛教通訊》（*Die Buddhistisctichen Monatsblatter*，現已改為四個月出版一期）。漢堡佛教會在一九六二年，又在距離漢堡約一百公里的羅斯堡（Roseberg），成立「靜舍」（Haus der Stille），為鄉村的樓房，地點非常幽靜，風景優美。先後邀請維摩羅比丘（Ven. Vimalo）、泰國布那比丘（Ven. Bunnua）指導修習佛法，並由一位德籍比丘持法（Dhammiko）負責，他俗名叫庫爾巴茲（Walter Kunlbarz）。持法比丘曾前往緬甸受比丘戒，一九六二年返國，長住此靜舍。靜舍常舉行修習止觀班，佛學演講及討論等。每次舉行止觀修習班，佛教徒約有三十人參加，時間八天至半月。「靜舍」已成為歐洲修習止觀的中心之一。目前靜舍除了邀請德國、歐美及亞洲的弘法人士前往教學外，也提供場地給不同宗派的佛教團體使用，南傳、藏傳、日本及越南佛教團體定期在此舉辦活動。現任會長為馬里昂・舒爾茨（Marion Schulz）[35]。

漢諾威佛教會（Buddhistischer Bund Hannover）成立於一九六三年，宗旨在佛教的傳播、學習與落實。會員們每週固定研討與共修。佛教會的講座研討雖多以南傳上座部內容為主，但也歡迎不同宗派的教學與共修。佛教會定期出版《中道》（*Der Mittlere Weg*）刊物[36]。

由僧護於一九六七年成立於英國的「西方佛教僧伽之友」，後改名為「三寶普濟會」（Buddhistische Gemeinschaft Triratna）。該團體強調皈依三寶、受持五戒、依八正道生活。此組織在世界各地成立分會，提供將佛教教義落實於在現代生活，稱為是國際佛教運動。目前，在德國各大城市有十三處靜坐中心。

出生於柏林的艾雅．凱瑪比丘尼（Bhikkhuni Ayya Khema，一九二三—一九九七），一九七九年在斯里蘭卡那羅陀長老座下受南傳比丘尼戒。於一九八九年在慕尼黑西南的阿爾卑斯山麓阿爾高（Allgäu），購置了一座農場，改建為佛陀精舍（Buddha-Haus）禪修中心，指導大眾禪修。一九九七年，更增購森林道場慈心精舍（Metta Vihara），並在許多城市設有共修處。艾雅．凱瑪過世後，由她的學生智覺（Bhante Nyanabodhi，一九五五—）尊者主持。智覺尊者曾跟隨澳洲的阿姜布拉姆（Ajahn Brahm）及美國西維吉尼亞州修行協會的德寶尊者（Bhante Henepola Gunaratana，一九二七—）學習。二〇〇九年尊者被授予歐拉獎，以表彰他在德國傳播上座部佛教的功績[37]。

一九九〇年，由曾擔任德國佛教聯盟主席的卡爾．史密斯（Karl Schmied，一九三三—二〇〇六）成立的拜仁正念生活中心（Gemeinschaft für achtsames Leben Bayerm），屬於一行禪師的正念教學系統。卡爾在一九九二年發起創辦《互即互入》（*Intersein*）雜誌並擔任編輯。二〇〇六年，卡爾過世後，此團體由他的太太伊洛娜（Ilona）負責。中心舉辦研討會和公開講座，並在各城市成立有共修小組，通過靜坐的練習，提倡正念生活。

一九五五年，四十三個德國佛教團體在法蘭克福成立了「德國佛教協會」（German

Buddhist Society），每年秋季召開年會。一九五八年改名為「德國佛教聯盟」（German Buddhist Union，簡稱DBU）。從一九六一年起，加入「世界佛教徒聯誼會」（The World Fellowship of Buddhists，簡稱WFB）。一九八七年開始出版期刊《荷葉》（*Lotusblätter*），二〇〇三年，季刊改名為《佛教現況》（*Buddhismus aktuel*）。目前有六十四個佛教組織及兩千六百多個人參加德國佛教聯盟。從團體的成員中選出十一位理事，任期三年，再從理事中，選出三位主席。

德國佛教聯盟是一個交流平台，接納不同傳統和宗派的佛教徒，大家互相溝通、交流理解、和平包容，並發展出多元化的佛教活動。粗略估計，一九七七年德國只有十五個佛教團體。但是到了二〇〇五年，在德國已有超過六百個佛教團體，約十二萬來自亞洲的佛教徒及十三萬德國本土信徒。亞裔和德裔信眾，基本上分屬不同的團體（近年來有些團體裡漸有混合的現象）。但每逢較大的佛教慶典，如衛塞節，幾乎所有的佛教團體都會聚在一起慶祝。

為了提高佛教在德國的知名度和關注度，樹立良好的信仰形象，佛教團體經常安排德國的法師到各個大學講課，利用這種形式提昇佛教在德國民眾，尤其是大學生心中的地位。自一九八六年以來，德國佛教聯盟擁有全國性的辦公室及會所，協助組織不同的佛教團體，舉辦地方性或全國性的活動。目前，每年春季舉辦一次佛教大會，讓各個不同傳承的佛教團體可以聚會交流；每三個月出版季刊《佛教現況》，刊登有關佛教的學術性及報導性的文章、書評，並附有各佛教團體的資訊。每期發行近八千份，在特定的報攤可以買到。所以對佛教有興趣的人，都可以從佛教聯盟的網站，找到想要的課程與活動。從二〇〇四年開始，德國佛教聯盟還提供了網路佛學研究，方便有心深入佛法的人，有學習的機會[38]。

二、藏傳佛教

大約在一九五〇、六〇年左右，德國興起了一股嚮往西藏的熱潮，很多人前往西藏旅遊，想要近距離探索這個神祕的地方。到了一九八〇年，藏傳佛教在德國更如雨後春筍般快速成長。一九七〇年代，德國的禪修、佛教組織，大約有十五個；到了一九九一年，有兩百多個，顯現了極大幅度的成長。而在這兩百多個組織當中，有百分之四十是屬於藏傳佛教。

西方國家的藏傳佛教徒大多是受到格魯派達賴喇嘛的影響，但是德國大部分藏傳佛教徒則屬於噶瑪噶舉派，特別遵從噶瑪巴大寶法王。不過，噶舉派在認證第十七世大寶法王的過程中，有意見的分歧。由第十四世夏瑪巴認證的是在一九八三年，出生於拉薩巴覺的第十七世噶瑪巴聽列泰耶多傑法王（Karmapa Trinley Thaye Dorje）。而目前受大部分藏傳佛教徒擁護的噶瑪巴，是由第十二世泰錫杜尊者和第十二世嘉察尊者所認證的，在一九八五年出生於藏東拉拓村的第十七世噶瑪巴鄔金欽列多傑（Ogyen Trinley Dorje），目前駐錫於印度的達蘭薩拉。同時，他也被第十四世達賴喇嘛承認。

戈文達喇嘛（Lama Anagarika Govinda，一八九八—一九八五）的弟子於一九五二年在西柏林創立了德國「聖彌勒曼陀羅」（Arya Maitreya Mandala），藏傳佛教團體開始在德國出現。戈文達是德國人，原名霍夫曼（Ernst Lothar Hoffmann），年輕時即對哲學有興趣，受叔本華影響。十八歲時加入「佛教生活聯盟」。一九二八年底，霍夫曼前往斯里蘭卡，親近三界智尊者九個星期。一九二九年，成立國際佛教聯盟（International Buddhist Union，簡稱IBU），請三界智尊擔任會長，他自任祕書。一九三一年，霍夫曼代表聯合會前往印度開會，在錫金遇到他後來的老師，格魯派的阿旺格桑喇嘛（Lama Ngawang Kalzang，一八六六—一九三六），徹底改變了霍夫曼對藏傳佛教的看法，並從那時起，開始信奉藏傳佛教。在阿旺格桑喇嘛的鼓勵下，霍夫曼於一九三三年在大吉嶺建立聖彌勒曼陀羅。一九四七年，霍夫曼和妻子李・喬達彌（Li Gotami，一九〇六—一九八八）遠征西藏，遇到了噶舉派的阿霍雷巴仁波切（Ajo Repa Rinpoche），即跟隨仁波切學習噶舉派的傳承。曾著述《西藏神祕主義的基礎》（*Foundations of Tibetan Mysticism*）等多部有關藏傳、南傳、北傳佛教的專著，對德國及其他西方國家佛教界影響很大。他的教團在法蘭克福、不萊梅和威斯巴登設有中心。他的信徒遍及歐美[39]。

戈文達也是一位佛教徒作家，在他的八本著作中有三本書都被評為五顆星。其中最有名的《白雲行》（*The Way of the White Clouds*），已於一九九九年譯為中文，他前往西藏西部及拉達克，並從那裡帶回一整套八十四位成就者畫像的摹本，以及各種西藏寺院的壁畫。隨後他與喬達彌一起到西藏中部，位於古代古格王國已廢棄的首都寺院，在那裡發現西藏宗教藝術最早期及最成熟的藝術遺跡。書中所蒐集的資料，成為最寶貴的第一手香格里拉聖境圖文。李．喬達彌編著的《西藏圖文集》（*Tibet in Pictures: A Journey into the Past*），也被評為藝術優秀作品。

一九五二年，由戈文達喇嘛的德國弟子漢斯—烏爾里希．利卡（Hans-Ulrich Rieker，一九二〇—一九七九）在柏林成立歐洲第一座藏傳道場「聖彌勒曼陀羅」，宣傳密教教義。一九六五年由卡爾—海因茨．戈特曼（Karl-Heinz Gottmann，一九一九—二〇〇七）接任主持，一九九九年開始，由卡爾—海因茨的兒子阿明．戈特曼博士（Dr. Armin Gottmann，一九四三—）負責至二〇一五年。現任負責人是學者沃爾克．佐茨（Volker Zotz，一九五六—），聖彌勒曼陀羅在世界各地有許多分會[40]。

鑽石道佛教會是噶瑪噶舉傳承的佛教中心，第一個中心成立於奧地利的格拉茨

（Graz）。歐雷・尼達爾喇嘛與他的夫人漢娜是主要的負責人，目前以第十七世噶瑪巴・聽列泰耶多傑法王為精神導師。尼達爾以適合西方人生活的方式及文化的形式，來傳授傳統的西藏噶瑪噶舉傳承。他致力將藏傳佛教帶入丹麥及歐洲，自一九七三開始直到今天，在歐洲中部和東部、亞洲、美洲及澳大利亞建立了約六百五十所佛教的禪修中心。並且在世界各地舉辦佛法講座、禪修培訓班並建立佛教禪修中心[41]。在他的影響之下，藏傳佛教從噶舉派開始傳入德國之後，格魯派、薩迦派等也陸續傳入。尼達爾喇嘛對德國藏傳佛教的貢獻，僅次於戈文達喇嘛。鑽石道佛教會目前在德國有八個分會，超過一百三十個中心。

噶瑪教勝林（Karma Tengyal Ling）佛學中心的名稱是第十六世噶瑪巴所賜，位於柏林西北方七十公里，創辦人為候思特・布朗（Horst R. Brumm，一九五四—）。一九七七年，十六世噶瑪巴在第三世蔣貢康楚仁波切（Jamgon Kongtrul Rinpoche，一九〇一—一九五九）的陪同下，來到柏林進行短暫的訪問。離開前，法王寫下中心的名字，交給了信眾，同時留下自己常用的法器鈴和杵，做為中心開展的種子。

初期，信眾的聚會都是輪流在各自的家中進行，到一九八三年時，這個小團體租下一間工廠的四樓，柏林的第一所藏傳佛教中心於是誕生。然而共享這個層樓的，還有一群音樂家，中心第二元老級的碧姬・可妮（Brigitte Koenig）回憶：「要在搖滾樂中禪修，真是非常困難！」

一九八四年，這個團體終於有了自己的空間，但一直到一九八九年德國統一，前東德政府的資產以合理的價位上市後，他們才開始有能力購買土地。噶瑪教勝林的前身是一座農場，當時競標的還有其他幾位買主，當地村民猶疑不決，是否該讓佛教徒入主這塊土地。一九九二年「世界佛教大會」（The World Buddhist Congress）在前東柏林舉行，一時之間，佛教在德國廣獲接受和尊重，當地村民因而放下疑慮，展開雙臂，歡迎佛教徒遷入。自此，在候思特．布朗和碧姫．可妮的努力下，中心漸成氣候。按照目前計畫，噶瑪教勝林院地完成擴增後，總面積將高達二百公頃[42]。二〇一五年，第十七世噶瑪巴鄔金欽列多傑蒞臨巡視，候思特．布朗特別將此處獻給法王。

成立於一九八一年的蓮花戒佛學院（Kamalashila Institute），位於德國西部朗根費爾德（Langenfeld），是藏傳噶瑪噶舉派的歐洲總部。第十七世噶瑪巴鄔金欽列多傑及曾任院長的第七世竹慶本樂仁波切（Dzogchen Pönlop Rinpoche，一九六五—）是佛學院的導師。佛學院主要是藏傳噶舉派的傳統學習和實踐，以及致力於二十一世紀歐洲佛教的開展。目前，在不萊梅、柏林、漢堡、法蘭克福、弗萊堡、海德堡、慕尼黑等城市，有二十多所佛法研究與禪修中心。

成立於一九七九年，提供三年三個月閉關修行的噶瑪大乘悅意閉關中心（Karma

Tekchen Yi Ong Ling），位於德國雲德克（Windeck）地區的哈胥德（Halscheid）村落外，由德國噶瑪噶舉學會（German Karma Kagyu Gemeinschaft）的總經教師，堪千創古仁波切（Khenchen Thrangu Rinpoche，一九三三—）指導下進行管理。目前，閉關中心的閉關房指導上師是喇嘛貢噶多傑（Lama Kunga Dordsche）。

噶瑪噶舉傳承菩提行中心的創辦人林谷土庫仁波切（Ringu Tulku Rinpoche，一九五二—）於一九九七年，在比利時創立國際菩提行。德國柏林菩提行中心（Bodhicharya Deutschland e.V. Berlin）成立於二〇〇一年，是一個非盈利慈善組織，位於柏林弗里德里希的中心區，遵循利美運動，屬藏傳無教派分別的佛學中心，邀請前來授課的教師除了來自藏傳佛教的四大教派外，也包括其他佛教傳統。菩提行中心對外開放，活動包括太極拳、各類的瑜伽、各種程度的禪修，甚至還有造佛塔的課程。菩提行中心也參與跨宗教的對話與交流，並邀請藏傳佛教不同教派的上師來此授課。秉承法王對環境保護的深切關注，菩提行中心也積極參與環境保護，並獲選為「氣候變遷的都市策略」（Urban Strategies for Climate Change）研究計畫的五個地點之一。為了敦親睦鄰並回饋社區，菩提行中心建了一座兒童遊樂場，積極參與安寧療護（hospice），並進行安寧療護人員的培訓，目前已為一百位民眾提供在家療護[43]。

歐洲的第一個直貢噶舉中心，由安陽仁波切（Ayang Rinpoche，一九四二—）

於一九八一年，在德國的多特蒙德（Dortmund）成立。並於隔年在霍赫紹爾蘭（Hochsauerland）的梅德隆（Medelon）購得一棟建築，做為直貢軋登秋林（Drikung Ngaden Choling）的道場。道場開辦講座、禪修及師資培訓課程。

目前，直貢噶舉在德國有多個中心，包括直貢謝拉米切林中心（Drikung Sherab Migched Ling）、波登佛法塔勒林（Palden Dharma Tare Ling）、直貢札西炯（Drikung Tashi Jong）、直貢登謝林（Drikung Denshe Ling）、蓮花池直貢佛法中心（Lotus-See Drikung Dharma Zentrum）。

二〇一一年，直貢澈贊法王（His Holiness Drikung Kyabgon Chetsang，一九四六—）在德國北部施內沃丁根（Schneverdingen）興建密勒日巴閉關中心（Milarepa Retreat Center）。此地原是一座農場，二十餘英畝牧場和林地環繞著幾間老式木屋。二〇一二年五月閉關中心落成，此中心主要舉辦禪修活動，包括傳統的三年閉關[44]。

位於漢堡的西藏中心（Tibetischen Zentrums）成立於一九七九年，達賴喇嘛指派格西圖登阿旺（Geshe Thubten Ngawang，一九三二—二〇〇三）為導師。西藏中心教導藏傳佛教及藏族文化傳統，也注重宗教對談。從一九七九年開始，格西圖登阿旺有系統、有次第地教導佛法，解行並重，培養出很多傑出的歐洲弟子。經由西方弟子們的擁護與支持，格西圖登阿旺成功地在德國建立了西藏之家，並出版半年刊《西藏與佛教》

（*Tibetund Buddhismus*）。位於呂訥堡（Lünzener）的冥想屋（Semkye Ling）是舉辦靜修的場所。一九八八年，擔任格西翻譯的克里斯托夫．施皮茨（Christof Spitz）設計出一套有系統的教學課程，讓西方人有機會可以修學佛法和哲學，多年來教導過一千多名學生，得到德國學者的肯定。除了達賴喇嘛多次親臨主持活動，西藏中心也時常邀請格西、仁波切，前往教授課程指導禪修。二〇〇三年，格西圖登阿旺圓寂後，中心現由格西白瑪三旦（Geshe Pema Samten，一九五七—）負責[45]。

扎雅．洛丹喜饒仁波切（Dagyab Kyabgoen Loden Sherab Rinpoche，一九三九—）是四川省康定縣沙德區瓦澤鄉人。六歲時被西藏昌都扎雅縣格魯派寺院麻根喇嘛，認定為扎雅香根活佛的轉世靈童，取名扎雅．洛丹喜饒。他自小隨經師學習經文，一九五三年到拉薩哲蚌寺深造，獲得格西學位。他一九五九年流亡到印度，刻苦自學英文和德文。一九六四年，在印度新德里成立西藏之家，保存並宣傳西藏的文化，爭取國際認同。

扎雅．洛丹喜饒仁波切於一九六六年，應邀到德國波恩大學（University of Bonn）中亞研究所，從事西藏藝術和佛教造像學的研究工作，至二〇〇四年退休。扎雅仁波切發表許多有關西藏佛教的文化藝術著作[46]，曾多次參加國際藏學研討會，同時也在許多佛學文化中心和大學講學。一九八四年，仁波切在巴伐利亞州（Bavaria）的埃爾蘭根

（Erlangon）成立佛教中心Chödzong，也稱德國西藏之家（Tibethaus Deutschland）。二○○五年，西藏之家遷至法蘭克福，並獲得達賴喇嘛的贊助。德國西藏之家也是一個文化研究機構，經常開辦講座及各種課程，除了介紹藏傳佛教外，也介紹西藏的文化藝術及傳統藏藥、瑜伽冥想等教學。

扎雅．洛丹喜饒仁波切是流亡在外的西藏活佛中，被認為最能傳承格魯派的代表之一。在扎雅仁波切的指導下，西藏之家在德國的許多城市都設有分會，目前有十二個分會，定期聚會，以研討《菩提道次第廣論》及靜坐共修為主要活動內容[47]。

同時期，同屬格魯派的邦龍活佛（Banglong Huofo，也作Panglung Rinpoche，一九三九—）也應邀到德國巴伐利亞科學院中亞研究委員會，從事古藏文字典的編纂計畫。邦龍活佛是四川巴塘人，屬於雲南格魯派最大的藏傳佛教寺院，松贊林寺的主要活佛系統之一。他是第四代，法名強巴洛桑邦龍（Jampa Losang Panglung）。邦龍七歲進寺學習，十八歲時獲得拉然巴格西學位。在德國研究期間，於一九七二年在慕尼黑大學獲得碩士學位，一九七九年又獲得博士學位。古藏文字典計畫是該院中亞研究委員會的重點項目，要編撰一部十五萬餘條的《古代藏語字源字典》。此書對研究古代藏文文獻和佛學都十分重要，邦龍活佛是編撰這部大字典的骨幹力量。

慕尼黑的阿里亞塔拉研究所（Aryatara Instituts）屬「護持大乘法脈聯合會」，由耶喜喇嘛和梭巴仁波切成立於一九八〇年。一九九六年搬到目前位於慕尼黑跋瑞斯塔舍（Barerstrasse）的會址，該中心擁有一個正規的教學計畫，引導冥想，講座，研討會，教導西藏喇嘛和西方的教師（也提供遠程教學的方案）。由梭巴仁波切領導遍布全世界一百三十多個中心——包括佛法中心、閉關中心、臨終關懷服務中心、醫療中心、宇宙教育學校、翻譯人才培訓學校、出版社、寺院等。現由德國籍的費奧多爾．史塔克法師（Venerable Fedor Stracke，一九六七—）常駐在慕尼黑中心[48]。

漢諾威秋林（Chöling e.V. in Hannover）佛法中心，成立於一九九四年，是藏傳佛教的居士團體，由格魯派扎雅．洛丹喜饒仁波切擔任精神導師，開放給所有對藏傳佛教感興趣的大眾。秋林佛法中心也重視宗教間的溝通交流，佛法的討論與經驗分享，時常開辦講座。秋林佛法中心的外觀是一座越南佛寺。目前有兩個團體，分別在漢諾威和布倫瑞克（Braunschweig）。

由達賴喇嘛命名的世界性組織土登達杰林（Thubten Dhargye Ling），意思是「佛教蓬勃發展的地方」。土登達杰林德國分會成立於一九九三年，位於慕尼黑的拉貢寺（Lhakang），由格西根敦桑波（Geshe Gedürr Sangpo）住持管理，專門為保護藏傳佛教傳統的目的，開辦多種課程，對外開放。

英格蘭的數學家也是物理學家里格基．戚克波（Rigdzin Shikpo），研究和實踐佛法超過四十五年，最初在小乘的傳統，後來他學習大乘佛教的菩薩道。他於一九六五年遇到了主要的老師丘揚創巴仁波切，並成為創巴仁波切的第一批西方學生之一。仁波切當時為他詳細講解大圓滿修行次第，也是藏傳佛教寧瑪派傳統的最主要的練習。戚克波在堪布仁波切的指導下，完成了一項為期三年的閉關，成為噶舉寧瑪派的喇嘛。

一九九一年，由丘揚創巴仁波切和頂果欽哲仁波切（Dilgo Khyentse Rinpoche，一九一〇—一九九一）發起，由堪布楚臣仁波切（Khenpo Tsultrim Rinpoche，一九三四—）在英國成立龍承基金會（Longchen Foundation）。一九九四年時，德國的信眾也成立佛教龍承協會，做為英國龍承基金會的姊妹組織，目前在德國有四個分會。龍承表示十四世紀偉大的寧瑪派大師龍欽巴大圓滿修行的傳承[49]。

卻吉尼瑪仁波切（Chokyi Nyima Rinpoche，一九五一—）是土庫．烏金仁波切（Tulku Urgyen Rinpoche，一九二〇—一九九六）的長子，十三歲進入隆德寺開始接受噶瑪噶舉、直貢噶舉和寧瑪派的教法。卻吉尼瑪仁波切受教於十六世大寶法王、頂果仁波切、敦珠仁波切及烏金仁波切，很年輕就取得堪布的學位。十六世大寶法王鼓勵他向西方人弘法，一九八一年，卻吉尼瑪仁波切在尼泊爾創建了讓炯耶喜佛教研究學院（Rangjung Yeshe Institute for Buddhist Studies），為外國學生提供系統學習佛法和藏語的機會，之後，他還創立了德國讓炯耶喜出版社。一九九七年他在德國成立德國讓炯耶喜學院（Rangjung Yeshe Gomde Deutschland），提供佛學研究課程，也教導大圓滿和大手印[50]。

由索甲仁波切所創設的本覺會佛學中心（Rigpa-Zentrum），在德國有十多處聚會所，位於柏林的達摩瑪蒂（Dharma Mati）本覺會佛學中心於二〇〇七年落成開光。

三、漢傳佛教

出生於柏林的哈利．皮珀（Harry Pieper，一九〇七—一九七八），早年曾參加保羅．達爾克醫生創辦的「佛教精舍」，學習上座部佛教；皮珀於一九四六年曾成立「佛教任務」社團（Buddhist Mission），學習大乘佛教，最後因受到日本西本願寺淨土真宗大谷光照（一九一一—二〇〇二）的教導，於一九五六年在柏林創立了淨土真宗佛教協會（Buddhistische Gemeinschaft Jodo Shinshu），創辦《大乘》（*Mahayana*）雜誌，翻譯大谷的《淨土真宗的信心》，藤井隆一的《佛教的真諦》，開展文化事業，弘揚淨土真宗佛教的教義[51]。二〇〇八年後，此團體加入位於杜塞爾多夫（Düsseldorf）日本淨土真宗的道場——惠光寺。

一九九三年，日本製造精密測量儀器的三豐企業（Gesellschaft Mitutoyo）暨「理解佛教學會」（Society for Buddhist Understanding）的創始人沼田惠範（一八九七—一九九四），在日本僑民聚居的杜塞爾多夫郊區，開發建設了惠光日本文化中心（EKŌ-Haus der Japanischen Kultur）。園區裡除了日本的庭園景觀、傳統茶室、圖書館及附設幼稚園外，還蓋了一座屬淨土真宗，莊嚴的日式寺院惠光寺（EKŌ-House），除了舉辦講座，每逢佛教節日也都舉辦慶典活動。現任住持為青山隆夫教授[52]。

在日本京都妙心寺出家的大井際斷禪師，獲有日本駒澤大學禪宗佛學碩士學位，二十二歲出家，先後獲得永平寺三位住持的嚴格訓練傳法後，並於一九九一年開始，擔任日本濱松方廣寺住持。大井禪師曾於一九八二年赴德國弘揚臨濟禪法，他的第一個聚會所直心庵在阿爾高地區。一九八六年，大井禪師正式在施泰埃爾貝格（Steyerberg）成立了「鳥巢禪堂」（Choka Zenkutsu），取 Choka 是鳥巢，也是取中國禪宗祖師鳥巢道林禪師的法號之意。鳥巢禪堂定期舉辦臨濟禪宗的坐禪和公案培訓。

大井禪師在德國教導出許多傑出的學生，包括沃爾夫．迪特．納汀（Wolf Dieter Nolting，一九四九—）和克里斯托夫．哈特拉帕（Christoph Hatlapa，一九四七—）兩位律師，他們先後於一九八六年和一九八七年前往日本京都妙心寺受戒出家，成為麗新比干和麗豪拓谷禪師。他們被中川禪師認可為臨濟宗方廣派在德國的代表，返回德國後，被授權可以傳法及剃度弟子。從一九八六年開始，大井禪師教授的臨濟禪在德國成立禪圈系統（Zenkreis），在不萊梅、基爾等十一個城市先後成立分院，教導臨濟禪法。一九九六年，禪圈基爾的成員，組團到日本臨濟宗大本山濱松方廣寺參學，結果有不少人在那裡依方丈大井際斷禪師出家。大井禪師鼓勵他們常常回總本山參學，此後，禪圈基爾的成員與日本方廣寺常有互動[53]。

一九六七年到歐洲的日本曹洞宗禪師弟子丸泰仙，最早在法國成立「禪道尼苑」禪修道場。一九七〇年代，泰仙禪師的一批德國弟子，如天龍·坦布里爾禪師（Tenryu Tenbreul，一九五六—）、邁克爾·安德列禪師（Rev. Michael Shudo Andre，一九五三—）、海龍禪師（Th. Kairyu Quitschau，一九五五—）及聖法禪師（A. Seiho Woller，一九五二—）等，在泰仙禪師圓寂後，繼續跟泰仙的同門成田疏雨禪師修學出家。安德列禪師於一九七九年，在漢堡創立龍門禪修道場；天龍·坦布里爾禪師於一九八三年在柏林成立德國禪宗協會（Zen-Vereinigung Deutschland）及善光寺[54]。目前以遜布魯肯禪中心（Zen-Zentrum Schönböken）的默照山寂光寺為國際禪協會在德國的總部，協會下有位於漢諾威、萊比錫、波恩等多處道場，及多個共修團體，提供坐禪指導，及舉辦禪修活動[55]，由天龍·坦布里爾禪師擔任指導老師。目前有會員約一千五百人，是德國最大的佛教團體之一。一九七〇年日本曹洞宗禪師弟子丸泰仙，在法國成立國際禪協會（Association Zen Internationale，簡稱ＡＺＩ）。之後，他的弟子在德國西南部的海德堡、紐倫堡、斯圖加特等地，相繼成立十多處屬於國際禪協會的禪修道場[56]。目前，主要的負責人是國際禪協會副會長暨法國龍門寺住持奧利維爾‧旺（Olivier Wang Genh，一九五五—）禪師[57]。

一九九六年，由中川正壽禪師（一九四七—）成立的艾森柏禪中心（Zen Centre Eisenbuch），位於慕尼黑以東約一百一十公里，幽靜的的阿爾多廷區，屬日本曹洞宗永平寺系統。

一九九六年中川禪師在近巴伐利亞（Bavaria）處，購置一座農舍，改建為禪修道場。一九九七年，中川禪師與一行禪師會談後，深感透過愛的正念修習，可以療癒人們痛苦的身心。他於是決定要建設一個「健康生活的中心」，得到永平寺方丈宮崎奕保禪師（一九〇二—二〇〇八）的支持，開始中心的籌建，道場名稱為「大悲山普門寺」[58]。

一九九六年，日本曹洞宗鈴木俊隆禪師的弟子，曾任美國舊金山禪中心住持的貝克禪師（Baker Roshi，一九三六—）在德國黑森林成立約翰尼斯夫禪中心（Zen Center Johanneshof Quellenweg），指導日本曹洞禪，並在各城市有禪修中心。此團體屬於貝克禪師創立於歐美的禪修組織——佛法僧（Dharma Sangha）[59]。

一九八八年，有德國人出家到佛光山受三壇大戒的因緣，一九九二年，佛光山派滿徹法師至西柏林弘法及籌建道場，至今已有「柏林佛光山」、「萊茵禪淨中心」、「法蘭克福禪淨中心」、「漢堡佛光緣」等道場。國際佛光會也在各處成立，弘揚人間佛教。十餘年來柏林佛光山由於場地寬大，有禪堂和教室、掛單寮房等適合舉辦各種教育訓練，除例行的共修會、讀書會、佛學班、禪坐班、抄經班、才藝班、語文班等之外，每月出版中、德文《佛光世紀》，還有不定期的佛學講座、信徒講習會、青少年學佛營等。一九九六年，德國總統賀隆先生（Roman Herzog）曾邀請柏林佛光協會代表至官邸參加文化活動[60]。

韓國曹溪宗的禪師崇山行願（Seung Sahn，一九二七——二〇〇四）於一九九〇年，在柏林成立歐洲第一座歐洲觀音禪院（Kwan Um Zen Schule Europe），目前在德國包括漢堡等共有五個禪修中心，柏林禪修中心是總部。它代表了韓國傳統的佛教禪宗。

結語

二十世紀初德國的佛教信仰者，多為醫生、律師、哲學家或學者教授，屬社會高級知識分子，也多受到叔本華思想的影響。大多數德國人會成為佛教徒，是由於他們閱讀了佛教書籍，而開始關注或信仰佛教。甚至在還沒有見過出家僧侶之前，佛教的真理已在他們心中形成堅強的信仰了。他們認為佛教是理性的、智慧的宗教。德國佛教徒是歐洲各國當中信仰佛教最虔誠的；他們認真修行，德譯佛經和論著的書刊，也是非常普遍；全國各地書店，幾乎都有佛書，而且銷量日增。各地圖書館，也都有佛教書籍。一般報紙雜誌電台，也時常登載或播放佛教的消息和文章。

二十世紀上半，德國佛教的整體傳播來說是南傳上座部占優勢。如以佛教的文獻來說，大乘經論的翻譯，以及學者對於大乘教理的著作，數量上大約只有上座部的三分之一。而且斯里蘭卡僧人在德國弘傳佛教，是很努力而且有組織計畫的，並且可以看到德國佛教徒對於研究巴利文佛法的風氣非常盛行。這與斯里蘭卡、泰國、緬甸在德國的佛教傳教團組織有計畫的努力是分不開的。德國比丘大多曾在國內大學修習哲學和語言，並已取得學位，因讀過佛教經典論著，或再經明師引導而自願出家，然後到斯里蘭卡、緬甸、泰國等地的東方僧團中修學、攻讀巴利文，翻譯佛典，修習止觀禪法。在斯里蘭卡出家的德籍比丘，因有斯里蘭卡德國弘法使團組織，每次斯里蘭卡比丘想往德國弘法，都先請德籍比丘教授德語。當初德國只有極少人信奉西藏密宗、日本淨土真宗及禪宗。出家人不多[61]。

一九六〇至一九七〇年代，因為鈴木大拙的著作與日本曹洞宗弟子丸泰仙禪師在法國及歐洲各國教禪的旋風，禪宗的道場在德國如雨後春筍遍布全國到處可見。藏傳佛教由於德國喇嘛戈文達記錄他在一九四〇年至一九五〇年深入西藏的朝聖之旅的著作《白雲行》出版，引起德國人士對西藏文化及藏傳佛教的興趣，及至一九八〇年前後，隨著一群群來自雪域的喇嘛抵達德國，加上大寶法王及達賴喇嘛的走訪，藏傳佛教在德國也蓬勃發展。另外，西方佛教之友和日本創價學會非傳統的佛教組織，也快速發展。根據漢諾威大學（Hannover University）宗教研究系，研究亞洲宗教在西方的馬丁・鮑曼博士（Martin Baumann）的論文提到，一九九一年德國各宗派佛教人口的分配比例為：藏傳佛教徒近百分之四十，大乘傳統占百分三十點三，南傳巴利文系統只有百分之十四，而非傳統的佛教組織人口占百分之十，來自亞洲國家的佛教徒占百分之六點五[62]。

二十一世紀初的德國佛教，由於佛教術語「禪」、「正念」等，在媒體廣告普遍應用乃至社會名人鼓吹，一陣禪風吹起。據德國佛教聯盟二〇一五年的資料顯示，德國佛教人口有二十七萬（其中包括六萬越南人、四萬泰國人和四萬亞洲其他國家移民），包括六十七個註冊的佛教組織及六百個佛教團體[63]。相較於一九七〇年代，只有三十個佛教團體，兩千位佛教徒；近半世紀來，德國的佛教持續成長了二十倍。

（一九六七年三月初稿，二〇一五年十二月增訂）

❶《辨神論》：論上帝的善良、人的自由與邪惡的起源。（Essays of Theodicy on the Goodness of God, the Freedom of Man and the Origin of Evil）

❷ Collected Wheel Publications Volume VIII: Numbers 101–115, By Nyanaponika Thera, V. F. Gunaratna, I. B. Horner, John D. Ireland, Nanamoli Thera, Helmuth von Glasenapp, L. R. Goonesekera, Dr. Hellmuth Hecker.

❸ William Peiris 著，梅迺文譯：《西洋佛教學者傳》，《世界佛學名著譯叢》第八十四冊，第一二二—一二四頁。

❹ 1. Benjamin A. Elman, 1983, "Nietzsche and Buddhism", *Journal of the History of Ideas*, Vol. 44, no.4, pp. 671-686.

2. Walter Kaufmann and R. J. Hollingdale, ed., & trans., 1967, *The Will To Power*, New York: Random House.

❺ Urs App, 2011, Richard Wagner and Buddhism, Switzerland: UniversityMedia.

❻ Hellmuth Hecker & Bhikkhu Nyanatusita, 2008, *The Life of Nyanatiloka Thera: The Biography of a Western Buddhist Pioneer*, Kandy: Buddhist Publication Society, pp.19-20.

❼ William Peiris 著，梅迺文譯：《西洋佛教學者傳》，《世界佛學名著譯叢》第八十四冊，第四十五—五十一頁。

❽ 同上書，第一六一—一六四頁。

❾ 楊健著：《亞洲之外佛教》，載魏道儒主編：《世界佛教通史》第十三卷，第一四六—一四七頁。

❿ 黃陵渝著：〈德國的佛教〉，載《法音》第十一期（總一一一期，一九九三年）。

⓫ William Peiris 著，梅迺文譯：《西洋佛教學者傳》，《世界佛學名著譯叢》第八十四冊，第一三四—一三七頁。

⓬ 出處：http://www.georg-grimm.at/startseite/biographie/。

⓭ 出處：http://www.georg-grimm.at/prolog/prologue-english/。

⓮ William Peiris 著，梅迺文譯：《西洋佛教學者傳》，載《世界佛學名著譯叢》第八十四冊，第一五七—一六〇頁。

⓯ 同上書，第一四三—一四七頁。

⓰ 同上書，第一九三頁。

⓱ 出處：http://www.bps.lk/olib/wh/wh074_German-Buddhist-Writers.html。

⓲ Hellmuth Hecker & Bhikkhu Nyanatusita, 2008, *The Life of Nyanatiloka Thera: The Biography of a Western Buddhist Pioneer*, Kandy: Buddhist Publication Society, pp.19-20.

⓳ Martin Baomann, 2000, "Buddhism in Switzerland", *Journal of Global Buddhism*, pp.154-159.

⓴ William Peiris 著，梅迺文譯：《西洋佛教學者傳》，載《世界佛學名著譯叢》第八十四冊，第一八

三一一六頁。

21 Hellmuth Hecker & Bhikkhu Nyanatusita, 2008, *The Life of Nyanatiloka Thera: The Biography of a Western Buddhist Pioneer*, Kandy: Buddhist Publication Society.

22 William Peiris 著，梅迺文譯：《西洋佛教學者傳》，載《世界佛學名著譯叢》第八十四冊，第一八七一一八八頁。

23 佛教出版協會網址：https://www.bps.lk/bps-history.php。

24 William Peiris 著，梅迺文譯：《西洋佛教學者傳》，載《世界佛學名著譯叢》第八十四冊，第一八八一一九〇頁。

25 出處：https://en.wikipedia.org/wiki/Nanamoli_Bhikkhu。

26 出處：http://obo.genaud.net/backmatter/gallery/bhk.nanamoli.htm。

27 *The Inspiring and Remarkable Life story of Sister Uppalavaṇṇā* by the Sri Lalita Rajapakse Charitable trust. 出處：http://web.archive.org/web/20150415123704/http://metta.lk/english/sister-uppalavanna.html。

28 鄭金德著：《歐美佛教》，第五十七頁。

29 William Peiris 著，梅迺文譯：《西洋佛教學者傳》，載《世界佛學名著譯叢》第八十四冊，第一六九一一七二頁。

30 出處：http://das-buddhistische-haus.de/pages/de/geschichte/104-die-ausbreitung-des-buddhismus-in-deutschl

and。

㉛ Senaka Weeraratna, Asoka Weeraratna - pioneer in developing post-war Sri Lanka-German ties, Asian Tribune, Oct 8, 2008.

㉜ 黃陵渝著：〈德國的佛教〉，載《法音》第十一期（總一一一期，一九九三年）。

㉝ 柏林佛教會網址：http://www.buddhistische-gesellschaft-berlin.de/impressum.html。

㉞ 出處：http://www.buddha-dhamma.de/pauld.htm。

㉟ 漢堡佛教會網址：http://www.bghh.de/html/verein.html。

㊱ 漢諾威佛教會網址：http://www.buddha-hannover.de/。

㊲ 佛陀精舍網址：http://www.buddha-haus.de。

㊳ 德國佛教聯盟網站：http://www.buddhismus-deutschland.de/basic-information-in-english/。

㊴ 鄭金德著：《歐美的佛教》，第四十九頁。

㊵ 出處：http://www.arya-maitreya-mandala.org/。

㊶ 出處：http://www.diamondway-buddhism.org/buddhist-teachers/lama-ole-nydahl/。

㊷ 出處：http://www.kagyuoffice.org.tw/news/20150905。

㊸ 出處：http://bodhicharya.de/das_zentrum.html。

㊹ 出處：http://milareparetreat.de/index.php/de/。

㊺ 西藏中心網站：https://www.tibet.de/das-zentrum/geschichte/。

㊻ 扎雅．洛丹喜饒仁波切網站：http://www.dagyab-rinpoche.com/。

㊼ 德國西藏之家網站：http://www.tibethaus.com/home.html。

㊽ 出處：http://www.aryatara.de/ueber-uns/geschichte.html。

㊾ 龍承協會網站：http://www.longchen.de/wirueberuns.html。

㊿ 德國俱舍智慧學院：http://www.gomde.de。

51 淨土真宗佛教協會網站：http://www.jodoshinshu.de/e_geschichte.htm。

52 惠光寺網站：http://www.eko-haus.de/index.html。

53 鳥巢禪堂：http://www.choka-sangha.de。

54 出處：http://www.zen-vereinigung-berlin.de/p9.html。

55 出處：http://www.zazen.de/p31.shtml。

56 出處：http://www.zen-berlin.org/en/。

57 出處：http://www.meditation-zen.org/de/foerderkreis-ryumonji-de。

58 艾森柏禪中心網站：http://www.eisenbuch.de/centre/。

59 佛法僧：https://dharma-sangha.de/。

60 出處：http://fgs-tempel.de/tw/origin。

61 楊曾文主編：《當代佛教》，第三三三頁。

62 Martin Baumann, 1998, Tibet und Buddhismuszugleich, Buddhismus in Deutschland – Geschichte und Gegenwart. , Heft 47, 1998.

63 出處：http://www.buddhismus-deutschland.de/basic-information-in-english/。

第三章　法國佛教略史

佛教傳入歐洲的因緣與歐洲殖民主義入侵亞洲，有很大的關係。因為，隨著東西方文化的接觸交流，西方學者的視野也逐漸擴大，開始關注當時像似蒙著面紗，尚未被人真正探索認識的東方文化。而佛教正是東方文化當中最重要的一環，因神祕未知而好奇探究，一些學者為了研究的需要，學習新的語言，如梵文、巴利文，進而接觸了佛教經典，特別是透過梵文和巴利文撰寫的佛經，開始對佛教的義理有了新的認識。他們用系統研究的方式，不但廣泛蒐集資料，做研究編輯和翻譯的工作，還在義理上有進一步深入的探究和發現。

第一節　法國學者對佛教的研究

十九世紀初期，由於在尼泊爾及西藏蒐集到的梵文、藏文大乘經典，以及斯里蘭卡和緬甸的巴利文南傳貝葉經等，大量地被傳送到巴黎，引起當時法國學術界和思想界的關注。接著，經由印度學家、漢學家、東方語言學家做了許多的翻譯研究。當時，法國學者是以系統化的方式，從歷史學、語言學、和文化學的角度來探討佛教。

一八一四年，法蘭西學院（Collège de France）的安托萬－萊昂納爾．謝齊（Antoine-Léonard de Chezy，一七七三－一八三二）最先被授予梵學教授職位，他的學生比爾奴夫繼承了他的梵學教授職位。同年，雷慕沙（Jean-Pierre Abel-Rémusat，一七八八－一八三二）被授予漢學教授職位。

法國亞洲學會（Société Asiatique）的創始人，尤金．比爾奴夫是法國語言學家及印度學的研究者。他致力於東方語言的研究，包括梵文、巴利文、波斯語、古楔形字等。一八二六年，比爾奴夫發表了與德國學者克里斯帝安．拉森（Christian Lassen，一八○○－一八七六）合著的學術先驅著作《巴利語論考》（*Essai sur le Pāli*），探討巴利文對歷史和語言學的重要性。另外一本《試論恆河東岸聖言——巴利語》（*Observations grammaticales sur quelques passages de l'essai sur le Pali*）的文法著作，對當時巴利文的研究也有很大的幫助。

比爾奴夫於一八三二年至一八五二年，任職法蘭西學院的梵文教授。任職期間，他獲得英國駐尼泊爾公使布萊恩．霍頓．霍奇森贈送的一百七十一部，在尼泊爾蒐集到的梵文經典。比爾奴夫在一八四四年出版了法文版的《印度佛教史導論》（*Introduction à l'histoire du Bouddhisme Indien*），是西方佛教研究史上的一部劃時代作品。此書扉頁提詞有：「獻給霍奇森，稱他為印度佛教研究的真正創始者。」書中的內容包括經律論三藏及佛教各不同宗派的介紹，並提到「涅槃」及「緣起」的學說。二〇一〇年，卡蒂婭·畢菲特里耶（Katia Buffetrille）和唐納德·洛佩茲（Donald Lopez Jr.）將此書翻譯成英文 *Introduction to the History of Buddhism* 出版。比爾奴夫的另一本名著是把梵本《妙法蓮華經》翻譯為法文（*Le Lotus de la bonne loi*），於一八五二年出版。他曾對考古學家普林西比，於一八二一年在印度發掘出的阿育王石柱敕文，進行了極其精細的研究，他認為這些敕文中包含相當多的佛教教義。比爾奴夫在法蘭西學院的學生們，後來也繼續專注在語言學為基礎的佛學研究。他們從事許多佛典的翻譯、編輯工作，並因此帶動了法國佛學研究的風氣。比爾奴夫也被稱為「歐洲佛教研究之父❶」。

傳教士約瑟夫·加比特（Joseph Gabet，一八〇八—一八五三）於一八三五年抵達澳門，即開始學習中文。一八四四年與另一位傳教士埃瓦里斯特·雷吉斯於克（Évariste Régis Huc，一八一三—一八六〇）一起被派往西藏，並在青海湖附近的寺院學習藏文及研究中國佛教。加比特將迦葉摩騰的蒙古版《四十二章經》翻譯為法文。另有法國漢學家斯坦尼斯·拉塞那·朱利安（Stanislas Aignan Julien，一七九七—一八七三），他自己取了中文名字「儒蓮」，朱利安於一八五三年翻譯出版了《大唐西域記》（*Voyages du pèlerin Hiouen-tsang*）；三年後譯出《慈恩傳》（*Histoire de la Vie de*

Hiouen-Thsang）；一八五九年，譯出《百喻經》（*Avadanas*）出版。

菲利浦・富科（Philippe Édouard Foucaux，一八一一—一八九四）是法國著名的藏學家，也是著名的大乘佛教學者，一八五八年出版法國第一本《藏文文法書》（*Grammaire de la langue tibétaine*）及《釋迦牟尼佛傳》（*Histoire du Bouddha Sakya Mouni*），對藏文佛典的研究及翻譯工作，有很大的貢獻。富科也將藏本《方廣大莊嚴》分兩冊譯成法文（*Lalitavistara*），分別於一八八四年與一八九二年出版。

埃米爾・塞納爾特（Emile Senart，一八四七—一九二八），被稱為法國東方學權威，留學德國，專攻印度學，是倫敦巴利聖典協會最早的五位委員之一。他不僅從事巴利文研究，更專注的是梵文大乘佛教。一八七五年他出版了《關於佛陀傳說的研究》（*Essai sur la légende du Bouddha*），主要依據大乘經典。他假設佛陀生平的傳說，無非是以太陽神話為基礎的杜撰。此書遭到歐洲學者的嚴厲批評，認為傳說故事不能完全符合客觀歷史的存在[2]。但他在比較語言學方面的成就，貢獻頗大，當中主要是古代碑銘學的研究，包括對阿育王石碑的翻譯和解釋，成為印度早期佛教史的重要資料。塞納爾特參考巴利文本編訂了梵文《大事》（*Le Mahāvastu*），其中的內容題解及重要的註解，共集有三冊，在一九〇二年至一九〇九年出版[3]。

法國梵文學者、佛學專家及藝術史學家阿勒弗萊德・查爾斯・奧古斯特・福舍

（Alfred Charles Auguste Foucher，一八六五—一九五二），是第一位提出「犍陀羅的希臘式佛教藝術」（L'Art Gréco-Bouddhique du Gandhara）見解的法國學者[4]。福舍在一九二二年受法國及阿富汗政府的委任，組織考古團至西北印度和中亞。福舍認為在一世紀前後，出現於犍陀羅的佛像藝術，深受希臘雕刻技巧寫實風格的影響。而且，他指出在此之前的佛教藝術，並沒有佛像，只有代表佛陀的象徵物。福舍開創印度和中亞考古學家探究佛教藝術並且發表論文的開端，著有佛教藝術七冊。其中兩冊有關犍陀羅藝術之作，一九〇五年出版。最後的著作是《佛教藝術之開始及印度和中亞的考古論文》（*The Beginnings of Buddhist Art and Other Essays in Indian and Central-Asian Archaeology*），一九一七年在倫敦出版。

亨利．萊昂．菲爾（Henri-Léon Feer，一八三〇—一九〇二），是一位法國東方語言學家，專長梵文、藏文、蒙文和巴利文。菲爾於一八六四年接替菲利浦．富科成為東方語言學院藏文系主任，也擔任國家圖書館手稿部的助理館長。菲爾翻譯許多梵文、藏文、巴利文的古代典籍，也為倫敦巴利文協會編訂佛教文獻。一八八三年他將狄．科盧斯的《甘珠爾分析》譯成法文（*Fragments extraits du Kandjour*），一八七五年他譯《撰集百緣經》為法文（*Avadâna-çataka, cent légendes bouddhiques*）。

巴利文《法句經》是流傳頗廣的佛教經典，一八七八年曾由裴蘭道（Fernand Hû）

譯成法文（*Le Dhammapada*）。一九三一年由狄・馬拉汰（R. et M. de Maratray）再重譯。一九二三年，專長東南亞考古的路易斯・菲諾特（Louis Finot，一八六四—一九三五）將《彌蘭王問經》（*Les questions de Milinda, Milinda-Pañha*）由巴利文譯為法文[5]。

法國的天主教神父保羅・安布羅斯・白黎迦達主教（Rev. Paul Ambrose Bigandet，一八一三—一八九四），在派駐緬甸的五十五年期間，學習緬文、巴利文，也興辦學校，教授英文。除了多次獲得敏東國王的接見，討論宗教外，他也經常到佛教寺院向僧侶請教或辯論佛法。最後，他依巴利文和緬甸文的佛典，寫成《瞿曇傳奇：緬甸的佛陀》（*The Life or Legend of Gaudama: The Buddha of the Burmese*）在一八五九年出版。書中介紹緬甸的佛教——佛陀、教法及僧侶。雖然是神父的著作，但書中的內容讓歐洲人有機會認識佛教，也引起西方人對佛教更多好奇和求知。

之後，法國佛教學界人才輩出，西爾萬・萊維（Sylvain Lévi，一八六三—一九三五）尤其傑出。他在三十一歲時，擔任法蘭西學院梵語文學教授，一九一三年受聘為彼得堡大學教授，曾任日法會館會長。他對佛學的研究方法，也是遵循法國研究的傳統，以梵典為中心，參校漢、藏資料。萊維曾被派往印度、尼泊爾，之後他遊學日本，一九二八年從日本歸國，途經尼泊爾，蒐集了一批尚無漢譯本的梵、藏資料。其中最重要的是，他對唯識學派的研究，發表有《成唯識論研究》（*Vijnaptimatratasiddhi*）、《唯識體系研究資料》（*Matériaux pour l'étude du système Vijnaptimatra*），並翻譯了世親的《唯識二十論》（*Vimsika-Vimsatika*）。

萊維翻譯出版了這些藏文系資料，為法國的大乘佛教研究開拓了新的領域，也引起了人們對藏文佛典的重視。此外，他還校勘了《大乘莊嚴經論》（*Mahayanasutralamkara*）的梵本，並於一九一一年譯出法文版；又將安慧的《中邊分別論釋疏》（*Madhyantavibhangatika*）梵本，交日本山口益校勘發表。一九一八年與俄國西藏學家費奧多爾．徹爾巴斯基（Fyodor Ippolitovich Stcherbatsky，一八六六—一九四二）合作，審校出版《俱舍論》第一卷〈界品〉，之後又將稱友的《俱舍論釋》委託在日本刊出。他還與高楠順次郎等編纂佛教辭書《法寶義林》（*Hōbōgirin: Dictionary of Buddhism Based on Chinese and Japanese Sources*），一九二九年出版第一卷，迄今共出版七卷，這是世界上第一部用法文編寫的佛教百科辭典[6]。所收佛教詞目以中國佛教典籍（包括漢譯佛典）中的詞彙為主，適用於法國及歐美學者研究佛教。特別是對研究中國的漢傳佛教和研究亞洲文化，具有參考的價值。萊維開拓了佛教哲學及歷史研究的新天地。

伯希和（Paul Pelliot，一八七八—一九四五），精通漢、滿、蒙、藏、阿拉伯、伊朗等十三種語文，是漢學家也是一位探險家。一九〇八年前往中國敦煌石窟探險，由於伯希和精通各種東方語文，因此他在敦煌石窟內精挑細選，向王圓籙道士購得敦煌藏經洞所藏的經卷文物六千餘卷，將大批敦煌文物運回法國，使得巴黎成為海外研究敦煌學的重鎮。他在敦煌考察期間，不但為莫高窟數百座石窟編排窟號，並拍攝許多石窟內部的塑像和壁畫，於一九二〇年至一九二四年，編輯出版六大冊《敦煌石窟》（*Les grottes de Touen-Houang*）[7]。此書是最早的一部有關莫高窟的完整圖錄，而伯希和是史上第一位對敦煌石窟做全面記錄的學者。此書包含大量的圖版，收錄資料特別豐富，是早期研究敦煌石窟藝術最重要的典籍之一。甚至到今天，它仍是國內外學者研究敦煌石窟必須參考的巨著。

亨利．馬伯樂（Henri Maspéro，一八八三—一九四五）是歷史學家和漢學家，主要是研究中國文字史、宗教史等。一九一八年接任沙畹（Édouard Émmanuel Chavannes，一八六五—一九一八），成為法蘭西學院東方語言教授。曾發表幾十篇考證性質的文章，登載在《法蘭西遠東學院學報》（一九〇八—一九一四），如《漢明帝感夢遣使求經事考》、《評伯希和〈東伊朗語（金光明經）殘卷〉》、《中國宗教史遺稿集》等。

勒內．克魯塞（Rene Croussel，一八八五—一九五二）是著名的東方學家，二十世紀三十年代，他出版了《沿著佛陀的足跡》（*In the Footsteps of the Buddha*），專門論述中國高僧玄奘和義淨赴西域取經的過程，引起西方學者極大的重視，被譯成多種文字，至今風行不衰。

二十世紀初，藏學家雅克・巴科（Jacques Bacot，一八七七—一九六五），曾深入西藏實地考察，一九〇八年返回法國後，會同萊維和伯希和致力於西藏研究。巴科是歐洲第一位研究藏族傳統語法的學者，一九三六年，被任命為高等研究應用學院（Ecole Pratique des Hautes Etudes）的西藏研究室主任。他曾發表《米勒日巴傳》（*Le poète tibétain Milarépa, ses crimes, ses épreuves, son Nirvāna*）、《瑪爾巴傳》（*La vie de Marpa le traducteur*）、《西藏歷史導論》（Introduction à l'histoire du Tibet）、《藏語文學之語法》（*Grammaire du tibétain littéraire*）、《敦煌文書中之吐蕃史料》（*Documents de Touen-Houang relatifs à l'histoire du Tibet*）等重要學術論著。

瑪賽樂・拉露（Marcelle Lalou，一八九〇—一九六七），她跟隨萊維學習梵文，是法國西藏學家。拉露主要的貢獻是，將法國國家圖書館珍藏，源於敦煌的藏文寫本，全部列出清單，並進行整理、歸類和研究，編輯成《國家圖書館藏敦煌藏文寫本清單》（*Inventaire des manuscrits tibétains de Touen-houang: conservés à la Bibliothèque nationale*）。拉露對古代西藏文化、西藏佛教和藏語等方面曾撰文闡述自己的見解，並且出版了藏文《寶積經》、《藏語課本》等書籍，一九五〇年至一九六六年任《亞洲學報》（*Journal Asiatique*）主編。她著名的弟子有石泰安（Rolf Alfred Stein，一九一一—一九九九）是德國出生的法國漢學家、藏學家，和狄庸（J. W. de Jong，一九二一—二〇〇〇），二十世紀荷蘭印度學家、佛學家。

保羅・戴密微（Paul Demieville，一八九四—一九七九）跟隨當時歐洲的漢學泰斗沙畹學習漢語，並跟隨萊維學習梵語，是研究中國佛教的專家，也是二次大戰後法國的漢學專家。戴密微於一九二四年至一九二六年，在廈門大學教授梵文和文獻學。一九二六至一九三〇年在日本東京法國會館工作，並擔任佛學百科辭典《法寶義林》的主編[8]。於一九二四年出版了他的處女作《彌蘭陀王問經各種譯本的研究》（*Les Versions chinoises du Milindapanha*），之後對中國佛教專研不輟，陸續發表了《大乘起信論真偽辨》（*Sur l'authenticité du Ta tch'eng k'i sin louen*）、《真諦論佛教宗派之起源》（*L'origine des sectes bouddhiques d'apr'es Paramartha*）、《佛教對中國傳統哲學的滲透》（*La penetration du bouddhisme dans la tradition philosophique Chinoise*）、《中國佛教》（*Le bouddhisme chinois*）等。他還對當代歐洲的佛學研究作了總結，闡述《佛學研究的現狀》一文。戴密微於一九四六年至一九六四年擔任法蘭西學院教授。一九四五年至一九七五年，繼沙畹和伯希和之後，擔任一八九〇年於法國創刊的第一份國際漢學期刊《通報》（*T'oung Pao*）的主任。他晚年對禪宗臨濟宗有深入的研究，一九七二年譯註了《臨濟錄》（*Entretiens de Lintsi*）。他對藏傳佛教也有深入的研究，曾出版了《吐番僧諍記》（*Le Concile de Lhasa*）一書，此書是對在第八世紀時，漢僧摩訶衍與印度僧侶蓮華戒，就禪定修習次第在拉薩開展的一場大辯論的研究。此書有很高的學術價值，已被耿昇譯成中文於一九八四年出版。其弟子雅克·謝和耐（Jacques Gernet，一九二一—），法國漢學家，法蘭西文學院教授。對中國寺院經濟的研究是學術界重要的作品，已發表的《中國五至十世紀的寺院經濟》（*Les aspects economique du boudhisme dans is societe chinoise du ve au xesiecle*）也被耿昇譯成中文，於一九八七年出版，至今仍是法國研究敦煌經濟文書唯一的重要著作。書中以社會學的觀點，根據漢籍、印度佛經、敦煌和其他西域文書，分析了從南北朝到五代期間的中國寺院經濟。

從十九世紀到二十世紀中葉，比爾奴夫、萊維和普桑等學者學習了梵文、巴利文和藏文等東方語文，然後對佛教經論做了許多的翻譯和研究。他們的努力和成就為現代歐洲佛學研究奠定了穩固的基礎。二十世紀中葉以後，直到今天，佛教在歐洲如雨後春筍蓬勃開展，有一大部分的原因要歸功於這些佛學傳播的先驅。但是早期佛教在法國，只是著重學術上的探討，缺乏宗教性的信仰，所以佛教徒很少，也沒有佛教道場。

二十世紀初，自稱是佛教徒的亞歷珊卓·大衛·尼爾，在一九二七年從西藏歷險回到法國，出版了《一個巴黎女子的拉薩探險記》（*Voyage d'une Parisienne à Lhassa*），並在歐洲許多國家巡迴演講，介紹藏傳佛教的傳統與修行，引起歐洲人士對藏傳佛教產生興趣[9]。

亞歷珊卓既是一位愛好冒險的女士，也是一位神話般的傳奇人物。她在法國乃至整個西方學界，被譽為「女英雄」。亞歷珊卓在一八八六年留學英國時，認識了靈智學會的創始人海倫娜．彼得羅夫娜．布拉瓦茨基夫人（Helena Petrovna Blavatsky，一八三一——一八九一），對她日後接觸佛教有很大的影響。亞歷珊卓曾於一八九一年經過錫蘭，第一次到印度旅行，一九一一年再度遠航到印度，並成為第一位獲得梵文學院頒發榮譽哲學博士的歐洲女性。一九一二年在錫金時，結識了錫金王子。在皇家寺院參學，讓亞歷珊卓有機會更深入地認識佛教，成為通曉佛學與藏密的學者。而且，在十三世達賴喇嘛流亡錫金期間，有幸成為被達賴喇嘛接見的第一位西方女性。在達賴喇嘛的鼓勵下，亞歷珊卓學成了流利的藏文。在一九二四年，西藏禁止外國人進入的時期，亞歷珊卓因為曾偷偷進入西藏拉薩，並停留了兩個月，成為第一位踏入禁城拉薩的西方女性而聞名於世。之後，又於一九三七年，二度抵達西藏，直到一九四六年，她七十八歲時，才返回法國。亞歷珊卓對西藏佛教有很深入的認識。她自認是佛教徒，寫了十五本書，十本以法文書寫，五本用德文撰寫，都有英文或其他語言的譯本。其中《佛教：其學說及方法》（*Le Bouddhisme : ses doctrines et ses méthodes*）、《魔法及神祕的西藏》（*Mystiques et Magiciens du Tibet*）、《生活在西藏：烹飪，傳統和圖片》（*Vivre au Tibet: Cuisine, traditions et images*）等，都是根據旅居西藏的第一手資料寫成。她在法國居住的房子，現在已被改為亞歷珊卓．大衛．尼爾博物館，常年開放給遊客參觀。在她的影響之下，對密宗與東方哲學有興趣的西方知識分子愈來愈多❿。

第二節　法國佛教社團的組織

一、法國佛教徒社團

太虛大師曾於一九二八年遠赴歐洲宣揚佛教。訪問法國時，由於他的鼓勵推動，他的皈依弟子，美國出生的格蕾絲．康斯坦．龍貝爾小姐（Miss Grace Constant Lounsbery，一八七六—一九六四）於一九二九年在巴黎成立了「巴黎佛教友誼會」（Les Amis du Bouddhisme in Paris），後改名為「巴黎佛教會」。此會成立初期，與錫蘭（今斯里蘭卡）和法國殖民統治下的印度支那各國的佛教徒有較深的關係，因此具有南傳上座部佛教特點。後來由奈莉．考夫曼（Nelly Kauffman，一八八六—一九四二）接任主席後，則轉為傾向大乘佛教與藏傳佛教的色彩。一九三九年起，此會愈加重視法國國內的弘法活動，開始出版《佛教思想》月刊，並由芬德（Madcssme Fuente）夫人發行當時唯一的法文佛教理論叢書《佛教思想》（*La Pensee Buddhique*），極受佛教徒喜愛。巴黎佛教會藉著《佛教思想》月刊與法國各地佛教徒保持聯繫，並與歐洲的佛教團體進行聯誼，還定期舉辦佛事，展覽佛教藝術、流通佛教圖書、舉辦坐禪活動等。它逐漸成為法國佛教徒的核心組織和活動中心，也因此讓巴黎學術界和一般法國人對佛教有了接觸的機會。可惜巴黎佛教會於一九六九年，因其他緣故停止活動。

歐洲佛教聯盟（European Buddhist Union，簡稱EBU）[11]是歐洲主要的佛教協會，由巴黎最高法院法官保羅・阿諾德（Paul Arnold，一九〇九—一九九二）提議倡導，於一九七五年在倫敦成立，同年在巴黎舉行第一次年度大會。歐洲佛教聯盟採會員制，開放給歐洲的所有宗派和傳統的佛教組織參加。它成立宗旨是希望在佛教教義的基礎上，各佛教團體可以溝通對話，互相尊重，共同合作，把佛教的思想和學說融入歐洲社會，進而促進國際交流。他們的目標理想是希望透過佛教的影響，能創造一個以智慧和慈悲引導的世界，讓眾生得到快樂和幸福。目前有來自歐洲十六個國家的五十個組織成員，參加歐洲佛教聯盟，彼此交流信息和分享經驗。在二〇〇八年時，歐洲佛教聯盟也代表佛教參加歐洲理事會（Council of Europe）、歐洲各宗教信仰互聯網（The European Network of Religion and Belief），及世界佛教友誼會（The World Fellowship of Buddhists）與國際佛教聯合會。

法國佛教聯盟（Union bouddhiste de France）[12]，成立於一九八六年，創會會長為亞克・馬丁博士（M. Jacques Martin，一九四八—二〇〇一）。馬丁博士是薩迦法王的弟子，從一九八〇年代開始，馬丁就覺得有必要在法國成立一個能夠代表佛教界的民間組織，做為佛教對外發聲的管道。在一九八六年至二〇〇一年的任期間，他替佛教團體、寺院、佛學院等組織，爭取到在法國的合法性，並致力爭取「佛教之聲」（Sagesses Bouddhistes）電視節目，每週在第二頻道播出，並替佛教爭取宗教優惠，讓法國的佛教徒受益。在法國佛教聯盟的網站裡，提供有關佛教的各項消息及法國各佛教道場的活動訊息與聯繫資料。

馬丁博士往生後，由出生於斯里蘭卡法國籍的法寶法師（Ven. Tampalawela Dhammaratana，一九五六—），於二〇〇二年至二〇〇三年擔任法國佛教聯盟的會長。法寶法師於一九八〇年進入斯里蘭卡克拉尼亞（Kelaniya）大學取得學士學位。一九八五年到法國，進入索邦大學（University of Sorbonne）取得碩士和博士學位（一九九四年），論文題目為《巴利文佛經中無我理論的某些現象》。法師住在巴黎東南郊區橋連城的靈山寺院，並任靈山佛教系統（在全世界有幾十座寺院）的祕書長。做為法國佛教協會的發起人之一，法寶法師曾於一九八六年代表靈山教會，參加法國佛教聯盟的董事會，法師也曾任法國佛教協會主席，為佛法的弘揚和佛教在法國的發展做出貢獻。十多年來，法寶法師在聯合國教科文組織（UNESCO）工作，於巴黎教科文總部負責世界佛教事務。二〇〇六年時，策畫由聯合國教科文組織所舉辦的佛曆二五五〇年的佛誕慶典。

現任法國佛教聯盟會長奧利維爾・旺禪師，是法國曹洞宗禪師弟子丸泰仙的傳人，也是龍門寺（Ryumon Ji Monastery）的住持。

法國政治家吉恩・聖塔尼（Jean Sainteny，一九〇七—一九七八）於一九六九年創辦國際佛教學會（Institut international bouddhique）。聖塔尼以國際佛教學會組織的名義，向巴黎政府爭取將波依斯溫森公園展覽會會場內代表非洲喀麥隆的舊館，改建成溫森大佛塔（Pagoda of the Bois de Vincennes）；另外，將代表西非多哥的舊館，改造為佛教圖書館，保存各種佛教典藏。

聖塔尼的目標是想在法國建立一個佛教的道場，讓佛教徒有禮拜的地方，也開放給遊客參觀，最重要是讓這個中心成為由法國通往遠東文化的大門。國際佛教學會克服了財務上種種的困難後，終於在一九七二年十月二十八日，成立了溫森大佛寺，並請巴黎市長雅克・希拉克（Jacques Chirac）主持開幕儀式。佛殿內供奉了一尊覆蓋著金箔，九公尺高莊嚴的禪定坐佛，是歐洲最大的佛像。二〇〇三年後，雖然管理大佛寺的國際佛教學會已解散，改由法國佛教聯盟接管，但溫森大佛寺幾十年來，已成為巴黎的佛教重心。近十年來，許多重要的佛教慶典，如衛塞節等，都在大佛寺舉行。二〇〇九年，泰國僧王將佛舍利贈送給巴黎溫森大佛寺供奉，更增添了此寺的知名度。

佛教學院即是前歐洲佛教大學（L'Institut d'Études Bouddhiques〔IEB, autrefois Université Bouddhique Européenne UBE〕）。早期在法國的大學裡，想修佛學課程，可能必須先學會一種東方語言，才能進修佛學課程。雖然，歐洲有許多佛教道場舉辦佛學講座，但大部分是局限在某一宗一派的教義，沒有一個完整佛學系統的課程。一九九六年，有心人士醞釀成立歐洲佛教大學的理念。他們希望提供一個不分宗派和傳統，能完整介紹佛教的學院課程。一九九九年，首次有四十個學生在巴黎，參加由四位兼具佛教學術與傳統素養的老師，精心設計的佛教導讀課程。兩年後，更開設了網路教學，讓更多地方的人，也有機會學習。學院裡開設兩年的佛教概論基礎課程，介紹印度佛教的歷史、部派的形成、對外的傳播及西方的佛教。另外還有實修的深入課程及學術會議專題論文發表，並定期召開佛學研討會。現任校長為菲利普・科爾尼博士（Dr. Philippe Cornu，一九五七—）。

二、漢傳佛教

由於越南曾為法國的殖民地，所以一九四五年越南戰爭爆發後，大量難民逃往法國，也將原來的佛教信仰移植到法國。這些難民早期在巴黎成立「越南佛教徒聯盟」，但是他們局限在本國人民的圈子中發展，因此對法國佛教影響不大。

一九七五年前後，因為越戰和政治的迫害，又有大量的越南人移民法國。越南籍的玄微長老（Ven. Thich Huyen Vi，一九二六—二〇〇五），曾留學印度取得那爛陀大學學士及摩竭陀大學哲學博士學位，精通中、英、法、印度、梵文和巴利文等多國語言。一九七五年，玄微長老應法國靈山佛教協會之邀，在巴黎郊區的吉旺維勒邦（Joinvtille-Le-Pont）創建靈山寺。之後，他和淨行法師（一九三四—二〇一五）組織世界靈山佛教協會（World Linh-Son Buddhist Association），在世界五大洲陸續成立了五十個分支機構。玄微長老也積極參與國際性的佛教交流工作。一九七七年，世界佛教友誼會在巴黎靈山寺成立法國分部，隨後長老並當選為副會長。此外，他致力於佛學研究，先後出版《靈山季刊》（*Linh-Son Publication d'études Boudhologiques*）及雙年刊《佛學研究評論》（*Buddhist Studies Review*）。二〇一〇年，該寺在巴黎東南的塞納河畔維提市（Vitry-sur-Seine），成立世界靈山東方大學（World Linh Son Oriental University of Paris），獲法國政府核准招生。靈山東方大學的招生規畫分為兩類，一類為全職佛學院教育，供世界各地高中畢業以上之佛教徒報名，畢業後可分派至世界靈山佛教教會所屬寺院弘法；另一類為普通教育，供一般對佛學有興趣之民眾報名就讀，畢業後可獲泰國朱拉隆功佛教大學巴黎分校之佛教學士學位。此外，東方大學除了開設有佛學概論、佛教邏輯、《阿含經》導讀、心靈與科學專題、東西方哲學、心理學等三十幾門專業科目外，另設有語言中心，教授基礎華語、英語、法語和越語等課程[13]。

一行禪師（Thích Nhat Hanh，一九二六—），生於越南廣義省廣義市。十六歲時在順化市慈孝寺出家，一九四九年受具足戒成為比丘。之後，他得到美國普林斯頓大學提供的獎學金，遠赴美國讀書；他曾在康乃爾大學及哥倫比亞大學教授課程。適逢越戰時期，他持續推動反戰運動，主張美軍退出越南。一九六六年，他在越南創立「相即共修團」（The Order of Interbeing），以實踐大乘佛教的菩薩願行為宗旨，建立十四項正念修習的戒律。一九六七年，一行禪師曾獲馬丁·路德·金（Martin Luther King，一九二九—一九六八）的提名，為諾貝爾和平獎候選人。

一九七〇年，一行禪師流亡法國，他在巴黎成立統一佛教會（Unified Buddhist Church），一九七五年，創建甘藷社區（Sweet Potatoes Community）。一九八二年，延續甘藷社區的理念，一行禪師在法國西南部波爾多（Bordeaux）的鄉間創建了梅村（Plum Village）。他致力推廣正念的禪修，並幫助來自世界各地的難民、越戰退役軍人及無助的孩童。一行禪師的理念是創造一個健康、滋養的環境，人們互相學習，彼此合作，和諧的生活在一起，大家過著和地球環境共生共存的生活藝術。梅村從一個小小的農莊，發展到今天已經成為歐洲最大的佛教寺院，出家眾超過兩百位。梅村有兩個比丘道場和兩個比丘尼道場，還有四個小社區，供來訪的禪修者居住，每年吸引成千上萬來自世界各地的訪客。

雖然梅村的僧團成員來自許多不同的國家，但梅村主要是越南傳統的佛教。除了越南語，他們還使用英語和法語。每年夏季，來自世界四十幾個不同種族的青少年及兒童團體，到梅村參加特別為他們設計的夏令營，學習「正念」的生活。春、秋兩季，則有許多禪修者前往參加一星期或更長時間的正念禪修。冬季舉辦為期三個月的冬安居，每年都吸引數百人前往參加。一行禪師一生在世界各處推廣正念的禪修和生活之道，並宣揚非暴力的和平理念。

一行禪師是現代著名的佛教禪宗僧人、詩人、學者及和平主義者，也是提倡入世佛教者。他通曉越、英、法、中、梵、巴利文，著有佛學論述、詩集、小說、傳記等上百本著作。他的著作已經被譯成三十多種語言，在歐美暢銷書排行榜中，曾兩度進入前十名。禪師把五戒重新演繹為五項正念修習，讓大眾容易明白和應用在日常生活。聯合國教育科學及文化組織採納了五項正念修習，寫成宣言向全世界發表。他所提倡的正念修持，對於轉化壓力及保持身心平衡有明顯的效果。這是佛教的正念修持，首次受到國際醫學界肯定。

二十世紀初由鈴木大拙傳到西方的日本禪宗，主要是臨濟宗的禪法。直到一九六七年，日本曹洞宗的禪師弟子丸泰仙抵達巴黎後，才將曹洞宗的禪法在法國傳播開來。

泰仙出生於九州佐賀縣，他的母親信仰親鸞創立的淨土真宗，他也受到當時在日本流行的武士道精神影響，成長期間也接觸過基督教，但都不能令他滿意。一九三五年，在東京學習經濟學時，他開始跟隨二十世紀最偉大的禪宗大師之一澤木興道（一八八〇—一九六五）禪師學習曹洞宗禪法。後來珍珠港戰爭爆發，在戰爭期間，他曾被派往印尼。在印尼期間，他也教導禪坐。泰仙後來回到日本，繼續跟澤木興道學禪。一九六五年，澤木興道去世前，為泰仙剃度出家。

一九六七年，泰仙接受法國一個長壽團體的邀請到法國。當時，他記起老師的遺願——將禪法傳播到西方。因此，他全力投入教導曹洞宗的傳統禪坐，從在一個營養食品店教禪坐開始，由於他的教學次第分明、幽默善巧，很快就吸引了許多法國人來學禪。他特別與一些哲學家，學者，藝術家與靈修者建立了很好的友誼，促進了東西方文化的交流。一九七〇年，他創建了歐洲禪宗協會，後來成為「國際禪協會」（Association Zen Internationale ou AZI）。同年在巴黎的第十三區，成立了他的第一座道場——巴黎禪宗道場「佛國禪寺」（Dojo Zen de Paris. Bukkokuzenji）⑭，並出版第一本著作《真正的禪》（*The Way of True Zen*）。泰仙禪師在法國和歐洲其他許多國家開課教禪，大家稱譽他為住在巴黎的「一個真正的禪師」，一時吸引了許多人跟他學禪。隨著弟子的數量激增，泰仙在歐洲成立了超過一百個禪修中心。一九七六年，他被日本曹洞宗總本山永平寺指派為「曹洞宗歐洲開教總監」。一九七九年，泰仙在法國的盧瓦爾河谷（Loire Valley），購得一座古堡，創建了國際禪協會的總部「禪道尼苑」（Gendronnière）⓯，眾多的弟子聚集在此學禪、集會。從那時起，他的學生愈來愈多，他傳教工作的規模愈來愈大。泰仙本來希望可以從日本調派其他禪師來幫忙弘法；但是，他在一九八一年病倒，一九八二年四月三十日因癌症過世於東京。泰仙生前並未指定接班人，幸好他有幾位長年跟隨他的歐洲弟子，現在分別住持法國十多個禪宗道場。

泰仙教導的曹洞禪，是禪宗在法國發展最龐大的一支。二〇〇一年，日本曹洞宗總本山成立「歐洲國際布教總監部」，對歐洲的各曹洞宗道場，提供師資培訓及交流觀摩。

另外，日本真言宗也在法國中北部的維爾納沃萊熱內特（Villeneuve-les-Genêts）建立一座「光明院」，附屬於日本的圓通寺和寶山寺。後由一名法國醫生尤凱阿闍黎（Acharyas Yukai，俗名丹尼爾．比約（Daniel Billaud）和他日本妻子負責領導。光明院建築分為接待處、寺院、宿舍三個部分。

一九九〇年代，臺灣地區的佛光山也開始在法國籌建道場。一九九一年，佛光山開山宗長星雲法師（一九二七—）指派慈莊法師與依晟法師等人，至巴黎籌備購地和建寺事宜。終於尋得座落於梵得樂鎮（Verdelot），建於十四世紀的盧努瓦雷諾古堡

（Chateau Launoy Renault），開闢了佛光山在歐洲的第一座寺院。一九九二年，星雲法師到巴黎為國際佛光會巴黎協會主持成立大會，隨即在古堡舉行法會，有許多人申請加入佛光會並皈依三寶，成為信徒。佛光會在法國傳法的同時，也舉辦了多項文化、教育、慈善和聯誼活動⑯。隨著信眾人數增加，場地不敷使用，一九九三年，依照法師於韋提市（Vitry Sur Seine）成立巴黎佛光山道場。二〇〇四年，巴黎七十七區碧西市（Bussy Saint Goeroge）雨歌宏多市長（Hugues Rondeau）親自邀請佛光山至該市建寺。二〇〇六年六月，星雲法師親臨主持奠基典禮。歷經數年的工程，佛光山法華禪寺於二〇一二年完工啟用，成為佛光山歐洲總部⑰。

三、南傳上座部佛教

寮國禪師智持長老（Nyanadharo Maha Thera），於一九七七年在圖爾農（Tournon）成立菩提寺（Bodhinyanarama Monastery），教導四念處內觀，是法國第一座南傳上座部佛教森林道場⑱。

一九七四年，卡盧仁波切的弟子請求他在法國南部建立道場，於是成立了佛教靜修中心（le Refuge, centre bouddhique d’étude et de meditation）⑲。該道場在一九九八年後，改為南傳上座部道場，請求阿姜蘇美多在英國的弟子們指導管理。

一九七五年，紅色高棉奪取了柬埔寨政權，人民遭受血腥暴力的迫害。法宗派（Dhammayutta）的布凱業尊者（Venerable Bour Kry，一九四五—）在一九七六年流亡法國，並請求梵蒂岡與教皇若望．保祿二世（His Holiness the Pope John Paul II）譴責紅色高棉的暴政。由於柬埔寨和法國之間，曾經有長達一個多世紀的友誼關係，使得法國成為柬埔寨流亡難民首選的避風港。一九七七年，柬埔寨流亡到法國的佛教徒，在巴黎成立「高棉佛教協會」（Association Bouddhique Khmère）[20]。此協會成立的目的在幫助難民，適應社會文化的差異，重建新的生活。

一九八〇年，由於佛教協會不斷成長，布凱業尊者在巴黎郊區克雷泰伊（Créteil），建立柬埔寨在歐洲的第一座「高棉寺」（de Vatt Khémararam）。隨後幾年，中心不分宗派、種族和國籍，對外平等開放，反映了佛教的普世精神。一九九一年巴黎協定簽署後，布凱業尊者返回柬埔寨，長期投入柬埔寨寺院和學校的重建。二〇〇七年，國王諾羅敦．西哈莫尼（His Majesty King Norodom Sihamoni）授予他法宗派大僧王布凱業法王的頭銜（Samdech Preah Abhisiri Sugandha Mahasangharajah Dhipati），表彰他維護高棉上座部佛教的崇高使命。

布凱業尊者除了在法國克雷泰伊建立寺院，還在里爾（Lille）、圖爾（Toul）、布魯塞爾（Brussels）和斯圖加特（Stuttgart）成立道場，目前在歐洲共建立了五座寺院；

而且也在美國建立柬埔寨道場，繼續弘揚法宗派的傳統。

一九九一年，寮國僑民組成的宗教文化協會，於法國東北部的阿爾薩斯（Alsace）建立寶塔寺（Association CLASBEC - Pagode Wat Simoungkhoune）[21]，成為寮國僑民的宗教文化中心。中心提供宗教活動，教導靜坐及傳統文化，同時也開辦語言課程，幫助僑民適應新環境。

釋迦牟尼內觀禪修中心（Le centre Sakyamuni）位於巴黎東南九十九公里處，由緬甸的維賈雅尊者（U Vijaya）成立於一九八四年，道場以教導馬哈希尊者的四念處禪修方法為主。維賈雅尊者一九九九年往生後，由班迪達禪師和其他法師支援指導。

一九八八年，隸屬葛印卡的國際內觀禪修系統在巴黎南方，成立瑪希正法內觀中心（Vipassana Dhamma Mahi），目前內觀禪修系統在法國共有四個道場[22]。

四、藏傳佛教

一九六〇年代後，一些逃亡的西藏僧人來到法國。據估計到一九九〇年代後期，在法國有一百四十多個藏傳佛教禪修中心。一九七三年住在法國藏傳薩迦派峨派（Ngor）的法王遍德仁波切（H. E. Phende Khenchen，一九三一—），於諾曼底建立了諾爾旺遍德林（Sakya Ngor Ewam Phende Ling）。這是在法國設立的第一個藏傳佛教中心。

噶舉派十六世噶瑪巴讓炯日佩多傑（Rangjung Rigpe Dorje，一九二四—一九八一）於一九七〇年代初期旅行歐洲時，接到無數的信眾懇求教授與傳法。當時噶瑪巴看到時機成熟，他認為成功的弘法需要健全的組織，因此，法王立下五個宏願並明確指示：設立一所大學、一座圖書館、一個禪修中心、一所寺廟，以及遍及歐洲的佛法中心。這些心願代表了法王歐洲弘法的展望，如今這五大心願都已實現，目前在法國已有七十個禪修中心。

十六世噶瑪巴於一九七四年，首次率領一團噶舉派喇嘛到西方國家訪問。在法國時，伯納德．本森（Bernard Benson，一九二二—一九九六）將他位於多爾多涅省（Dordogne）的沙邦城堡，捐贈給噶瑪巴。為了回應愈來愈多對藏傳佛教有興趣的人的請求，噶瑪巴特別派了兩位老師：根敦仁波切（Gendun Rinpoche，一九一八—一九九七）和吉美仁波切（Jigme Rinpoche，一九四九—）到法國弘法，並指定吉美仁波切為法王在歐洲的代表。一九七七年，遵從十六世噶瑪巴的希望，吉美仁波切在法國南部韋澤爾河畔聖萊翁（Saint-Léon sur Vézère）建立了大寶法王在歐洲的根本道場——達波噶舉佛學中心（Dhagpo Kagyu Ling）[23]。道場從最初的鄉間小農舍，逐漸擴建為頗具規模的佛教中心。二〇一三年，新的殿堂落成，除佛殿外，還有佛學院及圖書館，現為法國最大最重要的佛教中心之一，每年接待上萬的訪客。吉美仁波切常駐達波噶舉寺，是位相當受人敬重的上師，他具有實修的智慧、深廣的學識、組織的才能、了解西方人的生活，利益了許多歐洲人士。

從一九八〇年開始，根敦仁波切就想尋找可以舉辦密集禪修的地方，當時有一群跟隨根敦仁波切的弟子，希望在他的教導下，進行傳統的三年三個月閉關修行。而早在一九七七年，當噶瑪巴參觀阿爾諾德斯．賈丁斯（一個專長東方宗教的著名法國作家）位於奧弗涅（Auvergne）的房子時，就已經播下了前緣種子。根敦仁波切在一九八三年買下這個地方，修建成達波袞卓林閉關中心（Dhagpo Kundreul Ling Retreat Center）[24]。一九八四年起，根敦仁波切移居到奧弗涅，長期指導閉關和修行。

達波袞卓林閉關中心有男女眾分開的兩個地點，樂博斯特（Le Bost）和露薩（Laussedat）。它的結構包括有兩個喇嘛和僧人靜修的寺院；八個三年三個月閉關中心和兩個長時間的閉關中心；並有噶瑪巴寺院及供短期閉關修行的處所。此閉關中心是歐洲最大的藏傳道場，也是在亞洲以外，培育出最多藏傳佛教僧侶的道場。

出生於不丹的久美喇嘛（Lama Gyurme，一九四八—），受十六世大寶法王和卡盧仁波切的委派，於一九七四年前往巴黎，在國際佛學院溫森大佛塔附近建設噶舉中心（Kagyu-Dzong），一座不丹風格的藏傳寺院於一九八五年落成。久美喇嘛並於一九八二年在諾曼地成立金剛苑（Vajradhara-Ling）佛法中心，建有大手印林（Mahamoudra

Ling）閉關中心[25]。

一九七五年曾會見十六世大寶法王的吉恩—路易斯・馬薩布雷（Jean-Louis Massoubre，一九三八—二〇一六），受大寶法王的感召，改信佛教，並對藏傳佛教在法國的傳播，有很大的貢獻。他積極替藏傳佛教爭取，得到法國政府的承認與福利。由於馬薩布雷的努力，才得以在巴黎的溫森大佛塔旁建築不丹風格的佛教寺院。虔信佛教的馬薩布雷並為一九七五年出生的小兒子取名為阿難（Ananda）[26]。阿難在十三個月大的時候，就被十六世大寶法王及卡盧仁波切認證是廷列（Trinlay）仁波切的轉世。次年，阿難到印度，在卡盧仁波切指導下，開始了他傳統的轉世土庫（Tulku，亦翻為活佛，意即發願轉世度化眾生的修行人）的訓練。在此後的學習中，他從許多高階喇嘛處接受到許多密法的傳承，以及有關佛學的重要教示。廷列仁波切回到歐洲後，仍繼續他佛法的修學，並同時開始接受基礎的西方教育。廷列仁波切（Trinlay Rinpoche，一九七五—）的英語、法語、藏語都說寫流利。他在世界各地的大學及佛法中心授課，是一位有魅力的講師，具備廣博的知識，平易近人，並以雄辯、精確的風格聞名。他也是藏傳噶舉學派第一位轉世成西方人的仁波切[27]。

甘丹寺學院（Ganden Ling Institute）[28]由達波仁波切（Dagpo Rinpoche，一九三二—）成立於一九七八年。早期稱藏傳佛教中心古比勒查卓林（Guépèle Tchantchoup

Ling），位於巴黎附近拉伊萊羅斯（L'Hay-les-Roses）。中心內僧俗一起修學佛法，闡揚大乘佛教的精神。一九九五年七月它改名為甘丹寺學院，並成為格魯派被法國政府認可的第一個佛學院。甘丹寺學院提供許多不同等級的教學計畫，引導學生修學佛法，並開設閉關靜修課程，也教學藏文，舉辦講座與展覽等文化活動，延續藏傳佛教。此外，該機構還整理出版達波仁波切的開示。一九八七年又成立佛朗哥西藏協助會（Entraide Franco-Tibétaine），是一個人道組織，在財政上支持在印度的西藏難民，幫助他們維護自己的傳統。

達波仁波切生於西藏，兩歲時，被法王十三世達賴喇嘛認定他是活佛轉世。六歲時，仁波切進入巴丘寺，學習閱讀、寫作及研讀佛經和學習密宗的儀式。十三歲時，他已通過八次考試，獲准進入由宗喀巴大師的第六任繼承人丹巴（Jey Lodrö Tenpa）成立的達波色洛林（Dagpo Shedrup Ling），是一個最嚴格的寺院大學。一九六〇年達波仁波切在印度時，遇到了來自法國巴黎高等研究應用學院的學者，他們極欣賞達波仁波切的佛學素養和開明的態度，於是邀請仁波切到法國的研究學院協助有關西藏文化的研究和翻譯的工作。仁波切得到達賴喇嘛的許可，成為第一位移民法國的藏族喇嘛。之後，他在巴黎的東方語言文化研究所（The Institut National des Langues et Civilisations Orientales）任教，教授藏語和西藏文化，直到一九九三年退休，培養了許多翻譯人才。

達波仁波切在包括達賴喇嘛等四十多位傑出老師的教導下，獲得許多的灌頂與傳承，他清晰又有深度的言教和身教，吸引了無數的追隨者。達波仁波切在法國指導十幾處道場，在歐洲、美洲及東南亞各國都建有道場。

成立於一九七九年的金剛亥母研究所（L'Institut Vajra Yogini）位於圖盧茲（Toulouse）丘陵，是藏傳格魯派佛教的研究和靜修中心。由梭巴仁波切創立，並邀請格西洛桑騰業（Guéshé Lobsang Tengyé）為常住教師。研究所裡開辦高級的宗教哲學課程，舉行靜修及閉關活動。目前由格西丹增洛登領導。

金剛亥母研究所的所長伊麗莎白・德魯基爾（Elizabeth Drukier），於一九八一年買下離金剛亥母研究所四十公里，位於拉沃爾（Lavaur）的土地，提供給耶喜喇嘛和梭巴仁波切，成立大乘佛教傳統保護基金會在西方的第一座道場——那爛陀寺（Nalanda Monastery），由阿德里安・費爾德曼（Ven. Adrian Feldman）法師負責。這所設備齊全的道場，為西方人提供學習研究佛法和修行的環境，開設佛學課程，培養弘法人才，保存格魯派傳統。由格西蔣巴德耶（Geshe Jampa Thaye）擔任住持，目前由格西洛桑嘉培（Geshe Lobsang Jamphel）負責，道場開辦有佛學基礎科目和研究所課程[29]，也對一般大眾開放。

噶瑪林學院（Karma Ling Institute）是一個佛教研究中心，位於聖休貢（Saint

Hugon）的阿菲拉爾德鎮（Arvillard），附屬於僧伽利美佛教道場（Sangha Rimay）。倍受尊敬的卡盧仁波切（Kalu Rinpoche，一九〇五—一九八九），於一九七六年在法國為西方人開辦了第一次傳統三年閉關修行。一九七九年，一個佛教團體，買下一處當時廢棄的修道院，重新整修之後，獻給卡盧仁波切，請他來住持指導。卡盧仁波切委任他在歐洲的首席弟子喇嘛丹尼斯，擔任國際僧伽利美的會長。國際僧伽利美致力推動宗教之間的交流和了解，反對因宗教門戶之見所引起的宗教論爭與迫害，並於一九九四年獲得法國政府的承認。噶瑪林研究所除了定期舉辦研討會、靜修會、佛法課程等等，它在喇嘛丹尼斯的指導下，還舉辦跨宗教和跨傳統的會議。該學院在法國迅速成為一個佛教研究和實踐的主要中心，達賴喇嘛曾於一九九三年和一九九七年蒞臨此地弘法。僧伽利美佛教道場目前在法國有十六處佛法中心，在歐洲其他國家也有道場。

喇嘛丹尼斯仁波切（Lama Denys Rinpoche）一九四九年出生於巴黎。十八歲時，他到印度喜馬拉雅山旅行，因緣聚合，他會見了偉大的藏傳佛教老師卡盧仁波切。之後，他學習藏文並跟隨卡盧仁波切修學佛法並擔任仁波切的翻譯，在印度住了幾年。目前，他是卡盧仁波切在西方的主要接班人。喇嘛丹尼斯在一九八四年，被認定為金剛乘大師。他在法國噶瑪林學院的兩個閉關中心，指導傳統的三年長期閉關修行。

喇嘛丹尼斯積極將佛法傳播到世界各地，特別是噶舉派傳承的大手印和大圓滿。他也翻譯很多佛教典籍，包括十九世紀蔣貢康楚羅卓泰耶（Jamgon Kongtrul Lodro Taye，一八一三—一八九九）編寫的一套西藏佛教巨著《五寶藏》，包含五部共九十餘冊。內容概括了西藏佛教各種傳承的教義及修行方法，是西藏佛教的重要巨著。喇嘛丹尼斯非常重視不同宗教間的對話，他多次參加印度和法國的宗教研討會，希望打破東西方宗教的門戶之見，讓傳統與現代多接觸溝通。丹尼斯仁波切也是歐洲佛教聯盟的榮譽會長，是歐洲重要的宗教領袖之一[30]。

寧瑪派的敦珠仁波切於一九七二年受索甲仁波切之邀請，訪問英國倫敦及法國多爾多涅省（Dordogne）。其後敦珠仁波切在法國巴黎建「多傑寧波」（Dorje Nyingpo）弘法中心，一九七七年於多爾多涅省仿照西藏寺院的形式創建「鄔金桑耶法林」（Urgyen Samye Choling）弘法及閉關中心等。隨後幾年，敦珠仁波切在法國鄔金桑耶法林主持了不少次的夏季閉關，很多西方人在他的指導下修習長時間之閉關。

松特露波研究協會（Association du Centre d'Etudes de Chanteloube）的起源可以追溯到一九七〇年代初，一小群西方人在印度大吉嶺的一個小房子，會見了流亡的寧瑪派的大伏藏師甘珠爾仁波切（Kangyur Rinpoche，一八九八—一九七五）開始。當中，甘珠爾仁波切特別與來自法國的尋道者有緣，例如《僧侶與哲學家》一書的作者馬修・李卡德，即因在甘珠爾仁波切的直接授教下，開啟他的學佛修行之道。在那個時期，歐洲人很難獲得長期簽證，可以留在大吉嶺學習佛法。因此，甘珠爾仁波切接受了學生的請求，設法將佛法傳播到歐洲。一九七二年，當敦珠仁波切第一次訪問西方國家時，甘珠爾仁波切特別請求敦珠仁波切，將法國納入在他的行程裡，並教導法國的一群學生。甘珠爾仁波切在一九七五年一月去世，未能實現他訪問西方的願望。因此，在同一年，長子白瑪旺傑仁波切（Pema Wangyal Rinpoche，一九四五—）請求寧瑪派的大師頂果欽哲仁波切（Dilgo Khyentse Rinpoche，一九一〇—一九九一），一起到西方教導甘珠爾仁波切的學生。一九七五年十二月他們到達巴黎，不僅踏上法國，還有瑞士、德國、比利時、荷蘭、丹麥、瑞典、挪威和英國；更遠赴加拿大和美國。這是一個重大長遠的旅程。也正因這次的訪問，白瑪旺傑仁波切決定在法國建立一個研究中心，邀請代表寧瑪派兩大傳承的敦珠仁波切和頂果欽哲仁波切前往任教。敦珠仁波切並在一九七六年捐獻在多爾多涅省韋澤爾河谷（Vézère）的松特露波的土地，成為日後研習佛法和閉關的中心。目前，已舉辦過十多次傳統的三年閉關，參加的人來自於許多不同的國家。

松贊（Songtsen）是白瑪旺傑仁波切和他的家人，自一九八〇年代起，在法國所進行的各種計畫和活動的總稱。松贊的目標是搶救和保存西藏的文化和宗教傳統，三十餘年來，由一群藏族和西方人共同發起和推行，共有四個部門。除了松特露波研究協會部門外，還有一九八七年成立於法國多爾多涅省的白德瑪卡哈（Padmakara）部門，由白瑪旺傑仁波切和吉美欽哲仁波切（Jigme Khyentse Rinpoche，一九六三—）執導，負責藏文文獻的保存、翻譯和出版。甘珠爾仁波切基金會（KRF）部門，保護流亡在外或還在西藏本土的藏人社區，維護他們的身分與獨特的精神和文化傳統。悉達多（Siddhrtha）部門，在教育和醫療保健等領域，援助貧窮的兒童或孤兒，特別是在西藏難民社區的喜馬拉雅地區（印度，尼泊爾，不丹）[31]。

馬修・李卡德（Matthieu Ricard，一九四六—）生於法國薩瓦省（Savoie）艾克斯萊班（Aix-les-Bains），從小就浸淫在巴黎著名知識分子的社交圈之中。之後，他在巴斯特學院（Pasteur Institute）攻讀生物學博士學位。一九七二年完成博士論文之後，馬修・李卡德決定放棄他的科學生涯，專心致力於西藏佛教的修學。其母雅妮・杜茉琳（Yahne Le Toumelin，一九二三—），是一名抽象派畫家，後來也成為佛教比丘尼。

馬修在過去三十年，一直居住在喜瑪拉雅山區，以尼泊爾的雪謙寺（Shechen Monastery）為駐錫地。曾親炙許多藏傳佛教的偉大上師，並且成為頂果欽哲仁波切最親近的弟子和侍從，直到頂果欽哲仁波切在一九九一年圓寂為止。從此以後，馬修便致力於實現頂果欽哲仁波切的理想與願景。從一九八九年開始，馬修也擔任達賴喇嘛的法文翻譯。

馬修以藏傳佛教的上師、喜瑪拉雅山區的風景和人物為主題的攝影品，曾經刊登在世界各國出版的書籍與雜誌之上。亨利・卡帝爾・布列松（Henri Cartier-Bresson，一九〇八—二〇〇四）曾經如此評論馬修・李卡德的攝影作品：「馬修的心靈生活和相機合而為一，從而湧現出瞬間即逝又永恆的影像。」

馬修・李卡德是《證悟的旅程》（*Journey of Enlightenment*）和《西藏金剛舞》（*Monk Dancers of Tibet*）兩本書的作者和攝影者，同時與他人共同創作了《佛教的喜瑪拉雅》（*Buddhist Himalayas*）這本攝影集。他還從藏文翻譯了許多作品，包括《香巴卡的生平》（*The Life of Shabkar*）。他和哲學家父親吉恩・法蘭斯瓦・何維爾（Jean-François Revel，一九二四—二〇〇六）共同出版的對話錄《僧侶與哲學家》，是歐洲的暢銷書籍。《量子與蓮花》（*The Quantum and the Lotus*）這本書，則反映了他長久以來對科學與佛教的興趣。二〇〇三年，他的新書《快樂學——修練幸福的二十四堂課》（*Plaidoyer pour le bonheur*）在法國出版。二〇一五年出版《利他主義——用慈悲的力量來改變自己和世界》（*Altruism - The Power of Compassion to Change Yourself and the World*）[32]。

馬修在東方國家從事人道事業，而獲得法國國家功勳獎章。前幾年，馬修開始每年前往西藏數個月，在當地興建診所、學校和孤兒院。自二〇〇〇年起，他成為心靈與生命研究所（Mind and Life Institute）的成員，該所的宗旨就是促進科學界與佛學界的交流，他本人積極參與有關心靈的長期修練對大腦（神經元的可塑性）影響的科學討論，這類探討還在美國麥迪遜（Madison）、普林斯頓（Princeton）、柏克萊（Berkeley）大學和德國萊布尼茨的馬克斯・普朗克研究院（Max Planck Institute），由許多腦神經科學家和認知科學家進行。

雷瑞林（Lerab Ling）道場是一九九二年由索甲仁波切成立於法國南部蒙彼利埃（Montpellier）的藏傳佛教中心。它是歐洲最大的藏傳佛教寺院之一，是本覺會（Rigpa）國際禪修中心也是本覺會在西方的基地[33]。從一九九二年開始，年年舉辦三個月的閉關靜修；從二〇〇六年到二〇〇九年，第一次舉辦傳統的為期三年的長期閉關，有超過三百人參加。

雷瑞林道場是一棟三層樓傳統的藏式的寺院建築，搭配獨特的銅屋頂。殿內供奉來自緬甸的七公尺高的釋迦牟尼像。另外還包括一千尊青銅佛像，代表此劫的一千尊諸佛。有受戒的僧人住持此寺院，二〇〇二年被法國政府正式承認為宗教組織。本覺會引導信眾學習佛教法義，並有完整的修行次第。本覺會在世界各地四十一個國家，共有一百三十多個中心和組織。

索甲仁波切出生於西藏，由本世紀最受尊敬的上師蔣揚欽哲確吉羅卓（Jamyang Khyentse Chökyi Lodrö，一八九三—一九五九）養育成人。索甲仁波切接受了西藏喇嘛的傳統培訓，並且研究藏傳佛教的其他宗派。一九七一年至英國劍橋大學專研比較宗教學，一九七四年開始在歐美各國弘揚佛法。由於他思路清晰、從容自在、幽默風趣，深受歡迎，成為許多國家的佛學中心與佛教團體的負責人或指導老師。索甲仁波切將所創設的佛學中心命名為「本覺會」，提供佛學與修行課程，並舉辦工作坊，將西藏智慧與當今議題，相互結合。他希望超越種族、宗教、文化與心理的障礙，直指本心，弘揚佛法。

結語

法國的佛教自十九世紀末，學術界比爾奴夫的研究開始，到二十世紀初，雖有亞珊卓和曾於一九二八年出版《為什麼我是一個佛教徒》（*Pourquoi je suis bouddhiste*）的法國著名作家、詩人莫里斯．瑪格（Maurice Magre，一八七七—一九四一），兩位自稱是佛教徒的信仰者外，佛教在法國仍只是屬於學者的學術探討。直到一九六七年，弟子丸泰仙禪師引進了日本曹洞宗的禪法，吸引了許多法國人學禪，吹起日本禪風，目前在歐洲有超過一百個禪中心；接著，由於第十六世大寶法王和達賴喇嘛兩位高僧的相繼走訪法國，帶動了藏傳佛教在法國的成長，現在在法國有超過一百四十個藏傳中心；另外，越戰迫使一行禪師流亡法國，建立了推廣正念禪修的梅村道場，現已成為國際的正念禪修中心。根據皮優研究中心（The Pew Research Center）的資料，法國佛教徒的成長居歐洲之冠，二〇一〇年時，法國的佛教徒已達二十八萬人，也成立有超過兩百個佛教寺院組織。

---

❶ William Peiris 著，梅迺文譯：《西洋佛教學者傳》，載《世界佛學名著譯叢》第八十四冊，第二〇三頁。

❷ 任繼愈、杜繼文編著：《佛教史》，第六三一頁。

❸ William Peiris 著，梅迺文譯：《西洋佛教學者傳》，載《世界佛學名著譯叢》第八十四冊，第二〇四頁。

❹ 出處：https://en.wikipedia.org/wiki/Alfred_Charles_Auguste_Foucher。

❺ William Peiris 著，梅迺文譯：《西洋佛教學者傳》，載《世界佛學名著譯叢》第八十四冊，第二〇四—二〇六頁。

❻ 出處：https://www.britannica.com/biography/Sylvain-Levi。

❼ 出處：http://dsr.nii.ac.jp/toyobunko/VIII-5-B6-3/index.html.en。

❽ 出處：https://en.wikipedia.org/wiki/Paul_Demi%C3%A9ville。

❾ 楊曾文主編：《當代佛教》，第三三四頁。

❿ 出處：https://en.wikipedia.org/wiki/Alexandra_David-N%C3%A9el。

⓫ 歐洲佛教聯盟網站：http://europeanbuddhism.org/。

⓬ 出處：http://www.bouddhisme-france.org/。

⓭ 出處：http://www.linhson.org.tw/wordpress/。

⓮ 國際禪協會：zen-azi.org/。

⓯ 出處：http://www.zen-azi.org/en/node/209。

⓰ 釋妙達：《面向世界的中國佛教——中國佛教在法國本土化的方向》一文（巴黎佛光山）。出處：http://www.china.com.cn/photo/zhuanti/08fj/2008-07/10/content_1604006.htm

⓱ 法華禪寺：http://www.foguangshan.fr/。

⓲ 出處：http://bodhinyanarama.org/。

⓳ 出處：http://www.refugebouddhique.com/historique-refuge.html。

⓴ 出處：https://vattkhemararam.wordpress.com/grand-patriarche-supreme/biographie/。

㉑ 出處：https://watlaosimoungkhoune.wordpress.com/。

❷❷ 出處：https://www.mahi.dhamma.org/the-centre/。

❷❸ 達波噶舉佛學中心：http://www.dhagpo.org/fr/presentation/histoire-du-centre/historique。

❷❹ 出處：dhagpo-kundreul.org/index.php/en/。

❷❺ 噶舉中心：http://www.kagyu-dzong.fr/histoire/histoire-du-centre/。

❷❻ 法國佛教聯盟：http://www.bouddhisme-france.org/activites/evenements-et-festivals/article/ceremonie-d-hommage-a-mr-jean-louis-massoubre.html。

❷❼ 出處：http://www.bodhipath.org/trinlay/。

❷❽ 甘丹寺學院：gandenling.org/。

❷❾ 那爛陀道場：http://nalanda-monastery.eu/index.php/en/the-monastery/a-brief-history。

❸⓪ 僧伽利美佛教道場：http://www.rimay.net/Denys-Rinpoche.html。

❸❶ 松特露波研究協會：http://www.chanteloube.asso.fr/。

❸❷ 馬修・李卡德：http://www.matthieuricard.org/en/pages/about。

❸❸ 雷瑞林道場：https://lerabling.org/lang-en/about-us/about-lerab-ling。

第四章 義大利佛教略史

第一節 對佛教的探索與研究

義大利最早接觸佛教的人是馬可波羅（Marco Polo，一二五四—一三二四），一二九五年他從中國元朝回到義大利，說起佛教的事情，沒有人相信他。因此，他被送進監牢裡，寫出他的名著《馬可波羅遊記》（*The Travels of Marco Polo*）一書。

馬可波羅在書中記載抵達沙州（指敦煌），看到中國佛教情形：「抵一城，名曰沙州，此城隸屬大汗。全州名唐古忒（Tangut，亦作唐古特，西夏國名），居民多是偶像教徒，然亦稍有聶思脫里派（Nestorian）之基督教徒若干，並有回教徒。其偶像教徒自有其語言。城在東方及東北方間。居民恃土產之麥為食。境內有廟寺不少，其中滿布種種偶像，居民虔誠大禮供拜❶」，在北京見到漢傳佛教。書中，馬可波羅還提到喀什米爾的藏傳佛教；談到斯里蘭卡時，記述「亞當峰」（Adam's Peak）處，更對佛陀做了可靠精簡的說明：「回教徒認為是亞當的墳墓，但這些偶像崇拜者都把它稱為釋迦牟尼佛塔。」他指出佛陀原是一國之王子，有兩次遭遇，一次遇到老者，一次遇到死人；後來離開王宮，過著嚴肅、簡單、清淨的修行生活。他也知道佛陀本生的故事[2]。

羅馬教廷在十六世紀開始，向東方大規模輸出天主教，一些傳教士帶回來更多的佛教資訊。從聖方濟．沙勿略（San Francisco Javier，一五〇六—一五五二）之受命東渡日本。馬泰奧．里奇（Matteo Ricci，一五五二—一六一〇），漢名利瑪竇，飄洋來華傳教，陸續寫了不少關於遠東的遊記或書信，記載了佛教的一些情況。

一七一五年耶穌會會士伊波利托．德西德里（Ippolito Desideri，一六八四—一七三三）受教皇的鼓勵，與葡萄牙籍神父曼努埃爾．弗萊雷（Manoel Freyre，一六七九—？）一起抵達列城（Leh），次年到了拉薩。為了解當地的宗教文化，德西德里並於一七一七年進入格魯派的色拉寺學習藏傳佛教。德西德里在西藏住了六年，熟練地掌握了藏語，努力學習藏傳佛教，在一七一八年至一七二一年期間，他用藏文寫了五本書，闡述了基督教的教義，也駁斥佛教輪迴和空的概念。此文稿由朱塞佩．托斯卡諾（Giuseppe Toscano）於一九八一年至一九八九年編輯成四冊《西藏作品》（*Opere Tibetana*〔4 vols.〕）於羅馬出版。德西德里紀錄十八世紀他的西藏高原之旅，包括西藏的生活、文化和宗教西藏的文稿，由美國佛教學者麥可．斯維特（Michael J. Sweet）於二〇一〇年英譯成《西藏任務》（*Mission to Tibet*）出版。德西德里可說是第一位直接跟隨西藏的僧侶學習藏傳佛教，並深入研究主要佛經的義大利傳教士，也被後人尊為「西方早期最傑出的藏學家」❸。一七二八年德西德里返回羅馬，雖經努力，但最終重返西藏傳教的願望破滅。十八世紀初，由於羅馬天主教提出「從恆河的源流直向西藏王國的傳教使命」（in the direction of the source of the Ganges River, towards the kingdom of Tibet），另一位卡普清修會的傳教士弗朗西斯科．奧拉濟奧．德拉．彭納神父（Francesco Orazio della Penna，一六八〇—一七四五）也曾於一七〇七年抵達拉薩，返回義大利後，於一七一七年再次前往，並在色拉寺學習藏文和西藏文化，他在拉薩度過二十五年。除了傳教之外，並用義大利文向西方全面介紹藏傳佛教，一七三二年編纂包含三萬兩千字的《藏文義大利文辭典》，並翻譯了宗喀巴《菩提道次第廣論》等❹。

一八九八年那不勒斯大學教授朱塞佩．洛倫佐（Giuseppe De Lorenze，一八七一—一九五七）出版了《印度和古代佛教》（*India e buddhismo antico*）。一九〇七年至一九二七年，他與德國學者卡爾．歐根．紐曼合作，將巴利聖典《中部》譯為義大利文❺，也成為義大利佛教的先驅。卡露．富米芝（Carlo Formichi，一八七一—一九四三）將藏文《佛所行讚》譯成義大利文。

朱塞佩．圖齊（Giuseppe Tucci，一八九四—一九八四）出生於義大利，在羅馬大學受教育，獲得文學博士，專門研究西藏和佛教史，是一位東方學家、宗教歷史學家、探險家和佛教學者。圖齊從十二歲就開始自學梵語，後又加學古波斯語、藏語和漢語。

一九二五年至一九三〇年，圖齊以義大利駐印度外交使團成員身分，在印度國家大學和加爾各答大學教授義大利文、中文。一九二七年起，圖齊受聘為羅馬皇家大學（Royal University of Rome）印度和遠東宗教與哲學教授。一九二九年，當選義大利皇家學院院士。一九三三年，他和哲學家喬瓦尼・詹蒂萊（Giovanni Gentile，一八七五—一九四四）在羅馬成立「義大利中東遠東研究所」（Instituto italiano per il Medio ed Estremo Oriente），其主要目標是發展義大利和亞洲國家之間的文化關係，一九四七至一九七八年由圖齊擔任所長，出版《東方與西方》英文季刊[6]，內容包括藝術、考古學、歷史、語言學、文學、哲學和宗教。圖齊於一九二八年至一九四八年，曾八次赴西藏考察；一九二五年至一九五四年曾六次考察尼泊爾。因此蒐集到大量的歷史藝術和文學資料，做為寫作之用。圖齊一生撰寫了許多科學論著和普及讀物，為義大利與亞洲國家的文化交流傾盡心力，曾先後在印度、巴基斯坦、伊朗、印度尼西亞、日本等國舉行學術報告會。他早期的著作有《中國古代哲學史》（*Storia della filosofia cinese antica*，一九二二）、《佛教》（*Il Buddhismo*，一九二六）等，圖齊是歐洲學者裡最早閱讀玄奘弟子窺基八卷本《因明入正理論疏》的學者之一，他於一九二九年出版名著《漢譯陳那之前的佛家因明論典》（*Pre-Dinnâga Buddhist Texts on Logic from Chinese Sources*）。另外，一九三二年至一九四一年，由義大利皇家學院出版的四卷《印度—西藏》（*Indo-*

也有少數義大利人在斯里蘭卡、緬甸、泰國出家為僧，其中最著名是洛迦那塔長老（Ven. U Lokanātha），意為世主，俗名薩爾瓦托羅・齊奧菲（Salvatore Cioffi，一八九七—一九六六）。洛迦那塔長老出生於義大利，在美國受教育，非常熱心擁護素食主義，他寫了一本《殺生之罪》（*The Crime of Killing*），卻未出版。一九二五年洛迦那塔長老在緬甸出家，用六個月熟悉了戒律和修持，之後回到義大利，但感覺環境不利於他的信仰，於是步行回印度。洛迦那塔長老於一九二八年到達緬甸，用了五年時間研究佛法及靜坐修行，並嚴格遵守十三頭陀行，實行坐姿不倒單，成為一位傑出的僧人。洛迦那塔長老曾於一九三三年至一九三五年，從緬甸、泰國、斯里蘭卡發起三次遠征布教團，到達印度菩提伽耶，目的在促使佛教徒覺醒。在布教遠征時，緬甸的桑尼博士（Dr. R. L. Soni）因他的影響而改信佛教，後來成為一位很有名的佛教工作者。一九三〇年代早期，洛迦那塔與印度政治家安貝特爾博士（Dr. Bhimrao Ambedkar，一八九一—一九五六）認識，他們長久通信聯絡，洛迦那塔長老並促成桑尼博士邀請安貝特爾到緬甸作客，安貝特爾博士也由此因緣改信佛教，後來發起印度的佛教復興運動。安貝特爾博士很熱心地邀請洛迦那塔長老至印度，協助上百萬最下賤之奴隸階級轉信佛教。洛迦那塔長老於一九六六年六十九歲時去世[9]。

義大利哲學家尤利烏斯・埃佛拉寫了一本有關佛教教義的著作《覺醒的教義》

（*La dottrina del risveglio*），有兩位二戰期間駐軍在義大利的英國軍官讀後，於一九四九年改信佛教。後來他們都在斯里蘭卡出家為僧，其中一位是赫魯特．穆森（Harold Musson，一九二〇—一九六五），出家後的法名是轉智（Ñānavīra），他把此書譯成英文，書名是《覺醒的教義》（*The Doctrine of Awakening*）；另一位是歐斯博．莫爾（Osbert Moore，一九〇五—一九六〇），他出家後的法名是髻智，他後來成為一位飽學之士，寫出很多傑出著作和巴利文佛經翻譯，包括《中部尼柯耶》。

在十九世紀下半葉和二十世紀初，義大利佛教偏重於學者研究，而信仰佛教並修行實踐則是在一九六〇、七〇年代才開始多了起來。

第二節　早期佛教社團的開展

一九七〇年代中期，熱愛東方文化的工程師馬蒂內利（Luigi Martinelli，一九一一—一九九六）發起在阿雷佐（Arezzo）興建佛塔寺（La Pagoda）。寺院內外的設計，都在傳達佛陀的教法，如八正道、四聖諦。佛寺也邀請法師前往教禪，向義大利社會介紹科學的佛教。馬蒂內利於一九六七年，創辦了《科學佛教》（*Buddhismo Scientifico*）期刊，是探討佛教與科學的雜誌。一九七四年，馬蒂內利在佛羅倫斯

（Firenze）成立義大利佛教協會（Associazione Buddhista Italiana）。馬蒂內利是義大利佛教徒中，較早跟倫敦的佛教協會（Buddhist Society）和斯里蘭卡的佛教出版協會聯繫的人。直到一九八八年，長期護持佛塔寺的大眾，認同弘法的理念及重要性，決議成立佛塔文化協會（La Pagoda, Associazione Socio Culturale）。佛塔寺舉辦各種佛教宗派的佛法講座與靜坐課程，附近的斯里蘭卡佛教徒對寺院非常護持。

佛教訊息中心（Centro d'Informazione Buddhista），由布魯諾（Bruno Portigliatti，一九四八—）和塞爾吉奧（Sergio Bossio）於一九七四年在杜林（Torino）成立[10]。它不代表任何宗派，是早期提供佛教資訊、論壇及發表的中心，也代表義大利佛教參加歐洲佛教聯盟。目前約有五十個成員，中心成立四十多年，收藏有許多寶貴的佛教資料。

義大利佛教聯盟（Unione Buddhista Italiana，簡稱UBI）於一九八五年創立於米蘭，因為在義大利所有的佛教傳統，覺得有必要效法歐洲其他國家，團結成立一個佛教聯盟。義大利佛教聯盟於一九八七年加入歐洲佛教聯盟，並於一九九一年獲義大利官方承認為宗教組織，當時有四十七個佛教團體，隔年，總部遷至羅馬。聯盟的宗旨為團結義大利各個佛教團體；支持、鼓勵和協調不同佛教團體的活動；促進各佛教團體之間的合作；並與其他宗教團體對話。

文森佐·皮加（Vincenzo Piga，一九二一—一九九八）是義大利佛教聯盟成立時的副會長，一九九二年之後，任名譽會長。皮加也是比薩的宗喀巴佛學院與羅馬的普賢佛學院及彌勒基金會的創始人之一，他於一九八二年創辦《波羅蜜多》（*Paramita*）雜誌，此刊物非常有分量，除了介紹南北傳及藏傳佛教外，也注重西方文化與佛教的交流對話。十八年後，雜誌改為《正法》（*Dharma*）季刊。皮加也是一九七〇年代，早期邀請流亡印度的藏傳喇嘛到義大利任教的主要人物之一[11]，青年時是新聞記者及政治家，一九八〇年代退出政治圈後，開始研究佛教。他認為「佛教是一種無神論與非教條主義的宗教，一種不專制的、社會的宗教」。

皮加於一九八七年成立的彌勒基金會（Fondazione Maitreya）[12]，主要的任務是推廣介紹各個傳統的佛學知識及修行法門；並研究比較佛教與西方文化，尤其是心理學、哲學與神學的關係，可說是佛教在義大利最重要的文化機構之一。除了羅馬的總部外，還有米蘭及威尼斯彌勒研究中心（Centro di Strudi Maitreya），經常舉辦佛法講座、靜坐課程及不同宗教的對話論壇。皮加在一九九〇年代，更為佛教爭取得到義大利政府的認同與福利，並致力於不同宗教間的交流對話與融合。佛教近半世紀來，在義大利得以順利開展，皮加功不可沒。

第三節 南傳佛教的道場

義大利第一座南傳佛教寺院「寂滅心精舍」（Santacittarama），是由皮加於一九九○年創建的，以泰國阿姜查森林道場的傳統運作。皮加捐獻出他位於羅馬郊區，在拉蒂省（Rieti）波焦納蒂沃（Poggio Nativo）的房舍做為精舍，邀請阿姜蘇美多義大利籍的弟子阿姜塔那瓦羅（Ajahn Thanavaro，一九五五—）主持，阿姜塔那瓦羅於一九九二年，被選為義大利佛教聯合會的主席。精舍僧眾包括歐洲人與泰國人，他們每天四點起床，兩個小時的禪修後，出寺沿街托缽，實行過午不食。下午二點到五點半，是自由的時間。五點半一起喝茶，之後一直到八點在禪堂誦經打坐。禪堂裡只供一尊佛陀聖像。居士們能到寺院修行；男居士可以在寺裡住宿，女居士則到寺廟外面的一個宿舍過夜。一九九三年加入常住的英籍比丘阿姜闡陀波羅（Ajahn Chandapālo，一九五七—）是現任住持。一九九四年，由於電影小活佛的上演，讓更多義大利人對佛教產生興趣，因而走進佛教道場[13]。寂滅心精舍的信徒包括有：義大利的學者及信眾，以及斯里蘭卡及東南亞移民。

寂滅心精舍為了擴展，尋覓新的地點，得到當時泰國大使夫人 Khun Natcharee 的全力支持，終於在一九九七年，於波焦納蒂沃（Poggio Nativo）的一處山谷，覓得理想的房舍，座落在五公頃的林地上。此處成為寂滅心佛寺（Santacittarama Monastero Buddhista）的新家⓮。由於參與靜修的成員遍及義大利全國，所以在二〇一一年，成立了淨信會——寂滅心之友（Saddha - Associazione Amici del Santacittarama）⓯，提供網路教材，及坐落於各大城市的靜坐小組的資訊，讓有心修行的人可以共修。

科拉多・帕薩（Corrado Pansa）教授是另一位義大利佛教著名人士，他在羅馬大學教印度與遠東哲學與宗教。帕薩也是毘婆舍那禪師，他於一九八七年在羅馬成立毘婆舍那協會（Associazione Per la Meditazione di Consapevolezza，簡稱 A. Me. Co.），並任會長。他寫了許多文章和論文，都陸續發表在該會出版的《正念》（*Sati*）季刊和《波羅蜜多》雜誌上。皮加和帕薩這兩位佛教學者，對於義大利的佛教文化傳播和發展方面做出了很大的貢獻。羅馬的毘婆舍那協會與位於美國麻薩諸塞州，由約瑟夫・葛斯坦（Joseph Goldstein，一九四四—）和傑克・康菲爾德（Jack Kornfield，一九四五—）成立於一九七六年的「內觀禪修會」（Insight Meditation Society）有密切的關係，是融合緬甸馬哈希尊者，與泰國阿姜查的修行禪法。除了每週固定的靜坐課程，並提供密集禪修課程。

緬甸烏巴慶（U Ba Khin，一八九九—一九七一）與葛印卡的美國學生約翰・厄爾・科爾曼（John Earl Coleman，一九三三—二〇一三），於五〇年代被美國中央情報局派駐緬甸期間，有機會學習內觀禪修。一九八六年，科爾曼在義大利米蘭成立國際禪修中心（L'International Meditation Center），教導內觀禪法。二〇一三年，科爾曼往生後，協會改名為內觀禪修中心（Centro Ricerca Visione Profonda）。

葛印卡的國際正法內觀協會，於一九九一年成立了義大利內觀協會（L'associazione Vipassana Italia），並於一九九八年，在佛羅倫斯省（Firenze）馬拉迪（Marradi）建立阿塔拉內觀中心（Il Centro Vipassana Dhamma Atala），定期舉辦十日內觀禪修。

在斯里蘭卡出家，擁有博士學位，精通十一國語言的馬來西亞籍蘇摩那室利長老（Ven. Sumana Siri，一九五三—），基於促進佛教各宗派傳承間的融合以及佛教與現代科學、醫療、社會文化的互聯，於一九八〇年在馬來西亞成立佛教現實者中心（Buddhist Realists' Center）。該中心三十多年來，已在世界各地成立分會，一九九七年，蘇摩那室利長老在義大利米蘭成立佛教現實者精舍（Buddhist Realists' Vihara）。精舍除了每日佛教的活動，還定期舉辦佛教與多元的現代社會間的相關論壇。

第四節　日本禪宗的引進

佛教禪宗在一九六〇年代引起歐洲人的興趣。雖然現在也受中國、韓國禪宗的影響，但大部分流行的禪宗都屬於日本曹洞宗。

義大利最有名的禪宗中心是位於薩爾索馬焦雷泰爾梅（Salsomaggiore Terme）的普傳寺[16]（Fudenji），屬於曹洞宗，現為義大利曹洞禪研究所（Istituto Italiano Zen Soto）的總部。一九八四年由義大利籍的福斯托・泰天禪師（Fausto Taiten Guareschi，一九四九—）成立。泰天於一九六九年成為日本禪師弟子丸泰仙的學生，一九八四年從成田疏雨禪師（一九一四—二〇〇四）得到傳承，獲日本總本山授予國際布教師頭銜，為義大利曹洞宗第一人。普傳寺寺院是木磚結構建築，有一座很大的禪堂。寺中常住僧尼大約是十五至二十人。除了僧眾外，寺院經常有居士和禪宗信徒修行學法。他們的日常生活是按傳統曹洞宗嚴格的作息，一邊修行一邊出坡，打坐、誦經（用日語念誦）相結合。有時還為僧眾請外來法師講法，而且開辦書法、中文、太鼓、茶道、烹飪、按摩等課程。義大利曹洞禪研究所，於一九九九年被義大利政府正式承認[17]，可以頒發證書。

日本曹洞宗禪師弟子丸泰仙，在義大利的學生們，共設有八處禪修的道場，分布在米蘭、羅馬等各大城市，由泰仙的法籍弟子羅蘭・湯野・雷赫（Roland Yuno Rech，一九四四—）負責指導。雷赫畢業於巴黎政治學院和巴黎狄德羅大學臨床心理學研究所，之後到世界各地旅行，在日本京都的寺院，他發現坐禪的修行法門。返回法國後，即跟隨曹洞宗的禪師弟子丸泰仙學禪，並於一九七四年受戒出家。一九八二年，泰仙禪師去世後，由雷赫擔任國際禪協會的會長，直到一九九四年。他現在是國際禪協會副會長和法國佛教聯盟的副總裁，任教於尼斯道場行佛寺（Le Temple zen Gyobutsuji）⑱，和法國的禪道尼苑。國際禪協會在義大利許多城市都設有分會。

路易吉・馬里奧（Luigi Mario，一九三八—）出生在羅馬，他在銀行工作之餘，喜歡爬山和滑雪，也是合格的滑雪教練。馬里奧從銀行退休後，一九六七年前往日本擔任滑雪教練，因而接觸到日本禪宗。一九七一年，馬里奧在神戶的祥福寺跟隨臨濟宗的禪師山田無文（一九〇〇—一九八八）學習，後獲印可為恩格庫・泰諾（Engaku Taino，一九三八—）禪師。一九七三年泰諾回到義大利，在奧維多（Orvieto）的斯卡羅（Scalo）小鎮上收購了一座古老的農舍，成立義大利第一座臨濟宗禪心寺（Scaramuccia Bukkosan Zenshinji）。道場的特點是借用典型的西方文化來教導東方的傳統。泰諾也藉由攀岩、登山、滑雪等活動與禪修結合，並教授瑜伽和太極。此處是禪心寺的第一種子，目前在義大利與歐洲有將近三十個分會，隸屬在禪心寺之下。

義大利米蘭出生的卡羅・鐵玄・塞拉（Carlo Zendo Tetsugen Serra，一九五三—），在短暫的攝影和電影界生涯後，於一九八三年到日本東京的東照寺在原田祖岳座下受戒出家，法名鐵玄・塞拉（Tetsugen Serra）。鐵玄在東照寺除了學習曹洞禪的傳統外，也學習指壓醫療。五年後，得到禪宗指壓教師證書，同時獲得了曹洞宗國際布教師的頭銜。一九八八年，鐵玄回到米蘭，成立了竹林僧伽（Sangha of the Bamboo Forest）並建設曹洞宗道場「圓相寺」。一九九〇年更成立了禪宗指壓學院（Scuola Zen di Shiatsu），結合禪坐和指壓按摩的搭配，開展禪宗治療中心，維持身心靈的平衡。一九九六年，鐵玄在帕爾馬山區建設了修行道場三寶寺（Sanbo-Ji），為僧俗可以共住共修的靜修道場。鐵玄認為禪修的主要目標，是幫助所有的人找到自己內在的自由。二〇一三年開始，鐵玄結合認知心理學倡導正念禪，通過講習班和靜坐教學，將日常生活與修行配合起來，幫助現代人維持健康祥和的生活。鐵玄禪師著有《生活禪》（*Vivere Zen*）、《禪療法》（*Terapia Zen*）及正念禪（*Mindful Zen*）。

圓空道場（Cerchio Vuoto-En Ku Dojo）創立於一九九六年，是由弟子丸泰仙的學生馬西莫・大同（Massimo Daido Strumia，一九五〇—二〇一〇）在杜林創立。大同在一九八〇年前往日本安泰寺依渡邊孤峰禪師受戒學習曹洞禪七年，並取得國際布教師的資格，於一九八七年返回義大利，成立空圈協會（L'Associazione "Il Cerchio Vuoto"），創建圓空道場。大同簡單和直接的教學風格，在義大利北部吸引了很多人學禪。現在道場由大同的學生埃琳娜．薇薇安尼師（Elena Seishin Viviani）負責[19]。

大慧禪師（Taehye sunim，一九五二—）生於芬蘭，從赫爾辛基大學畢業後，一九八二年先在泰國出家，一九八七年再於韓國出家。一九九二年，大慧禪師於義大利卡斯泰爾福科尼亞諾（Castel Focognano）的佛塔（Pagoda of Arezzo）開始弘法，並於一九九七年，成立菩提達摩協會（Comunità Bodhidharma）[20]。一九九九年，大慧禪師又前往緬甸，在仰光的國際禪修中心受南傳比丘戒。二〇〇〇年，在義大利蒙特聖洛倫索的迪萊里（Monti San Lorenzo di Lerici）建立無相庵（Musang Am）寺院。副住持是出生於義大利的太利禪師（Taeri sunim，一九六八—）他也曾在臺灣、韓國、泰國、緬甸及斯里蘭卡受戒參學。菩提達摩協會的教學內容及禪修方法包括南北傳佛教的傳統。菩提達摩協會目前有四個禪修中心，分別在萊瑞希（Lerici）、熱那亞（Genova）、帕多瓦（Padova）和博森蒂諾（Bosentino）。

一九八一年，日本創價學會會長池田大作到義大利考察，促成了創價學會義大利第一個分會，於一九八四年在佛羅倫斯正式成立，被稱為義大利日蓮正宗。一九九〇年時，脫離日蓮正宗的神職人員，協會更名為義大利創價學會協會。二〇一四年，在米蘭的科爾西科和平文化中心（Centro Culturale di Corsico - Milano）落成，是歐洲最大的佛教場所。創價學會會員從一九九三年的一萬三千人，到二〇一六年時，已超過八萬人[21]。

一九九六年，一行禪師的學生海爾加和卡爾．里德爾（Helga e Karl Riedl，一九二六—）已在義大利帶領許多學員正念禪修，二〇一一年正式註冊立案，在卡斯泰利成立和平幸福協會（L'Associazione Essere Pace）。

義大利的第一座華人佛教道場，是二〇〇九年，義大利華僑華人佛教總會發起，由當地華商捐資興建於普拉托（Prato）的普華寺。普拉托的華人於一九九〇年代開始急遽增加，大部分來自中國浙江省溫州，在普拉托經營服裝業。普拉托現為義大利華人第三多的城市，約有一萬一千多華人。僅次於米蘭和羅馬。

二〇一二年，臺灣中台禪寺在義大利羅馬的分院——華義寺落成。華義寺是羅馬的第一座華人佛教道場，寺院採中國傳統佛教寺院的建築風格，古樸典雅，氣勢恢弘。建築群包括大雄寶殿、禪堂、齋堂、圖書室及兒童禪修室。華義寺開設各級禪修班、兒童禪修班，亦舉辦半日禪及各類型法會。

第五節　藏傳佛教新近的發展

一九六〇年代起藏傳佛教開始傳入歐洲，講授藏傳佛教的教義與修法。出生於西藏的南開諾布（Namkhai Norbu，一九三八—）是旅居義大利的藏傳佛教寧瑪派的著名活佛之一。一九六〇年圖齊邀請他到義大利從事研究。一九六二年至一九九二年，他在那不勒斯東方大學教西藏與蒙古語言文學，是國際著名的學者，寫了許多書，也是象雄學院（Shangshung Institut）的院長，為支持西藏文化研究做出了不小的貢獻。南開諾布也是紅教大圓滿上師，一九七六年開始給西方人傳授寧瑪派大圓滿教法。他在世界各地建立了許多大圓滿中心，在義大利和其他歐洲國家、亞洲、美國都有他建立的中心。從一九七〇年代開始，他經常到世界各國講法。一九八一年他在格羅塞托省的阿爾奇多索（Arcidosso）建立了一個國際大圓滿協會（International Dzogchen Community）㉒，也是現在協會在歐洲的總部。象雄學院的目標是研究和保存藏族文化、語言和科學文獻。該中心位於海拔九百公尺高的地方，面積有六十餘公頃，有一座黃色大型建築、大雄寶殿和其他建築。它的建築、佛像、法器都屬藏傳佛教的風格。中心沒有常住的僧眾，但經常都有來自義大利各地的人到這裡來參加修行活動㉓。

一九八一年，文森佐・皮加及格西降邊（Ghesce Jampel Senghe，一九一四——一九八一）於羅馬創立普賢佛學院（Instituto Samantabhadra）。它是藏傳格魯派傳統的研究和修行中心，同時保存和傳遞西藏的古老文化。普賢佛學院設有藏語課程、曼陀羅藝術、藏族占星術等，並舉辦音樂及展覽活動。目前的住持是格西土登達吉（Ghesce Thubten Dargye，一九四九—）。

一九七七年，由耶喜喇嘛在比薩（Pisa）成立的宗喀巴佛學院（Lama Tzong Khapa Institute）是義大利第一座藏傳道場，也是歐洲藏傳佛教的中心之一。此佛學院隸屬耶喜喇嘛和梭巴仁波切共創的國際性的「護持大乘法脈聯合會」，也是聯合會在義大利的總部。該學院以開設高階佛學課程而聞名，有為期三年的基礎佛教課程，與六年制碩士班課程，旨於培養弘法人才。宗喀巴佛學院提供專職住宿學生的課程和密集的網路課程，也有一般大眾可以參加的講座及靜修活動。學院的精神導師是：尊者達賴喇嘛和梭巴仁波切。指導老師有活佛倉央嘉措、格西強巴央嘉措、達波仁波切、格爾登仁波切和喬登仁波切等高僧。

目前宗喀巴佛學院在義大利有十四個分院，除了在比薩的宗喀巴佛學院，另外在博洛尼亞（Bologna）的觀音研究中心（Centro Studi Cenresig），佛羅倫斯的耶旺統一地球中心（CentroTerra di Unificazione Ewam），帕多瓦（Padova）的西藏佛教心理與哲學研究中心——心寶度母佛教中心（Centro Buddhista Tara Cittamani），巴勒莫（Palermo）的穆尼加亞中心（Centro Muni Gyana），佐羅布蘭科（Zero Branco）的喇嘛宗喀巴中心（Centro Lama Tzong Khapa）都安排有教學課程。

自一九九八年至二〇〇四年之間，第一期研究所有三十名學生完成碩士班課程，分別來自十二個不同的民族。二〇〇三年開始，佛學院與義大利正念研究中心共同舉辦的「有關正念的研討會」，每年都在宗喀巴佛學院舉行。自二〇一一年開始，開辦專業正念講師的培訓課程，推廣正念療法。

由格西丹增貢布（Geshe Tenzin Gonpo，一九二八—一九九二）於一九七八年成立於米蘭的格培林藏傳佛教學院（Ghe Pel Ling è un Istituto Studi di Buddhismo Tibetano），是義大利佛教聯盟的創始成員之一[24]。該學院的目的是將藏傳格魯派的教義通過教學與實踐，令人得到心靈的轉變與淨化。

一九八七年之後，西藏出生獲拉然巴格西的聖索仁波切（Thamthog Rinpoche，一九五一—）應聘任教於格培林研究所，目前擔任中心的精神導師，學院定期舉辦佛學講座、佛學研究會、修行活動及佛教節日活動等。達賴喇嘛曾多次造訪，二〇一二年「內心的快樂之道」講座，更吸引了上萬人參加[25]。

一九八八年，義大利出生的阿納爾多．格拉格里亞（Arnaldo Graglia，一九四一—），在米蘭成立了直貢噶舉派的曼陀羅藏學研究中心（Centro Studi Tibetani Mandala），研究和傳播藏傳佛教。由直貢法王姜貢澈贊仁波切（Drikung Kyabgon Chetsang Rinpoche，一九四六—）指導。

格拉格里亞於一九七七年，在宗喀巴佛學院跟隨格西強巴央嘉措學習。一九七八年第一次到尼泊爾，接觸到許多藏傳佛教道場及僧人。之後，成為格西納旺揚達克（Ghesce Nawang Yandak）的弟子。一九八四年，他回米蘭親近格西丹增貢布與剛堅喇嘛及南開諾布等老師。一九八七年，格拉格里亞在印度拉達克，被認定為是直貢噶舉派的喇嘛濟帕爾津（Je Paljin Lama）的轉世。一九九一年，他在格魯派的格西丹增貢布座下出家，一九九五年獲得傳統直貢噶舉派負責人確認他即為轉世的帕爾津土庫仁波切，同時成為印度阿底峽（Atitse）修道院的住持。目前帕爾津土庫仁波切除了在義大利米蘭、格拉格利亞和梅拉諾三個道場輪流教學，也前往法國、瑞士及智利、貝魯等地弘法。他對佛法全面與深入的認知了解，被稱為是神祕主義和比較宗教領域的才子，他也是米蘭宗教論壇的創始人之一[26]。

喇嘛奇安迪諾（Lama Dino Cian）在喇嘛剛堅仁波切（Lama Gangchen Rinpoche，一九四一—）的指導下，在杜林成立藥師佛中心（Centro Buddha Della Medicina），二十多年來，為西藏的醫療傳統走出一條路。

喇嘛剛堅仁波切於一九八九年創立「藏醫傳統學院」（Kunpen Lama Gangchen），是歐洲最早研究和教導藏醫傳統的佛教中心之一，開設有各種身心療養課程。

由噶舉傳承的卡盧仁波切創立的洛卡僧團（Sangha Loka），總部在羅馬，附屬於國際僧伽利美（Sangha Rimay），由在法國的國際僧伽利美會長，喇嘛丹尼斯仁波切領導。目前有十個中心，分布在義大利各大城市。

噶瑪噶舉傳承的天噶仁波切（Tenga Rinpoche，一九三二—二〇一二），一九八一年在義大利的維羅納（Verona）建立了噶瑪泰松札西林寺（Karma Tegsum Tashi Ling）。之後，噶瑪噶舉的道場相繼在義大利成立。

一九九六年，夏瑪巴仁波切在義大利阿爾卑斯山位於波爾多的安特羅納（Antrona）谷，建設了噶德慶長江中心，不久後，建造了菩提道閉關中心（Bodhi Path Retreat Center）及佛塔，舉辦靜修及閉關活動。

除了這些以外，義大利還有許多屬於日本日蓮宗的中心。義大利日蓮宗的信徒大約有一萬五千多人。這個宗派視自己為佛教最上法門，視其他佛教宗派為下級，並認為其他佛教宗派都是錯誤的。因此它跟其他宗派也沒有什麼聯繫。

結語

皮加說：「在西方，我們看到佛教正在西方化。過去佛教在傳入亞洲的不同地區（即中國漢地、西藏和日本等）時，它受到了每個地區文化和宗教傳統的影響。……佛教的許多宗派在西方會慢慢地消失，它將脫胎為具有西方特色的法門。這種佛教將融合西方科學，並且受到基督教道德的影響[27]。」

佛教在義大利的傳播，晚於英、法、德等國。二十世紀前後，有學者開始研究，主要歸功於朱塞佩．圖齊博士，至二十世紀中葉才開始有佛教團體的成立。一九六〇年，藏傳佛教寧瑪派的南開諾布應圖齊博士邀請到義大利從事研究，將寧瑪派大圓滿的教法傳播到西方。一九七〇年左右，因為藏傳喇嘛流亡印度，有機會轉往義大利。同時，也因為達賴喇嘛的走訪，及幾部有關西藏及活佛電影的拍攝，為藏傳佛教做了很好的宣傳。法國日本曹洞宗禪師弟子丸泰仙的國際禪協會，也在義大利帶動日本禪的流行。根據義大利佛教聯盟二〇一五年的資料，義大利有四十四個佛教組織成員。二十一世紀初，日本創價學會（尚未被義大利佛教聯盟接受為會員）和日蓮宗的團體，相繼在義大利成立。它們在短短幾年內，已有七萬名會員，發展非常快速。

根據皮優論壇，二〇一二年全球宗教分布調查（Global Religious Landscape Survey by the Pew Forum），義大利的佛教徒約有十四萬人，占總人口的零點二[28]，人數僅次於天主教、基督教和回教。

---

❶ 馬可波羅著，馮承鈞譯：《馬可波羅行記》，第一三〇頁。

❷ 狄雍原著，霍韜晦譯：《歐美佛學研究小史》，第九—十頁。

❸ 出處：http://it.cathopedia.org/wiki/Ippolito_Desideri。

❹ 出處：https://en.wikipedia.org/wiki/Francesco_della_Penna。

❺ 出處：http://www.payer.de/neobuddhismus/neobud0303.htm。

❻ 出處：https://it.wikipedia.org/wiki/Istituto_italiano_per_il_Medio_ed_Estremo_Oriente。

❼ 出處：https://en.wikipedia.org/wiki/Giuseppe_Tucci。

❽ Willam Peiris 著，梅迺文譯：《西洋佛教學者》，載《世界佛學名著譯叢》第八十四冊，第二六五—二六六頁。

❾ 同上書，第二六七—二七〇頁。

⑩ 佛教訊息中心：http://www.pluralismoreligioso.it/gruppi-di-origine-orientale/gruppi-buddisti/centro-dinformazione-buddista/。
⑪ 出處：http://www.buddhismo.it/in-ricordo-di-vincenzo-piga/。
⑫ 彌勒基金會：https://maitreya.it/storia/。
⑬ 出處：http://www.cesnur.com/il-buddhismo-in-italia/introduzione-al-buddhismo/。
⑭ 出處：http://santacittarama.altervista.org/archive/archive.htm。
⑮ 出處：http://www.saddha.it/。
⑯ 出處：http://www.sotozen-net.or.jp/column/ki_201406.html。
⑰ 普傳寺：http://www.fudenji.it/en/institute.html。
⑱ 出處：https://zen-nice.org/roland-yuno-rech/。
⑲ 出處：http://www.ilcerchiovuoto.it/pages/lignaggio.php。
⑳ 出處：http://www.bodhidharma.info/。
㉑ 義大利創價學會：http://www.sgi-italia.org/sokagakkai/IBISG-QuandoNasce.php。
㉒ 出處：https://dzogchen.net/teacher/。
㉓ 黃曉星著：《義大利的佛教徒》一文（佛教網）。
㉔ 出處：http://www.ghepelling.com/index.php?lang=it。

第五章　丹麥佛教略史

第一節　早期佛教學者的研究

在歐洲的國家中，丹麥也是早期學者研究佛教的國家之一。丹麥優秀的語言學家拉斯克（Rasmus Kristian Rask，一七八七—一八三二），是第一位為了探討東方語言，在一八一六年開始到斯德哥爾摩、聖彼德堡，和伊朗旅行的西方人。他蒐集的波斯手稿躋身丹麥國寶。一八二〇年他繼續前往印度和錫蘭。一八二三年五月，拉斯克帶了許多巴利文、僧伽羅文和其他語言的手稿，回到哥本哈根。皇家圖書館從他那裡收藏了五十多件巴利文和僧伽羅文的手稿，成立「拉斯克蒐集」。拉斯克寫了一本《巴利語文法》，是依據斯里蘭卡一本古老著作《文法初階》（*Bālāvatāra*）而寫成的，裡面選有一些為初學者閱讀的材料，但此書沒有出版❶。

尼爾斯．路德維希．維斯特加德（Niels Ludvig Westergaard，一八一五—一八七八）是繼拉斯克之後的丹麥東方語言學者。維斯特加德曾於一八四一年至一八四四年，前往波斯和印度，研究波斯文和梵文。一八四五年，返回哥本哈根，成為哥本哈根大學的第一位印度—東方語言學（Indo-Oriental Philology）教授[2]。

另一位丹麥研究巴利文的先驅，是維戈．福斯包爾教授（Viggo Fausböll，一八二一—一九〇八）。他也是丹麥哥本哈根大學的梵文教授，當他還是個大學生的時候，曾跟隨維斯特加德學習梵文，又借助拉斯克帶回來的那些手稿，自學巴利語。福斯包爾編輯、出版並且翻譯了許多巴利文經典。他還創先運用拉丁字母和變音符號來記錄原始經典，此前在亞洲人們通常用當地的書寫方式，如僧伽羅文、緬甸文、泰文和高棉文製作手稿。因當時歐洲學者多熟悉拉丁文，一八五五年福斯包爾編輯出版了巴利文經典《法句經》，並譯為拉丁文出版（*The Dhammapada: Being A Collection of Moral Verses in Pali*）。之後，繆勒依此版本翻譯出第一本英文的《法句經》。福斯包爾最偉大的工作，是於一八七七年至一八九七年間，對佛陀過去生的故事《本生經》進行校對編輯，翻譯出版七冊的《本生經及其註釋》（*Jataka with Commentary*）。此書為通俗佛教及民俗學的研究做了一卓越貢獻，可做為他勤勉與智慧不朽的紀念。一八八一年，福斯包爾又把巴利藏經小部的《經集》（*Suttanipata*）翻譯成英文，收錄在繆勒編的《東方聖書》第五冊中[3]，並寫作了一些重要的語言學文稿。他被認為是現代巴利語研究之父[4]。

特倫克納（Vilhelm Trenckner，一八二四—一八九一），也是一位偉大的巴利語學者❺，他精通丹麥、拉丁、英、法、德、義、西班牙、梵、巴、印度、僧伽羅、緬、波斯、阿拉伯等二十多種語文。在十九世紀末開始編輯巨構《精審巴利語辭典》（*A Critical Pali Dictionary*）未完成的部分，透過國際合作和支持，繼續在編輯。特倫克納精校的《彌蘭王所問》（*Milindapanho with Milinda-Tika*），被認為是最有獨創性成熟而且優雅的巴利語佳作。他六十歲後，致力於《中部》及《中部註釋》、《殊勝義》、《經集》、《相應部》、《增支部》及《增支部註釋》（*Manorathapūranī*）等抄校本。可惜其中《中部》以及《增支部》兩本手稿，借給英國摩利斯博士抄寫，抄完後就沒有人知道這兩本重要手稿的下落了❻。

狄尼斯．安德遜（Dines Andersen，一八六一——一九四〇）出生在丹麥的菲英島，長大後得到大學頒贈的金獎章，進入哥本哈根大學，研究古典文獻學及一般語言學，在福斯包爾指導下學習梵文，獲得博士學位。一八九一年受聘於大學圖書館，由於整理特倫克納未完成的《精審巴利語辭典》及其他巴利文文獻，安德遜發現有關巴利文語法及辭典的編輯非常重要。一九〇一年他編寫了《巴利讀本》（*A Pāli Reader*），包含最有用的文獻蒐集，依據原文及註釋校訂，並有註釋、批評以及書目。之後在一九〇四年至一九〇七年，又出版了補充本《巴利字彙》（*A Pāli Glossary*），此書不僅為《巴利讀本》的字彙書，而且也含《法句經》中的許多字辭的資料。安德遜同時為福斯包爾校勘的《本生經》製作索引，及編寫完整的名詞和標題列表，構成內容的第七卷，於一八九七年出版。一九一四年，他與赫爾默．史密斯（Helmer Smith，一八八二—一九五六）合作對《經集》作了新校訂，並使用一些重要的新資料。他們二人以特倫克納的《巴利辭典》為基礎，利用新的資料，做全新、擴大和精細的校勘，並重新定名為《精審巴利語辭典》[7]。

保羅．杜仙（Poul Tuxen，一八八〇—一九五五），畢業於哥本哈根大學。後來繼承老師安德遜的職位，一九二八年在哥本哈根大學擔任印度—東方語言學教授。他精通英文和德文，卻堅持用母國丹麥語寫作，著作約有三十種，都很有價值，其中有七本討論佛教。他是第一位把《法句經》譯成丹麥語，並寫有篇幅很長的介紹及評註的學者，此書於一九二〇年出版[8]。

第二節　佛教團體的成立

丹麥最早出現的佛教團體，是一九二一年克里斯蒂安．梅爾比博士（Christian F. Melbye）成立的佛教生活協會（The Bund für Buddhistische Leben）和摩訶菩提協會。梅爾比博士與斯里蘭卡的達摩波羅及日本的鈴木大拙都有聯繫。可惜，他創立的兩個佛教組織都在一九五〇年宣告解散。

格魯派的塔拉土庫仁波切（Tarab Tulku Rinpoche，一九三四—二〇〇四），在西藏哲蚌寺獲得拉然巴格西（Lharampa，佛教哲學和心理學博士）學位。一九六〇年，受希臘和丹麥的王子皮埃爾希臘（Pierre Greece）的邀請，前往哥本哈根大學研究及任教達三十年。塔拉土庫仁波切以他的名字，在巴黎、慕尼黑、布魯塞爾、赫爾辛基、斯德哥爾摩、哥本哈根、阿姆斯特丹、布達佩斯和維也納，成立塔拉研究所（Instituts Tarab），以藏傳佛教為基礎做專門研究。已經發展起來的有「二元統一性」（unity in duality）概念，對身與心、能與所、物質與能量等的探討。

歐雷．尼達爾喇嘛，一九四一年生於丹麥的哥本哈根。一九六〇年至一九六九年於哥本哈根學習英語、德語及哲學，其中幾學期就讀於蒂賓根大學和慕尼黑大學，獲得博士學位。一九六八年與他新婚的妻子漢娜（Hannah）第一次到尼泊爾，遇見了竹巴的洛本伽楚仁波切，隨後喜馬拉雅之旅遇見了第十六世噶瑪巴讓炯日佩多傑，並成為他最親密的西方弟子。自此歐雷．尼達爾和漢娜．尼達爾得到了噶瑪噶舉派最重要的灌頂和教法並開始修行。一九七二年第十六世噶瑪巴授予歐雷．尼達爾及漢娜．尼達爾佛教上師（喇嘛）稱號。他們被委託以噶瑪巴的名義來傳授佛法，在西方建立佛教中心。噶瑪巴還授權這對丹麥夫婦可以傳授佛教皈依及菩薩誓言。從此，他每年兩次遊歷世界，舉辦禪訓班，幾乎每天都授課，大約曾授予二十五萬多人皈依。自一九七〇年代早期至二〇一二年，歐雷・尼達爾喇嘛與他的夫人漢娜一起在歐洲中部和東部、亞洲、美洲及澳大利亞，建立了約六百二十九所鑽石道佛教禪修中心，影響極大。這些中心在個別國家被承認為宗教組織或公益團體組織。他們都以第十七世噶瑪巴・聽列泰耶多傑法王為精神領袖。歐雷・尼達爾喇嘛是「噶瑪噶舉派金剛乘佛教基金會」的奠基人之一及董事長。此基金會是按照德國法律創立的。它資助範圍遍及他國，如噶瑪貢（西班牙）的圖書館，此處蒐集並翻譯佛教的經文；也資助阿爾泰（俄羅斯）的閉關中心以及位於漢堡的金剛乘中心[9]。

西藏慈善會（Tibet Charity）是拉卡仁波切（Lakha Rinpoche，一九四二—）於一九九七年在哥本哈根成立，目前有一千五百會員，是一個人道救援組織，其宗旨是扶助在印度和尼泊爾的貧困藏人，二〇〇〇年在瑞典建立分會。慈善會除了健康、慈善、教育等事業，也安排會員講座和其他活動。拉卡仁波切於一九七六年抵達丹麥後，在哥本哈根還成立了玢達林（Phendeling）佛教中心，是藏傳佛教寺院，舉辦各種弘法活動。二〇〇八年後，更成立佛學院課程；另外，位於奧爾胡斯（Aarhus）的奧斯林佛教中心（ØsalLing），也經常舉辦各種佛教課程與慈善活動。

哥本哈根香巴拉中心（Kobenhavn Shambhala Group），成立於一九九四年，由創巴仁波切的兒子薩姜米龐仁波切管理，提供許多藏傳佛教有關的學習課程。

四梵住泰寺（Wat Thai Denmark Brahmavihara）是由居住在瑞典、德國和丹麥的泰國移民，於一九九〇年一同發起籌建，希望成立泰國僑民的佛教聚會所。最初的籌建基金來自泰國丹麥協會。三年後，得到當時泰國僧王的支持，建議請曼谷玉佛寺的帕索德悉邦斯索德悉烏索長老（Phrasoodthibongse Soodthiwungso，一九四八—）前往擔任住持。寺院以弘揚佛法，服務泰僑和宣傳泰國文化為宗旨[10]。旅居丹麥的泰僑，有百分之九十五是佛教徒。

哥本哈根僧納塔寺佛教靜修中心（Sunnataram Copenhagen Buddhist Meditation Temple, in Dragør）成立於一九九二年，是一座泰國佛寺，僧團早期都出外托缽，但由於哥本哈根冬天天氣嚴寒，所以後來改為信眾到佛寺備辦飲食供養僧眾。住持法名戒香法師（Phra Somsak Gandhasilo），中心除了平常的活動，遇有佛教節日，也會特別慶祝。

哥本哈根佛教精舍（Copenhagen Buddhist Vihara）成立於一九九九年，由斯里蘭卡的瑪拉哥達帕拉塔納長老（Marathugoda Uparathana Thero）主持。現任指導老師為克林迪迦爾納拿拉塔納法師（Ven. Kirindigalle Gnanaratana）。

近年來，一行禪師的團體、葛印卡內觀、泰國丹麥佛寺（Wat Buddha Denmark），及臺灣佛光會也相繼在丹麥成立道場。

根據丹麥宗教網站（Religion.dk）二〇一三年四月有關「丹麥的佛教團體」的訊息，丹麥目前有十一個佛教組織，四十個佛教團體和二十座佛教寺院。另外，奧胡斯大學（Aarhus University）宗教研究系副教授約恩博魯普博士（Jørn Borup）發表的報告，丹麥約有三萬佛教徒，其中百分之八十是亞洲移民，包括一萬名泰國人和九千名越南人。其中，南傳佛教以泰國佛教和斯里蘭卡的佛教為主，日本禪宗是最小的宗派，約五個團體，一百名信眾[11]。另外，成立於一九八三年的創價學會，約有八百名成員，分屬五十個團體（目前尚未被丹麥佛教組織接納）。

---

❶ Wiliam Peiris 著，梅迺文譯：《西洋佛教學者傳》，載《世界佛學名著譯叢》第八十四冊，第二三六—二三七頁。

❷ 出處：https://da.wikipedia.org/wiki/Niels_Ludvig_Westergaard。

❸ 出處：https://da.wikipedia.org/wiki/Viggo_Fausb%C3%B8ll。

❹ William Peiris 著，梅迺文譯：《西洋佛教學者傳》，載《世界佛學名著譯叢》第八十四冊，第二三

九—二四〇頁。

5 出處：http://cpd.uni-koeln.de/intro/trenckner。

6 William Peiris 著，梅迺文譯：《西洋佛教學者傳》，載《世界佛學名著譯叢》第八十四冊，第二四二—二四六頁。

7 出處：https://sv.wikipedia.org/wiki/Dines_Andersen。

8 上列各位丹麥佛教學者，可參考 William Peiris 著，梅迺文譯：《西洋佛教學者傳》，載《世界佛學名著譯叢》第八十四冊，第二二五—二五五頁。

9 出處：http://www.lama-ole-nydahl.org/lama-ole/。

10 出處：http://www.watthaidk.com/index.php?lay=show&ac=article&Id=241639

11 Jørn Borup, 2008, "Buddism in Denmark", *Journal of Global Buddhism*, Vol. 9, pp.27-37. http://www.globalbuddhism.org/jgb/index.php/jgb/article/view/91/101。

第六章　荷蘭佛教略史

第一節　開始佛教研究

歐洲英國、德國、法國、丹麥在十九世紀初，已經開始用科學方法研究佛教；但是，荷蘭卻遲至一八六五年才進入佛教的研究。

被推崇是「荷蘭東方學之父」的約翰．亨德里克．卡斯帕．柯恩（Johan Hendrik Caspar Kern，一八三三—一九一七），因父親工作的關係，生於荷蘭殖民地爪哇，童年時就對爪哇語及古老爪哇語很熟習，而在爪哇語裡包含很多梵語的成分。一八五一年他進入荷蘭萊頓大學研讀梵文，一八五五年完成博士學位後，搬到柏林繼續跟著名的梵語學家阿爾布雷希特．弗里德里希．韋伯教授學習梵文。三十歲時接受印度貝拿勒斯的婆羅門學院和皇后學院的聘任，前往印度教授梵文兩年。一八六五年柯恩從印度回到萊頓大學擔任第一屆梵文系主任兼教授。

柯恩於一八七四年，出版《有關南方佛教的紀事》（*Over de jaartelling der Zdl. Buddhisten*），一八八一年至一八八三年，柯恩出版另一部著作《印度佛教史》

（*Geschiedenis van het Buddhisme in Indië*），共兩冊，書中詳細介紹佛法僧三寶及經典的結集和部派佛教的形成與開展，是一部非常有分量的作品，後來被翻譯成法文和德文出版。他並於一八八四年，翻譯出版第一本英文的《法華經》（*Saddharma Pundarīka*），收錄在馬克斯・繆勒編的《東方聖書》第二十一冊中❶，讓歐洲學者對大乘佛教的義理有初步了解。一八九一年，柯恩校訂出版了梵文《聖勇之本生鬘》（*Jatakamālā of Āryasura*），釐清了許多尼泊爾手抄版的錯誤，提供梵文學者一個極佳的版本。一八九六年出版的名著《印度佛教手冊》（*Manual of Indian Buddhism*），首次有系統、簡明地介紹佛教。

柯恩培養了許多傑出的學生，其中一位是雅各布・斯派爾（Jacob Speyer，一八四九——一九一三）。斯派爾於一九〇三年，繼柯恩任萊頓大學梵文系主任，他的代表作是《梵文語法》（*Sanskrit Syntax*），斯派爾也翻譯許多梵文大乘經典，包括《撰集百緣經》（*Avadānaśataka: a century of edifying tales belonging to the Hīnayāna*〔St. Petersburg, 1902-1909〕）及翻譯《本生鬘》內容，集成《佛教的聖典》（*De heilige boeken van de boeddhisten*）出版❷。

菲利普・沃格爾（Jean Philippe Vogel，一八七一——一九五八）也是柯恩的學生，為梵文博士，以考古出名。沃格爾於一八九九年，由斯坦因介紹到印度西北負責考古調查的工作，直到一九一二年期間，沃格爾對佛教聖地的考古發現與及犍陀羅的希臘式佛教藝術的研究發表，對印度佛教的藝術有很大的貢獻。他指出現在印度的卡西亞（Kasia）小村，就是拘尸那羅（Kusinara），也就是佛陀涅槃的地方。一九一三年沃格爾返回荷蘭後，在萊頓大學教授梵文並接任斯派爾的席位。一九二四年，沃格爾與尼古拉斯・約翰內斯・克羅姆（Nicolaas Johannes Krom）一起在萊頓大學成立了柯恩學院。該學院以荷蘭第一位梵語學家亨德里克・柯恩命名，並很快地成為歐洲印度學的主要中心。柯恩學院珍藏了沃格爾參與印度考古調查時，紀錄蒐集涵蓋錫蘭、泰國、緬甸和柬埔寨及印尼婆羅浮屠等一萬張珍貴照片[3]。

狄雍（Jan Willem de Jong，一九二一—二〇〇〇）出生於荷蘭萊頓，是著名的印度學與佛教學者。狄雍於一九三九年，進入萊頓大學學習佛教的聖典語言，也是他日後終生的研究。他重點學習漢語，同時輔修日語和梵文。一年後，由於德軍入侵荷蘭，他被迫自修研究。隨著戰爭的結束，一九四五年學校重新啟用，他通過了畢業考試。隔年，二十五歲的狄雍前往美國哈佛大學，在那裡繼續研究梵文典籍並擔任客座教授。一九四七年他前往巴黎法蘭西學院，學習藏文與蒙古語。同年，狄雍被授予萊頓大學的博士學位，他的博士論文是有關月稱《名句論》（*Prasannapadā*）的翻譯。狄雍對中觀學派的深入研究，是歐洲學者的先趨之一。

一九五六年，他成為萊頓大學印度學研究所的第一任藏語和佛教研究的教授。為了促進印度學研究論文的出版，狄雍和萊頓大學的同事奎魄（F. B. J. Kuiper，一九〇七—二〇〇三）一起於隔年創辦了《印度—伊朗學報》（*Indo-Iranian Journal*）。

一九六五年，狄雍移居澳大利亞，在坎培拉任澳大利亞國立大學印度學及東南亞佛教研究學系教授，直至一九八六年退休。狄雍在語言方面有特別的天分，他能運用荷蘭語、法語、英語、德語、丹麥語、俄羅斯語、中文、日文、梵文、巴利文、藏文和蒙古、拉丁文，所以各種語文的學術資訊他都能評論，是二十世紀西方學術界最重要的佛學書評家之一。狄雍研究範圍十分廣泛，由原始佛教到大乘佛教，由南傳到北傳，由古典到現代，由東方到西方。舉凡與佛學和印度學有關的材料，皆多所涉獵。對西藏佛教的歷史和語言，尤其擅長❹。所撰佛學書評，尤飲譽學術界。對於西洋之佛學研究的推展，頗有貢獻。據學者統計，狄雍發表作品八百二十篇，使用了法文、英文及日文，其中七百篇是評論，以風格坦白鋒著稱。其所撰《歐美佛學研究小史》（*A Brief History of Buddhist Studies in Europe and America*）一書，曾由我國學者霍韜晦譯為中文，收錄在《世界佛學名著譯叢》七十一冊。

羅伯特・揚森（Robert H. C. Janssen，一九三一—），畢業於萊頓大學，是阿姆斯特丹自由大學臨床心理學和人格心理學的榮譽教授，他也是心理治療師。在萊頓大學，他曾學習巴利文和梵文。他是戈文達喇嘛最早的荷蘭學生之一。揚森在《妙法》（*Saddharma*）雜誌發表他從梵文翻譯成荷蘭文的《金剛經》。他還有許多著作，包括《佛教與心理學》（*Boeddhisme en psychologie*）和《佛教與心理治療》（*Boeddhisme en psychotherapie*）。揚森從一九九七年起，和簡・德・布利特一起翻譯巴利三藏，對荷蘭佛教的研究有很大的貢獻。

簡・德・布利特（Jan de Breet，一九五九—）是萊頓大學的印度學博士，畢業後在萊頓大學教授巴利文。布利特同時也活躍在荷蘭佛教界。自一九八八年到二〇一三年，他是佛教之友基金會主席團的成員，也是戈文達成立的阿里亞彌勒曼陀羅成員。布利特與揚森從一九九七年開始，合作將巴利文經典翻譯成荷蘭文，已出版十餘冊，翻譯工作仍在進行中。他們近二十年努力的成果，於二〇一三年獲荷蘭女王頒發橙色拿騷勳章（Knight in the Order of Orange Nassau）[5]。

第二節　二戰後成立的佛教社團

第二次世界大戰後，曾在印度任「靈智學會」書記的斯普魯坦伯格・德瓦爾斯夫人（M. A. Spruitenburg-Dwars，一八八二—一九七六），從印度回國後，開始在她家裡聚會介紹靈智學會。與會的恩斯特・弗瓦爾（Ernst Verwaal，一九二六—一九九四）後來成立海牙佛教之友（Buddhistische Vriendenkring Den Haag），該組織於一九四八年改名為「荷蘭佛教之友」（Nederlands Buddhistische Vriendenkring）。一九六七年，彼得・比克（Peter van der Beek）將組織名稱改為荷蘭佛教中心（Nederlands Boeddhistisch Centrum），吸引了很多佛教圈的朋友加入，不久，佛教中心希望模仿英國的佛教協會，組織名稱再改為荷蘭佛教協會（Buddhist Society in the Netherlands）。一九六八年開始出版雜誌《妙法》（*Saddharma*）；此雜誌在二十一世紀後，改名為《空》（*Vorm en Leegte*），二〇一一年，雜誌再改名為《佛教雜誌》（*Boeddha Magazine*）。一九九〇年基金會改名荷蘭佛教聯盟（Boeddhistische Unie Nederland，簡稱ＢＵＮ），並正式向政府立案，代表佛教界發言。

禪圈（De Zen Kring）於一九六八年由雷歐・波爾（Leo Boer，一九二二—一九八三）和維羅尼卡・拉德維爾（Veronica Laterveer）成立於阿默斯福特（Amersfoort），是荷蘭最早成立的坐禪中心[6]。禪圈不是一個會員組織，只是提供禪坐教學與共修的活動，開放給對坐禪有興趣的人。範・德・維特林（Van de Wetering）與埃里克・布魯傑恩（Erik Bruijn）是主要的指導老師。維特林曾在日本京都大德寺學習臨濟禪，布魯傑恩曾跟隨在英國的彌勒禪師（Zengo Miroku）學習「只管打坐」的曹洞禪，之後，也親往亞洲日本、韓國、臺灣等地參學。布魯傑恩於一九七五年，出版荷蘭第一本有關靜坐的指導手冊《坐禪的方式》（*De weg van Zazen*），帶動了日本禪在荷蘭的傳播，後來又出版了禪修與心理、生理有關的著作。布魯傑恩現任禪圈會長，會裡活動包括坐禪、茶道和講座等。

日本禪師前角博雄（一九三一—一九九五）於一九七六年，在美國創立白梅花僧伽會，培養了十二位接班人，在世界各地成立道場。接班人之一的丹尼斯（Dennis Genpo Merzel）於一九八四年，成立菩薩僧伽（Kanzeon Sangha）國際組織，屬白梅系統，在荷蘭有近十處靜坐中心。其中兩處最出名的是，一九八八年博雄禪師的弟子尼科・泰德曼（Nico Tydeman）在鹿特丹（Rotterdam）成立菩薩禪修中心（Kanzeon Zen Centrum），和開基・科彭斯禪師（Tenkei Coppens Roshi，一九四九—）於二〇〇二年在烏塔城（Uithuizen）成立禪川寺（Zen River Temple），為日本曹洞宗本山承認的荷蘭寺院。

丹麥籍的里茨・里茨克斯（Rients Ritskes，一九五七—）曾於一九八六年，在日本京都天龍寺，跟隨平田禪師修學臨濟禪半年，之後每年都再回天龍寺學習。里茨克斯由於夫人在奈梅亨（Nijmegen）的賴德堡大學（Radboud University）教書，所以二〇〇四年從丹麥搬到荷蘭。隔年，里茨克斯在奈梅亨成立了第一所「荷蘭禪」（Zen.nl）辦公室，到了二〇一〇年，已有三十五個中心成立。該中心開設各種禪修課程，包括針對醫療人員、公司管理所開的特別課程[7]。

一九八〇年初期，約有一萬名越南難名被荷蘭收留。由於越南人多數信佛，佛教徒們覺得應該建設寺院道場，讓大家有精神的皈依處。信眾們得到當時在德國和法國的越南寺院的支援，於一九八五年在阿姆斯特丹成立了梵漢寺（Van Hanh Pagode）荷蘭越南佛教聯合會，提供越南難民們信仰的聚會、在異鄉新生活互助合作的管道。梵漢寺經過幾次擴建，道場現在位於阿爾梅勒（Almere），也是荷蘭越南佛教基金會的總部（Stichting Vietnamese Boeddhistische Samenwerking in Nederland，簡稱 VBSN）。

一行禪師的正念傳統基金會，於一九九五年在荷蘭成立正念生活中心（Leven in Aandacht），於各大城市設立約三十多處聚會所，旨在弘揚傳播一行禪師的正念禪修。

一九九四年，荷蘭阿姆斯特丹唐人街的華僑羅輔聞居士，有感於僑民對佛教道場的需要，找了好友文俱武，還有當地的僑領，在市中心花了三百萬美金買一塊地，興建寺廟，並禮請佛光山的法師去督工興建、駐錫弘法。寺院之名稱「荷華寺」，於二〇〇〇年建造完成之後，特地邀請荷蘭女王蒞臨開幕儀式，慶典活動包羅萬象、精彩紛呈，經過新聞電視傳播，引起全荷蘭人的注意，為一大盛事。

比利時魯汶大學俄羅斯文學及神學教授智友居士（Ton Lathouwers，一九三二一），一九八七年跟隨中國禪師學習臨濟禪。之後，在荷蘭成立大悲禪社（Maha Karuna Ch'an）。指導以荷蘭當地人為主的團體坐禪，並用荷蘭語念誦《觀世音菩薩普門品》等大乘經典。目前在荷蘭有十四個共修處，在比利時有十五個聚會所。大悲禪社與中國福建莆田廣化寺有交流[8]。

一九七二年，泰國駐荷蘭大使頌彭蘇乍立塔庫（Sompong Sucharitkul）發起在瓦爾韋克（Waalwijk）興建泰國佛寺。隔年寺院建成，名為 Dhammasucaritanucharee，兩年後改名為佛法寺（Buddharama）。創始方丈慈住尊者（Mettavihari，一九四四—二〇〇七），後來搬到阿姆斯特丹，另外成立寺院指導內觀。現在佛法寺主要的功能是服務泰國移民。

慈心僧伽（Sangha Metta）的創辦人喬悌卡・赫姆森（Jotika Hermsen，一九三二—）原為天主教修女，她在一九八六年會見了泰國和尚慈住尊者。尊者的威儀以及慈悲與智慧，讓她決定依止尊者座下受持八戒，學習馬哈希的內觀禪法。一九九三年，赫姆森於阿姆斯特丹成立了慈心僧伽，舉辦各式禪修講座與共修活動[9]。慈住尊者的學生們從一九九八年開始，也在荷蘭各大城市設立內觀禪修中心（Stichting Inzichts Meditatie，簡稱SIM），推廣禪修與正念生活、自我療癒等，目前在荷蘭已有三十個中心，有的中心還參與正念療法的醫學研究計畫。

一九七七年，荷蘭心理學家韓德維特（Han Frederik de Wit，一九四四—）在阿姆斯特丹成立了歐洲第一個隸屬創巴仁波切的香巴拉中心（Shambhalacentrum），目前已擴展至九個靜坐中心。多年來，韓德維特博士除了教導禪修，在心理學界也致力於西方和非西方心理學與宗教間的對話。

堪千喇嘛謝拉嘉稱阿彌巴（Khenchen Lama Sherab Gyaltsen Amipa Rinpoche，一九三一—二〇一四）於一九七六年，應靈智學會邀請首次訪問荷蘭，當時即有人建議在海牙（Den Haag）成立道場。但直到一九八五年，薩迦澤千林基金會（Sakya Thegchen Ling）才正式於海牙成立。目標為傳播和實踐大乘佛教，維護和延續西藏文化與大乘佛教的研究。薩迦澤千林是薩迦派在荷蘭唯一的中心❿。

一九七九年成立的彌勒研究所（Maitreya Instituut），屬於耶喜喇嘛與梭巴仁波切創立的「護持大乘法脈聯合會」。旨在保存藏傳佛教的傳統和文化，促進社會和諧。目前有阿姆斯特丹和洛嫩（Loenen）兩個研究和靜修中心。學院教師是藏族格西衮卻增倫珠和格西索朗堅贊。

寶石心（Jewel Heart）是藏傳佛教格魯派傳統的國際組織，由印度新德里西藏之家的會長凱布傑格列仁波切（Kyabje Gelek Rimpoche，一九三九—），創立於一九八八年。中心位於奈梅亨，每週定期舉辦靜修講座，並有長期的靜坐共修活動。另外在其他城市，還有五個共修處。

噶當派卻林（Kadam Chöling）由達波仁波切，於一九九二年，在荷蘭哈勒姆成立，是藏傳格魯派佛教的組織。開辦有研討課程、講座及靜坐共修。每年邀請藏傳老師前往授課，主持春、秋兩季的禪修。

另外，一九七九年，噶舉傳承的鑽石道佛教道場，由歐雷·尼達爾喇嘛在阿姆斯特丹成立。一九八七年，卻嘉南開諾布在阿姆斯特丹成立大圓滿社區。索甲仁波切創立的本覺會在丹麥也有多處聚會所。

近二、三十年來，總部在法國的日本曹洞宗泰仙的國際禪協會、總部在美國的臨濟宗國際禪學院（International Zen Institute）、隸屬於英國僧護所創的「三寶普濟會」居士團體及葛印卡內觀等修學佛法與禪坐的團體，在荷蘭各地紛紛成立共修處。荷蘭佛教聯盟目前有四十多個組織成員，以藏傳團體占多數，其次是日本禪宗團體。根據二〇一四年的普查，荷蘭約有五萬七千名佛教徒，占總人口的百分之零點四五[11]。

佛教被荷蘭民眾普遍認為是一種個人的、崇尚和和平的信仰，不主張暴力。

❶ William Peiris著，梅迺文譯：《西洋佛教學者傳》，《世界佛學名著譯叢》第八十四冊，第二五八—二六二頁。

❷ 出處：https://www.dutchstudies-satsea.nl/deelnemers/speijer-jacobus-samuel-jacob/。

❸ 出處：http://newbooks.asia/review/photography-archaeology-and-afternoon-tea?page=1。

❹ 狄雍原著，霍韜晦譯：《歐美佛學研究小史》，〈本書譯者序〉Ⅸ頁。

❺ 出處：https://de.wikipedia.org/wiki/Jan_de_Breet。

❻ 禪圈：http://www.erikbruijn.nl/zentraining/achtergrondartikel/。

❼ 荷蘭禪：https://www.zen.nl/。

❽ 大悲禪社：https://mahakarunachan.nl/。

❾ 慈心僧伽：http://www.sanghametta.nl/。

❿ 薩迦澤千林網站：http://www.sakyanederland.nl/index.html。

⓫ 荷蘭佛教聯盟網：http://boeddhisme.nl/。

第七章　比利時佛教略史

比利時王國位於歐洲西部，隔英吉利海峽與英國相望，面積三十點五萬平方公里，人口總數為一千一百二十三萬人（二〇一五年二月），是個以天主教為主要信仰的國家，其中百分之五十八為天主教徒，首都為布魯塞爾。

很多人都把比利時的佛教研究畫歸到與法國一派，稱為法國比利時學派。這一派的特點是對佛教各派都重視，因此又被稱為「現代學派」。比利時的佛學研究在歐洲至今仍有一定的影響，並且出現了許多世界知名的佛學家。

第一節　多位知名佛學家

路易・德・拉・瓦萊—普桑（Louis de La Vallée-Poussin，一八六九—一九三八）是法國西爾萬・萊維的學生。十九歲就獲得哲學博士學位的普桑，後來進魯汶大學學習梵文、巴利文和阿維斯陀語，二十二歲獲得東方語言學博士。一八九一年至一八九二年，普桑擔任列日大學梵文教授的同時，也進入巴黎大學跟隨知名梵文學者萊維學習，一八九三年進入萊頓大學從知名學者亨德里克．柯恩學習拜火教偈頌（Gātha），同時學習藏文和漢文。隔年，普桑被任命為根特大學教授，教授希臘文和拉丁文的比較語法。從十九世紀末期開始，他完全獻身於佛教的研究。

普桑的語言能力天賦異稟，有助於他開展更多的研究領域，並使他成為著名的佛教學者。他求學若渴，不滿足於已翻譯出版的大乘佛教哲學；他追本溯源，更從梵、藏、漢文原典上下工夫，特別對甚深正理的中觀論典做研究和翻譯，先後刊行了月稱的《中觀論釋》梵本（一九〇三—一九一三）和《入中論》藏譯本（一九一二），均收入俄國出版的《佛教文庫》。在一九〇七年至一九一七年間，更完成了巨著《入中論》（*Madhyamakavatara*）的法文翻譯。一九二七年，蘇聯西藏學家謝爾巴茨科依，以及一九三一年德國的沙耶爾，後來還有日本的山口益，先後對《中觀論釋》做了英、德、日的翻譯和訂正。這對推動中觀學派後期思想的研究，影響很大。

此外，普桑在《印度文庫》中還發表了調伏天著的《正理一滴論釋》的藏譯校訂本，一九一二年出版了《唯識二十論》（*Vijnaptimatratasiddhi-vimsa-kakarika-sastra*）藏譯的校訂本及法譯本。這些著作鼓動了學界對瑜伽唯識學和邏輯學的研究。他著有《世親和世友》一書，被認為是西方研究《俱舍論》方法論的範本。從一九二三年到一九三一年，普桑以藏文本為底本，參照玄奘和真諦譯本，用八年的時間，完成了世親《阿毘達磨俱舍論》六卷（*L'Abhidharmakośa 6 vols.*）的法文翻譯；其中又依據漢、梵、巴利文等資料詳加註釋，是一本獨步當代的大作。內容不僅包括說一切有部，也包括一般的佛教哲學，幾乎可以視為佛教百科全書。之後，又於一九二九年完成了玄奘漢譯本《成唯識論》（*Vijñaptimātratāsiddhi: La Siddhi de Hiuan-Tsang*）的法譯工作；並結合梵、藏文有關資料做了註釋。普桑對北傳佛教典籍的翻譯和專研，做出了巨大的貢獻❶。

普桑於一九二一年參與成立比利時東方學研究協會。他撰寫過三十多篇佛學論文，出版《佛教：目錄學》刊物。一九二五年出版的《涅槃》一書是他的代表作。同時還校訂《入菩提行經》、《菩薩地品》、《入中論》、《唯識二十頌》等經論，他是比利時研究藏傳佛教的代表人物。他為英國倫敦印度事務部圖書館，編輯整理出極具價值的《敦煌藏文寫本目錄》，將英國探險家斯坦因從中國新疆南部和敦煌帶回英國的大量藏文寫卷，分為「律」、「文獻」、「經」、「論」及其註疏、「怛特羅著作」等十大類，方便了學者研究❷。由於普桑將大乘經典介紹給世界佛學界，引起了學術界的轟動，被認為「填補了在早期巴利文著作之研究，及後來中觀學說之間的裂縫」，也是一場「佛學研究的革命」。他提出了許多令人注目的論題，引起了學者間的爭論❸。

普桑的學生中，以艾蒂安．拉莫特（Étienne Lamotte，一九〇三——一九八三）最為優秀。拉莫特是一位天主教神父，但他最著名的學術成就在於印度學研究。他在梵語、巴利語、漢語和藏語都有卓越的語言天賦。拉莫特於一九二九年在魯汶大學取得東方語言博士學位，一九三〇年取得哲學和文學博士。他以翻譯大乘佛教主要經典而聞名，是當時歐洲從事印度佛教研究的權威。他在一九四四年至一九八〇年，翻譯了龍樹的《大智度論》（*Le traité de la grande vertu de sagesse de Nāgārjuna*〔*Mahāprajñāpāramitāśāstra*〕vol.1-5），共出版了五卷。將此論譯出大部分，並作了詳細地註解，引起學界的注目，被認為是第一世紀印度佛教的百科全書。另外，還翻譯出版了許多經典，如《首楞嚴三昧經》（*Śūraṃgamasamādhisūtra*）、《解深密經》（*Sandhinirmocana Sūtra*）、《維摩詰經》（*Vimalakīrtinirdeśa*）、無著的《攝大乘論》（*Mahāyāna-saṃgraha*）和世親的《成業論》（*Karmasiddhi-prakaraṇa*）等。他在一九五八年出版了《印度佛教史》（*Histoire du bouddhisme indien*），這是法文研究佛教的必備參考書。在一九八八年，也被翻譯成英文。

拉莫特的成就於一九五三年獲頒法朗基獎，他直到晚年才去亞洲旅行，得到許多研究機構同行的尊重和賞識。斯里蘭卡的一座主要寺院破例授予他（外國人、非佛教徒）「佛經專家」光榮稱號[4]。

現代學者查爾斯・威樂曼（Charles Willemen，一九四一—）是比利時皇家科學院院士、根特大學中文系主任，翻譯並註釋了《法句經》、《法集要頌經》、《阿毘曇心論的研究》等書，論文有《六法發微》、《般若波羅密多心經研究》、《善無畏三藏的印度名字》等。他對部派佛教的說一切有部有很獨特的研究，認為中亞的菩薩乘出現，是說一切有部推動的。他在美國、日本、印度和西歐諸國講學，培養了數百名學士和十名博士，其中有二名是中國留學生。後被印度的貝拿勒斯印度大學（Banaras Hindu University）、中國華東師範大學、北京語言文化大學、西安交通大學等學校聘為客座教授[5]。他目前擔任泰國「國際佛教大學」校長及授課教授。

普桑和拉莫特都是上述佛學研究的「現代學派」中最傑出的人物。現代學派因最初是由法國和比利時學者共同建立的，因此也稱為「法國比利時學派」。這個學派承認佛教中有不同觀點，對南傳上座部佛教與大乘佛教（包括北傳、藏傳）等量齊觀。注重於書面文獻、口頭傳說、考古探查發現做為著述作品的佐證資料，並經常用巴利、梵、漢、藏、日語的佛教經典輔助寫作。這個學派研究的佛學範圍已包括所有的佛教傳統，並把佛教研究盡可能地置於比較科學和堅實的基礎之上。這個學派為世界佛學研究做出了有益的貢獻。普桑被公認為是這個學派的權威。拉莫特的《印度佛教史》，至今依然被認為是這個學派的第一流作品[6]。

一九六〇年，佛教開始在比利時傳播。其時，已有一個佛教會成員數十人，每月集會弘法，而且時常舉行佛教教義討論會。這個佛教會有一個佛教圖書館，並由會員基勒居士（Mr. Maurice Kiere）發行會刊。到一九六七年日本曹洞宗傳入比利時。一九七一年，首都布魯塞爾成為藏傳佛教寧瑪派在歐洲傳播和研究寧瑪派教法中心。受學於印度大吉嶺寧瑪派丹珠爾活佛的滾桑卻杰多吉喇嘛，在布魯塞爾創建了寧瑪派的金剛寺院和歐洲第一座寧瑪派寺院「烏金滾桑卻林寺」，以其古老的教法，針對西方現代社會弊病教授佛法，教授儀軌、瑜伽術等，出版宣傳品，吸收愈來愈多的歐洲人入教。根據一九八〇年代初的一個不完全統計顯示，比利時藏傳佛教寺院有六座[7]。

第二節　上座部佛教的組織

正法集團，由禪師離婆多達摩（Ven. Dr. Rewata Dhamma，一九二九—二〇〇四）於一九八六年創立，教導緬甸馬哈希內觀禪修。

親見佛教中心（Ehipassiko Boeddhistisch Centrum）由在斯里蘭卡出家的保羅法師（Paul Van Hooydonck）創於二〇一〇年。

一九九九年泰國政府資助，在滑鐵盧成立了泰國正法寺（Wat Thai Dhammaram）。提供比利時和盧森堡的泰國僑民，亞裔及當地社區，學習南傳上座部的佛教傳統。

總部設在巴黎的佛教學院（即前歐洲佛教大學UBE），在比利時，也有許多上課靜修地點。

第三節　大乘佛教的團體

列日佛教協會（L'Association Bouddhique de Liège）於一九八〇年，由一群越南佛教徒發起成立，主要目標是提供越南僑民聚會，互相幫助，克服海外生活的困難，維護越南佛教的傳統。

靈山佛教協會（Association des Bouddhistes de Linh Son）由越南裔的玄微長老所創，總部設在巴黎。成立於布魯塞爾的靈山佛教協會，是為幫助面臨西方文化衝擊的越南難民，融入西方社會，為他們提供傳統的佛教信仰。

比利時國際禪宗協會（Association Zen de Belgique）成立於一九八八年，屬曹洞宗禪師弟子丸泰仙的國際禪協會，目的在讓比利時人認識和練習坐禪。協會每年舉辦一系列的進階課程，由禪師羅蘭．湯野．雷赫指導，這些課程是對所有的人開放，每年夏天還有十天的靜修。國際禪宗協會在比利時，共有十六個靜坐中心。

正念禪中心（Centre Zen de la Pleine Conscience）成立於二〇〇三年，隸屬一行禪師的正念禪修，注重日常生活中的正念實踐。

慈光寺一九七六年於安特衛普（Antwerpen）成立，隸屬日本西本願寺的淨土真宗道場。

國際觀音禪院（Ecole Zen Kwan Um）位於布魯塞爾，隸屬韓國曹溪宗崇山行願的系統。

比利時國際創價學會（Soka Gakkai International Belgium）於一九九一年於布魯塞爾成立。

第四節 藏傳佛教道場

西藏佛教研究所（Tibetan Buddhist Institutes）在比利時有三個校區：園田林研究所（Institut Yeunten Ling）在一九八三年由噶舉派傳統的卡盧仁波切和喇嘛鄔金（Lama Ogyen）創建於安特衛普；一九九二年，於斯霍滕（Schoten）增建噶索南迦索林（Karma Sonam Gyamtso Ling），及布魯塞爾的那爛陀研究所。目前由扎西尼瑪喇嘛（Lama Tashi Nyima）和梭巴喇嘛（Lama Zeupa）負責。

比利時噶舉桑耶林寺（Kagyu Samyé Ling Belgique）隸屬於國際洛帕組織（Rokpa International），是一人道救援組織，主要對象是幫助在印度和尼泊爾的西藏人。由阿貢仁波切，瑞士女演員黎惠勒（Lea Wyler）和她的父親，傑出的律師維特惠勒博士（Dr Veit Wyle），創立於一九八〇年，總部設於瑞士蘇黎世，該組織分布於十七個國家。

比利時或許是因為在亞洲沒有殖民地，或許是因為沒有收留亞洲難民，相較於歐洲其他國家，佛教在比利時的流傳算是比較晚的。直到二十世紀後期，才有佛教道場成立，其中以日本禪宗和藏傳噶舉派的道場較多。比利時佛教聯盟（l'Union Bouddhique Belge）成立於一九九七年，有三十個佛教團體參加[8]。目前估計比利時有兩萬九千四百九十多位佛教徒，占總人口的百分之零點二九。

二〇〇七年開始，根特大學（Ghent University）在語言與文化系裡，成立佛學中心，提供佛學研究課程，旨在讓學者和學生研究並學習亞洲佛教傳統的哲學、理論和社會文化，是比利時第一個佛教學術科系。其實，根特大學的佛學研究，早在二十世紀初期，普桑和威樂曼兩位教授就已經開始了。

❶ 出處：https://fr.wikipedia.org/wiki/Louis_de_La_Vall%C3%A9e-Poussin。

❷ 出處：http://www.encyclopedia.com/environment/encyclopedias-almanacs-transcripts-and-maps/la-vallee-poussin-louis-de。

❸ 黃陵渝：〈比利時佛教及其研究〉一文，《法音》一九九二年第十期（總九十八期）。

❹ 出處：https://fr.wikipedia.org/wiki/%C3%89tienne_Lamotte。

❺ 黃陵渝：〈比利時佛教及其研究〉一文，《法音》一九九二年第十期（總九十八期）。

❻ 同上文。

❼ 楊曾文主編：《當代佛教》，第三三五——三三六頁。

❽ 出處：http://www.buddhism.be/index.php/fr/。

第八章　奧地利佛教略史

第一節　佛教學術的研究

奧地利共和國位於歐洲中部，是個內陸國家。人口近八百五十八萬（二〇一五年），絕大多數信奉天主教。佛教在奧地利的出現，要歸功於十九世紀末的卡爾．歐根．紐曼，他將將大量的巴利文佛典翻譯成德文，引起學者們的注意。但直到第二次世界大戰之前，佛教在奧地利仍是屬於學術領域的研究，而不是宗教信仰的傳播。

卡爾．歐根．紐曼（Karl Eugen Neumann，一八六五—一九一五）出生於維也納，是奧地利第一位將大量巴利文佛典翻譯成德文的學者，對佛教在奧地利（官方語言為德語）和德國的弘揚功不可沒，也是歐洲佛教的先驅之一。

紐曼年輕時受叔本華著作的影響，放棄銀行家的職業，重返學校，進入培育許多哲學家的漢堡大學選修印度學與宗教哲學課程。紐曼於一八八四年皈依佛門，可能是奧地利第一位佛教徒。一八九一年他在萊比錫大學獲得哲學博士學位，論文是版本校勘*Sarasangaho*的第一章《佛教觀概要》。隔年，紐曼返回維也納，在叔本華一百零四歲冥誕時，出版譯自巴利文經典的德文《佛教文集》（*Buddhistische Anthologie: Texte aus dem Pali-Kanon*）。一八九三四年，完成《法句經》的翻譯後，紐曼為實現朝禮佛教發源地的願望，前往印度和錫蘭朝聖。幾個月的參學途中，得到著名的錫蘭大長老蘇曼伽羅（Sumangala Maha Thera，一八二七—一九一一）和藏傳喇嘛唐達杜（Lama Dondamdup）的協助，他非常讚美他們豐富的知識。紐曼認為佛經中有些攙雜的義理，背離佛陀原有的教誨。一八九四年，紐曼返回維也納後，開始將大量巴利藏經翻譯為德文。他每天工作十小時，焚膏繼晷，不以為苦。他翻譯的經論有《長部》、《中部》、《經集》、《長老偈》、《長老尼偈》等[1]。後來紐曼的義大利友人朱塞佩．洛倫佐將他譯出的德文佛經，翻譯成義大利文，把佛經傳入義大利，洛倫佐也成為義大利的佛教先驅。

海因里希．哈克曼（Heinrich Hackmann，一八六四—一九三五）是傑出的新教神學家、宗教史學家、漢學家，後為阿姆斯特丹大學宗教歷史學教授。哈克曼年輕時，為基督教聖經內容與科學新發現的矛盾所困擾，讓他在萊比錫修課時，對「歷史與佛教的教義」特別感興趣。他於一八九四年至一九〇四年，曾在上海德國新教社區擔任牧師，返國前，為了多了解佛教，哈克曼特別走訪了西藏、日本、緬甸、東南亞等地。回國後，哈克曼在一九〇五與〇六年，出版了介紹佛教的歷史與傳播的著作《佛教》（*Der*

Buddhismus），共有三卷。他還編寫了一本中文、梵文和德文的《中國佛教釋義詞典》（*Buddhistisch-chinesische Wörterbuch*，編到字母T），手寫遺稿由約翰內斯・諾貝爾（Johannes Nobel）修改後，於一九五一年在荷蘭萊頓出版，是一本解釋佛教的重要術語和概念的詞庫，直到今天，仍是歐美佛教學者研究中國佛教，不可或缺的工具書。

一九一三年，一名格拉茨（Graz）的醫生阿瑟・菲茨（Dr. Arthur Fitz）在錫蘭出家為僧，法名須那（Sono），首開奧地利人出家的記錄。須那於一九一六年，第一次世界大戰期間在爪哇陣亡。

埃里希・弗沃納（Erich Frauwallner，一八九八—一九七四），是維也納大學的教授，奧地利科學院會員，也是印度古典文獻學與梵文文獻學的研究者，出版了有關上座部和大乘佛教的二十本書籍。他的《最早之戒律與佛教文獻的開始》（*The Earliest Vinaya and the Beginnings of Buddhist Literature*），於一九五六年出版，很多資料是有關寺院規範，如生活之基本制度，進入僧團的認可，懺悔的儀式，雨季安居，衣服、食物及病中用藥等，同時記載了犯戒的處罰等。弗沃納其他作品有：《解脫之研究》、《有關正理釋佛教邏輯之斷簡》、《法稱之結合論》、《經文及翻譯》、《佛教之結集》、《佛教哲學》、《世親之論規》、《阿毘達磨之研究》、《五蘊論》、《印度哲學史》。其中，《印度哲學史》的第一冊，是對佛陀教理的處理[2]。

弗里茨．亨格萊德（Fritz Hungerleider，一九二〇—一九九八）流亡中國上海時，第一次接觸到佛教，為加深對佛教的認識，亨格萊德又前往錫蘭和日本，他曾在日本京都大德寺修學臨濟禪，並在日本龍谷及大谷大學修禪兩年。一九六一年開始在德國漢堡的靜舍教禪。一九五五年至一九七六年曾任奧地利佛教協會（Buddhistischen Gemeinschaft Österreich）主席[3]。亨格萊德一直致力爭取佛教在奧地利的宗教地位，透過他無數的講座、研討會與在奧地利廣播公司的講課，終於讓奧地利政府在一九八三年，認同佛教是一正式合法的宗教。亨格萊德可說是奧地利佛教徒的先驅。

華爾特．卡沃醫生（Dr. Walter Karwath，一九一九—一九八六）一九五二年接受印尼衛生署的邀請，曾在印尼和婆羅洲行醫多年，因此有機會接觸佛教，並認同佛教。卡沃醫生一九五六年返回維也納開業後，積極宣傳佛教。一九七七年，擔任奧地利佛教聯盟（Österreichischen Buddhistischen Union）主席；一九八三年，奧地利政府承認佛教是合法的宗教後，組織改名為奧地利佛教宗教協會（Österreichischen Buddhistischen Religionsgesellschaft）由卡沃醫生擔任會長[4]。

奧地利的第一個佛教機構沙伊布斯佛教中心（Buddhistische Zentrum Scheibbs）是由弗蘭茨．力特爾（Franz Ritter，一九四七—）、保羅．庫柏勒博士（Dr. Paul Köppler，一九四七—）和埃里希．斯卡利塔（Erich Skrleta）等一群熱心學佛的人，於一九七五年在維也納的丹嫩貝格廣場（Dannebergplatz）成立❺。佛教中心不分宗派，目的是希望讓有興趣學佛的人，有一個可以聚會的場所。早期佛教中心定期由弗蘭茨力特爾帶領禪坐。一九七九年，由於奧地利出生的日本臨濟宗禪師赫伯特．任羅．棲雲的教學，讓參加禪坐的成員急遽增加，因此佛教中心搬遷至弗萊錫馬克（Fleischmarkt）。佛教中心的目標是提供佛教的研究和修行的實踐，成員們渴望有一處遠離塵囂的場所可以靜修，所以佛教中心又購置了位於郊區沙伊布斯（Scheibbs）山麓的一座寧靜古堡，可以提供四十人的住宿活動。在任羅的領導下，沙伊布斯的佛教中心，發展成為一個靜修和培訓中心。目前每週都有佛教團體在此舉辦活動。

弗里德里希．汎舍（Friedrich Fenzl，一九三二—二〇一四）出生在天主教家庭，但他對遠東的文化有濃厚的興趣，所以特別搬遷至薩爾茨堡，在那裡的圖書館，汎舍找到弗里德里希．齊默爾曼的《佛教教義問答》一書，閱讀後深受啟發。一九五五年，汎舍在人生最困頓的時候，遇到日本淨土真宗的歐洲代表哈里．皮珀，皮珀的宗教熱忱帶給他很大的鼓舞，讓汎舍成為歐洲最早的日本淨土真宗信徒之一。一九六六年，汎舍被指派為歐洲淨土真宗（Buddhist Community Jodo Shin-Europe）的外交大臣，並編輯《大乘》（*Mahayana*）雜誌。一九六八年，獲得淨土真宗本願寺派龍谷大學的獎學金，研究淨土真宗的教義和日本佛教的歷史。一九七〇年，返回歐洲後，汎舍積極推動奧地利佛教聯盟的成立；一九七六年，獲選為歐洲佛教聯盟首屆副會長；並於一九七七年，成立了薩爾茨堡佛教協會（Buddhistische Gemeinschaft Salzburg），除了宣揚淨土真宗，也提供不同宗派的佛教團體，舉辦講座共修的場所。汎舍有許多作品發表在德文雜誌，也有文章刊登在日本和臺灣的雜誌。一九八三年，奧地利佛教聯盟獲政府承認後，汎舍即開始設計電視廣播的佛教節目「佛陀的教誨」（Die Lehre des Buddha），宣揚佛教。汎舍特別注重佛教的教育與社會關懷，包括監獄輔導與臨終關懷等工作。一九九〇年代開始，他也積極投入不同宗教間的對話。汎舍對佛教在奧地利的傳播，有很大的貢獻❻。

埃里希．弗沃納有好幾位高足兼通梵文、藏文，他還鼓勵學生致力於藏譯文獻的考訂研究，在維也納大學首開從印度學中專攻藏學的先例。在藏傳佛教研究中以恩斯特．斯坦因凱爾勒（Ernst Steinkellner，一九三七—）最為傑出，成為資深的繼承帶領人。一九六三年他獲得印度學（Indology）博士學位，後擔任維也納大學藏學和佛學系教授兼系主任，也是奧地利科學院通訊院士。一九七七年負責主編德文版《維也納藏學與佛學研究》學刊。二〇〇八年，斯坦因凱爾勒因為他在佛教及藏學研究的傑出表現，獲奧地利科學院頒發維特根斯坦獎（Ludwig-Wittgenstein-Preis）。

沃爾克．赫爾穆特．曼弗雷德．佐茲（Volker Helmut Manfred Zotz，一九五六—）是哲學家，神學家和佛學研究者，於維也納印度大學哲學研究所教授思想和哲學史。曾旅居日本十年，一九七二年，戈文達喇嘛曾帶著佐茲前往印度，一九八一年，佐茲被指派為戈文達喇嘛創辦的聖彌勒曼陀羅（Arya Maitreya Mandala）西方教團在奧地利的代表。二〇一五年，佐茲被任命為阿里亞彌勒曼達爾機構的總裁。

第二節　上座部佛教社團

上座部學校（Theravada-Schule）由醯摩洛迦尊者（Bhante Hemaloka）領導，自一九七八年以來，舉辦定期的佛法教學。另外還邀請許多佛學教師在奧地利弘法，如尊者加姆波勒．巴哈金達（Bhante Gampola Bhaginda Mahathera），尊者德寶法師，艾雅．凱瑪，阿姜蘇美多等許多法師[7]。到二〇一六年，這所上座部學校在維也納已有近四十年的歷史。

向智佛法中心（Dhammazentrum Nyanaponika）位於維也納，由斯里蘭卡的尸羅旺沙長老主持（Dr. Seelawansa Wijayarajapura Maha Thero，一九五三—），佛法中心提供靜坐教學、專題講座及有次第的佛法課程。另外，在格拉茨、薩爾茨堡和林茨都設有靜坐教學中心[8]。尸羅旺沙長老在大學時修讀過英文與德文，一九八二年底達奧地利，一九九二年，獲維也納大學哲學博士學位。三十多年來，尸羅旺沙長老積極投入參與各項弘法活動及跨宗教的對談，是上座部佛教在奧地利的代表，也是南傳佛教學校在維也納和薩爾茨堡的校長。

佛陀正法寺（Buddhadham Tempel Graz），位於格拉茨，是泰國傳統佛寺，教導戒定慧在生活中的實踐。由維塔亞・南旺長老（Phra Maha Wittaya Namgwong）指導。

萊奧本格拉茨的佛陀慈心寺（Buddhamettaa Tempel Graz, Leoben），泰國寺院，指導老師是畢業於泰國朱拉隆功大學的帕披實般若朗惕（Phra Pisit Panjaruntip，一九七三—）禪師。

一九九九年，泰國僑民在維也納成立泰國佛寺（Wat Yarnsangvorn），教導傳播佛法和維護泰國傳統文化。

一九九〇年，烏巴慶禪修協會在奧地利南部的克拉根福（Klagenfurt）成立國際禪修中心，定期舉辦十日內觀教學。

第三節　大乘佛教團體

菩提達摩禪堂（Bodhidharma Zendo）位於維也納，由隸屬日本臨濟宗佐佐木承周的弟子任羅・棲雲創建於一九八〇年。二〇一〇年，任羅過世後，由佐佐木承周禪師指派美國加州的青學禪師（Seigaku Kigen Ekeson）擔任住持。

任羅・棲雲（Genro Seiun，一九二四—二〇一〇）俗名赫伯特・庫德拉（Herbert Koudela）出生於維也納，年輕時經過職業培訓成為一個圖像藝術家。一九四八年，在經歷了戰爭和囚禁後，赫伯特決定離開奧地利，前往荷蘭、英國、加拿大，最後在美國賓州落腳。在費城的十七年，赫伯特成了有名的肖像畫家，藝術的成就，使他成為百萬富翁。但豐富的物質條件和舒適的生活環境，仍然不能滿足他精神上的飢渴。經過多年的尋覓，終於遇到了日本臨濟宗的禪師佐佐木承周。一九七二年，赫伯特賣掉了自己的房子和全部物產，成為佐佐木禪師在加州鮑爾迪禪宗中心（Mount Baldy Zen Center）的學生。一年後，他受戒出家法名任羅・棲雲，兩年後獲得禪師的資格。一九七九年，任羅回奧地利探望他的父親，應當地學生要求，他在維也納成立菩提達摩禪堂，並發起成立奧地利佛教宗教協會的創舉。任羅於一九八七年接任奧地利佛教宗教協會第二任會長，直到二〇〇一年，之後更被推舉為為終身名譽會長。

日本山妙法寺和平塔（Friedenspagode-Nipponzan-Myôhôji）由日本日蓮宗藤井日達（一八八五—一九八五）發起在維也納建造，於一九八三年落成，由增永法師擔任住持。

沉默之屋（Haus der Stille-Puregg）位於薩爾茨堡的霍赫克尼希山麓（Hochkönig），

是由禪師瓦尼婭・帕爾默（Vanja Palmers）和天主教本篤會修士戴維・斯坦德爾─拉斯特（David Steindl-Rast）於一九八九年共同創建。沉默之屋的成立非常特別，是禪師與神父的心願，除了提供不同宗教禪坐的場所，也希望提供宗教間對話的地方，尤其是天主教徒和佛教徒之間的互動。

觀音禪協會（Zen Gemeinschaft Kannon-Do），位於因斯布魯克。一九八六年由萊文泰山和沃爾夫岡・瓦斯（Wolfgang Waas）成立。屬於曹洞宗乙川弘文禪師的傳統。

光明寺是哲學家和宗教學者沃爾克（Volker Zotz）於一九九四年，在維也納成立的機構，全稱是「光明寺─歐亞人文主義和跨文化精神」（Komyoji-Eurasischer Humanismus & Interkulturelle Spiritualität）。旨在促進歐亞文化與哲學的交流，希望藉由溝通，達成互相包容、學習的目標。該機構因強調不是宗教團體，所以不屬於佛教宗教協會的會員。

維也納觀音禪院（Kwan Um Zen Schule Wien），始建於一九九四年，隸屬韓國曹溪宗崇山行願禪師所創的國際觀音禪院系統。提供定期禪修及講座課程。

維也納佛光山成立於一九九八年。初期在維也那租用了一處吉屋，由滿綸法師常住，申請為政府正式核准的宗教團體，同時也加入奧地利佛教總會。二〇一〇年十一月，五層樓的「維也納佛光山」道場興建落成，除了開辦佛教相關課程外，也提供中文、瑜伽、太極拳及研討會等課程，提昇臺灣佛教與奧國之宗教文化交流。

普法精舍於二〇一三年四月六日落成，位於奧地利東北部上奧地利州首府林茲市（Linz），是臺灣中台禪寺在歐洲成立的第一家分院。

第四節　藏傳佛教道場

古騰斯坦彌勒學院（Maitreya Institut Gutenstein）成立於一九八九年，原稱為利美佛法中心（Rimê Dharma Dzong），是學習噶瑪噶舉傳統和靜坐的實踐中心，其領導人是十七世噶瑪巴鄔金欽列多傑。隸屬於消弭不同傳統相互劃界的利美組織，致力保存每一個傳統的精神和藝術，惠及所有藏傳佛教。

班禪洛桑曲堅格魯派中心（Panchen Losang Chogyen Gelug-Zentrum）是護持大乘法脈基金會的成員，是一個教育機構，開辦基礎及進階課程，教導宗喀巴大師的《菩提道次第廣論》及寂天菩薩的《入菩薩行》等。成立中心的生物學家安德烈・赫尼克（Andrea Husnik），一九八二年曾前往位於尼泊爾的總部，跟隨耶喜喇嘛和梭巴仁波切學習兩年，之後回奧地利成立靜坐班，並邀請在歐洲的喇嘛仁波切蒞臨教學。

佛教中心（Buddhistisches Zentrum）由梭巴仁波切成立於一九九五年，現有兩處道場，一為格拉茨市區（Graz）的滴庫林（She Drup Ling Graz）；一是位於加拉納斯（Garanas）山上的時輪金剛香巴拉閉關中心（Kalachakra Kalapa Retreat Center）。二〇〇二年，達賴喇嘛曾蒞臨格拉茨，啟建時輪金剛法會祈求世界和平，吸引了一萬人的參與。

噶瑪噶舉僧團（Karma Kagyu Sangha）成立於一九九七年，由第十七世噶瑪巴大寶法王聽列泰耶多傑和第十四世夏瑪巴．米龐確吉羅佐指導。包括菩提道（Bodhipath），在奧地利有四處共修中心。

噶瑪噶舉的鑽石道，由喇嘛歐雷．尼達爾創立，在奧地利各大城市有十三處聚會中心。

歐洲八蚌寺（Palpung Europe），是第十二世廣定大司徒巴（Kenting Tai Situpa）在歐洲建立的分院，屬馬巴噶舉派。目前有城市研究所位於普克斯多夫（Purkersdorf）及郊區的朗施拉（Langschlag）研究所。

二十一世紀後，不同傳統的藏傳佛教在奧地利相繼成立。日本的創價學會也正式加入奧地利佛教宗教協會。

二〇一二年六月二十五日，首批從維也納大學完成佛學專業學習，並獲得佛學文憑的學生，在奧地利舉辦慶祝儀式。有十五名奧地利人參加，並通過了在維也納大學佛教和基督教學院舉行，由斯里蘭卡佛教和巴利文大學主導的考試後，被授予佛學學位證書。維也納佛教中心高僧尸羅旺沙長老主持此次儀式。

二〇一三年四月六日奧國內政部與奧地利佛教宗教協會，在奧國國家科學院（Austrian Academy of Science）大禮堂舉行「奧國政府承認佛教三十週年紀念大會」。奧國朝野政要、歐洲佛教總會、奧地利各宗教及佛教代表以及日本、蒙古、泰國、斯里蘭卡等以佛教為主要宗教之國家大使，共約五百餘人參加本次慶典活動。三十多年來奧地利佛教宗教協會，在佛教的推廣弘揚，發揮了很大的功能。除了提供各佛教道場的訊息及活動宣傳，還提供許多佛學的資訊及佛教的教材，讓對佛教有興趣的人，能方便獲取需要的訊息。由於官方承認佛教，公立學校對佛教教育也敞開了大門。一九九三年，第一批兒童有機會在正規的課程中聽到佛法，這個課程開始於維也納、格拉茨、薩爾茨堡等城市。十二年後，佛教的宗教教育擴充到所有的學生（六歲至十九歲），包括不同類型的學校，及所有九個聯邦州。佛教課程教師培訓學院成立於二〇〇一年，提供有關教師的在職教師培訓。

據現任佛教宗教協會會長格哈德．魏斯格雷（Gerhard Weissgrab，一九五二─）在二〇〇八年的評估，奧地利約有佛教徒約兩萬人，占總人口的百分之零點二。在奧地利的佛教寺院和佛教中心，可發現有一些特定的中國、越南、西藏、日本等形式的外觀。

二〇〇五年，經過幾年規畫設計的「佛教墓園」，圍繞著一個類似佛塔建築在維也納中央公墓出現，可供舉行葬禮儀式[9]。

---

[1] 出處：https://de.wikipedia.org/wiki/Karl_Eugen_Neumann。

[2] William Peiris 著，梅迺文譯：《西洋佛教學者傳》，載《世界佛學名著譯叢》第八十四冊，第一六六—一六七頁。

[3] 出處：https://de.wikipedia.org/wiki/Fritz_Hungerleider。

[4] 出處：http://www.buddhismus-austria.at/。

[5] 出處：http://www.bzs.at/index.php/geschichte/。

[6] 出處：https://de.wikipedia.org/wiki/Friedrich_Fenzl。

[7] 出處：http://www.theravada-buddhismus.at/theravada-schule-wien/geschichte/。

[8] 出處：http://www.dhammazentrum.at/。

[9] 出處：https://en.wikipedia.org/wiki/Buddhism_in_Austria。

第九章　愛爾蘭佛教略史

愛爾蘭（Ireland）是一個歐洲國家，歐盟成員國之一，位於歐洲西北海岸的愛爾蘭島，約占該島南部的六分之五面積。剩餘東北部的六分之一面積屬於英國，稱北愛爾蘭。首都稱都柏林（Dublin）。愛爾蘭在二〇一一年的人口共計四百五十八萬，是一個議會共和制國家。目前約有八千七百多位佛教徒，占總人口的百分之零點一九❶。

愛爾蘭佛教，受到英國佛教的影響較大，分有南傳佛教、藏傳佛教、禪宗等，各派都建有道場。

第一節　南傳佛教

勞倫斯．卡羅爾（Laurence Carroll，一八五六？—一九一三），也被稱為勞倫斯．奧羅克（Laurence O'Rourke）或威廉．科爾文（William Colvin），出生於愛爾蘭的農家。由於覺得前途迷茫，他乘船前往利物浦，後在大西洋船輪上的餐廳工作，隨船抵達美國。一八七〇年代初，在美國北加州找到跨太平洋輪船上的工作。之後，隨船抵達橫濱，最終在仰光碼頭找到工作[2]。在緬甸生活的幾年中，被當地佛教徒的修行吸引而開始學佛。一八八四年，卡羅爾在緬甸仰光受戒出家，法名達摩洛迦（Dhammaloka），是西方最早的佛教僧侶（已有學者認為達摩洛迦應取代英國的阿難陀彌勒比丘，成為第一位西方佛教僧侶）。達摩洛迦比丘是一個自由思想家，他在緬甸看到殖民主義正在影響破壞緬甸的宗教文化，便公開譴責基督教傳教和西方殖民統治，並在緬甸和新加坡的報章雜誌發表文章，批評基督教傳教士。達摩洛迦比丘使用西方無神論者的論據，挑戰基督教傳教士和亞洲的大英帝國。他的言論讓他在日本、中國、新加坡、馬來西亞、泰國、緬甸、尼泊爾、印度和錫蘭，成為一位公眾人物。達摩洛迦比丘後來在仰光，被英國殖民當局指控煽動，遭殖民警察追捕、監視。一九一三年，達摩洛迦比丘在檳城神祕地消失。有關達摩洛迦比丘的資料，最近才被一個國際研究小組重新發現[3]，他們正在探討為什麼當時那麼活躍的比丘，卻在一個世紀之後，才被學者們發現。

都柏林內觀禪（Insight Meditation Dublin），此團體開始於一九七八年，由於菲利普．麥克希恩（Fr. Philip McShane O. P.）與英國瑟羅塞洞穴修道院的比丘尼慈友．肯尼特禪師聯繫，所以有一群人每週二定期舉行日本曹洞禪的共修，每年由肯尼特禪師派遣法師前來指導，當時團體稱為禪修行小組（Zen Meditation Group）。一九八八年，由於英國伯明翰佛教精舍的菩提達摩尊者（Ven. Bodhidhamma Bhikku，一九四七—）的訪問教學，以及聯繫上英國阿姜查森林禪修系統的阿摩羅鉢底佛寺，所以之後的共修轉為南傳上座部的禪修方法，而菩提達摩尊者成為都柏林內觀禪主要的指導老師。

正念智慧佛教信託（Satipanya Buddhist Trust）由菩提達摩尊者在二〇〇二年成立於英國。道場的教學，主要是以緬甸馬哈希尊者的傳統為主。菩提達摩尊者於一九八六年，在英國伯明翰佛教精舍依當時的住持薩他帝須法師出家，由於政治因素去不成緬甸，後來也到美國、斯里蘭卡參學，主要是學習馬哈希尊者的系統。一九九八年返回英國後，開始弘法。尊者成立的佛教信託，也在愛爾蘭成立共修小組。

等持靜修中心（Passaddhi Meditation Centre）由瑪姚歐・斯特夫（Marjó Oosterhoff）夫婦於一九九九年成立於貝拉半島，主要以內觀禪修和慈心禪的教導為主。

泰國森林道場空性靜修中心（Sunyata Retreat Centre），在二〇〇〇年成立於克萊爾（Claire），由英國的阿姜阿默爾指導。

愛爾蘭僧伽信託（Irish Sangha Trust），於二〇一一年在都柏林成立。僧伽信託主要是弘揚南傳上座部佛教，除邀請阿姜查禪修系統的老師，舉辦禪修營外，每週有固定的佛法及禪修教學課程。

愛爾蘭大舍利寺（Wat Mahathat）成立於二〇一一年，是愛爾蘭第一座泰國道場。二〇一四年，在科克（Cork）購得二點六英畝的建地，除了興建佛寺，也將成為愛爾蘭的泰國文化中心。

隸屬葛印卡內觀禪修的愛爾蘭內觀協會（Irish Vipassana Association），目前沒有自己的地方，是租借場地辦活動。

第二節　藏傳佛教

藏傳佛教除了薩迦派，其他各派在愛爾蘭的發展都很迅速。

噶舉桑耶寺（Kagyu Samye Dzong）位於都柏林，由阿貢仁波切成立於一九七七年，是愛爾蘭最早的藏傳佛教中心，屬藏傳佛教噶瑪噶舉傳統。

愛爾蘭八蚌寺（Palpung Ireland），是第十二世廣定大司徒巴在歐洲建立的分院，屬噶舉派。

都柏林香巴拉中心（Dublin Shambhala Centre）隸屬薩姜米龐仁波切建立的國際香巴拉集團。

喇嘛歐雷．尼達爾創立的鑽石道佛法中心，屬噶瑪噶舉傳統，在愛爾蘭有都柏林、基拉尼（Killarney）和斯萊戈（Sligo）三個共修處。

貝拉佐欽（Dzogchen Beara）佛法中心，隸屬於寧瑪派索甲仁波切成立的本覺會。

一九九二年，彼得和哈里特康沃爾夫婦（Peter and Harriet Cornish）將他們位於貝拉半島（Beara Peninsula）的一百五十畝土地捐獻給索甲仁波切，成立靜修中心。目前已有禪室、餐廳、旅館和照護中心，正在籌建愛爾蘭第一座傳統藏傳風格的寺院。本覺會在愛爾蘭共有四個靜修中心和數個靜坐小組。

愛爾蘭大圓滿協會（Dzogchen Community Ireland）是由曲嘉南開諾布在都柏林成立，另外還有三個小組。隸屬於寧瑪派。

格魯派的強巴林寺（Jampa Ling）於一九九〇年，由班禪奧圖仁波切（Panchen Ötrul Rinpoche，一九三九—）成立於卡文郡（Co. Caven）的山丘。班禪奧圖仁波切於一九八〇年在哲蚌寺獲得最高的拉然巴格西學位後，幫忙策畫在印度的甘丹寺、哲蚌寺及色拉寺的教育課程。之後，達賴喇嘛派他到英國弘法。仁波切現在是強巴林寺的精神導師。應達賴喇嘛的請求，仁波切經常前往蒙古幫助重建那裡的佛教。仁波切還在馬來西亞、新加坡、美國和歐洲教書。

塔拉噶當巴佛教中心（Tara Kadampa Buddhist Centre）位於都柏林，隸屬格西格桑嘉措創立的國際佛教噶當巴聯盟。另有成立於一九八七年的塔拉噶當巴靜修中心（Tara Kadampa Meditation Centre），坐落在四十英畝美麗的德比郡（Derbyshire）鄉村。

愛倫．列布曼（Alain Liebmann，一九四五—）於一九七六年，在弟子丸泰仙禪師座下出家。一九九一年，在愛爾蘭成立禪宗小組（Irish Zen Group），修習曹洞禪法，隸屬於國際禪協會。這個組織在四個城市設有禪小組，分別為都柏林、科克（Cork）、加爾維（Galway）、阿森利（Athenry）。

日本曹洞宗禪師西嶋和夫（一九一九—二〇一四）的英國弟子邁克·朝堂·庫魯斯（Mike Chodo Cross，一九五九—）成立愛爾蘭禪中心（Zen Buddhism Ireland），隸屬曹洞禪佛教協會（Soto Zen Buddhist Association）。

僧護所創的三寶普濟會，於一九九二年在都柏林也成立佛教中心（Dublin Buddhist Centre），提供都市人學佛修行的機會。

---

❶ 出處：https://en.wikipedia.org/wiki/Religion_in_the_Republic_of_Ireland#Buddhism。

❷ 出處：https://en.wikipedia.org/wiki/U_Dhammaloka。

❸ 出處：http://www.arltfoundation.org/blog/2017/01/dhammaloka-written-out-of-history/。

第十章　瑞士佛教略史

第一節　高僧三界智訪瑞士開啟佛教

佛教在瑞士的發展，最初只是少數知識分子，受叔本華思想的影響；真正的推動者應是德國高僧三界智尊者。

三界智尊者於一九〇九年，接受了曾跟隨他出家，後來還俗的沃爾特・馬克格拉夫邀請，返回歐洲成立上座部佛教道場。原計畫在瑞士盧加諾湖（Lake Lugano）成立上座部僧團，但由於當地冬季嚴寒的氣候，三界智尊者為遵守三衣及托缽的戒律生活，罹患支氣管炎和營養不良，隔年決定另覓他處成立道場。三界智尊者的抵達，受到媒體的關注報導，後獲得洛桑（Lausanne）一位富人魯道夫・阿德里安・柏吉爾（Rodolphe-Adrien Bergier，一八五二—一九二〇）供養慈善精舍（Caritas Viharo）。尊者前往弘法數月，並剃度巴特・鮑爾為沙彌，法名憍陳如（Koṇḍañño），是為第一位在歐洲本土剃度的沙彌。一九一二年，三界智尊者覺得在西方成立上座部道場的因緣還未成熟，所以帶著三位弟子返回斯里蘭卡[1]。

在義大利人居住的瑞士盧加諾地區，有歐洲新佛教會，由古拉斯博士領導，與斯里蘭卡佛教會保持聯繫。斯里蘭卡的阿耨樓陀法師（Ven. Anuruddha）是首任副會長，很多斯里蘭卡佛教徒是該會的名譽會員[2]。

卡爾・古斯塔夫・榮格（Carl Gustav Jung，一八七五—一九六一）瑞士心理學家、精神科醫師，分析心理學的創始者，在他的學說中，曾引用許多佛學的典故。

第二節　南傳上座部佛教團體

瑞士最早的上座部佛教組織是由文學家麥克斯・拉德納（Max Ladner，一八八九—一九六三）和拉烏爾・莫勞特（Raoul von Muralt，一八九一—一九七五）於一九四二年創立的「蘇黎世佛教團體」（Buddhist Community Zurich），並出版發行佛教雜誌《洞察》（*Insight*，一九四八—一九六一），刊登許多三界智尊者的文章。但這個團體和雜誌，在一九六三年拉德納過世後沒幾年就消失了。

庫爾特・昂肯（Kurt Onken，一九一四—二〇〇七）因為父親的引導，閱讀紐曼譯出的佛書及巴利藏經，對佛法有深刻的認識。他極力支持《洞察》雜誌的出刊，也贊助妹婿保羅・克里斯蒂（Paul Christiani）的出版社，於一九五三年到一九八四年，出版三界智尊者和向智尊者有關上座部佛教的十一冊著作《佛教參考圖書》（*Buddhistische Handbibliothek*）系列。一九七二年，昂肯和姊姊爾娜及弗蘭克（M. Frank）、弗里茨．舍費爾（Fritz Schäfer）及澔格（H. Zogg）一起創辦「佛教協會」（Buddhist Community，簡稱佛協〔BC〕）。開始的前三年，每個月定期在溫特圖爾旅館聚會，後來昂肯購置了一座紡紗場，改為聚會所。佛教協會設計開辦了生動的佛教課程，吸引了許多對上座部佛教有興趣的追隨者。截至二〇〇二年，佛教協會統計出，在協會成立的三十年期間，共舉辦了三百二十四場，與上座部佛教有關的佛學講座。一九七四年，昂肯購置房舍，成立反思之家（House of Reflection）靜修處，二〇〇四年，又購買了鄰居的房舍，名為沉思之家（House of Contemplations），提供可以容納更多人共修的場所[3]。昂肯於一九七五年開始出版《菩提葉》（*Bodhi Leaves*）叢書系列的小冊子，堪稱上座部佛教文學的瑰寶。

米爾科．弗利伐（Mirko Fryba，一九四三—二〇一六）出生於捷克，一九六八年時，因為積極反對華沙條約，移民瑞士，也因此有機會認識經常到洛迦諾（Locarno）弘法的向智尊者，並成為尊者的學生。一九六七年，弗利伐曾跟隨緬甸馬哈希尊者學習四念處禪法。一九七五年，弗利伐在伯爾尼獲得心理學博士學位後，於一九七八年在伯恩（Bern）創辦佛法集團瑞士協會（Verein Dhamma Gruppe Schweiz），以弘揚上座部佛教為主。後又創瑞士佛教聯盟，擔任首任會長。弗利伐並長期在阿諭俱舍羅中歐僧伽會（Ayukusala Central European Sangha，簡稱 ACES）指導四念處內觀禪修，培養出許多合格的禪師[4]。

一九九七年，弗利伐在斯里蘭卡康提森林寺院出家，法名為俱舍羅難陀比丘（Bhikkhu Kusalananda），他在那裡住了許多年，返回歐洲後，除了主持蘇黎世佛教精舍（Zurich Buddhist Vihara）外，也經常在捷克和斯洛伐克及德語的國家教學。俱舍羅難陀比丘被認為是歐洲巴利文經典，特別是《阿毘達磨》的權威之一[5]。他的著作《幸福指南——阿毘達磨的心理學》（*Guide to Happiness—The Psychology of Abhidhamma*）對瑞士推行的正念療癒，提供了很重要的資訊。

由弗利伐成立於一九九三年的國際佛教基金會（International Buddhist Foundation）後更名為國際上座部佛教基金會（International Buddhist Dhammarama Foundation，簡稱 IBDF），旨在照顧歐洲國家的上座部僧團，包括比丘和比丘尼。

日內瓦國際佛教中心（Buddhist Centre Geneva International）由斯里蘭卡曇彌迦．多瓦羅摩法師（Ven. Dhammika Tawalama）成立於一九九二年[6]。專攻巴利文和梵文佛教的多瓦羅摩法師，擁有法國索邦大學（Sorbonne）的哲學博士學位。他目前是斯里蘭卡佛教僧團在瑞士的領袖，也是日內瓦各宗教對談平台的發起人之一。

泰國阿姜查系統的達摩波羅（Dhammapala）道場，是在一九八八年，由被指派為瑞士森林寺院的創始者——加拿大比丘阿姜帝羅達摩（Ajahn Thiradhammo），在阿姜闡陀波羅和一個幫手的協助下成立，精舍地點在伯爾尼附近的一棟三層樓公寓。一九九二年，阿姜帝羅達摩購得位於坎德施泰格（Kandersteg）的森林房舍，更適合森林道場的生活作息。二〇〇五年之後，由於阿姜帝羅達摩轉任紐西蘭道場住持，現由德國的阿姜差摩師利（Ajahn Khemasiri）接任住持。道場主要提供靜坐課程，講座和討論等，並對社會大眾開放舉辦靜修活動。

高棉僧伽寺（Wat Sangharam）成立於一九八一年，旨在照顧由於戰爭逃亡到瑞士的兩千五百名高棉難民，幫助他們適應新生活，並提供維護傳統宗教文化的組織。

一九八四年成立的泰寺佛教會（The Association Wat Thai），由泰國駐蘇黎世的領事倡議成立，主旨為服務一萬五千名居住在瑞士和鄰近國家的泰國、柬埔寨和寮國的佛教徒僑民，提供文化語言的協助，也傳播宣揚佛法。後得到泰國王室支助，於一九九六年成立佛教中心，為紀念泰王拉瑪九世普密蓬的母親，寺院以母后的名字詩納卡琳（Srinagarindra）命名為詩納卡琳佛寺（Wat Srinagarindravararam），位於格雷岑巴赫（Gretzenbach）。由吉帝摩利（Phrathep Kittimoli，俗名 Dr. Thongsoon Rongthong Suriyajoto）法師博士擔任方丈。二〇〇三年，新建莊嚴的泰式佛殿落成時，泰王的姊姊那拉提瓦公主曾蒞臨主持剪綵。此佛寺被視為曼谷大理石寺（Wat Benchamabopitr）的海外道場，所以住持及僧眾都由泰國大理石寺派任[7]。

第三節　藏傳佛教的傳入

勒貢西藏研究所（Tibet Institute Rikon）[8]是在十四世達賴喇嘛的建議與支持下，於一九六七年成立於勒貢。一九六〇年代初，瑞士是當時西方國家中最早接受西藏難民的國家之一，勒貢是一千名西藏難民集中的地方。為了保存藏人的宗教文化和提供西方人學佛的機會，達賴喇嘛提議在此成立西藏研究所和寺院，（當時瑞士憲法規定，不得興建寺院，所以是以學術團體的名義成立）。初期由達賴喇嘛的兩位親教師赤江仁波切（Trijang Rinpoche, Lobsang Yeshe Tenzin Gyatso，一九〇一—一九八一）和林仁波切（Ling Rinpoche，一九〇三—一九八三）指導。研究所內有圖書館及出版社出版自己的刊物，也與西方各相關機構保持聯繫。一九八五年，達賴喇嘛主持歐洲首次的時輪金剛法會，吸引了兩千藏人和四千西方人士參加，為佛教在歐洲做了很好的宣傳。近十多年來，研究所並提出「科學遇見佛法」的研究主題，促進佛教哲學和西方科學之間的對話。二〇〇七年之後，勒貢西藏研究所除了格魯派傳統外，也包含了薩迦派、寧瑪派、及噶舉派的傳統。

十四世達賴喇嘛的哲學助理，格西拉登仁波切（Geshe Tamdin Rabten，一九二一—一九八六）於一九六九年，開始在印度達蘭薩拉教導西方人佛法。一九七四年，在安娜．安瑟嫚（Anne Ansermet）女士以及許多其他弟子要求之下，他第一次前往歐洲，在許多國家教導佛法，從而開啟了藏傳佛教在西方世界的傳播。隔年，他再被嘉瓦仁波切派往歐洲，擔任勒貢西藏研究所的所長。格西拉登仁波切是第一位，把完整的律藏傳統和佛教的原文帶到西方的佛教大師。他被視為是西方對佛教有詳細且完整教學的拓荒者。

由於對佛教真正有興趣學習和修持的人數愈來愈多，格西拉登仁波切又在瑞士培勒林山設立塔巴卓林（Tharpa Choeling）西藏高等研究中心，後來改名為拉登卓林中心（Rabten Choeling Centre）以紀念他。拉登仁波切也在奧地利費爾德基希（Feldkirch）設立扎西拉登寺；在德國漢堡設立蔣措卓林西藏中心（Tibetan Centre Jangchub Choeling）；在德國慕尼黑成立平措拉登協會（Puntsog Rabten）以及在義大利米蘭設立的基佩林（GhePhel Ling）。格西拉登仁波切是在歐洲傳播純正和完整佛法的主要奠基者之一。

一九七〇年代中期，由於許多西方青年在走訪不丹、錫金和北印度時，遇見喇嘛上師；之後，紛紛邀請藏傳佛教各傳統的喇嘛前往歐洲各國。其中，十六世大寶法王的第一位西方弟子歐雷．尼達爾帶回噶瑪噶舉傳承的教學與實踐，在世界各地成立鑽石道禪修中心。

一九八〇年代之後，藏傳佛教索甲仁波切的本覺會，創巴仁波切的香巴拉，新噶瑪巴等也紛紛在瑞士成立道場。

第四節　禪風吹起

一九七〇年代開始吹起禪風（Zen），一九七二年日本曹洞禪師弟子丸泰仙在日內瓦成立瑞士第一個曹洞禪組織——瑞士禪宗協會（Zen Association Switzerland）。至一九九八年，協會發展成瑞士最大的禪宗組織，包括有四座道場，六個禪修中心，共約五百位成員，屬國際禪協會的分支。

一九七五年，臨濟宗佐佐木禪師的學生，亨利．普拉托夫博士（Dr. Heinrich B. Platov，一九〇四—一九九〇）在蘇黎世成立正玄道場（Shogen Dojo），教授禪法。

一九七〇年，吉恩．埃拉克博士（Dr. Jean Eracle，一九三〇—二〇〇五）在哈利皮珀的支持下，成立淨土真宗信樂寺（Shingyôji），是日本本願寺的歐洲分會。

瑞士禪師馬塞爾・蓋撒（Marcel Geisser，一九五二—）於一九八六年成立陶家禪修中心（House Tao）。馬塞爾從一九七〇年開始接觸禪修，他曾跟隨藏傳、南傳、北傳的禪師學習，最後於一九九四年在一行禪師座下出家。出家前，曾在沃爾夫・邦廷・蓋撒醫生（Dr. Wolf Büntig Geisser）指導下，作了十六年的心理治療師。一九九九年，蓋撒創立正念禪僧團（Sati-Zen-Sangha），針對西方人的根基，設計教學方式。由於蓋撒禪師有廣博深刻的修學經驗，近十多年來，他多次代表瑞士佛教聯盟，參加世界性的佛教論壇及宗教對話。

日內瓦伯恩禪中心（Genève Chan Bern），是由臺灣法鼓山聖嚴法師的西方禪修弟子所成立，現由瑞士女弟子常捨（Hildi Thalmann）負責。二〇〇八年起，繼程法師曾多次前往指導，帶領道場的禪七等禪修活動。

瑞士佛教聯盟（Schweizerische Buddhistische Union）是由米爾科・弗利伐，於一九七八年成立，總部設在伯爾尼，是由瑞士各佛教傳統的團體組成的傘狀組織，支持在瑞士的佛教團體，促進彼此間的友好合作，並代表佛教發言。目前有一百個成員，包括佛教組織團體和個人。瑞士佛教聯盟的成立，也標示佛教在瑞士的發展，進入一個新的階段。

日內瓦州政府尊重宗教事業，於大沙岡奈克（Grand Sacoonex）撥地二千四百五十平方公尺，做為國際佛教用地，租用時限五十年，以弘揚佛法為主。佛光山日內瓦會議中心於二〇〇六年建成，同年六月舉行盛大的落成開光典禮。佛光山日內瓦會議中心的建築以木材和石材為主，建築特色融和現代與傳統，不但表現東方傳統的精神，並且希望將此精神傳達到西方社會。瑞士佛光寺為瑞士政府註冊的非牟利慈善團體，提供各種弘法、教育及慈善活動。各項活動分為：法會活動、教育活動、文化活動、慈善活動等[9]。

根據二〇〇〇年的普查，在瑞士不同的佛教教派共有大約二萬一千教徒，約占瑞士總人口的百分之零點三，其中百分之三十是瑞士公民。約有一百二十個佛教組織團體（但二〇〇八年，已增至一百八十個團體）。其中有一半是藏傳佛教團體。漢傳佛教只有佛光山日內瓦會議中心。瑞士最大的佛教寺院，是佛光山和泰國的詩納卡琳佛寺。相較於德國、法國等歐洲國家對佛教的研究發展，佛教在瑞士還未受到大眾的重視。

---

❶ 出處：https://en.wikipedia.org/wiki/Nyanatiloka。

❷ 楊曾文主編：《當代佛教》，第三三五頁。

❸ 出處：http://www.theravada.ch/Theravada-Buddhismus/Grosse-deutschsprachige-Buddhisten/Kurt-Onken/。

❹ 出處：http://www.dhammarama.eu/cz/o-nas/tradice-ayukusala。

❺ 出處：https://de.wikipedia.org/wiki/Mirko_Fr%C3%BDba。

❻ 出處：http://www.geneva-vihara.org/index.html。

❼ 出處：http://wat-srinagarin.ch/wp/de/der-tempel/。

❽ 出處：http://www.tibet-institut.ch/content/tir/en/about_us.html。

❾ 佛光山：〈瑞士佛光山簡介〉。

第十一章　波蘭佛教略史

第一節　利沃夫和華沙兩個佛教研究中心

波蘭的佛教約在二十世紀早期，隨著中國、韓國、日本和越南僑民傳入。佛教在波蘭的開展，如同其他西方國家，是從翻譯佛典和哲學研究開始。第一次世界大戰後，波蘭獲得獨立。佛教在波蘭有兩個研究中心的傳統，分別為利沃夫（Lviv，今天的烏克蘭）和華沙（Warsaw）。幾位最重要的學者是安傑．迦羅斯基（Andrzej Gawronski，一八八五—一九二七）、斯坦尼斯．尸耶（Stanisław Schayer，一八九九—一九四一）和尤金．倫納德．斯斯西奇斯（Eugeniusz Leonard Słuszkiewicz，一九〇一—一九八一）等。

安傑．迦羅斯基畢業於利沃夫大學和萊比錫大學，是波蘭的印度學家，語言學家，也是賈維隆大學（Jagiellonian University）和利沃夫大學（Lviv University）的教授，指導梵文戲劇的歷史和語言，印歐語言和古印度語語言學的對比語法。迦羅斯基於一九二二年，創立波蘭東方協會，一九三二年出版波蘭的第一本《梵語手冊》

（*Podręczniksanskrytu*），是波蘭的梵文基本學術教科書[1]。他的門下也出了幾位傑出的學者。

尤金・倫納德・斯斯西奇斯是迦羅斯基的學生，通曉多國語言，是語言學家、翻譯家、印歐語言學、東方學、印度學和梵文學家[2]。曾擔任利沃夫大學和華沙大學教授。他是波蘭科學院的東方研究委員會和東方科學學術委員會成員。斯斯西奇斯出版了許多有關印度和佛學的著作。

斯坦尼斯・尸耶也是迦羅斯基的學生。是一位語言學家、印度學家、哲學家和華沙大學教授。尸耶於一九三二年創辦華沙大學東方研究所，並擔任所長。尸耶也是波蘭科學院和華沙科學學會的成員。他一九三〇年出版的著作《印度文學史》（*Historia literatury indyjskiej*）是第一本非翻譯的文獻，一九三八年又發起共著出版《東方的宗教》（*Religie Wschodu*），一九三七年至一九三九年，集資創辦雜誌《波蘭東方學通報》（*Polish Bulletin of Oriental Studies*）。

第二次世界大戰的爆發，導致利沃夫和華沙兩個研究中心的關閉。戰爭期間，大多數波蘭的東方學學者被殺害，也有人逃往英格蘭。直到一九七〇年代後期，由於在美國和丹麥的波蘭佛教徒的努力，佛教團體才開始在波蘭出現。主要是日本佛教的禪宗和淨土宗以及藏傳佛教的金剛乘與西方佛教僧伽之友。後來有佛教的使命（Misja

Buddyjska）和波蘭佛教聯盟（Polskiej Unii Buddyjskiej）[3]，代表佛教發聲。

第二節　禪學的傳入

菩提達摩佛教禪協會（Związek Buddystów Zen，Bodhidharma）由美國菲力浦·凱普樓禪師的弟子成立於一九六〇年代後期，結合曹洞和臨濟宗的教學傳統。一九七五年，凱普樓禪師蒞臨教學後，協會命名為禪圈；一九八〇年，協會以波蘭僧伽佛教禪協會（Związek Buddystów Zen-Sangha-w Polsce）正式登記為波蘭第一個佛教協會。一九九一年，改名為菩提達摩佛教禪協會[4]。

瓦迪斯瓦夫·洽布尼克（Wladyslaw Czapnik，一九二〇—一九八九）原是波蘭兄弟聯盟（Union of the Polish Brethren）的主席。他於一九七六年，邀請鑽石道的創始人雷恩·尼達爾，把噶瑪噶舉派的傳承帶到波蘭。目前在波蘭，約有兩萬名追隨者。

洽布尼克又於一九七八年，成立韓國觀音禪院的道場，韓國的崇山行願禪師曾於一九八一年抵達波蘭教學。一九八二年華沙禪中心（Warsaw Zen Center）成立，是觀音禪院（Szkoły Zen Kwan Um）在波蘭的總部，也是觀音禪院在東歐的總部[5]。目前另有十多處道場在波蘭。

一九八四年後，日本的臨濟禪和淨土真宗陸續在波蘭成立道場。藏傳佛教的格魯派和寧瑪派佐欽團體也先後設立道場。

觀音禪佛教協會（Buddyjska Wspólnota Zen Kannon）由出生於美國加州的關寂照禪師（Roshi Jakusho Kwong，一九三五—）於一九八八年創立於蘇汐卡（Przesieka）。關禪師於一九七三年，在鈴木俊隆禪師坐下出家，學習曹洞禪法，並獲日本曹洞宗本山授予禪師資格。一九八七年應邀到波蘭弘法，隔年，應學生請求創建道場。目前在格但斯克（Gdańsk）、錫隆納葛拉（Zielonej Górze）、波茲南（Poznzn）和華沙四個城市設有道場。關禪師的著作《無始無終》（*No Beginning, No End*）也被翻譯成波蘭文出版。

前角博雄禪師在美國創立的白梅無著系統，也由安傑伊．克拉耶夫斯基（Andrzej Getsugen Krajewski）和瑪格麗特（Małgorzata Jiho Braunek）夫婦在波蘭成立僧伽會（Polska Sanga Kanzeon）。僧伽會也落實美國禪師格拉斯曼創立的「禪和平締造者協會」宗旨，致力於關懷社會的利生事業。

第三節　藏傳佛教

薩迦派的噶瑪提因利仁波切，在波蘭成立了薩迦德欽佛教中心（Sakya Dechen

Choling），位於托倫（Torun）。

噶瑪噶舉傳承在青海班千寺的天噶仁波切，曾於一九七〇年代前往歐洲講學，他的波蘭學生們於一九九四年，在弗羅茨瓦夫（wrocławski）成立傳統噶瑪岡倉佛教協會，天噶仁波切指派西方弟子仁欽喇嘛擔任住持。目前，在波蘭已發展有十一處道場，協會的總部設在華沙西邊的格拉貝尼克（Grabnik），格拉貝尼克的班千噶瑪岡倉中心裡，設有三年閉關中心、圖書館及佛教文化館等設施[6]。二〇一二年，協會改名為班千噶瑪岡倉佛教協會。

一九九四年，寧瑪派卻嘉南開諾布於華沙正式成立佐欽協會（Wspólnota Dzogczen），教導大圓滿的修學與實踐。目前在波蘭有三個中心。

寧瑪派大師奇美日津仁波切（Chimed Rigdzin Rinpocze，一九二二—二〇〇二）於一九九三年訪問波蘭，當時兩位信徒捐贈位於達恩柯伊（Darmkowie）的土地，日津仁波切交給波蘭 Khordong 佛教協會（Związku Buddyjskiego Khordong）處理，日後建築了不丹風格的藏傳佛寺 Drophan Ling[7]。定期舉辦課程，教導藏傳佛教。日津仁波切四歲時即被確認是大伏藏師紐頓多傑卓本林巴的第四任化身。仁波切在十九歲時，完成了大金剛阿闍黎資格的教育。一九五四年至一九八七年間，日津仁波切在印度西孟加拉邦，桑迪尼克坦的維斯瓦巴拉蒂大學（Visva-Bharati University）擔任印藏研究科的系主任。一九五〇年代末，他應義大利藏學家圖齊教授之邀而至羅馬大學任教。之後，再應霍夫曼教授的邀請，執教於慕尼黑大學，期間並幫忙完成許多佛典的翻譯及辭典的編輯工作。

國際香巴拉（Shambhala International）集團，由當時在雅蓋隆大學（Jagiellonian University）任教的彼得・康拉迪（Peter Conradi）教授，於一九九二在克拉科夫成立香巴拉克拉科夫（Shambhala Kraków）小組，但運作時間不長，於二〇〇六年後才又開始活動。之後，又成立卡托維茲小組（Grupa Katowicka）。

波蘭唯一的漢傳道場，是由臺灣法鼓山聖嚴法師（一九三一—二〇〇九）的西方法子約翰・克魯克博士（Dr. John Crook，一九三〇—二〇一一）所指導，成立於一九九七年。那年，克魯克博士邀請聖嚴法師第一次前往波蘭指導禪七，靜修結束後，大家決定成立了禪佛教協會（Zwiazek Buddystów Czan）。克魯克博士於一九五〇年代初，在香港服役期間，第一次接觸中國禪。自那時以後二十多年，他研究佛教各個不同的傳統，並教導禪修。一九九三年，獲聖嚴法師授證，成為臨濟禪的老師，教導聖嚴法師結合中國佛教臨濟及曹洞宗的兩個傳統。二〇〇八年後，聖嚴法師的法子繼程法師每年固定前往帶領禪修。

微笑佛僧伽（Sangha Uśmiech Buddy），位於卡齊米日多爾尼（Kazimierz Dolny），

隸屬一行禪師正念僧伽系統，由英國的老師支援教學。

目前，沒有上座部佛教道場在波蘭。

波蘭佛教聯盟成立於一九九五年，該聯盟的主要目標是代表佛教參與國家及跨宗間對談，以及國際佛教組織的論壇。

---

❶ 出處：https://pl.wikipedia.org/wiki/Andrzej_Gawro%C5%84ski_(j%C4%99zykoznawca)。

❷ 出處：https://pl.wikipedia.org/wiki/Eugeniusz_S%C5%82uszkiewicz。

❸ 波蘭佛教聯盟：http://polskauniabuddyjska.org.pl/index.php/pl/。

❹ 出處：http://www.buddyzmzen.pl/p/o-nas.html。

❺ 出處：http://www.zen.pl/swiatynia-glowna-warszawa/。

❻ 出處：http://www.polskauniabuddyjska.org.pl/index.php/pl/zwiazki-zrzeszone/bencien-karma-kamtzang。

❼ 出處：http://www.khordong.pl/index.php。

第十二章　西班牙佛教略史

第一節　早期耶穌會教士到東方傳教

西班牙與佛教的關係要追溯到十六世紀，耶穌會的教士到東方傳教。在日本及中國安頓了之後，日本天主教的首要傳教士，聖方濟．沙勿略、科姆．托雷斯（Cosme de Torres，一五一〇—一五七〇）他們都曾經撰文談論所接觸的新宗教及僧侶等事蹟，指出佛教是東方首要的宗教並詳述其特色，例如禪宗、淨土宗等。也論及佛法之高深與無懈可擊，很難駁斥佛教論點。同時提到佛教修行場所儼如研究中心，信徒都是修學佛法的學生。

第二節　二十世紀下葉藏傳佛教的傳入

佛教傳入西班牙應是二十世紀以後，噶舉派是最早在西方弘法的藏傳佛教教派，西班牙的第一個佛學中心噶舉桑耶道場（Kagyu Samye Dzong），一九七七年在巴塞隆納

（Barcelona）成立，屬噶瑪噶舉派，由阿貢仁波切主持，他是最早由英國起程赴西班牙建立弘法據點的仁波切。

格魯派的土登耶喜喇嘛於一九七八年抵達東邊外島的依比薩（Ibiza），由於他的人緣極佳，接引了為數眾多的人士。一九八〇年，由於耶喜喇嘛和梭巴仁波切的到訪，在格拉納達郊外的山區成立閉關中心，一九八二年達賴喇嘛蒞臨，為中心賜名明光閉關中心（O Sel Ling Retreat Centre）。一九八一年，巴塞隆納龍樹中心（Centro Nagarjuna de Barcelona）成立，之後，陸續於格拉納達、馬德里、瓦倫西亞（Valencia）、阿利坎特（Alicante）成立龍樹中心，並開設多處閉關中心。屬護持大乘法脈聯合會，在西班牙，共有六個龍樹研究中心，三個研究小組及兩處閉關中心。目標是教導藏傳佛教格魯派的哲學，他們以現代西方心理學為方便來研究佛法，有助於眾生對慈悲與智慧的修學[1]。

之後各傳承的佛教中心如雨後春筍般地成立，例如日本禪、南傳佛教、藏傳佛教和西方人主導的佛教中心，地點遍及西班牙各大都市，東邊依比薩島、比利牛斯山區（Pirineos）的皮尼洛（Pinillo）也不乏有閉關中心。西班牙第二大城巴塞隆納在達賴喇嘛訪問西班牙後，成立了格魯派的中心西藏之家基金會（Fundacio Casa del Tibet de Barcelona）。

喇嘛洛桑楚臣（Lama Lobsang Tsultrim，一九三一—）於一九八一年，在巴塞隆納（Barcelona）成立塔拉佛教中心（Centro Budista Tara）。該中心的目的是保存和傳播藏傳佛教格魯派的教法，通過不同的活動來幫助佛教徒或非佛教徒，包括開設課程與研究組，舉辦靜修與喇嘛會談，研討會等。

達格香噶舉派（Dag Shang Kagyu）是金剛乘佛教的達波和香巴噶舉傳承。由卡盧仁波切於一九八四年，收購位於比利牛斯山上的一座小農場，改建而成的教學及閉關中心。目前在西班牙共有九處靜修道場，由不丹出生的丹巴喇嘛（Lama Drubgyu Tenpa，一九五五—）領導。

洛本切助仁波切（Lopon Tsechu Rinpoche，一九一八—二〇〇三）是竹巴噶舉和噶瑪噶舉傳承的仁波切，在尼泊爾佛教界很有影響力，也是喇嘛歐雷．尼達爾的老師[2]。一九八八年，切助仁波切受邀開始到歐洲弘法。二〇〇三年，西方世界最大佛塔——正覺佛塔（Enlightenment Stupa）落成。佛塔是由洛本切助仁波切發起建立，西班牙政府捐贈土地，位於西班牙南岸馬拉加（Malaga）附近班納瑪德納（Benalmadena）台上的佛塔，高三十三公尺，底座寬二十五公尺，塔內設有禪修室。洛本切助仁波切在歐洲和亞洲共造了十六座佛塔，班納馬德納佛塔代表此一發展的顛峰。

巴塞隆納出生的蔣扎西多傑仁波切（Jamyang Tashi Dorje Rinpoche，一九五一——）年輕時前往印度和法國，他在法國的金剛瑜伽母佛教中心（Centro Budista Vajrayoguini），有機會親近喇嘛格希洛桑（Lama Gueshe Lobsang Tengye），於一九八五年得到洛桑喇嘛及薩迦法王的認可，在巴塞隆納的薩瓦德爾（Sabadell）成立薩迦扎西林（Sakya Tashi Ling），並於一九九六年遵循藏傳佛教薩迦派的傳統，建設第一座迦拉修行道場（Monasterio del Garraf）。多傑仁波切一九九三年在薩迦法王的授權下，現為薩迦派扎西佛學院院長，並代表西班牙出席世界佛教理事。

二〇〇〇年後，一些大型佛教寺廟及閉關中心也相繼成立。二〇〇六年位於西班牙東部地中海岸的 Pedreguer 的薩迦派的道場 Sakya Drogön Ling 開光，大殿可以容納五百人左右，被譽為全西班牙境內最大的佛寺，也是薩迦派於西方最大的道場。

西班牙佛教還有值得一提的人物，就是一九八五年誕生於西班牙格拉那省的西班牙小男孩歐澤．利他．托里斯（Osel Hita Torres，一九八五）。他通過種種傳統的測試後，被確認為是一九八四年逝世於加州的土登耶喜喇嘛的轉世。一九八六年五月被達賴喇嘛尊者所認證，之後，被稱為天津歐澤仁波切（Tenzin Ösel Rinpoche）。他成長於東方與西方兩個不同社會傳統的故事，也給義大利導演貝托魯奇（Bertolucci）靈感，在一九九三年拍攝電影《小活佛》（*Little Buddha*）。二〇〇〇年八月歐澤仁波切進入辯經場，正式學習佛學的辯論；但是他在十八歲時離開色拉寺，因為他的成長階段有東西方文化的衝突，讓他無法適應純粹西藏式的嚴格活佛教育。托里斯於二十四歲還俗，在大學學電影，志向當導演。

第三節　漢傳及南傳佛教在西班牙

一九七七年，日本曹洞宗禪師弟子丸泰仙的弟子安東尼奧・桑切斯・奧雷利亞納（Antonio Sánchez Orellana）於塞維利亞（Sevilla）成立西班牙的第一座禪宗道場，塞維利亞禪宗道場（Dojo Zen de Sevilla），並於一九八四年成立安達盧西亞禪宗協會（Asociación Zen de Andalucía），屬下有六處道場[3]。之後，泰仙的第一位西班牙裔弟子比利亞爾瓦（Roshi Dokushô Villalba）於一九八九年，由日本返回西班牙成立曹洞禪佛教協會（Comunidad Budista Soto Zen），位於瓦倫西亞（Valencia）的和光禪寺（Luz Serena Zen Monastery）是曹洞禪佛教協會在西班牙十四個道場的總部[4]。比利亞爾瓦除了自己的多部著作，也將弟子丸泰仙的作品翻成西班牙文出版。

一九九三年泰仙禪師的女弟子芭芭拉古錢（Barbara Kosen，一九五一—），創立位於馬德里的三昧道場（Mokusan Dojo），並在二〇〇一年購置位於貝拉新鎮的靜修道場少林寺（Shorin-Ji），傳授教導泰仙系統的禪坐方法。

由馬里奧・卡里略博士（Mario Carrillo）成立的正法正念中心（Dharma Sati Center），開辦十日內觀及正念減壓等課程，連結美國卡巴金博士（Kabat-Zinn）暢導的正念療癒課程。

一九九九年，葛印卡系統的基金會，在巴塞隆納東北的帕勞托德拉（Palautordera），成立正法納魯（Dhamma Neru）道場做為西班牙的第一個內觀中心。可容納五十人靜修。另有正法薩卡（Sacca）中心，可容納一百二十位學員。

代表南傳上座部佛教的西班牙上座部協會（Spanish Association of Theravada），於二〇〇八年，在加斯德倫（Castellon）成立。

一九九二年，一個代表西班牙佛教的機構在馬德里正式創立，名為「西班牙佛教聯盟」（The Federation of Buddhist Communities of Spain，簡稱 FCBE）[5]，首任主席是米格爾・羅德里格斯・塔諾（Miguel Ángel Rodríguez Terno）。此聯盟集合了一些正信的傳統佛教團體，並正式向司法部登記法人團體。目前估計西班牙的佛教徒，在佛學中心有記錄者約五萬人，受皈依者約七萬五千人，若再加上對佛教有興趣的人士，總數達三十萬之譜。在總人口為四千多萬的西班牙來說，為數不多。華籍及日本移民，各有自己的宗派共修場所，但與西班牙佛教徒無密切往來。

佛教的經典大多由英文轉譯成西班牙文居多，墨西哥、西班牙、古巴、阿根廷都有佛教徒投入經典翻譯。二〇〇一年於檀香山虛雲禪寺剃度的墨西哥女子托雷（Hortensia de la Torre）法名印智，屬虛雲法脈，更是致力於網路西班牙文佛經（http://www.acharia.org/）的設立，有少數出版社流通大眾熟悉之佛經，也都有西班牙文譯本。

藏傳佛教之西班牙文佛典論述為數頗多，除達賴喇嘛之著作外，其他一些四大教派仁波切的著作，還有暢銷書《西藏生死書》、《修心八偈》、《密勒日巴大師全集》、《菩提道燈》、《普賢上師言教》等也都有西班牙文。

❶ 出處：http://www.fpmt-hispana.org/centros_01.php。

❷ 出處：http://www.diamondway-buddhism.org/buddhist-teachers/lopon-tsechu-rinpoche/。

❸ 出處：http://zensevilla.com/aza/。

❹ 出處：https://sotozen.es/quienes-somos。

❺ 出處：http://www.federacionbudista.es/la-federacion.html。

第十三章　匈牙利佛教略史

第一節　十九世紀初喬瑪的藏學研究

在十九世紀上葉，匈牙利就出現佛教著名的學者，喬瑪（Sándor Kőrösi Csoma 也作 Alexander Csoma，一七八四——一八四二）他是語言學家兼東方學家，是第一本藏英詞典及語法書的作者。生為匈牙利人的喬瑪認為他的祖先馬扎爾族（Magyar），是第五世紀時居住在特蘭西瓦尼亞（Transylvania）的阿提拉匈奴（Attila's Huns）的一個分支。他為了尋根，精研東方語言。在哥廷根（Göttingen）時，他因為熟諳十三種語言而受到重視，除了匈牙利語，還有拉丁語、希臘語、希伯來語、法語、德語和羅馬尼亞語。住在加爾各答期間，他還掌握了孟加拉語、馬拉地語和梵語。

一八一九年，喬瑪為尋找匈牙利族祖先馬扎爾人的起源問題，隻身前往亞洲探險。一八二三年至一八三一年三次到西藏拉達克地區的桑喀，住在當地的藏傳佛寺內，向藏族喇嘛學習語言文法，閱讀文獻，鑽研佛學。一八三四年，喬瑪在加爾各答出版首部《藏英詞典》（*Essay Towards a Dictionary, Tibetan and English*）及《藏語語法》（*A*

Grammar of the Tibetan Language in English），這引起了歐洲學者從事藏文佛學的研究，為國際藏學之開端，由此向世界系統介紹了藏族語言、藏傳佛教和文化。可惜，一八四二年喬瑪在前往拉薩途中，因感染瘧疾死於大吉嶺[1]。

他的學術領域甚廣，著作內容涉及藏族文化的許多領域，包括辭典編纂、古籍目錄、地理、藏傳佛教的各派概說、藏醫文獻、文物等，使歐洲人第一次接觸到《西藏王統記》、《青史》、《薩迦格言》、《醫方四續》等典籍的名稱，可謂開國際藏學的先河。喬瑪被譽為西方藏學的鼻祖，成為西方藏學誕生的標誌。後又連續發表了向國外讀者介紹藏文大藏經《甘珠爾》和《丹珠爾》的論文，使國外藏傳佛教的研究掀起了熱潮。匈牙利為紀念他對藏學的貢獻，於一九七〇年代成立國際性學術組織喬瑪學會（The Korusi Csoma Society）。一九三三年，日本敕封喬瑪為菩薩。

第二節　開設佛學課程及藏學研究

尤迦．霍洛西（József Hollósy，一八六〇—一八九八），被認為是匈牙利的第一位佛教徒。霍洛西由於在德國及義大利求學期間，有機會接觸佛教、認同佛教，他於一八九三年仿照英國齊默爾曼的《佛教教義問答》，編輯出版匈牙利文的《佛教教義問答》

（*Buddhista Káté, bevezetésül Gótamó Buddha tanához*），一八九六年，霍洛西將卡爾．歐根．紐曼的著作翻譯成匈牙利文出版《佛說》（*Buddha mondák*）[2]。

艾爾諾．赫特尼（Ernö Hetényi，一九一二—一九九九）是匈牙利的著名作家，西藏研究專家和佛學家。赫特尼於一九三八年即加入戈文達在德國的聖彌勒曼陀羅組織，一九五二年赫特尼成立匈牙利的第一個佛教團體——匈牙利佛教代表團（Hungarian Buddhist Mission），並被戈文達任命為東歐領導人。赫特尼博士又於一九五六年，創立喬瑪佛學研究所（Alexander Csoma des Körös Institute for Buddhology），是聖彌勒曼陀羅組織在歐洲的第一個學術機構，成功地與蒙古及俄羅斯的佛教學術機構保持合作[3]。

喬瑪是西方世界第一位揭開西藏文化寶藏的人，直到今天，他的學術成就還一直為大家重視和讚賞。匈牙利最高學府羅蘭大學（Eötvös Loránd University）自一九四二年，喬瑪過世的一百週年起，開設藏文課程；於二〇一二年又成立佛學研究中心，由宗薩欽哲仁波切創立的欽哲基金會，資助東亞研究學院中的佛學研究課程。有了這項資助，羅蘭大學將設立一額外的教授職位，並提供大學部學生更多的佛教與藏文課程[4]。

匈牙利噶舉派的噶瑪拉特納大吉林（Karma Ratna Dargye Ling）由阿旺喇嘛（Lama Ngawang，一九四〇）成立於一九八七年。一九九一年時，購得一幽靜的閉關中心，道場所在地包括喬瑪紀念公園及內部陳列介紹喬瑪生平和藏傳佛教的和平塔。在阿旺喇嘛的帶領下，在此中心舉辦各種教學課程及閉關靜修活動。

此外，在阿旺喇嘛的指導下，一九八八年歐尼爾在布達佩斯成立鑽石道佛教中心——噶瑪德慶歐尼爾林（Karma Dechen Ozel Ling）。歐尼爾又於二〇〇一年，購置了一座啤酒廠房，改建為可容納一百四十人的禪修中心，是目前鑽石道佛教中心在歐洲最大的道場，每天平均約有五十人至一百二十人在此中心共修。另外，在其他各大城市還有二十多個靜坐中心。

第三節　韓國及中國佛教

韓國的佛教僧人鮑勃·喬恩法師（Bob Jon Sunim），以其對《妙法蓮華經》堅定虔誠的力量，發願在匈牙利的札拉桑托（Zalaszanto），建造了一座和平大佛塔（Peace Stupa）。一九九〇年十二月，匈牙利政府免費提供了佛塔的建築工地，由匈牙利建築師和匈牙利工程公司承包。在奧地利、匈牙利和韓國的公家和私人機構的贊助下，建築工程在一九九二年完成。高三十六公尺和寬二十四公尺的和平塔，是歐洲最大的佛教聖地。於一九九三年六月十七日，由第十四世達賴喇嘛主持開幕[5]。

一九九一年由五個佛教組織，包括雅利安怛特羅曼荼羅學會（Arya Tantra Mandala

Order），匈牙利寧瑪派學會（Hungarian Nyingmapa Community），噶舉派（TeKi KaGyü），國際觀音禪院（Kvanum Zen School）和天工寶座五行學會（Heavenly Throne Five Elements Order），在布達佩斯共同創立法門佛教會（Tan Kapuja Buddhista Egyház）和法門佛學院（Tan Kapuja Buddhista Főiskolát），提供匈牙利人學習佛教的機會，也為佛教培養師資人才。之後，又有黃金悉達多組織（Golden Siddharta Order）、默照禪中心（Mokusho Zen Centre）和教導緬甸馬哈希禪法的佛教內觀協會（Buddhist Vipassana Society）陸續加入法門佛教會組織[6]。由於法門佛學院的成立，聚集了許多哲學家，文化人類學家和東方語言學學者，包括藏學家，印度學家和漢學家。佛學院不分宗派，開設佛學課程，包括東方研究，佛教歷史、比較宗教學、哲學、語言學（梵文、巴利文、中文、藏文、日文）和藝術文化學等科系。設有學士班及碩士班課程，已培育出兩百多名畢業生。二〇〇〇年後，佛學院也開設週末的特別課程，提供社會人士旁聽修學。佛學院在郊區附設有靜修中心，提供靜坐課程。二〇一一年開始，學院決定擴大成立歐洲佛教教育及培訓中心（European Buddhist Education and Training Center），並與泰國朱拉隆功大學合作，開辦博士班課程[7]。

一九九七年一批華人信眾集資在布達佩斯建起虛雲禪院，邀請中國河北趙州柏林寺淨慧法師及弟子明證、明來來此為禪院開光。此後應當地信眾請求，明證法師、明來法師二人一直留在布達佩斯主持禪院的運作。之後明來法師另外創建了普濟寺，與明證法師主持的虛雲禪院一併成為僅有的兩大中國法師住持的寺院。布達佩斯信眾既有華人，也有越南人、蒙古人以及本地人。每逢初一、十五、佛菩薩耶誕節日，來到禪院參拜的信眾甚多。禪院以修行為主，宣導共修，在本地的護法居士有百餘位，其中不乏本地商界、文化界、社團組織的知名人士。

明來法師創立的普濟寺，位於首都布達佩斯的住宅區，於二〇〇三年建成，是匈牙利中國禪宗佛教會創建的一所佛教寺院，至今已經有十多年歷史。普濟寺每逢週末和農曆的初一、十五都有活動，每次活動寺方都給大家提供免費的素食晚餐。每個星期四還有匈牙利語的講經和禪修課。普濟寺提倡的理念是讓信眾在生活中修行。

❶ 出處：https://en.wikipedia.org/wiki/S%C3%A1ndor_K%C5%91r%C3%B6si_Csoma。

❷ 出處：https://hu.wikipedia.org/wiki/Holl%C3%B3sy_J%C3%B3zsef。

❸ 出處：http://www.arya-maitreya-mandala.org/content/news.htm。

❹ 出處：https://khyentsefoundation.org/。

❺ 出處：http://www.stupa.at/index.php。

❻ 出處：http://www.tkbe.hu/bemutatkozas。

❼ 出處：http://www.tkbf.hu/en/college/introduction。

第十四章　俄羅斯佛教略史

第一節　佛教在俄羅斯蒙古族聚居區傳播

俄羅斯全稱俄羅斯聯邦，簡稱俄國，位於亞歐大陸北部，面積一千七百零七萬平方公里，是世界上最大的國家，人口一億四千五百五十萬，有一百三十多個民族，其中俄羅斯族（Russian）占百分之八十三，韃靼（Tatar）、烏克蘭（Ukraine）、楚瓦什（Chavash）等是少數民族，首都在莫斯科。全國居民多信奉東正教。

十七世紀初，藏傳佛教從蒙古向北擴展到貝加爾地區的布里亞特。沙皇為了削弱蒙古人在該地區的影響，下詔封布里亞特的立可汗喇嘛為其佛教行政之最高首長堪布喇嘛（Bandido Khambo Lama），布里亞特傳統的佛教正式獨立於蒙古教會。一七四一年，伊麗莎白女王頒布了一項法令，承認在布里亞特的喇嘛教信仰。法律上承認存在的十一座寺廟（datsans），與寺廟裡的一百五十個喇嘛，佛教被正式接納為俄羅斯帝國的官方宗教。一八四六年起三十四座寺廟在布里亞特地區成立，布里亞特人付出了很大的努力與財力，從中國、西藏和蒙古取得大量格魯派傳承的經典。一八七八年，時輪金剛學院

（Duinkhor Kalachakra）阿金斯克扎倉（Aginsk Datsan）成立，建立了藏傳佛教的高等教育學府。

十八世紀，蒙古的藏傳佛教傳到圖瓦，如同貝加爾湖地區一樣，主要是格魯派傳統，也有一些寧瑪派傳統。由於圖瓦人和蒙古一樣，都是在滿族的統治下，直到一九一二年，圖瓦的堪布喇嘛都是直接隸屬於烏爾加的博克多汗（格魯派的第八世哲布尊丹巴呼圖克圖）。圖瓦的佛教與蒙古的藏傳佛教關係比較密切。

十七世紀初，卡爾梅克斯族的祖先來自準噶爾的瓦剌，他們遷移到伏爾加河和頓河之間的地區，北達裏海。他們將藏傳佛教的傳統文化，帶到卡爾梅克斯。十八世紀末卡爾梅克汗國被消滅之後，「卡爾梅克共和國的草原」成為俄國沙皇的另一個領土。根據一八三四年頒布的「關於卡爾梅克人管理的皇家條例」，佛教教會完全由沙皇政府授權。卡爾梅克佛教的領導人是由俄羅斯沙皇任命的，被稱為卡爾梅克人民的喇嘛，完全獨立於布里亞特的堪布，與蒙古的博克多汗。卡爾梅克斯的傳承直接來自西藏，除了最普遍的格魯派，他們也接受薩迦和葛舉的傳統[1]。現在卡爾梅克共和國是歐洲國家中唯一以佛教為主的國家。

布里亞特、圖瓦和卡爾梅克，是藏傳佛教早期傳到俄羅斯的三個地區。

一九〇九年，布里亞特出生的阿格旺多傑喇嘛（Agvan Dorzhiev，一八五四——一九三八），代表十三世達賴喇嘛向沙皇尼古拉二世爭取，在聖彼得堡（現今的列寧格勒）興建一座佛寺——扎倉，做為信徒舉行佛事活動的場所，也是僧人的教育學院。獲得沙皇批准後，阿格旺多傑喇嘛成功地籌集資金。但是施工期間，由於俄羅斯東正教的極力反對，而耽擱工程。到一九一三年仍未完工，但為了利用「政教結合」的形式以獲得沙皇政府的支持；因此，配合慶祝沙皇羅曼諾夫王朝當政三百週年，在一九一三年二月二十一日這一天舉行了落成典禮。實際上佛寺是一九一五年才建設完成，獲十三世達賴喇嘛賜名為「Datsan Gunzechoinei」，又稱聖彼得堡佛寺[2]。一九一四年，暹羅拉瑪六世國王透過俄羅斯駐暹羅大使，贈送一尊銅鑄鍍金的釋迦牟尼坐佛和一尊彌勒菩薩立像。

阿格旺多傑喇嘛十九歲時不遠千里從烏蘭烏德前往西藏求學，一八八八年在拉薩的哲蚌寺學習六年經論畢業，獲得高級學位「格西」，被指派為青年十三世達賴喇嘛的教師，多傑喇嘛的才華和淵博的知識，讓他於一八九八年成為達賴喇嘛的外交代表，負起與俄羅斯建立外交關係的任務[3]。為了聖彼得堡佛寺的興建，他爭取到當時俄羅斯科學院的院士，瓦西里．瓦西里耶維奇．拉德洛夫（Vasily Vasilievich Radlov，一八三七—一九一八）、費奧多爾．徹爾巴斯基及謝爾蓋．奧登堡（Sergey Fyodorovich Oldenburg，一八六三—一九三四）擔任建設委員會，引發聖彼得堡東方學者及藝術家的參與，聘請最好的建築師和工匠，興建了融合歐式風格與西藏傳統的聖彼得堡佛寺。

多傑喇嘛更在一九一七年十月革命後，利用布里亞特喇嘛提出的新政治運動「佛教現代主義」，強調佛教否定階級和種姓制度，就像馬克思列寧主義，賦予所有的人平等的權利。不論其出身或社會地位，也不管他們屬於什麼民族。由於佛教現代主義的提出，表明佛教喇嘛效忠新政府，讓佛法的弘揚活動得以不被禁止，而且增建了幾十座寺院也增加了數百名喇嘛。

一九二五年，在莫斯科建立了歐洲第一所為研究佛教而設立的大學，這可能是為了贏得年輕人對新政權之合作而設立的。俄羅斯帝國末年，在波蘭建造了一所佛教寺院，那是為了布里亞特和卡爾梅克的佛教徒而造的，因為他們在波蘭為俄羅斯軍隊作戰。位於南斯拉夫首都柏格雷德（Belgrade）的喇嘛寺，也是為亞洲的蒙古而建立。這可能是沙皇軍隊戰敗後，布里亞特和卡爾梅克的佛教徒逃到南斯拉夫後建立的。直到二次大戰後，他們再移民到美國。

一九一七年十月革命為止，整個俄羅斯的各蒙古部落之間，有大小寺院近二百座，喇嘛僧約一萬三千人；在聖彼得堡也有喇嘛約二十位。到一九三〇年代初，因受到壓抑，布里亞特和圖瓦為主的藏傳佛教流行地區，仍有七十餘所程度不一的佛教學校，其中有學僧達到四千多人，年齡在四到十四歲之間。學僧住在寺院學校的修學時間，都是四至八年；但是，因為當局堅持「教育與教會分離」的原則，這些學校很快就被解散或轉變為公立學校。

從一九三〇年代開始，史達林當政，大肆毀佛，隨著蘇聯社會主義建設的發展，加強了無神論的宣傳，煽動國內極左的思潮，宗教在一個相當長的時期被認為是反動分子和階級敵人的隱蔽所，所有的寺廟教堂等，大多遭到關閉、拆毀或轉作他用。所有佛教典籍、佛像、法器等一概焚毀。如以前布里亞特蒙古中心的寺院，有很多地方已經改為文化中心，如學校、俱樂部或醫院。

根據莫斯科人種學和人類學研究所的納塔利·茹科夫斯卡婭的研究，一九三〇年代，史達林當權下的蘇聯政府開始大規模迫害佛教徒。到一九四〇年，布里亞特、卡爾梅克所有寺院被關閉，大量僧侶遭逮捕，很多人被強迫還俗。二戰後，布里亞特只剩下兩所寺院開放。而在之前一九二〇年代，布里亞特有四十七所佛教寺院，卡爾梅克有一〇四所，聖彼得堡有一所。聖彼得堡的寺院是全俄最大的，當時那裡有九個僧人被逮捕。最有名望的僧侶阿格旺多傑喇嘛，一九三八年死於獄中。茹科夫斯卡婭進一步指出，由著名佛教學家徹爾巴斯基在聖彼得堡建立的佛教文化研究院也被史達林關閉，許多學者被捕，甚至被殺。另一個聖彼得堡的佛教學者亞歷山大·安德耶夫說，一九三七年，史達林政府認為佛教寺院和日本有勾搭，並逮捕了一千八百六十四個僧人。一九三七年一月一日到十一月一日，遭逮捕的僧人中有九六九個被判有罪[4]。

一九四一年六月二日，德國法西斯突然發動了對蘇聯的襲擊，保衛祖國成了首要任務。為了團結人民一致對敵，蘇共對宗教採取了一些寬容政策，成立機構，制定管理章程，恢復宗教活動。這時期蘇聯比較有名的佛教活動家有四位：

比季亞．丹達龍（一九一四—一九七四），被認為是中國塔爾寺章嘉活佛的轉世者，是俄羅斯當代歐洲佛教的創始人，一九二〇年被推為「大寶法王」，在宣傳宗教方面做出了貢獻，一九七四年在獄中去世。桑吉．狄雷科夫（一九一二—），布里亞特人，學識淵博，著作有四十部，擔任蘇聯宗教委員會佛教顧問。埃爾迪涅耶夫（一九〇三—一九九〇），布里亞特人，曾任蘇聯佛教徒中央宗教管理局主席，尊稱堪布喇嘛。蒙科．齊比科夫（一九〇八—），布里亞特人，曾是伊沃爾金扎倉（Ivilginski Temple）的喇嘛，一九九〇年擔任新一屆蘇聯佛教宗教管理局的新首腦[5]。

到二戰後的一九四六年，當局才恢復了於十九世紀改建的聖彼得堡佛寺（扎倉），一九五〇年由布利亞特首府烏蘭烏德的佛教徒集資興建了伊沃爾金扎倉，在前蘇聯最後統治時期，只有上述兩座扎倉在活動。

一九六二年，一個斯里蘭卡僧團由蘇那達長老（Ven. W. Sonatha Thero）領導抵達俄羅斯，參加了一些佛教典禮。一九六九年，一個斯里蘭卡僧團代表到蒙古參加佛教典禮。

一九七〇年全俄有十九個佛教團體，分別設在莫斯科、彼得堡、海參威、烏蘭烏德等主要地區。他們創辦了佛學院、藏醫研究機構，出版了大量的佛教書籍和刊物。如在莫斯科的《佛教》、在彼得堡的《迦樓羅》、在卡爾梅克的《曼荼羅》和《香波拉》等[6]。

一九八八年，在赤塔州一座古老寺院措果爾扎倉（Tsugolsky datsan）歸還給當地佛教徒。為滿足住在莫斯科的蒙古人和信仰佛教的外國人宗教生活需要，修建了一座國際佛教文化中心。一九八九年，佛教協會在聖彼得堡被正式確認，位於列寧格勒市濱海大街的喇嘛寺院聖彼得堡佛寺交還給了該市佛協，寧瑪派、噶舉派也加入了該協會，當時該市有佛教徒五百多人。自一九八八年以後，蘇聯各種宗教開始復興，登記新的宗教團體愈來愈多，布里亞特境內就新建了十六座新的扎倉，在西伯里亞的基任金斯克區被毀的佛塔遺址上，興建起一座仿照尼泊爾式的高三十三米，周長一七六米的大佛塔。註冊登記的佛教團體由一九八八年三個增至一九九〇年十個，分別設在莫斯科、列寧格勒等十個城市[7]。

前蘇聯解體後，俄羅斯的喇嘛教獲得了新生，很多地區的喇嘛教寺廟重新恢復，並新蓋了一些寺廟。到一九九二年底，僅在西伯利亞地區新建並舉行開光的寺院就有十座。沙俄和前蘇聯時代喇嘛廟中保存的一些文物和藝術品也陸續歸還原主。例如，彼得堡的彼得堡大帝人類學博物館與民族博物館，向聖彼得堡佛寺歸還了二千件物品；布利亞特藝術基金會也向中央佛教管理局轉交了數千件文物。隨著寺院的恢復與新建，喇嘛教徒的數量也直線上升。據俄羅斯巴拉維雅夫最近的報告，在布利亞特的總人口二百三十萬人中有七十五萬左右是佛教徒；卡爾梅克的三十三萬人中有二十萬是佛教徒；圖瓦的二十九萬人中有二十萬是佛教徒。此外，在赤塔、雅庫特、阿爾泰等地區也有很多的佛教徒，在歐化的俄羅斯人、愛沙尼亞人及立陶宛人中也有一批皈依佛教的人。卡爾梅克還鄭重宣布自己是佛教自治共和國[8]。

第二節 俄羅斯學者的佛教研究

在歐洲早期，佛教學者主要研究原始佛教，所使用的基本資料是南傳巴利語三藏，這一研究稱為「巴利語派」。稍後有些佛教學者，同時注意北傳佛教歷史文物的研究，在這一派占有重要地位的是俄國學派，以「彼得堡派」，後以「列寧格勒派」的名字著稱[9]。

俄羅斯的佛教研究，在十九世紀開始，一八二五年《亞洲學報》登載了佛陀傳記，在西方是首次登載此類作品。此後對科學化佛教研究作出很大的貢獻。早期最突出的佛教學者以撒・雅各布・施密特（Isaak Jakob Schmidt，一七七九—一八四七）是蒙藏研究在俄羅斯的創始人之一[10]。丹麥出生的施密特，被派往俄國卡爾梅克傳教，後入籍俄國，成為俄羅斯科學院的成員。施密特將以喇嘛佛教為綱的蒙古編年體通史《蒙古源流》譯為德文，他的作品被視是建立蒙藏研究的開端。

約瑟夫・科瓦維斯基（Osip M. Kovalevsky，一八〇七—一八七八）主修希臘文學，因被流放到喀山，而有機會轉攻蒙古學和佛教的東方研究，後為喀山大學（Kazan University）校長。科瓦維斯基於一八三七年依敦煌本《阿毘達磨俱舍論》發表的《佛教的宇宙觀》（*Buddiyskaya kosmologiya*）重建宇宙學的概念。喀山大學的東方學院是俄羅斯歷史上，重視佛教研究的東方研究學院之一。

其後，最頂尖的學者有瓦西里・帕夫洛維奇・瓦西里耶夫、米那耶夫、徹爾巴斯基、奧登堡、奧拔米勒等。一八九七年奧登堡成立「佛教藏書」（Bibliotheca Buddhica）蒐集罕見的佛經，以原文或翻譯出版了三十多冊佛書，徹爾巴斯基的不朽名著《佛教邏輯》，就是其中一本。

瓦西里・帕夫洛維奇・瓦西里耶夫（Vasilij Pavlovic Vassilief，一八一八—一九〇〇）是俄國學派的奠基者，也是優異的佛教學者兼漢學家。他曾是喀山和聖彼得堡大學教授，也是俄羅斯科學院院士。一八七八年至一八九三年，擔任聖彼得堡大學東方學院院長。一八四九年，瓦西里耶夫曾代表俄羅斯東正教駐北京十年，他在北京學習研究梵文，中文，蒙古文，藏文和滿文，其間他廣泛涉獵了中國、印度以及藏傳佛教的典籍，使他日後對佛教研究作出更大的貢獻。他在聖彼得堡大學終其一生的研究和教學取得了輝煌的成就，使他成為具有世界知名度的大學者。在中國期間，瓦西里耶夫系統而深入地研究漢語以及藏語的佛教文獻，編著了多卷的鴻篇巨著《佛教及其教義、歷史和文學》（Буддизм, его догматы, история и литература）。一八五七年出版了第一卷，之後被譯成德文和法文出版，奠定了俄國學派的基礎⑪。瓦西里耶夫認為，用來研究佛教的巴利經典，只不過是某類派別的著作。因此，無論用什麼語言記錄或在那個國家留傳下來的經典，都不可能代表完整的早期佛教。為了復原早期佛教的思想原貌，應該還要研究其他派別的經典。早期佛教的經典已經在印度丟失了，然而在北傳佛教藏典中卻保存了下來。這些經典保存在漢文和藏文的譯本，漢人和藏人有計畫地翻譯了各個學派的佛教著作。瓦西里耶夫把整個佛教分為三部分：小乘、大乘和密教⑫。瓦西里耶夫被認定為，十九世紀俄國的佛教研究泰斗。

米那耶夫（Ivan Minayev，一八四〇—一八九〇）是瓦西里耶夫的學生，是俄羅斯的第一位印度學家，後為聖彼得堡大學，印歐語言系的比較語言學教授。他對佛學深感興趣，為了蒐集巴利文的文稿，他曾赴大英博物館和巴黎圖書館蒐集資料。一八七二年米那耶夫以俄文出版的《巴利語法》很快地被翻譯成法文和英文出版。一八八七年發表《佛教研究和材料》（Буддизм. Исследования и материалы, Vol. 1）[13]。米那耶夫是早期研究東方的學者中，了解佛教和巴利文的研究，對理解古印度社會和歷史的重要性。米那耶夫也是俄羅斯地理學會的成員，他曾親到佛教國家作了三次旅行。第一次到斯里蘭卡和印度，第二次再赴印度，第三次到緬甸，他如朝聖者巡視了一切與佛教有關的地方。米那耶夫在他的主要著作《佛教研究和資料》中指出，認為巴利文經典是研究原始佛教的唯一來源，沒有足夠的根據。他分析了巴利文律藏所保存下來的第一結集的記錄，以及另外一些宗派對該結集的記錄。發現關於第一次佛經結集的敘述，有些差異，而每一宗派都認為，他們的經典才是第一次結集上念誦出來的。由此米那耶夫作出結論，這些敘述是在分派之後才得到真正編訂的。當然米那耶夫也不否認，在巴利文經典中確實無可懷疑的有很多古老的部分，但其歷史卻無從知道，它從那兒帶到斯里蘭卡？它的最後的定本是在什麼時候[14]？米那耶夫可說是開啟俄羅斯對佛教廣泛研究的先驅。

謝爾蓋・費奧多羅維奇・奧登堡（Sergey Fyodorovich Oldenburg，一八六三——一九三四）出生於貴族家庭，畢業於聖彼得堡大學東方語言學院，專攻梵文和波斯文，是米那耶夫的高足。後為聖彼得堡大學的東方學和印度學教授，也是俄羅斯印度學的創始人之一。一八九七年，奧登堡和徹爾巴斯基在聖彼得堡創立印度學和佛學研究，蒐集編撰並出版了罕見的佛教經典。他們設立了「佛教藏書」（Bibliotheca Buddhica）系列，第一部出版的是寂天菩薩的《學處集要》（*Cikshasamuccaya*），目前佛教藏書已出版三十多部作品。在一九〇九年至一九一〇年以及一九一四年至一九一五年，他兩度率領考古探險隊到東土耳其斯坦，發現許多歷史悠久的佛教文化古蹟，部分運回聖彼得堡，收藏在亞洲博物館（後來的東方研究所）。一九一九年，由奧登堡策畫在聖彼得堡的俄羅斯博物館，舉辦首創的佛教藝術文物展，並邀請俄羅斯優秀著名的佛教學者主持佛學講座。此次展覽，可說是在聖彼得堡首次公開的佛教教育活動⓯。奧登堡領導俄羅斯科學院的工作，直到一九二九年，他除了維護和提倡科學研究的條件，更曾多次解救被迫害逮捕的科學家。

費奧多爾．徹爾巴斯基出生於波蘭的貴族家庭，畢業於聖彼得堡大學，曾隨奧登堡、繆勒等學者學習梵文、德文、印度手稿及印歐語言等。他主要的研究領域是佛學，尤其是邏輯和認識論。一八九〇年，在母校的東方語言梵語學系教授梵文、巴利文和藏文。徹爾巴斯基曾留學波恩、維也納，也走訪過印度和蒙古。徹爾巴斯基是俄羅斯佛教研究的創始人之一，為佛教與佛教哲學在西方的學術研究奠定下很好的基礎。一九一八年被選為蘇俄科學院院士，一九二八年主持列寧格勒大學佛教文化研究所，專門負責有關印度及西藏之研究工作。

徹爾巴斯基在一九〇三年至一九〇九年出版的兩冊《後期佛教義理的理論》（*Theory of Knowledge and Logic of the Doctrine of Later Buddhists*），及一九二三年的《佛教的核心概念和佛法的意義》（*The Central Concept of Buddhism and the Meaning of the Word "Dharma"*）和一九二七年出版的《佛教涅槃的概念》（*The Conception of Buddhist Nirvana*）在西方引起轟動，隨後他很重要的兩冊英文著作《佛教邏輯》（*Buddhist Logic*）於一九三〇年及一九三二年出版，對佛學研究產生巨大的影響。另外，他把梵文本世親釋《辨中邊論》（*Madhyānta-Vibhanga: Discourse on Discrimination between Middle and Extremes*）和月稱著《明句論》（*Prasannapada*）譯成英語。一九一八年與萊維合作，校刊梵語本稱友釋世親的《阿毘達磨俱舍本頌及論》（*Sphutārthā Abhidharmakośavyākhyā*）、法稱藏本《正理一滴及釋》、陳那《集量論》等⑯。二〇〇四年版的大英百科全書，讚譽徹爾巴斯基為「佛教哲學最重要的西方權威」。

因為自前蘇聯共產黨執政期間，史達林大肆對佛教迫害，佛教文化幾乎全被摧毀，以後俄羅斯對佛教的研究和弘揚，就快速地衰退了。英國學者愛德華．孔茲對俄羅斯之佛教研究，在他一九五一年出版的《佛教其本質及發展》一書中說：「雖然，佛教研究在俄羅斯是日漸消弱中；然而，俄人過去對佛教學術研究確實作出很大貢獻。或許可以這樣說，大概是因為佛教之神祕主義不合乎唯物論者之胃口吧！」

一九四五年，部分佛教開始復興，伊沃金喇嘛寺通過申請，興建落成並開始運作。蘇聯政府並於一九四六年通過了「蘇聯佛教僧侶條例」根據該條例伊沃金喇嘛寺是佛教在蘇聯的代表。

一九九一年，蘇聯瓦解後佛教再次復興，藏傳佛教也是俄國遠東居民信仰的宗教，在聖彼得堡與莫斯科信徒雖少，也有十多座新建的扎倉。一九九二年十四世達賴喇嘛首次訪問俄國。一九九六年新的憲法通過，俄羅斯佛教徒的中央精神文明委員會更名為俄羅斯佛教傳統僧伽（Buddhist Traditional Sangha of Russia，簡稱 BTSR），屬格魯派，是世界佛教徒聯誼會的成員也是俄羅斯的佛教團體之一。現任佛教領袖阿育謝耶夫喇嘛（Lama Damba Ayusheev）。

二〇一〇年，原名圖瓦的康巴喇嘛管理（Management of Kamba Lama of Tuva）改成圖瓦佛教協會（Association of Buddhists of Tuva），包括二十二個組織和十七座寺院。在布里亞特有二十六座扎倉。不像布里亞特和圖瓦只有格魯派；在卡爾梅克的佛教，還有薩迦與噶舉派傳統；在卡爾梅克共和國境內，有二十七座寺院和修道院。

目前，俄羅斯除了藏傳佛教外，南傳上座部佛教、日本禪宗、韓國禪等許多佛教學宗派都出現在俄羅斯。

根據二〇〇五年的資料，俄羅斯的布里亞特人，卡爾梅克人和圖瓦人，信奉傳統佛教，佛教徒在這些地區的人數約九十萬人。近年來，佛教出現在莫斯科、聖彼得堡、薩馬拉等俄羅斯最大的非傳統佛教城市。據民意調查顯示，佛教徒在這些城市，約占總人口的百分之一左右。佛教徒的人數在俄羅斯全國的比例也相似。

---

❶ 出處：http://buddhist.ru/eng/。

❷ 聖彼得堡佛寺：http://dazan.spb.ru/datsan/history/。

❸ 出處：http://dazan.spb.ru/datsan/history/agvan-dordziev-bio/。

❹ 黄迪秋著：《俄國的佛教文明》一文。

❺ 多哇・更桑協熱布來著：《當代藏傳佛教在國外》。出處：中國西藏網 Tibet.cn。

❻ 黄心川著：〈當前東亞佛教的復興情況及其對社會經濟的影響〉，載《中華佛學學報》第十三期，第五〇五—五一二頁。

❼ 多哇・更桑協熱布來著：《當代藏傳佛教在國外》，中國西藏網 Tibet.cn。

❽ 黄心川著：〈當前東亞佛教的復興情況及其對社會經濟的影響〉，載《中華佛學學報》第十三期，第五〇五—五一二頁。

9 魯其娜著，杜繼文譯：〈俄國的佛教研究〉，載張曼濤主編：《現代世界的佛教學》，《現代佛教學術叢刊》第八十五冊，第二〇〇頁。

10 出處：https://en.wikipedia.org/wiki/Isaac_Jacob_Schmidt。

11 出處：https://en.wikipedia.org/wiki/Vasily_Vasilyev。

12 魯其娜著，杜繼文譯：〈俄國的佛教研究〉，載張曼濤主編：《現代世界的佛教學》，《現代佛教學術叢刊》第八十五冊，第二〇三—二〇四頁。

13 出處：https://en.wikipedia.org/wiki/Ivan_Minayev。

14 魯其娜著，杜繼文譯：〈俄國的佛教研究〉，載張曼濤主編：《現代世界的佛教學》，《現代佛教學術叢刊》第八十五冊，第二〇一—二〇二頁。

15 出處：https://www.researchgate.net/publication/228389339_Buddhism_in_Saint_Petersburg。

16 出處：http://kfinkelshteyn.narod.ru/Tzarskoye_Selo/Uch_zav/Nik_Gimn/NGU_Sherbatskiy.htm。

第十五章　歐洲其他國家的佛教

第一節　捷克佛教

捷克的佛教之父利奧波德．普羅恰茲卡博士（Dr. Leopold Procházka，一八七九—一九四四），是捷克最早的佛教徒之一。普羅恰茲卡博士於一九二六年後發表佛教有關著作：《佛陀和他的教導》（*Buddha a jeho učení*）；《佛教的世界觀、道德和宗教》（*Buddhismus světovým názorem, morálkou a náboženstvím*）；《自覺人格的現象》（*O vědomém jevu osobnostním*）；《佛教禪定》（*O buddhistické meditaci*）；《佛陀和耶穌》（*Buddha a Kristus*）等多部佛書。普羅恰茲卡博士被視為二十世紀上半葉，捷克最有力的佛教推動者[1]。

一九三八年，出生於捷克維佐維採（Vizovicích）的馬丁．那弗薩（Martin Novosad）在斯里蘭卡的德國比丘三界智尊者座下出家，法名源智比丘（Bhikkhu Nyanasatta，一九〇八—一九八四）成為第一位捷克裔的比丘。源智比丘曾在康提佛教出版協會協助向智尊者翻譯的工作，出版有英譯《正念的基礎——大念處經》（*The*

Foundations of Mindfulness-Satipatthána Sutta）及《佛教的基本原則》（*Basic Tenets of Buddhism*）。他的主要作品被譯成捷克文，是主要的佛教基礎教科書。源智比丘也幫忙佛教百科全書（Buddhist Encyclopaedia）的編輯[2]。

二十世紀中，捷克斯洛伐克所有的佛教活動，在國家社會主義和共產主義統治下結束。直到一九九〇年代，瑞士佛教聯盟會長米爾科·弗利伐博士與捷克總統瓦茨拉夫·哈維爾接觸後，開始在查爾斯大學（Karls Universität）及捷克共和國和斯洛伐克共和國，開辦佛教與心理學講座和密集禪修教學[3]，他也將巴利佛典翻成捷克文，並在各地組織成立許多菩提小組（Bodhi Group）。

性空法師（即法光法師 Ven. Dhammadīpa，一九四九—）出生於捷克布爾諾（Brno），畢業於布爾諾大學（一九六九）及法國巴黎大學（一九七七）中文哲學系，對中國文化深具好感，一九七三年獲得俄國捷羅斯冷大學俄文文學文憑，一九八四年畢業於印度那爛陀大學梵文系，並擔任該所大學講師。曾獲邀於臺灣之佛光山、中華佛研所擔任客座講師，著有《譚嗣同之仁學研究》等書。通曉法、德、英、中、俄、印度、日語等十幾種語言。一九八六年，法師前往日本，隨厚田禪師修習曹洞宗，法名性空。一九八七年於斯里蘭卡剃度出家，依止那難羅摩大長老（Ven. Matara Sri Nanarama Mahathera，一九〇一——一九九二）座下修習南傳禪法，法名法光。一九八九年於洛杉磯西來寺受北傳三壇大戒。一九九六年赴緬甸親近當代禪修大德帕奧禪師（Pa Auk Sayadaw）修習禪法，為禪師最得意弟子之一，並被授意為其公開教導帕奧禪法。二十年來，性空法師在世界各地包括歐美、臺灣、中國、印度及東南亞各國弘法及指導禪修。他也致力於寫作和翻譯佛教論典成捷克文和法文。翻譯作品包括《大乘起信論》、《入菩薩行》和寒山的詩集。他在臺灣的部分教學被結集成中文出版，包括修習四無量心慈悲的培育《念處之道》、《大念處經講記》、《四聖諦與修行的關係》、《轉法輪經講記》，《四無量心》和《阿毘達磨的理論和實踐》[4]。

根據二〇一一年的人口普查，在捷克的越南移民，人數超過八萬人，僅次於斯洛伐克人和烏克蘭人之後，是捷克第三大少數民族。佛教也隨著越南移民傳入捷克。目前，捷克有七十個佛教中心，約五萬佛教徒。捷克的佛教徒中有三分之二是越南僑民，多數住在布拉格（Prague）和海布（Cheb），他們信仰的是大乘佛教，其他轉換信仰的佛教徒，則有信仰上座部佛教或金剛乘藏傳佛教的。另有十座韓國佛寺和佛光山的「捷克布爾諾佛光緣」。金剛乘信徒主要是寧瑪派和噶舉派的傳承，噶舉派包括鑽石道中心，在捷克建立了約五十個中心。

第二節　芬蘭佛教

最早出現在芬蘭的佛教作品，是一八五六年，瑞典神學家尼爾斯．伊格爾斯（Nils Ignells）的一篇有關佛教的文章。一八八六年，芬蘭人卡爾．羅伯特．塞德霍爾姆（Carl Robert Sederholmin）出版了第一本佛教書籍《佛陀和他的教導》（*Buddha den upplyste och hans lära*）。一九〇六年，派克．埃爾瓦斯汀（Pekka Ervastin）出版了靈智學會創始人奧爾科特的《佛教教義問答》，上座部佛教的教法，也隨著當時靈智學會的活動，而流傳於芬蘭許多城市[5]。

一九四七年，芬蘭第一個註冊的佛教團體——佛教之友協會（Buddhismin Ystävät－Buddhismens Vänner ry）成立。早期協會的活動仍與靈智學會一起，主要是以弘揚上座部佛教的教法為主，也舉辦衛塞節的慶典活動。一九四六年至一九四八年間，擔任芬蘭國防部長的霍．卡利嫩（Yrjö Kallinen）也深受佛教影響[6]。

芬蘭佛教聯盟（Suomen Buddhalainen Unioni），由六個佛教團體成立於二〇〇九年。為佛教組織的國家代表，宗旨為促進和維護佛教的價值觀和佛教的實踐，以及主張世界觀之間的合作和寬容的工作[7]。聯盟出版半年刊佛教雜誌《菩提子》（*Bodhi*

Melong）。目前有十一個團體加入佛教聯盟，分別為：

1.菩提達摩協會（Bodhidharma Association）位於赫爾辛基，成立於一九四七年，是芬蘭成立最早的佛教協會[8]，最初稱為佛教之友協會，首任會長是作家尤西斯內爾曼（Jussi Snellman，一八七九—一九六九）。一九九八年協會改名為菩提達摩協會，一九八五年開始由大慧禪師（Tae Hye Sunim，一九五二—）負責，大慧禪師是芬蘭人，俗名麥克爾・尼尼瑪基（Mikael Niinimäki），十六歲開始接觸佛法，赫爾辛基大學畢業後，於一九八二年前往泰國受南傳比丘戒，法名大慧（Mahāpañña），後因覺得南傳比丘的生活方式在芬蘭不是那麼容易，所以一九八七年又至韓國松廣寺，受北傳的比丘戒。目前協會的活動，以北傳的禪宗教學為主。

2.佛法中心（Dharmakeskus）於一九八〇年成立於洛瑪亞（Loimaa），屬藏傳金剛乘的系統，教導寧瑪、噶舉、薩迦和格魯四大教派的傳統，另設有閉關中心。

3. Danakosha Finland 屬藏傳佛教寧瑪派傳承，由固仁波切（Tulku Dakpa Rinpoche）成立於二〇〇五年。

4.三寶佛教中心（Triratna Buddhist Centre）屬英國僧護創辦的三寶普濟會系統，一九七三年成立，在赫爾辛基設有共修中心，及閉關中心。

5.芬蘭泰國佛教協會（Finnish-Thai Buddhist Association）包括三座泰國佛寺，主要

是服務泰國佛教徒和芬蘭民眾，約有一千一百名成員。

6.赫爾辛基禪中心（Helsinki Zen Center）屬日本原田祖岳禪師傳美國弟子菲力浦．凱普樓的傳統為主。為北歐佛教禪協會（North Europe Zenbuddhistiska Samfundetin）的分支，舉辦講座和禪修活動。

7.坦佩雷禪協會（Tampere Zen ry）成立於二○○四年，屬菲力浦．凱普樓的傳統。

8.尼羅達協會（Nirodha Association），在各城市設有內觀禪修中心，舉辦內觀教學及長期靜修活動。

9.芬蘭越南佛教協會（Finnish Vietnamese Buddhist）於一九九八年由Hanh Bao法師成立於圖庫（Turku）。

10.福寶佛塔（Phuc Lam Pagoda）是芬蘭越南佛教文化協會（Buddhist Cultural Association of Vietnam in Finland）的會所。

11.創價學會（Soka Gakkai International Suomi）於一九七五年在芬蘭成立。

喇嘛歐雷．尼達爾，在芬蘭有八個佛教中心。以十七世噶瑪巴聽列泰耶多傑為精神導師。提供芬蘭語和英語佛學講座。

土庫達帕仁波切（Tulku Dakpa Rinpoche，一九七五—），自一九九九年，在大學休假期間，應歐洲比利時佐欽佛法中心（Dzogchen Center Belgium）的邀請，前往歐洲傳法並遊歷了歐洲一些國家。他是第一個在芬蘭常駐的西藏佛教上師，是芬蘭赫爾辛基藏傳佛教寧瑪派Danakosha佛教中心的創始人和精神領導人。他也領導芬蘭南部的炯沃瑟閉關中心（Rangjung Osel Retreat Center）[9]。他有教無類，教導各個不同層次的學生，並且與學生一起修法。他孜孜不倦地引導學生，啟發他們的新智慧，讓他們在開悟的道路上，不斷進步。他淵博的學識，慈悲的心腸和熱忱的奉獻精神，受到學生們深深的感激。除了芬蘭，仁波切還在歐洲，亞洲和美國其他的佛教中心傳法。

二〇一一年，達賴喇嘛尊者應芬蘭藏人文化協會及芬蘭藏傳佛教金剛乘松贊學會之邀，訪問芬蘭二日。八月二十日下午，在赫爾辛基附近埃斯波的巴隆納體育場（Barona Arena），對在場的七千名與會者演講《慈悲的力量》，並回答大眾的提問。在當天上午時間並為約二五〇名來自卡爾梅克共和國的藏傳佛教信眾開示。

此外，芬蘭尚有日蓮正宗、其他越南和藏傳佛教等佛教組織，共約有四十多個佛教團體。芬蘭人的佛教徒約五千人。目前在赫爾辛基等十二個城市有佛教寺院。

第三節　希臘佛教

希臘與佛教之間的關係，始於亞歷山大大帝在公元前三百三十四年征服亞洲小亞細亞和中亞（包括埃及、波斯、大夏），遠至印度河，從而與佛教的發源地建立了直接聯繫。亞歷山大在新領土上建立了幾個城市，位處印度和中亞之間的交通要道，產生熱絡的文化交流和貿易。

亞歷山大在公元前三百二十三年去世後，他的將領在小亞細亞和中亞建立了自己的王國。塞琉古．尼卡托爾（Seleucus Nikator）成立了塞琉古王國，延伸到印度北部。經三十多位君主後，傳至彌蘭王（King Menander）統治大夏，稱希臘—巴克特里亞王國（Greco-Bactrian Kingdom，公元前三—二世紀）。根據在阿富汗到印度中部挖掘到的，公元前一六〇—一三五年的硬幣，硬幣上用希臘文寫著「救世主彌蘭王」，以及結合了法輪的佛教符號與希臘神的雕刻，錢幣上甚至有國王手結佛教手印的圖案，顯示當時希臘文化也受到佛教的影響。南傳《彌蘭王問經》最後也提到，彌蘭王晚年將政權交給兒子，自己出家並證得阿羅漢果⑩。同時，希臘風格的雕塑藝術，也對早期印度佛像的雕刻產生很大的影響。

一九七五年，噶瑪噶舉傳統的鑽石道創始人喇嘛歐雷．尼達爾，應希臘學生的邀請，前往教學。一九七八年，喇嘛歐雷陪同十六世噶瑪巴前往雅典弘法，並創辦了雅典最早的佛教中心（Buddhist Center Athens）。一九八八年，在科林西亞（Corinthia）近郊成立貝爾森噶瑪靜修中心（Bertsen Karma Ling），二〇〇一年，佛教在希臘被政府正式承認，此團體在雅典以噶瑪噶舉佛教中心——鑽石道（Buddhist Center Karma Kagyu - Diamond Way）登記立案。二〇〇九年，又在塞薩洛尼基（Thessaloniki）成立塞薩洛尼基佛教中心。

二〇〇〇年之後，藏傳佛教的格魯派、寧瑪派和國際佛教噶當巴，相繼在雅典成立道場，弘揚藏傳佛教。

一九九七年，夏威夷的虛雲禪苑，在雅典成立屬虛雲禪佛教系統（Zen Buddhist Order of Hsu Yun）的虛雲禪苑，指導中國禪。

斯里蘭卡在雅典的僑民，覺得需要有一座佛教精舍，讓大家學佛修行，並保存傳統文化。在信眾的護持下，雅典佛教文化中心（Athens Buddhist Culture Centre）終於在二〇〇七年成立，並附設有語言學校及兒童佛學班。道場的法師由斯里蘭卡派出，以服務僑民為主。

在義大利成立臨濟宗禪心寺的恩格庫．泰諾（Engaku Taino，一九三八—）禪師，是日本臨濟宗禪師山田無文的弟子。泰諾的學生在雅典成立雅典臨濟禪（Athens Rinzai Zen）。

目前希臘的佛教道場，以藏傳佛教噶舉傳統占多數，寧瑪派次之。

第四節　瑞典佛教

瑞典位居北歐斯堪狄那維半島（Scandinavia）的中心地帶，東隔波士尼亞灣（Bothnia）和芬蘭遙對，西與挪威為鄰，東南面波羅的海（Baltic Sea）。面積四十四點九萬平方公里，人口九百一十八萬（依二〇〇九年），首都斯德哥爾摩。基督教路德宗是瑞典的國教，國王信奉國教，法律規定非信奉國教公民不得擔任首相。一九九三年國教會成員人數約占全國人口百分之的八十八。一九九一年約有七點三萬伊斯蘭教徒，另外還有幾個佛教組織。

佛教在瑞典是一個相對較小的宗教，但近年來有所改變。根據瑞典佛教合作委員會（Buddhism i Sverige）的數據，在二〇〇六年至二〇〇九年間，佛教徒的人數增加了百分之三十八。二〇一一年四月的資料，佛教徒的人數估計大約有四萬五千人，接近瑞典人口的百分之零點五，成為基督教和伊斯蘭教之後第三大宗教[11]。大多數佛教徒來自泰國，中國或越南的亞洲背景。

十九世紀末，瑞典有些人開始研究佛教。其中最重要的是印度學家赫爾默・史密斯，一九二七年他成為丹麥皇家學會外籍會員；一九三八年他受聘為烏普薩拉大學比較文獻學及梵文教授；同年他成為巴黎亞洲學會會員。

赫爾默是一位著名的巴利語、梵文、僧伽羅語、緬語和塔米爾文專家，最專長的是僧伽羅語。他對《語法論》（*Saddanīti*）的註釋，同時對《精審巴利辭典》所做的工作評價很高。一九一三年，他與安德遜合作校訂《經集》，以及一九二一年校訂兩種文法：《界誦》（*Dhātupāṭha*）和《界函》（Dhātumañjūsa）。一九一五年至一九一八年間，他編校四冊《勝義光明》（Paramatthajotikā）；一九二四年，他與迪內斯・安德遜開始做《精審巴利辭典》編輯工作。為了對他的巴利辭典做準備工作，他曾經負責巴利文獻的蒐集。在他編輯的《精審巴利辭典》首冊中附有一篇很有價值的附錄 Epilegomena，其中包含有許多很難得的資料目錄[12]。

一九七六年，第十六世噶瑪巴創立的 Karme Tenpe Gyaltsen，包括兩處道場，一在斯德哥爾摩的佛教中心（Karma Shedrup Dargye Ling），一在費靈斯堡（Fellingsbro）的噶德慶沃瑟林靜修中心（Karma Dechen Ösel Ling）。

一九七九年，堪千堅贊仁波切（Khenchen Sherab Gyaltsen Amipa Rinpoche，一九三

一—二〇一四）在斯德哥爾摩和烏普薩拉兩處成立薩迦Changchub Chöling佛寺，提供藏傳佛教的研究和靜坐。

一九八二年美國禪師菲力浦．凱普樓第一次訪問瑞典，即成立斯德哥爾摩禪宗佛教協會（Zenbuddhistiska Samfundet - Stockholm）。在斯德哥爾摩、哥德堡、隆德（Lund）、赫爾辛基共有四個道場，另外還有四處聚會所，在郊區還有靜修道場禪園（Zengarden），也是培訓師資的地方[13]。現任禪師聖塔．波羅瑪（Sante Poromaa Roshi，一九五八—）和坎雅．奧德蘭德（Kanja Odland Roshi，一九六三—），都是凱普樓的學生。

一九八四年，日本禪師弟子丸泰仙的學生，在烏普薩拉（Uppsala）成立瑞典曹洞禪宗協會（Swedish Soto Zen Association），在瑞典有四個道場，都為國際禪協會的一員。

一九八五年，斯里蘭卡瑞典佛教協會（Sri Lanka-Sweden Buddhist Association）成立，建有上座部佛教道場斯德哥爾摩佛教精舍（Stockholm Buddhist Vihara），邀請法寶大長老住持（Bhante K. Siri Dhammaratana Maha Thera）。主要信徒為斯里蘭卡僑民。

一九九四年成立的哥德堡藏傳佛教協會（Association of Tibetan Buddhism in Gothenburg），二十多年來，邀請藏傳四大宗派的上師，舉辦講座和靜修活動。

一九九六年，「瑞典佛光山」正式成立，是一座弘傳大乘人間佛教的道場。瑞典佛光山，位首都斯德哥爾摩北部，距離車站、機楊十五分鐘車程，坐落在一片空曠綠意的平原上。定期舉辦中英文佛學講座、禪坐、世界佛學會考、念佛、觀音共修會、佛誕節之慶祝等例行活動。

二〇〇〇年後，越南佛教文化協會及緬甸和泰國的上座部佛教相繼在瑞典成立道場，喇嘛歐雷．尼達爾的鑽石路佛教也成立多處共修中心。

瑞典佛教聯合會（Sveriges Buddhidtiska Samarbetsråd，簡稱SBS）⑭，一九九二年籌備，一九九三年成立，目前有二十四個組織成員。聯合會主要是希望聯合在瑞典的不同傳統的佛教組織，定期開會，互相溝通合作。

第五節　挪威佛教

一九七〇年初期，佛教隨著亞洲移民一起抵達挪威。受日本禪師鈴木大拙著作的影響，一九七二年，有一群熱衷靜坐的成員定期聚會禪修，他們在一九八一年時，聯繫上美國加州的日本臨濟禪師上州佐佐木，之後邀請禪師前往指導數次。終於在一九八七年，在奧斯陸成立坐禪會（Zazenkai），由奧地利出生的禪師任羅棲雲指導，團體名稱現改為奧斯陸臨濟禪中心（Rinzai Zen Senter Oslo）。

噶扎西林佛教協會（Karma Tashi Ling Buddhist Societ，簡稱KTLBS）屬於藏傳佛教噶瑪噶舉派，是挪威最古老的藏傳佛教團體，協會主要目的是在教導藏傳佛教的教學和禪修實踐。位於奧斯陸的噶扎西林（KTL），成立於一九七六年，占地二十二公頃，是KTLBS的總部，也是挪威最大的道場，二〇一五年，新落成的佛殿，可容納更多人共修。另有位於市區的般若蜜多靜坐中心（Paramita meditasjonssenter）和位於森林的閉關中心（Karma Shedrup Ling retreatsenter）。

由於佛教各傳統的道場陸續成立，一九七九年，由兩個大組織——臨濟禪中心和噶扎西陵佛教中心，一起在斯塔萬格（Stavanger）成立了挪威佛教協會（Buddhist Federation of Norway）。目前協會成員包括十三個佛教團體及一萬四千一百多會員，成立協會的主要目的是為了爭取維護佛教權益，促進挪威不同傳統佛教間的溝通與良好的互動，以及不同宗教間的交流對話。協會並設計提供佛學課程，提供各級學校有關佛教的學習教材。

一九七五年，許多越南難民流亡到挪威，其中大多數為佛教徒。一九八二年，他們在奧斯陸成立越南佛教協會（The Vietnamese Buddhist Community）。一九九九年，在羅倫斯固克（Lørenskog）新建匡越佛寺（Khuong Viet Temple）。現在，挪威的兩萬名越南僑民中約三分之二是佛教徒，也增建了許多寺院。協會和寺院除了舉辦宗教相關活動，同時也為青少年及兒童舉辦文化交流活動。

泰國佛教徒得到泰國大使館的支持，於一九九一年，成立泰國佛教協會（Thai Buddhist Association），旨在照顧泰國僑民的宗教文化需求。二〇〇六年時，在幽靜的弗羅古納爾（Frogner Norge）新建一座泰式佛殿「挪威泰寺」（Watthai Norway）。二〇〇九年八月十七日，在挪威奧斯陸的泰國皇家大使館內，舉行泰國贈送世界版《大藏經》給挪威佛教協會的儀式，這一套四十卷的世界版《大藏經》，是泰國「佛法基金會」（Dhamma Society）完全用羅馬字母排版的，由挪威佛教協會會長羅斯代表接受，這部藏經是為已故瓦哈娜公主在二〇〇八年的葬禮上，做為泰國皇家贈送的紀念物。

高棉佛教協會，原來附設在泰國佛教協會裡面，二〇〇九年時，獨立出來成立協會，旨在照顧高棉僑民。

斯里蘭卡佛教徒於一九九三年成立斯里蘭卡教育與文化協會（Tisarana Educational and Cultural Society），旨在教導和維護上座部佛教文化。

阿姜查系統的泰國森林道場，也於二〇一一年，成立森林道場佛教協會（Forest Monastery Buddhist Society），希普特沃特佛教道場（Skiptvet Buddhist Monastery）於二〇一五年開始啟用。

達摩集團（Dharma Group）是屬於一行禪師的禪修小組。挪威超過五萬的佛教徒中，包括兩萬兩千越南人，一萬七千泰國人，九千九百中國人和四千緬甸人。

第六節　拉脫維亞佛教

在元世祖忽必烈（一二一五—一二九四）征服歐洲時，佛教也在十一世紀到了波羅的海地區，從那時起，佛教就是拉脫維亞、愛沙尼亞及立陶宛知識分子中的一種信仰。兩次大戰後，佛教經典也被譯成拉脫維亞、愛沙尼亞及立陶宛語出版。忽必烈曾設立一個類似佛教教宗的職位，任命一位西藏喇嘛擔任此職，可頒發統治僧團的誥令。雖然後來元朝滅亡，佛教教宗就沒有了，而在波羅的海諸國，仍盛行著教宗聘任的風俗。兩次大戰後，在波羅的海諸國中，仍存有許多大乘佛教的寺院，住有數百僧人，他們研究佛經及打坐修持。

拉脫維亞佛教總主教是但尼生（Archbishop Tennisons，一八七三—一九六二），出生於拉脫維亞北部。他的家族好幾世代都信仰佛教，一八九二年他旅遊到烏拉爾山脈，到達西伯利亞以東之佛教地區特蘭斯貝加利亞（Transbaikalia），他在那裡皈依了一名高僧，為立陶宛皇室後裔，大行者寶金剛（Mahāchariya Ratanavajra），是位著名的梵文和印度學專家。在所有印語系中，立陶宛語最接近梵文，所以立陶宛人學習梵文最快。在過去，吠陀梵語是立陶宛及拉脫維亞人的語言。但尼生於一八九三年出家為僧。在他通達經典之後，但尼生開始在亞洲最北方的北極圈弘法多年，對愛斯基摩人以及其他少數民族牧民弘揚佛陀的教誨。他對《龍藏》曾做過深入的研究。第一次世界大戰時，他擔任俄軍的傳教師，看到東普魯士發生之坦尼堡戰役。戰爭結束後，他擔任彼德格勒的西藏佛教總教會的主教。一九二三年，但尼生被任命為拉脫維亞、愛沙尼亞、立陶宛三國的佛教僧王，並在拉脫維亞首都設立主教席位，並任命為拉脫維亞佛教總主教。一九五六年佛陀誕生二千五百年紀念時，他在拉脫維亞的宗教祕書及助理陪同下，朝拜了印度菩提伽耶、那爛陀寺佛教聖地，並參加佛誕的慶祝會。但尼生寫了很多有關佛教的論文，研究報告及若干書籍。並為《國際學報》之經常撰稿人[15]。

里加佛教中心（Buddhist Center Riga）和佛教集團陶格夫匹爾斯（Buddhist Group Daugavpils）。一九九七年，一群喜歡靜坐的年輕人，找到喇嘛歐雷．尼達爾指導。靜坐團體經過多年的蘊釀，終於在二〇〇二年成立了兩處藏傳佛教噶瑪噶舉派鑽石道中心，分別在首都里加（Riga）和陶格夫匹爾斯（Daugavpils）。

直貢噶舉派法輪中心（Drikung Kagyu Dharmachakra Centre）里加雅迪直貢林

（Riga Ngadi Drikung Choling）成立於一九九〇年代初期。活動內容也包括南傳上座部靜坐教學。

甘丹寺佛教禪修中心（Ganden Buddhist Meditation Centre）由梭巴仁波切成立於二十一世紀初期，隸屬格魯派護持大乘法脈基金會，開辦佛法及靜坐課程，也有長期有系統的佛教課程。

里加禪中心（Riga Zen Center）由韓國崇山行願禪師建於一九九〇年代，隸屬國際觀音禪學院系統。

滴水禪堂（One Drop Zendo）日本臨濟宗崇元寺的禪師原田正道（一九四〇—），教導許多歐洲的學生。二〇〇三年，在里加的滴水禪堂與二〇一一年位於屏濟（Pinki）的滴水禪堂相繼成立。

---

❶ 出處：https://cs.wikipedia.org/wiki/Leopold_Proch%C3%A1zka。

❷ 出處：http://mujweb.cz/buddha.cz/btsched.htm。

❸ 出處：http://mujweb.cz/buddha.cz/btschecd.htm。

❹ 正信佛教論壇：〈性空法師簡介〉。

❺ 出處：http://www.sbu.fi/wp-content/uploads/2017/03/BUDDHALAISUUS-SUOMESSA.pdf。

❻ 出處：http://www.sbu.fi/wp-content/uploads/2017/03/BUDDHALAISUUS-SUOMESSA.pdf。

❼ 芬蘭佛教聯盟：http://sbu.fi/。

❽ 出處：http://www.bodhidharma.fi/?p=103。

❾ 出處：http://tdr.bio/。

❿ 出處：https://en.wikipedia.org/wiki/Greco-Buddhism。

⓫ 出處：https://sv.wikipedia.org/wiki/Buddhism_i_Sverige。

⓬ Wiliam Peiris 著，梅迺文譯：《西洋佛教學者傳》，載《世界佛學名著譯叢》第八十四冊，第二七一—二七四頁。

⓭ 出處：http://www.zazen.se/aboutus_en.php#whatwedo。

⓮ 出處：http://www.buddhism-sbs.se/medlem.html。

⓯ William Peiris 著，梅迺文譯：《西洋佛教學者傳》，載《世界佛學名著譯叢》第八十四冊，第二七八—二八〇頁。

第二篇

北美洲

第一章　美國佛教略史

美國位於北美洲中部，全稱美利堅合眾國（The United States of America），一七七六年七月四日建國，現在由五十個州和一個聯邦直轄特區組成，面積九百八十五萬平方公里，人口超過三億。居民一半以上信仰基督教，百分之二十多為天主教，英語為官方語言。

十九世紀中期開始，佛教隨著亞洲和東南亞的移民傳入美國。一八四九年加州的「淘金熱」，隨著大批中國移民湧入加利福尼亞州，一八五四年，在舊金山出現了美國境內第一座寺廟。一八八〇年代和一八九〇年代，大批日本人移民到夏威夷，夏威夷從此開始出現佛教廟宇。在十九世紀後半葉，佛教思想的影響開始出現在沃爾特．惠特曼（Walt Whitman，一八一九—一八九二），亨利．梭羅（Henry Thoreau，一八一七—一八六二）和拉爾夫．沃爾多．愛默生（Ralph Waldo Emerson，一八〇三—一八八二）的文學作品中。

一八九三年與芝加哥世界博覽會合作舉辦的世界宗教議會（World Parliament of Religions），是佛教傳播到西方的一個重要事件。日本禪宗代表釋宗演法師（一八六

○—一九一九）與斯里蘭卡的佛教教師達摩波羅，成功地將佛教介紹給西方世界。

第一節　美國佛教最初的萌芽

美國的佛教研究是在西歐的影響下起步的，佛教傳入美國約有一百七十年歷史。一八四四年一月，美國波士頓《日晷》（*The Dial*）第四卷第三號上發表了《法華經》的英文節譯，題為《佛陀的布道》（*The Preaching of Buddha*），這是轉譯自歐洲佛教研究之父法國學者尤金．比爾奴夫的一篇文章❶。

美國第一位佛教徒，也是錫蘭佛教復興的重要貢獻者奧爾科特上校，生於新澤西州的長老教會家庭，在哥倫比亞大學求學時，因父親經商失敗，被迫輟學。一八六一年，內戰開始，他加入了信號軍團。一八六五年，上校退役後，他回到紐約攻讀法律，成為海關律師。可能因為內戰期間，許多家庭失去親人，所以此時有關靈異、通靈等神祕學說在美國廣泛地流行起來。奧爾科特上校在一八七四年，因為探討此方面的神祕經驗，遇到聲稱有靈異經驗的海倫娜．彼得羅夫娜．布拉瓦茨基夫人。奧爾科特和布拉瓦茨基混合了東方主義，超驗主義和精神主義，於一八七五年在紐約創立了「靈智學會」（Theosophical Society）。靈智學會出版佛教刊物，也經常主辦佛法演講，使一些美國人對業力、轉世、因果及涅槃等觀念漸有認識，並引起許多人對佛教產生興趣。一八七九年，他們將總部遷至印度的阿迪亞爾（Adyar）。

奧爾科特從布拉瓦茨基夫人那裡，學到了關於佛教的知識，他渴望學習更多。一八八〇年，奧爾科特為了追求佛陀純正原始的教義，遠赴錫蘭受持三皈五戒，成為第一位美籍優婆塞。但奧爾科特很快就發現，錫蘭因為自十六世紀以來，先是葡萄牙占領，被強迫信仰天主教，後又被荷蘭、英國占領。僧伽羅人在英國殖民統治下多年，英國一直積極地對僧伽羅兒童推行基督教的教育制度，同時破壞佛教組織。奧爾科特於是發心復興錫蘭的佛教，積極帶動反殖民統治和反強迫信仰基督教的社會運動。靈智學會並創辦了多所佛教學校，其中有幾所是現在著名的佛學院，例如位於可倫坡的阿難陀學院（Ananda College, Colombo），加爾的摩哂陀學院和康提的法王學院（Dharmaraja College, Kandy）。奧爾科特寫了一本《佛教教義問答》做為基礎教科書，錫蘭直到目前仍在使用。一八八五年，奧爾科特擔任佛教旗幟設計委員會的顧問，設計出現在世界佛教徒聯誼會採用的佛教旗幟。一八九三年，奧爾科特資助達摩波羅代表佛教，出席在芝加哥的世界宗教議會，讓佛教走上國際舞台，也帶動了美國佛教的興起。

奧爾科特直到一九〇七年去世，一直留在印度和錫蘭，從事復興佛教的工作。直到今天，錫蘭的佛教徒，仍然感恩紀念奧爾科特，稱讚他是斯里蘭卡獨立抗爭的英雄，也是錫蘭宗教、民族和文化復興的先驅。他的肖像曾被印在錫蘭的郵票上，每年在他的逝世紀念日，各處都會舉行紀念活動，僧眾也會在可倫坡向他的金色雕像獻花❷。

斯里蘭卡一位有魅力的年輕僧人羯那難陀（Mohottivatte Gunananda，一八二三—一八九〇）挑戰基督教傳教士，分別於一八六六年、一八七一年和一八七三年，舉行一系列的辯論。羯那難陀準備周全，他不僅研究了基督教經文，而且研究了批評基督教的西方的理性主義著作，所以三場辯論會大獲全勝。羯那難陀也在斯里蘭卡全島巡迴演說，呼籲全民回歸佛教，吸引成千上萬的傾聽者。奧爾科特後來也加入他的陣容。

十九世紀下半葉，美國佛教學者最早研究的是上座部佛教的巴利語文獻。那時，奧爾科特刊登在靈智學會佛教刊物上的一則廣告，影響了一位在紐約教書的瑪利・摩西斯・希金斯（Mrs. Marie Musaeus Higgins，一八五五—一九二六）夫人。她是德國首席大法官的女兒，得到教授的頭銜後，瑪利前往美國從事教育工作，在那裡和靈智學會的美國軍官安東・希金斯（Anton Higgins）結婚。四年後安東・希金斯去世，瑪利成為喪夫的婦人。後來瑪利因為看到奧爾科特登載在佛教雜誌《道路》（*The Path*）的一則廣告，遂於一八九一年前往斯里蘭卡，為教育奉獻三十七年，並在斯里蘭卡可倫坡創辦了一所著名的女子學院，此學院後來改名為摩西斯女子學院（Musaeus College）❸，就是為了紀念她的。

一八七九至一八八〇年間，英國阿諾德爵士的《亞洲之光》詩集分別在英國和美國出版，對美國佛教有所影響。一八八一年，英國著名佛教學者戴維斯訪美，對美國學術界的佛教研究起了開拓作用。其中，尤以梵文、巴利文學者亨利．克拉克．華倫（Henry Clarke Warren，一八五四—一八九九）和畢業於耶魯大學精通梵文和印度學，任教於哈佛大學的梵文教授查爾斯．羅克韋爾．朗曼（Charles Rockwell Lanman，一八五〇—一九四一）在一八九一年，共同創辦的《哈佛東方叢書》（*The Harvard Oriental Series*），得到許多人的關注，可視為佛教在美國弘揚的原動力。朗曼教授曾於一八八九年和新婚的妻子一起前往印度旅遊一年，期間他為哈佛大學蒐購了約五百份梵文和普拉克利語（Prakrit）的書本和手稿，成為《哈佛東方叢書》最有價值的珍藏。朗曼於一八九一年至一九三四年，擔任東方叢書的首任編輯[4]。

《哈佛東方叢書》翻譯了多部佛教著述，叢書第一冊是柯恩翻譯六世紀頃，印度佛教文學家聖勇（Āryaśura）的《本生鬘》（*Jātakamālā*）；第三冊是亨利．克拉克．華倫節錄翻譯巴利佛經，系統地介紹佛教及重要義理的《佛教翻譯》（*Buddhism in Translations*）；另外，《法句經註釋》（*Buddhist Legends: Translated from the Original Pali Text of the Dhammapada Commentary*）和《經集》（*Buddhist's Teachings: Being the Sutta-Nipata or Discourse-Collection*）被認為是最好的譯本。此叢書還包括由華倫和阿姜

憍賞彌（Acharya Dharmananda Kosambi，一八七六—一九四七）經過對照四種版本，翻譯寫於五世紀，佛音論師的《清淨道論》（*Visuddhimagga of Buddhaghosa*）[5]，成績斐然。除此之外，朗曼於一八八四年編著的《梵語讀本》（*A Sanskrit Reader*），成為學習者必備之書。一九三四年，哈佛大學梵文教授華爾特．尤金．克拉克（Walter Eugene Clark，一八八一—一九六〇）繼任朗曼在《哈佛東方叢書》的職位，成為第二任叢書的編輯；第三任是丹尼爾．亨利．霍姆斯．英格爾斯（Daniel Henry Holmes Ingalls Sr.，一九一六—一九九九），他們都是梵文和巴利文學者。《哈佛東方叢書》由哈佛大學出版社發行，目前發行至第七十三卷，由哈佛大學梵文教授邁克爾．威策爾（Michael Witzel，一九四三—）擔任主編。此叢書是佛教在美國發展的一大動力[6]。

卡爾．赫爾曼．菲特林（Carl Herman Vetterling，一八四九—一九三一），是一位瑞典哲學家，他於一八八四年皈依佛門，梵文法名為費朗奇．達沙（Philangi Dasa），意思為西方獻身者。他是早期皈依佛教的美國人之一，達沙並於一八八七年，在加州聖塔克魯斯（Santa Cruz）創立了美國第一份佛教期刊——《佛光》（*The Buddhist Ray*），宣揚佛教。《佛光》期刊共出版七年。他還寫過《佛教徒史威登伯格》（*Swedenborg the Buddhist*）一書，於一八八七年出版[7]。

自十九世紀以來，關於美國佛教應如何分期，有幾種不同說法。對美國佛教有研究的中國大陸學者李四龍教授綜合各說，分為下面三個時期：在一八九三年芝加哥世界宗教大會以前，佛教雖已傳入，但尚未引起美國人關注，為第一階段。一八九三年至一九六〇年，佛教傳入美國，已引起相當重視，特別在一九六五年，因為頒布移民法案，直接推動亞洲佛教在美國的發展，為第二階段。二十世紀七十年代以後，美國佛教達到更快速的發展，各個佛教傳統的國家都組織教團來美國安家落戶，建立教團弘法，為第三階段[8]。

一八九三年，在芝加哥舉行的「世界宗教大會」上，斯里蘭卡居士達摩波羅代表上座部佛教發表了演說，主題為〈世界受惠於佛陀〉（The World's Debt to Buddha），並強調佛教主張自依和獨立思考的必要性。另外，日本鎌倉圓覺寺的住持釋宗演也發表了關於禪的演說。在此次大會中，兩位東方人對佛法的介紹，讓西方人對佛教有了更深的認識，也引起更多美國人對佛教的興趣和重視。

佛教在美國的傳播，早期的德裔美國學者保羅．卡羅斯（Paul Carus，一八五二—一九一九），發揮很大的影響力。卡羅斯的岳父愛德華．黑格爾（Edward C. Hegeler，一八三五—一九一〇），也是一位堅持的護教者。黑格爾是美國的鋅生產商和出版商，他於一八八七年在芝加哥創辦的公開議庭出版社（Open Court Publishing Company）[9]，是最早期的學術出版社之一，由卡羅斯擔任編輯。公開議庭的目標是，為哲學、科學和宗教提供討論的論壇，並使宗教、哲學、科學的書籍普及，價格實惠。公開議庭出版社出版《公開議庭》（*Open Court*）宗教科學月刊，雜誌以科學基礎做宗教及倫理學之探討，每期佛教理論都占了很多篇幅；另外還出版（*Monist*）哲學學術季刊。除了出版雜誌外，公開議庭出版社還出版有關佛教的書籍。

保羅·卡羅斯參加一八九三年在芝加哥舉行的世界宗教會議後，覺得佛教是最理性的宗教，值得介紹給西方世界。他於一八九四年，仿照《新約》，選用上座部佛教的材料，以譬喻的方式述說佛陀的故事，出版他的第一本書《佛陀的福音》（*The Gospel of Buddha*），是認識佛教很重要的工具書，對早期佛教在美國的傳播起很大的作用。中譯本有程慧餘居士譯的《佛陀的綸音》。此書非常暢銷，並被翻譯成日文和斯里蘭卡文廣泛流傳，成為佛教學校的教科書。然而，由於基督教徒對佛教的誤解，他也常受到攻擊。卡羅斯為佛陀及佛法教義極力辯護，激起他又寫了一本抗辯的書，書名《佛教及其基督教批評者》（*Buddhism and its Christian Critics*），於一八九七年出版。之後，卡羅斯聘請鈴木大拙參與公開議庭出版社的工作，對日本禪宗在美國的發揚，也起了很大的影響[10]。

梵文大師威廉·德懷特·惠特尼（William Dwight Whitney，一八二七——一八九四），出生於美國麻州，一八五〇年，前往德國跟隨古印度語文學家阿爾布雷希特·

弗里德里希・韋伯教授修學梵文，一八五四年受聘為耶魯大學梵文教授（朗曼是他的高足）。惠特尼曾於一八六四年重新修訂《韋氏美國詞典》（*Webster's American Dictionary*），又在一八六九年，成為美國語言學協會的創始人和第一任主席（American Philological Association）。一八七九年，惠特尼出版著名的《梵文語法》（*Sanskrit Grammar*），列出四千多條規則[11]。二十世紀上葉，耶魯大學的富蘭克林・埃傑頓教授（Franklin Edgertor，一八八五—一九六三）除了翻譯《薄伽梵歌》（*The Bhagavad Gita*）由《哈佛東方叢書》出版外，還編有《佛教混合梵文辭典》（*Buddhist Hybrid Sanskrit Grammar and Dictionary*），是佛教文獻的巨著。

沃爾特・埃文斯・溫茲（Walter Yeeling Evans-Wentz，一八七八—一九六五）是人類學家和作家，也是美國研究藏傳佛教的先驅。溫茲的父親是靈智學會的會員，溫茲青少年時閱讀了父親的書籍，因而在史丹佛大學主修宗教哲學，後至牛津大學取得博士學位。他曾遊歷亞洲許多國家，在錫蘭他開始研究當地的歷史、風俗和宗教，並蒐集了許多巴利文的手稿，後來捐贈史丹佛大學。一九一九年，他抵達印度大吉嶺，遇到一位曾經擔任第十三世達賴喇嘛翻譯的英文老師卡吉達瓦（Kazi Dawa Samdup，一八六八—一九二二），在卡吉達瓦的幫助下，溫茲於一九二七年譯出《西藏生死書》（*The Tibetan Book of the Dead*），將藏傳佛教介紹給西方社會。溫茲最出名的其他翻譯著作包括《西藏偉大的瑜伽士密勒日巴》（*Tibet's Great Yogi Milarepa*），《西藏瑜伽與祕密教義》（*Tibetan Yoga And Secret Doctrines*），《西藏大解脫書》（*The Tibetan Book of the Great Liberation*）。溫茲是一位偉大的佛教學者，專長西藏佛教，寫了不少西藏主題著作。當他八十八歲臨終時，把大量的金錢及財物捐贈給史丹佛大學，設立東方哲學、宗教、倫理學講座[12]。另有紐約富商查理士・史特勞斯（Charles T. S. Strauss）在參加芝加哥的世界宗教會議後，受到斯里蘭卡達摩波羅的影響，受三皈五戒，成為在美國本土皈依的第一位非亞裔佛教徒，並寫了許多有關佛教的書。

美國佛教禪宗的先驅德懷特・戈達德（Dwight Goddard，一八六一——一九三九）是位機械工程師。二十九歲時因為妻子過世，所以進哈特福德神學院（Hartford Theological Seminary）。一八九四年，他從神學院畢業，被派往中國傳教。戈達德在中國時，對佛教產生興趣，進而研究各個宗派，並改信佛教。一九二八年，他在紐約接觸到日本禪宗，隨即前往日本，得遇鈴木大拙，並在京都相國寺學禪八個月。戈達德從一位機械工程師成為一位傳教士，再變成一位佛教徒，一位禪宗的修行者，他決定將佛教介紹給講英語的世界[13]。一九三〇年，他創辦了佛教雜誌《禪》（*ZEN*），還寫了《佛陀的正道》（*The Buddha's Golden Path*），用科學、實用、通俗的文詞，介紹佛教的修行方法。戈達德用他的科學頭腦加上傳教士的口才，將佛教禪修的方法介紹給大戰後蕭條的美國社會。他在一九三二年和鈴木大拙一起翻譯了《楞伽經》（*Lankavatara Sutra*），並且出版《佛教聖經》（*A Buddhist Bible*）把上座部佛教、大乘佛教、藏傳佛教和禪宗的重要經典節錄編輯，是有關佛教教義的優良摘要書。《佛教聖經》向美國人介紹古老的宗教如何解決現代人的問題，在三十年代至五十年代，對美國的佛教產生很大的影響。他並常在佛教學報上撰稿。除此之外，戈達德試圖在美國推動傳統的僧團制度，他認為佛教的修學，以在家方式的修行是不可能完成的，於是在一九三四年成立了男眾修行團體「佛陀的追隨者，一個美國僧團」（The Followers of Buddha, an American Brotherhood），道場夏季時設在佛蒙特州，冬季在加州，但此團體很快地因成員太少而解散。戈達德的用意在釐清出家僧團和在家人的職責，讓出家僧團在在家人的護持下得以安心辦道。可惜他的努力沒有成功[14]。直至今日，美國的佛教徒都還未有正式或傳統的僧團概念，造成美國佛教徒普遍僧俗不分的現象。大多的美國人很欣賞佛法帶來的智慧，但又不想受到僧團戒律的約束。許多美國人推崇非正式僧團的方式，覺得這種新的佛教僧團，才能適應現代生活和在家人的需要。但也有些人認為缺乏傳統僧團的戒律，將阻礙佛法在美國的發展，也同時會失去正統的教法。

第二節　漢傳佛教在美國

一、先驅開拓者日僧在美國傳教

日本佛教傳入美國，最早可能是一八三九年前後，隨著日本移民，淨土真宗在夏威夷傳教。一八八〇年代和一八九〇年代，大批日本人移民到夏威夷，一八八九年，西本願寺日僧曜日蒼龍到夏威夷，建立淨土真宗寺院。二十世紀初，夏威夷的日本移民達六萬人左右，不久淨土真宗再傳入美國大陸。不過夏威夷群島原為獨立王國，一八九八年才併入美國，一九五九年成為美國的一州。

隨著日本移民的風潮，早在一八七〇年代，就可以看到淨土真宗在美國西部萌芽。直到一八九九年，兩位淨土真宗僧人薗田宗惠與西島覺了，被日本本願寺指派來到美國，淨土真宗才有正式的組織和佛寺。總部設在舊金山的淨土真宗，在一九三〇年代命名為「淨土真宗北美佛教傳教團」（Jodo Shinshu Buddhist Mission of North America）。一九四二年，二戰期間更名為「美國佛教會」（Buddhist Churches of America）[15]，之後在美國各地發展，服務日本僑民，目前全美有超過六十所分院[16]，約一萬六千名會友。他們有很強的傳教意識，受到美國學者的注意和研究。

在美國的日本寺院，改變過去古老的作風，適應這裡青年人活動的需要。建築除了日式的殿堂外，旁邊還建有很大樓房。有些寺院的會議廳比寺院本身還要大，可以容納一千人，可讓年輕人在裡面開舞會、宴會、放映電影。還建有高大的天井，設有籃球場。星期日，信徒一家人，從小孩到老年人，都要來到寺院。他們可能依照年齡分成不同班次，兒童組、小學中學組、壯年組和老年組，而且各有不同的活動。寺院在星期日都是非常忙碌，可能還要接受信徒的需求，個別關懷或輔導。此外還設有星期日學校、語言學校、慈善救濟、收養孤兒等。如果家庭發生什麼問題，也會請僧人調處解決。至於節日慶典、婚慶、殯葬等儀式，也由僧人來主持，特別是殯葬之事⓱。

不過，早期來美的日本移民，弘法活動都以自己的族裔為主。真正向美國人傳教只有少數人；因此，時間久了之後，就產生這樣的現象：日本第一代的移民，先播下佛教的種子；第二代日裔美人延續了佛教，但對佛法教理沒有興趣；第三代因語言和文化背景的不同，與佛教逐漸疏遠。所以日本佛教在美國雖然歷史最久，日裔美人卻不能延續祖先文化遺產，或發揚光大。直到佛法弘揚給美國白人以後，由白人把日本禪演變成美國禪，才得以穩定的發展。

日本的佛教對美國早期的佛教發展影響很深。在一八九三年，芝加哥召開「世界宗教大會」中，除了斯里蘭卡青年達摩波羅居士代表上座部佛教在會上發表了演說，日本鎌倉圓覺寺的住持釋宗演也發表了關於禪的演說，由鈴木大拙譯為英文。其演講主題為〈佛陀教導的因果法則〉（The Law of Cause and Effect, as Taught by Buddha）⑱。二人所表達的佛教理念，給與會的美國人士很深的印象，並引起了美國知識界的關注。

宗演禪師（一八五九—一九一九）於一九〇五年，再次應邀回到美國。他帶著出家弟子宗活（一八七〇—一九五四）和在家弟子千崎如幻（一八七六—一九五八）到美國各地介紹禪宗的思想，後來被譽為「美國禪開祖」。

在這次的巡迴弘法後，宗活留在舊金山，並設立「兩忘學會」傳授禪學。一九二八年、一九二九年，在舊金山和洛杉磯分別建立了日本佛教的禪修中心。

千崎如幻一直留在美國，一九一九年出版了《一〇一則禪宗故事》（*101 Zen Stories*），之後除了寫作翻譯，他也在舊金山與洛杉磯隨緣隨處教禪，有一批學員跟他學禪。一九二六年後，他將自己的組織正式定名為是「移動的禪堂」（Floating Zendo）⑲。珍珠港事變時，他和其他日僑一樣，被集中到懷俄明州的收容所。二次大戰後，千崎如幻將「移動的禪堂」搬到洛杉磯，畢生教禪，他著名的學生有現代西方傑出禪師之一的羅伯特・艾特肯（Robert Aitken，一九一七—二〇一〇）、國際蘇菲教團的傑出老師，山姆・路易士（Samuel L. Lewis，一八九四—一九七一）及韓國著名的禪師徐京保（一九一四—一九九六）等。

宗演禪師曾先後派他的弟子到美國弘法，其中最著名的是鈴木大拙，他著有五十多種英文和日文的佛教書籍，對禪宗在美國的弘揚有極大的影響。他演講時，能令美國聽眾非常受用和親切的感覺。鈴木大拙於一八九五年，將保羅．卡羅斯的著作《佛陀的福音》譯為日文，他對佛學的深刻理解與對英文的嫻熟掌握，讓卡羅斯非常敬佩，於是聘請鈴木大拙到他負責的公開議庭出版社工作。鈴木大拙從一八九七年至一九〇九年，擔任出版社的編輯，同時兼做翻譯及書評等，出版英文佛教書籍，積極向美國名流和公眾弘揚佛法[20]。之後鈴木回日本繼續研究佛教，一九三六年再回美國，直至第二次世界大戰。戰後鈴木大拙又回到美國，從一九五〇年至一九五八年，在哥倫比亞大學和各處城市演講，弘揚禪法[21]，在五十年代的美國掀起一股禪學熱潮。禪宗研究會（Zen Studies Society）於一九五六年在紐約成立，協助鈴木大拙將禪引進到西方社會。

佐佐木指月（一八八二—一九四五），又稱曹溪庵，早期跟隨釋宗演與宗活學習臨濟禪，一九〇六年，隨宗活法師率領的十四人弘法團到美國舊金山弘法。一九一〇年時，因在美國成立第一座禪寺的因緣不成熟，所以弘法團一行人返回日本，但佐佐木指月決定留在美國。經過二十多年的努力，得到釋宗活的認可，佐佐木終於在一九三〇年於紐約成立「美國佛教社」（Buddhist Society of America），一九四五年，更名為「美國第一禪協會研究所」[22]（First Zen Institute of America），並於一九五四年開始發行《禪訊》（*Zen Notes*）。佐佐木指月於一九四五年去世後，他的妻子也是他的學生露絲．福勒．佐佐木（Ruth Fuller Sasaki，一八九二—一九六七），於一九四九年前往日本京都繼續學禪，並立志將禪法傳到西方。一九五八年，露絲成為日本臨濟禪，也是大德寺的第一位女性禪師。她在大德寺內成立美國第一禪協會的編譯小組，聘請日本精通佛學、文學、歷史學者，在她的帶領下，翻譯臨濟禪的經典。此翻譯小組除了出版許多禪的典籍，一九六六年出版研究臨濟禪公案歷史的《禪塵》（*Zen Dust*），是露絲的代表作[23]。

中川宋淵（一九〇七—一九八四），出生於臺灣基隆的日裔，幼時即隨擔任軍醫的父親返回日本，畢業於東京帝大。宋淵在一九四九年至一九八二年間，曾多次前往美國教禪，因而結識千崎如幻，對日本禪在美國的弘揚方式有所認識。他的弟子嶋野榮道（一九三二—）於一九六五年，前往紐約擔任禪宗研究會的住持。中川宋淵於一九六八年，在紐約曼哈頓成立紐約禪堂正法寺，並於一九七六年，在卡茨基爾山（Catskill Mountains）建立禪修道場大菩薩禪堂金剛寺（Dai Bosatsu Zendo Kongo-Ji Monastery），兩座道場都登記在禪宗研究會的名下[24]。

佐佐木承周（一九〇七—二〇一四）於一九六二年抵達洛杉磯，一九六八年在市區成立臨濟禪寺（Rinzai-ji Zen，當時稱為 Cimarron Zen Center of Rinzai-ji），一九七一年又在洛杉磯東邊的聖蓋柏爾山區（San Gabriel Mountains）成立鮑爾迪禪宗中心（Mount Baldy Zen Center），做為禪修道場。佐佐木禪師弘法遍及美國、奧地利、挪威，接引了許多歐美人士學禪。他傑出的弟子包括長駐奧地利的任羅・棲雲禪師，及著名的加拿大詩人、小說家及歌手李歐納・科恩（Leonard Cohen，一九三四—二〇一六）。

臨濟宗的禪師大森曹玄（一九〇四—一九九四）於一九七九年，在夏威夷成立臨濟宗第一座海外道場「超禪寺」，道場指導禪修、劍術和藝術，課程嚴格。一九八二年，又於芝加哥成立大雄禪寺。

日本禪宗的另一宗派曹洞宗，在一九一三年由磯部峰仙傳到夏威夷，次年並在檀香山建立了第一所寺院——正法寺（Betsuin Shoboji），兩年後在可那（Kona）建立了第二所寺院；一九二二年，磯部峰仙又在洛杉磯建立「曹洞宗北米兩大本山別院禪宗寺」也稱「禪宗寺」（Zenshuji Soto Mission），現在是日本曹洞禪在北美的總部（Soto Zen Buddhism North America Office）。磯部峰仙又於一九三四年，在舊金山創立桑港寺，後人稱磯部峰仙是「北美曹洞宗第一位開教使」[25]。

二次大戰期間很多日僧被送到收容所，寺院被迫關門，戰後，美日同盟關係確立，增強了日本佛教在美國主流的地位。到了六十年代，日本禪在美國得到蓬勃的發展。

一九五九年，鈴木俊隆（一九〇四—一九七一）被短期派遣至舊金山的桑港寺服務。因為鈴木俊隆能說流利的英語，使原本只是服務日裔信徒的桑港寺，漸漸地開始有了美國人加入。為了能專心為美國信眾弘法，鈴木俊隆在一九六二年，特別在寺裡成立了禪中心，為講英語的信眾授課。一九六七年，鈴木俊隆購得位於聖露西亞山裡的塔撒哈拉溫泉度假旅館，成立塔撒哈拉禪修道場——禪心寺（Tassajara Zen Mountain Center—Zen Mind Temple），並於一九六九年成立舊金山禪中心——發心寺（San Francisco Zen Center—Beginner's Mind Temple）[26]，購買了一棟在培基街（Page Street）的建築做為總部，鈴木俊隆也正式的脫離了桑港寺。鈴木俊隆善巧融合了臨濟的公案和曹洞的坐禪，使當時許多年輕學生，反社會傳統而染有吸食迷幻藥的人，熱衷學習坐禪，得益很多。禪師認為居士團體是寺院的延伸，也是整個僧團的一部分，所以對學生有責任嚴加管理。許多學生大受感動，改過向善，對禪師崇拜不渝。鈴木俊隆的著作《禪者的初心》（*Zen Mind, Beginner's Mind*）出版後成為佛教書籍的經典，對美國佛教有很深的影響。一九七一年，禪師過世，由美國弟子貝克（Zentatsu Richard Baker，一九三六—）繼承法脈。繼承人不符眾望，經過一段混亂之後，禪中心改採民主方式選舉方丈制度，更將禪宗廟堂的美國化，推到另一個高點。禪師的許多弟子到全美各州創立許多分支中心[27]。此外還有片桐大忍、松岡操雄，也在美國傳揚曹洞禪[28]。

片桐大忍（一九二八—一九九〇）於一九六五年，被日本曹洞禪宗總部派往桑港寺協助鈴木俊隆，他後來也幫助鈴木俊隆新成立的舊金山禪中心。片桐有感於當時的佛教道場都集中在加州和紐約，美國中部缺乏弘法的人，所以他於一九七二年，到明尼阿波利斯（Minneapolis）成立「明尼蘇達禪修中心（Minnesota Zen Meditation Center）[29]。同時在明尼蘇達州的東南部，成立追月禪山中心」（Hokyoji Zen Practice Community or Catching the Moon Zen Mountain Center）。片桐培養了很多西方弟子，並送他們到日本學禪。一九九〇年片桐去世後，有十三位得法的弟子，繼續明尼蘇達禪修中心的弘法事業。

前角博雄（一九三一——一九九五）是另一位在六十年代，對美國佛教影響很大的禪師。他於一九五六年移民美國洛杉磯，住持「禪宗寺」，主要是服務在美日裔。師承安谷白雲的前角博雄，在美國親近千崎如幻和鈴木俊隆後，也進入大學加強英語能力，之後開始在禪宗寺教導講英語的學生，並於一九六七年創辦「洛杉磯禪修中心」（Zen Center of Los Angeles）。之後，前角博雄在美國成立了五個得到日本曹洞宗認定的道場，除了洛杉磯禪修中心外，還包括加州禪山中心（Zen Mountain Center in California）；紐約禪社區（Zen Community of New York）；鹽湖城坎澤翁禪中心（Kanzeon Zen Centers of Salt Lake City, Utah），紐約禪山道場（Zen Mountain Monastery in New York）；另外還有附屬的五十多個禪修組織。前角博雄的十二位得法弟子及栽培的五十幾位禪師，日後在美國各處教禪，對日本禪在美國的弘揚，發揮很大的作用。前角博雄成立「白梅無著」（White Plum Asanga）組織，聯繫分享各處道場的資源與訊息，致力於多元性推行佛教的工作。前角博雄又在一九七六年，創建「黑田佛學暨人文價值研究所」（Kuroda Institute for the Study of Buddhism and Human Values），宗旨是對佛教進行跨文化的研究[30]。由白梅僧伽會出來的學生，有投身山林創立傳統日本禪林道風的寺院，有落腳城市成立適合居家修行的生活禪風貌，也有投身於社會改革運動[31]。

前角博雄的弟子伯納德．格拉斯曼（Bernie Glassman，一九三九—）是加州大學應用數學博士，也是洛杉磯禪修中心的創辦人之一。格拉斯曼於一九八〇年搬回紐約市後，他關注探索社區存在的問題，設法讓禪與社會企業相結合，開創紐約禪共同體。一九八二年，格拉斯曼利用貸款開設葛雷史東糕點烘焙坊（Greyston Bakery），提供紐約揚克斯貧民區（Yonkers）的遊民工作機會。成功的員工訓練及經營管理，讓格拉斯曼成立葛雷史東基金會（Greyston Fundation），並建設供低收入者居住的公寓，配套服務，兒童保健，課外活動及愛滋病醫療、住房等。葛雷史東糕點烘焙坊成立至今三十多年，生產精美糕點供應紐約曼哈頓最好的餐廳，及全美出名的班與傑瑞冰淇淋（Ben & Jerry’s Ice Cream），烘焙坊雇有七十多名員工，年盈餘超過一千萬美元。葛雷史東基金會根據佛教價值觀，開發出來的紐約禪社區（Zen Community of New York），已被認證為全國社區經濟發展成功的模式，也是禪學實踐最佳的例子[32]。美國各大商學院，包括哈佛、耶魯、普林斯頓、史丹佛大學和紐約大學，都在研究此種社區模式。一九九六年，格拉斯曼又成立「禪和平締造者協會」（Zen Peacemaker Order）機構，致力於關懷社會的利生事業，該組織已有八十二個機構分布在全球十二個國家[33]。

專業攝影師約翰．大道．羅利（John Daido Loori，一九三一—二〇〇九）出生於天主教家庭。一九七二年開始，正式跟中川宗淵及前角博雄學禪。一九八〇年，羅利在紐約成立「山水僧團」（Mountains and Rivers Order），由於攝影的因緣，覓得在紐約卡茨基爾山（Catskill Mountains）的土地，本想建立禪藝術中心（Zen Arts Center），但因大眾對禪修比較熱衷，所以在一九八二年，改為「禪山道場」（Zen Mountain Monastery），以創新的方式來從事佛教教義的實踐，並以「八門禪」（The Eight Gates of Zen）為修行的軌道[34]：一、坐禪；二、師徒對談；三、經教；四、儀規；五、持戒；六、藝術（書法和攝影）；七、修身（太極），八、工作（出坡）。每月都有一次初學週末禪修營，介紹基礎規矩和禪坐方法。每年春、秋兩季有一次三個月精進禪修，有興趣的學生，可自行申請一週至一年不等參學。另外在紐約市設有紐約禪中心——火蓮寺（Zen Center of New York City–Fire Lotus Temple），供都市人禪修[35]。現任住持是羅利的弟子傑弗瑞．松根．阿諾德（Geoffrey Shugen Arnold，一九五七—）。雖然在禪山道場學習的大多是在家人，但羅利卻採取較嚴謹和傳統的寺院制度來管理團體。到了九十年代，禪山道場建立了三個修學的軌道：一、不強調宗教，著重在大眾心智上的培育；二、培育在家佛教徒的修學；三、教育嚴謹的出家人修學，延續禪宗在中國和日本的傳統[36]。禪山道場還成立佛書流通（Dharma Communications）機構，出售佛教書籍及文物[37]。

松岡操雄（一九一二—一九九七）於一九三九年，被日本曹洞宗總本山，派往洛杉磯支援禪宗寺及舊金山桑港寺。之後，松岡操雄前往哥倫比亞大學就讀，一九四九年為了就教於鈴木大拙，他搬到芝加哥，並成立芝加哥禪佛寺（Zen Buddhist Temple of Chicago），到處巡迴弘法。一九七一年，松岡搬到加州長堤，在那裡創立了長堤禪佛寺（Long Beach Zen Buddhist Temple），他的弟子也在美國多處成立禪修道場。松岡操雄立志要將禪的精神傳播到美國，進而形成「美國禪」，但由於他開放的想法，後來他在美國的傳承，沒有被日本曹洞宗總本山承認。

康乃爾大學畢業的羅伯特．利文斯頓（Robert Livingston，一九三三—），在一九七〇年代，曾在法國跟隨弟子丸泰仙學禪，為完成泰仙將禪法弘揚於美國的遺願，羅伯特在一九八三年於美國紐奧爾良成立「禪協會美國分會」（American Zen

Association），並創建紐奧爾良禪寺（New Orleans Zen Temple）——「無峰山廣川寺」。利文斯頓的弟子東尼．布蘭（Tony Bland，一九四六—）也在密西西比州成立道場。

同時在六十年代，日本臨濟與曹洞宗合流的安谷白雲禪師（一八八五—一九七三）於一九六二年數度到美國訪問教禪。他為了方便在家人學習，將傳統寺院的長期訓練，改為短期的精進修行。他強調明心見性的重要，同時把寺院傳統佛教儀規簡化，以便在家信徒的學習。他的美籍弟子中，最有成就者是羅伯特．艾特肯和菲力浦．凱普樓，兩位弟子分別創立道場，促進日本禪在美國的蓬勃發展。

艾特肯是在二戰時接觸佛法，經由在洛杉磯向千崎如幻短暫的學習後，遠到日本的寺院裡進修。到了五十年代中，艾特肯開始依止安谷禪師參學。在一九七四年，他得到安谷禪師的繼承人山田耕雲的法脈傳承。艾特肯和其夫人於一九五九年，在夏威夷創立「檀香山金剛僧團」（Honolulu Diamond Sangha）。他致力教導禪法，把六十年代美國大眾對佛法的神祕嚮往，引導至實用的修行。艾特肯也被形容為「美國禪的院長」，最主要歸功於他翻譯的一些佛教經典和早晚課誦，至今都是美國禪修中心奉行的標準[38]。除此之外，他也結合了詩人和學者，於一九七八年創立了「佛教和平組織」（Buddhist Peace Fellowship），致力於推廣社會運動[39]。艾特肯的學生在德國、阿根廷、澳大利亞、紐西蘭和美國本土都成立有道場[40]。

安谷禪師的另一位美國弟子菲力浦．凱普樓（Philip Kapleau，一九一二—二〇〇四）也對美國禪的推廣做了很大的貢獻。原任法庭記者的凱普樓在二戰結束時因在日本工作，首次接觸禪法，返美後親近鈴木大拙，之後，於一九五三年赴日學禪，跟隨發心寺的原田祖岳（一八七一—一九六一），太平寺的安谷禪師及龍澤寺的中川禪師（一九〇七—一九八四）習禪十一年，他將禪師的教導寫成《禪門三柱》（*The Three Pillars of Zen*）於一九六五年出版，把可以在生活中落實的禪法介紹給西方人士，廣受讀者歡迎，之後被翻譯成十二種語文出版。凱普樓得到拉爾夫．鮑德溫．蔡平（Ralph Baldwin Chapin，一九一五—二〇〇〇）的捐贈與護持，於一九六六年，在紐約州的羅徹斯特城創立「羅徹斯特禪中心」（Rochester Zen Center）。凱普樓更進一步積極弘揚美國化的禪法，鼓勵學生保持美國式的穿著，給學生美式的法號，以英文翻譯取代日文的名相。他的許多學生分散到美國其他各地成立禪中心。「羅徹斯特禪中心」也是目前在亞洲以外最早成立的禪中心之一[41]。

除此之外，在六十年代至七十年代，由美國白人創立的佛教團體還有位於加州的夏思塔寺院。夏思塔寺院是由英國女士慈友．肯尼特禪師（Rev. Master Jiyu-Kennett，一九二四—一九九六）創立的。慈友法師是一位傳奇人物，一生的精華歲月都在佛教界服務，共二十六年。本名佩琪．肯尼特（Peggy T. N. Kennett）的慈友法師出生在英國，原熱衷音樂，打算成為一位音樂家。但本著對人生和宗教的好奇，在倫敦時開始接觸南傳佛教，後又在鈴木大拙的介紹下，開始對日本禪產生興趣。於一九六二年，她毅然遠赴馬來西亞依止金星法師出家，法號慈友，之後再到日本接受她的師父孤峰智璨禪師（一八七九—一九六七）的培訓，並於一九六三年取得禪師資格。為完成其師的願望，她於一九七〇年在北加州成立夏思塔寺院，將日本禪傳到西方。夏思塔寺院占地十六英畝，繼承日本曹洞禪的傳統。目前有二十多位西方常住僧眾，奉行獨身及素食。現由第三任住持梅恩．亞伯特（Rev. Master Meian Elbert）法師帶領，提供弘法、禪修、法會等活動，並提供心理諮詢的服務。其在家團體夏思塔寺院之友（Friends of Shasta Abbey）則布施財力、物力、勞力與技能等各方面的需要給僧眾，使他們能安心辦道。在慈友法師一生中，不但把有關禪修的經典翻譯成英文，出版成書，還將佛教的念誦與祈願文，轉變成西洋式讚美詩的曲調，使西方僧侶於早晚課及法會時毫無困難地以英文唱誦[42]。此外，他鞏固僧俗各盡其職的傳統體制，在美國實乃前所未有的創舉，對西方佛教是一大貢獻！

另外值得一提的是，神父羅勃．甘乃迪（Robert Kennedy，一九三三—）。甘乃迪早於六十年代初到日本傳教時接觸了佛法，並在山田禪師（一九〇七—一九八九）座下參加禪修。回到美國後，又到前角博雄禪師和其傳人格拉斯曼禪師那裡學習。一九九七年，他接受前角博雄禪師及格拉斯曼禪師授與禪師頭銜，成為兼具神父和禪師身分的傳教士之一[43]。一般基督教是不認同教徒接觸禪修的，但他則帶領許多基督教徒，在無須放棄原有宗教信仰的情況下，依然可以放心參加禪修。他在紐約、新澤西、康州地區指導十多個禪修團體，並經常參與跨宗教座談，對東西方宗教融和有極大貢獻。由於他的特殊身分，他的著作有《禪對於基督教的禮物》（*Zen Gifts to Christians*）和《禪心、基督徒心》（*Zen Spirit, Christian Spirit*）。他一再強調，讚歎禪好絕沒有貶抑基督教信仰的意思[44]。

一九六〇年代起，日蓮宗、創價學會也開始在美國傳播。池田大作（一九二八—）先在加州成立一個日蓮宗分支機構，美國日蓮宗（Nichiren Shoshu of America）後來改為「日蓮宗學園」（Nichiren Shoshu Academy）。這是創價學會在海外傳播重要的組織。起先是以日本僑民為傳播對象，後來則轉移在美國人身上。目前在歐洲裔美國人與非洲裔美國人佛教徒中很有影響力，分支機構據稱已達數百家[45]。於一九九一年，因長期紛爭的困擾，在美的日蓮宗團體分裂為二；日蓮寺（Nichiren Shoshu Temple）為出家僧人主導，而創價學會（Soka Gakkai International）為日蓮正宗的在家人團體。創價學會以「禮讚妙法蓮華經」為解脫的不二法門，組織嚴密，儀式簡單，傳教積極，愈來愈適應美國人的生活。根據一九七〇年一月《生活》雜誌報導，有二十萬人加入日蓮正宗，其中百分之二十五住在南加州，其他會員大都分布在各大都市，而且以青年人為多[46]。

二、二戰後中國佛教隨移民進入美國

中國佛教在十九世紀中葉，隨著淘金熱帶來的大批中國移民開始在加州萌芽。從一八四九年第一艘載有華人的船隻抵達舊金山，到一八五二年華人已達二萬。在歷史記載中，在美國出現的第一座寺院，應屬廣東省華僑工會的四邑總會館，於一八五三年在舊金山創立的。隔年，其他會館也開始建立寺院。到一八七五年，僅舊金山一地已有八座佛教廟宇[47]。又據「中華會館」早期資料所記，一八九二年，舊金山華埠共有十五座廟宇，其中還有一座「觀音廟」，都為民間信仰。上述廟宇，都毀於後來的舊金山大地震。這個時期的中國寺院多為會館所建立，非純粹的佛教廟宇，混合了民間宗教的信仰，沒有什麼嚴密組織。因規模都很小，大多為受教育不高的民工所支持，未能得到發展。

第一位抵達美國的中國僧人，當推太虛大師（一八九〇——一九四七），在《太虛大師全書》第五十八冊《寰遊記》中記載，太虛大師於一九二九年春，抵達美國大陸。

他在紐約、華盛頓、芝加哥、舊金山等各地大學、學術機構說法數十次；同年四月，由大陸抵達夏威夷（檀香山），分別在十字架教會、中華總商會、中華總會館、佛教青年會，演講佛法多次[48]。

夏威夷最早的中國寺院，稱為「觀音廟」，在華埠邊緣葡萄園路旁，掩影在一片綠樹叢中，是由老華僑陳寬先生（一八七三—一九三五）捐建。一九五九年，地方上要拓寬馬路，必須折除，由香港了知法師發心在觀音廟舊址附近購得土地重建。並由了知法師擔任住持，退休後由宏恩尼師住持。寺廟三門有一副對聯，題為民國十年（一九二一）興建，供奉觀世音菩薩，為庇佑當地華僑，消除災難，造福眾生。

二次世界大戰後，夏威夷一班華人僑領佛教徒，於一九五三年向夏威夷政府立案成立「檀香山華僑佛教總會」（Chinese Buddhist Association of Hawaii），發起人為鄧燮榮、胡星、陳照洪、黃華、黃北洪居士等。一九五五年，另一佛教社團「夏威夷中華佛教總會」（Hawaii Chinese Buddhist Society Tan Wah Chi Temple）也成立。兩個佛教社團就聘請華僧法師到夏威夷駐錫弘法。其後華僧到夏威夷弘法的，先有筏可、知定、源慧、法慧諸法師，其中知定和法慧二師在夏威夷建立了「虛雲禪寺」，佛殿為中國佛教二層宮殿式，雄偉莊嚴，一九六七年落成。其後有竺摩、泉慧、祖印等法師，於一九五六年由香港抵夏威夷。竺摩法師曾任檀香山中華佛教會導師、啟華學校校長。中文學校分日班、夜班，義務教育華僑子弟，努力於佛教教理和文化的發揚。並設有檀華播音、佛學副刊等。之後，竺摩法師回去馬來西亞，繼續由泉慧、祖印負責，但因曲高和寡，維持不久[49]。後來經費困難，檀華播音一九六四年停播，啟華學校於一九七七年也停辦。

六十年代以後，隨著華人移民的增加，美國華人的佛教，獲得了進一步的發展。舊金山有幾位華裔知識分子，馮善甫、馮善敦、唐退謙等，三位都具有博士學位，馮氏兄弟都為醫生，在舊金山華埠發起組織「佛禪會禮教堂」（Buddha's Universal Church）[50]，建了一幢五層鋼筋水泥的大樓，一九六三年落成啟用，是舊金山最大的佛教教會。六十和七十年代，弘法和坐禪活動十分積極，參加的教友約有三百人，多數為青年，弘法活動以中、英雙語進行。佛殿內供奉著莊嚴的佛像，並有圖書館、教室，頂樓上還設有屋頂花園。馮善甫醫生深通佛法，精諳漢文，曾研習巴利語和梵文，馮氏兄弟曾同譯《六祖法寶壇經》出版。

在舊金山華埠的另一個佛教社團是「美洲佛教會」（Buddhist Association of America），會長為廣籍梁民惠居士。一九六二年，梁居士派代表至臺灣，聘請福嚴精舍的妙峰法師到美國弘法。但該組織是混合儒釋道等多種信仰，不久妙峰法師就到紐約另求發展。一九六三年，定居香港之樂渡法師受舊金山伍佩琳居士之邀請，主持「正善佛道研究會」。一九六四年，樂渡法師又應紐約沈家楨居士等人的邀請，移錫美東，成立了「美國佛教會」，隨後創立大覺寺。

師承虛雲老和尚的宣化上人（一九一八—一九九五），於一九五九年到達美國舊金山，成立「中美佛教總會」（Sino-American Buddhist Association），後來改名「美國法界佛教總會」（Dharma Realm Buddhist Association）。宣化上人弘揚佛法成績斐然，在美國西海岸先後成立四座道場：舊金山的金山聖寺、洛杉磯的金輪寺、萬佛城的如來寺、西雅圖的菩提達摩中心。主要的萬佛城（City of Ten Thousand Buddhas）位於加州達磨鎮，占地七百英畝，道場原本是建於一八八九年的美國國家醫院，包括三個體育館，一個消防站，一個游泳池，一個垃圾焚燒爐，消防栓，以及其他各種設施的客房，一條蜿蜒曲折的柏油路和兩旁一百多年的高大路燈和樹木，電力和供水、供暖、空調管道的連接都在地下，建築設計和建築物使用的材料是美國當時最先進的材料。

宣化上人於一九七四年，購下萬佛城後，即開辦法界佛教大學、培德中學、育良小學。宣化上人除了有亞裔出家弟子外，並收有美國白人青年二十餘人為出家弟子。他們都具有大專院校以上的高等學歷，又學會了流暢的中文。當宣化上人用中文講經說法時，就由美國弟子們翻譯為英語。弟子們並從事譯經工作，將中文佛經及宣化上人註釋的佛經譯成英文。佛教會並於一九七〇年四月開始發行月刊《金剛菩提海》（*Vajra*

Bodhi Sea）。萬佛城的僧眾持戒甚嚴，注重坐禪，在美國和國際上獲得很高的聲譽[51]。

法界佛教大學（Dharma Realm Buddhist University）經加州政府註冊立案，設有佛學研究與修持、佛經翻譯與語文研究、佛學教育、中國語文研究等科系的學士與碩士課程，並授予學位[52]。一九九四年，法界宗教研究院柏克萊聖寺（Institute for World Religions Berkeley Buddhist Monastery）成立於加州柏克萊大學附近，經常舉辦佛學講座及禪坐共修。

宣化上人圓寂後，可能由於失去中心權威的領導，僧團尚未形成鞏固的組織，制度未能健全建立，他座下的一些西方出家僧尼弟子們，多數人就離開分散了，也有些還俗了。目前一些道場仍存在，僧俗信眾們仍致力維持下去。

恆實法師（Ven. Heng Sure，英文俗名 Christopher R. Clowery，一九四九—），一九七六年在加州大學柏克萊分校東方語言系畢業，獲得碩士學位，精通英文、中文、法文、日文，同年在舊金山萬佛城宣化上人座下剃度出家，現任法界宗教研究院教授、法界佛教總會董事會主席。一九七七年六月，他因受到虛雲老和尚的感召，及為淨除內心的貪瞋癡，祈求世界和平，決心從洛杉磯金輪寺出發，與恆朝（Heng Ch'au）法師為伴，實行三步一拜，沿著八百多英里的海岸公路，途經舊金山金門大橋，歷時兩年半，於一九七九年十一月抵達北加州的萬佛城為終點。朝拜期間嚴守日中一食及止語，夜晚在一輛舊汽車上打坐、做課誦、讀誦《華嚴經》，保持不倒單休息。途中如遇到事情或陌生人詢問，都由恆朝法師解釋[53]。二〇〇三年，恆實法師獲得美國聯合神學研究院（Graduate Theological Union）博士學位。恆實法師對中國禪宗、華嚴宗及儒家文化，頗有研究。另外，法師對音樂亦具有才華，彈吉他，唱佛曲，自編自唱，二〇〇八年出版專輯《波羅蜜：美國佛教民謠》（Paramita: American Buddhist Folk Songs），並有不少佛曲在網路上流行。

臺灣移民美國的應金玉堂（一九一六—二〇一〇）女居士，自幼受家庭熏陶篤信佛教，乃一虔誠佛教徒；她眼見紐約華僑眾多，卻沒有中國寺院和研究佛教的機構。為能提供當時的華僑一所心靈寄託之處，應金玉堂居士於一九六二年成立「美東佛教研究總會」，開創中國佛教在美東的第一間會所，並從亞洲邀請出家人來住持，成了美東第一個有出家人住持的道場。後「美東佛教研究總會」又在紐約州南開羅（South Cairo）購地一百多英畝，建造「大乘寺」。在六十年代，應金玉堂居士先後聘請到美國的有妙峰法師、浩霖法師、法雲法師、壽冶長老、洗塵法師等。雖然「美東佛教研究總會」名義上是聘請出家人擔任住持，但組織多以香火和接待旅遊、開設禮品店營業為主。她所聘請來的法師，後來多數人在紐約唐人街各自建立了佛教道場。因而間接地讓美國人開始認識中國佛教，也帶動了中國佛教在美東的發展。

妙峰法師（一九二八—），廣東湛江人，幼年出家，就讀杭州武林佛學院及上海靜安寺佛學院；一九四九年，赴臺親近慈航法師，一九五四年，到新竹福嚴精舍依印順導師修學。一九六二年，受聘赴美弘法，是第一位到美國本土弘法的漢傳法師。次年十一月在紐約唐人街成立「中華佛教會及法王寺」。一九九〇年前後，妙峰法師又在華人集中地區的法拉盛（Flushing）創設頗具規模的慈航精舍，發行《慈航月刊》。顧名思義，這是為紀念慈航老人而命名的。精舍二樓闢為「印順導師圖書館」，以此為報答印公導師法乳之恩。精舍位置適中，交通便利，經常舉辦各種弘法活動。

沈家楨居士（一九一三—二〇〇七）生於杭州，畢業於上海交通大學電機科，其母親為虔誠的佛教徒，沈居士自幼信仰佛教。一九四九年，因國共內戰，他將公司遷至香港。一九五〇年，因公至印度，結識張澄基。一九五二年，沈家楨居士全家由香港經英國倫敦，移民美國紐約。一個偶然的機會，沈家楨居士開始跨足航運業，一九七〇年，沈居士成為美國輪船公司董事長兼執行長。

一九六四年，沈家楨居士與在舊金山弘法的樂渡法師，組織成立「美國佛教會」（The Buddhist Association of the United States），由樂渡法師任首屆會長。一九六五年，沈家楨的妻子居和如女士在紐約布朗區購買了一棟辦公大樓，捐贈給美國佛教會，建立了大覺寺（Temple of Enlightenment），成為漢傳佛教在美國弘法的重鎮。大覺寺舉辦各種弘法活動，設立講經班、靜坐班、大覺修習班和英文班等。一九七四年，樂渡法師退位後，敏智長老繼任會長，仁俊法師、聖嚴法師、明光法師、繼如法師等都曾先後擔任過大覺寺住持。一九六八年，沈家楨居士任美國佛教會副會長。一九七〇年開始，沈家楨居士在紐約州的威徹斯特郡創立世界宗教研究院，目的在培育發展世界各宗教的學術研究及弘揚其教義。在一九七〇年同時，他開始推動漢傳大乘佛教經典的英譯，經印順導師協助，在臺灣福嚴精舍成立譯經院。譯經院由沈家楨居士任院長，顧法嚴、戈本捷居士任副院長，李恆鉞、許巍文擔任顧問。後由張澄基教授接任院長，英譯《大寶積經》二十二卷，在美國出版。一九七五年，沈家楨夫婦決定將他們在紐約博南郡肯特鎮的土地，撥出一部分捐給美國佛教會，創建莊嚴寺。莊嚴寺由沈家楨夫婦捐助，貝聿銘負責設計，在信眾們出錢出力護持下，慢慢地出現了規模。沈家楨居士一九八〇年退休後，全力投入佛教的推廣，致力於莊嚴寺的建造。

一九八五年，占地一二五英畝，距離紐約市約一小時餘車程的莊嚴寺，興建了萬佛繞毘盧大佛殿、觀音殿、印光樓、太虛齋、和如紀念圖書館，還有千蓮台等建築。並推選敏智長老為美國佛教會會長，顯明法師為莊嚴寺住持。一九九四年，莊嚴寺成立「美國佛教電腦資訊庫功德會」（Electronic Buddhadharma Society），網址 www.baus-ebs.org，將經常用的或重要的佛經，推行佛學辭典電子書化，製作光碟，讓大家方便閱讀和研究。後來與臺灣共組成「中華電子佛典協會」（Chinese Buddhist Electronic Text Association）[54]。二〇一六年開始，由慧聰法師擔任莊嚴寺住持。

樂渡法師（一九二三—二〇一一）於一九七四年，辭去美國佛教會會長及大覺寺住持兩項職務後，在紐約另行創辦美國佛教青年會，成立「美加譯經會」。在幾位英語能力極佳弟子的協助下，樂渡法師埋首於佛典的英譯工作，譯作達三十多種，主要為清雍正所選的二十部經書。而視為最重要的則是四十卷《大涅槃經》，已完成英譯本初稿。英譯經書出版後，寄贈世界各地的圖書館、大學、佛教團體。

智海法師（一九二六—）原籍北京昌平縣人，一九六七年受美國佛教會邀請來美弘法，後任美國佛教會及美洲佛教會董事。一九七二年，在舊金山創立佛山寺般若講堂，四十多年來，弘法於美國、加拿大、中國、香港、澳門、臺灣及南洋各地。所講解之經論，如法華、楞嚴、金剛、圓覺、大乘止觀、唯識、俱舍等約二十種。著述有《法華大綱》、《唯識大綱》、《大乘起信論集解》、佛學小叢書等三十餘種。

浩霖法師（一九二七—二〇一五）於一九六九年，受美東佛教研究總會之聘到紐約。一九七二年，在紐約華埠創立東禪寺弘法，一九七九年，乃於孔子大廈附近購下現址，開始改建東禪寺工程，於一九八三年秋，完成五層新樓房。設有大雄寶殿、東方藥師七佛殿、慈氏圖書館等。浩霖法師生平提倡修持彌勒淨土法門，聘請法師講解彌勒三經及作註疏。一九七六年，當選為紐約「美國佛教聯合會會長」。一九九九年，聘請通智法師為東禪寺新住持，主持弘法利生。通智法師畢業於中國佛學院，一九九四年赴斯里蘭卡，在克拉尼亞大學研究院攻讀南傳上座部佛教，並於一九九五年，獲得文學碩士學位，是一位學養俱佳的法師，說法辯才無礙。

壽冶長老（一九〇八—二〇〇二），江蘇無錫人，俗姓袁，二十歲出家，曾在山西五台山廣濟茅蓬閉關四年，刺血抄寫《華嚴經》一部八十卷，曾在國內多處著名叢林參學，朝禮四大名山聖地；先後於越南、柬埔寨、美國等地建寺造像、講經弘法。一九七〇年後，長老赴美國出任紐約大乘寺住持，在紐約唐人街創建光明寺，成立美國佛教研究會。二〇〇一年，在紐約圓寂，享壽九十四歲。

敏智長老（一九〇九—一九九六）江蘇江都人，幼年在私塾就學，讀四書五經。十八歲在江都縣下蜀空青山寶藏寺出家，一九二九年，到南京寶華山受三壇大戒，後到武進天寧寺參學，坐禪堂兩年，留在天寧寺擔任執事。曾依止太虛大師負笈湖北武昌佛學院研究部進修三年，曾任江蘇常州天寧寺住持。後卜居香港，致力於佛教教育事業，創設妙法寺內明書院。一九七三年，赴美國弘法，曾任紐約大覺寺住持及美國佛教會會長等職多年。

文珠法師（一九三〇—二〇一四）於一九七三年在美國洛杉磯創辦美西佛教會，

設有週末中文學校，教導華僑子弟學習中文，定期領導僑胞舉行共修法會，與主持星期日的「佛學講座」外，常應東南亞各地佛教道場邀請，前往主持佛學講座。法師尤著重弘傳《楞嚴經》，先後講解此經多次。法師著有《楞嚴經講記》、《諸經講義》、《法華經略釋》與《慈雲法雨》等。

仁俊長老（一九一九—二〇一〇）在一九七三年，應「美國佛教會」之請，赴紐約弘法，後任「大覺寺」住持及任「美國佛教會」副會長。一九七七年底，辭「大覺寺」住持。一九八〇年至一九八四年任「美國佛教會」會長。一九九〇年，成立「同淨蘭若」於新澤西州，定期講經說法，並設立「眾姓文教基金會」，主要資助有心向學之僧青年。一九九三年，為了轉變美國度假之風，令學人多得到法益，創辦名為「佛法度假」之假期佛法講習。一九九六年，成立「印順導師基金會」以弘揚純正佛法。一九九七年，創辦《正覺之音》雜誌。二〇〇四年初，力薦美籍菩提比丘接任「印順導師基金會」董事長職，自己堅辭。仁俊長老向以持戒精嚴，道德高超，為法精進，愛惜寸陰，筆耕不息，講經說法不輟，為僧俗信眾共所敬仰。

菩提比丘（Bhikkhu Bodhi，一九四四—），出生於美國紐約，一九六七年完成哲學博士學位，一九七二年在斯里蘭卡依止阿難陀．彌勒長老（Ananda Maitreya Thero，一八九六—一九九八）受沙彌戒，一九七三年受比丘戒。菩提比丘自一九八四年起，擔任斯里蘭卡佛教出版社（Buddhist Publication Society）總編輯，一九八八年，又出任該社社長。二〇〇〇年，他在美國第一次聯合國官方舉辦的衛塞節慶典上做主題演講。二〇〇二年，他退休回到美國，於菩提寺（Bodhi Monastery Lafayette, New Jersey）和紐約莊嚴寺（Chuang Yen Monastery Carmel, New York）任教，並擔任了印順基金會的主席。菩提比丘亦是佛教全球救濟會（Buddhist Global Relief）的創始人。菩提比丘在著作、翻譯、編輯上聲譽卓著，出版過多部重要作品，除了整理增註髻智比丘手稿，出版英譯《中尼柯耶》（*The Middle Length Discourses of the Buddha: A Translation of the Majjhima Nikaya*），還包括《相應部》（*The Connected Discourses of the Buddha: A Translation of the Samyutta Nikaya*）、《增支部》（*The Numerical Discourses of the Buddha: A Complete Translation of the Anguttara Nikaya*）、《阿毗達摩概要精解》（*A Comprehensive Manual of Abhidhamma*）和《經集》（*The Suttanipata: An Ancient Collection of the Buddha's Discourses and Its Canonical Commentaries*）等。他以現代英文語法翻譯並註釋巴利經論，對於南傳巴利藏的弘傳，其貢獻可謂兼具重要性與歷史性[55]。

一九七六年，星雲法師（一九二七—）組團訪美，以慶祝美國建國兩百週年為契機，赴美弘揚佛法。一九七八年，在洛杉磯開始籌建「西來寺」，取「佛法西來」之意，一九八八年落成，被美國《生活》雜誌譽為「美國的紫金城」、「西半球第一大寺」，占地十五英畝，建地面積十萬二千四百三十二平方英尺，耗資三千萬美元。此後，佛光山僧團又在紐約、舊金山、芝加哥、休士頓、夏威夷、關島等各地設立佛教會。西來寺內主體建築有大雄寶殿、五聖殿、禪堂、藏經樓、寮房、懷恩堂等。星雲法師並發起成立「國際佛教促進會」（International Buddhist Progress Society），同時在美國及世界各重要城市建立許多道場。一九九一年，在洛杉磯柔似蜜市建成的「西來大學」（University of the West），占地四萬多平方公尺，擁有現代化大學應有的先進設備，交通便利，環境優美。該校設有工商系、宗教系、推廣教育系、英語系，並設有世界佛學院，各系分設學士、碩士、博士課程，招考國際學生，並獲得美國高校聯盟的認可，成為亞洲佛教團體在海外創辦現代大學的成功先例。一九九二年，創辦「國際佛光會」（Buddha's Light International Association），總部也設於西來寺，這個佛教組織，全球目前會員人數為六百萬人，全球協會、分會等遍布五大洲。國際佛光會是一個由出家僧眾及在家居士所組成的佛教組織，主旨在於把佛法生活化以及提倡人間佛教。另外，國際佛光會也持續以親和的態度來與社會上的其他宗教團體互相交流。該會的努力使得人們彼此之間有了更堅固的信任，二〇〇三年，正式成為聯合國非政府組織（NGO）的成員[56]。

印海法師（一九二七—二〇一七）於一九七六年春，辭去臺灣臺北慧日講堂住持，於洛杉磯創立「佛教正信會法印寺」。同年舉行落成及佛像開光典禮。法印寺有定期念佛共修，講經說法，攝化華僑社會人心。自一九九〇年，新建圖書館落成後，成立「法印文教中心」舉辦多項活動，有佛學中文學苑、法印佛青、佛學夏令營、佛法精進營、法印合唱團、《覺有情》季刊等。二〇〇五年，十一月新建大佛殿落成暨宏正法師榮膺法印寺第二任住持陞座大典，盛況一時。印海法師一生勤於寫作和翻譯日文佛學名著，至今已出版文集四十多本。宏正法師學有專長，思想新穎，善說法要，亦勤於筆耕。

超定法師，出生臺灣臺南，十四歲出家。十六歲考入新竹靈隱佛學院、福嚴學舍，親近當代佛學泰斗印順導師及其門下續明、演培、仁俊等法師，專修佛法。一九七八年，於洛杉磯創立觀音禪寺，擔任住持至今，領眾熏修，隨緣應邀弘法。二〇一一年至二〇一七年春，受禮請擔任德州休士頓玉佛寺住持，協助推行弘揚佛法，普受大眾所敬仰。著作有《緣起的面面觀》、《緣起的人生觀》，及多篇佛學論文發表於各佛教雜誌上，很具有深廣度。

臺北法光寺住持如學法師（一九一三—一九九二），是臺灣佛教界老一輩德高望重的尼師。一九七八年，應信徒邀請到美國弘法，並選在洛杉磯阿罕布拉（Alhambra），成立中美佛教中心及法光寺，並由她的弟子禪光法師任主持。寺址原是舊教堂，經過一番簡單整修，開始弘法活動，每週有集會共修，設有禪坐班、佛學研習班，每年定期舉辦禪三、禪七等。一九九五年，道場開始重建，主體建築造型獨特，雄偉壯觀，最大特色是一切圓融沒有稜角。中間是大雄寶殿，高十餘公尺，金壁輝煌，清淨莊嚴。兩側是藥師殿、地藏殿、祖師殿，辦公室和知客室外有三處停車廣場，和一長排附屬建築，包括後殿、法光女眾佛學院和法光中文學校的教室、齋堂和香積廚。以及隨處可見的林木和花圃，花團錦簇。禪光法師少年出家，先後畢業於新黎女子佛學院、淡江大學外文系、香港珠海書院外文系。

休士頓的德州佛教會（Texas Buddhist Association），成立於一九七九年，由永惺長老、淨海法師、嚴寬祜居士等創辦，為美南第一座華人佛教道場。德州佛教會秉承佛陀教法，弘揚正信佛教，以淨化世道人心，促進世界和平與人類福祉為宗旨，不分宗派，宣揚教義與實踐修持並重。初於休士頓南邊建立佛光寺，不久得到宏意法師的加入，強化組織，以僧團為領導中心，採取董事制度。一九九〇年興建玉佛寺及青年活動中心，創辦菩提學苑中文學校。二〇〇一年，又於休士頓西北郊區購得五百畝林地，興建美洲菩提中心，建有禪堂、齋堂、寮房、圖書館、報恩塔，及供長期共住共修的靜居林，推行現代多元化弘法活動。道場設有監院、住持等職，經過合法推選產生，或禮請外地高僧擔任，成為十方道場。德州佛教會自成立三十多年來，每週日上午都以中、英雙語演說佛法及靜坐、念佛等共修活動，在大雄寶殿為華人用中文說法，觀音殿為美國人及其他族裔用英語說法，是美國少數提供雙語弘法的華人道場之一。下午還有研討佛法及晚課修持等，多年堅持不輟。另外還有社會關懷、老人院慰問、募集發放清寒獎學金等，種種弘法利生活動，並發行出版《佛光法苑》雙月刊。德州佛教會對美國南部的佛法弘揚，貢獻巨大。德州佛教會多年來代表佛教，參加跨宗教組織的對話；也於一九九三年，聯合德州地區南傳、北傳、藏傳的佛教組織，共同成立德州佛教協會（Texas Buddhist Council），定期開會，舉辦活動，增加各道場間的互動聯誼，共同為佛教在美國的弘揚而努力。

淨海法師（一九三一—），江蘇泰縣。九歲出家，十六歲寶華山受戒，後就讀武進天寧寺佛學院。一九四九年，到臺灣親近慈航法師修學。一九六〇年，赴泰國學習泰文及巴利文，受南傳比丘戒，住進泰寺僧團，並入朱拉隆功佛教大學攻讀。一九六九年，轉赴日本立正大學研究，獲佛學碩士學位。一九七二年，受邀至紐約弘法。因有感於美南地區沒有佛教道場，遂於一九七八年到德州休士頓，與師友合作創立德州佛教會，將佛法傳到美南地區。法師現任德州佛教會會長。著有《唯識第一課——大乘廣五蘊論略解》、《南傳佛教史》等；譯有《真理的語言——法句經》、《佛陀畫傳》等。

宏意法師（一九五五—），原籍雲南，一九六二年，於緬甸仰光中華寺依洗塵法師出家。一九六九年，赴臺灣佛光山東方佛教書院與中國佛教研究院進修。一九七八年，赴美探望剃度恩師和進修英文。一九八〇年夏，因隨浩霖法師至休士頓探望病中淨海法師之緣，受緇素大眾勸請，遂留下署理寺務。一九八二年擔任佛光寺住持，一九八九年籌建玉佛寺，成為美南第一大剎；二〇〇〇年後，再開發美洲菩提中心，並被推選為會長。法師具備語言天分，長年以華語、粵語及英語講經說法，度眾無數。著作有《佛法在人間》、《心經略釋》、《見聞覺知》等。

嚴寬祜（一九二四—二〇一四）、崔常敏夫婦是一對佛門淨侶，共事虛雲老和尚為皈依弟子及受菩薩戒。在香港創辦佛經流通處，對於佛教貢獻很大。一九六六年，中國大陸「文化大革命」開始，紅衛兵在「破四舊、立四新」的口號下，破毀寺院佛像，焚燒經典文物；強迫僧尼還俗，參加勞動服務。佛教遭此浩劫，遇有經典運到香港，嚴居士悉數收購，目的在搶救經典法寶。他們在香港創業致富，更不忘護持三寶，熱心佛教文化和慈善事業。一九七九年春天，嚴寬祜居士協助淨海法師與香港永惺法師在休士頓成立「德州佛教會」，嚴寬祜、崔常敏夫婦擔任重要董事，財務管理等，成為共同推動美南佛教的中心人物。一九九七年，他們回居香港成立福慧基金會，至今已經在中國貧窮地區興建多間學校、醫院，資助貧寒學生獎學金等事業。

聖嚴法師（一九三〇—二〇〇九）於一九七五年，獲得東京立正大學文學博士學位，隨後應邀赴美弘化，先後擔任美國佛教會董事、副會長，紐約大覺寺住持及駐臺譯經院院長。一九七九年，聖嚴法師在美國紐約創立「禪中心」（Ch'an Meditation Center），後來擴大遷址更名為「東初禪寺」，發行《禪通訊》（*Chán Newsletter*）及《禪雜誌》（*Chán Magazine*），攝化華僑及西方人士。此後，聖嚴法師在臺灣創立法鼓山，世界各地都有分會，便固定往返美國與臺灣兩地弘化。聖嚴法師以其深厚的禪修經驗、正確的禪修觀念和方法指導東西方人士修行，每年在亞、美、歐洲等地主持禪七、佛七，為國際知名禪師，尤其著重以現代人的語言和觀點傳布佛法，陸續提出「心靈環保」理念，及「心五四」、「心六倫」等社會運動，提供現代人具體可行的人生觀念與方法。一九九七年，聖嚴法師又在美國紐約上州郊區，購置原為基督教女青年會營地，成立象岡道場，做為漢傳禪佛教國際禪修中心，開展弘法活動。

顯明法師（一九一七—二〇〇七），出生於遼寧錦西。一九二八年，在哈爾濱極樂寺出家。一九八四年春，他到美國旅行，先抵洛杉磯，後到紐約，這時美國佛教會初創莊嚴寺，首期工程落成，禮聘法師擔任第三屆住持之職。後由明光法師繼任。退居之後，仍不時應各地信徒之請到美國各地講經弘法。遺集有《顯明大師法集》十集，另有《妙法蓮華經解》一冊，臺灣觀宗別院出版。

慈莊法師（一九三四—），臺灣宜蘭人。一九五五年出家，於苗栗法雲寺受具足戒。日本京都佛教大學畢業，曾任東方佛教學院院長。一九七八年，慈莊法師奉開山星雲法師命，前往美國洛杉磯籌建西來寺，並擔任首任住持。經過六次公聽會、一百多次協調會，歷十年時光，種種險阻困頓，激發出內心無窮的潛力，完成「西半球第一大寺」，使佛光山走向國際化，作出巨大的貢獻。著作有：《法相》、《畫鯉的奇蹟》。

一九八四年，臺北華嚴蓮社董事長成一長老（一九一四—二〇一一）應邀旅美弘法，在加州聖荷西創立「華嚴佛教會」，自任會長。成一長老每年寒、暑假蒞美講經弘法，平時道場派徒弟輪流負責管理。一九九三年新建佛殿，二〇〇九年「成一樓」落成。

「佛教慈濟功德會」是臺灣證嚴法師（一九三七—）於一九六六年在花蓮創立，佛教慈濟基金會是非營利、非政府的慈善組織，致力於慈善、醫療、教育、人文四大志業，以及國際賑災、骨髓捐贈、社區志工、環保工作等。一九八四年，美國慈濟於加州成立。美國慈濟有二十多個社區服務計畫，至今全美已有超過八十個分支聯點、十萬名會員，在社區中勤耕福田。

一九八四年，葉敏女居士在舊金山成立了「大覺蓮社」，除了週日集會念佛共修，經常有各方來此的法師駐社講經，也常有名流居士蒞臨演講。現在蓮社內有寬大的佛堂、講堂、教室、圖書館、附屬房舍，及兩間客房。在社會教育方面，開設有中文學校、成人英語班，以及各種技藝、太極拳班等。葉敏居士福建福州人，自幼在寺院中長大，隨母親禮佛誦經，終身未婚為佛教事業獻身。

「美國淨宗學會」於一九八九年，開始在各地漸次成立，在導師淨空法師的教導下，依據淨土五經修學（傳統上以「三經一論」為理論基礎，後附加《普賢菩薩行願品》及《大勢至菩薩念佛圓通章》）。現在美國及加拿大各重要城市約設有二十多處淨宗學會，會與會之間有聯誼而沒有隸屬關係，多以華人修淨土者為對象。

繼如法師（一九六一—）出生於馬來西亞，禮竺摩長老座下出家，曾在泰國參學上座部佛教六年。一九九二年抵達美國，歷任美國紐約莊嚴寺董事、方丈、大覺寺住持等。著有《解脫之道》、《佛法概論導讀》、《阿含系列講記》、《尋思集》等書。一九九五年，赴密蘇里州聖路易市，創辦美中佛教會（Mid-America Buddhist Association）。法師除每星期六、日，向當地人士以中、英文宣弘佛法外，並經常應邀赴美國及加拿大各地佛學社團演講佛法，指導禪修，亦曾多次擔任莊嚴寺夏令營佛學講座，甚受各地佛友歡迎。法師現任美中佛教會與芝加哥正覺寺住持。法師對現代美國法制、文化、思潮甚為注意研究，常思考如何在美國弘揚佛法和建立新僧團，促使佛法本土化的實現，培養美藉僧人和虔誠居士。

妙境長老（一九三〇—二〇〇三），黑龍江省龍江縣人，十八歲出家，沉潛修習佛法五十餘年，講經弘法不懈，以無礙辯，引經據典，廣宏如來正法，暢演大乘妙義，聞法者皆如沐春風、法喜充滿。於一九九六年，於加州創辦美國法雲寺佛學院，後遷徙至新墨西哥州，提倡修習四念處以趣求聖道，弘揚大乘佛法與大乘止觀。其弘法內容已漸漸被整理為筆錄與數位錄音檔，製作為法寶出版，其中已整理發行的有《妙法蓮華經》、《瑜伽師地論》、《摩訶般若波羅蜜經》、《金剛經》、《維摩詰所說經》、《菩薩戒本經》等。

曾任紐約莊嚴寺和大覺寺住持的法曜法師（Dhammadipa，一九六六—）出生於臺灣，父親是馬來西亞華僑，師五歲時隨父母遷往馬來西亞。一九八七年跟尸婆利（Sivali）法師到了斯里蘭卡，同年受沙彌戒；一九八九年，由法光長老（K.L. Dhammajoti，一九四九—）親授比丘戒。受到師友的鼓勵，法曜法師繼續上大學，先後在斯里蘭卡獲得學士及碩士學位。二〇〇〇年到歐洲留學，先後在法國、德國及東西歐遊學，於二〇〇一年到英國布里斯托大學留學，以〈出入息觀在早期經典和南北傳阿毘達磨中的角色〉的論文獲得哲學博士學位。二〇〇八年，擔任莊嚴寺方丈至二〇一五年。法師精通英文、中文、日文、巴利文、梵文、法文、德語等多種語言。對阿毘達磨、唯識學及禪修也頗有研究。法曜法師現任紐約大覺寺，與位於波士頓西郊的般若寺方丈。

中台禪寺又稱中台山，由惟覺老和尚（一九二八—二〇一六）創辦，位於臺灣南投縣埔里鎮。中台禪寺以弘揚禪法著名，在二〇〇〇年，於美國舊金山灣區拉弗葉（Lafayette）成立了第一座國外弘法的佛門寺。二〇〇二年，於德州休士頓市西南區的中國城，成立普德精舍分院，設立中、英文禪修班，教導中外信眾修習數息、觀息禪法，實踐佛法的修持，也在教理上有系統的講授佛法知見，俾使大眾解行能夠一致。目前在美國加州有佛門寺、太谷精舍、中洲禪寺；奧克拉荷馬州佛心寺，德州普德精舍，喬治亞州法寶寺，共有七座道場。

據目前統計，華人佛教組織主要是分布在華人聚居的城市，半數以上在加州，約五分之一在紐約，休士頓有六、七家，其他散布於各大城市。有些寺院或禪修中心由僧人管理，有些完全是居士的組織。

不過，美國所有華人的佛教組織，包括僧人的寺院和居士的佛教社團，經濟基礎幾乎完全來自華人供給或捐獻。佛寺僧人絕大多數以誦經、講經、各種法會、經懺佛事、存放骨灰、供設牌位為主。居士佛教社團以募款或多人分攤做弘法或慈善活動。總之，所有華人的佛教組織，都未能打入美國人的社會基層，沒有達到本土化。在美國弘法傳教的華僧，能用英語說法和演講的人，掐指可數，能用英文寫作立說的更是寥寥無幾。雖然華人佛教得到美國政府的認同，對華人社會群體起了安定的作用，但發展前途遠景不大。這種情況雖有人能覺察到，但又限於華人僧俗佛教徒本身能力缺乏，短時間內無法改變和突破。

根據二〇一二年七月十九日，美國皮優研究中心（Pew Research Center）和皮優宗教與公共生活論壇（The Pew Forum on Religion and Public Life）發表了一份問卷調查報告《亞裔美國人信仰萬花筒》（*Asian Americans: A Mosaic of Faiths*），其中顯示，有超過一半的美國華人自稱沒有宗教，在各族裔中比例最高。有大約三分之一的華人為基督教徒，是華人信仰裡之冠。另外值得注意到是，大約有百分之十五的華人為佛教徒，但卻日趨減少。

根據這份調查，有百分之二十二的亞裔生長在佛教家庭，但有百分之十會改信其他宗教，只有百分之二會從其他宗教改信佛教。也就是說，在流失信徒方面，佛教的這一現象要比任何其他宗教都要嚴重[57]。

研究人員和當地佛教徒推測，正是佛教與其他宗教不一樣的特點：包容與不注重形式上的宗教禮儀，使佛教在完全不同於東方文明的西方社會環境中，面臨著很大挑戰。調查顯示，佛教徒最容易和擁有其他宗教信仰的人通婚。另外，和其他宗教相比，佛教徒很少為他們的孩子祈禱，或接受宗教教育的訓練。例如，有百分之六十一的亞洲基督徒，每個星期至少會去一次教堂，但只有百分之十二的亞洲佛教徒，會每個星期去一次佛寺。同時，佛教徒對選擇其他宗教也是最寬容的，他們允許孩子改信其他宗教。

編著者為現任德州佛教會會長，在美國弘法已有四十多年的經歷，曾在佛教會的雙月刊《佛光法苑》第二〇〇期感言裡，總結對漢傳佛教在美發展的前瞻和推測：

「遙想未來，我認為中國漢傳佛教在美國的發展，似乎前途不是很樂觀。這個原因可能有些人都知道，中國佛教徒在美國傳教，多是以本國僑胞為對象，沒有去努力使佛教本土化，也不曾走進美國人的基層社會，因此不能轉型和生根。無法和美國人打成一片，因此產生水土不服，無法長久生存下去。這個問題是很困擾我們而又極難克服的障礙。

原因之一，是我們華人來美傳播佛教，都不具有高等英文的程度，不能用美語闡述佛法的義理，不能融入美國人群中，走不進美國人的文化殿堂，更不用說著書立說了。如同寄生在他人土地上，一旦因緣條件不具，就會消失不存在了。原因之二，是現在美國人學佛雖多，已不像美國先賢那般熱忱地深信佛法，努力推行介紹佛教。今日美國人學佛以個人意識型態為主，當遇到煩惱身心不安時，或工作壓力大時，只求打打坐，了解一點簡單佛法的道理，並不熱心弘法和追求解脫。有人深入研究佛法，但也只是站在學術的立場，這就是目前美國佛教的風氣。……

在美國西岸加州、東岸紐約一些大城市，或其他華人聚居多的地方，的確可看到許多中國的寺院和佛堂，華人信眾多，香火頗旺，經濟條件甚佳。其中有代表性的洛杉磯西來寺、北加州萬佛城、紐約州郊外莊嚴寺、或再加上休士頓玉佛寺等，都是具有建築宏偉、清淨莊嚴、弘法活動頻繁的道場，但都面臨感到優秀僧才的不足和缺乏。一因在美國本土，不管華人或美國人，沒有人發心出家，無法培養人才。二因在中國本身，也是僧眾人才缺乏，加以現在經濟發達，生活安逸，不願再出國弘法辛苦了。

日本佛教對美國早期的佛教發展影響很深，淨土真宗僧人約在一八三九年前後，最早就隨移民將佛教傳至夏威夷；一八九八年，本願寺遣派僧人薗田宗惠與西島覺了到舊金山，創立『北美佛教傳教團』，並以此向西岸各大城市傳播，目前發展到有六十所寺院或分院。日本禪宗，也在一九〇三年至一九三〇年代，傳入美國加州和紐約。但時間久了就有一種現象顯示出來，經過兩三代傳承，就不能繼續延長興盛下去。反而日本後期的新興宗教，日蓮正宗創價學會傳入美國，都以非亞裔為對象，倒有很多信眾。日本早期傳入美國的佛教如此，我們中國漢傳佛教如不及早謀求本土化——即轉變成美國式的佛教，可能也會走向相同的命運，這是很值得我們華人佛教徒的注意和警惕。」

三、韓國、越南佛教在美國的弘揚

有關韓國佛教和越南佛教在美國的弘揚，也是漢傳大乘佛教的一系，由於資料不多，在此僅做簡單的介紹：

二十世紀七十年代初，韓國移民在美國增長迅速，於一九七三年在洛杉磯建立第一座韓國寺院——佛法寺。最初的韓國佛寺都是以服務移民的需要，定期舉辦法會和慶典。因為缺乏有效的管理制度和語言能力，再加上韓國的佛教徒移民相對較少，許多佛寺都面對財務的困難[58]。

大多的韓國移民為基督徒。依照統計，一九八八年在洛杉磯十五萬的韓國移民中，只有百分之十至十五為佛教徒。在當時，洛杉磯有多於四百多間韓國的基督教堂，卻只有大約十五所韓國的佛教團體[59]。因此，移民對韓國佛教在美國的影響還不及幾位韓國來的法師。

徐京保法師（一九一四—一九九六）被稱為來美的第一位韓國法師。他於一九六四年，至哥倫比亞大學擔任訪問學者，之後在費城的天普大學（Temple University）取得博士學位。在美六年期間，他曾到各大城市傳播佛法。回韓國後，他的一位弟子，古聖法師於一九六九年來到美國東岸，並於一九七六年，分別在華府和馬裡蘭州創立寺院和禪中心[60]。在同一時期另一位韓國法師九山法師（一九〇九—一九八三）於一九七二年，抵達美國西岸，在北加州創辦了三寶寺。之後，一些美國信眾追隨他回韓，並在韓國接受傳統的韓國禪訓練，也創辦日後的松廣寺國際禪中心（International Zen Center at Songgwang Sa）。這些法師雖然往返美國，但都沒有居留下來[61]。

到了八十至九十年代，兩位在美國較具影響力的韓國法師是崇山法師（一九二七—二〇〇四）和三友法師（一九四一—），而兩位法師都是教導禪法。目前一般美國人對韓國佛法的印象都始於崇山法師的禪風，可見其對美國的韓國佛法的影響力之大。

曹溪宗的崇山法師，一九二七年生於北韓，一九四七年出家，法號行願。他於一九七二年抵達美國，在羅德島州普羅維登斯市教導佛法，引起周圍布朗大學學生的興趣。崇山所教導的禪法和當時美國人所認知的日本禪法有很大的不同。相較於日本禪的平靜，崇山教導的禪法充滿動力，強調動禪。雖然崇山本人是曹溪宗，但教學上突破傳統，自成一派，結合了禪宗的參話頭、淨土的念誦觀音名號和韓國傳統的快速禮拜。他也把禪的一些思想翻譯成一些簡短的口號，如「全部放下！」（put it all down），「只是不知！」（only don't know）等，讓人朗朗上口，在美國禪裡成為一種潮流。此外，他還重新詮釋修行的重點，比解脫更注重菩薩行，強調和社會接軌[62]。本著個人特有的創新風格和活力，崇山於一九八三年，創立「國際觀音禪院」（Kwan Um School of Zen），並鼓勵學員在各處創立禪中心，因此全球各地的國際觀音禪院的禪中心，如雨後春筍般快速增加。在短短幾年內，信眾快速成長，據說到了八十年代初，信眾高達上千名。到了一九九八年，全世界有超過六十個禪修點[63]。但也因創立時太過草率，有許多沒有維持下來。

崇山有許多著作，英文著作共有：《只是不知》（*Only Don't Know*）、《彈灰在佛身》（*Dropping Ashes on the Buddha*）、《禪羅盤針》（*The Compass of Zen; Bone of Space: Poems by Zen Master Seung Sahn*）、《正眼十門》（*Ten Gates: The Kong-An Teaching of Zen Master Seung Sahn*）、《世界一花》（*The Whole World Is a Single Flower: 365 Kong-Ans for Everyday Life*）。其中《彈灰在佛身》，《只是不知》，《禪羅盤針》等被翻譯成中文、韓文、法文、德文、波蘭文、西班牙文、俄文、立陶宛文等多國文字。

崇山的創新風格也帶來許多批評和反思。例如他允許在家人經過幾個月的訓練就可以穿僧服並賜予「法師」（Dharma Teacher）名號，並允許這些「法師」教導他人禪法。但在幾個月的訓練期裡，崇山本人很少參與指導弟子，因此許多「法師」缺乏佛法的知識和對傳統的認識。另外，他非常強調菩薩行，但多傾向如韓國的禮稱在佛寺幫忙的中年婦女們為「菩薩」，沒有謹慎教導行菩薩道應具備的經教基礎和修行條件（如累積波羅蜜）等。總之，許多批評多指向他太急於擴展，缺於對美國弟子們在佛理和經教上的訓練[64]。

一位美國的佛教學者理查·海耶斯（Richard Hayes，一九四五—）對於佛教（不分宗派）在美國發展的現象曾經指出：

「佛教在北美的快速成長，讓許多佛教團體過於重視硬體上的建設，如寺院、道場、學校等，並投入大量的財力擴充，卻留下很少的時間讓人靜坐、閱讀經論、研究他們所學習的傳統和歷史。因此，有太多的北美佛教徒，即使有許多求法的熱情和驅動力，始終沒有深入佛法的修行宗派。因對佛法的無知，在正法的根基不牢固的情況下，留下很多迷信和謬論的空間。美國禪在這方面尤其嚴重。有太多在書本上的討論，而不是實際上的修行和禪坐[65]。」

三友法師於一九七二年，移居加拿大多倫多市。剛開始獨自住在陰冷的地下室多年，在一次重病時被幾位韓國婦女發現並照顧，之後開始為她們弘法。幾年後，三友禪師開始分別在美國密西根、芝加哥、紐約以及墨西哥的墨西哥市設立道場。他積極地把佛法弘揚給美國人。於一九八七年，他在密西根主持北美世界佛教論壇，邀請了許多位有影響力的宗教領袖來探討在西方國家弘法的困境。同時於一九九三年，在芝加哥的世界宗教會議，他被邀請為國際顧問團的一員[66]。

雖然南傳佛教和大乘佛教在越南並存，但大乘佛教在越南屬於多數。所以在此書裡談的越南佛教只限於大乘佛教。越南佛教在美國萌芽比較晚，大約在越戰前後。七十年代越戰後，因大量移民及難民移居美國，在夏威夷的越南人則成立了夏威夷越南佛教會。在德州、路易斯安那州、佛羅裡達州一些大城市的越僑，大多數人信佛，都先後建立寺院或佛教社團組織。經由一個非正式的調查，於一九九五年，在北美大約有一百六十座越南佛寺[67]。

在美國較有代表性的兩位越南法師為天恩法師和一行禪師。但兩位法師的背景和教學方法卻又都自成一格，是否可以代表越南的傳統佛教就值得商榷。但他們所弘揚的佛法卻是美國人普遍所了解的越南佛教。

天恩法師（一九二六—一九八〇）早期在日本學習臨濟禪法，並在早稻田大學獲得文學博士。一九六六年，天恩法師以交換教授的身分，到美國加州大學洛杉磯分校擔任客座教授，他是第一位到美國弘法的越南法師。加州大學的學生們後來知道他不但是佛教學者，而且還是禪師，於是請求他教禪。天恩法師在一九七〇年，於洛杉磯成立「國際佛教禪修中心」（International Buddhist Meditation Center），又於一九七三年創立「東方研究學院」（College of Oriental Studies）。一九七五年，南越淪陷後，許多越南難民逃到南加州，天恩法師收容他們在禪修中心。由於中心不敷使用，法師後來又購買了兩棟房舍，改建成越南佛寺（Vietnamese Buddhist Temple）和阿彌陀寺（Amida Temple）。這也是北美最早的兩座越南佛寺[68]。天恩法師覺得在美國弘揚佛法，需要消彌佛教各宗派傳承間的界線，所以他在教學上融合了各種宗派，有日本、韓國、西藏、和南傳[69]。在越戰期間，天恩法師積極地幫助越南難民在美國安定下來，他建成的佛寺也滿足了居住在加州的一萬多名越南難民和佛教徒的精神需求，保存了越南的傳統文化。一九七八年八月，天恩法師又和臺灣佛光山教團的星雲法師一起在洛杉磯重建了「國際佛教促進會」組織。同年，越南佛教徒聯合會（又名越南佛教統一會）在美國建立，釋曼濟任主席。一九八〇年，聯合會加入世界佛教聯誼會。一九八四年十二月，聯合會在洛杉磯召開大會，來自美國各地的一〇七個佛教團體的代表、三十七位美國各地佛教寺院住持參加了會議。天恩法師也是第一位在美國出版英文著作的越南法師，他在一九七五年出版了《禪學、禪修》（*Zen Philosophy, Zen Practice*）和《越南的佛教與禪》（*Buddhism and Zen in Vietnam*）。天恩法師剃度了多位西方弟子，其中一九七六年，剃度的博士比丘尼（Ven. Dr. Karuna Dharma）是最早在美國受比丘尼戒的美國女性之一。

一行禪師，是越南人，十六歲出家，一九四九年受比丘具足戒。一九六〇年代，一行禪師在西貢組織了青年社會服務學院（School of Youth for Social Services），開始投入社會運動。在越戰期間，他組織青年，建立醫療中心，並協助安置因為戰爭而無家可歸的人[70]。於一九六一年，他得到普林斯頓大學提供的獎學金，到達美國後，曾在康乃爾大學及哥倫比亞大學教授課程，並且持續推動反戰運動，希望美國軍隊退出越南。一九六五年，他創立「相即共修團」（The Order of Interbeing），其組織涵括了出家和在家人，推行的和平理念漸漸形成一股國際潮流。一九六六年，為了呼籲和平的停息越戰，他開始環球十九個國家的演講，並與數位政治家和宗教領袖面談。面對回國將被暗殺的威脅，他開始了在法國流亡的生活。在美國，他分別在加利福尼亞州、佛蒙特州等地設立鹿野苑寺、綠山佛法中心、楓林寺。他努力將佛法更新，使佛教成功地向西方社會傳播開來，並為西方人所接受，對西方社會影響極大，在全美各地都有自行組織的一行禪師讀書會，他被認為是除達賴喇嘛以外，在西方最具影響的佛法導師。一行禪師通曉越、英、法及中文，除了佛學論述之外，並著有詩集、小說、戲劇、傳記等，迄今已有上百本著作。他的作品大部分在歐美等國家登上最暢銷榜；其中不少於五部著作，被翻譯成三十國不同文字以上。每年，在全世界接觸到禪師的開示及書本的人次超過幾百萬。禪師把五戒重新演繹為五項正念修習，讓大眾易於接受和明白，能在日常生活中應用出來。禪師也曾在聯合國教育科學及文化組織呼籲，採取正念修習來幫助年輕人處理情緒和止息暴力。有許多國家回應其呼籲，開始在學校實行正念修習[71]。他的英文著作暢銷書有《活的安詳》（*Being Peace*）、《太陽我的心》（*The Sun My Heart*）、《行禪指南》（*A Guide to Walking Meditation*）、《正念的奇蹟》（*The Miracle of Mindfulness*）、《般若之心》（*The Heart of Understanding*）、《佛之心法》（*The Heart of the Buddha's Teaching*）、《生命的轉化與療癒》（*Transformation and Healing*）、《當下一刻、美妙一刻》（*Present Moment, Wonderful Moment*）。

第三節 南傳上座部佛教在美國

南傳上座部佛教在美國的起源，最早可以追溯到一八九三年，在芝加哥召開「世界宗教大會」，達摩波羅出席大會發表了上座部佛教的報告，即引起美國學術界的重視，一位研究哲學和比較宗教學的卡爾．特奧多爾．斯特勞斯（Carl Theodor Strauss，一八五二——一九三七）皈依了上座部佛教，並在美國居民中發起佛教運動，由此創立「摩訶菩提協會美國分會」，在美國社會中從事佛教弘法活動。當時夏威夷王室的後裔瑪麗．米卡哈拉．福斯特夫人也由達摩波羅的引導而信佛，並將其大部分財產施捨給摩訶菩提協會，在印度加爾各答建立會所，在斯里蘭卡建設學校，出版佛教書籍和刊物；另一筆六萬盧幣，在可倫坡建設貧民醫院；其中也包括資助在美國傳播佛教的經費[72]。晚年達摩波羅出家為比丘，奉獻一生在世界各地傳播佛教。

雖然南傳佛教在美國起源甚早，但直到上世紀六十年代，隨著移民熱潮和美國大眾對佛法的興趣才開始活躍起來。如同其他傳承的佛教，南傳佛教在美國的發展不外乎分為二大類：移民佛教和輸入佛教。但因移民的多元化，和美國人輸入佛法後的不同應用，南傳佛教在美國的發展就顯得多姿多彩。

最初，南傳移民佛教徒在美國，多起源於不同國家（如寮國、斯里蘭卡、泰國等）的在家人組合發起，再要求祖國的僧人前來主持。由於組合的多元化，南傳佛教徒移民最初面臨許多困難，如不同原生國家和傳統的認同，出家人來到美國適應的問題，和第二代對佛法和傳統的傳承。而南傳的移民佛教也多在應付移民的所需而發展[73]。

從六十年代開始，有許多美國人遠赴緬甸、泰國和其他東南亞國家學習禪法，後回到美國開始教禪，開辦了許多內觀禪中心和課程，使得輸入的南傳佛教，開始蓬勃地在美國發展起來。這些人致力減少傳統的儀式，並調整佛法的傳播來適應美國大眾。因此，佛法被普遍地應用在人道宣導和心理治療上，這種改革使得佛法快速地受到美國大眾的接受和讚揚，但也受到一定的批評。

最初南傳移民佛教和輸入佛教的兩種團體彼此沒有交集，所以無法形成一個能夠代表美國南傳佛教的力量。隨著一些亞洲的僧人開始受到大學以上的教育，並在美國致力佛教的發展，才開始使這兩種團體慢慢地交流、結合起來[74]。

一九六四年，斯里蘭卡大長老慧獅尊者（Most Venerable Madihe Pannasiha Mahanayaka Thera，一九一三—二〇〇三）到美國參訪，在亞洲基金會的安排下，恰好趕上了首府華盛頓的衛塞節，這是佛教紀念佛陀誕生、覺悟和涅槃的節日。慧獅尊者和斯里蘭卡大使館的一些人員，一起在公園參加慶祝活動，經過跟大使館官員的一番交談後，決定在美國建立寺院。他返回斯里蘭卡，從塞瓦迦佛學會（Sasana Sevaka Society）籌集了資金來建立寺院。一九六五年，在慧獅尊者的贊助下，於華盛頓特區成立了美國第一個上座部佛教的道場——華盛頓佛教精舍（Washington D. C. Buddhist Vihara）[75]。

慧獅尊者派遣曾在哈佛大學就讀兩年的維尼塔法師（Ven. Bope Vinitha）到美國華盛頓特區，主持創立道場。維尼塔法師於一九六六年十二月，帶著一尊佛像和佛舍利抵達，並於隔年從泰國政府手中，廉價買下位於華盛頓特區西北十六大街五〇一七號的建築，成立美國第一個上座部佛教的道場「華盛頓佛教精舍」，精舍一直得到斯里蘭卡和泰國政府的資助，至今仍是佛教徒聚會的地方。

華盛頓佛教精舍從創立之初，就是一個國際性的寺院，信眾包括斯里蘭卡人、泰國人、孟加拉人、緬甸人和美國的白人，舉辦活動以英語為主，包括佛教節日慶祝、星期日定期演講法會、指導禪修、教授僧伽羅文、巴利文、梵文、設立佛教圖書館及書店，發行佛典研究、佛學論文、教界新聞的通訊，出版上座部佛教書刊。

泰國僑民和美國的佛教徒，在一九六五年於紐約創立了佛教研究中心（Buddhist Study Center），此為一九七五年泰僧在紐約創立金剛法光寺（Vajiradhammapadip Temple）的緣起。

一九六八年，斯里蘭卡的德寶法師（Bhante Henepola Gunaratana，一九二七—）在塞瓦迦佛學會的邀請下，從斯里蘭卡前往華盛頓佛教精舍支援。法師抵美後，法務之餘，在美國大學（American University）進修，陸續取得哲學碩士、博士學位，並任教於喬治城大學（Georgetown University），巴克內爾大學（Bucknell University）和馬里蘭大學（University of Maryland）等多所大學。

德寶法師為了建設修學戒定慧的上座部森林道場，實踐禪修，培養弘法人才，他於一九八五年，與理念相同的禪修老師馬修．弗利克斯坦（Matthew Flickstein）共同創建位於西維吉尼亞州的「修行協會」（Bhavana Society）佛教道場。修行協會除了日常的修學課程，也舉辦長期的靜修活動，活動一切免費。一九八九年，修行協會舉行沙彌剃度儀式，有二十八位來自美國各地上座部佛教的僧伽蒞臨參加。一九九六年，德寶法師獲頒北美地區階位最高的斯里蘭卡佛教上座部長老（Chief Sangha Nayaka Thera）頭銜，也是當代內觀大師。德寶法師著有多部有關修行的暢銷著作，《平靜的第一堂課——觀呼吸》（*Mindfulness in Plain English*）已被譯成多種語文在世界各國出版，此書的節譯版，在泰國被選為高中課程的教材，另有《快樂來自四念處》（*The Four Foundations of Mindfulness in Plain English*）、《快樂來自八正道》（*Eight Mindful Steps to Happiness*）都是修行的指南。德寶法師及他創立的修行協會，對上座部佛教在美國的弘揚，貢獻很大。法師弘法足迹遍及美國、加拿大、歐洲、澳洲、紐西蘭、非洲與亞洲等地[76]。

行者蘇闍多（Anagarika Sujata）於一九六七年，前往斯里蘭卡出家，返回美國後，於一九七一年成立清水佛教協會（Buddhist Society of Clearwater）。之後遷至丹佛（Denver）。一九七四年協會遷到聖荷西，改名為「靜點研究所」（Stillpoint Institute）主要活動是禪修，強調佛教教導從洞察禪修，放下憤怒和自私，以實現慈愛，同情的喜悅和平等[77]。

麻州出生的精神科醫生伯恩斯（Dr. Douglas Burns），高中時代就對佛學有興趣。他於一九六〇年，撰寫了一本《佛教哲學原理》（*The Principles of Buddhist Philosophy*），一九六一年他搬到加州後，結合一些同好成立「新佛法集團」（Neo Dharma Group），強調理性的佛教信仰形式，主要以上座部佛教的修行方法為主。一九七六年，伯恩斯在一次叢林的旅行消失，後被斷定死亡。

一九七六年，位於麻州巴瑞市（Barre, Massachusetts）一座農場的內觀禪修會（Insight Meditation Society）得以成立，主要是由三位老師的奠基：第一位是傑克·康菲爾德，他擁有塞布魯克大學的臨床心理學博士學位，曾參加和平隊（Peace Corps）和在亞洲許多家寺院中生活了七年之後，於一九七二年以僧人身分返回美國（後來還俗）；第二位是約瑟夫·葛斯坦，哥倫比亞大學哲學系畢業後，一九六五年因參加和平隊駐在泰國，開始對佛教產生興趣，曾在印度摩訶菩提寺跟隨行者慕寧達（Anagarika Munindra，一九一五—二〇〇三），以及在東南亞的禪修中心學習多年，七十年代以居士身分返回美國；第三位是莎倫・索茨伯格（Sharon Salzberg，一九五二—），曾前往印度、尼泊爾、不丹、西藏和緬甸修學禪法，其中蒂帕嬤（Dipa Ma，一九一一—一九八九）教授的禪法，對索茨伯格的影響很大。

他們三人和其他早期的美國本土禪修教師，對上座部佛教在泰國或緬甸一般民眾中流傳與實踐的方式並不感興趣，他們感興趣的是，普及在緬甸佛教徒中的毘婆舍那觀禪、或內觀禪修。這種禪修方式著重於生命的覺醒，隨著禪修深入，會出現身體和精神上的體驗，使他們能清晰地看到事物的本來面目。康菲爾德認為，許多亞洲佛教徒只注重形式，並非真正在修學佛法。他覺得早期前往亞洲學佛的西方教師，必須學會簡化所學的修法，為西方人提供一種簡潔明瞭而直接的佛教修行方式。他們祛除了大量的東方文化、宗教儀式和禮儀這些亞洲背景的東西……他們認為「文化包袱」對美國人來說，是一種不必要的障礙[78]。他們覺得毘婆舍那觀禪，也就是內觀禪修才是佛陀原始的教法，所以成立了「內觀禪修會」。一九七六年購得離波士頓兩個半小時車程，場地原為天主教會擁有，七十五畝的農場及上面的一座古堡。中心早期指導的禪法以緬甸的馬哈希禪師、烏巴慶老師及泰國阿姜查禪師的教法為主。中心的教師與他們在亞洲的老師，一直保持密切的聯繫。

然而，康菲爾所提倡的簡化修行，除了祛除宗教儀式，也祛除了傳統和嚴謹的僧團制度和訓練。其組織的教師都是由在家人所組成。內觀禪修會的另一位創辦人約瑟夫．葛斯坦對這樣的簡化制度提出了質疑：從整個亞洲的歷史上來看，至高的覺悟通常是由清修的出家眾經過努力修行所證得。即使能成為禪師教導禪修，也是經過十年、二十年的培育。而如今在美國提倡的簡化修行，是由在家眾於繁務中找時間來練習，而且禪師們也只是經過幾年的培育。在這樣簡化的基礎下，是很難培養出真正的禪師。在今後的二十年，我們將很難看到佛陀真實覺悟的傳承，和被簡化的美國佛教有多少關聯[79]。

一九八九年，約瑟夫．葛斯坦和莎倫．索茨伯格在距離內觀禪修會一英里處，成立巴瑞佛教研究中心（Barre Center for Buddhist Studies）。巴瑞佛教研究中心致力於「在學習和實踐之間、學者和行者之間、古典正規傳統和現代質疑精神之間，找到有意義的橋樑」。莎倫．索茨伯格認為，巴瑞佛教研究中心有助於人們理解他們和亞洲佛教之間的關係，可以彌補內觀禪修會的不足[80]。

一九八六年，傑克．康菲爾德舉家遷往北加州，與一群舊金山灣區的靜坐小組成立西部內觀中心（Insight Meditation West）。隔年，在北加州伍德凱利（Woodacre）山谷，買得四百多英畝的未開發土地，並購置活動房屋，舉辦活動。一九九三年，中心名稱改為「靈磐禪修中心」（Spirit Rock Meditation Center）。在九十年代的十年間，隨著不斷籌款和興建，於一九九八年終於有了禪堂與寮房，靈磐禪修中心在加州的地位也逐漸鞏固[81]。傑克・康菲爾德曾於一九六七年至一九七二年間，在阿姜查的巴蓬寺出家，曾親近過馬哈希尊者、佛使比丘，也曾跟藏傳喇嘛學習。康菲爾德是將南傳上座部佛教修行引進西方的重要老師之一，他擅長結合現代心理學與內觀禪修，將禪修落實於生活中。

劍橋內觀禪修中心（Cambridge Insight Meditation Center）是由芝加哥大學和哈佛大學醫學院心理學教授賴利・羅森伯格（Larry Rosenberg，一九三二—），成立於一九八五年，位於麻州劍橋市中心，為忙碌的城市人，提供了一個洞察禪修的環境[82]。羅森伯格曾經跟韓國禪師崇山行願和日本禪師片桐大忍學禪八年，後來又有因緣，跟隨行者慕寧達學習內觀禪修，此外也受到佛使比丘的影響。羅森伯格成立內觀中心，希望所有宗教和世俗信仰的人們可以聚在一起學習佛陀教導的戒定慧，培育智慧和慈悲，實踐在每一天的生活中。

德裔露絲・丹尼森（Ruth Denison，一九二二—二〇一五）是早期獲烏巴慶認可，在美國指導內觀禪修的四位老師之一，也是第一位在美國舉辦女眾禪修營的老師。丹尼森在加州洛杉磯以東的莫哈韋沙漠（Mojave Desert）成立迪納佛法內觀中心（Dhamma

Dena Vipassana Meditation Center），也贊助許多其他內觀中心的成立。

一九六五年到一九七四年間，大量泰國移民抵達洛杉磯。一九七〇年，泰國 Wat Vajirathamsathit 僧院的 Phrakhru Vajirathammasophon 尊者接受邀請，到洛杉磯教授並主持各種儀式活動。泰國僑民成立「泰美佛教協會」（Thai-American Buddhist Association）。一九七一年六月，一個由 Phra Dhammakosacharn 尊者帶領的泰國僧團來到洛杉磯，信眾開始籌集資金購買土地。一九七二年，有人捐贈了一片在洛杉磯北好萊塢（North Hollywood）的一片土地，創建洛杉磯泰國佛寺（Wat Thai Los Angeles）。同年開始興建一座兩層的泰式佛殿，一九七九年竣工開始使用。大殿裡的佛像和兩套藏經是由泰國僧人和信眾運到美國，一九七九年泰國國王和王后親自主持了為寺院挑選佛陀畫像的工作。自一九七一年以來，洛杉磯泰國佛寺發展迅速，目前已是美國最大的泰國寺院，每年接待數千人[83]。

一九七四年，紐約泰國佛教研究中心團體，再申請成立非營利宗教組織（Budda-Sasana Temple Buddhist Study Center Inc.），籌建泰國佛寺。

一九七五年，美國的第一座泰國佛教寺廟金剛法光寺（Vajiradhammapadip）在紐約西布朗克斯（West Bronx）的第一七九街成立。每年出版六期《法光》（*Dhammapadip*）期刊。多年後，由於信眾大量增加，寺院於一九八三年搬遷至弗農山

（Mount Vernon）。一九九一年，又因場地不敷使用，於紐約長島購置原屬教會，占地四英畝的現址[84]。原弗農山的建築，則做為僧侶的住所和宗教服務中心。金剛法光寺除了舉行宗教活動，還提供佛學、巴利文、泰文教學課程，也特別重視年輕一代，對於泰國傳統文化的教育。金剛法光寺已成為泰國宗教和文化活動的中心。

與此同時，在丹佛的 Wat Buddhawararam 和芝加哥的 Wat Dhammaram 也在一九七九年之前開始運作。這些寺廟早期的信徒，主要是泰國人和寮國人。一九七七年，泰國比丘理事會（Council of Thai Bhikkhus）成立，旨在監督美國的所有泰國寺廟。

一九八三年，位於舊金山灣區佛利蒙（Fremont）的 Wat Buddhanusorn 成立。主要目標是傳播佛陀的教義和實踐，教導和推廣泰國藝術、語言和文化，並做為泰國僑民的支柱。一九九三年，泰國的詩麗吉王后曾蒞臨參加寺院的十周年慶。之後，泰國的頌莎瓦莉公主（Princess Soamsawali）和巴賈基蒂亞巴公主也相繼到訪。一九九七年，Wat Buddhanusorn 結界，有一百五十位泰國僧侶出席典禮，是為最大的集會。此道場自成立以來，即由 Venerable Phra Rajadhammavidesh 擔任住持[85]。

一九七〇年代末，斯里蘭卡、泰國、緬甸、柬埔寨、寮國和當地美國人發起成立了上座部佛教中心。在美國本土，當地美國人也接受了較高等級的佛教階位。這五個亞洲國家都有自己建立的寺院，也都和本國保持著聯繫，而內觀禪修會卻沒有正式的聯繫，只能將傳承追溯到緬甸馬哈希尊者和泰國森林僧的傳統教導。亞洲寺院則由亞洲僧人領導，居士們進行修建和維護，而內觀禪修中心則由白人居士建立和領導，儘管他們也會請亞洲的僧俗老師來參觀或指導禪修。

一九七二年，一位一直居住在新加坡的斯里蘭卡喜吉祥（Ananda Mangala）長老到洛杉磯訪問，經斯里蘭卡信眾要求，成立斯里蘭卡—美國佛法協會（Sri Lankan-America Buddha Dhamma Society），進行籌備建寺。之後，佛法協會在好萊塢購買一座建築，命名為洛杉磯佛教精舍（Los Angeles Buddhist Vihara）。一九七六年，化普樂喜慶（Walpola Piyananda，一九四三—）尊者到達美國，並帶來一尊佛像，成為該寺的主持，後來又有阿難陀長老（Ven. Pannila Ananda Nayaka Maha Thera）加入弘法行列。洛杉磯精舍除了服務斯里蘭卡信眾，同時也有柬埔寨和寮國信徒來參加禮拜。到七十年代末期，僧團開始出現矛盾，爭端起於由誰來管理寺院，結果化普樂喜慶尊者被驅逐出寺。

一九八〇年，化普樂喜慶尊者和他的追隨者阿難陀長老和拉塔納薩拉長老（Bhante Dr. Havanpola Ratanasara，一九二〇—二〇〇〇），在洛杉磯另外建立了一座新寺院——法勝佛教精舍（Dharma Vijaya Buddhist Vihara）[86]。

化普樂法師，一九四三年生於斯里蘭卡，十二歲時剃度出家為沙彌，一九七〇年受具足戒成為比丘。化普樂法師獲斯里蘭卡的卡雷尼亞大學（Kelaniya University）榮譽學士學位，印度加爾各答大學（Calcutta University）的碩士學位。完成教育後，於一九七六年前往美國深造。一九八五年，於加州大學洛杉磯分校（UCLA）完成博士學位；一九九七年，又於加州佛學研究學院獲得博士學位。化普樂法師除了擔任法勝佛教精舍住持外，目前也是南加州佛教僧伽協會（Buddhist Sangha Council of Southern California）的主席，並擔任美國地區的首座僧伽長老（Chief Sangha Nayaka Thera）一職。長時間以來，一直為洛杉磯地區的東南亞難民族群提供無數的服務，目前在法勝寺教導佛法與禪修。

一九七九年，緬甸禪師馬哈希尊者（Mahasi Sayadaw，一九〇四—一九八二）、喜戒尊者（Sayadaw U Silananda，一九二七—二〇〇五）和翅羅他尊者（U Kelatha）應內觀禪修會邀請，到美國指導禪修。在美國期間，他們參觀了舊金山灣區的緬甸社區。在緬甸僑民的請求下，馬哈希同意在自己返回緬甸之後，讓喜戒尊者和翅羅他尊者留下。一九八〇年，美國最早期的緬甸佛教組織之一，美國上座部佛教協會（Theravada Buddhist Society of America）成立[87]。同時，創立了加州半月彎法喜寺（Dhammananda Vihara in Half Moon Bay），由喜戒尊者擔任住持。喜戒尊者精通巴利三藏，曾於一九五四年至一九五六年，擔任仰光第六次三藏佛典結集（Sixth Buddhist Council）的首席編輯，協助馬哈希尊者及明貢持三藏尊者（Mingun Tipitaka Sayadaw，一九一一—一九九三）結集巴利文佛經和註釋書。喜戒尊者同時也擔任一九八四年在加州柏克萊成立的法輪禪修中心（Dhammachakka Meditation Center）、一九八五年在佛羅里達州中西部拉哥（Largo）成立的菩提樹道場（Bodhi Tree Dhamma Center），及在福特邁爾斯市（Fort Myers）成立的佛教促進協會（Society for Advancement of Buddhism）與一九九一年，在加州聖荷西成立的如來禪修中心（Tathagata Meditation Center）的指導老師。如來禪修中心占地二點五英畝，有包括禪堂、寮房、齋堂等完備的設施。中心每月固定舉辦兩天的禪修營，每年有四次為期一個月的禪修[88]。

一九七八年，八十高齡的緬甸著名禪師唐樸陸西亞多（Venerable Taungpulu Tawya Kaba-Aye Sayadaw，一八九六—一九八六），在他的學生芮娜．塞卡博士（Dr. Rina Sircar，一九四〇—）的邀請下，到美國弘法。一九八一年，當他第二次訪美時，即在加州舊金山南方的博爾德溪市（Boulder Creek），成立緬式風格的唐樸陸佛教道場（Taungpulu Kaba-Aye Monastery），教導西方弟子禪修，也提供緬甸僑民學佛聚會。出生於緬甸的芮娜．塞卡自小學習佛法，後又跟隨唐樸陸西亞多習禪。自一九七四年起，即任教於加州整合學院（California Institute of Integral Studies）的宗教哲學系近四十年。幾十年來，由於塞卡教導的內觀智慧禪修，結合了醫療和心理學，所以吸引了許多醫生和心理治療師參加她的課程和禪修營，為近年來出現的整體治療、心理學和綜合醫學做出了貢獻[89]。唐樸陸佛教道場現任住持是瓦拉三菩提法師（Bhikkhu Varasambodhi）。

這些寺院建立不久，華盛頓特區和其他城市也開始建立更多的緬甸寺院[90]。

美國的柬埔寨和寮國的移民，在一九八〇年前後達到最高峰。一九七八年以前，在華盛頓特區的柬埔寨人只能到華盛頓佛教精舍參加活動。一九七八年以後，柬埔寨佛教信徒在華盛頓特區，建立了最早的柬埔寨寺院 Wat Buddhikarana，目前仍是柬埔寨僑民前往聚會的地方。柬埔寨高僧瑪哈．哥沙納達（Phra Maha Ghosananda，一九二九—二〇〇七）於一九八一年到達美國羅德島（Rhode Island），策畫在世界各地成立柬埔寨難民營的寺院。

華盛頓特區的寮國僑民在一九八〇年之前，也是到泰國或其他中心的寺院，一九八〇年，寮國僧人成立寮國佛教協會（Lao Buddhist Association），並購買了一英畝的土地和上面的一棟建築，做為佛寺。

在六十年代到七十年代間，隨著一批美國人到東南亞出家，美國本土的早期上座部佛教中也有了較高級的僧人。上座部佛教禪修群體的數量也不斷擴張，一九八四年，有十六個群體分布在八個州，一九八九年，達到九十個群體分布在三十二個州。在美國的泰國寺院數量，從一九八九年為四十多所，到了一九九九年底超過了七十五所[91]。

葛印卡生於緬甸，父母是印度人。葛印卡隨同烏巴慶在緬甸學習了十四年禪修，一九六九年回到印度，向印度人教授內觀禪修。八十年代，也開始在美國發展。一九八○年，在印度葛印卡中心參加過禪修的美國人，開始在美國租賃地點舉辦十日課程。一九八二年，他們在麻塞諸塞州的謝爾本福斯（Shelburne Falls）建立了持法內觀禪修中心（Dhamma Dhara Vipassana Meditation Center），這是第一個葛印卡傳承在印度以外的內觀中心，一九八三年加州的法林內觀禪修中心（Dhamma Mahavana Vipassana Meditation Center）成立。早期參加內觀的學員多為白人，在傳統的葛印卡禪修中心，儘管人們進入禪修中心，但並不認為自己是上座部佛教的信徒，中心的傳承直接由緬甸在家導師烏巴慶發展而來。

坦尼沙羅比丘（Thanissaro Bhikkhu，一九四九—）是一位美國白人僧人，畢業於奧伯林學院（Oberlin College），七十年代到泰國出家，主要在阿姜放（Ajahn Fuang Jotiko，一九一五—一九八六）的泰國森林系統指導下，修習禪定十四年，然後他回到美國。一九九一年，他協助阿姜蘇瓦特（Ajahn Suwat Suvaco，一九一九—二○○二）在加州聖地牙哥成立美國第一座泰國傳統的慈心森林道場（Metta Forest Monastery）[92]，一九九三年他成為寺院住持。坦尼沙羅比丘強調森林道場對修學佛法的重要，在財務方面得到泰國人、寮國人的實際支持，以美國人為主來主持發展寺院。在慈心森林道場保持著禪寺或僧院的形式，以法為中心，坦尼沙羅比丘將許多泰國森林傳統僧侶的開示和教法翻譯成英文書出版，免費寄贈結緣。包括英譯阿姜李的《念住呼吸》等林居導師開示錄、經文解讀《掌中之葉I-V》、《覺醒之翼》、論著集《聖道修行》、開示集《禪定I-III》。其中《佛教比丘戒律》（*Buddhist Monastic Code*）在西方為各派佛教的參考書。他是西方籍僧伽當中的優秀行者之一，也是當代一位巴利英譯名家。坦尼沙羅比丘於二〇〇五年被泰王室尊封「昭坤」（Chao Kun，男爵以上的爵位）的頭銜。同年被泰國皇冕佛教大學（Mahamakut Buddhist University）授予榮譽博士。

曾在慈心森林道場幫忙的約翰．布利特（John Bullitt，一九五六—），在九十年代初創設了免費閱讀南傳經典的「內觀之道」（Access to Insight）網站：http://www.accesstoinsight.org/，這是一個包含了超過九百部佛經、數百篇文章及上座部佛教相關書籍的網站。該網站是對成立於八十年代早期「佛法種子檔案」（Dharma Seed Archive, http://dharmaseed.org/）的補充，「佛法種子檔案」是免費提供英語上座部佛教佛法開示，或內觀中心教法的語音網站。

上座部佛教僧團在美國本土的傳戒始於一九七九年，在洛杉磯泰國寺為美國人史考特．約瑟夫．杜布萊茲（Scott Joseph Duprez，一九四八—）傳授比丘戒。一九八九年，在西維吉尼亞州的修行協會也首次傳授沙彌戒，集結在美國的二十八位僧人和尼師，包括來自柬埔寨、斯里蘭卡、泰國、緬甸、越南和寮國的僧侶，為三位男子和一位女子授戒，由南加州佛教僧伽協會的斯里蘭卡尊者拉塔納薩拉主持了儀式。接下來的十二年裡，在美國共有十二位或十三個人求受比丘戒[93]。

拉塔納薩拉尊者於一九七九年，成立南加州佛教僧伽協會（Buddhist Sangha Council of Southern California），旨在聯合溝通南加州各宗派的佛教團體，希望透過對話，不同傳統、不同民族的佛教團體可以互相了解，互相支持。拉塔納薩拉尊者還成立全國性的美國佛教議會（American Buddhist Congress），並且擔任南加州宗教理事會（Interreligious Council of Southern California）的副主席。拉塔納薩拉尊者於一九八八年為一位泰國女眾剃度，由於在東南亞的南傳上座部已經沒有比丘尼的傳承，所以這是南傳上座部的一個創舉。拉塔納薩拉尊者也非常重視與其他宗教間的對話，對佛教在美國的開展，竭盡心力。

到了八十年代末期，亞洲寺院在美國的數量大為增加。隨著人們對禪修的興趣，西方內觀禪修和麻薩諸塞州謝爾本的葛印卡中心建立，主要是白人上座部佛教修行者來參加活動。而在西維吉尼亞的修行協會，信眾包括亞洲人和美國人，一些美國白人也開始到移民佛教的亞洲寺院去參加禪修課程。隨著修行協會有了佛教職務，上座部佛教在美國進一步穩固了地位。在八十年代，通過佛教會議，如南加州佛教僧伽協會（一九八〇）、美國佛教代表大會（一九八七）和中西部佛教會議（一九八七），大部分亞洲人和白人團體在某種程度上開始合作。亞洲和美國青少年修行者，有時也會通過校園裡的佛教組織一起合作。這可能是由於泰國、斯里蘭卡和緬甸寺院的僧人及第一代移民，他們能更好地掌握英語有關[94]。

成立於一九九六年的無畏山寺（Abhayagiri），是泰國禪師阿姜查在美國的第一個修行道場。一九八〇年早期，阿姜查的美國弟子阿姜蘇美多回北加州訪問，之後就有一批忠實的追隨者。一九八八年，護僧基金會（Sanghapala Foundation）成立，籌畫將來成立道場，但是進行緩慢。直到一九九五年，北加州的萬佛城創辦人宣化上人，在臨終前交待弟子將其在紅木山谷（Redwood Valley）的一百二十英畝地，送給阿姜查的弟子。宣化上人一生的願望是，看到南北傳佛教能互相尊重和諧共處。這兩地相距十五英哩。由於此因緣，阿姜蘇美多將道場取名無畏山寺。因為在歷史上最早的無畏山寺是在斯里蘭卡，它以歡迎接受各地不同派系的修行者而著名，當時雖派系不同，卻能成為一個和樂的團體，在第四世紀時，無畏山寺住有五千比丘。位於北加州紅木山谷的無畏山寺，由阿姜查的加拿大弟子阿姜巴山諾（Ajahn Pasanno，一九四九—）和英國弟子阿姜阿默爾（Ajahn Amaro，一九五六—）正式成立於一九九六年，是傳統泰國森林禪修的生活方式。森林道場的簡單生活：日中一食、禁欲、三衣一缽。透過少欲知足，修習定慧，行布施與慈悲，走向覺醒。僧團以比丘、沙彌、優婆塞與優婆夷為主體。對外有弘法的影音流通，並有佛書結緣。現有約十位西方比丘共住。二〇一〇年阿姜阿默爾應阿姜蘇美多的要求，返回英國擔任阿摩羅缽底佛寺的住持，現由阿姜巴山諾獨自承擔無畏山寺住持的任務[95]。

阿姜巴山諾是阿姜查最早的西方弟子之一，也是目前在美國最資深的西方弟子。阿姜巴山諾出生於加拿大，一九七三年大學歷史系畢業後，前往中亞、印度、尼泊爾及泰國旅行。在泰北的清邁，接觸到佛教修行，同年發心在曼谷出家，隔年，被師父帶到阿姜查身邊，特別為西方弟子成立的「拿那恰國際森林道場」學習。九年後，阿姜巴山諾擔任此國際森林道場的住持，他將道場擴建，並大量種植樹木，做為森林道場，也培育泰國森林。阿姜巴山諾在泰國居住了二十四年，成為泰國非常著名與受人尊敬的法師。一九九七年阿姜巴山諾飛往美國，幫忙建立上座部佛教在西方的僧團，包括女眾出家的傳承。出家四十多年，阿姜巴山諾獻身泰國佛教與美國佛教，二〇一五年在泰國玉佛寺獲皇室頒發昭坤（Chao Khun）頭銜，授予法名“Phra Bodhinyanavidesa”。

二〇一三年，位於美國東北部新罕布夏州天普市（Temple）的阿姜查系統的天普森林道場（Temple Forest Monastery）成立，由波士頓出生的阿姜闍耶多（Ajahn Jayant，一九六七—）擔任住持。

Bhante Vimalaramsi（一九四六—）於二〇〇二年，在密蘇里州的鐵縣（Iron County）成立法樂禪修中心（Dhamma Sukha Meditation Center），依中阿含指導安那般那禪修和慈心禪。Bhante Vimalaramsi 從一九七〇年開始，在加州接觸葛印卡的內觀禪修，之後，他有機會親近前往加州指導禪修的南傳法師包括馬哈希尊者、喜戒尊者、班迪達尊者和佛使比丘。一九七七年，Bhante Vimalaramsi 跟隨慕寧達習禪。一九八六年，在泰國北部出家。一九九〇年，Bhante Vimalaramsi 前往馬來西亞親近達摩難陀法師（K. Sri Dhammananda）。法師教學遍及歐美及亞洲，著有《寧靜智慧靜修指南》（*The Anapanasati Sutta: A Practical Guide to Mindfulness of Breathing and Tranquil Wisdom Meditation*）等著作[96]。二〇〇六年，Bhante Vimalaramsi 被選為第一位美國代表，前往參加兩年一次由五十個國家組成的國際佛教最高會議（World Buddhist Supreme Conference）。

羅勃特．克夫頓（Robert Clifton，一九〇三—一九六三）博士，生於美國阿拉巴馬州基督教家庭，雖是牧師的兒子，年輕時因受到阿德諾的《亞洲之光》一書的感動，開始接觸佛法。一九五二年，他在華盛頓創立佛教之友（Friends of Buddhism）佛教組織。兩年後克夫頓在夏威夷大學，成立一個佛學研究會。然後從日本經過香港，到仰光參加世界佛教徒大會後，再到泰國和寮國。一九五七年，他在寮國削髮為僧，法號蘇曼伽羅（Sumangalo），即是吉兆，吉利之義。同年，受馬來西亞檳城佛學院邀請，長駐檳城。他積極地推廣佛青團，成立兒童週日佛學班，更成立了「馬來西亞佛青聯合會」，被尊稱為「大馬佛青之父」[97]。蘇曼伽羅法師於一九五九年，在新加坡弘法時，被推舉為新加坡報恩寺的第一任住持，這也是首位西方法師在本地佛教寺廟出任住持一職。法師足跡踏遍星馬。

一九九七年，瞿曇彌比丘尼（Gotami Bhikkhuni）在波士頓成立第一座南傳上座部出家女眾達摩支提精舍（Dhamma Cetiya Vihara）。泰裔的瞿曇彌是哈佛醫學院精神科醫師，俗名Dr. Prem Suksawat。在從事醫療工作時，她已將佛教教義與西方心理治療相結合，來治療如吸毒、家暴等社會弊病。瞿曇彌於二〇〇〇年時，前往印度受南傳比丘尼戒。有感於南傳女眾出家不易，努力希望能在美國成立比丘尼的道場。

位於南加州的南傳上座部女眾道場摩訶波闍波提寺（Mahapajapati Monastery），於二〇〇七年由曾前往緬甸禪修的Therese Duchesne創立，並邀請艾雅．求那室利（Ayya Gunasari，一九三二—）擔任住持指導禪修。艾雅．求那室利於一九六一年隨丈夫從緬甸移居美國，並獲得麻醉師學位。一九七〇年代開始跟隨緬甸禪師喜戒尊者與班迪達禪師學禪，一九八九年發心出家，但苦於南傳上座部比丘尼戒的失傳，未能如願。經她鍥而不捨地尋求，終於在二〇〇二年，獲得北美斯里蘭卡首座僧伽長老化普樂喜慶尊者的應允，在洛杉磯的法勝佛教精舍依尊者受持南傳沙彌尼戒，隔年，再前往斯里蘭卡受比丘尼戒[98]。返美後，應邀擔任摩訶波闍波提道場住持，帶領比丘尼們共住共修。

美國出生的艾雅．塔他洛迦（Ayya Tathaaloka，一九六八—）比丘尼於二〇〇五年，在舊金山佛利蒙（Fremont）成立南傳上座部比丘尼法持精舍（Dhammadharini Vihara）。之後，獲贈位於舊金山北邊，索諾瑪（Sonoma）山麓的一片林地，成立菩提森林道場（Aranya Bodhi Hermitage）。二〇〇八年，塔他洛迦比丘尼邀請來自英國及美國各地的七位南傳上座部比丘尼，為 Anagarika Suvijjana 舉行沙彌尼剃度儀式。此儀式代表南傳上座部沙彌尼傳戒的恢復，也寫下北美佛教的新歷史[99]。二〇一〇年，塔他洛迦比丘尼再舉行南傳上座部比丘尼傳戒儀式，在斯里蘭卡長老德寶法師的見證下，為在英國依阿姜蘇美多出家的沙彌尼 Thanasanti、在泰國出家的沙彌尼 Phalanyani、在澳大利亞出家的沙彌尼 Adhimutta 及在美國出家的 Suvijjana 四位沙彌尼，依南傳戒律[100]，傳授比丘尼戒[101]。再次為美國佛教及南傳上座部比丘尼傳戒寫下嶄新的一頁。

第四節　藏傳佛教在美國發展迅速

西方學術界對藏傳佛教的研究，始於十九世紀初。十九世紀二十年代，匈牙利學者喬瑪進入西藏，研究藏文《大藏經》並撰寫了《藏英辭典》，成為現代西藏學的創始人。此後，一些西方學者紛紛進入西藏，開始對藏傳佛教的研究，但僅限於極小的學術範圍。到一九五九年，隨著大批喇嘛流亡到西方國家，有些西藏學者在美國各大學任教，許多寺院在西方國家建立，藏人社區陸續出現，以及大量的藏傳佛教文獻被翻譯成西方語言，藏傳佛教開始走出東方。另一方面，上世紀六十至七十年代，美國經歷了反政府學生運動、以毒品、搖滾樂、性解放為代表垮掉的一代和嬉皮士（Hippy）風潮，經過戰爭洗禮的人們，開始對意識活動及心理狀態的研究產生興趣，不少人熱衷於從東方宗教哲學中，尋求精神的自由和靈魂的呼喚。與此同時，國外的藏文學者在學術界得到美國洛克菲勒財團的資助，與藏族中一些外流知識分子和上層喇嘛合作，有了較大發展。在倫敦、巴黎、東京、羅馬、西雅圖等地建立了國際藏學中心，聘請在外的僧俗知識分子參加。美國的研究後來居上，如哥倫比亞大學、印第安納大學、加州大學柏克萊分校、威斯康辛大學麥迪遜分校等六所大學設有藏文或藏傳佛教的課程。

最早進入美國的藏僧，是蒙古喇嘛帝洛瓦呼圖克圖（Dilowa Gegen Hutukhtu，一八八三—一九六五）活佛[102]，他因在香港得到一位美國商人的協助，受到約翰霍普金斯大學的邀請，任職外語系四年。他於一九四九年二月，持中華民國護照飛抵美國。其次是達賴喇嘛的大哥土登晉美諾布（Thupten Jigme Norbu，一九二二—二〇〇八），他曾任青海塔爾寺住持，西藏和平解放後，成為最初一批流亡海外的西藏高僧。土登晉美諾布於一九五一年春，應「美國自由亞洲委員會」邀請赴美定居，並經常在歐、美、日等國周遊。在美國定居後，寫著不少書，擔任美國印第安納大學藏文教授[103]。土登晉美諾布並於一九七九年，在印第安納州的布盧明頓（Bloomington）成立西藏文化中心（Tibetan Cultural Center），二〇〇六年改名為藏蒙佛教文化中心（Tibetan-Mongolian Buddhist Cultural Center），有一棟保存西藏文物的建築及圖書館。直到上世紀七十、八十年代後，藏傳佛教被認為蘊藏著豐富藝術和智慧，得到歐洲裔美國人的熱愛，發展迅速。

一九五八年，藏傳格魯派第一座寺院在美國新澤西建立，住持是帶有卡爾梅克族血統的蒙古喇嘛格西汪嘉（Geshe Wangyal，一九〇一—一九八三），汪嘉格西在加爾各答時，曾被知名的英國政治家、學者和探險家查爾斯．貝爾爵士（Sir Charles Bell，一八七〇—一九四五）聘為翻譯，並伴隨他在中國和滿洲之旅。返回西藏後，汪嘉格西在拉薩取得格西學位。一九五五年，汪嘉格西以卡爾梅克族宗教師的身分到美國。

三年後，他在新澤西創立了「美國喇嘛佛教寺院」（Lamaist Buddhist Monastery of America）。除了將原來的房舍做為寮房，繼又增建了包括教室和圖書館的學堂和舉行宗教儀式的佛堂。汪嘉格西經由寇爾給特大學（Colgate University）的肯尼斯・摩根（Kenneth Morgan，一九〇八—二〇一一）教授的幫忙，申請到補助金，讓達賴喇嘛從印度派了四位年輕的喇嘛到美國學英文，包括倫珠梭巴格西（Geshe Lhundub Sopa，一九二三—二〇一四）與貢噶喇嘛（Lama Kunga，一九三五—）。汪嘉格西曾任教於哥倫比亞大學，教了許多西方的學生，對藏傳佛教在美國的傳播做出了很大的貢獻。其中包括將格魯派的應成中觀思想，介紹到西方世界的先驅，現今北美藏學界的頂尖學者傑弗瑞・霍普金斯（Jeffrey Hopkins，一九四〇—）、哥倫比亞大學印度藏傳佛教研究教授羅伯特・瑟曼（Robert A. F. Thurman，一九四一—）、哈佛大學博士亞歷山大・伯爾金（Alexander Berzin，一九四四—）和休士頓萊斯大學宗教研究教授安妮・卡羅琳・克萊因（Anne Carolyn Klein）等。一九七二年，汪嘉格西又新建「美國佛學研究所」（American Institute of Buddhist Studies），一九七三年，翻譯出版了迦當派和格魯派的教義集成[104]。汪嘉格西主要承繼格魯派學說，所以有人稱他為美國格魯派的開山祖師[105]。一九八四年，達賴喇嘛將該中心改名為藏傳佛教學習中心（Tibetan Buddhist Learning Center）[106]。

美國西藏佛學的重要開山祖師之一倫珠梭巴格西，出生於西藏省香縣，九歲時在甘丹法輪寺出家，十八歲入色拉寺。一九五九年在完成最高等拉然巴格西（佛學博士）學位之前，被寺方選為第十四世達賴喇嘛考最高等拉然巴格西時的七位口試老師之一，之後他流亡印度，於一九六二年取得最高等拉然巴格西學位。隨後達賴喇嘛指派他帶領三位年輕轉世仁波切到美國新澤西學習英文。梭巴格西於一九六七年，應理查・羅賓遜（Richard Robinson，一九二六—一九七〇）教授邀請，至美國威斯康辛大學麥迪遜校區的佛學研究所任教。倫珠梭巴格西於一九八五年晉升為該校正教授，教授藏文、佛教教義哲學及印度西藏佛教專題研究等，是佛學研究所西藏佛學研究的主要推動者。梭巴格西同時也有不少成就殊勝的弟子，如對西方人影響很大的耶喜喇嘛及梭巴仁波切，及許多著名的西方藏傳佛學學者，例如傑弗瑞・霍普金斯、加州大學聖塔芭芭拉分校藏傳佛學教授荷西・卡博任（Jose Cabezon）和波士頓學院的佛學教授約翰・馬克蘭斯基（John Makransky）等，都是倫珠梭巴格西在威斯康辛大學研究所的學生。

由於愈來愈多的學生請求格西給予修行上的指導，一九七六年，倫珠梭巴格西在麥迪遜市郊區創建了西藏佛教在西方世界的佛法重鎮——鹿野苑佛教中心（Deer Park Buddhist Center），達賴喇嘛曾於一九八一年，於該寺舉行西方世界首次時輪金剛灌頂，之後並曾數次造訪該寺講經傳法。一九九七年五月梭巴格西自威斯康辛州大學退休後，主要時間用於鹿野苑寺及海外弘法活動，和參與世界和平會議所舉辦的活動。近二十年來，格西在鹿野苑寺講授的經論包括宗喀巴大師的《菩提道次第廣論》、寂天菩薩的《入菩薩行論》、龍樹菩薩的《至善友書》，以及重要的修心論典《利器之輪》及《尅毒孔雀》，並每年帶領兩次度母閉關及一次禁飲食齋。梭巴格西的後半生躋身美國最高學府，以其學識和慈悲影響無數後進，傳奇一生為藏傳佛教寫下劃時代的史頁[107]。

一九五九年，達賴喇嘛帶領藏人逃離西藏抵達印度後，部分藏族喇嘛移居美國，自此藏傳佛教的四大主要宗派，都在美國得到傳播。

西藏薩迦派的總教主吉札・達欽・薩迦仁波切（Jigdal Dagchen Sakya Rinpoche，一九二九—二〇一六）於一九五九年，帶領母親和家人流亡至印度，在印度，達欽仁波切成為西藏流亡政府宗教辦公室的薩迦派代表。次年，他受邀參加由洛克菲勒基金會資助，華盛頓州立大學的西藏文化研究計畫。自一九六〇年起，達欽仁波切與其家庭成員都定居在西雅圖，積極設法保存和傳播藏傳佛教傳統。一九七四年，達欽仁波切與在華盛頓大學教授西藏佛教哲學的德松仁波切（Dezhung Rinpoche，一九〇六—一九八七）共同成立了薩迦大乘佛法中心（Sakya Tegchen Choling）。一九八四年，組織改組，更名為藏傳佛教薩迦寺（Sakya Monastery of Tibetan Buddhism）。吉札・達欽法王將此薩迦寺設立為在西方學習藏傳文化和宗教的道場[108]。

寧瑪派的上師塔唐祖古—貢噶給雷依喜多傑（Tarthang Tulku Künga Gelek Yeshe Dorje，一九三四—），出生於青海省果洛州。十七歲到雪謙寺跟隨雪謙康楚仁波切（Shechen Kongtrul Rinpoche，一九〇一—一九五九）學習。自一九五三年起，他在宗薩寺兩年，遇見主要上師蔣揚欽哲確吉羅卓，獲得大量的口傳和灌頂。一九五八年，他離開西藏前往錫金。未久，便於瓦拉納西（Varanasi）梵語大學（Sanskrit University）主講佛教哲學。一九六八年，他在美國北加州成立全美第一座藏傳寧瑪禪修中心（Tibetan Nyingma Meditation Center），一九七二年在柏克萊創立寧瑪佛學院（Nyingma Institute）[109]，提供佛學課程、研討會、講習班、講座和禪修，以適合當代社會的形式，向西方世界傳授藏傳佛教的傳統和教義。塔唐祖古另外還成立佛法出版社（Dharma Publishing）、翻譯佛典出版計畫（Yeshe-De）、西藏援助專案（Tibetan Aid Project）。一九七七年，塔唐祖古在舊金山北邊索諾瑪縣占地一千畝的山丘上，建設銅山曼陀羅（Copper Mountain Mandala）——烏仗那靜修中心（Odiyan[110] Retreat Center）[111]。靜修中心內，有翻譯經典的部門；有培養藝術家的課程，保存藏族傳統藝術；有提供老人退隱，青年進修的方案；聘請藏族各方學者專家，培養新一代喇嘛，向美國介紹藏傳佛教；中心內並發展農業，自給自足。對藏傳佛教傳統的保存和傳播，都發揮很大的功效。

一九七〇年，丘揚創巴從英國到達佛蒙特州的巴納（Barnet），創立「虎尾禪修中心」（Tail of the Tiger Meditation Center）。之後，他熱心邀請第十六世噶瑪巴讓烱日佩多傑（Rangjung Rigpe Dorje，一九二四—一九八一）訪美。一九七四年九月十八日，大寶法王抵達紐約，後到佛蒙特，改虎尾禪修中心為「噶瑪噶舉佛法中心」（Dharma Place of the Karma Kagyu）。第十六世噶瑪巴三次訪美，引起了美國人很大的回響，丘揚創巴借此發展出名為「金剛界」（Vijradhatu）的教團組織，包括著名的「香巴拉出版社」（Shambhala Press）[112]。一九七四年，丘揚創巴在科羅拉多州博德市成立那洛巴學院（Naropa Institute），日後成為那洛巴大學，是一所結合了哲學研習和人文藝術課程的文科大學，提供藝術、幼兒教育、環保研究、和平研究、心理學和宗教研究的大學部和研究所課程。一九七六年，「香巴拉訓練」（Shambhala Training）正式成立，創巴仁波切發展出一系列的禪修進階課程；他還把香巴拉原則，結合應用在傳統的東方藝術訓練之上，例如戲劇、插花藝術和弓道等。目前世界各地共有兩百餘處香巴拉禪修中心與小組，供學員修行、研習佛教和香巴拉教法的傳統。除此之外，並有六座主要的閉關中心，以供長期修行之所需[113]。

堪布卡塔仁波切（Khenpo Karthar Rinpoche，一九二四—）二十歲時，在八蚌寺從第十一世泰錫度仁波切得受比丘戒，在創古寺得到堪布頭銜後，曾隨創古仁波切修學六年。一九七五年，十六世大寶法王派他到美國，出任北美洲尚待興建的噶瑪噶舉寺廟住持。堪布卡塔仁波切偕同天津穹尼（Tenzin）、喇嘛甘噶（Lama Ganga）和耶謝南達（Yeshe Namdag）一起，在紐約市成立了第一個噶瑪噶舉佛學中心，便是後來的噶瑪三乘中心（Karma Thegsum Chöling）。

一九七七年，大寶法王第二次到美國弘法，在加州帕洛阿爾托（Palo Alto）和聖克魯斯（Santa Cruz）、俄亥俄州哥倫布（Columbus）、紐約州阿爾伯尼（Albany）和麻州劍橋（Cambridge）成立了更多噶瑪三乘中心。有鑒於中心的成長，並依大寶法王的心願，他們開始尋找大寶法王北美洲法座的永久駐錫地。一九七八年五月，他們找到紐約州伍德斯托克（Woodstock）群山間的草原山莊（Mead Mountain House），後來興建成為噶瑪三乘法輪寺（Karma Triyana Dharmachakra），兼有閉關中心，並由堪布卡塔仁波切擔任寺院住持[114]。

往後幾年，堪布卡塔仁波切督導北美洲逐漸增加的中心，並輪流到各中心展開教學活動。一九八二年仁波切到南美洲，也在那裡成立了兩個中心。到了一九八〇年代中期，南、北美洲已有三十二個附屬中心，臺灣有三個中心。

香巴噶舉派的諾那仁波切（Norlha Rinpoche，一九三八—）於一九七六年，應第十六世大寶法王及卡盧仁波切的指示到了美國紐約市，開始為廣泛的大眾教導佛學及打坐禪修。一九七八年，為了能夠讓學生們更深入佛法的參學及修悟，仁波切在紐約上州哈德遜河（Hudson River）河畔成立噶舉法林寺（Kagyu Thubten Choling）及閉關中心。諾那仁波切傳承了神聖的師志，他將自己的終身奉獻給佛法的傳播及噶舉三年閉關的課程，至二〇一五年，他已經在噶舉法林寺帶領指導了八輪的三年閉關[115]。

第十四世達賴喇嘛指示下，佩瑪洛桑曲堅（Venerable Pema Losang Chogyen）於一九九二年在紐約州伊薩卡（Ithaca）創立朗傑寺（Namgyal）伊薩卡佛教中心，也是達賴喇嘛在美國法座的總部。最早的朗傑寺在拉薩，達賴喇嘛流亡印度後，在達蘭薩拉也建立朗傑寺，這是格魯派訓練嚴格的道場。伊薩卡朗傑寺道場內包括朗傑寺佛學研究所（Namgyal Institute of Buddhist Studies）[116]，提供一個學習藏傳佛教的環境，歡迎西方學生參加。除了特別設計的三年課程，研究所還提供短期課程、研討會，和靜修。朗傑寺對大眾開放，在傳統的寺院環境中，為西方學生提供藏傳佛教的真實教義。

羅伯特．瑟曼畢業於哈佛大學，是哥倫比亞大學印度藏傳佛教研究宗喀巴傳承的教授。瑟曼在一九六四年至一九六七年期間曾前往印度，在達賴喇嘛座下出家，是在藏傳佛教出家的第一位西方男眾。後雖還俗返美，但日後成為達賴喇嘛的好友。一九七二年，瑟曼取得哈佛大學印度學梵語博士學位，先後任教於阿默斯特學院（Amherst College）和哥倫比亞大學的宗教學和梵文系。一九八七年，瑟曼應達賴喇嘛的要求，和李察・吉爾（Richard Gere）、菲利普・格拉斯（Philip Glass）一起在紐約成立西藏之家（Tibet House），協助保存西藏文化。二〇〇一年，西藏之家獲贈位於紐約州菲尼斯（Phoenicia）黑豹山（Panther Mountain）三百二十英畝的修道中心（Pathwork Center），瑟曼將此處重新命名為藥師佛靜修暨會議中心（Menla Mountain Retreat and Conference Center），正在發展成為一個以西藏傳統醫學為基礎，配合其他整體醫學的最先進的醫療藝術中心。羅伯特・瑟曼曾被美國《時代》雜誌（*TIME*），選為一九九七年二十五位最有影響力的美國人之一。

比丘尼圖丹・卻准（Bhikṣunī Thubten Chodron，一九五〇—），出生於芝加哥，一九七一年於加州大學洛杉磯分校歷史系畢業。因為耶喜喇嘛及梭巴仁波切的靜坐課程認識佛法，並於一九七五年遠赴印度及尼泊爾追隨達賴喇嘛及梭巴仁波切修學佛法。一九七七年出家，一九八六年在臺灣高雄元亨寺受比丘尼戒，並在嘉義香光尼眾佛學院講學。多年來在世界各地弘法、帶領禪修，以闡揚簡易、實用的佛法著稱。因有感栽培西方僧人的迫切需要，於二〇〇三年在華盛頓州的紐波特市（Newport）成立了舍衛城精舍（Sravasti Abbey）。此命名是由於佛陀在世時，常在舍衛城說法，安居於此多次，有比丘、比丘尼的跟隨。圖丹・卻准比丘尼雖然保持藏教的傳統，但也注入一些創新，使更合適西方僧眾，如男女眾得平等地分擔責任，共同學習。舍衛城精舍占地二百四十英畝，有草地有森林。經過數年辛苦的經營，目前已有禪堂、齋堂、教室、寮房及辦公室可供使用，常住眾有西方比丘尼四位。二〇一二年剃度二位八戒學女。之前剃度了一位沙彌。男女僧眾持戒共住，以英文為主。互相努力精進修學。寺院的訓誡是「在亂世創造和平」。對社會除宣揚佛法、教授靜坐、舉行法會祈福、提供心理咨詢、監獄弘法之外，應信徒要求，將寺院的一方劃為極樂淨土（The Land of Great Bliss），讓亡者骨灰灑落該地安息。另外舍衛城精舍之友（Friends of Sravasti Abbey）是一居士的組織，在財力、物力各方面給予僧眾供養與支持，僧俗二眾互助互惠。使社會和平安寧，人人知足快樂[117]。她的著作有：《佛教入門》（*Buddhism for Beginners*）、《當生命遇見佛法》（*When Life Meets Dharma*）、《誰惹你生氣？》（*Working with Anger*）以及《開闊心、清淨心》（*Open Heart, Clear Mind*）等。

格西麥可．羅滋（Geshe Michael Roach，一九五二—）是美國出生的猶太人，未出家前以最優異的成績畢業於世界著名學府普林斯頓大學，一九八三年在印度格魯派的色拉寺出家。羅滋於一九八七年設計出藏文輸入法，把藏傳《大藏經》輸入電腦、磁碟及光碟免費贈送。漢文《大藏經》的電子化，亦源於羅滋在美國與沈家楨居士的一席談話所啟發。一九八一年，印度的色拉寺面臨財政困境，寺中近千位學僧飲食費用出現困難，病了也沒有錢醫治。羅滋在紐約創辦了安鼎國際鑽石公司（Andin International

Diamond Corporation），將五萬美元創辦的鑽石公司，打造成年營業額一億美元的事業。格西也將得益於鑽石產業的財富投注於色拉寺院的重建整修工作，及其他不一定有宗教色彩的慈善團體。一九九五年，他通過考試，成為第一位美國籍格西。他寫的《當和尚遇到鑽石》一書，將《金剛經》融會貫通，運用萬法潛能，發揮在商場的經營上。羅滋於二〇〇四年，在亞利桑那州成立鑽石山中心（Diamond Mountain Center），是一閉關靜修道場。

寧瑪巴南迦派傳承法王第五世果千祖古桑阿丹增仁波切（Gochen Tulku Sangak Rinpoche，一九五二—）出生於西康，曾於頂果欽哲法王足下十四年，現任全球依旺中心的最高指導上師。他於一九九九年，在蒙大拿州（Montana）阿利（Arlee）創建依旺中心（Ewam），建設曼噶達千佛公園（Magadha Garden of 1,000 Buddhas）。公園占地有六十英畝，整座公園的設施建設，從公園中心布置成「法輪」狀，法輪的中心是般若佛母座，面積有二十五坪，高十公尺，法輪的外圍為千佛圍繞，用大理石雕刻一千尊佛，每尊佛身高一點二公尺。其外邊是一千個舍利塔，千個舍利塔上每個塔皆用梵文、巴利文、藏文、中文、日文、英文刻的《心經》，萬佛花園支持人們培養內心的和平和保護西藏的古老文化[118]。

藏傳佛教傳入美國的過程中，大喇嘛們和西方弟子們相處十分融洽，其中更多的是女弟子，她們都具有高等學歷，幫助西藏喇嘛們度過了語言和財力上的困難。這些西方弟子們由於受過西方現代社會科學方法的訓練，對藏傳佛教有相當的理解和研究，並將西藏大師們的著作譯成英文，使藏傳佛教在美國廣為傳播，做出了重要貢獻。

冼娜·娜柴夫士基（Zina Rachevsky，一九三〇—一九七三），她的父親是前俄國皇族，母親則是美國最富有的女性之一。她是一個早熟、聰明和獨立的孩子。她長大成為好萊塢出名的女星，十八歲時與伯納德·哈考特伯爵（Count Bernard d'Harcourt，一九二五—一九五八）結婚，但婚姻只維持兩年。冼娜曾多次因吸毒、奢華的生活、傳奇性的家族背景登上報紙頭條。冼娜雖然擁有金錢、名望、美貌和一串婚姻關係，但是她非常不快樂，因而引發她追求精神層面的探索。由於閱讀了亞歷珊卓·大衛·尼爾的書，一九六五年冼娜前往印度，在尼泊爾遇到了耶喜喇嘛和梭巴仁波切，成為他們的第一位西方弟子。從此展開了冼娜對佛法精進地學習，同時冼娜也教導耶喜喇嘛和梭巴仁波切英文。冼娜非常用功，她介紹許多西方朋友來跟兩位喇嘛學習。冼娜有一年回美國在好友馬克斯·馬修斯（Max Matthews）家共度感恩節，跟朋友分享她學習到的佛法，引起了許多人的興趣，追隨她前往尼泊爾。冼娜竭盡所能地將耶喜喇嘛和梭巴仁波切介紹給西方世界，甚至找來法國製片家，前往耶喜喇嘛的出生地拍攝影片。一九六九年，冼娜在尼泊爾加德滿都近郊博達納（Boudhanath）北方的山丘上不遠處，買下一塊地，協助耶喜喇嘛和梭巴仁波切創立了柯槃寺（Kopan Monastery），成為日後教導許多西方弟子的地方，馬修斯也成為柯槃寺的大護法。一九七〇年，冼娜和耶喜喇嘛的其他四位西方學生，隨著耶喜喇嘛和梭巴仁波切到達印度達蘭薩拉，請求格西拉登仁波切主持，依傳統藏傳儀式為他們剃度授戒。冼娜法名圖丹．章洽．葩默（Thubten Changchub Palmo）。一九七二年，冼娜開始閉關修行，一九七三年，在關中因病安詳往生[119]。如今的柯槃寺規模非常龐大，成為尼泊爾藏傳佛教格魯派最大的寺院之一，有三百八十位男眾僧侶和三百六十位女眾僧侶在裡面修行，每年都吸引許多西方人士前往參訪學習[120]。

寧瑪派佐欽傳承的蘇里亞．達斯（Surya Das，一九五〇—），曾前往亞洲學習日本禪、南傳上座部禪修及藏傳佛教，最後跟隨寧瑪派紐修勘布仁波切（Nyoshül Khenpo Rinpoche，一九三二—一九九九）學習，在法國由頂果仁波切指導，完成兩次傳統藏傳的三年閉關。達斯於一九九一年，從法國回到美國後，在麻州劍橋創立佐欽中心（Dzogchen Center），又在德州奧斯丁（Austin）西部，成立佐欽歐索林靜修中心（Dzogchen Osel Ling Retreat Center）。達斯是當代藏傳佛教的教師和作家，也是經常代表藏傳佛教在媒體的發言人[121]。

藏傳寧瑪派的大師恰度祖古仁波切（Chagdud Tulku Rinpoche，一九三〇—二〇〇二），於一九七九年受敦珠仁波切之命赴美國，在敦珠仁波切的耶喜寧波佛法中心教授佛法。一九八三年仁波切在加州創建了恰度貢巴基金會（Chagdud Gonpa Foundation），建設了北美洲瑞津林（Rigdzin Ling）佛教中心等二十多座寧瑪派道場，後仁波切又成立了蓮花出版社（Padma Publishing），翻譯並出版佛法書籍，創立大悲慈善基金會（Mahakaruna Foundation）。仁波切有著述多部，如《佛法修行之門》等。一九九二年，恰度祖古仁波切接受巴西信眾邀請，前往弘法，開啟了他南美的弘法里程碑，日後恰度祖古仁波切常駐巴西，他在南美有二十多處道場。

寧瑪派的敦珠仁波切於一九七六年，在美國紐約建立「耶喜寧波」（Yeshe Nyingpo）弘法中心，是美國的總部，另外，還成立「鄔金初宗」（Orgyen Cho Dzong）閉關中心。目前由敦珠仁波切的兒子仙藩達華羅布仁波切（Shenphen Dawa Norbu Rinpoche）負責，已在全美各地成立許多耶喜寧波佛法中心。

二〇一〇年，美國第一個藏傳佛教女眾道場金剛空行母尼庵（Vajra Dakini Nunnery），由卓瑪（Khenmo Drolma）在佛蒙特州成立。畢業於斯基德莫爾學院（Skidmore College），曾經是緬因藝術學院教授的卓瑪，於二〇〇二年在臺灣的竹巴噶舉傳承受比丘尼戒。

相繼在美國建立的各派傳教中心，開辦學院，成立出版社，創辦雜誌、會刊和通訊。這些「硬體」設施為藏傳佛教在美國扎根和發展奠定了基礎。同時，各大教派的高僧還在聞、思、修、講、辯、著作方面吸引美國民眾，簡化入教手續，縮短修習時限，以適應西方快節奏的社會；把現代科學某些成分如醫學、心理學、營養學等融入藏傳佛教的修習之中，使宗教與科學相融合，將今生修練與人性回歸和人類的追求結合起來，傳授瑜伽禪定，掌握飲食控制和催眠術，把宗教視為文化產業，與西方宗教如基督教、天主教、猶太教進行交流。上述「軟體」設施吸引了美國人對藏傳佛教的信仰，促進了藏傳佛教在美國的傳播。近年來，由於達賴喇嘛的影響以及好萊塢的影星如理查・基爾（Richard Tiffany Gere）、馬丁・斯科瑟斯（Martin Scorsese）等著名人物的影響，藏傳佛教已進入美國的主流意識[122]。

藏傳佛教獨特的禪修方式，也引起西方人的興趣，一九六八年，有佛教學者說，主要是感受到藏傳似乎蘊藏著一種非凡的能量或技術手段。西方對「金剛乘的好感可能不會變得像禪的誘惑力那樣廣泛，因為大家認為它過分具有異國情調了。但某些人從中發現了一種能激起他們思想中的內在潛力，和能成功地面對內心實際的強有力的方法。」因此，導致西方出現大量的藏傳佛教禪修中心，也有許多著作介紹藏傳密教的神祕體驗[123]。

美國人對藏傳佛教的認識有一個過程：第一步，依止藏族高僧學習藏文和佛法；第二步，翻譯和註疏藏傳佛教經典；第三步，進行藏傳佛教研究。二十世紀以來，美國出版的英文藏傳佛教經典和論著數以千計，其中有許多是藏傳佛教高僧如格西汪嘉、達唐活佛和仲巴活佛的英譯作品。唐納德・洛佩茲（Donald S. Lopez Jr.）的《香格里拉的囚徒：藏傳佛教和西方》（*Prisoners of Shangri-La: Tibetan Buddhism and the West*）深刻地揭示了藏傳佛教在西方的影響和西方人對藏傳佛教的了解、認識與研究。近半個多世紀以來，藏傳佛教在美國的傳播，對美國社會、文化、價值觀念和宗教產生了重大影響，在一定程度上導致了美國人的「藏化」宗教影響。藏傳佛教與美國宗教從衝突到融合，打破了基督教、天主教和猶太教統治美國社會的局面，成為美國宗教的一個組成部分，培養了一批美國藏傳佛教信徒，擴大了藏傳佛教的國際影響。藏傳佛教在美國的傳播，對美國學術文化界產生了重要影響，培養了一批西藏愛好者，有助於美國人對西藏文化的了解和認識。同時也培養了一批美國藏學家，促進了美國藏學的發展，也擴大了藏傳佛教的影響，為美國社會和文化增添了新的內涵。但是，隨著藏傳佛教的現代化和世俗化，削弱了它原來的傳統性和民族性的特色[124]。

同時，美國的《三輪》（*Tricycle*）佛教雜誌社主編克拉克・斯特蘭德（Clark Strand）認為，佛教注重的是內涵的傳播，而不是形式上的宗教禮儀，對這一點他表示十分憂慮。很多人喜歡佛教，但並不把它當做宗教，更不在乎其相關的禮儀。他指出佛教應該像基督教和猶太教學習，通過洗禮、割禮、婚禮和葬禮等禮儀把佛教和人們生活聯繫起來。「如果想要維繫佛教發展，佛教中心應該解決出生、姻婚和葬儀等與人們生活密切相關的宗教服務的問題。」「美國佛教必須改變，否則就會消亡[125]」。

第五節　美國人的佛學研究

一、美中學者佛教的研究

美國對佛教的研究，晚於英、法、德等國，但後來居上，現在影響最大，成果最多，已經成為西方國家的一個主要群體。賓州州立大學的佛學教授查爾斯·普雷比什（Charles Prebish，一九四四—）認為，歐洲學者研究佛學的領域，可以從地域上劃分，將其分為兩個學派，一是「英國——德國」學派，由賴斯·戴維斯和赫爾曼·奧登堡領導，以研究巴利經典為主；二是「法國——比利時」學派，由普桑、西爾萬·列維、保羅·戴密微和艾蒂安·拉莫特領導，以研究梵文經典為主，加上漢文與藏文經典的資料。愛德華·康澤增加了第三個學派：「列寧格勒」學派，包括徹爾巴斯基和奧拔米勒，此學派較接近「法國——比利時」學派[126]。

普雷比什認為美國佛學研究的開端，始於保羅·卡羅斯，與共同創辦《哈佛東方叢書》的梵文、巴利文學者亨利·克拉克·華倫和查爾斯·羅克韋爾·朗曼。但直到一九六〇年以後，佛學研究才開始成為美國大學裡的一個重要學科，主要是通過威斯康辛大學麥迪遜分校的理查·羅賓遜（Richard H. Robinson，一九二六—）教授、哈佛大學的永富正敏（一九二六—二〇〇〇）教授和哥倫比亞大學的亞歷克斯·韋曼（Alex Wayman，一九二二—二〇〇四）教授的努力推動。

理查·羅賓遜出生於加拿大，高中時即對中文很有興趣，亞伯達大學（University of Alberta）畢業後，羅賓遜留學英國倫敦大學，跟隨佛經翻譯家孔茲博士學習，獲中文學士與哲學博士學位。期間並修學了梵文和藏文，以及對佛學的研究。羅賓遜於一九六〇年開始任教於威斯康辛大學麥迪遜校區，教授印度哲學、印度文化與佛學。羅賓遜曾多次前往印度、斯里蘭卡、越南和日本等佛教國家，除了考察當地的文化與佛教信仰，更有機會認識了許多佛教學者。一九六一年，羅賓遜擔任威斯康辛大學印度學系系主任時，與羅伯特·米勒（Robert J. Miller）教授和穆雷·福勒（Murray Fowler），一起設立了美國也是北美洲第一個佛學博士課程。

永富正敏是哈佛的第一位全職佛教研究教授。正敏出生在日本山口縣的佛教家庭，由於父親是佛教傳教士，所以他年輕的時候就開始學佛。後隨父親到美國傳播佛教信仰。在第二次世界大戰之前不久，正敏被送回日本接受大學教育。他先後在琉球與京都大學學習，最終獲得了印度哲學和佛教學士學位。戰後，正敏回到美國，進入哈佛研究所，在梵語學者英格爾斯座下學習。一九五七年，他完成了博士學位。畢業後，他留在哈佛擔任梵文教授，一九六九年，正敏被任命為哈佛第一位佛學教授。雖然佛學研究主要隸屬於梵文和印度研究系，正敏同時也在遠東語言系教授課程。他一直留在這個職位，直到一九九六年退休。正敏在他漫長的職業生涯中，發表的論文不多，他把大部分時間用於指導學生，許多現代在美國的佛教學者都是他的學生。他指導學生探討的問題包括：從古典佛教認識論到佛教在現代西方的傳播。正敏還於一九八六年，成立了哈佛佛教研究論壇（Harvard Buddhist Studies Forum），做為所有有關佛教主題的講座和對話的平台。

丹尼爾・亨利・霍姆斯・英格爾斯出生在紐約市，在哈佛大學主修希臘文和拉丁文，是梵文文學和印度歷史與哲學的專家。英格爾斯在一九三九年，曾前往加爾各答研究新正理邏輯。戰後，英格爾斯回哈佛任教，一九五八年接掌梵文威爾士教授共計二十五年，曾擔任梵文和印度研究系主任，及美國東方協會主席。一九五〇至一九八三年，英格爾斯主編哈佛東方叢書。他發表在一九五一年哈佛東方叢書第四十卷《新正理邏輯研究要集》（*Materials for the Study of Navya-Nyāya Logic*）是歐洲語文中，最早發表的參考書目。一九六五年，英格爾斯在哈佛東方叢書第四十四卷發表了《梵文宮廷詩選》（*An Anthology of Sanskrit Court Poetry*）廣受好評。《梵文宮廷詩選》是十一世紀東孟加拉明藏和尚（Vidyākara）編纂的梵語詩歌集《妙語寶藏》（*Subhāṣita-ratna-kośa*）的英文翻譯。英格爾斯以介紹梵語課程的教學嚴謹聞名，許多著名的梵文學者都出自他的門下。

亞歷克斯．韋曼是一位藏學家和印度學家，一九五九年在加州大學洛杉磯分校完成博士學位後，即進入哥倫比亞大學任教。一九六七年，他被任命為中東和亞洲語言與文化系的梵文教授，在任期間，韋曼教授古典梵文、佛教混合梵文、印度和藏族宗教和占星史，直到一九九一年退休。韋曼寫了很多關於佛教的著作，特別是藏傳佛教，以及佛教的邏輯，是研究藏傳佛教的先驅。韋曼編輯三十卷的《佛教傳統系列》（*Buddhist Tradition Series*），由印度德里的 Motilal Banarsidass 出版社出版。韋曼創作了十二本著作，包括《佛教密宗系統》（*Buddhist Tantric Systems*），《解開佛教的結》（*Untying the Knots in Buddhism*）和《千年的佛教邏輯》（*A Millennium of Buddhist Logic*）。韋曼與他的妻子 Hideko 合作翻譯了《勝鬘師子吼一乘大方便方廣經》（*Lion's Roar of Queen Shrimala*）。Hideko 對中文和日文佛教文獻的了解，幫助了韋曼對梵文和藏文文獻的研究和翻譯。

特瑞爾．維爾．威利（Turrell Verl Wylie，一九二七—一九八四）出生在科羅拉多州，是一位美國著名的藏學家、漢學家、教授。他是二十世紀研究國際藏學的先驅人物。威利在華盛頓大學取得中文哲學博士學位後，前往羅馬，跟隨西藏佛教權威圖齊博士學習。返美後，任教於華盛頓大學，並設立美國大學裡第一個藏學研究的課程。一九六〇年，威利透過洛克菲勒基金會的國際救濟計畫，邀請流亡印度的薩迦派高僧吉札．達欽．薩迦仁波切全家，以及他的老師德松仁波切一起，到西雅圖定居，並聘請德松仁波切擔任華盛頓大學的藏學教授。威利最為人稱頌的是他在一九五九年，自創了一套藏文的拉丁字母轉寫系統。這套系統完全忠實於藏文的文字系統，精練了原有的轉寫方案形成，只使用基本的二十六個拉丁字母，而不需添加字母和添加符號，因而迅速被藏學界廣泛接受，這就是為人熟知的威利轉寫（Wylie Transliteration）。

吉恩．史密斯（E. Gene Smith，一九三六—二〇一〇）是藏學學者，特別是藏文文學和歷史。史密斯在西雅圖華盛頓大學時，曾跟隨德松仁波切學習四年，取得博士學位後，於一九六五年前往印度親近頂果仁波切等藏傳大師，並學習藏傳佛教及文化。一九六八年加入國會圖書館新德里辦事處（Library of Congress New Delhi Field Office），幫忙重新印刷得自錫金、不丹、尼泊爾及印度等地的流亡社區或西藏社區成員提供的藏書。直到一九九五年從國會圖書館工作退休，史密斯先後擔任國會圖書館在印度、東南亞辦事處的負責人，幫國會圖書館及美國多所大學圖書館蒐集到數千卷的藏文文獻。一九九九年，史密斯與哈佛大學的里奧納德（Leonard van der Kuijp，一九五二—）和其他朋友，一起成立了藏傳佛教資源中心（Tibetan Buddhist Resource Center），並將一萬兩千卷的藏文經典數位化。這個數位圖書館是西藏以外，保存最多西藏文獻的地方。史密斯發表過四十多篇有關藏文文獻研究的論文，出版了兩部專著，《華盛頓大學藏文文獻目錄》（*University of Washington Tibetan Catalogue*），及《藏文文獻——喜馬拉雅高原的歷史與文學》（*Among Tibetan Texts: History and Literature of the Himalayan Plateau*）。

喬治．德雷福斯（*Georges B.J. Dreyfus*，一九五〇—）出生於瑞士，是藏學和佛學領域的學者，對印度佛教哲學感興趣。德雷福斯二十歲時，前往印度達蘭薩拉修學藏傳佛教十五年，於一九八五年成為第一位獲得「格西」頭銜的西方人，這是藏傳佛教中最高的學位。回美後，德雷福斯於維吉尼亞大學取得宗教博士學位。他目前是麻薩諸塞州威廉姆斯學院（Williams College）的宗教教授。德雷福斯的著作包括：《認識本真之在：法稱哲學思想及其在藏地的譯介》（*Recognizing Reality: Dharmakirti's Philosophy and its Tibetan Interpretations*）；還著有一本關於《中觀論》（*Madhyamaka Philosophy*）研究的著作。他的近著《擊掌之聲》（*The Sound of Two Hands Clapping*）向西方人介紹藏傳佛教的寺院生活。

唐納德．洛佩茲（Donald S. Lopez Jr.，一九五二—）出生在華盛頓特區，在維吉尼亞大學受教育，獲得宗教研究學士學位，及佛學碩士、博士學位。現為密西根大學亞洲語言和文化系的佛學和藏學教授，也是國際知名的藏傳佛教研究專家。專長印度後期大乘佛教和藏傳佛教。洛佩茲也是美國藝術和科學學院的研究員，撰寫和編輯了許多關於亞洲宗教書籍，包括探討亞洲佛教與西方相遇產生現代佛教的《香格里拉的囚徒：藏傳佛教和西方》（*Prisoners of Shangri-La: Tibetan Buddhism and the West*）和《佛教與科學：困惑的指南》（*Buddhism and Science: A Guide for the Perplexed*）。洛佩茲於二〇一五年與羅伯特・布斯韋爾（Robert Buswell）合編《普林斯頓佛學詞典》（*The Princeton Dictionary of Buddhism*），獲頒特茅斯獎（Dartmouth Medal）。

彼得・格雷戈里（Peter N. Gregory）一九八一年畢業於哈佛大學東亞語言與文明系，曾任教於伊利諾大學、黑田學院、夏威夷大學，目前任教於史密斯學院（Smith College）。格雷戈里的研究專注於中世紀中國佛教，特別是唐宋時期的禪宗和華嚴宗的傳統，他已經編寫了七本書籍。格雷戈里目前的研究和教學，愈來愈關注在美國的佛教。

菲利普・亞姆波爾斯基（Philip Yampolsky，一九二〇—一九九六），出生於紐約，畢業於哥倫比亞大學，是一位傑出的翻譯家和佛教禪宗學者，也曾擔任哥倫比亞大學東亞圖書館的館長。一九五四年他獲得日本的富布賴特獎學金，前往日本京都撰寫有關六祖惠能的博士論文。他在那裡住了八年，曾受聘於露絲·富勒·佐佐木在日本的禪宗研究機構。亞姆波爾斯基於一九六二年返回美國，繼續在哥倫比亞大學深造。一九六五年，完成了他的博士學位。一九六八年，亞姆波爾斯基被任命為哥倫比亞東亞圖書館館長，此圖書館是美國主要的收藏館之一，擁有超過六十萬冊的日文、中文、韓文書籍。一九八一年從館長職位退休後，亞姆波爾斯基獲聘為日文教授。他對中世紀日本的研究教學，獲頒佛教研究資深學者獎。亞姆波爾斯基是中國和日本禪宗研究的專家，他以翻譯禪宗經典作品而聞名，這些作品被許多美國大學和研究所，做為亞洲研究課程的教科書。

梅維恆（Victor Henry Mair，一九四三——），出生於俄亥俄州，是美國漢學家、敦煌學家和語言學家。一九七六年完成在哈佛大學的博士論文《敦煌通俗敘事文學》（*Popular Narratives from Tun-huang*），因為論文優異，讓他被留校當了助理教授。他認為敦煌變文標誌著中國文學上的敘事革命。梅維恆修改好的博士論文《敦煌通俗敘事文學》（*Tun-huang Popular Narratives*）由倫敦劍橋大學出版社出版。八十年代他相繼完成和出版了《繪畫與表演：中國的看圖講故事及其印度起源》（*Painting and Performance: Chinese Picture Recitation and Its Indian Genesis*）和《唐代變文：佛教對中國俗講和戲劇產生的貢獻之研究》（*T'ang Transformation Texts: A Study of the Buddhist Contribution to the Rise of Vernacular Fiction and Drama in China*）。一九七九年至今，任賓夕法尼亞大學亞洲及中東研究系教授、考古及人類學博物館顧問。梅維恆教授的研究方向為佛教通俗文學及中國小說和表演藝術的本土傳統。

史蒂文．海涅（Steven Heine，一九五〇—）畢業於賓州大學，後於天普大學（Temple University）取得宗教學碩士及博士。專長中世紀東亞的宗教研究，特別是禪宗從中國傳到日本的轉型。海涅獲得學位後，又得到富布賴特獎學金，前往日本在東京大學和駒澤大學，研究道元禪師的遺作。一九九七年，離開賓州州立大學，前往佛羅里達國際大學（Florida International University）擔任亞洲研究所所長，積極開設相關課程。海涅發表於各學術期刊的論文超過一百篇，他的著作超過二十本。

詹姆斯．羅布森（James Robson，一九六五—）自取中文名字羅柏松，於一九八七年在加州大學聖巴巴拉分校獲得宗教研究學士學位，之後曾在中國、日本和臺灣學習了幾年，而後於二〇〇二年，在史丹佛大學取得博士學位。目前是哈佛大學東亞語言與文明的教授，也是中國宗教研究學會會長。他專攻中世紀中國佛教和道教的歷史，對地方宗教史、護身符、宗教藝術特別感興趣。

斯坦利．溫斯坦（Stanley Weinstein）是東亞佛教專家，主要研究中國和日本佛教的歷史和教義。於耶魯大學任教之前，溫斯坦教授曾在東京的駒澤大學和倫敦大學東方和非洲研究學院任教。在耶魯大學，他擔任東亞研究以及宗教研究系的研究所主任，指導中國、日本和印度佛教。

大衛．羅斯．科米托（David Ross Komito）是亞洲哲學教授和作家，專長於佛教中觀哲學，禪修和宗教心理學。科米托是加州大學洛杉磯分校的心理學學士，印第安納大學的藏學博士。在印第安納大學，布盧明頓的藏學研究。從一九八六年到一九九〇年，擔任約翰．肯尼迪大學人類意識研究院院長。自一九八七年以來，在舊金山禪宗中心等美國西部的禪修道場授課，一九九〇年後，在東奧勒岡大學成立宗教研究課程，同時也在波特蘭州立大學哲學系任教。

艾倫．沃茨（Alan Watts，一九一五—一九七三）出生在倫敦，是哲學家、作家和演講者，也是將東方哲學普遍介紹給西方人士的主要人物。沃茨年輕的時候，就對遠東文化著迷，十四歲時開始寫作，並曾發表於韓福瑞主持的「佛教居士林」早期發行的《英國佛教》刊物。沃茨十六歲開始，擔任「佛教居士林」的祕書，也因此有機會認識禪師鈴木大拙，及許多哲學家、藝術家及靈智學會的學者，這段時間給了沃茨相當豐富的個人成長經驗。《禪塵》（*Zen Dust*）的作者露絲．福勒．佐佐木是沃茨的岳母，對他也有深刻的影響。沃茨於一九三八年搬到紐約，然後前往芝加哥擔任美國聖公會的傳教士，六年後離開教會。一九五〇年，又從紐約上州搬到舊金山，擔任剛創辦的亞洲研究學院（Academy of Asian Studies）的教師，後來成為院長。沃茨一九五二年開始，在柏克萊的太平洋廣播電台KPFA有固定的廣播時段，為期十年，吸引了許多聽眾。一九五九年，還在舊金山公共電視台KQED，製作了兩年介紹東方智慧的電視節目「東方智慧與現代生活」（Eastern Wisdom and Modern Life）。沃茨覺得「禪」是來自亞洲最珍貴的禮物之一，一九五七年，他出版了最暢銷的著作《禪之道》（*The Way of Zen*）。沃茨是天生的演說家和作家，他在宗教、哲學、心理學和人類學領域的興趣，也帶動了各專業學者的探討。

在美國也有多位華裔佛教學者，中英文俱佳，寫出不少英文著作，或在美國大學任教，頗負盛名，今亦簡介於下：

陸寬昱（Charles Luk，一八九八—一九七八）居士，生於廣東省，居於香港，為太虛大師弟子，曾將多本大乘佛教經典進行英譯，為著名佛經翻譯家。譯有《楞嚴經》、《維摩詰經》、《圓覺經》、《六祖壇經》等。

陳觀勝（Kenneth Kuan-Sheng Ch'en，一九〇七—？）教授是美籍華人，出生於夏威夷，攻讀哈佛大學佛學及印度語文學，獲博士學位。執教於普林斯頓大學宗教系，是中國佛教的權威，寫了多本佛教卓越英文著作《佛教在中國的轉化》、《中國佛教》、《中國佛教史》、《中國佛教的變革》、《大乘佛教與中國文化》，深受美國學術界所重視。

巴宙（一九一八—？）教授，四川萬縣人，一九三六年畢業於上海蒙藏學院，二十歲赴印度留學，以研究印度文化與哲學為主，獲國際大學碩士及孟買大學哲學博士，博士論文為《梵巴漢藏對照波羅提木叉之比較研究》，該篇論文是研究原始佛教生活及僧團制度之重要著作。曾任教印度國際大學七年、阿拉哈巴大學七年，錫蘭大學十四年，後應美國愛荷華大學（University of Iowa）宗教學院聘請，擔任佛學教授。精通梵文、巴利語、現代印度語及歐西等多種文字，並擅佛學及印度學。先後前往英國倫敦大英博物館、法國巴黎國立圖書館等研究敦煌寫本。著作除博士論文外，另有《大般涅槃經之比較研究》（一九四六）、《梵本摩訶僧祇之波羅提木叉》（一九五六）、《敦煌韻文集》（一九六五）、《大乘二十二問之研究》（一九七九）、《南傳大般涅槃經》等。學術論著曾刊載於《大英百科全書》、《錫蘭佛教百科全書》等。

齊思貽（一九一八—一九八六）教授，北京人，天津南開大學畢業，後赴英國牛津大學留學，獲碩士學位，再入劍橋大學攻讀，獲博士學位。一九六四年到美國，次年受聘為印第安納大學教授，在東方語文及文化系任教，專攻邏輯因明學，是著名因明學專家。主要著作有《佛教的形式邏輯》（*Buddhist Formal Logic*），為「倫敦皇家學會」出版，受到學術界好評和推崇。

張澄基（一九二〇—一九八八）教授，湖北安陸人，自幼即隨著母親禮佛誦經，在八識田中種下菩提種子。在南京讀中學時，常陪同母親到寺院禮佛，開始研讀佛經，一九三五年他決心放棄學業，致力於學佛，到江西廬山閉關百日。之後，透過佛教人士的安排，他到西康貢噶山雪山寺，禮貢噶仁波切為師，修習藏傳噶舉派密教達八年之久。除學習法義及修持外，並精通藏文、英文；後來在美國又學習梵文，所以在佛學研究上，具備了語言文字工具上的便利。一九四七年，應印度國際大學之聘，赴印度講學。一九四八年回國，尊父命結婚。一九五一年，他偕夫人輾轉抵達美國，僑居紐約，初任教於紐約「社會研究新學院」（New School for Society of Research），繼而轉往內布拉斯加大學（University of Nebraska）。一九六六年，遷居賓州，任教於賓州州立大學（Pennsylvania State University），在各校都是擔任宗教學系的佛學課程。張澄基教授的譯作及著作十多種以上：《什麼是佛法》、《佛學四講》、《佛學今詮》（上、下冊）、《密勒日巴尊者傳》（譯自藏文原典）、《岡波巴大師全集》（譯自藏文原典）、《密勒日巴大師全集》（由藏文原典譯為漢文，原名密勒日巴十萬頌）、"*The Hundred Thousand Songs of Milarepa*"（由藏文原典譯為英文，即密勒日巴十萬頌）等，前三種都曾在臺灣風行一時[127]。

于君方（一九三八—）教授，河北人。美國哥倫比亞大學哲學博士，新澤西州立羅格斯（Rutgers）大學宗教系，及哥倫比亞大學宗教系、東亞語言文化學系教授。一九九九年被選為美國中國宗教學會副會長。于君方教授的研究關注佛教在中國的發展，致力於指導攻讀漢傳佛教的博士研究生。她的第一本著作《中國的佛教復興：袾宏與晚明的宗教融合》（*The Renewal of Buddhism in China: Chu-hung and the Late Ming Synthesis*, Columbia University Press 1981），是研究唐代以後佛教，最早的英文著作之一。

俞永峯（Jimmy Yu，一九六八—）也稱果谷，曾在聖嚴法師座下出家，二〇〇〇年還俗，繼續學業。兩年後，取得堪薩斯州立大學的中國佛教碩士學位，二〇〇八年獲普林斯頓大學的宗教學博士學位，目前任教於佛羅里達州立大學宗教系，教授東亞宗教傳統課程，特別是中國佛教和中國晚期帝國文化史。也是佛學社團塔拉哈西禪小組（Tallahassee Chan Group）的指導老師。俞永峯的第一本著作《一五〇〇年到一七〇〇年，聖潔和中國宗教中的自我暴力》（*Sanctity and Self-Inflicted Violence in Chinese Religions, 1500-1700*）由牛津出版社出版，探討中國文化中，刺血抄經、燃指甚至自焚等自我傷害的行為，在宗教上的道德價值。

二、美國大學的佛教相關課程

北美的第一個佛學研究所課程，是由威斯康辛大學麥迪遜分校，開辦於一九六一年。之後，哈佛大學和芝加哥大學也陸續開設佛教相關課程。

當今美國的佛學研究學者和佛學研究機構，據佛蘭克・雷茲（Frank E. Reynolds，一九五五—）的統計，美國相對活躍的佛教學者約有三百人，其中包括專業的佛教學者，還有因地區研究涉及佛教的專家，主要散布在美國各大學。目前美國的大學裡，設有佛學相關課程、佛學研究機構及頒發學位的，包括有哈佛、耶魯、哥倫比亞、史丹佛、芝加哥、普林斯頓、威斯康辛、夏威夷、加利福尼亞（柏克萊、洛杉磯、聖塔芭芭拉）、史丹佛、亞利桑那、華盛頓、維吉尼亞、康乃爾、紐約、西北、辛辛那提、賓夕法尼亞、密西根、印第安納大學等。它們分為純佛學和非純佛學研究機構。最著名的純佛學研究機構是威斯康辛大學，涵蓋佛教所有宗派的研究，側重於原始佛教思想和藏傳佛教研究。一九七五年出版了第一部總結性著作《佛教：現今的展望》。一九七六年成立了「國際佛教研究協會」（International Association of Buddhist Studies），該會以促進國際佛教歷史和現狀研究、組織國際佛教學者之間的合作、出版研究佛教的工具書、佛教原典和譯本為宗旨，會址一直設在該校南亞系[128]。

一九七二年，加州大學柏克萊分校也設立了佛學博士主修課程，強調基本語言與文獻學的訓練。非純佛學系的華盛頓、耶魯、維吉尼亞、哥倫比亞、普林斯頓大學的佛學課程，在規模上完全可與柏克萊分校相比，但學位是設在宗教、印度學、亞洲學、東方語系或哲學系。其中哲學系設有佛學課程的只有紐約州立大學水牛城校園和夏威夷大學。夏威夷大學的哲學系，重視大乘佛學與印度佛學研究，尤其是佛教哲學。

哈佛大學宗教系和耶魯大學遠東系，都注重一般佛教思想的研究，但哈佛偏重於佛教語言問題和大乘佛教，而耶魯大學則重視研究佛教的宗教問題。哥倫比亞大學的宗教系，重視各種語言佛經的翻譯，開設的專業課程包括梵文、藏文、漢文、日語，中國和日本佛教，及喜馬拉雅山地區的歷史與文化等。圖書館各種佛教文獻資料也極為豐富。康乃爾大學亞洲研究系設有佛教、中國和日本的佛教課程。加州大學克萊蒙特研究院於七十年代設立「歷程研究中心」（Process Studies Center），專為闡揚懷特海（Alfred North Whitehead，一八六一——一九四七）的「過程哲學」及其相關的東方思想，如中國易經哲學、大乘佛學。

美國研究藏傳佛教的主要機構，開始於一九五〇年代，印第安納大學布魯明頓校區的烏拉爾語與阿爾泰語言文學系（Department of Uralic and Altaic Studies）。第十四世達賴喇嘛的長兄土登晉美諾布，於一九五二年抵達美國紐約，一九六五年開始在印第安納大學烏拉爾語與阿爾泰語研究學系任教，主要教授西藏語文、宗教、僧侶制度和政治組織等課程。一九六六年，該系創立了西藏學會，與達賴喇嘛的組織關係極為密切。西雅圖的華盛頓大學亞洲語言與文學系及外國地區比較研究所，是受洛克菲勒基金會資助的藏學中心之一，設有梵、藏語言與文學、佛學研究等課程，並有碩士、博士班計畫。此外紐約、史丹佛、耶魯、加州、威斯康辛等大學，也都有西藏語言、宗教、歷史等中心。

其他在美國獲得認證的佛教大學，包括那洛巴大學（Naropa University）、法界佛教大學（Dharma Realm Buddhist University）、創價大學（Soka University）、西來大學（University of the West）、佛學研究所（Institute of Buddhist Studies）和加利福尼亞整合學院（California Institute of Integral Studies）。

三、主要的佛學研究刊物

美國主要的佛學研究刊物有：《東西方的哲學》、《中西部佛法》、《宗教》、《美國東方學會會刊》、《亞洲研究》、《哈佛亞洲研究》、《國際佛教研究會會刊》、《美國人類學者》等數百種。

約翰·羅傑（John Roger）與他領導的一小群佛教徒，於一九四四年創辦了一份佛教月刊《金蓮》（*The Golden Lotus*），長達二十四年，刊載了許多佛教相關的論文及評論，在美國流傳很廣，以及在歐洲和亞洲都可以看到。康乃爾大學的布爾特教授（E.A. Burtt，一八九二—一九八九）撰寫了一本暢銷書：《慈悲佛陀之教義》（*The*

Teaching of the Compassionate Buddha）。溫斯頓・金恩教授（Winston L. King，一九〇七—二〇〇〇）是範德貝爾（Vanderbilt）大學教授，他雖是一位基督教神學家，對佛教卻有強力愛好，他寫了三本與佛教有關的書：《佛教與基督教》（*Buddhism and Christianity*）、《涅槃之希望》（*In the Hope of Nibbāna*）、《多生多世的過去》（*A Thousand Lives Away*）。他與他的妻子同往緬甸學習佛教禪定，他認為「禪定是以科學方法達至宗教之真理」。理察・卡特（Richard A. Card）曾任美國及日本大學講師，他是《佛教》（*Buddhism*）一書的作者。羅拔特・史利特（Robert H. Slater）寫了一本有關上座部的佳作：《矛盾與涅槃》（*Paradox and Nirvana*）。

《三輪：佛教評論》（*Tricycle: The Buddhist Review*）季刊，是美國發行最早，也是唯一的一份獨立的佛教雜誌，由長期修學日本禪與藏傳佛教的人類學家海倫・特寇夫（Helen Tworkov，一九四三—）創辦於一九九一年，總部設在紐約市。《三輪》不屬於佛教的任何宗派，雜誌的使命是創建論壇，探索當代和歷史的佛教發展，檢視其在現代西方民主傳統的背景下，產生的影響與衝擊；並探討當代的社會議題，提供離苦得樂之道。該雜誌被譽為西方佛教徒的燈塔[129]。現任編輯由詹姆斯・沙欣（James Shaheen）擔任。

四、科學、醫學的影響

喬・卡巴金（Jon Kabat-Zinn，一九四四—），是麻州大學醫學院醫學榮譽教授及正念減壓（Mindfulness-Based Stress Reduction，簡稱 MBSR）創辦人。卡巴金於哈佛大學畢業後，在麻省理工學院取得分子生物學博士學位。卡巴金將他從凱普樓禪師、一行禪師及藏傳喇嘛，學習到的佛教修行方法，應用到醫學的研究，包括正念減壓對大腦的影響、大腦如何在壓力下處理情緒，以及正念減壓對免疫系統的影響。一九七九年，卡巴金博士為麻州大學醫學院開設減壓診所，並設計了「正念減壓」課程，協助病人以正念禪修處理壓力、疼痛和疾病，獲得多方肯定。

自卡巴金博士開始，正念（mindfulness）已逐漸進入歐美主流社會的機構，例如醫院、學校、企業以及職業運動組織。現在，世界上有許多醫學中心以及企業界、科技界都在提供正念減壓等正念訓練相關課程，二〇一四年二月的美國《時代》雜誌，亦針對此潮流及卡巴金博士做出大幅報導，並列為封面故事。卡巴金也是精神與生命研究所（Mind and Life Institute）的董事，協助推動佛教界領袖與西方科學家的對話與交流，以期更深刻探索人類的心智、情緒與疾病。

心靈與生命學會（Mind and Life Institute），是由達賴喇嘛與美國律師也是企業家的亞當・恩格爾（R. Adam Engle，一九四二—）和智利的神經科學家弗朗西斯科・瓦雷拉（Francisco Varela，一九四六—二〇〇一）一起成立於一九八七年。學會致力於探索科學與佛教之間的界面，希望在現代科學和佛教禪修以及人文與社會科學間，創造嚴謹的對話和整合研究合作，了解現實的本質，以減輕人們的苦難並提昇人類的福祉。活動包括召開國際對話，會議和專題討論會。眾多世界知名的科學家、哲學家及認知神經科學、物理學家和達賴喇嘛組成的對話，並出版與對話有關的書籍報告。二〇一四年，在波士頓舉行對話時，有來自世界二十八個國家的一千七百人參加。

瓊・哈利法克斯（Joan Halifax，一九四二—）是一位醫學人類學和心理學博士，一九七九年開始，先後跟隨韓國禪師崇山行願、白梅無著系統的伯納德・格拉斯曼禪師和一行禪師學習，一九九〇年，在新墨西哥州聖塔菲（Santa Fe）成立烏帕亞禪中心（Upaya Zen Center）。中心除了佛法及禪修的課程，也特別注重臨終關懷與照護。

珍・秋荏・貝絲（Jan Chozen Bays，一九四五—）是一位小兒科醫師，一九七七年開始跟前角博雄禪師學禪。一九八三年開始，在俄勒岡州波特蘭的自宅成立俄勒岡禪中心（Zen Community of Oregon）教導禪坐。由於參加的學員愈來愈多，貝絲也覺得應有可以住宿，舉辦多日禪修及培養師資的場地，所以於二〇〇二年，在克拉斯卡奈（Clatskanie）買下一座廢棄的小學，成立宏願禪寺（Great Vow Zen Monastery）。二〇一一年，又在特蘭市成立智慧心禪寺（Heart of Wisdom Zen Temple），提供忙碌的現代人有個安定身心的場所。智慧心禪寺每天都有免費的禪坐共修及教學。

二〇〇四年，在加州取得佛學碩士學位的珍妮特．格雷西．欣（Jeanette G. Shin）被授予海軍中尉軍銜，並宣誓成為美國海軍隨軍佛教神職人員。從此，美國武裝部隊也有了隨軍佛教布教師，他們軍服上的徽章是一個法輪。

廣野慶子（Mazie Hirono，一九四七—）是現任美國民主黨籍參議院第一位佛教徒、第一位亞裔美籍女性、同時也是第一位在日本出生的參議員。廣野慶子出生於日本福島縣，一九五五年和母親移居夏威夷，並跟隨母親信仰佛教淨土宗。

第六節　目前美國佛教的概況

美國的佛教，有中國佛教、日本佛教、南傳佛教、藏傳佛教，也有某種形式的美國佛教。有人形容美國佛教發展到今天，就像是「世界博覽會」一樣。

馬丁．鮑曼（Martin Bowman）指出，在一九九〇年代中期，美國大概有五百至六百個佛教修習中心，佛教徒人數在三百萬到四百萬之間，其中絕大多數是亞裔美國人，祇有約八十萬是美國本土皈依佛教徒。據哈佛大學「多元研究計畫（The Pluralism Project）」提供的資料，截至二〇〇六年八月，美國有佛教中心已達二千一百五十個。

美國人口普查局是按照美國法律，不能強制詢問人們的宗教歸屬；因此，美國官方人口統計數字，無法反映宗教信徒人數。民間機構的調查數字則各有不同。雖然如此，根據不同資料的顯示，還是可以感受到二十世紀六十、七十年代，美國佛教取得突破性發展。從一分民間資料顯示，於七十年美國佛教徒人數躍增到二十萬，占全美人口的百分之零點一，實現零的突破。在二〇〇一年的美國宗教認同調查（American Religious Identification Survey），美國佛教徒增加到了一百多萬[130]，並在不斷增長。

最近，根據二〇一四年皮優研究中心（Pew Research Center）的報告顯示，美國的基督教徒占百分之七十點六，猶太教徒占百分之一點九，回教徒占百分之零點九，全美佛教徒約二百二十五萬人，占百分之零點七。其中白人占百分之四十四，亞洲人占百分之三十三，拉丁語系占百分之十二，黑人占百分之三。從佛教徒的教育程度來看，研究所以上占百分之二十，大學畢業占百分之二十八，大學生占百分之三十三，高中程度占百分之二十。又，佛教徒的男女比率差不多，男眾多兩個百分比。

另外，有兩項數據值得注意，一是只有百分之十八的佛教徒，每週參加宗教儀式的活動，但有百分之六十六的人，每週至少靜坐一次[131]。顯示出現今美國人對禪修靜坐的偏好，或是佛教的內觀禪修已被結合到心理治療與醫學療癒的領域之中。菩提比丘在一次受訪中，特別提出，佛教的正念修行可以被廣泛地教導，利益大眾，是一件值得高興的事；但絕對不能忘記佛陀教法的最終目標是離苦得樂，離生死輪迴之苦，得解脫涅槃之樂。

❶ 李四龍：〈美國佛教研究的近況（上）〉，載《普門學報》第十九期（二〇〇四年一月），第二三九頁。

❷ Stephen Prothero, "The White Buddhist: Henry Steel Olcott and the Sinhalese Buddhist Revival", *Tricycle: The Buddhist Review*, 1996, pp. 13-19。

❸ 出處：http://www.musaeus.lk/founders。

❹ 出處：http://www.people.fas.harvard.edu/~witzel/hos.htm。

❺ 朗曼的「亨利．克拉克．華倫：訃告通知」。出處：http://obo.genaud.net/backmatter/gallery/warren.htm。

❻ William Peiris 著，梅迺文譯：《西洋佛教學者傳》，《世界佛學名著譯叢》第八十四冊，第二八八—二八九頁。

7. 同上書，第八—九頁。
8. 李四龍著：《美國佛教：亞洲佛教在西方社會的傳播與發展》，第七頁。
9. 出處：http://www.opencourtbooks.com/about.htm。
10. 出處：https://en.wikipedia.org/wiki/Paul_Carus。
11. 出處：https://en.wikipedia.org/wiki/William_Dwight_Whitney。
12. 出處：https://en.wikipedia.org/wiki/Walter_Evans-Wentz。
13. 出處：https://en.wikipedia.org/wiki/Buddhism_in_the_United_States。
14. Richard Hughes Seager, *Buddhism in America*, Columbia University Press, 2012, pp. 45-46.
15. 同上書，第七十五—七十八頁。
16. 出處：http://buddhistchurchesofamerica.org/welcome/bca-history/。
17. 花山信勝著，西苑譯：〈北美洲的佛教〉，載張曼濤主編：《歐美佛教之發展》，《現代佛教學術叢刊》第八十四冊，第二五〇頁。
18. Rick Fields, *How the Swans Came to the Lake: A Narrative History of Buddhism in America*, Shambhala Publications, 1992, pp.126-127.
19. 出處：https://en.wikipedia.org/wiki/Nyogen_Senzaki。
20. 出處：http://www.opencourtbooks.com/about.htm。

㉑ 李四龍著：《歐美佛教學術史》，第四四九—四五二頁。

㉒ 美國第一禪協會研究所網站：http://www.firstzen.org/。

㉓ 出處：https://en.wikipedia.org/wiki/Ruth_Fuller_Sasaki。

㉔ 出處：https://en.wikipedia.org/wiki/Soen_Nakagawa。

㉕ 禪宗寺網站：http://www.zenshuji.org/history.html。

㉖ 舊金山禪中心：http://www.sfzc.org/about-zen-center/welcome。

㉗ Richard Hughes Seager, *Buddhism in America*, Columbia University Press, 2012, pp.118-122。又王昱海：〈美國禪宗四十年〉，載《美佛慧訊》第九十期，第七十八—七十九頁。

㉘ 于凌波著：《美加華人社會佛教發展史》，第四十二—四十三頁。

㉙ 明尼蘇達禪修中心網站：http://mnzencenter.org/katagiri/。

㉚ 李四龍著：《歐美佛教學術史》，第四五三頁。

㉛ 王昱海：〈美國禪宗四十年〉，載《美佛慧訊》第九十期，第七十九頁。

㉜ 出處：http://greyston.com/about-greyston/mission-history/。

㉝ 禪和平締造者協會網站：http://zenpeacemakers.org/bernie-glassman/。

㉞ 出處：http://zcnyc.mro.org/about-us/the-mountains-and-rivers-order/。

㉟ 出處：http://zcnyc.mro.org/。

㊱ Richard Hughes Seager, *Buddhism in America*, Columbia University Press, 2012, p.124.

㊲ 佛書流通網站：http://monasterystore.org/about-us/。

㊳ 王昱海：〈美國禪宗四十年〉，載《美佛慧訊》第九十期，第七十七—七十八頁。

㊴ Richard Hughes Seager, *Buddhism in America*, Columbia University Press, 2012, pp.116-117.

㊵ 檀香山金剛僧團：http://diamondsangha.org/about-us/。

㊶ Richard Hughes Seager, *Buddhism in America*, Columbia University Press, 2012, pp.115-116.

㊷ 出處：http://obcon.org/about-us/founding-teachers/rm-jiyu-kennett/。

㊸ 翻譯自《禪對於基督教的禮物》一書的作者介紹。

㊹ 王昱海：〈美國禪宗四十年〉，載《美佛慧訊》第九十期，第七十九—八十頁。

㊺ 李四龍著：《歐美佛教學術史》，第四五三頁。

㊻ 鄭金德著：《歐美的佛教》，第六十九頁及第九十四頁。

㊼ 蓮龍居士：《中國佛教百年回顧》，第一七三頁。Richard Hughes Seager, *Buddhism in America*, Columbia University Press, 2012, pp.181.

㊽ 丁一平著：〈夏威夷佛教的寫真〉，載張曼濤主編：《歐美佛教之發展》，《現代佛教學術叢刊》第八十四冊，第三四七—三四八頁。

㊾ 同上書，第三四八—三五〇頁。

50 佛禪會禮教堂：http://www.bucsf.com/history/。

51 法界佛教總會：http://www.drbachinese.org/。

52 法界佛教大學：http://www.drbu.org/。

53 出處：http://www.urbandharma.org/pdf/newsfromtruecultivators.pdf。

54 于凌波著：《海外弘法人物誌》，第三〇二—三〇三頁。

55 菩提比丘英文簡介：http://en.wikipedia.org/wiki/Bhikkhu_Bodhi。

56 李四龍著：《歐美佛教學術史》，第四五四頁。又由網路 Google 節錄：《維基百科·自由百科全書》。

57 *Asian Americans: A Mosaic of Faiths*, Pew Research Center, July 19, 2012.

58 出處：hard Hughes Seager, *Buddhism in America*, Columbia University Press, 2012, pp.191.

59 同上書，第一九〇頁。

60 1.同上書，第一九一頁。

2.Prebish, Charles S., *Luminous Passage*, University of California Press, 1999, pp. 32.

3.Kwon, Ho-Youn, Kim, Kwang Chung, *Korean Americans and their Religions*, The Pennsylvania State University, 2001, pp.213-214.

61 Richard Hughes Seager, *Buddhism in America*, Columbia University Press, 2012, pp. 191.

62 Prebish, Charles S. & Tanaka, Kenneth K., *The Faces of Buddhism in America*, University of California Press, 1998, pp.122-123.

63 Richard Hughes Seager, *Buddhism in America*, Columbia University Press, 2012, pp.193-194.

64 Prebish, Charles S. & Tanaka, Kenneth K., *The Faces of Buddhism in America*, University of California Press, 1998, pp.123-125.

65 同上書，第一二六頁。

66 Richard Hughes Seager, *Buddhism in America*, Columbia University Press, 2012, pp. 193.

67 Prebish, Charles S., *Luminous Passage*, University of California Press, 1999, p. 36.

68 出處：http://terebess.hu/zen/mesterek/Thien-An.html。

69 Prebish, Charles S., *Luminous Passage*, University of California Press, 1999, p. 36.

70 摘自 Order of Interbeing 的網站：http://www.orderofinterbeing.org/。

71 摘自網站：http://tnhaudio.org/tag/unesco/。

72 1. 楊曾文主編：《當代佛教》，第三三七頁。
2. William Peiris 著，梅迺文譯：《西洋佛教學者傳》，《世界佛學名著譯叢》第八十四冊，第三二六頁，。

73 Richard Hughes Seager, *Buddhism in America*, Columbia University Press, 2012, pp.158-160.

74 同上書，第一六八—一六九頁。

75 華盛頓佛教精舍：http://www.buddhistvihara.com/。

76 修行協會網址：http://www.bhavanasociety.org/main/teacher/bhante_henepola_gunaratana/。

77 出處：http://www.encyclopedia.com/religion/encyclopedias-almanacs-transcripts-and-maps/theravada-buddhism。

78 Wendy Cadge, *Heartwood: The First Generation of Theravada Buddhism in America.* 出處：http://press.uchicago.edu/Misc/Chicago/089002.html。

79 Richard Hughes Seager, *Buddhism in America*, Columbia University Press, 2012, pp.172-173.

80 巴瑞佛教研究中心：https://www.bcbsdharma.org/about-us/。

81 靈磐禪修中網站：http://www.spiritrock.org/about。

82 劍橋內觀禪修中心：https://cambridgeinsight.org/。

83 Wendy Cadge, *Heartwood: The First Generation of Theravada Buddhism in America.* 出處：http://press.uchicago.edu/Misc/Chicago/089002.html。

84 金剛法光寺：http://www.vajira.org/index.php?cid=1&type=content&mid=9。

85 Wat Buddhanusorn：http://www.watbuddha.org/about-us/。

86 Wendy Cadge, *Heartwood: The First Generation of Theravada Buddhism in America.*

出處：http://press.uchicago.edu/Misc/Chicago/089002.html。

87 美國上座部佛教協會：http://www.tbsa.org/about-tbsa。

88 如來禪修中心：http://www.tathagata.org/AboutUs。

89 芮娜・塞卡履歷：http://www.ciis.edu/rina-sircar。

90 Wendy Cadge, *Heartwood: The First Generation of Theravada Buddhism in America.*

出處：http://press.uchicago.edu/Misc/Chicago/089002.html。

91 Wendy Cadge, *Heartwood: The First Generation of Theravada Buddhism in America.*

出處：http://press.uchicago.edu/Misc/Chicago/089002.html。

92 出處：http://www.watmetta.org/about.html。

93 出處：http://present.bhikkhuni.net/wp-content/uploads/2017/02/Honoring-those-Worthy-of-Honor.pdf。

94 Wendy Cadge, *Heartwood: The First Generation of Theravada Buddhism in America.*

出處：http://press.uchicago.edu/Misc/Chicago/089002.html。

95 出處：www.Abhayagiri.org。

96 出處：http://www.dhammasukha.org/ven-bhante-vimalaramsi.html。

97 出處：http://www.malaysianbuddhistassociation.org/index.php/2009-04-27-01-48-19/228-2009-04-30-03-35-14.html。

❾❽ 出處：http://www.mahapajapati.com/our-abbess.html。

❾❾ 出處：http://www.aranyabodhi.org/AboutUs/history/first-ordination。

⓾⓪ 出處：http://www.dhammadharini.net/bhikkhuni-path/entering-monastic-life。

⓾❶ 出處：http://www.dhammadharini.net/bhikkhuni-path/entering-monastic-life/august-2010-bhikkhuni-ordination-at-aranya-bodhi-hermitage。

102 翁仕杰中譯，《如夢覺醒——倫珠梭巴格西自傳》，第三九一頁。

103 房建昌：〈藏傳佛教在美國的興盛及其發展〉，載《西藏民族學院學報》（社會科學版）一九八九年，第一期，第八十七—九十六頁。

104 翁仕杰中譯，《如夢覺醒——倫珠梭巴格西自傳》，第三九一—三九二頁。

105 《顯密文庫》網路：《黃夏年文集．20世紀美國的佛教》。

106 藏傳佛教學習中心：http://www.labsum.org/welcome.html。

107 翁仕杰中譯，《如夢覺醒——倫珠梭巴格西自傳》，第四三二—四三三頁。

108 西雅圖薩迦寺：https://www.sakya.org/aboutus.html。

109 寧瑪學院：http://www.nyingmainstitute.com/。

110 烏仗那位於今巴基斯坦斯瓦特河谷，是寧瑪派教主蓮花生誕生地，即印度古國烏萇那國。

111 烏仗那靜修中心：http://odiyan.org/。

⑫ 李四龍著：《歐美佛教學術史》，第四五七頁。

⑬ 香巴拉：http://shambhala.org/。

⑭ 噶瑪三乘中心：http://www.kagyu.org/kagyulineage/teachers/tea15a.php。

⑮ 法林寺：http://kagyumonlamny.org/aboutktc/?lang=zh-hans。

⑯ 朗傑寺：http://namgyal.org/。

⑰ 出處：https://sravastiabbey.org/。

⑱ 依旺中心：http://www.ewam.org/about。

⑲ 出處：https://biglovelamayeshe.wordpress.com/category/1967-thubten-yeshe-meets-a-russian-princess/。

⑳ 柯槃寺：http://www.kopanmonastery.com/about-kopan/kopan-history。

㉑ 佐欽中心：http://www.dzogchen.org/lama-surya-das/。

㉒ 杜永彬：〈論藏傳佛教在美國的傳播和影響〉一文。

㉓ 李四龍著：《歐美佛教學術史》，第四五七—四五八頁。

㉔ 杜永彬：〈論藏傳佛教在美國的傳播和影響〉一文。

㉕ 《中國佛學網海外訊》：據 *Courier-Journal*，二〇〇九年五月三十一日。

㉖ Charles Prebish, Luminous Passage: *The Practice and Study of Buddhism in America*, Berkeley: University of California Press, 1999, p 185.

127 出處：https://zh.wikipedia.org/wiki/%E5%BC%B5%E6%BE%84%E5%9F%BA。

128 夏金華：〈佛法東漸美利堅〉一文。又楊曾文主編：《當代佛教》，第三八〇頁。

129 出處：https://tricycle.org/about/。

130 *American Religious Identification Survey*, The Graduate Center of the City University of New York, 2001.

131 *Global Religious Landscape*, Pew Research Center, 2014. http://www.pewforum.org/religious-landscape-study/.

第二章　加拿大佛教略史

佛教在加拿大已逾一世紀，在十九世紀時，佛教隨著移民而傳入。一九〇五年日本移民在溫哥華的石川旅館（Ishikawa Hotel）集會，成立了加拿大的第一個佛教團體。日本淨土真宗成為當時加拿大的佛教主流，建立了加拿大最大的佛教團體。二十世紀下半葉，加拿大的佛教開始快速地擴充，移民法規的改變，帶動了佛教的蓬勃發展。日本、中國、西藏、東南亞各國信仰佛教的移民及其後裔，在紐芬蘭（Newfoundland）、愛德華王子島（Prince Edward Island）、諾瓦斯科西亞（Nova Scotia）、紐布朗斯維克（New Brunswick）、魁北克（Quebec）、安大略（Ontario）、不列顛哥倫比亞（British Columbia，卑詩省）等地區建立寺院，組織佛教會，設立宗派的分支機構。西藏十四世達賴喇嘛在二〇〇六年被授為加拿大的榮譽公民，使得佛教更受矚目。許多非亞裔的加拿大人，不論是在傳法、演講、翻譯和著述，他們都成為佛教相關領域的翹楚。

目前，加拿大全國約有五百個佛教團體，包括有漢傳、藏傳、上座部佛教的寺院、禪修中心、協會和慈善機構等，此外在多所大學裡的宗教研究中亦都設有佛教課程，促進佛教的流傳，也豐富了加拿大的多元文化。

第一節　漢傳佛教隨移民傳入

一、日本佛教

一八七七年第一位日本移民抵達不列顛哥倫比亞省維多利亞（Victoria）經商，一八八七年，在史蒂夫斯頓（Steveston）已經有日本人聚居的社區。二十世紀初，日本移民的第二代成長後，僑居的日本人唯恐固有的文化和宗教信仰消失，所以積極籌建當時許多人信仰的淨土真宗寺院。

一九〇五年，日本移民在溫哥華的石川旅館開會，成立了加拿大的第一個佛教團體❶，並向日本西本願寺申請派遣「開教使」。一九〇五年十月，淨土真宗的宗教師千住佐佐木和他的妻子富江抵達溫哥華，兩週後，他在加拿大市政廳舉辦第一場弘法活動。不久，基金籌募委員會和佐佐木在溫哥華地區募捐。最終他們籌得五千六百六十八元，於十一月購買了位於亞歷山大街的房地產，翻修後成為佛教活動中心，是加拿大第一座寺院。正式成立日期被確認為一九〇五年十二月十二日。由於信徒多屬於日本裔，佛教並沒有融入當時的加拿大社會，未被視為正式宗教組織。直到一九三三年，加拿大淨土真宗佛教寺院（Jodo Shinshu Buddhist Temples of Canada）成立，是加拿大最早的佛教組織，總部設在不列顛哥倫比亞省的列治文（Richmond）[2]。第二次世界大戰時，所有日本僑民全都被遣離西海岸，所以寺院也就關閉了。直到一九四九年，日本僑民才又被允許回到溫哥華。一九五一年，溫哥華佛寺（Vancouver Buddhist Temple）再次成立，並於一九五四年，買下衛理公會教堂，改建成佛寺，至一九七九年，又建一座新的佛殿。

二十世紀初期，住在史蒂夫斯頓（Steveston）的日本僑民，為免於前往溫哥華佛寺聚會的不便，發起在當地建設淨土真宗佛寺。在信眾的全力護持下，一九二八年春，史蒂夫斯頓佛寺（Steveston Buddhist Temple）終於落成起用，由Rev. Yosaku Yamashita主持，當時成員約有兩百個家庭。二次大戰一九四二年時，日本人被強迫離開太平洋沿岸，寺院也被改為電影院。一九五二年，隨著日本僑民的歸返，史蒂夫斯頓佛寺暫借紅十字會堂（Red Cross Hall）舉辦活動，並成立婦女協會、佛教青年會（Young Buddhists Association）及週日佛法學校（Sunday Dharma School）。一九五三年，購買位於漆咸街（Chatham Street）的前日本幼兒園學校改為佛寺。由於弘法及文化教育獲得僑民的支持，很快地場地不敷使用，一九六〇年覓得位於蓋瑞街（Garry Street）現址的五畝土地，並於一九六三年興建具有日本風格的史蒂夫斯頓佛寺。一九九九年，佛寺名稱正式由史蒂夫斯頓教會（Steveston Buddhist Church）改為史蒂夫斯頓佛寺（Steveston

Buddhist Temple）[3]。現由加拿大出生的日裔格蘭特．生田正美（Rev. Grant Masami Ikuta，一九六四—）擔任住持。

加拿大西部沿海的日本僑民，在一九四一年至一九四五年時被驅逐，或遣返日本，或遷居內陸及東部各省。一九四七年，淨土真宗位於安大略省的多倫多佛教會（Toronto Buddhist Church）成立，一九五五年搬遷至巴瑟斯特（Bathurst）教堂改建的聚會所，二〇〇五年，佛教會在雪柏大道（Sheppard Avenue）購地，新建一棟設備完善，功能具足的佛教大樓。

一九五一年八月，在卡爾加里（Calgary）的日本淨土真宗信眾組織（Calgary Hoyu Kai），請來河村老師主持盂蘭盆法會。之後的二十年，沒有老師的指導，佛友們大家共修。直到一九七二年，日本淨土真宗的老師生田（一九二六—二〇一四）和他的家人一起搬到卡爾加里，主持新成立的卡爾加里佛寺（Calgary Buddhist Temple）。一九八一年，生田老師購買了克羅地亞天主教會（Croatian Catholic Church）改為佛寺。現在主要的老師是加拿大籍的詹姆斯．馬丁（Sensei James Martin），他於二〇〇七年，被日本京都淨土真宗本願寺西本願寺派認證為海外教師[4]。

一九六七年，漢密爾頓的淨土真宗佛寺（Hamilton Buddhist Temple）成立，每月聚會，活動場地是利用漢密爾頓的加拿大日本文化中心（Canadian Japanese Cultural Centre of Hamilton）。

第二次世界大戰時，在加拿大的日本佛教活動遭政府禁止，直到戰後，佛教才又復甦，日本西本願寺派曾數度前往巡教，使該派教勢更為強大。一九七〇年前後，日本佛教在加拿大各地的寺院或社團，已達約七十所，教徒約五千人。目前西本願寺派的各個佛教會採行會員制，佛教會下又分成人會、婦女會、青年會、星期日學校，主要的行事、儀式都集中在星期日舉行。活動包括星期日學校舉行的禮拜與教化班，為青年、成人組舉行的英語禮拜，為老一代日本人舉行的日語禮拜等。除西本願寺派外，日蓮宗在東部安大略省也設有教會。

多倫多禪中心（Toronto Zen Centre）成立於一九六七年，是加拿大成立最早的禪宗團體，由一群跟隨美籍日本禪師菲力浦．凱普樓習禪的學生們組成，屬於日本曹洞宗與臨濟宗融合的新禪宗，是美國羅徹斯特禪中心的第一個分支。一九七五年，蒙特利爾禪中心（Montreal Zen Center）成立，一九七九年，凱普樓派遣他的學生阿爾伯特鏤（Albert Low，一九二八—二〇一六）前往蒙特利爾禪宗中心常住教禪，目前有會員超過兩百人，包括教授、律師、醫生、科學家、心理學家、商業人士等。該中心自一九九二年起，出版《禪宮》（*Zen Gong*）期刊，阿爾伯特鏤也出版了近二十本與禪宗有關的著作。禪中心在魁北克市（Quebec City）、里姆斯基（Rimouski）、金士頓

（Kingston）和格蘭比（Granby）設有分會。

日本臨濟宗禪師佐佐木承周，於一九六六年從美國前往溫哥華教禪後，一群學生即成立溫哥華禪中心（Zen Centre of Vancouver），借用場地共修，佐佐木禪師每年蒞臨主持禪七。一九八○年，中心購得位於士達科納（Strathcona）的房舍，舉行活動。一九九○年，中心的成員成長快速，遂於加利亞諾島（Galiano Island）購得更大的房子，舉辦長期靜修活動。二○○○年購得現址，可以舉辦更多元的活動。現任住持是佐佐木禪師的西方弟子赫瞿戈弗雷（Eshin Hoju Godfrey）。

法脈遠承名古屋曹洞宗大本山總持寺的孤峰智燦禪師的英裔慈友肯尼特禪師，一九七○年在美國加州成立道場後，剃度幾位西方弟子。其中一九七八年剃度的柯登本森（Rev. Koten Benson），於一九八五年，在不列顛哥倫比亞利頓（Lytton）成立獅門佛教修道院（The Lions Gate Buddhist Priory）占地一百六十畝。隸屬於肯尼特禪師成立的佛教修行道場（Order of Buddhist Contemplatives）[5]。

白風禪中心（White Wind Zen Community）屬日本曹洞宗，由西方人安贊・霍欣禪師（Ven. Anzan Hoshin Roshi）於一九八五年，在渥太華成立，總部設在渥太華禪中心（Zen Centre of Ottawa）。另外在諾瓦斯科西亞省沃爾夫維爾（Wolfville），安大略省圭爾夫（Guelph）和英國的哈羅（Harrow）設有分會。安贊・霍欣禪師是日本曹洞宗安田・趙州・大念・白風（一八九五—一九七九）的弟子，也曾接觸南傳和藏傳的法師，熟悉巴利經典，佛學深厚，著作豐碩，包括翻譯道元禪師的《正法眼藏》。

一九九五年，加拿大韓國佛教會（Canadian-Korean Buddhists' Association）在多倫多成立。

二、中國佛教

一八五八年，中國最早期的移民抵達加拿大，主要是因為弗雷澤河的淘金熱（Fraser River Gold Rush）。由於種族的隔閡，華人自己在不列顛哥倫比亞省的維多利亞，形成第一個中國城[6]。

十九世紀末，為確保西部各省不會脫離聯邦加入美國，加拿大政府決定建築一條橫貫東西的國家鐵路，大批華裔鐵路工人因此來到加拿大，參與了此項開發工程。這些來自中國的工人基本上都是廣東開平、中山等地人，其中絕大多數都信仰佛教，不過他們並沒有把自己看作是佛教徒，更不用說進行佛教的傳播了。直到第二次世界大戰以後，開始有知識分子移民至加拿大，漢傳佛教也隨著大量的華人移民傳入。一九六七年加拿大通過《移民法》，允許各國人移民加拿大，華人移民人數因此日增。至今加拿大漢傳佛教團體已逾百個，以東、西部較為集中。

溫哥華世界佛教會（Universal Buddhist Temple）佛恩寺，位於溫哥華的唐人街，是不列顛哥倫比亞最早的華人佛教團體，由來自香港的呂雒九居士和馮公夏老師（一九〇二—二〇〇〇）於一九六八年，購下一座小教堂，逐步改建為佛恩寺。初期沒有法師到加拿大，馮公夏老師親自講經說法❼。

一九六七年，加拿大為紀念建國一百週年，在蒙特利爾（Montreal）舉辦世界博覽會。當時，香港的性空、誠祥二位法師，應美國佛教會大覺寺住持樂渡法師的邀請，到美國紐約參訪，順路到加拿大參觀世博會。感於當地信徒積極的邀請懇求，及樂渡法師的鼓勵，性空、誠祥二師決定在加拿大住下。最後由應金玉堂、姜黃能靖居士各出資一萬五千加元，在多倫多租下一間民房，申請註冊成立了「加拿大佛教會」（Buddhist Association of Canada），做為弘法道場，後來經過兩次搬遷，在南山路一〇〇號（100 Southill Drive）買下一間單層獨立民房，做為加拿大佛教會會址，並辦理申請移民的手續。該寺依街名將寺院取名為「南山寺」，這是加拿大最早的華僧佛教社團及寺院。

由於信徒日多，原來之南山寺不敷使用，一九七三年，在僧俗四眾大力支持之下籌得十三萬八千加元，購置了位於灣景街（Bayview Avenue）一幢松樹林立的舊洋房。次年，將普通住屋擴建為大雄寶殿，成為多倫多首座中國式的寺院。再經過十多年的籌畫，新建成了「湛山精舍」，包括觀音殿、地藏殿、三門等先後完成，成為大眾修持及聚集聯誼的永久道場，全日開放以方便信眾參加該精舍舉辦的佛事活動。並先後創建弘法精舍、湛山禪院、倓虛老法師紀念堂、法海禪院、佛海禪院、湛山文物圖書管館、湛山學佛院、萬佛舍利寶塔和法華禪院九座湛山分院。十座道場各有特色，舉辦特色活動，吸引不同人群。現在湛山精舍已經成為加拿大最有影響力的佛教寺院之一，負起弘揚大乘佛教，促進中西文化交流和諧社會的使命❽。

近年，在現任住持達義法師的領導之下，湛山精舍在多倫多東北更認購了一千三百英畝地，現正在籌建「加國的佛教四大名山」的建築。仿中國四大佛教勝地之名的普陀山、峨嵋山、五台山、九華山，以創建文殊、普賢、觀音、地藏菩薩修行道場，將四大菩薩大智、大行、大悲、大願的精神在北美發揚光大。每座山之間相隔不到二十分鐘，以方便信眾能在短時間之內參拜全部。

一九七九年，兩位從香港來的虔誠佛教徒捐贈了不列顛哥倫比亞列治文地區一塊一英畝的土地，資助興建了一座傳統中式寺廟——觀音寺。他們捐贈了三十萬加幣做為建寺奠基經費，希望拋磚引玉，在北美洲推廣佛教理念，與實踐佛教哲理。在許多志工與捐款人的贊助下，大雄寶殿於一九八三年落成，隨後又逐年擴建，完成千佛殿及地藏殿等建設，一九八六年國際佛教觀音寺正式舉行開光落成。壯麗輝煌的寺院建築，環繞於清雅秀麗的庭園景觀之中，觀音寺是結合中國傳統建築、文化藝術及佛教哲學的寺院。

現任住持觀成法師出生於香港，一九九九年依旭朗法師於美國妙法院剃度出家，觀成法師也是觀音寺的創辦者之一。經常以英語、華語、粵語舉辦佛學講座，並透過靜坐、傳統佛教儀式對西方世界傳播佛法義理。同時也參與慈善活動，是一個兼具慈善與宗教的團體❾。

一九八三年冬，由宣化上人創立的法界佛教總會，於加拿大溫哥華市建立金佛聖寺。金佛聖寺位處溫哥華的中國城，該處本為救世軍的辦事處，是一棟三層樓的大廈，總面積一萬餘方尺。初期由恆實法師和恆朝法師駐錫❿。一九八五年，宣化上人第一次在卡爾加里舉辦活動。之後，即於卡爾加里東南拉姆齊（Ramsey），建造三千平方尺的華嚴寺。一九九六年，華嚴寺遷至建築面積兩萬多平方尺，位於卡爾加里市區的大樓⓫。

一九九六年，臺灣妙蓮老和尚在不列顛哥倫比亞列治文宗教區，興建靈嚴山寺念佛道場。二點五英畝的土地上，中國傳統式的佛寺建築，清靜莊嚴，包括有佛殿、齋堂、圖書館及男女眾寮房等。道場以淨土法門的共修為主，有會眾上萬人，現任方丈自毅法師。

一九九七年成立的「多倫多佛光山寺」，是佛光山寺繼美國西來寺後，在美洲宣揚「人間佛教」的第二個重要據點，同時也是加拿大規模最大的佛教寺院之一。占地二英畝，建築面積五萬平方呎，是融合傳統與現代設計的寺院，各殿堂的設置以現代化的硬體，展現中國寺院多元化的社會功能。因應當地的族裔背景，其所舉辦的佛學班、禪坐班、太極班、善童學園，都採用華語、英語教學，提供信眾更多的學習空間。

多倫多佛光山寺海會堂，可供作一百人的會議室，備有完善的視聽設備，提供現代化的教學環境，也是舉辦各類講座的理想地點。寶藏文物館除展示蒐集佛像、法器外，並不定期舉辦文藝特展。般若堂內目前有中、英文佛教書籍和社會文學書籍逾兩萬冊，以及數千種影音帶，是多倫多最大的佛教圖書館之一。

佛光山在溫哥華、埃德蒙頓（Edmonton）、蒙特利爾、渥太華（Ottawa）等地，也設有道場，國際佛光會亦設立協會、分會於各城市，推動加國佛教的普及。

一九九二年「慈濟加拿大分會」在溫哥華市正式登記成立。此外在多倫多、埃德蒙頓、卡爾加里、渥太華、蒙特利爾、維多利亞（Victory）、溫尼伯（Winnipeg）等地，陸續成立了六十五個志工站，透過志工群融入當地的社會服務，展開了濟貧教富的工作。近年來，和當地救世軍（The Salvation Army）、緊急社會救濟（Emergency Social Service，簡稱ESS）組織合作，融入主流社會，獲得地方政府的肯定。此外，慈濟還在醫療、人文教育、國際賑災、環境保護等領域均得到加拿大主流社會的認可和肯定。

法鼓山多倫多分會，自一九九五年成立圖書館及聯絡處以來，即秉持聖嚴法師「提昇人的品質，建設人間淨土」的理念，推行禪修教育。藉由教育和關懷，幫助更多人在複雜的環境中安頓身心，獲得佛法的利益。二〇〇七年，正式向加拿大政府註冊，成為完全以義工型態運行的非營利慈善組織，推廣漢傳禪佛教，並定期舉辦提倡心靈發展的活動與課程。多倫多分會於二〇一三年，購得位於士嘉堡（Scarborough）的一個商業建築區內，交通便捷的新會所，包括地下一層與地上兩層樓的大樓。法鼓山溫哥華道場則成立於二〇〇六年。

出生於越南的悟德法師（？—二〇一四），於一九八一年赴加拿大弘法，是漢傳佛教早期在加拿大弘揚佛法的法師之一。弘法期間深獲佛門子弟的護持，於一九八三年在多倫多市首創大悲精舍，繼而於一九九二年應信眾修學佛法之需求，擴充道場遷至新址，即今之正覺寺。隨著法師弘法所到之處，各地的佛門道場亦相繼成立，一九九〇年在亞伯達省（Alberta）埃德蒙頓市創立了妙覺寺，二〇〇六年在安大略省惠特比市建設正覺淨院，二〇〇九年繼承魁北克省滿地可市的大慈佛堂。法師弘法的足跡遍及加拿大各省，亦遠至亞洲、澳洲等地。

悟德法師致力於弘揚佛陀的教法，於二〇〇一年成立加拿大佛教教育基金會（Buddhist Education Foundation of Canada）⓬，目的是呼籲各地佛教團體協力推廣佛教教育，籌募基金，支持加拿大的大學學府創辦或協辦佛學課程。基金會於二〇〇七年開始資助多倫多大學新學院（University of Toronto New College）的「佛教、心理學與精神健康」的學士課程（Buddhism Psychologyand Mental Health Program）。開辦「佛教心理學」、「佛教與心靈治療」、「佛教與認知科學」、「佛教與禪修」、「佛教的社會應用」等學科。

加拿大東蓮覺苑成立於一九九四年，由張蓮覺居士嫡孫何鴻毅居士擔任主席，積極將亞洲苑務向國際推展。加拿大東蓮覺苑除了從事一般的社區佛教活動外，也致力佛教教育的推廣。二〇〇四年何鴻毅居士成立東蓮覺苑加拿大基金會，透過基金會的功能，更靈活將佛教教育推廣到西方高等學府。目標是希望在世界各國主要的大學都成立佛學研究中心，共享研究成果。基金會於二〇〇五年資助四百萬加元給加拿大不列顛哥倫比亞大學開辦佛學研究課程，成為北美地區第一個佛學研究中心。該校有多位著名漢學專家，與亞太地區有密切的互動。基金會又於二〇〇六年撥款四百萬加元贊助多倫多大學士嘉堡分校（Scarborough, University of Toronto），以鼓勵佛學研究並提昇佛學學術水準⓭。

香港寶林禪寺聖一法師於一九九四年，在不列顛哥倫比亞的智利域市成立加拿大寶林學佛會。舉辦各式弘法活動，並融入社區，關懷社會。

佛教在魁北克的發展較晚，一九七〇年時，在蒙特利爾只有一座中國寺院和一座日本佛寺。一九六七年加拿大開放亞洲移民後，東岸陸續有來自臺灣、韓國、香港、西藏及東南亞國家的移民遷入，也帶進了大量的佛教徒。根據魁北克的的人口普查，佛教徒人數成長快速，從一九五一年的三百一十八人，一九八一年的一萬兩千人到二〇〇一年的四萬一千三百八十人。根據喬治．克利馬（George Klima）的加拿大佛教網站（Buddhismcanada.com）列出，二〇〇一年，魁北克共有五十二個佛教團體。其中超過半數是非亞裔佛教團體，聚會活動多以「西方佛教」的禪修為主。

三、韓國佛教

韓國釜山梵魚寺曹溪宗的三友禪師於一九六七年到達紐約，創立了禪蓮社（Zen Lotus Society），現為慈悲智慧佛教協會（Buddhist Society for Compassionate Wisdom）。一九七一年，三友禪師完成三年的閉關，移居加拿大的多倫多，將一個公寓地下室做為多倫多禪蓮社（Zen Lotus Society in Toronto）的道場，開始教禪。一九七九年信眾發心購置房舍，除了禪坐修行，還舉辦佛教藝術和攝影展覽。一九八一年起出版《春風通訊》（*Spring Wind*）季刊。一九八五年，三友禪師開辦了一個為期三年的達摩實習生課程（現為彌勒佛學院），為有心成為宗教師或教師的人士，提供學習實踐課程。一九八八年，多倫多禪蓮社遷至一處更寬敞的處所，可以舉辦大型跨宗派的佛教活動。三友禪師除了多倫多的道場，在美國芝加哥、紐約、密西根州安阿伯市（Ann Arbor）及墨西哥的墨西哥市都設有道場。

韓國曹溪宗禪師 Yangil Sunim 一九八六年抵達加拿大，在安大略省成立九山禪門（Nine Mountains Zen Gate）覺醒禪修中心（Awakened Meditation Centre），吸引了許多西方人學禪。並成立安大略省佛教僧伽委員會（Sangha Council of Ontario Buddhist Ministry）。

四、越南佛教

越南難民到達魁北克省後，於一九七五年成立越南佛教會蓮花寺（Temple Lien Hoa of the Vietnamese Buddhist Association），初期借用學校的教室舉辦活動，在譚洲法師（Venerable Thich Tam Chau，一九二一—二〇一五）的帶領下，於一九七七年興建完成蓮花寺。一九九二年，組織名稱改為加拿大越南佛教會聯盟（Union of Vietnamese Buddhist Churches in Canada），目前在加拿大各省都有分院。

一九八〇年，一群越南難民在安大略省的溫莎定居下來後，定期舉辦佛教聚會，一九九〇年時，終於得到來自法國靈山佛教協會的支援，成立溫莎靈山寺（Linh Son Temple Windsor），現任住持為 Rev. Thích Trí Thoát 法師[14]。

一九八八年，添尼法師（Venerable Thich Thien Nghi）在魁北克的廣德哈靈頓（Canton D'Harrington）建設三寶山寺（Tam Bao Son Monastery），占地三百三十七公頃的森林道場，除了莊嚴的殿堂建築外，還設計有仿印度四大聖地的庭園景觀。

之後，多座越南佛寺陸續在魁北克成立。一九八九年，一行禪師正念生活的禪修團體——楓樹佛教會（Maple Buddhist Society）在聖艾蒂安德博爾頓（Saint-Étiennede-Bolton）成立，吸引亞裔和西方人前往學禪。

第二節　藏傳佛教的發展

藏裔加拿大人，是加拿大亞裔的一小部分，但卻是亞洲以外最大的藏族移民群體。一九五九年第十四世達賴喇嘛出走西藏、流亡印度之後，不少年輕的僧侶前往英、美等國留學，逐漸將藏傳佛教帶入西方社會。七十年代初，開始有藏族移民加拿大，根據二○○六年加拿大人口普查資料，藏族人口估計有四千多人，而且持續成長，至今約有七千五百人左右。大多數藏族住在多倫多、溫哥華等大都市區，他們幾乎全都信仰藏傳佛教，有不少修行中心和寺院。

卡盧仁波切於一九七二年，在不列顛哥倫比亞的本拿比（Burnaby）創建噶舉袞恰確林藏傳佛教中心（Kagyu Kunkhyab Chuling Tibetan Buddhist Centre），是成立最早的藏傳道場。教授噶瑪噶舉和香巴噶舉的金剛乘佛法與修行，也提供藏族文化語言的課程。

噶瑪噶舉傳承的噶廷萊仁波切在十六世噶瑪巴讓炯日佩多傑的邀請下，於一九七一年陪同一群西藏難民移居加拿大安大略省，並於一九七三年在多倫多建立了貢噶竹舉林（Kampo Gangra Drubgyud Ling）禪修中心。仁波切還在亞伯達省卡爾加里成立馬爾巴寺禪修協會（Marpa Gompa Meditation Society）。

格西堪拉甘堅仁波切（Geshe Khenrab Gajam Rinpoche，一九二八——一九九三）於一九七二年，應加拿大政府邀請，前往蒙特利爾照顧四百名加拿大政府接受的西藏難民，格西堪拉甘堅仁波切抵達後，不只幫助西藏難民，也吸引了許多西方人士，所以就在他暫居的公寓成立阿底峽佛法中心（Atisha Dharma Centre）。一九八〇年，在達賴喇嘛訪問加拿大之前，佛法中心遷往蒙特利爾較大的場所，更名為甘丹昌楚崔林寺（Gaden Chang Chub Choling），一九八六年佛殿正式落成。一九九三年，格西堪拉甘堅仁波切圓寂後，由格西梭提天津仁波切（Geshe Tsultim Tenzin Rinpoche）帶領他的兩名弟子扎瓦杜固仁波切（Zawa Tulku Rinpoche，一九七八——）與羅桑達西（Gen. Lobsang Tashi，一九七八——）一起主持，傳授教導宗喀巴大師的傳承。該組織在二

○一四年，遷移至蒙特利爾北邊的聖蘇菲（Sainte-Sophie），改名為宗喀巴靜修中心（Tsongkhapa Meditation Center）[15]。

第十六世大寶法王於一九七六年，在多倫多成立多倫多噶瑪噶舉中心（Karma Kagyu Centre of Toronto），是藏傳噶舉派在加拿大的總部，並指派邱津喇嘛南斯仁波切（Choje Lama Namse Rinpoche，一九三○—二○○九）為法王在加拿大的代表。一九八三年，再於安大略省成立尼加拉噶瑪噶舉佛教禪修中心（Karma Kagyu Buddhist Meditation Centre of Niagara）。

藏傳佛教格魯派傳承的第六世林仁波切（Kyabje Ling Rinpoche，一九○三—一九八三）於一九八○在多倫多成立甘丹確林大乘佛教靜修中心（Gaden Choling Mahayana Buddhist Meditation Centre），是加拿大早期的藏傳道場之一。是年秋天查瑟圖庫仁波切（Zasep Tulku Rinpoche，一九四八—）應加拿大學生邀請，抵達安大略省的桑德貝（Thunder Bay）成立布達拉禪修中心（Potala Meditation Centre）。隨後即被林仁波切指派為多倫多甘丹確林佛教靜修中心的負責人。查瑟仁波切從西藏逃到印度後，學習格魯派十五年，之後，於一九七五年被派往泰國森林道場學習十八個月。然後轉往澳大利亞、加拿大教學，一九八一年，應林仁波切的邀請，擔任甘丹確林大乘佛教靜修中心的指導老師。一九八二年在兩位西方弟子瑪麗・珍・奈玲（Mary Jane Nehring）和德博拉・辛普森（Deborah Simpson）的請求下，於溫哥華成立甘丹利美宗林佛法中心（Ganden Rime Tzong Ling Dharma Centre），該中心於一九八六年改名為祖魯林（Zuru Ling）。一九九九年，查瑟仁波切和他的學生們成立西方的甘丹（Gaden for the West）傘狀組織，包括加拿大、美國及澳大利亞的十三個道場，教導藏傳格魯派的傳承。目前查瑟仁波切駐錫在尼爾森的扎西確林靜修中心（Tashi Chöling Retreat Centre）[16]。

一九八四年，培林仁波切（Peling Tulku Rinpoche，一九三八—二〇〇九）成立加拿大白玉基金會（Palyul Foundation of Canada），致力於保存金剛乘佛教寧瑪派白玉傳承的教導。基金會主要的寺院烏萇佛光道場（Orgyan Osal Cho Dzong），位於安大略省南部摩利亞山（Mount Moriah）山麓的馬杜克鎮（Madoc），三百五十英畝的森林，是一處提供短期、長期修行的道場。培林仁波切圓寂後，現任住持是加拿大出生的晉美喇嘛（Lama Jigme Chokyi Lodro，一九五六—），晉美喇嘛於一九七六年初遇培林仁波切，即開始學佛，並於一九八八年出家，一九九五年於印度在貝諾法王座下受比丘戒，之後並獲得教師資格[17]。

二〇〇二年，喇嘛彭措（Lama Phuntsok，一九七〇—）在第十二世廣定大司徒巴・貝瑪東由寧杰旺波（Pema Donyo Nyinje Wangpo，一九五四—）的指派下，於安大略省沃特盧市（Waterloo）成立八蚌耶喜林（Palpung Yeshe Chökhor）。在溫哥華也有八蚌遍德昆洽西藏佛學中心（Palpung Phende Kunkyab）屬噶舉派的八蚌傳承。

噶舉傳承的香巴拉傳統岡波寺（Gampo Abbey），位於加拿大諾瓦斯科西亞省（Nova Scotia）布雷頓角（Cape Breton），由丘揚創巴仁波切成立於一九八三年，是北美第一座修道院，也是國際香巴拉（Shambhala International）的總部。岡波寺修建在舒適的海灣區，占地大約八十公頃，包括經堂、僧舍、學校，以及一些單人或多人的閉關木屋，寺院屹立在海岸的峭壁之上。目前國際香巴拉的精神領袖是薩姜米龐仁波切（Sakyong Mipham Rinpoche，一九六二—），岡波寺主要是由堪千創古仁波切（Khenchen Thrangu Rinpoche，一九三三—）及紐約出生的藏傳比丘尼佩瑪・丘卓（Pema Chödrön，一九三六—）指導。佩瑪・丘卓畢業於加州大學柏克萊分校，一九七四年開始跟隨創巴仁波切學佛，是仁波切早期傑出的弟子之一，經常指導短期閉關、演講等，著有《當生命陷落時：與逆境共處的智慧》（*When Things Fall Apart: Heart Advice For Difficult Times*）等多本著作，深受好評，常列暢銷書排行榜。

渥太華出生的密各米・丘卓（Migme Chodron，一九二四—二〇一六），是一位化學博士。一九七三年成為創巴仁波切的學生，並於一九七四年於埃德蒙頓創辦了埃德蒙頓佛法研究小組（Edmonton Dharma Study Group），一九九四年出家並參加三年的閉關修行。密各米・丘卓是卻吉嘉措翻譯委員會（Chökyi Gyatso Translation

Committee）的創始成員，翻譯委員會將來自德國和法國的學術資料譯成英語，密各米．丘卓將艾蒂安．拉莫特（Etienne Lamotte，一九〇三－一九八三）譯自中文的法文《大智度論》（*The Treatise on the Great Virtue of Wisdom of Nāgārjuna*）和《攝大乘論》（*Mahayanasamgraha*）譯成英文出版，也將普桑的作品譯成英文。

德國出生的洛卓．桑格波（Lodro Sangpo，一九五二－），是創巴仁波切早期的學生之一。洛卓．桑格波在一九八四年，於法國的噶瑪噶舉僧伽林出家後被派往加拿大，從一九八五年到二〇〇二年，擔任國際噶舉僧伽協會（International Kagyü Sangha Association of Buddhist Monks and Nuns）祕書，並出版刊物《通往和平的道路》（*The Profound Path of Peace*）。洛卓．桑格波專研阿毘達磨義理，於二〇一二年，英譯普桑法文的《阿毘達磨俱舍論》出版。洛卓．桑格波目前擔任位於諾瓦斯科西亞省，二〇一五年成立的噶瑪噶舉學佛林（Karma Changchub Ling）的會長，學佛林設有翻譯出版佛典的部門。

創古寺（Thrangu Monastery）屬噶舉派寺院，以藏傳佛寺的建築形式，矗立在溫哥華列治文區。寺院於二〇〇四年動土，主建築在二〇一〇年揭幕啟用。創古寺的風格和設計造型源自印度菩提伽耶附近的那爛陀寺。這類型的寺院以壇城（曼陀羅）為基礎，展示佛教的理念，後來傳入西藏，更成為西藏常見的建築形式。依據古老的佛教和藏族傳統以及壇城原則，極為特別。包括僧舍、關房、修法大廳、講學教授等設施，供僧眾傳法、修法之用，創古仁波切依此開展他在西方國家的傳法活動，弟子們在他指導下、依正統的藏傳佛教修法學佛。現任創古寺的金剛上師為喇嘛貝瑪・次旺（Dungse Lama Pema Tsewang，一九七二—）。

藏傳格魯派的國際性佛教團體「護持大乘法脈聯合會」（FPMT），藉由教授西藏佛法、禪修及社區服務等，致力於大乘佛教的傳統和價值觀的宏揚與保存，提倡佛教教育，啟發人們對宇宙的責任，轉化身心，利益他人，幫助一切有情，開展他們慈悲與智慧的無限潛能。在不列顛哥倫比亞省的中心設有根敦朱巴佛教中心（Gendun Drubpa Buddhist Centre），在安大略省亦有喇嘛耶喜林（Lama Yeshe Ling）。

二〇〇四年，達賴喇嘛訪問溫哥華期間，表示二十一世紀的教育，應該將心智教育與正規教育並重，才可以開創一個更富有同情心與和平的未來。二〇〇五年，在陳偉光（Victor Chan）的提議下，達賴喇嘛和平及教育中心（Dalai Lama Center for Peace and Education）於溫哥華成立。中心的宗旨在倡導透過培育兒童的慈悲心，創造和諧的世界。中心舉辦各種相關講座及論壇，來自世界各地著名的思想家一起探索倫理道德教育、發表研究成果，分享世界。

第三節　南傳佛教的弘揚

萊斯利・喬治・道森（Leslie George Dawson，一九三一—二〇〇三）出生於加拿大多倫多，就讀馬爾文大學學院（Malvern Collegiate Institute）時，對音樂、藝術、醫學、哲學都有興趣，之後，前往英國留學學習哲學和心理學。一九五八年，在英國跟隨緬甸禪師提拉旺塔尊者（Sayadaw U Thila Wunta，一九一二—二〇一一）學佛，之後隨尊者前往印度菩提伽耶受沙彌戒。抵達緬甸大金塔後，於烏提拉旺塔座下受比丘戒，法名阿難陀菩提比丘，除了跟隨馬哈希尊者修習止觀，阿難陀菩提比丘也前往斯里蘭卡、泰國學習，具有阿闍黎（Acharya）頭銜。一九六一年，阿難陀菩提比丘應英國僧伽信託邀請，返回英國弘法。一九六五年，當阿難陀菩提比丘要返回加拿大時，他將創辦的約翰斯敦靜修道場，轉讓給阿貢喇嘛和創巴仁波切。阿難陀菩提比丘回到加拿大，次年在安大略省附近金芒特（Kinmount）四百畝的山丘地，建立北美第一座非亞裔的佛教道場「加拿大佛法中心」（The Dharma Centre of Canada），教導佛法及禪修。一九七〇年，阿難陀菩提比丘前往印度、錫金，會見了達賴喇嘛、第十六世大寶法王及敦珠仁波切，他被確認是西藏聖者米龐朗傑（Mipham Namgyal）的轉世，所以在第十六世大寶法王座下，再受戒為朗傑仁波切（Namgyal Rinpoche）。朗傑仁波切除了幫忙安置多倫多的西藏難民，也在一九七三年，邀請第十六世噶瑪巴第一次出訪加拿大[18]。一九七四年，在噶廷萊仁波切的指導下，建造了加拿大第一座藏傳佛塔；一九八二年，因為剃度師提拉旺塔尊者到訪，信眾發起在佛法中心建造一座緬甸佛塔。隨後的四十年，朗傑仁波切在加拿大及美國、瓜地馬拉、英國、愛爾蘭、法國、德國、瑞士、日本、紐西蘭和澳大利亞成立了許多佛法中心，同時弘揚南傳上座部佛教及藏傳佛法[19]。

法施比丘尼（Anagarika Dhammadinna）俗名安娜・布里安（Anna Burian，一九一三—一九九〇）生於奧地利，在英國擔任護士，因戰爭爆發直到一九四七年才得以返回奧地利。布里安和兒子於一九五一年移民加拿大，任教於溫哥華藝術學院。一九六一年，為探索生命問題的解答，布里安走訪印度，一九六四年，她在斯里蘭卡隨惹那薩多（Nyanasatta）尊者出家，法名法施。在斯里蘭卡期間她練習靜坐，並學習佛法和阿毘達磨。據她的學生賈亞塔（Jayanta）的研究，法施可能是北美洲第一位南傳上座部的比丘尼。一九六五年，法施比丘尼返回加拿大不列顛哥倫比亞後，許多學生認真地跟她學習，她早期的其中三個學生，日後成立了三個修行協會：「卡爾加里上座部學會」（Calgary Theravada Society），「正法：溫哥華上座部佛教學會」（Dhamma: A Theravada Buddhist Society in Vancouver）和「埃德蒙頓正法之光」（Light of Dhamma in Edmonton）。法施比丘尼也曾邀請多位南傳上座部的尊者前往教學，開南傳上座部佛教在加拿大的先河[20]。

隨著愈來愈多的斯里蘭卡人、印度人及巴基斯坦人來到加拿大，及隨著內觀大師葛印卡名聲遠播，足跡遍布世界，內觀禪修也逐漸在加拿大普及開來。

在多倫多士嘉堡（Scarborough）的斯里蘭卡移民，於一九七三年成立加拿大佛教精舍學會（Canadian Buddhist Vihara Society），經過多年的努力，於一九七八年購置了土地房屋，創立多倫多摩訶精舍佛教禪修中心（Toronto Maha Vihara Buddhist Meditation Centre），是加拿大的第一座上座部佛教寺院。後因來自緬甸的移民大量湧入，印度和斯里蘭卡的佛教徒也繼續增加，他們需要更好和更大的場所，一九九五年購得現址的百年老屋，一九九八年擴建，新建的佛殿於二〇〇〇年完成。此禪修中心對外開放，經常舉辦各種講座及禪修活動。羅他那師利長老（Venerable Ahangama Rathanasiri Nayaka Thera）是現任常住指導法師，除了指導禪修，還開設週日佛法學校，教育孩子巴利文和梵文。

箭河森林冬宮（Arrow River Forest Hermitage）位於安大略省北部的桑德貝（Thunder Bay）的九十二畝森林。由差摩阿難陀（Khema Ananda）創於一九七五年，差摩阿難陀曾出家，深諳緬甸馬哈希內觀禪法。現任住持是加拿大出生的阿姜富樓那達摩（Ajahn

Punnadhammo，一九五五—），他一九七九年開始跟差摩阿難陀習禪，後至泰國阿姜查森林道場出家。一九九五年，差摩阿難陀往生前特別請阿姜富樓那達摩回加拿大，住持箭河森林冬宮。道場提供出家與在家眾的禪修活動。

一九七九年至一九八四年間，寮國因為戰爭，許多難民抵達加拿大。一九八四年，安大略省的寮國難民成立多倫多寮國佛寺理事會，邀請 Rev. Kham Pheng Bounsavane 主持。一九九八年，多倫多寮國佛寺改名為 Wat Lao Veluwanaram of Ontario。二〇〇六年，新的佛殿與道場景觀完成，主要宗旨是維護寮國的文化傳統與服務僑民，現任住持是 Rev. Khamchome Keomany。

寮國的阿姜桑蒂（Ajahn Santi〔Bhikkhu Kittisaddho〕）在一九八六年抵達蒙特利爾，由幾戶泰國僑民護持。直到一九九〇年，阿姜桑蒂不願意造成信徒的負擔，所以決定還俗。七年後，在當地寮國僑領的幫助下，他再度出家，也得到薩里（Surrey）地區約兩百戶寮國僑民的護持。終於，於一九九九年，成立加拿大寮國佛寺（Lao-Canadian Buddhist Temple）[21]。不同於泰國僑民，寮國在加拿大的移民多數是難民身分。一九九五年，寮國佛教文化共同體（The Centre Communautaire et Culturel Bouddhique Laotien）在蒙特婁成立 Wat Thepbandol，維護寮國傳統文化及寮國信仰。

安大略省的內觀禪修中心——正法門（Dhamma Torana），位於巴里（Barrie）

附近，成立於一九八〇年代，是葛印卡所致力的內觀禪修的國際禪修中心之一。目前在加拿大還有另外四處內觀中心，分別是不列顛哥倫比亞的達摩修羅比（Dhamma Surabhi）、達摩莫陀那（Dhamma Modana）、亞伯達的達摩迦魯那（Dhamma Karuna）和魁北克的達摩修多摩（Dhamma Suttama）。這些禪修內觀中心，長期提供免費的十日禪修活動，對接引西方人士學佛產生很大的作用。

揚毘梨耶寺（Wat Yanviriya）是在加拿大的第一座泰國佛寺，由泰國曼谷 Wat Dhammamongkol 的創辦人 Lord Abbot Luang Phor Viriyang Sirintharo 於一九九二年，在東溫哥華買下教堂，重新改裝成佛寺[22]。Phor Viriyang 在溫哥華、安大略省和亞伯達省一共成立了七處道場，總部設在埃德蒙頓。Phor Viriyang 並於一九九九年，創辦意志學會（Willpower Institute）開設課程，培養指導內觀的教師，希望能普及正念修行，讓人們可以學習控制自己的情緒，減少暴力，增加和諧關係，促進世界和平[23]。

一九九四年，加拿大出生的阿姜須那（Ajahn Sona，一九五四—），在不列顛哥倫比亞省的彭伯頓（Pemberton），建立了第一個阿姜查泰國傳統的森林道場——柏肯佛教森林道場（Birken Forest Monastery）。後因信眾太多，遷至普林斯頓（Princeton）較大的場所。二〇〇一年時，再度遷至坎盧普斯（Kamloops）山丘上的現址，一萬平方呎的生活空間，包括有禪堂、齋堂、圖書館和寮房。道場稱為尸陀林佛寺（Sitavana Forest

Buddhist Monastery），並於二〇〇三年舉行首次由加拿大比丘在道場剃度加拿大籍沙彌的歷史性儀式。阿姜須那於西維吉尼亞州的修行學會（Bhavana Society）依德寶法師（Ven. Gunaratana）出家，後至泰國北部阿姜查的森林道場學禪超過三年，一九九四年，返回加拿大建立第一座佛教森林道場[24]。

在安大略省珀斯（Perth）附近的「三歸寺」（Tisarana Buddhist Monastery），由阿姜維羅達摩（Ajahn Viradhammo，一九四七—）創建於二〇〇六年，隸屬阿姜查的泰國森林道場。阿姜維羅達摩俗名維陶特斯．阿克爾斯（Vitauts Akers），一九四七年生於德國的厄斯林卷（Esslingen），父母是拉脫維亞（Latvian）難民。四歲時，全家搬遷到加拿大多倫多，曾於多倫多大學就讀，主修工程學。一九六九年，阿克爾斯開始世界文化體驗之旅，他在印度時，遇見了菩提沙迦沙彌（Samanera Bodhesako，一九三九—一九八八），鼓勵他對佛法的修學，介紹了若那維拉長老（Ven. Nanavira Thera，一九二〇—一九六五）的著作。一九七三年，阿克爾斯前往泰國出家，在大舍利寺（Wat Mahathat）剃度為沙彌，一九七四年在阿姜查的道場巴蓬寺受比丘戒。之後數年間，奉阿姜查之命，阿姜維羅達摩往返於英國、紐西蘭各地，協助成立禪修道場。二〇〇二年，阿姜維羅達摩返回加拿大照顧母親，二〇〇六年，在安大略省珀斯的一百多畝的森林，創建了「三歸寺」[25]。

一九八〇年，渥太華的斯里蘭卡佛教徒有感於佛教集會的需要，成立渥太華佛教會（Ottawa Buddhist Association），初期借用越南佛寺舉辦活動，德寶法師經常從美國蒞臨指導。佛教會於一九九八年改稱渥太華佛教學會（Ottawa Buddhist Society），學會的目標為宣揚南傳上座部佛教，聘請來自斯里蘭卡、泰國和緬甸的老師教學。

亞伯達省佛教精舍協會（Alberta Buddhist Vihara Association）是斯里蘭卡佛教徒於一九八三年登記註冊的慈善團體，在喜拉難陀比丘（Bhikkhu Seelananda）的指導下，於二〇〇六年成立了止觀禪修中心（The Samatha-Vipassana Meditation Centre），提供給群眾學習佛法和靜坐之處。協會亦設有週日佛法學校，為社區裡的青少年設計課程。

一九九三年，大多倫多地區的斯里蘭卡佛教徒和三位法師發起，成立以教導佛陀正法為宗旨的哈爾頓皮爾佛教學會（Halton Peel Buddhist Society）與西端佛教中心（West End Buddhist Centre）。由達摩瓦沙尊者（Ven. Kulugammana Dhammawasa Thera）擔任住持，本雅吉尊者（Ven. Madawela Punnaji Thera，一九二九—）擔任最高指導，牟提他尊者（Ven. Brahmanagama Muditha Thera）負責管理和輔導。在三位長老的領導下，佛教協會除了每週定期的佛學及禪修課程外，還積極參與社會救濟（每週提供數百貧民熱湯的活動，持續了二十多年）。二〇一一年，哈爾頓皮爾佛教協會遷移至寬敞的現址，可提供每週日三百五十個小孩的佛學課程。

尊者本雅吉博士長老是國際知名的巴利三藏學者和禪修大師，曾撰寫了許多書籍和佛教刊物上有關冥想的實踐。尊者在出家之前曾行醫十年，於一九六八年在斯里蘭卡可倫坡的金剛寺（Siri Vajiraramaya）出家。二〇〇六年，達摩難陀法師（Ven. Dr. K. Sri Dhammananda）在馬來西亞圓寂後，本雅吉長老應邀定期在吉隆坡的佛教摩訶精舍講法。尊者達摩瓦沙的愛心服務已經得到大多倫多地區大眾的肯定。僧團中年輕的孟加拉籍依護法師（Ven. Saranapala），獲有多倫多大學比較宗教學和西方哲學的碩士學位，十多年來，積極投入大學社團及西方社會的弘法工作，已成為大多倫多地區的佛教發言代表[26]。

隨著緬甸社區的發展，愈來愈多的人意識到需要有一個宗教禮拜的地方，在社區長老的發起促成下，一九九一年三月在溫哥華成立了「緬甸上座部佛教學會」（The Manawmaya Theravada Buddhist Society）。學會成立之初，它並沒有足夠的資金來建立一個合適的寺院，而是加入斯里蘭卡的「佛教精舍學會」一起租了一間房子，共同成立了「緬甸——斯里蘭卡寺」，直到一九九三年才購買到一間民宅，有自己的寺院。隨著信眾的增加，緬甸上座部佛教學會籌集到足夠的資金，二〇〇二年，在宗教區薩里（Surrey）購置教堂改建成目前的寺院。每週都舉辦有許多的宗教活動和定期的靜坐課程，現任住持為桑陀法師（U Sanda）。緬甸上座部佛教協會開辦的課程，安排有英語翻譯，吸引許多講英語的人士。二〇〇四年五月，趁緬甸闍那迦毘溫沙長老（Sayadaw U Janakabhivamsa，一九二八—）到訪之際，邀請到八位上座部佛教比丘，在不列顛哥倫比亞為八名男眾，首次舉行剃度傳戒儀式。

緬甸著名的喜戒尊者（U Sīlananda，一九二七—二〇〇五），一九九八年五月應各地上座部佛教團體的邀請，第二次訪問加拿大，從東部到西部沿海區域，巡迴各地做三至四日的佛法演講和禪修指導。首站在渥太華，受到緬、泰、斯里蘭卡大使和民眾的歡迎。雖然當地的佛教徒不是太多，但大家都熱烈支持。在多倫多時，喜戒尊者住在緬甸法持寺（Dhammikarama），而三日的佛法講座和禪修課程，則在一泰國寺院舉行；在訪問期間，緬甸人都希望將來能建立一個更大、能夠承辦大型活動的緬甸佛寺。

Buddha Sasana Yeiktha 禪修中心位於安大略省的馬斯科卡（Muskoka），由差摩難提比丘尼（Bhikkhuni Khemanandi）創於一九九四年。差摩難提比丘尼於一九三一年出生於緬甸佛教家庭，一九五二年從緬甸仰光大學畢業，一九五五年取得美國賓州大學沃頓商學院（Wharton School）碩士學位。差摩難提比丘尼早期曾跟隨緬甸許多知名禪師修學禪法，最後是修習馬哈希禪法。一九八八年移民加拿大，一九九六年在美國加州班迪達（Ven. Sayadaw U Pandita Bhivamsa，一九二一—二〇一六）座下出家，之後一直主持 Buddha Sasana Yeiktha 禪修中心至今[27]。

西海岸佛法學會（Westcoast Dharma Society）是由幾位熱心南傳上座部佛教的西方人士，於一九九五年成立於溫哥華，學會主要是邀請西方教師，指導南傳上座部的內觀和慈心禪。

二〇〇八年，加拿大第一個南傳上座部比丘尼道場正念和諧道場（Sati Saraniya Hermitage），由加拿大籍的艾雅‧彌陀難提比丘尼（Ayyā Medhānandī Bhikkhunī，一九四九—）在安大略省珀斯成立。道場內有禪堂和女眾寮房。彌陀難提比丘尼在二次大戰後，從東歐移民加拿大。她於一九八八年在緬甸參加馬哈希禪修後，依班迪達禪師出家。之後，曾安住在阿姜蘇美多在英國的女眾道場十年。二〇〇七年於臺灣基隆靈泉禪寺受具足戒。之後，返回加拿大成立女眾道場。

一九六四年開始，不列顛哥倫比亞大學（University of British Columbia），開設了第一個佛學課程。推動不列顛哥倫比亞大學佛學研究的教授，有人類學家邁克爾‧艾梅斯（Michael M. Ames，一九三三—二〇〇六）和中國宗教學者丹尼爾‧奧弗米爾（Daniel L. Overmyer，一九三五—）[28]。

第四節　加拿大佛教學者

冉雲華（一九二四—）在加拿大麥克麻斯特大學（McMaster University）宗教學系教授兼系主任。原籍四川，留學印度，師從譚雲山（Tan Yun-Shan，一八九八—一九八三）和師覺月（Prabodh Chandra Bagchi，一八九八—一九五六）。先後獲碩士與博士學位於印度國立國際大學，並留校任教，一九六〇年代受聘赴加拿大開創佛學及中國宗教研究。歷任中國宗教學研究會會長，國際佛學研究學會亞洲學會佛學小組理事等職。先後訪問英、法、斯里蘭卡、泰國、日本，兩度應邀前往南韓。研究重點為中國佛教史，譯著有《中國佛教編年史》、《宗密大師思想研究》及論文六十餘篇，散見於歐美印日港及臺灣諸佛教刊物。其佛學研究著重於「佛教史學」、「禪宗思想」及「中印宗教文化史」三方面，曾被譯為其他多種文字。

理昂赫維茲（Leon Hurvitz，一九二三—一九九二）是加拿大英屬哥倫比亞大學亞洲研究系的教授。專精於翻譯和口譯，曾先後在日本六年，專攻早期中國佛教，是研究天台宗智顗的專家，他的《妙法蓮華經》（*Scripture of the Lotus Blossom of the Fine Dharma*）一書，是依鳩摩羅什漢譯本所翻譯之英文版，其中第五品〈藥草品〉，是他經過比對參考梵文本，譯出鳩摩羅什所沒有譯出的後半段經文。

布魯斯．馬修斯（Bruce Matthews）是加拿大阿卡迪亞大學（Acadia University, Nova Scotia, Canada）比較宗教學教授，曾擔任藝術學院院長，編輯有《佛教在加拿大》（*Buddhism in Canada*），收集了九篇論文，分析佛教在加拿大各地的發展的情形。

赫伯特．岡瑟（Herbert V. Günther，一九一七—二〇〇六）是德國裔的佛教哲學家，加拿大沙士卡其灣大學（University of Saskatchewan）遠東研究系教授兼系主任。從小就表現出對東方極大的興趣，加上父親的鼓勵，九歲時他開始學習中國語言，高中畢業時，他又學會了梵文，之後在慕尼黑深造，獲得博士學位。隨後，他在維也納四年的學習，學會了巴利、僧伽羅語、西藏語等十餘種語言。一九五〇年，他前往印度，在那裡展開十四年的教學生涯，在此期間，他有機會跟喇嘛學習並進一步對藏傳佛教的研究。岡瑟離開印度後任教於加拿大沙士卡其灣大學，他是將金剛乘和大圓滿教導譯成英文的學者之一，另外還有多本關於佛教的譯著。

格倫．穆林（Glenn H. Mullin，一九四九—）生於魁北克，是一位藏學家，一九七二年前往印度生活十二年，在那裡走訪藏傳佛教各派學習佛法；他曾親近十四世達賴喇嘛的兩位老師，格魯派傳承的林仁波切和赤絳仁波切。穆林著有二十餘本關於達賴喇嘛及藏傳佛教的著作。一九八四年返國後，即成立神祕的西藏藝術協會（The Mystical Arts of Tibet Association），將西藏的音樂、藝術介紹給西方社會。

理查德・海斯（Richard Hayes，一九四五—）是近代佛教梵文領域的知名學者，專精法稱和陳那的研究。海斯在一九六七年時移居加拿大，於一九八二年獲得多倫多大學宗教研究博士學位，並在加拿大麥吉爾大學（McGill University）擔任梵文教授。二〇〇三年至二〇一四年，獲聘為美國新墨西哥大學佛教哲學的名譽教授。

蘇旺達・蘇古納西里（Suwanda H. J. Sugunasiri，一九三六—）是加拿大學者、教育家、作家、記者和詩人。他是安大略省大學奧沙瓦分校（University of Ontario in Oshawa）的前教育學教授，並且是那爛陀大學多倫多佛學研究（Nalanda College of Buddhist Studies in Toronto）的創始人。蘇古納西里出生於斯里蘭卡的佛教家庭，那爛陀可倫坡學院畢業後，前往英國留學，通過自學巴利文、梵文和僧伽羅語語言，獲得倫敦大學藝術學士學位。一九六四年，他獲得美國賓夕法尼亞大學的獎學金，獲語言學碩士。一九六七年抵達多倫多，在多倫多大學進修多年，獲得道德哲學和佛教的宗教科學研究兩個碩士學位，及哲學博士。蘇古納西里從一九八〇年擔任多倫多佛教聯合會副主席開始，即積極推動佛教在西方社會的開展，舉辦聯合各佛教團體的大型活動，並參加各種宗教論壇，替佛教發聲。一九八一年，蘇古納西里發起聯合大多倫多地區的南傳、北傳及藏傳佛教團體一起舉辦衛塞節慶典，共有一千多人參加，也藉此將佛教介紹給多倫多的大眾。二〇〇〇年蘇古納西里在多倫多創立那爛陀佛學研究學院（Nalanda College of Buddhist Studies, in Toronto），是加拿大的第一所佛學院。希望透過系統的教學，將佛教完整的義理與修行法門傳播出去，影響整個社會。蘇古納西里並於二〇〇五年創辦加拿大第一份佛教學術期刊《加拿大佛學研究期刊》（*Canadian Journal of Buddhist Studies*），親自擔任編輯直到二〇一五年退休。該雜誌目前改由西蒙・弗雷澤大學（Simon Fraser University）的林思齊國際交流中心（David See Chai Lam Centre for International Communication）出版。蘇古納西里目前擔任加拿大佛教協會（Buddhist Council of Canada）會長。

一九七九年，多倫多地區的十六個佛教團體組成多倫多佛教總會（Toronto Buddhist Federation），後於一九八五年改名為加拿大佛教協會（Buddhist Council of Canada），旨在團結佛教力量，促成佛教團體間的溝通與合作。協會曾多次聯合多倫多地區各佛教團體，舉辦大型的衛塞節慶典活動，但卻無力將加拿大全國的佛教組織聯合起來。一九八九年，地位被新的大多倫多佛教協會（Buddhist Communities of Greater Toronto）取代。之後，又因大量的中國佛教徒移民而遽增的漢傳佛教組織，多數沒有加入協會，加拿大佛教協會漸漸失去功能。二〇一〇年，蘇古納西里再度擔任會長，希望能帶動加拿大佛教界的互動溝通與團結合作[29]。

多倫多的佛教發展，從一九四二年來自溫哥華的日本僑民成立淨土真宗道場，到一九六五年非亞裔的佛教中心成立（初始為南傳上座部傳統，後加入藏傳金剛乘）；及至一九七一年加拿大政府接受兩百多戶的西藏難民及藏傳喇嘛，因此建立了藏傳佛寺。一些斯里蘭卡及緬甸南傳上座部佛教成立南傳寺院，來自中國和韓國的佛教移民也相繼成立道場。一九八〇年後，由於五萬越南難民、五千柬埔寨難民和七千寮國難民的湧入，各自成立道場，後來加上臺灣和香港的移民，也帶動佛教道場的成立。一九九〇年的衛塞節慶典已由二十八個佛教團體聯合舉辦，這段時期，佛教是加拿大成長最快的宗教。一九九〇年中期到一九九九年，香港的移民占三十五萬華人移民的三分之二，而且在十年內，成立了三十多個佛教團體。目前多倫多的亞裔佛教團體多屬服務僑民的性質，非亞裔佛教團體才吸引西方人士[30]。

根據加拿大二〇一一年的人口普查，安大略省的佛教徒有十六萬三千七百五十人，占加拿大佛教徒（三十六萬六千八百三十人）的百分之四十五，是加拿大佛教徒人數最多的一省，不列顛哥倫比亞有九萬六百二十佛教徒居次。二〇一二年的統計，加拿大有四百八十九個佛教團體[31]。

❶ 加拿大日本移民史：http://www.japanesecanadianhistory.net/secondary_timeline.htm。

❷ 加拿大淨土真宗佛教寺院：http://www.bcc.ca/。

❸ History of the Steveston Buddhist Templehttp, 2011.

出處：http://www.steveston-temple.ca/ar/Book/SBTBook.pdf。

❹ 卡爾加里佛寺：http://calgary-buddhist.ab.ca/our-temple/history-of-the-temple/。

❺ 獅門修道院：http://www.lionsgatebuddhistpriory.ca/。

❻ *BUDDHISM IN CANADA*, edited by Bruce Matthews 2006 , Page 3.

出處：http://www.ahandfulofleaves.org/documents/Buddhism%20in%20Canada_Matthews.pdf。

❼ 溫哥華世界佛教會：http://www.ubt-bc.org/history/。

❽ 湛山精舍：http://www.chamshantemple.org/messages/aboutus/index.php?channelId=3&sectionId=185&pageNo=1&langCd=CN&itemId=806。

❾ 國際佛教觀音寺：http://www.buddhisttemple.ca/zh-hant/about-us/history。

❿ 金佛聖寺：http://www.gbm-online.com/gbm_history/02_intro.htm。

⓫ 華嚴寺：http://www.avatamsaka.ca/。

⓬ 出處：http://buddhistedufoundation.com/sample-page。

⓭ 東蓮覺苑：http://tlkycs.buddhistdoor.com/。

⓮ 出處：https://linhsontemple.wordpress.com/about/。

⓯ 出處：http://www.dorjeshugden.com/places/ganden-chang-chub-choling-monastery/comment-page-1/。

⓰ 西方的甘丹：http://www.gadenforthewest.org/links.html。

⓱ 白玉基金會：http://palyulcanada.org/。

⓲ 出處：http://www.bodhipublishing.org/contents/en-ca/d34.html。

⓳ 朗傑仁波切小傳：http://www.wangapeka.org/teachers/ven-namgyal-rinpoche/。

⓴ Memorial Celebration: Anagarika Dhammadinna. http://www.sakyadhitacanada.org/docs/Angarika%20Dhammadinna%20Celebration%20Reflections.pdf.

㉑ BUDDHISM IN CANADA, Edited by Bruce Matthews, p.8.

出處：http://www.ahandfulofleaves.org/documents/Buddhism%20in%20Canada_Matthews.pdf。

㉒ 出處：http://asia-canada.ca/changing-perspectives/thais/wat-yanviriya。

㉓ 意志學會：http://www.willpowerinstitute.com/about-us/。

㉔ 柏肯佛教森林道場：http://birken.ca/about。

㉕ 三歸寺：https://tisarana.ca/overview/。

㉖ 出處：http://www.westendbuddhist.com/webtmc/index.php/about-halton-peel-buddhist-cultural-society-vihara/temple-history。

㉗ 出處：http://www.muskokainsightmeditation.ca/biography.htm。

㉘ *BUDDHISM IN CANADA,* edited by Bruce Matthews 2006 , p. 5.

出處：http://www.ahandfulofleaves.org/documents/Buddhism%20in%20Canada_Matthews.pdf。

㉙ 加拿大佛教協會：http://buddhistcouncil.ca/history.html。

㉚ BUDDHISM IN CANADA Edited by Bruce Matthews p. 90.

出處：http://www.ahandfulofleaves.org/documents/Buddhism%20in%20Canada_Matthews.pdf。

㉛ 出處：https://en.wikipedia.org/wiki/Buddhism_in_Canada。

第三章　墨西哥佛教略史

墨西哥位於北美洲南部，官方語言為西班牙語。居民中百分之八十八信奉天主教，百分之五點二信奉基督教新教。二十世紀中期以後，佛教徒慢慢增多，按照維基百科的統計，至二〇〇七年為止，占人口的百分之零點零九，大都集中於首都墨西哥城。墨西哥的佛教主要為三個宗派：日本禪宗、藏傳佛教、南傳佛教。

第一節　日本禪宗

一九五七年八月，墨西哥自治大學（National Autonomous University of Mexico）舉辦一場主題為「心理分析與禪佛教」的學術會議，心理學大師埃里克·佛洛姆（Erich Fromm，一九〇〇—一九八〇）及日本禪學大師鈴木大拙兩位國際知名人物，在研討會中，發表了各自對禪與心理分析的心得體會和比較，會議之後，主辦單位將他們的對談出版成書《禪與心理分析》（*Zen Buddhism and Psychoanalysis*），透過兩位大師精闢的論述，使得西方世界開始對禪產生了興趣，這是促使佛教能夠在墨西哥傳播的原因之一。

理查德．克勞利（Richard Crowly）在出席了「禪與心理分析」的學術會議後，於一九六七年前，往日本鎌倉臨濟宗的相國寺參訪。期間，認識了日本臨濟宗禪師山田無文（一九〇〇—一九八八）的弟子高田慧穰（一九二八—一九九七），並邀請高田禪師前往墨西哥弘法。

一九六七年底，擁有日本京都花園大學禪宗哲學博士學位的高田禪師，帶著理想抵達墨西哥。他拜訪了心理學大師佛洛姆，成立了第一座禪堂。一九六八年，紅衣主教達里奧．米蘭達（Darío Miranda，一八九五—一九八六）邀請高田禪師，參加在奧運開幕典禮舉行的五大宗教普世同慶，高田禪師並在會上代表佛教發言。經過一番努力，高田禪師以學生提供的房子做為禪堂，名為白鷺禪堂（Zendo Aguila Blanca）正式開始教禪，並創立了「墨西哥良導絡針灸醫藥中心」（Instituto Mexicano de Acupuntura Ryodoraku）。除了弘傳禪法，他還運用東方的醫藥，協助當地醫療的不足；更藉由從日本帶來的黃豆種子，在墨西哥南部山區窮困的瓦哈卡（Oaxaca），輔導原住民種植黃豆、製作豆奶等黃豆食品，以改善生活品質，教導農禪的修行方式。高田禪師曾說：整個墨西哥就是我的禪堂，如果不能用黃豆和針灸教禪，我就不夠資格被稱為禪師。高田禪師一生的後三十年都在墨西哥度過，被尊為「出生在日本的墨西哥人」。一九九二年，墨西哥政府成立宗教委員會，聘請高田禪師為宗教委員會的創始人，並任命高田禪師為佛教代表[1]。目前，由他的學生弗朗西斯科．希南希爾（Francisco Cinencio），負責位於墨西哥城的白鷺禪堂。

一九八○年代前後，多位在美國教導禪學的日本禪師，也造訪墨西哥並創建禪修中心。一九七九年開始，前角博雄禪師多次受邀，至墨西哥主持禪七，於一九八六年成立了「墨西哥禪修中心」（El Centro Zen de México）。之後，前角博雄指派弟子特信．桑德生（Tesshin Sanderson）負責此禪修中心的運作，規畫講座和帶領禪修[2]。桑德生禪師也是西班牙禪修中心的指導老師。

安谷白雲禪師的美國裔弟子菲力浦．凱普樓，也於一九八○年到墨西哥弘法及成立禪之家（Casa Zen）禪修中心，他的弟子吉拉多．卡利（Gerardo Gally），負責指導禪修，吉拉多在推動佛教方面有卓越貢獻，將不少英文佛教經典翻譯成為西班牙文版。

一九八五年，慈悲智慧佛教協會的創始人，韓國曹溪宗的三友禪師，從加拿大前往墨西哥城的科約阿坎，成立墨西哥佛教禪宗中心（Centro Budista Zen）。現任住持為出生於墨西哥的全勝禪師（Toan Sunim，一九五○—）。

一九九五年，在美國成立滴水禪堂（One Drop Zendo）的日本臨濟宗禪師原田正道（Shodo Harada，一九四○—），於二○○七年在墨西哥成立分會。

第二節　藏傳佛教

一九七九年，拉姆喇嘛（Lama Lhamo）博士和安娜．維多利亞（Ana Victoria）創辦國際大乘支持達賴喇嘛組織（La Organización Internacional Mahayana De Apoyo Al Dalai Lama）。這是西藏喇嘛在墨西哥和拉丁美洲，致力於教導保存藏傳佛教的第一個研究中心。

在馬爾科．安東尼奧．卡拉姆（Marco Antonio Karam，一九六四—）的安排下，達賴喇嘛於一九八九年首次造訪墨西哥，並在瓜達拉哈拉（Guadalajara）創立「墨西哥西藏之家」（Casa Tibet México），由馬爾科．安東尼奧．卡拉姆擔任會長。這是拉丁美洲第一個代表西藏文化的組織，旨在西班牙語系的國度，保存和傳播佛教及藏族文化。從成立至今，已有兩千多會員，西藏之家邀請許多喇嘛學者演講或主持閉關，也從事慈善及西藏文化傳播工作。二〇〇五、二〇一三年，達賴喇嘛再度到墨西哥弘法，由於傳播媒體的大幅報導，吸引了許多知識分子學佛[3]。墨西哥西藏之家，目前在墨西哥有十七處分會。

馬爾科．安東尼奧．卡拉姆也是國際支持西藏網絡集團（International Tibet Support

Group Network）的創始人，他曾在美國科羅拉多州的那洛巴大學（Naropa University）獲得佛教和西方心理學學士學位，並於哈佛、牛津大學和海德堡大學做佛教心理學和哲學研究，專長藏傳佛教的傳統與文明的研究。卡拉姆任教於墨西哥著名的墨西哥學院（El Colegio de Mexico）及其他大學，也是達賴喇嘛的翻譯。

香巴拉佛教禪修中心（Centro de Meditación de Budismo Shambhala）位於莫雷洛斯州（Morelos）的首府庫埃納瓦卡（Cuernavaca），由薩姜米龐仁波切成立於一九八六年。

一九九二年，美國威斯康辛大學教授倫珠梭巴格西訪問莫雷利亞（Morelia）後，成立了莫雷利亞佛教研究中心—道次第倫珠林（Lhundup Lam-Rim Ling）。除了多位格西仁波切前往指導，目前由以色列．利弗席茲（Israel Lifshitz，一九五〇—）擔任老師。利弗席茲出生在墨西哥城，畢業於墨西哥國立自治大學的物理和數學系。佛教研究中心也提供網上教學課程。

格西格桑嘉措創立的國際佛教噶當巴聯盟，於一九九四年在墨西哥市納爾瓦特（Narvarte）成立墨西哥噶當巴禪修中心（Centro de Meditación Kadampa México），舉辦各項成人、青少年及兒童的佛學課程。二〇〇二年，又在莫雷洛斯州（Morelos）庫埃納瓦卡市（Cuernavaca），成立釋迦牟尼佛教噶當巴中心（El Centro Budista Kadampa

Shakyamuni）。目前國際佛教噶當巴聯盟在墨西哥，共有十一處禪修中心，現任負責導師為北愛爾蘭裔的格桑．桑登（Gen Kelsang Sangden）尼師。

西哥竹巴中心（Centro Drukpa de Mexico），由第十二世嘉旺竹巴法王成立創立於一九九九年。

藏傳格魯派的護持大乘法脈聯合會，於二〇〇一年在墨西哥成立班古雅爾（Bengungyal）中心，之後陸續成立瓜達拉哈拉中心（Centro Khamlungpa），卡都匹桑耶喜研究小組（Khedrup Sangye Yeshe Study Group）等，目前在墨西哥共有九處佛法中心。

歐雷．尼達爾喇嘛領導，噶瑪噶舉派的鑽石道佛教中心，在墨西哥也設有包括梅特佩克鑽石道佛教中心（Budismo Camino del Diamante Metepec）等九處聚會所。

佛法研究所（Buddhadharma Institute）是由在印度的藏傳比丘尼道場達摩陀多（Dharmadatta）於二〇〇九年發起，製作提供西班牙語文的網路佛法教學服務。透過網路，將佛陀的教法以及靜坐的實踐，融入日常的生活中。此免費的網路教學在西班牙及拉丁美洲很受歡迎，對於講西班牙語的人們是一大福祉。教師群包括格西洛桑達瓦（Geshe Lobsang Dawa）、堪布卡塔仁波切、西班牙裔的津珠喇嘛（Lama Tsondru），英裔的傑尊瑪丹津．葩默及美籍的圖丹．卻准比丘尼和凱西．韋斯利喇嘛（Lama Kathy

Wesley）❹。

格西洛桑達瓦是第一位墨西哥裔的藏傳僧侶，由達賴喇嘛剃度，在印度達蘭薩拉的學府學習藏文，之後進入哲蚌寺洛色林大學學習，他是寺裡唯一的西方僧人。達賴喇嘛和梭巴仁波切是他的主要老師，經過十多年的學習，洛桑達瓦獲得格西的學位（佛教哲學的一種博士學位），成為第一位西班牙語系的格西。格西洛桑達瓦目前擔任二〇一三年創建於墨西哥城，藏傳佛教格魯派傳統的墨西哥洛色林研究所（Instituto Loseling de Méxic）所長，由於精通藏語和西班牙語，格西洛桑達瓦也多次擔任達賴喇嘛和甘丹赤巴活佛的翻譯。

第三節　南傳上座部佛教

內觀之家（Casa de Meditación Vipassana）由泰國長老阿姜彤（Ven. Ajahn Tong Sirimangalo〔Ven. Chao Khun Phra Raja Prommajarn〕，一九二四—）的學生坤洽卡拉塔妮（Khun Chakkaratani〔Vicky Gurza〕）於一九八五年在墨西哥成立。由於在海外弘揚南傳上座部佛教有功，坤洽卡拉塔妮於二〇一五年，獲泰國詩琳通公主頒發 Sao Sema Dhammacakka 獎❺。

緬甸馬哈希禪師系統的喜戒尊者及難提舍那尊者（U Bhikkhu Nandisena，一九五四—）在一群熱心求法的成員請求下，於一九九九年在維拉克魯茲州（Veracruz）創立「墨西哥南傳上座部佛教中心」（The Mexican Center of Theravada Buddhism），興建了「正法精舍」（Dharma Vihara），這是拉丁美洲西語系的首座上座部寺院。出生在阿根廷的義大利裔難提舍那比丘，於一九九一年在喜戒尊者座下出家受戒，學習巴利文、阿毘達磨、巴利經典，是現任正法精舍住持，指導禪修之外，也致力於將巴利文經典翻譯為成西班牙文。

正法摩迦羅陀內觀中心（Centro de Meditación Vipassana Dhamma Makaranda）位於墨西哥城西邊的巴耶德布拉沃（Valle de Bravo），是葛印卡內觀禪修在拉丁美洲成立的第一個禪修中心。

第四節　其他佛教社團

「翠玉之海」（Mar de Jade），位在墨西哥中部納亞律特州（Nayarit）靠大西洋海岸茶卡拉海灣（Chacala Bay）小鎮的一個度假村，由蘿拉醫生（Dr. Laura Del Valle，一九四八—）成立。蘿拉在七十年代時，即已向高田慧穰禪師學禪，直到一九九三年，她參加了紐約東初禪寺聖嚴法師主持的禪七後，即發願要在墨西哥興建一禪修中心，以弘揚中國禪法。二〇〇一年，終於禮請到聖嚴法師蒞臨該中心帶領默照禪七，蘿拉將法師的英文課誦本翻譯成西班牙語，供早晚課使用，並計畫將聖嚴法師指導禪修的英文著作譯成西班牙文。繼聖嚴法師之後，法鼓山果元法師經常前往指導禪七（二〇一四年是第七次前往）。

過去二十年來，翠玉之海禪修中心每年四月和九月的禪修活動，都是由諾曼．菲舍爾（Zoketsu Norman Fischer，一九四六—）禪師，以英語、西班牙語雙語帶領指導，學員大多來自美國、加拿大及墨西哥。菲舍爾禪師於一九四六年出生於美國賓州的猶太家庭，畢業於加州大學伯克萊分校研究所。早期跟隨鈴木俊隆禪師學禪，一九八八年獲禪師資格，一九九五年至二〇〇〇年擔任美國舊金山禪中心住持。之後，創立每日禪基金會（Everyday Zen Foundation），致力於禪坐教學及不同宗教間對話，經常前往猶太教堂及天主教堂指導靜坐[6]。

一九九四年，西方佛教僧團之友即現在的三寶普濟會，在墨西哥市（Mexico City）成立墨西哥科約阿坎佛教中心（Centro Budista de la Ciudad de México, Coyoacán）。二〇〇二年，又覓得位於墨西哥市中心的羅馬（Roma）現址，成立墨西哥羅馬佛教中心（Centro Budista de la Ciudad de México, Roma）。墨西哥羅馬佛教中心每週接待六百多位訪客及六百多位參加瑜伽課程的學員，是三寶普濟會團體中規模最大、最繁忙的中心之一。三寶普濟會不歸屬於任何傳統教派，只將自己視為佛教徒。這是一種新型的、改革的佛教團體運動，以實踐佛教八正道中的「正業」為弘法事業經濟上的自主[7]。

墨西哥城佛教交流中心（Centro Budista de la Ciudad de México），由三寶佛教團體的成員達摩差利・憂畢叉摩提（Dharmachari Upekshamati）帶領，製作非營利的佛教網站 http://budismo.com/，提供包括介紹佛教歷史、佛教義理、佛教宗派、經典、美洲及中南美洲的佛教道場資訊及佛教新聞等訊息[8]。

墨西哥國際創價學會（Soka Gakkai International）每月定期舉行聚會，讓會員和朋友在會上分享修行的體驗，一起學習佛法，並積極投入社會，對社區產生良好影響。

---

[1] 出處：https://zendoaguilablanca.wordpress.com/。

[2] 出處：http://szba.org/centers/l-centro-zen-de-mexico/。

[3] 出處：http://casatibetgdl.org/nosotros/casa-tibet/。

[4] 西班牙語佛法研究所：http://www.institutobudadharma.org/。

❺ 出處：https://drive.google.com/file/d/0B5s9roKHNYh8bWNHbkl4LWQyZDA/view。

❻ 出處：https://en.wikipedia.org/wiki/Zoketsu_Norman_Fischer。

❼ 出處：http://budismo.org.mx/。

❽ 出處：http://budismo.com/quienes.php。

第三篇

中美洲

第一章　中美洲各國的佛教

美洲分有南美洲與北美洲兩部分，以巴拿馬運河為界。但也有將墨西哥以南哥倫比亞以北，連接南北美的狹長地帶稱為中美洲，這包括有：瓜地馬拉、哥斯大黎加、尼加拉瓜、巴拿馬、宏都拉斯、薩爾瓦多、貝里斯七個國家。

中美洲過去各國傳統的宗教是天主教，但近幾十年來信徒漸有減少的現象，被基督教各不同支派加入競爭（主要是福音派），其中也有一部分人皈依伊斯蘭教和佛教等宗教。按照維基百科二〇〇七年之統計資料，中美洲國家的佛教徒總計十九萬八千八百一十二人，所占的人口比率偏低，大約是百分之零點四八之譜：巴拿馬百分之二點一，哥斯大黎加百分之二點三四，薩爾瓦多、瓜地馬拉、宏都拉斯、尼加拉瓜都是百分之零點一。

據二〇一〇年的統計，有五十二個佛教團體在中美洲，其中二十一個在哥斯大黎加，十二個在薩爾瓦多，十一個在瓜地馬拉，四個在尼加拉瓜，貝里斯和宏都拉斯各有一個。依佛教傳承來分，二十八個屬於大乘佛教團體，其中只有四個是華人佛教，二十四個是日本佛教，另外，藏傳佛教有十九個團體，其中格魯派傳承有七個，鑽石道佛教中心有六處。南傳上座部佛教只有兩個團體在中美洲❶。

第一節 哥斯大黎加佛教

第一批華人移民在一八五五年抵達哥斯大黎加，他們一共七十七人，都來自廣州。他們為建造巴拿馬鐵路（Panama Canal Railway）到中美洲。一八六三年，哥斯大黎加政府為保留歐洲移民，禁止亞洲人移民。直到一九七〇年代開始，才有許多來自臺灣的移民，把哥斯大黎加當成移民美國的跳板。目前約有四萬五千華僑在哥斯大黎加。

一九九〇年，一群臺灣移民的佛教徒發起興建福慧精舍，以為共修道場。翌年舉行落成開光典禮，福慧精舍在當地政府登記立案全名為「哥斯大黎加佛教協會」。一九九二年，會長陳美惠居士前往美國西來寺，請求佛光山法師住持該道場。一九九四年五月，佛光山派滿亞法師前往，同年十一月，由慧庭法師接任住持。一九九五年，福慧精舍改名為佛光山哥斯大黎加福慧精舍。

哥斯大黎加卡薩禪中心（Casa Zen De Costa Rica）由菲力浦・凱普樓於一九七四年創立，現任的指導老師是桑雅納・葛利夫（Sunyana Graef，一九四八—）。她是在紐約成長的波士頓人，大學時主修宗教和哲學，畢業後即隨菲力浦・凱普樓學禪十九年，自一九八八年起在此禪修中心指導。一九九四年，卡薩禪中心購得聖多明各（Santo Domingo）的現址，定期舉辦禪學講座及禪修活動[2]。

一九八九年，第十四世達賴喇嘛應哥斯大黎加總統奧斯卡．阿里亞斯．桑切斯博士（Dr. Oscar Arias Sánchez）邀請，首次訪問哥斯大黎加，也促成哥斯大黎加藏族文化協會（Asociación Cultural Tibetano Costarricense）的成立。二〇〇四年時，總統阿貝爾．帕切科博士（Dr. Abel Pacheco）再度邀請達賴喇嘛蒞臨哥斯大黎加與天主教等不同宗教神職人員對談。藏族文化協會在達賴喇嘛的精神領導下，開展藏傳佛教在哥斯大黎加的教學與實踐，除了邀請格西喇嘛指導外，也邀請馬爾科．安東尼奧．卡拉姆、約瑟夫．卡巴宗和羅伯特．克拉克等知名學者前往教學[3]。

由歐雷．尼達爾喇嘛創立，噶瑪噶舉傳承的鑽石道佛教，在聖荷西市（San José）成立哥斯大黎加鑽石道佛教（Budismo Camino del Diamante Costa Rica），另外還有五處禪修中心。

哥斯大黎加上座部佛教協會（Theravada Buddhist Community of Costa Rica），是中美洲第一個上座部佛教團體，由來自斯里蘭卡的移民及僧人，於二〇一二年在聖荷西市成立，協會舉辦禪修、研討等學習佛法的活動。

哥斯大黎加內觀中心（Vipassana Costa Rica），屬於葛印卡的內觀禪修中心。

普拉維達僧伽（Pura Vida Sangha）位於西北太平洋地區的巴希利托（Brasilito），是哥斯達黎加第一個屬於一行禪師的正念生活團體。

第二節　巴拿馬佛教

巴拿馬華人群體在十九世紀後半葉開始形成，一八五四年第一批華人勞工約七百零五人抵達，參與巴拿馬鐵路的興建工作。一九七〇年，中國改革開放期間，華人移民漸增，根據二〇〇三年統計，華人約有十三萬到二十萬人。其中佛教徒約六萬六千人，占全國人口的百分之二點一[4]。

國際創價學會於一九六八年，在巴拿馬首都巴拿馬城，成立巴拿馬國際創價學會（Soka Gakkai International, Panama）。經常舉辦各項與生活有關的座談會，透過活動主題介紹佛法概念，教導會友、社區人士如何把佛法運用在生活中。

由巴拿馬佛教學會的信眾護法發心，積極推動佛學傳播工作，建立的佛教網站——普賢佛教影音網站（http://poyinweb.com/），蒐集包括南北傳的佛教講座、書籍，其中更有香港著名法師：淨達法師、聖一法師、衍輪法師、甘國衛居士等的粵語講座錄音。網站架設以來，很受歡迎[5]。

第三節　薩爾瓦多佛教

由於薩爾瓦多曾被西班牙長期統治，天主教亦成為該國的國教。現時全國天主教徒占人口百分之八十三，而基督教（新教）徒約占百分之十五。近年來新教徒在該國的勢力有上升的趨勢。根據二〇〇七年資料，全國約有七千名佛教徒，占全國人口的百分之零點一。

二〇〇一年，薩爾瓦多發生了大地震，慈濟賑災志工前往發放食物、義診施藥、關懷災民，慈濟功德會更興建慈濟大愛一村及二村計一千一百七十五戶，目前居住六千一百多人，另外還建有慈濟小學等。薩爾瓦多慈濟大愛村竣工迄今進入第十五個年頭，旅居薩國的慈濟人仍持續予以關懷。

噶瑪噶舉傳承的鑽石道佛教，在聖薩爾瓦市成立聖薩爾瓦多佛教中心（San Salvador Buddhist Center）。

墨西哥西藏之家在聖薩爾瓦市，成立西藏之家聖薩爾瓦分會（Casa Tibet Mexico - Sede El Salvador）。

一行禪師的相即佛教界（Comunidad Budista Interser），在聖薩爾瓦市也設有聚會小組。

第四節　瓜地馬拉佛教

瓜地馬拉西藏之家（Casa Tibet Guatemala）成立於二〇〇五年，由畢業於美國維吉尼亞大學宗教歷史系的安德魯・蒙塔諾（Andrés Montano）負責，蒙塔諾曾前往印度、尼泊爾和不丹的佛學院研究多年。瓜地馬拉西藏之家主要的活動，屬於無宗派運動（Rimey），包含藏傳佛教三個主要傳承噶舉派，寧瑪派和格魯派的保存與傳播[6]。

藏傳格魯派的護持大乘法脈聯合會，在瓜地馬拉市，成立洛桑卻嘉研究小組（Losang Chogyel Grupo de Estudio）。

鑽石道佛教中心在瓜地馬拉，成立瓜地馬拉市佛教中心（Guatemala City Buddhist Center）。

第五節　尼加拉瓜佛教

新噶當巴國際佛教聯盟創立者格西格桑嘉措尊者，於二〇〇〇年，在尼加拉瓜的馬那瓜（Managua），成立菩提心佛教中心（Centro Budista Bodhichita）。

---

❶ "*Buddhism in Central America, Encyclopedia of Latin America Religions*", Springer International Publishing Switzerland, 2015.
出處：http://link.springer.com/referenceworkentry/10.1007/978-3-319-08956-0_132-1#page-1。

❷ 卡薩禪中心：http://www.casazen.org/workshops.html。

❸ 哥斯大黎加藏族文化協會：http://www.tibetencostarica.com/。

❹ 出處：https://en.wikipedia.org/wiki/Buddhism_in_Central_America。

❺ 普賢佛教影音網站：http://poyinweb.com/。

❻ 出處：http://www.casatibet.org.gt/category/ensenanzas/。

第四篇

南美洲

第一章　巴西佛教略史

巴西在一八八八年廢除奴隸制，一八八九年成為一個聯邦共和國。此時日本正經歷明治維新的時期，明治政府考慮通過海外移民的辦法來減輕國內過剩人口的壓力，鼓勵一些經濟困難的鄉村人民，移民到巴西從事咖啡、棉花和香蕉種植工作。一九〇八年，隨著日本移民搭乘「笠戸丸」號海輪抵達桑托斯港（Santos），佛教也傳到巴西❶。屬日蓮正宗的本門佛立宗（Hommon Butsuryu Shu）的傳教士茨木友次郎（一八八六—一九七一）最早隨著移民抵達。由於移民對宗教的渴望，一九三六年，松原米二捐獻在瓜伊薩拉（Guaiçara）的土地，建立第一個聚會所聯盟崇拜中心（União Shinkaijyo），二次大戰前，成立了多處分會。二次大戰期間所有群眾聚會被政府禁止，直到戰後，茨木友次郎於一九五一年，正式在林斯（Lins）建立本門佛立宗的巴西總部太森寺（Taissenji Temple），該寺在二〇〇八年，成立博物館，展覽與日本佛教有關的文物。目前本門佛立宗在巴西有十一座寺院及兩處佛堂。

二次大戰結束，一是因日本戰敗，在巴西的日本僑民放棄返國的希望；二是因在農場的工作太辛苦，所以日本僑民開始移遷往聖保羅，改行貿易經商。一九三九年時，只有三千多日本移民住在聖保羅。二十年後，增加為六萬兩千多日僑。目前約有一百四十多萬的日裔在巴西，是全球日裔最多的海外國家❷。

據統計，巴西有近二十五萬佛教徒，是次於美國和加拿大之後，美洲佛教徒第三多的國家。巴西的佛教包括各個不同宗派傳統，目前全國約有一百五十個寺院組織。

第一節　日本佛教

二次世界大戰後，在巴西的西本願寺派、東本願寺派、曹洞宗、淨土真宗、日蓮、真言等宗派，於一九五八年共同組織成立「巴西佛教聯合會」（Federação das Seitas Budistas do Brasil），每月定期舉行討論會，以助於推展傳教活動。又各宗布教的對象以日本人為主，但是，由於移民而來的第二代、第三代日本人多接受當地葡萄牙語的學校教育，不懂日語的人漸多，信徒遂逐年減少。根據一九八七年至一九八八年的資料，有百分之六十的日裔信奉天主教，只有大約百分之二十五信奉佛教及神道教❸。

有鑑於此，日本新宗教教團則改採較積極的傳教方式，而以簡單易解的教法，並令布教師學習葡萄牙語，以利於當地住民接受；同時為擴大傳教，更任用巴西人為布教師。藉由上述各種方式，故其會員中有百分之八十為巴西人。在新宗教之中，有創價學會、靈友會、立正佼成會、生長之家、世界救世教等教團。其中，「生長之家」是在巴西所有的佛教教團及新宗教教團中最為興盛的教派。

一九五三年，日本東本願寺的小蝶大谷傳教師抵達巴西，並於一九五九年在聖保羅創立南美本願寺（Templo Nambei Honganji），為淨土真宗大谷派南美特派團南美本願寺（Missão Sul-Americana Nambei Honganji）在巴西的總部。一九八〇年，又成立佛教真宗特派團研究學院（Instituto Budista de Estudos Missionários），弘揚大谷派淨土真宗，將經典翻譯成葡萄牙文，並培養師資。目前在巴西有十九處寺院與聚會所[4]。

一九五二年，曹洞宗禪師赤坎安來隨日本移民抵達巴西，成立禪修小組。一九五五年，於聖保羅市附近摩基達斯克魯易斯市（Mogi das Cruzes）成立最早的曹洞宗佛寺——禪源寺。當時日本曹洞宗大本山永平寺的方丈高階瓏仙禪師（一八七六——一九六八）應邀抵達巴西，並用三個月的時間，在南美洲做了近百場演講，對佛教在南美洲的弘揚，產生很大的效果。同時在聖保羅市創建首座曹洞宗道場佛心寺，是巴西也是南美洲曹洞宗（Comunidade Budista Sootoo Zenshuu da América do Sul）的總部。隔年，由日本永平寺派來新宮禪師（？——一九八六）擔任佛心寺住持及負責曹洞宗在南美的教學[5]。新宮禪師不只對日本僑民傳教，他也吸引了許多巴西人學佛。新宮禪師去世後，由青木禪師接任。一九九三年，日本永平寺住持丹羽廉芳禪師特派森山大行禪師（一九三八—二〇一一）擔任佛心寺住持，並翻修重建佛心寺。二〇〇八年起，由曾經在南傳道場出家的採川禪師（一九四九—），擔任佛心寺的住持與南美洲曹洞宗總會的會長。曹洞宗在巴西的道場還有塞拉的圓光寺、聖保羅的天隨寺和伊比拉蘇市的善光寺。共約有三千個家庭的信徒[6]。

德田五十嵐良探禪師（一九三八—）出生於日本北海道北部，一九六三年畢業於東京駒澤大學的佛教哲學系。之後，他跟隨當時著名的禪師中川桑園和高堂澤木學習。一九六七年獲得曹洞宗的教師資格，一九六八年即前往巴西，協助新宮禪師在聖保羅佛心寺及里約熱內盧和阿雷格里港等地成立禪修小組，並對非日裔的信眾弘法。

德田禪師於一九七四年，決定走出日本移民佛教的道場，與巴西弟子在巴西東南部伊比拉蘇（Ibiraçu）的瓦爾任（Vargem）山丘上，成立拉丁美洲的第一座曹洞宗道場——莫羅瓦爾任禪修道場（Mosteiro Zen Morro da Vargem，也稱禪光寺），做為培訓弘法人才及靜修的道場。現任住持是德田禪師的學生，巴西籍的泰吉（Daiju）又名克里斯蒂亞諾．比蒂（Christiano Bitti）[7]。莫羅禪院每年除了舉辦多次長期的禪修活動，還吸引四千人前往參訪，七千學童前往接受環保教育。德田禪師於一九八一年，成立藥師佛醫學研究所（Instituto de Medicina Búdica Nonindô）和維多利亞皇家傳統中醫研究所（Royal Victoria Institute of Traditional Chinese Medicine），教導針灸技術。一九八四年，德田禪師成立巴西曹洞禪協會（Society Soto Zen in Brazil），一九八五年在歐魯普雷圖（Ouro Preto）成立拉丁美洲的第二座曹洞宗道場閃峰禪院（Mosteiro Zen Pico de Raios），一九九三年在巴西利亞（Brasilia）成立高原禪宗中心（Plateau Zen Center），一九九四年在拉夫拉斯魯巴（Lavras Novas）成立山雷寺（Monastery Mountain Thunder）。二〇〇一年，在比利牛斯山（Pyrenees）創立塞拉修道院（Monastery Serra）——永聖寺（Moteiro Zen Eisho-Ji）[8]。德田禪師在歐洲義大利、法國和德國都建有道場，對曹洞宗在海外的弘揚有很大的貢獻。

森山大行禪師在一九六二年畢業於駒澤大學哲學系，之後，在曹洞宗本山永平寺和總持寺跟隨方丈丹羽善治禪師學習。一九七〇年至一九七三年，曾任美國舊金山桑港寺的住持。隨後在歐美各地指導禪修，成立道場。一九七八年，森山大行禪師在日本富士山附近，成立瑞岳院（Zuigakuin Zen Monastery）提供外國人學佛修行的禪院，開展美國、法國、德國及巴西的禪修小組。森山大行禪師於一九九二年被派往巴西，幫忙重建佛心寺，並曾擔任南美洲曹洞宗總會的會長。大行禪師在巴西還成立了多座禪修團體。

巴塞隆納禪宗道場（Barcelona Zen Dojo）——新月寺，由曹洞宗弟子丸泰仙的學生泰和佩雷（Pedro Taiho Secorún，一九五五—）成立於一九七九年。泰仙禪師曾於一九八一年蒞臨指導禪修，他去世後，道場由弟子及曹洞宗的禪師，包括採川禪師負責教禪。

曾經擔任佛心寺住持的蒙杰・柯恩尼師（Roshi Monja Coen），一九四七年出生於巴西聖保羅，俗名克勞迪婭・迪亞斯・德索薩・巴蒂斯塔（Claudia Dias de Souza Batista），一九八〇年在美國洛杉磯依前角博雄禪師出家，之後前往日本學習十二年。一九九六年，柯恩禪師擔任佛心寺住持，並被選為南美洲曹洞宗總會的第一位女性會長❾。二〇〇一年退位後，於聖保羅成立佛教禪協會（Comunidade Zen Budista），共有六處禪中心。

坎皮納斯禪協會（Zen-Budismo de Campinas）成立於二〇〇〇年，是由曹洞宗森山大行禪師在聖保羅的學生們組成。

第二節　南傳上座部佛教

由於南美洲較少來自東南亞的移民，所以南傳上座部佛教的道場不多，整個南美洲，只有四十一個南傳上座部佛教的道場，分布在十五個不同的國家。其中巴西有十四個上座部的道場，是中南美洲各國中最多的。其次是阿根廷和墨西哥，各有四個團體。智利三個、波多黎各兩個。值得一提的是，四十一個南傳上座部佛教的道場中，葛印卡的內觀中心占了十一個。

一九五五年，一群佛教學者在里約熱內盧的的特奧菲盧奧托尼街（Teôfilo Otoni），成立非正式佛教團體。一九六七年，由在里約熱內盧的天主教大學（Pontifical Catholic University）教授遠東哲學的穆里略．努內斯．阿澤維多（Murillo Nunes de Azevedo，一九二〇—二〇〇七）教授，正式在里約熱內盧的利奧波爾迪納（Leopoldina）成立巴西佛教協會（Sociedade Budista do Brasil），是第一個由巴西人創立的佛教團體，經常禮請歐美的斯里蘭卡上座部佛教法師，如毘婆尸上座（Bhante Puhuwelle Vipassi Thero）、德寶上座、羅睺羅上座（Bhante Yogavacara Rahula Thero）開設教導佛教課程，旨在弘揚上座部佛教的教法，許多課程資料由斯里蘭卡大使館提供。一九六八年，協會首次在巴西舉辦衛塞節慶典，由斯里蘭卡僧人阿耨羅陀（Bhante Anuruddha）主持。巴西佛教協會在一九七〇年，加入世界佛教聯盟組織[10]，一九七五年開始出版《蓮花》（*Lotus*）雜誌。

一九八九年，佛教徒陀那波羅（Dhammacariya Dhanapala）俗名里卡多．佐佐木（Ricardo Sasaki）為弘揚佛法，在貝洛奧里藏特（Belo Horizonte）成立那爛陀佛教中心（Centro Buddhista Nalanda），邀請泰國、緬甸及斯里蘭卡的禪師，舉辦佛學講座及靜修活動，旨在教導上座部佛教的教法與實踐。那爛陀佛教中心在巴西各大城市都有研究學習小組。里卡多・佐佐木是一位廣學上座部佛教和北傳佛教的臨床心理學家，他除了自己的著作，也翻譯許多南北傳的佛書[11]。

一九九一年，亞瑟・沙克爾（Arthur Shaker）、卡西亞諾・桂里西（Cassiano Quilici）和克里斯汀娜・弗洛里亞（Cristina Flória），於聖保羅市成立正法之家（Casa de Dharma），主要弘揚上座部佛教的教法，初期由美國西維吉尼亞州的修行協會的德寶法師及羅睺羅法師及烏干達籍的覺護法師支援，後來也聯繫泰國森林道場阿姜蘇美多指導。每週定期舉辦佛法課程及禪坐教學。出生於聖保羅的阿姜牟提多（Ajahn Mudito，一九七七年—），於二〇〇二年前往泰國東北部阿姜查的森林道場出家學習，二〇〇四年受比丘戒，持續住在泰國修學佛法，至二〇一三年第一次回到巴西，指導禪修。

巴西籍的蘇難陀法師（Rev. Sunantho）於一九九六年開始學佛，二〇〇四年前往斯里蘭卡出家受戒，二〇〇九年返回巴西，創辦環球正法精舍（Universal Dhamma Vihara），弘揚上座部佛教的教法。

二〇〇〇年之後，葛印卡內觀中心陸續在巴西成立了寂靜法（Dhamma Santi）等五個靜修中心。源自美國麻州的正念減壓中心，也在巴西利亞成立內觀禪修協會（Sociedade Vipassana de Meditação）。

第三節　中國佛教

位於巴西聖保羅市的維拉瑪莉安娜區（Vila Mariana）的彌陀寺，設立於一九六四年，是南美洲最早的中國人佛教寺院。一九六〇年，一群愛好佛教的上海市僑民，因移民巴西已有一段時間，經濟及生活皆已經穩定，進而思念在祖國的佛教信仰，就組織了一個佛教團體，經開會商議正式命名為「巴西中國佛教會十方彌陀寺」。

一九六二年二月，既明法師（一九〇六—一九八八）由南洋應聘到巴西弘法，歷時三年多，但因無固定會所，在弘法利生方面諸多不便，幾次與大眾商量溝通，一九六四年十月，由原本發起者並集合僑胞的力量，遂興起建寺宏願，經籌畫並募集了二千萬巴幣，購下現址兩層樓房一棟，經裝修後設為佛堂，或之後稱為中觀寺。初步規畫此處將做為聯絡僑胞、修行弘法、增進國民外交、溝通中巴文化交流及宣揚中國文化藝術之用。既明法師為首任住持。他是河北天津市人，曾僑居緬甸、新加坡二十餘年，並任緬甸皎脈觀音寺住持，在住錫期間倡導內修，一生嚴謹自我，不畏弘法艱辛，度化有緣眾生，為中國佛教在巴西播下無數菩提種子，一九八八年八月圓寂，享年八十三歲。

第二任住持自度（又稱了性，一九一二—一九九八）法師，東北吉林省永吉縣人，五歲皈依佛門，成長後遊學德國勃朗司威大學，學習機械學，以航空工程學博士學位畢業，學成歸國，任教於上海同濟大學。一九四九年，隨國民政府至臺灣，任裝甲兵上校機械官，兼臺灣大學機械系教授。退役後移民巴西，仍任職於一家德國屋尼紙加機械紡織廠廠長，退休後，以七十六歲高齡於一九八七年，在臺北華嚴蓮社禮成一長老為剃度恩師。一九八九年，受佛教會聘請擔任弘法利生工作，每星期帶領信眾修行拜佛，並成立德文班教授德文，教導巴西人讀中文，巴西早期的佛教徒皆曾受其教化過，一九九八年圓寂，享年八十七歲。

二〇〇〇年二月，禮請旅居阿根廷多年的守志法師，擔任第三任住持，便召集往昔幾位彌陀寺護法居士成立三寶護法會。首任會長為李可紹居士，會中並決定拆除舊屋重新改建彌陀寺，經費由護法會成員分頭籌募，葉月觀居士擔任執行長並兼任勸募委員，當時善款更遠從巴拉圭、阿根廷、臺灣等處化緣而來。重新建成的彌陀寺，也是二〇〇〇年成立的南美普陀總山的會所，二樓為大雄寶殿，一樓為法堂兼圖書館，寮房四間，廚房一間。每星期都有近百人至寺中共修、誦經、拜佛，且逢佛菩薩誕辰大法會更有二、三百人來參與。短短幾年，南美普陀山巴西聖保羅彌陀寺在導師宏澤法師、住持守志法師、監院開印法師及護法信眾用心耕耘下，已落實了慈善、教育、中華文化於巴西本土。

二〇〇九年，彌陀寺護法會已在同屬維拉瑪莉安娜區的克拉敏山莊（Chácara Klabin），購買了一塊八百平方公尺的新土地。預計興建一座西化中國式多功能的寺院，空間使用含蓋有大雄寶殿、禪堂、念佛堂、知客室、義工休息室、安養寮房、出家、在家修行寮房、多功能教室、圖書館、辦公室等，其功能集弘揚佛法與傳承中華文化以及休閒於一體⑫。

一九八九年，臺灣普獻法師應邀前往巴西弘法，在信徒的支持下，在聖保羅興建中觀寺，於一九九三年，落成啟用。

臺灣慈濟功德會於一九九二年起，在巴西亦設有聯絡處，弘揚慈善、醫療、教育、人文四大單元的精神。

佛光山巴西如來寺位於巴西聖保羅市，為佛光山在南美州成立的第一個道場。一九九二年四月，星雲大師應邀至巴西聖保羅市為觀音寺主持大殿完工典禮。翌日，在聖市自由區日本文化館為大眾開示，盛況空前，報章亦以大篇幅報導弘法盛況，種下佛光山人間佛教撒播南美之善因緣。護法張姓夫婦，將位於聖保羅的農場捐贈給星雲法師興建如來寺。在南美洲推動人間佛教。

由於信徒及會員日增，如來寺殿堂不敷使用，護法居士發心增購土地，一九九六年底破土啟建大殿，一九九九年完工。如來寺還成立了「巴西如來翻譯中心」，翻譯出版葡文經典及二十餘種佛教葡文重要參考書，並編排出版葡文《佛光世紀》季刊。

二〇〇三年，如來寺為落實本土，著手籌備如來佛學院，希望給予對佛學乃至中國文化有興趣的當地人士，提供一個完善、嚴謹的學習空間，也為佛法弘傳南美洲，培養本地弘法人才。亦有假日都市佛學院、監獄布教、生活體驗營、禪修營、義工激勵營等。佛光山在南美弘法二十多年，道場的許多活動都深獲當地人支持，二〇一四年，首次舉辦南美洲短期出家修道會，半數參加者是本地人。如來之子計畫迄今已為逾二千貧民子弟提供良好學習環境，許多畢業的如來之子回饋中心當老師，形成善行的循環[13]。

第四節　藏傳佛教

西藏出生的塔唐活佛（Tarthang Tulku，一九三四—），一九五九年逃亡到印度後，在貝拿勒斯梵文大學（University of Sanskrit in Benares）任教十年，之後到美國。於一九七二年創辦了寧瑪佛學院（Nyingma Institute），並於一九八八年在巴西里聖保羅，成立第一個寧瑪派研究所（Instituto Nyingma de São Paulo Guiado），傳授教導和保存藏傳佛教寧瑪派的傳統、佛教藝術和建築、語言和藏族文學。一九九四年，在里約熱內盧正式成立西藏首席認可的寧瑪派禪修中心（Nyingma center of Tibetan Buddhism），包括寧瑪派研究所，還成立佛法出版社、保存佛教藝術及藝術教學等各項計畫[14]。

南美洲第一個噶舉派的道場——噶舉班德嘉措藏傳佛教中心（Centro Budista Tibetano Kagyü Pende Gyamtso），由卡盧仁波切的弟子，於一九八七年在巴西首都巴西利亞成立，旨在研究傳播金剛乘佛教，舉行三年閉關。目前中心的負責人為索南喇嘛（Lama Sönam，一九六七—）及卡盧仁波切的第一批西方弟子，法國出生的噶聽列（Karma Trinle Künkhyab，一九四九—），及另外幾位常住喇嘛，都是巴西人，佩爾默喇嘛（Lama Pelmo）和楚臣晉姆喇嘛（Lama Tsultrim Drimê）是醫生、噶旺度喇嘛（Lama Karma Wangdu）是律師。

剛堅仁波切喇嘛（Lama Gangchen Rinpoche，一九四一—）於一九八八年，在聖保羅成立和平佛法中心（Centro de Dharma da Paz）。現在中心的常住法師是米歇爾喇嘛（Lama Michel，一九八一—），米歇爾（俗名 Michel Lenz Calmanowits）出生於巴西，父母幫忙剛堅仁波切成立和平佛法中心時，米歇爾還很小，他在十二歲的時候，決定離開巴西，前往南印度的色拉寺住了十二年，接受傳統的喇嘛訓練。米歇爾後來被剛堅仁波切及其他仁波切，認定是藏傳格魯派大師多措革旺桑若（Drubchok Ghialwa Sandrup）的轉世。米歇爾於二〇〇六年，前往日喀則的扎西倫布寺修學，完成了佛教哲學與修行的訓練。目前擔任剛堅仁波切巴西和平文化基金會的會長[15]。

藏傳寧瑪派的大師恰度祖古仁波切（Chagdud Tulku Rinpoche，一九三〇—二〇〇二），建設了北美洲的數座寧瑪派道場後，於一九九四年移居巴西，創建巴西恰度貢巴（Chagdud Gonpa Brazil），為寧瑪派金剛乘的傳承，目前在巴西建有五座西藏傳統風格的恰度貢巴系統的道場，可容納數百人靜修。祖古仁波切圓寂後，由他的妻子也是學生恰度康卓（Chagdud Khadro）總管拉丁美洲的恰度貢巴道場。恰度康卓是美國蓮花出版社（Padma Publishing）的前任總編輯，康卓編輯了許多藏文作品的譯本，近年來更致力於葡萄牙文和西班牙文經本的翻譯與出版。

物理學教授阿爾弗雷多（Alfredo Aveline），一九六九年到一九九六年期間，致力於探討量子力學的理論與佛法的相關性。他於一九八六年創立佛菩薩研究中心（Centro de Estudos Budistas Bodisatva），於一九九六年，依恰度祖古仁波切受戒為帕德馬三旦喇嘛（Lama Padma Samten）。三旦喇嘛以佛法的理論與修行，指導各個領域的學者及專業人士，特別是與科學家、心理學、衛生學、社會學和教育界對話[16]。該組織目前，在巴西全國有八處閉關中心和十六處聚會所。

噶當巴國際佛教聯盟創立者格西尊者格桑嘉措，在巴西聖保羅創建了巴西噶當巴禪修中心（Centro de Meditação Kadampa Brasil），舉辦各項弘法教學及培養師資的課程，也舉辦閉關修行的靜修。現由根格桑楚臣（Gen Kelsang Tsultrim）擔任常駐教師，負責巴西各中心的服務，及噶當巴世界和平寺廟在巴西和葡萄牙的建設。目前在巴西已有七處禪修中心。

一九九六年，格魯派的護持大乘法脈聯合會在里約熱內盧成立寂天佛教中心（Dorje Jig Je），後改名為寂天菩薩中心（Centro Shiwa Lha）[17]。

瑟格瑜仁波切（Segyu Rinpoche）出生於里約熱內盧，獲里約熱內盧聯邦大學電機工程學位。一九八六年移居美國，跟隨西藏著名的甘丹薩濟寺前任住持，拉提仁波切（Lati Rinpoche，一九二〇—二〇一〇）學習三十年，被認定為藏傳瑟格瑜仁波切轉世。瑟格瑜仁波切除了學習格魯傳承的佛法，也深入研究藏藥。二〇〇〇年，瑟格瑜仁波切回巴西阿雷格里港（Porto Alegre）成立喇嘛宗喀巴佛教中心（Centro Budista Lama Je Tsongkhapa）及藥師佛基金會（Healing Buddha Foundation）。二〇〇三年開始，在美國加州成立杜松禪修中心（Juniper Meditation Center），指導禪修，也結合佛教的修行與醫療。

噶瑪噶舉傳承的鑽石道佛教中心在巴西有四處聚會所。

新噶當巴觀世音菩薩佛教中心（Centro Budista Kadampa Avalokiteshvara）位於聖莫尼卡（Santa Mónica）[18]，提供學佛靜坐的環境。

隨著時代的變遷，歷經半世紀，現今佛教在巴西的一個重要特徵是它的包容性，無論是漢傳佛教、南傳佛教，還是藏傳佛教的各教派，各自在這塊自由的土地上弘法度眾、著書立說，並沒有強烈的宗派意識，互相友好交流。據統計，二〇〇〇年之前，巴西有二十三個禪宗中心和寺院，三處禪宗靜修道場，三十四個藏傳佛教中心，七個上座部佛教中心，三十七座西本願寺傳承的（淨土真宗）寺院和二十二個沒有常住僧的協會，二十六座東本願寺傳承的（淨土真宗）寺院和協會，二個淨土宗寺院，四個日蓮宗寺院（有五千個家庭的擁護者），十二座本門佛立宗的寺院，和四個真言宗的寺院[19]。

巴西聖保羅天主教大學宗教學教授弗蘭克（Frank Usarski），一九八九年獲博士學位後，曾任教於德國，致力於東方佛教文化歷史的研究。二〇〇一年，創辦網上期刊《回顧——雜誌宗教研究》（*REVER–Revista de Estudos da Religião*），自任主編，是拉丁美洲第一份網上的宗教研究期刊。

❶ 出處：http://www.nossacasa.net/shunya/default.asp?menu=885。

❷ 出處：https://en.wikipedia.org/wiki/Japanese_Brazilians。

❸ 出處：http://www.globalbuddhism.org/jgb/index.php/jgb/article/view/15/20。

❹ 出處：http://amida.org.br/quem/。

❺ Cristina Rocha, *Zen in Brazil: The Quest for Cosmopolitan Modernity*, 2006, p. 36.

❻ 出處：http://www.sotozen.org.br/templo.php?cnt-id=111。

❼ 禪光寺：http://www.mosteirozen.com.br/index.php/retiro。

❽ 永聖寺：http://eishoji.com.br/mestre-tokuda/。

❾ 出處：http://www.monjacoen.com.br/a-monja-coen。

❿ 巴西佛教協會：http://www.sociedadebudistadobrasil.org/quem-somos/historia/。

⓫ 出處：http://nalanda.org.br/sobre-o-nalanda/quem-somos/quem-dirige。

⓬ 彌陀寺：https://temploamitabha.wordpress.com/2007/08/04/。

⓭ 如來寺：http://www.templozulai.org.br/historia.html。

⓮ 出處：http://www.nyingmario.org.br/cnbt.php。

⓯ 出處：http://ngalso.org/pt-br/?master=lama-michel-rinpoche。

⓰ 出處：http://www.cebb.org.br/lamasamten/。

⓱ 出處：http://www.shiwalha.org.br/quem/quemsomos.php。

⓲ 出處：http://www.meditarensatelite.org/nuestrocentro/。

⓳ *Zen Buddhism in Brazil: Japanese or Brazilian?* By Cristina Moreira da Rocha Ph.D. candidate, Department of Anthropology University of São Paulo, Brazil.

第二章　阿根廷佛教略史

阿根廷的亞洲移民約分為三個階段，第一波是二十世紀早期，來自琉球的日本移民但為數不多，第二波是一九六〇年代，來自韓國的企業家，主要居住在布宜諾斯艾利斯，第三波是一九九〇年代前後，來自臺灣和中國的企業家，主要也是聚居在布宜諾斯艾利斯。據統計資料目前，約有十二萬華僑、三萬二千日裔及二萬五千韓國人。佛教人口未有正式的統計，不過略估有三萬人，只占阿根廷總人口的百分之零點零八❶。

阿根廷知名的短篇小說作家、散文家、詩人和翻譯家豪爾赫·路易斯·博爾赫斯（Jorge Luis Borges，一八九九—一九八六）於一九七七年，曾在布宜諾斯艾利斯發表過七場介紹佛教的講座及作品，將佛教的基本觀念與用語介紹給阿根廷的社會大眾❷。

第一節　漢傳佛教

阿根廷佛教萌芽於一九八〇年代初期。一九八五年六月，一些阿根廷首都華僑佛教徒，成立第一個華人佛教組織，稱為「旅阿中國佛教會」。後來因為推行建寺活動，又稱為「南美普陀山阿根廷中觀寺」，屬非營利性的佛教團體組織。

一九八七年四月上旬，駐錫美國休士頓佛光寺的淨海法師，受到「旅阿中國佛教會」會長鄭維慶居士的邀請，飛往阿根廷首都布宜諾斯艾利斯，做為期三週的弘法活動，是漢傳佛教第一位在阿根廷弘法的法師。經過商訂：舉行一個彌陀佛七、早晚課誦、兩場公開佛法演講、一次特別座談會。因為佛教會佛堂甚為狹小，彌陀佛七只可容納約三十人參加。四月十九日第一場佛法演講，借中華會館舉行，聽眾約三百餘人。四月二十八日晚，第二次佛法演講，安排在天主教著名的柏格諾大學（Universidad de Belgrano），四百多個座位依預訂登記都坐滿了，講題是〈佛教在中國〉，由陳清文居士譯為西語。演講完後，由「東方學院」院長卡洛斯（Carlos Etchevarne，是佛教徒）代表大學校方，頒發予淨海法師榮譽博士證書。

一九八七年，普獻法師應張東訓夫婦、劉智光夫婦的邀請，抵達阿根廷弘法。同年九月八日，普獻法師並獲得阿根廷布宜諾艾利斯柏格諾大學頒授榮譽哲學博士學位。一九八八年，創立中觀寺，開啟漢傳佛教在南美弘法的新頁。普獻法師以斷食營、佛七、青少年夏令營接引信眾，不僅讓移民華僑獲得正法滋潤，亦多次受到當地大學邀請演講，對於以天主教為國教的阿根廷來說，讓僧侶在最高學府演講，是相當不容易的。二〇〇一年，中觀寺以新臺幣一元象徵性的購買阿根廷華僑聯合中文學校（簡稱僑聯中文學校），使僑聯中文學校在半官方（臺灣政府）支持下，正式成為中觀寺所屬的一所民間佛教中文教育機構。

二〇〇九年開始，擔任巴西中觀寺住持的智翰法師，也是阿根廷菩提乘基金會創辦人及中觀僑聯中文學校董事長及巴拉圭玉泉寺住持；最早於臺灣接受完整佛教教育，每年智翰法師提供西班牙、葡萄牙與英語三種語言的靜坐課程與演講，也積極參與中文佛經翻譯成葡萄牙文、英文與西班牙文的工作，以讓佛法得以傳播各地。

同時，韓國移民也成立自己的修行道場，邀請韓國知名法師，如 Jung Mok Sunim 法師前往弘法。之後，許多佛教團體陸續開始傳入，國際創價學會阿根廷分會創始於一九七五年，另外知名的傳統來自日本的曹洞禪，許多藏傳佛教中心也開班教導各種法門，例如：大手印、大圓滿、《菩提道次第廣論》等。第十四世達賴喇嘛分別於一九九二年、一九九九年及二〇〇六年，三次造訪首都布宜諾斯艾利斯，掀起藏傳佛教的熱潮。現今，佛教各派都蓬勃發展，例如南傳佛教內觀禪修信眾人數也在成長，虔誠信徒愈來愈多。慈濟及佛光山均成立中心於阿根廷首都。經由泰國大使館等許多機構之合作，佛陀神聖的舍利子得以在阿根廷供大眾瞻仰，造成轟動。

阿根廷出生的奧古斯托．阿爾卡爾德（Augusto Alcalde，一九五〇—），一九八四年前往夏威夷檀香山金剛僧伽會（Honolulu Diamond Sangha）跟隨羅伯特．艾特肯習禪。一九八六年，阿爾卡爾德回到阿根廷，在科爾多瓦（Cordoba）山谷成立正法庵禪堂。一九八九年，邀請艾特肯禪師，首次蒞臨阿根廷教禪，促成布宜諾斯艾利斯南風禪集團（el Grupo Zen Viento del Sur de Buenos Aires, Argentina）的成立，此集團隸屬於檀香山金剛僧伽會，阿爾卡爾德成為第一位阿根廷裔的日本臨濟宗禪師。一九九九年開始，長期跟隨艾特肯學禪的智利裔丹尼爾（Daniel Roshi Terragno），被指派為南風禪集團的指導禪師[3]。

一九九九年，曹洞宗弟子丸泰仙的弟子古錢禪師（Maestro Kosen）在阿根廷成立正法禪寺，後來成立拉丁美洲禪協會（Asociación Zen de América Latina），在阿根廷包括巴里洛切（Bariloche），共有十三處道場和十二個禪修小組[4]，都屬於國際禪協會系統。

里卡多．道久（Ricardo Dokyu，一九五九—）出生於阿根廷，一九八四年開始學禪及日本的按摩針灸等傳統醫療。里卡多於一九九一年，前往日本名古屋依 Nakamura Doyu 禪師出家，法名道久，學習五年。一九九六年至二〇〇〇年，又至曹洞宗總本山永平寺修學五年。二〇〇三年，道久於阿根廷成立安樂寺（An Raku Ji-Templo Serena Alegría）。二〇〇七年，成立阿根廷曹洞禪佛教協會（Asociación Budista Soto Zen Argentina）。

阿根廷籍的安東尼奧．佩雷斯（Antonio Eiju Pérez）於一九九四年，開始跟隨夏威夷妙雲寺（Temple of the Wonderful Clouds）的 Dr. Craig Eishu Twentyman 學禪。一九九七年，前往日本跟隨原田湛玄禪師（一九二四—）學習。二〇〇〇年，在美國加州曹洞宗的道場（Yokoji Zen Mountain Center）依英國裔的天心禪師（Tenshin Fletcher Roshi）受戒出家。返回阿根廷後，在門多薩（Mendoza）成立門多薩禪中心永源寺（Zen Center Eigenji Mendoza）。

阿根廷有多位知名學者致力於佛教的傳播，其中一位是阿根廷作家和記者塞繆爾．沃爾濱（Samuel Wolpin，一九四六—）。他發表了二十篇論文和一本字典，都是和東方哲學有關的作品。沃爾濱曾獲得達賴喇嘛的獎勵，住在印度的一個修道院，學習藏傳佛教。他每週在阿根廷羅薩里奧（Rosario）首都日報，發表專欄，對接引初機貢獻很大。

費爾南多．托拉（Fernando Tola，一九一五—）是聖馬科斯大學的文學博士，也一位語言學家，通曉多國語言。他一生致力研究各種東方文化和古典語言（希臘語和拉丁語）及東方語言（如梵文和巴利文）。托拉博士於一九六四年至一九六九年，在印度擔任祕魯使館文化專員期間，深入梵文和巴利文的研究。一九七〇年，他與妻子卡門．德拉戈內蒂（Carmen Dragonetti，一九三七—）定居在阿根廷布宜諾斯艾利斯，獲聘為布宜諾斯艾利斯大學（Universidad de Buenos Aires）的梵文和印度哲學教授；一九八〇年，被任命為全國科學技術研究委員會的委員。一九九〇年，托拉夫婦成立佛學研究基金會（The Institute of Buddhist Studies Foundation）及出版《佛學研究雜誌》（*Revista de Estudios Budistas*）。卡門．德拉戈內蒂出生在阿根廷，是祕魯聖馬科斯大學的哲學博士，專長印度學和佛教的研究，精通梵文、巴利文和中文，曾任教於祕魯和阿根廷的大學。翻譯出版西班牙文的《自說經》（*Udana*）和《法句經》（*Dhammpada*）等。

第二節　藏傳佛教

一九四五年出生於布宜諾斯艾利斯的赫拉爾多．阿布德（Gerardo Abboud），在布宜諾斯艾利斯大學工業工程系畢業後，於一九七〇年至一九八五年，在尼泊爾與印度生活了十五年，通曉藏文，在許多重要藏文譯西班牙語或英語的場合，都少不了他。阿布德自一九九二年起，擔任達賴喇嘛及多位藏傳仁波切的弘法翻譯，他也主持教授佛法及藏文。

一九八三年，拉丁美洲第一所藏傳道場，噶瑪噶舉派的噶舉大乘卻林佛法中心（Kagyu Tekchen Chöling Dharma Center），在卡盧仁波切的指示下，由多傑羌波卡仁波切（Dorje Chang Bokar Rinpoche）成立。之後，交由他們的兩位阿根廷裔弟子，桑耶喇嘛（Lama Sangye）和仁欽喇嘛（Lama Rinchen，一九七二—）主持。二〇〇〇年時，他們購置位於布宜諾斯艾利斯郊區的一個大型閉關中心，成立噶舉班德嘉措林（Kagyu Pende Gyamtso Ling），可供舉行三年三個月的傳統閉關。

竹巴噶舉傳承的喜苑林佛教中心（Dongyuling Buddhist Center），是一九八六年竹古．確嘉仁波切（Drugu Choegyal Rinpoche，一九四六—）和德頌仁波切（Dorzong Rinpoche，一九四三—）第一次訪問布宜諾斯艾利斯時成立。由赫拉爾多．阿布德擔任會長[5]。中心舉辦竹巴噶舉傳承的教學和實修。措尼仁波切（Tsoknyi Rinpoche，一九六六—）、竹古．確嘉仁波切和德頌仁波切定期蒞臨指導。目前除了在坦迪爾（Tandil）、巴里洛切（Barilochey）成立佛教中心，另外在科爾多瓦（Córdoba），羅薩里奧（Rosario），馬德普拉塔（Mar del Plata）和聖路易斯（San Luís）等城市也設有聚會所。

藏傳佛教寧瑪派大圓滿大師邱賈南開諾布仁波切（Chogyal Namkhai Norbu Rinpoche，一九三八—）也在阿國扎根。

阿根廷佛教協會（Asociacion Budistas De Argentina）成立於二〇〇四年，會長克里斯蒂安．阿爾貝蒂（Cristian Albertidijo）。協會的宗旨在弘揚佛陀的教法，提昇人品，創造淨土，促進世界和平。不定期舉辦佛學講座及培訓課程，並提供佛教訊息。

❶ Caton Carini, Buddhism in Argentina, *Encyclopedia of Latin American Religions*, Springer International Publishing Switzerland, 2015.

❷ 出處：http://www.southerncrossreview.org/48/borges-buddhism.htm。

❸ 南風禪集團：http://www.zen-vientodelsur.com.ar/。

❹ 出處：http://www.zen-buenosaires.com.ar/el-maestro-kosen/。

❺ 出處：http://www.dongyuling.com.ar/wp/?page_id=2。

第三章　南美洲其他國家的佛教

第一節　委內瑞拉佛教

委內瑞拉的佛教，以中國、日本、韓國移民信奉的大乘佛教為主，據二〇一五年的統計，全國約有五萬兩千佛教徒，占總人口的百分之零點一六。首都加拉加斯（Caracas）及大城市馬拉凱（Maracay）、梅里達（Merida）等都有佛教中心。臺灣的慈濟與佛光山均成立中心於首都。

一九七三年，創價學會在委內瑞拉成立，並出版《聖教克里奧雜誌》（*Seikyo Criollo Magazine*）。

加拉加斯禪中心（Centro Zen de Caracas）成立於一九九三年，屬於日本曹洞禪的團體。

梅里達佛教中心（Buddhist center of Merida）於一九九四年在梅里達成立，是僧護所創的三寶佛教團體在南美洲成立的第一個佛教中心。中心提供各級靜坐及佛法教學課程。

弟子丸泰仙禪師在法國的弟子伊夫．南森禪師（Yves Nansen Carouget，一九二六—二〇一〇）成立委內瑞拉禪協會（Asociación Zen de Venezuela），在各大城市成立了菩提禪中心（Centro Zen Bodai Shin），包括加拉加斯成立的菩提心禪中心，共有七處共修處❶。

葛印卡內觀禪，於一九九六年開始，在阿拉瓜州（Aragua）成立委內瑞拉正法內觀禪修中心（Dhamma Venuvana-Vipassana Meditation Center）。

第二節　祕魯佛教

佛教在一八九九年，隨著日本移民開始傳到祕魯。之後，由於十九世紀到二十世紀，中國和韓國移民的陸續抵達，形成祕魯以大乘佛教為主的現象。及至今日，噶瑪噶舉傳承的鑽石道佛教中心，也在祕魯各大城市成立。根據人口統計，二〇〇一年時，祕魯的佛教人口有五萬七千七百三十一人。約為全國人口總數的百分之零點二。目前有二十二個佛教團體，十個藏傳、八個曹洞宗、兩個金剛乘、一個南傳上座部佛教團體、一個淨土真宗團體。

祕魯是僅次於巴西，日本僑民最多的國家。早期的日本移民多從事勞工，以曹洞宗及日蓮宗為主要信仰。但由於對佛教義理並不真正了解，加上天主教給予他們很多協助，以及祕魯出生的第二代至第三代多不諳日語，至一九八九年的普查，五萬一千多日裔中，有百分之九十二改信天主教，只剩百分之二點九二，也就是一千四百四十四位佛教徒❷。

國際創價學會早於一九六五年，已在首都利瑪（Lima）扎根。

日本曹洞宗道場慈恩寺（Templo Jionji）座落在卡涅特（Cañete），成立於一九七七年，與早期的日本移民有關，是利瑪地區的第一座佛教道場。寺院裡存放許多骨灰甕，每逢盂蘭盆法會，才有許多祭拜先人的日裔後代出現。因為多數日裔後代已改信天主教，所以寺院信眾漸減。現任住持吉森大城（Rev. Jisen Oshiro），自二〇〇五年之後，決定改變寺院活動的方式，走出日本移民的佛教，向祕魯社會推廣曹洞禪的理論與實踐，吸收所有對佛教禪修有興趣的人。

二〇〇二年，吉森大城禪師成立屬於日本曹洞宗系統的祕魯曹洞禪協會（Comunidad de Sotozen Perú），並在利瑪市區成立 Zuihoji Temple-Lima 指導禪修，走入當地社會。

祕魯的第一座漢傳寺院圓覺寺，又名佛心村（Templo Corazon de Buda），位於利瑪郊區先內季亞（Cieneguilla），由祕魯、智利兩國眾僑界信眾等，迎請在美國的恆有法師駐錫住持。恆有法師原任教於美國阿拉巴馬大學，教授力學，對哲學和心理學亦有很高的興趣。因讀了《六祖壇經》等，即自性皈依，自認是佛弟子，自取法號「果空」。法師以居士身分，以一貫治學嚴謹努力的態度，開始涉入浩瀚的佛法領域，為求佛法，足跡遍及多國並深入西藏。後得知有萬佛城，乃親近宣化上人，學佛歷練。一度應臺灣曉雲法師之邀，返臺開創華梵工學院，任第一屆院長之職。在宣化上人圓寂時，他在最後的棺前剃度，成為宣化上人最後一位出家弟子，法號恆有，此時已六十五歲。一九八八年，恆有法師在阿拉巴馬購地數十畝，創建「佛心村」茅蓬閉關。出關後經常受邀各處講學，並著述編撰《佛心心印》等。恆有法師八十二歲時，經過四年建設的圓覺寺於二〇一二年開光落成，為祕魯漢傳佛教揭開歷史新頁。

胡安．何塞．布斯塔曼特（Prof. Juan José Bustamante）自一九八九年開始，在天主教大學（Universidad Católica）及聖馬可斯大學（Universidad de San Marcos）教授佛學。他曾於一九八三年至一九八四年，在印度親近旺多仁波切（Wangdor Rinpoche）。他對禪修的研究和實踐，超過四十年的時間。有二十五年的教學經驗。自一九九〇年起，擔任祕魯西藏文化協會（Asociación Cultural Peruano Tibetana）的會長。祕魯佛教研究所（Instituto Peruano de Estudios Budistas）的總幹事。

二〇〇二年，直貢澈贊法王（His Holiness Drikung Kyabgon Chetsang，一九四

六—）造訪庫斯科（Cusco）後，信眾們成立庫斯科直貢噶舉中心（Drikung Kagyu in Cusco）。

葛印卡內觀在祕魯的利馬和庫斯科各有一處內觀中心。

生於巴塞隆納的蔣扎西多傑仁波切（Jamyang Tashi Dorje Rinpoche，一九五一—）在法國的金剛瑜伽母佛教中心（Centro Budista Vajrayoguini），跟隨格希洛桑丹傑喇嘛（Lama Gueshe Lobsang Tengye，一九二一—）修學多年。蔣扎西多傑仁波切除了在西班牙創建道場，也在祕魯的利馬創建薩迦扎西林（Sakya Tashi Ling），並於庫斯科興建閉關中心（Monasterio del Cuzco）[3]。二〇〇一年，蔣扎西多傑仁波切被任命為薩迦法王在西班牙和拉丁美洲的代表。

第三節　智利佛教

智利的亞洲移民，早在一九〇七年的統計，來自中國的一千九百多移民，但直到二〇〇〇年，中國移民沒有超過三千人。來自日本的移民只有兩百零九人，至二〇一三年，移民人數沒有超過一千。韓國的移民開始於一九七〇年，截至二〇〇五年，約有兩千人。根據二〇一二年的普查，智利有一萬一千八百三十九位佛教徒，占總人口的百分之零點二。有八十九個佛教團體，其中在拉丁美洲發展最好的創價學會占二十三個，二十五個日本禪宗道場，三十一個金剛乘道場，其中十五個為噶瑪噶舉傳承的道場[4]。

由緬甸、斯里蘭卡、泰國捐贈給聯合國的佛舍利，永久收藏在紐約的聯合國總部。自二〇〇二年起，已在十五個國家展出。二〇〇三年六月二日，在智利聖地牙哥文化中心公開展出，佛教徒希望借此為世界祈求和平，很多智利民眾排隊爭相目睹佛陀舍利。

聖地牙哥塔拉干德（Talagante）鎮的佛光山道場，在二〇〇二年成立，佛堂是整棟長形建築物及辦公室，後又加建築了木造寮房一棟，內部設有大廳及小會議室，左為女眾寮房，右為男眾寮房，成為在智利弘法的道場。辦有禪修、佛法講座、中文班及太極班等各種活動。

在臺商較多的聖地牙哥及伊基克市（Iquique）兩地四十多名臺商組成的慈濟功德會於二〇一〇年成立，經常在各地提供人道援助。二〇一〇年二月，智利發生八．八級大地震，慈濟志工於次日即將物資送到災區，烏坵拉巴市（Huechuraba）市長佛羅雷斯（Eduardo Flores Concha）率市府人員在現場迎接賑災人員，隨後在市府協助下展開發放，將物資交給災民。

溫貝托．巴拉奧納（Humberto Barahona，一九四九—）教授和弗朗西斯科．瓦雷拉（Francisco Varela，一九四六—二〇〇一）教授，是兩位對佛教在智利的開展，很有影響力的學者。溫貝托・巴拉奧納出生於智利，年輕時就對哲學和東方宗教產生興趣。一九八〇年，巴拉奧納創立了佛教傳播研究所（Instituto De Difusion Budista），提供各個不同傳統的佛教教學，舉辦講座及禪修活動，積極地在智利和南美洲傳播佛教。巴拉奧納並安排達賴喇嘛第一和第二次訪問智利，對藏傳佛教在智利的開展，產生很大的效應。自二〇〇八年開始，巴拉奧納邀請所有佛教傳統的團體，聯合舉辦智利「衛塞節」[5]。

弗朗西斯科・瓦雷拉是擁有美國哈佛大學博士學位的生物學家、哲學家和神經學家。一九七二年，弗朗西斯科・瓦雷拉和他的老師溫貝托・馬圖拉納（Humberto Maturana，一九二八—）提出「自生系統論」（Autopoiesis），對近代生命科學的研究產生很大的影響。一九七〇年代，瓦雷拉在美國時，跟隨丘揚創巴仁波切及祖古烏金仁波切（Tulku Urgyen Rinpoche，一九二〇—一九九六）修學藏傳佛教。一九八六年旅居法國，先於理工學院教授認知科學和認識論，後來執教於巴黎大學的神經科學。瓦雷拉於一九八八年起，在國家科學研究中心（Centre National de Recherche Scientifique），領導一個研究小組，並於一九八七年和亞當・恩格爾（R. Adam Engle，一九四二—）創辦了「精神與生命研究所」（Mind and Life Institute），透過對佛教修行者的測試，探索精神與生命的真相，協助推動佛教界（包括達賴喇嘛）與科學家之間的對話，及推廣佛教靜坐修行，創造和諧的社會。此研究所至今仍相當活躍。

一九八〇年，藏傳噶瑪噶舉派在聖地亞哥州馬庫爾，成立噶舉智利大乘中心（Karma Chile Thegsum Choling）及聖地亞哥佛法中心（Dharmadhatu Santiago），是最早的兩座藏傳佛教道場。目前噶舉派在智利，開展出十五個中心。

二〇一〇年七月，直貢澈贊法王抵達智利的聖地牙哥，這已是法王第三次訪問智利，安排有關《解脫莊嚴寶論》、《菩提道次第廣論》的佛法課程。有八人通過此佛法課程的結業測驗，並獲頒結業證書。其中帕斯．加西亞（Paz Garcia）與盧西亞諾先生（Mr. Luciano）非常地傑出，已經被認可在中心教學。大約有一百位民眾受菩薩戒和白度母灌頂。直貢澈贊法王於七月七日，在阿道夫伊巴內斯大學（Adolfo Ibañez University）與一些科學領域的教授們一起以「佛教的心靈科學」（Buddhist Science of the Mind）的主題，發表公開演說。在弗尼斯坦利大學（Finis Terrae University）以「佛教對現代社會的貢獻」（Buddhist Contribution to Modern Society）的主題發表另一場公開演說。馬洛哥閉關中心（Malloco Retreat Center），有來自於包括阿根廷、厄瓜多爾、哥倫比亞、祕魯及智利等不同國家的人們，進行大手印三天的閉關。

聖地亞哥的南傳上座部學校和智利佛陀正法（Buddha Dhamma Chile），是智利的兩個上座部佛教道場。另外還有一個葛印卡內觀中心（Vipassana Chile）。

第四節　厄瓜多爾佛教

厄瓜多爾的佛教，最初由來自臺灣和日本的亞洲移民傳進。

一九九四年，高雄元亨寺的菩妙老和尚應厄瓜多爾華僑邀請，在厄瓜多爾第一大城瓜亞基爾市（Guayaquil）購地建寺，一九九六年舉行南美洲元亨寺開光落成，特派弟子觀定法師及頤定法師常駐，推動法務。經過多年的弘法努力，加上信眾的護持，佛寺於二〇〇二年，新建大雄寶殿及加建寮房、課室等，經歷五年多的工程，於二〇〇七年完工，堪稱南美大型道場之一，格局與高雄元亨寺相似，只是規模小些[6]。旅居瓜亞基爾市的臺胞不到一百戶，但對佛寺的活動都很護持。元亨寺辦有一所中文學校，除了舉辦法會及佛學講座，也經常舉辦一些文教活動，不論何種宗教信仰的臺胞都會參與，元亨寺也成為臺胞的活動中心。

比爾卡班巴禪修中心（Vilcabamba Meditation Center）位於厄瓜多爾的比爾卡班巴，由曾學習內觀的赫爾穆特．烏耶（Helmut Uhe）和伯納德．烏耶（Bernard Uhe）成立，邀請客座老師，提供西班牙語及英語的正念內觀教學。該中心也提供許多北美和中美洲印第安部落傳統的汗屋儀式（Sweat Lodge Ceremonies），淨化身心靈。

第五節　烏拉圭佛教

佛教在烏拉圭起步很晚，是一九八〇年代才開始。除了創價學會早於一九六〇年就由日本移民在烏拉圭成立，現在約有兩千位會員。目前，烏拉圭的佛教團體有三個藏傳寺院、兩個日本禪宗、一個南傳上座部道場及一個一行禪師的正念小組。會員人數在十到五十人之間[7]。

烏拉圭禪宗協會——三寶禪堂（Asociación Zen del Uruguay-Zendo de los Tres Tesoros）[8]成立於一九八七年。由曹洞宗森山大行禪師的女弟子淨心法師（Joshin Sensei）於蒙得維的亞（Montevideo）設立的禪堂。

蒙得維的亞禪中心（Centro Zen de Montevideo）[9]由曹洞宗弟子丸泰仙的法國弟子古錢禪師於二〇〇五年成立，隸屬於拉丁美洲禪協會（Asociación Zen de América Latina）。

一九九六年，藏傳寧瑪派的大師固仁波切和恰度祖古仁波切，被邀請到烏拉圭。該活動是由一組對佛教有興趣的烏拉圭人籌畫。二〇〇〇年，一名學生捐贈位於拉瓦列哈（Lavalleja）的土地給仁波切，籌建第一個閉關中心。二〇〇一年，在拉瓦列哈美麗的山丘間，成立烏拉圭恰度貢巴（Chagdud Gonpa Uruguay）佛教中心，並建造西藏傳統風格的聖吉宗（Sengue Dzong），可舉辦各種活動，也是閉關中心[10]。

二〇〇三年，噶瑪噶舉傳承的鑽石道，在蒙得維的亞成立鑽石道佛法中心（Centro Budista Caminodel Diamante），二〇〇八年在郊區山上建靜修中心，噶瑪德慶林（Karma Dechen Ling）。

格西格桑嘉措創立的新噶當巴，二〇一二年在蒙得維的亞成立烏拉圭噶當巴佛教中心（Centro de Budismo Kadampa Uruguay），由阿根廷的格桑妮彩（Kelsang Rinchung）尼師帶領，提供現代化的佛學研究和靜坐教學[11]。

一行禪師的學生，在蒙得維的亞也成立喚醒小組（Wake Up Montevideo）。

喜戒尊者於一九九九年，在墨西哥成立正法精舍，一群烏拉圭的學員，於二〇一三年，在烏拉圭成立正法培育宗教學會（Dharma Culture Religious non-profit Association），研究實踐南傳上座部佛法。除了提供佛法研究、課程教學及靜坐活動之外，還製作了正法文化網站（http://www.culturadhamma.org/），提供網路學習佛法的機會，主要是西班牙文的經論資料與道場連結。

第六節　哥倫比亞佛教

比起中南美洲的許多國家，哥倫比亞比較不為亞洲移民所喜好，所以直到一九六四年，只有四千多亞洲移民，包括六百五十五名華僑。目前，在哥倫比亞的佛教道場中，藏傳佛教占多數，有二十三處，其中二十個中心屬噶舉傳統，包括鑽石道有十七處佛法中心，夏瑪巴創立的菩提道佛法中心有兩處，再加上位於波哥大（Bogotá）的噶特桑秋林（Karma Thegsum Choling，承認鄔金欽列多傑為第十七世大寶法王）⑫。

日本的曹洞禪，於一九八〇年由於菲力浦・凱普樓的到訪，被介紹給哥倫比亞的大眾。一九八九年，金特羅法師（Venerable Quintero）在波哥大建立曹洞禪的第一個禪中心，指導禪修，現為哥倫比亞曹洞禪協會（Comunidad Soto Zen Colombia）的大心禪寺（Daishinji temple），與日本安泰寺連結⑬。

一九九〇年日本曹洞宗弟子丸泰仙禪師的學生瑞泰・里莫（Reitai Lemort），在哥倫比亞成立哥倫比亞禪協禪會（Asociación Zen de Colombia）。一九九八年，該組織改為生活禪基金會（La Fundación para Vivir el Zen），教導曹洞禪在日常生活中的實踐。

瑞泰・里莫禪師出生在法國，他於一九六七年，開始跟隨弟子丸泰仙禪師學禪，一九八一年，依禪師剃度出家。之後，住在泰仙禪師在法國創立的禪道尼苑多年，跟隨澤木耕堂禪師學習。里莫於一九八八年移居哥倫比亞，初期曾在托雷斯德爾公園教禪，一九九一年，覓得在索萊達（Soledad）的房舍做為道場。一九九四年，在距波哥大兩小時車程的卡奇派鎮（Cachipay）修建了玄土禪寺（Templo Zen La Tierra），提供長期禪修的道場[14]。目前在聖埃倫娜（Santa Elena）、麥德林（Medellín）也設有道場。

在哥倫比亞的二十一個大乘佛教道場中，唯一的一個中國道場是臨濟宗傳承的虛雲老和尚的弟子在夏威夷成立虛雲禪苑，於一九九七年在哥倫比亞成立虛雲禪苑佛教會的分會——般若禪佛法中心（El Dharma del Prajna Dhyana），教導臨濟禪。

藏傳佛教噶瑪噶舉傳統的大師之一堪布卡塔仁波切於一九八一年，在哥倫比亞波哥大成立噶特桑秋林。目前除了成立最早的波哥大噶特桑秋林禪修中心，還有麥德林（Medellín）噶特桑秋林禪修中心。中心住持是英格蘭出生的塔欽喇嘛（Lama Tarchin），他是堪布卡塔仁波切的學生，親近過卡盧仁波切。哥倫比亞出生的 Lama Djanchub，也是噶特桑秋林禪修中心重要的指導老師。

一九八〇年護持大乘法脈聯合會，在哥倫比亞波哥大，成立大威德金剛中心（Centro Yamantaka）。二〇一三年開始，由格西洛桑固謙（Geshe Lobsang Kunchen，一九八七—）擔任常住法師[15]。另外，成立於一九九七年的正法基金會（Fundación

Dharma），主要是人道救濟，關懷兒童。

藏傳噶舉傳統的鑽石道佛法中心，及菩提道佛法中心，分別有多處道場在哥倫比亞。新噶當巴也在波哥大成立噶當巴中心（Kadampa Center）。

哥倫比亞有兩處南傳上座部道場，一為波哥大泰國長老阿姜彤傳統的太陽內觀中心（Sun Vipassana Nanchat），一為葛印卡內觀中心。

第七節　玻利維亞佛教

藏傳佛教薩迦派傳承，於二〇〇七年，在拉巴斯（La Paz）成立玻利維亞薩迦扎西林（Sakya Tashi Ling Bolivia）佛教中心。巴塞隆納出生的蔣扎西多傑仁波切，是薩迦扎西陵在西班牙、拉丁美洲和亞洲的創始人兼董事。

森林上座部佛教（Bosque Theravada）總部設於巴拉圭，二〇〇八年起，結合拉丁美洲及西班牙、泰國、澳洲的一群學者，在安東．貝倫（Anton P. Baron，一九五七—）的帶領下，致力於將南傳上座部的巴利經典翻譯成西班牙文。也出版泰國阿姜查森林禪修的書籍。

結語

據統計，目前，佛教在南美洲共約有六百個團體組織，其中三百個團體，也就是百分之五十在巴西（約有二十三萬的佛教徒，占南美佛教徒的百分之四十七）。南美的佛教團體組織中，百分之二十七屬藏傳，百分之二十五屬創價學會，百分之二十二屬日本禪宗，百分之三屬南傳上座部佛教[16]。幾個藏傳佛教和日本禪宗團體以巴西為總部，在南美其他國家設有分會；臺灣的普獻法師在巴西、阿根廷及烏拉圭創建中觀寺，佛光山在巴西、阿根廷、智利及巴拉圭也建有道場。

近年來成長最快的為藏傳的新噶當巴派，次為一行禪師的正念修行團體及不強調宗派的「新佛教」團體。近半世紀來，由於語言文字的因素，日本移民佛教的信徒驟減，許多道場除了改變活動方式，吸引當地的社會大眾外，也有許多寺院由當地人主持。南美洲佛教的開展，仍在摸索調適之中。

❶委內瑞拉道場：http://www.budismo.com/directorios/venezuela2.php。

❷出處：http://www.academia.edu/4313386/The_Late_20th_Century_Transplantation_of_Soto_Zen_into_Peru_A_Processive_Case_Study。

❸出處：http://sakyalima.blogspot.com/2008/04/sakya-tashi-ling-el-monasterio.html。

❹*Buddhism in Chile, Encyclopedia of Latin American Religious, Springer International* Publishing Switzerland, 2005.

❺出處：http://www.dharmachile.cl/?page_id=74。

❻出處：https://www.facebook.com/TemploYuanHeng/。

❼Buddhism in Uruguay, Encyclopedia of Latin American Religious, Springer International Publishing Switzerland, 2005.

出處：http://link.springer.com/referenceworkentry/10.1007/978-3-319-08956-0_131-1#page-1。

❽三寶禪堂：https://zendo3tesoros.wordpress.com/。

❾蒙得維的亞禪中心：http://www.zen-deshimaru.com.ar/uruguay/home.php。

❿烏拉圭恰度貢巴：http://www.budismo.com.uy/quienes-somos.html。

⓫烏拉圭噶當巴佛教中心：http://www.meditarenuruguay.org/。

⑫ 出處：http://link.springer.com/referenceworkentry/10.1007/978-3-319-08956-0_134-1#page-1。

⑬ 出處：http://sotozencolombia.org/。

⑭ 出處：http://www.fundacionzen.org/index.html。

⑮ 出處：http://fpmt.org/mandala-today/meet-geshe-lobsang-kunchen/。

⑯ 出處：http://www.academia.edu/8871699/Buddhism_in_South_America。

第五篇

大洋洲

第一章　澳大利亞佛教略史

澳大利亞（Australia），亦稱澳洲，是大洋洲最大的國家，面積七百六十九點二萬平方公里，依二〇〇九年人口資料為二千一百一十八萬一千人。澳大利亞國土四面環海，與其隔海相望的東南近鄰是紐西蘭，西北是印度尼西亞，北邊是巴布亞紐幾內亞、西巴布亞及東帝汶。

據考察，漢傳佛教可能在十五世紀中國明朝，鄭和下西洋時，就曾經傳到澳大利亞北方的阿納姆地（Arnhem Land）。一八七九年，在達爾文（Darwin）附近出土的雞血石雕像上，提供相關證據❶。另外，因為澳大利亞西部丹皮爾（Dampier）的原住民相信輪迴轉世，也靜坐修行。也有一說是由於十六世紀中，與印度尼西亞的商業往來，同時帶進了佛教的信仰❷。

第一節　佛教初傳澳大利亞

一八五一年開始，有許多中國人到澳大利亞南墨爾本淘金。一八五七年，來自廣東四邑地區的華人建了一座「四邑廟」（See Yup Temple），是儒釋道混合的廟堂，但沒有中國佛教僧侶到訪的記載。到了一九〇一年，澳大利亞為了反亞裔移民，實施「白澳政策」（White Australia Policy），迫使華人離開澳大利亞。

一八八五年，約有三千六百名日本人前往昆士蘭州（Queensland）北部隔托勒斯海峽（Torres Strait）的星期四島（Thursday Island），從事採集珍珠的行業。這些日本人當中有一些為佛教徒，當時在達爾文（Darwin）與布魯姆（Broome）有日本人慶祝佛教節日。

一八七〇年斯里蘭卡的僧伽羅（Sinhalese）佛教徒，抵達澳大利亞的星期四島，這是南傳佛教徒最早出現在澳大利亞的年代。一八八二年時，約有五百僧伽羅人抵達馬凱（Mackay），他們主要是從事甘蔗的種植工作。根據達摩波羅在他的著作《通往正義之道》（*Path to Righteousness*）裡提到，一八九〇年代，斯里蘭卡的佛教徒曾因捕魚抵達澳大利亞北端，並在星期四島上，建立一座小寺院。現在星期四島上還有兩棵菩提樹，是一八九〇年種植的，雖然當時的佛寺已不存在，但足以證明當時已有佛教徒。

十九世紀末，在錫蘭從事佛教復興活動的斯里蘭卡靈智學會也到澳大利亞來宣講。該學會的創立者是著名的美國奧爾科特上校。奧爾科特在澳大利亞宣傳佛教以及他的神智學，他的宣講頗受歡迎，也造成相當的影響。但當時參加靈智學會的主要是澳大利亞的社會上層知識精英，對一般群眾並無太大的影響。值得一提的是，當時的靈智學會主要是宣傳佛教的哲學思想。靈智學會有一位成員叫艾爾弗雷德·迪金（Alfred Deakin，一八五六——一九一九），後來他擔任過兩任澳大利亞的總理。迪金終生都對佛教欣慕不已，一八九〇年，他還到過印度與斯里蘭卡，寫了一部遊記，其中流露對當時佛教現狀的惋惜與同情。影響澳大利亞的神智佛教學會的還有一位來自斯里蘭卡的佛教學者伍特華特（F. L. Woodward，一八七一——一九五二），曾在錫蘭加爾（Galle）的摩哂陀學院擔任過十九年院長。一九一九年他來到澳大利亞，在塔斯馬尼亞島（Tasmania Island）的倫瑟斯頓（Launceston）購下一座蘋果園並建寺院。以後三十三年間他一直在為英國人賴斯·戴維斯的「巴利聖典協會」翻譯經典。他最著名的佛學作品是《佛陀的教誨》（*Some Sayings of the Buddha*），該書最先出版於一九二五年。他對澳大利亞白人佛教徒產生很大的影響。

二十世紀，佛教逐漸引起西方人的注意，研究佛教的西方人士日漸增多。一些研究佛教的西方人士移民澳大利亞後，開始在澳大利亞的主流社會中傳播佛教。由於他們精通英文，能夠將佛教的要旨傳達給澳大利亞的歐裔人士，對於近代佛教在澳大利亞廣為傳播，有啟蒙和奠基的作用。

澳大利亞早期的佛教學者大衛·莫里斯（David Maurice，一八九九——一九八一）

生於新南威爾斯州，因為對佛教的興趣，一九二六年赴緬甸研究佛教。緬甸獨立後，他被緬甸聯邦政府任命為佛經翻譯組長，負責將巴利文經典翻譯成英文，並擔任英文季刊《佛法之光》（*The Light of the Dhamma*）的編輯。莫里斯英譯巴利三藏的成就，獲得緬甸政府頒贈 Wunna Kyawhtin 頭銜。莫里斯最出名的著作是一九六二年出版的《獅子吼》（*The Lion's Roar*），選自巴利經典中佛陀的教誨，引發了很多西方人學佛。一九八〇年莫里斯的最後一本著作《什麼是佛陀真正的教誨》（*What the Buddha Really Taught*）文字簡潔，引經據典地指出佛陀真正的教誨。

一九一〇年，在緬甸出家的英國人德佳法師（U Sasana Dhaja）曾經到過雪梨，是第一位在澳大利亞弘法的法師。一九一五年，在斯里蘭卡的德國比丘三界智尊者和另外四位德國比丘，因為第一次世界大戰的關係，被英軍驅逐出斯里蘭卡，曾被拘禁在雪梨。三界智尊者和他的弟子向智尊者，佛學著作等身，對佛教在西方社會的弘揚，功不可沒。

一九二五年，澳大利亞的第一個白人佛教團體——佛法圈（Little Circle of Dharma）在墨爾本成立。它的創立人是馬克・泰勒（Max Tyler）、馬克・鄧（Max Dunn）以及莫利斯。該團體屬於緬甸南傳佛教的系統。

一九三八年，倫納德・布倫（Leonard Bullen，一九〇九—一九八四）在墨爾本創立了第二個佛教團體——墨爾本佛教研究小組（Buddhist Study Group Melbourne）。布倫是澳大利亞佛教早期的弘法先驅之一，他用英語講授佛學，每月舉辦一次佛學講座和非正式的討論；並且將佛學視為有助於解決現代問題的心理學派，其途徑是提供一種精神訓練體系。但由於二戰爆發的緣故，該團體存在的時間很短。

二次大戰後，維多利亞州佛教會（Buddhist Society of Victoria）由二戰前墨爾本佛教研究小組的創辦人倫納德．布倫成立於一九五三年，是維多利亞州最早的佛教團體，主要以弘揚南傳上座部為主。成立之初，由於斯里蘭卡那羅陀長老，緬甸禪師提帝羅和美籍泰國禪師蘇曼伽羅的到訪，讓佛教會逐步成長，並吸引了來自緬甸、斯里蘭卡和泰國信徒的護持。維多利亞州佛教會屬於居士團體，曾擔任二十年會長的伊麗莎白．貝爾（Elizabeth Bell），帶領維多利亞州佛教會走過早期的艱辛歲月，對佛教會長期的維持功不可沒。佛教會六十多年的弘法活動，沒有固定師資及經費，全仰賴來自緬甸、斯里蘭卡和泰國法師們的教導及澳大利亞佛教聯合會前會長查爾斯．奈特的鼎力相助。二○一五年，佛教會終於在墨爾本西北部的紐伯里購地興建了紐伯里佛教道場（Newbury Buddhist Monastery），占地一百五十英畝，包括比丘道場和比丘尼道場，可以讓出家眾長期安住。目前由阿姜布拉姆（Ajahn Brahm，或 Ajahn Brahmavamso）擔任指導老師，提供出家的僧尼及在家眾居住學佛靜修的場所[3]。

一九五〇年代後，有兩位重要的婦女出現於澳大利亞的佛教界。一位是出生在英格蘭，十一歲時隨家人移民到澳大利亞，日後成為澳大利亞第一位女律師的瑪麗・拜爾斯（Marie Byles，一九〇〇—一九七九）。瑪麗由於曾前往西藏、尼泊爾、印度、緬甸、日本等國家旅行，因而接觸並開始學習佛法，通過文章與書籍傳播佛教信仰，經常在雪梨的神論教會（Unitarian Church）、靈智學會（Theosophical Society），以及廣播電台星期天晚上節目宣傳佛法。她也是著名的保育人士、女權主義者、和平主義者。她的著作主要出版於二十世紀的四十、五十年代。她的作品中，《喬答摩的足跡》（*Footprints of Gautama the Buddha*）一書，今天仍然在發行。瑪麗稱自己的住宅是「無害之家」（Ahimsa），她在花園蓋了靜坐用的冥想小屋稱為「通往快樂的小屋」（The Hut of Happy Omen），提供當時一群佛教徒定期靜坐共修❹。瑪麗過世後，她寧靜的住宅捐給雪梨政府，由國家信託管理。瑪麗也是早期新南威爾斯州佛教推動者之一。

其次，在斯里蘭卡居住三十年的美國籍法施比丘尼（Dhammadinna，一八八一—一九七九），一九五二年抵達雪梨，當時法施比丘尼已七十歲，柏克萊夫婦供養她住宿的地方及生活所需。法施比丘尼因此也參加墨爾本佛教研究小組，指導佛法，並促成新南威爾斯州佛教會（Buddhist Society of NSW）❺於一九五三年正式成立，成員多為盎格魯—歐洲種族背景。柏克萊被推舉為會長，並出版《佛教新聞》（*The Buddhist News*）

刊物，一九五五年後更名為《慈心》（*Metta*）。新南威爾斯州佛教會成立至今，是澳大利亞歷史最悠久的佛教團體之一。法施比丘尼也是澳大利亞佛教最早的開拓者之一，她所教導的是上座部佛教教義，同時她極力協調佛教徒與澳大利亞白人的關係。

真正對澳大利亞佛教的開展產生影響的，可以說是荷蘭裔的里奧．柏克萊（Leo Berkeley）。他在一九五二年，搭船返回英國探親時，巧遇當時斯里蘭卡的司法部長拉利塔．拉賈帕克西爵士（Sir Lalita Rajapakse）。拉賈帕克西爵士是虔誠的佛教徒，交談中，引用了《法句經》的偈頌，柏克萊對如此有智慧的宗教非常仰慕。於是在拉賈帕克西爵士的介紹下，前往斯里蘭卡可倫坡親近那羅陀長老（Ven. Mahathera Narada），長老鼓勵柏克萊返回澳大利亞後，成立佛教社團。柏克萊返回澳大利亞後，先聯繫瑪麗．拜爾斯女士，隨後即在《雪梨先驅晨報》（*The Sydney Morning Herald*）上刊登成立佛教社團的廣告。結果，有二十人回應，他們就定期在柏克萊夫婦家聚會，研討佛法。一九五三年，正式成立新南威爾斯州佛教會。

一九五四年，新南威爾斯州佛教會邀請，深諳佛法和享有國際聲譽的緬甸禪師提帝羅到雪梨弘法，提帝羅禪師在澳大利亞舉辦多場公開的佛法演講，消除了澳大利亞社會對佛教的許多誤解。隔年，協會更邀請到斯里蘭卡的那羅陀長老；當時，《雪梨先驅晨報》、《雪梨太陽報》（*Sydney Sun*）、《每日電訊報》（*Daily Telegraph*）都以顯著的篇幅報導那羅陀長老的到訪。那羅陀長老隨身攜帶了由阿育王的女兒從印度菩提迦耶，帶到斯里蘭卡種植的菩提樹分支，準備種植在澳大利亞。那羅陀長老佛學深厚，辯才無礙，弘法行程所到之處，總是吸引了數百名聽眾，長老走訪了昆士蘭州，維多利亞州和塔斯馬尼亞州，並在各處成立了佛教會。塔斯馬尼亞州佛教協會的創會會長是肯．瑞德（Ken Wriedt，一九二七—二〇一〇），後來成為參議員和該州工黨領袖。

一九五五年，新南威爾斯州佛教會尋求固定會所的夢想終於實現，由里奧．柏克萊和埃里克．彭羅斯（Eric Penrose）發心，加上來自東南亞佛教國家的捐款，購買了雪梨郊區西彭南特山（West Pennant Hills）四英畝半的土地。

一九五六年，來自泰國的兩位僧人，一位是會說一點英語的泰國寺院住持達摩底羅闍牟尼法師（Phra Dhammadiraja Muni），帶著美國籍蘇曼伽羅法師抵達。蘇曼伽羅法師也是曹洞禪西方佛教僧團（Western Buddhist Order）的總會長，又名為羅伯特．斯圖爾特．克利夫頓法師（Rev. Robert Stuart Clifton，一九〇三—一九六三）。不多久，具有群眾魅力的蘇曼伽羅法師便成立了青年佛教會（Young Buddhist Association）。但沒過多久，因為蘇曼伽羅法師私自為西方佛教僧團剃度了男女出家眾，引起一些問題，所以兩位法師隨即返回泰國。隨後，緬甸禪師提帝羅再度蒞臨，並在柏克萊的住宅，主持了三個星期的禪修，有三十五個人參加。提帝羅禪師參觀位於西彭南特山的精舍建地，期望將有常住法師住持正法。

很可惜的，新南威爾斯州佛教會在一九五六年分裂，跟隨法施比丘尼學習的創會會長柏克萊被換掉，新的會長娜塔莎．傑克遜（Natasha Jackson，一九〇二——一九九〇）重視社會人道主義問題，反對宗教權威，不重視修行，所以早期的會友紛紛離開，另組佛教團體。雖然那羅陀長老特別飛抵澳大利亞勸合，但仍無效。

一九五八年，新南威爾斯州佛教會與維多利亞佛教會聯合組成澳大利亞佛教聯合會（Buddhist Federation of Australia）。首任主席為查爾斯．萊特（Charles F. Knight，一八九〇——一九七五）。原先新南威爾斯州佛教會的《慈心》雜誌，成為澳大利亞佛教聯合會的期刊。

《慈心》雜誌於一九八六年，改名為《今日佛教》（*Buddhism Today*）。佛教聯合會也代表澳大利亞參加世界佛教徒聯誼會。

昆士蘭佛教會（Buddhist Society of Queensland）成立於一九五三年，第一次活動嘗試在布里斯班舉辦白澳佛教活動。一九五五年，由於國際知名的佛教老師那羅陀長老的訪問，活動非常成功，帶動了昆士蘭佛教會。但之後人數又漸減，終於在一九五六年後停止運作。一九六二年，曾有一個佛學研討會成立，但存在很短的時間；直到一九七〇，昆士蘭再沒有佛教團體出現。

第二節　白澳政策廢除後佛教的開展

一九七〇年代澳國政府取消「白澳政策」，實行較為自由的移民政策，不少亞洲的移民到達澳大利亞；尤其一九七五年越戰結束後，不少越南人移民到澳大利亞。一九八一年的人口統計，澳大利亞的佛教徒人數超過三萬五千人，其中百分之四十五的人居住在新南威爾斯州，百分之二十七的人在維多利亞州。一九八一年以後，是澳大利亞佛教發展最快的時期，其中多數為移民，一九九一年就有十一萬三千名佛教徒到達澳大利亞。一九九六年澳大利亞人口統計表明，全澳有二十九萬九千三百名佛教徒。絕大多數具有佛教信仰的移民定居於澳大利亞的主要城市。如一九九一年的人口統計數據顯示，新南威爾斯州的五萬九千佛教徒中，有五萬五千住在雪梨；維多利亞州的四萬二千佛教徒中有四萬一千居住於墨爾本。傳入澳大利亞的佛教，分有南傳佛教、漢傳佛教和藏傳佛教等不同宗派，但都能互相在尊重與包容下弘揚佛法。

一、南傳佛教在澳大利亞

從一八七〇年至一九七〇年的近百年間，澳大利亞佛教的發展多屬居士組織。一九七〇年之後，因為佛教徒們希望有出家的僧侶來領導，所以開始有南傳上座部的法師在澳大利亞常住弘法。一九七一年，斯里蘭卡的蘇摩洛迦法師（Ven. Somaloka），應邀抵達雪梨常住，是第一位常住澳大利亞的南傳上座部法師。蘇摩洛迦法師提醒澳大利亞的信徒，如果他們希望有法師常住指導，一定要建築佛教精舍供法師常住，因為依戒律，出家人不能長期居住在民宅。一九七三年，澳大利亞的第一座佛教道場——澳大利亞佛教精舍（Australian Buddhist Vihara）終於在新南威爾斯州雪梨以西的藍山（The Blue Mountains）卡通巴（Katoomba）成立。可惜不久後，因理念不同，護持者轉往泰國佛寺，所以精舍沒落。

新南威爾斯州佛教會在一九五六年分裂，由新的會長娜塔莎．傑克遜領導。到了一九七二年底，佛教會在雪梨郊區東湖（Eastlakes）購買了一座別墅，做為永久性會址。一九七三年，在馬爾科姆．皮爾斯（Malcolm Pierce）和他的日籍妻子的帶領下，佛教會的活動從原來南傳上座部的佛教系統，改變為日本的日蓮教。原來擔任了二十多年的會長娜塔莎．傑克遜，也因為不認同這種轉變，在一九七五年辭職。一九七九年，新南威爾斯州佛教會賣掉別墅，在雪梨北區的沃克街（Walker Street）購置會所，一九八二年，協會獲得日本立正小世界團體（Rissho Kosekai Organization）捐款，購得在藍山卡通巴的一片土地，開發為新南威爾斯州佛教會的靜修中心。

一九七二年，泰國駐澳大利亞大使 Prasong Buncherm，向泰國皇室成立的皇冕基金會（Mahamakut Foundation）提出請求，派遣佛教僧侶至澳大利亞弘法。隔年，皇冕基金會派出波利耶帝迦維法師（Venerable Chao Khun Parityatikavi），和英籍比丘忍護法師（Venerable Khantipalo）。一九七五年在雪梨創建泰寺佛陀朗西寺（Wat Buddharangsee），由當時泰國的王儲瑪哈．瓦吉拉隆功主持開光典禮。佛陀朗西寺很快成為雪梨附近各族裔的學佛者都喜歡前往的寺院，成為澳大利亞南傳上座部佛教的焦點。寺院因容納不下與日俱增的信眾，於一九八八年在雪梨西南的盧彌（Lumeah）建設了傳統泰式風格的森林道場 Wat Pa Buddharangsee，舉辦各種靜修活動[6]。

英籍忍護比丘（俗名勞倫斯．米爾斯，Laurence Mills，一九三二—）是在英國依止薩他帝須法師（Ven. Saddhatissa）出家。之後，他前往印度教導被安貝特爾改變的佛教徒，然後到泰國受比丘戒。在泰國修學十一年後，前往澳大利亞弘法。一九七八年，忍護比丘的學生伊爾莎．萊德曼（Ilse Lederman，一九二三—一九九七）捐贈三萬兩千澳元，購買位於雪梨北方懷斯曼渡口（Wiseman's Ferry），國家公園環繞的八十九公頃土地，建立佛法寺（Wat Buddha Dhamma），由忍護比丘擔任方丈。萊德曼女士於一九七九年在斯里蘭卡受戒出家，法名艾雅．凱瑪，是一位很有成就的西方比丘尼，也曾多次返回澳大利亞指導禪修。佛法寺在忍護比丘的帶領下，舉辦禪坐靜修活動，信眾成長快速，於是在一九八八年，新建一座較大的禪堂，以便更多的人可以參加禪修。出家三十多年的忍護比丘，於一九九二年還俗，由德國籍的桑提帝多法師（Venerable Santitthito，一九四〇—二〇一四）接任佛法寺的方丈。

忍護比丘於一九七五年，抵達昆士蘭，為佛法在昆士蘭的傳播努力。之後，在許多有心人士的努力下，成立學佛團體。一九八〇年，昆士蘭佛教會，終於第三度成立，並出版刊物《審查》（*Virnamsa*），但已於一九九六年停刊。

一九七八年，緬甸禪師烏巴慶傑出的女弟子道邁塔溫（Sayamagyi Daw Mya Thwin），在西澳大利亞帕斯成立國際內觀中心（International Meditation Centre），開辦指導十日內觀的禪修。一九八九年，又在新南威爾斯州陽光（Sunshine）成立國際冥想中心。

一九八三年，烏巴慶另一位傑出的弟子葛印卡，在新南威爾斯州藍山的黑荒地（Blackheath），成立內觀禪修中心（Vipassana Meditation Centre）。目前在澳大利亞有十個葛印卡系統的內觀禪修中心。

一九八一年，由美國內觀中心的約瑟夫·戈爾茨坦（Joseph Goldstein，一九四四—）領導的禪修小組在雪梨成立佛法內觀協會（Buddha Dhamma Insight Meditation Society）。直到一九八五年，由於美國內觀中心的禪師不能再支援，協會轉向緬甸馬哈希禪修的組織禮請禪師。班迪達禪師（Ven. Sayadaw U Pandita Bhivamsa，一九二一—二〇一六）和那那富尼迦法師（U Nanapunnika）於當年蒞臨主持二十八天的內觀禪修。協會於一九八六年，決定改名為澳大利亞佛教協會（Buddha Sasana Association of Australia），協會活動主要是四念處內觀禪修的實踐。緬甸的班迪達禪師經常到澳大利亞教導主持禪修，該組織在新南威爾斯州的雪梨、藍山和首都坎培拉，都設有禪修中心。

澳大利亞籍的曇彌迦法師（Bhante Shravasti Dhammika，一九五一—）俗名保羅・波士頓（Paul Boston）。他出生於基督教家庭，十八歲時皈依了佛教。一九七三年，他前往泰國開始有出家的打算。之後去寮國、緬甸，最後到印度。在接下來的三年裡，他走遍印度學習瑜伽和冥想，最後在達摩波羅的弟子僧寶尊者（Bhante Matiwella Sangharatna）座下出家。之後，他前往斯里蘭卡學習巴利文和巴利三藏。一九七七年，在斯里蘭卡康提成立尼藍貝禪修中心（Nilambe Meditation Centre）。從那時起，他大部分時間在斯里蘭卡和新加坡。一九八三年後，曇彌迦法師也曾多次到澳大利亞弘法。他除了多達二十幾本的著作，也以絕佳的口才聞名，他曾於二〇〇〇年在柏林歐洲佛教千禧會議（European Buddhist Millennium Conference）上代表南傳上座部佛教發言。目前也是新加坡佛法曼荼羅學會（Buddha Dhamma Mandala Society）的指導法師。

一九七八年，由尼爾森・福斯特（Nelson Foster）、羅伯特（Robert）和安妮・艾特肯（Anne Aitken）共同創辦佛教和平同盟（Buddhist Peace Fellowship），倡導和平非暴力，透過出版物和實際行動，將佛教的智慧與慈悲，與社會的變革聯繫起來，成為佛教與西方社會運動結合的第一個組織。

一九八一年，由英國僧護創立的西方佛教僧團之友開始在雪梨聚會活動，一九八四年，正式成立雪梨佛教中心（Sydney Buddhist Centre）。

一九七五年寮國人民革命黨軍隊推翻了親美國的的寮王國，由於戰爭，許多人逃往澳大利亞。一九八〇年代中期，寮國難民為了社區的精神需求，首次請到了來自寮國的法師。但因為寮國本土的政治分歧，不同政治立場的信徒，在澳大利亞分別建立兩座寺院：法悅寺（Wat Dhammanaram）和佛妙寺（Wat Buddhalavarn）。兩寺的常住法師都贊成合併，但並沒有成功。

由於紅色高棉及越南軍隊攻打柬埔寨，許多難民逃往泰國，後來部分難民得到澳大利亞的收容。一九八〇年代中期，柬埔寨難民終於邀請到柬埔寨的僧人Ven. Long Sakkhone到達雪梨近郊的費爾菲爾德（Fairfield）弘法。開始時是租用一棟廢棄的建築，舉行活動。後來得到新南威爾斯州房屋部長的協助，於邦尼里格（Bonnyrigg）購物中心附近找到一塊土地，讓他們開發柬埔寨社區，興建佛寺。柬埔寨難民對佛教的信仰虔誠，雖然生活困苦，但他們坦然接受並護持道場的興建。一九九〇年，終於建成正式的寺院寮房。

一九八四年，泰國瑪哈寺（Wat Phra Mahathat）的 Ven. Chaokhun Suviriyan 和 Ven. Phra Yoi 兩位法師，應維多利亞佛教基金會（Buddhist Foundation of Victoria）邀請，到墨爾本安居，並指導禪修。之後，應信眾要求，於一九八六年在墨爾本成立第一座泰國佛寺 Wat Dhammarangsee，隸屬於泰國瑪哈泰寺[7]。

一九八四年，泰國北碧府的 Phra Thammakhunapho 長老，發心將佛教傳播到澳大利亞，在墨爾本成立 Wat Thai Nakorn Melbourne；一九八七年，又於布里斯班（Brisbane）成立 Thai temple in Brisbane，照顧那裡的泰國、緬甸、柬埔寨、寮國和斯里蘭卡的佛教徒僑民。

柬埔寨佛教協會（Cambodian Buddhist Society），成立於一九八四年，提供柬埔寨僑民社會文化，精神生活的需要。

一九八七年，緬甸僑民在雪梨西方的帕拉馬塔（Parramatta）租賃了一棟公寓，做為佛教精舍。一九八八年，請到曾任教於印度那爛陀大學的緬甸高僧烏扎加拉博士法師（Venerable Dr Uzagara 或稱 Venerable Sayadaw U Zagarabhivamsa），擔任住持。專門研究阿毘達磨與巴利文的烏扎加拉法師，德高望重，深得緬甸僑民的尊敬。一九八九年，在雪梨西邊二十五公里馬里蘭（Merrylands）的緬甸僑民社區購置了一處較寬敞的地方，成立佛教精舍。

維吉他法師（Ven. Vijitha）於一九九三年，由斯里蘭卡抵達澳大利亞維多利亞州的斯里蘭卡佛寺（Sri Lankan Buddhist Temple）弘法。法師善於說法，攝受信眾，幾年內就將法務振興起來，又與其他佛教團體保持良好互動，並且興辦佛法學校與僧伽羅語（Sinhala）學校。一九九九年，在斯里蘭卡佛教會（Buddhist Sri Lankan Association）的號召下，維吉薩法師帶領興建法歸精舍（Dhammasarana Vihara），日後成為斯里蘭卡移民的重要宗教聚會處。

一九九四年，法洲禪修中心（Dhammadīpa Meditation Centre）成立，由斯里蘭卡籍的僧伽難陀長老（Venerable Akaravita Sanghananda Thero）主持，同時興辦佛教學校。

在澳大利亞本土化的佛教組織中，最成功的是西澳大利亞佛教會（Buddhist Society of Western Australia）。一九八二年，在佛教會的邀請下，兩位澳大利亞籍泰國阿姜查的弟子闍伽羅比丘（Bhikkhu Jagaro）和富利沙比丘（Bhikkhu Puriso）抵達珀斯，開始成立森林道場。隔年，英籍的阿姜布拉姆也從泰國抵達，協助建立占地九十七英畝的森林道場——菩提智寺（Bodhinyana Monastery）。

阿姜布拉姆法師一九五一年生於英國倫敦，在劍橋大學時就對佛法深感興趣，畢業後擔任一年的教師工作，之後，就前往泰國。於一九八三年，他二十三歲時依泰國沙凱寺（Wat Saket）住持出家，隨後九年到泰國著名森林僧阿姜查長老處學禪修。阿姜布拉姆法師已在澳大利亞居住了三十多年，目前是西澳珀斯南方五十公里菩提智寺住持；但他也是一位國際雲水僧，前往各地弘法指導禪修，並且擔任多處佛教團體的精神導師。如西澳佛教協會、南澳洲佛教協會、維多利亞佛教協會、雪梨菩提拘蘇摩佛教禪修中心（Bodhikusuma Buddhist and Meditation Center）、新加坡佛教友誼會（Buddhist Fellowship in Singapore）等。他雖為泰國保守派南傳上座部的森林僧，卻積極地以出世的精神、從事入世的佛教事業，如舉辦兒童教育、成人佛學、監獄布教、家庭普照、急難救濟等，而且更支持女眾受南傳比丘尼戒，並且在珀斯東北方四十公里的吉基干奴（Gidgegannup）成立一所尼眾道場，由在斯里蘭卡出家二十三年的維雅瑪十戒學法女當住持。布拉姆法師年輕時，就幫忙編著英文戒本，此書今為西方南傳比丘寺院的戒法指南。為了南傳女眾受戒問題，法師進一步研究比丘尼戒法，之後更認同女眾求受戒法的權力。法師的著作有《敞開您的心門》（*Opening the Door of Your Heart*）、《禪悅：快樂呼吸十六法》（*Mindfulness, Bliss, and Beyond: A Meditator's Handbook*）。

一九九八年，西澳大利亞佛教會在離珀斯四十五分鐘車程的山丘上，建設了南傳上座部佛教的女眾森林禪修道場法依尼寺（Dhammasara Nuns' Monastery）。

性空森林道場（Sunnataram Forest Monastery）是雪梨郊區的泰國森林佛教修行道場。一九八九年，佛教徒伊麗莎白．戈爾斯基（Elizabeth Gorski）將位於班達農（Bundanoon）的一百畝丘陵地，獻給泰國的楊達法師（Venerable Phra Acharn Yantra）興建森林道場。一九九〇年，性空森林道場開始興建，由泰國的勤力法師（Venerable Phra Maha Viriyarampo）住持領導，二十多年來，道場已開發建設禪堂及男女眾修行居住的地方，提供法師培訓課程、各種佛學及靜修課程，還有戶外教學的佛教藝術景觀雕塑❽，是一處提供大眾認識佛教的道場。

澳大利亞藉的蘇闍多法師，一九九四年在阿姜查傳統的師承下，於泰國受具足戒成為比丘，投入於森林傳統的禪修。法師不僅是一位禪行者、禪修指導者（以慈心觀為主），也是一位巴利文學者。並以漢語、梵語和西藏文深入比較其中的異同，探討各傳承間的教義和新開發的研究領域。法師認為各傳承間存在的一致處可視為是佛陀原始教導重要的歷史線索。他著有《止觀雙運》（*A Swift Pair of Messengers*），闡述佛教經典中有關禪修教法的編纂結集，及《正念的源流》（*A History of Mindfulness*）。蘇闍多法師於二〇〇三年在南新威爾士州成立寂靜森林道場（Santi Forest Monastery），位於雪梨南方二百公里高地的森林中，是由伊麗莎白．戈爾斯基捐獻的一百五十畝林地。寺院的弘教遠景，自始即包括重建森林傳統比丘尼僧團，蘇闍多法師以堅定立場，大膽發言和紮實研究，全力支援恢復比丘尼戒傳承，也由此法師在當代南傳上座部佛教界內極具爭議性。目前他已逐漸落實在澳大利亞寂靜森林道場成立一個森林傳統的比丘尼僧團。寺中架設有中英藏巴佛學搜尋網站（suttacentral.net），希望提供學術界暨教界完整且最新的原始佛典資料，尤其包括中文《阿含藏》，巴利尼柯耶及各種語言背景之《律藏》。二〇一二年開始，寂靜森林道場成為比丘尼道場，由阿姜布拉姆指導[9]。寂靜森林道場也開放給出家、在家的男女眾參學。澳大利亞另外兩處南傳上座部的女眾道場，分別是珀斯的法依尼寺和墨爾本的紐伯里森林道場。

二〇〇九年十月二十二日在菩提智寺，南傳上座部佛教第一次讓四位女眾受比丘尼具足戒，首開泰國森林佛教傳統的先例。受戒的四位尼眾來自鄰近的「法依尼寺」，他們是：婆耶摩（Vayama）、尼樓陀（Nirodha，即伊麗莎白．戈爾斯基）、世尼（Seri）及訶薩波若（Hassapanna）。

這次的歷史性事件，是由阿姜布拉姆法師主持上座部二部僧授戒，而泰國傳統上座部反應劇烈，之後，經泰國阿姜查傳統的巴蓬寺（Wat Pa Pong）僧人投票，將阿姜布拉姆驅出巴蓬寺組織。

澳大利亞的佛教徒信仰方式多彩多樣，白種人大多數到南傳佛教寺院，原因是他們喜歡佛學哲理的探究；另一方面澳大利亞地理環境比較接近東南亞，他們到寺院大多希望能找到一位指導禪修的老師。

目前在澳大利亞有一百二十四個來自泰國、緬甸、柬埔寨、寮國及斯里蘭卡的南傳上座部佛教的組織道場[10]，其中最多分布在新南威爾斯州，有三十五個組織，其次在昆士蘭有十八個，在西澳有十五個。

二、漢傳佛教在澳大利亞

來自亞洲各國的移民佛教徒，包括許多民間拜佛燒香的信眾，通過組織佛教團體，或舉辦佛教活動，或建立寺院，表達信仰，加強聯繫，弘揚佛法。因而澳大利亞各城市相繼成立了不同民族的佛教團體。

一九六〇年，傳承中國禪宗的宣化上人抵達雪梨，但因為當時的華僑中甚少佛教徒，所以宣化上人於一九六一年底，轉往美國。

一九七二年，中國商人廖英源居士，在雪梨成立澳大利亞中國佛教協會（Chinese Buddhist Society of Australia）。起先在他家的車庫聚會，並曾邀請斯里蘭卡的蘇摩洛迦法師指導。後來在雪梨中國城的迪克森街（Dixon Street）建立「般若寺」，但於一九八五年遭大火燒毀，僅存佛像和藏經。其後，住持慈明法師帶領信眾們在雪梨北邊的霍恩斯比（Hornsby）重建寺院。燒燬的舊址在一九八九年，由中國四邑學會（Chinese See

Yup Society）買下。

廖英源居士並於一九八四年成立澳大利亞佛教圖書館（The Australian Buddhist Library），圖書館原本坐落在雪梨的喬治街（George Street），後來遷至緊鄰雪梨中國城的薩塞克斯街（Sussex Street）。圖書館有三千冊藏書，包括四種版本的中文《大藏經》，巴利三藏及倫敦巴利聖典協會英譯的英文巴利三藏。另外還有緬甸文，僧伽羅文和泰文的三藏及英文和其他語文的佛學參考資料。圖書館內還提供閱覽室、會議室、演講廳及靜坐教室。直到一九八七年，由於圖書館位於雪梨的黃金地段，廖氏家族負擔不起長期的經費支出，所以想將圖書館捐給雪梨的新南威爾斯州佛教協會，但協會也因沒有能力處理，而將圖書館轉贈給位於坎培拉（Canberra）的國家圖書館。現已在路易斯漢姆（Lewisham）特別成立佛教圖書館及教育中心（The Buddhist Library and Education Centre），希望日後能發揮如同先前澳大利亞佛教圖書館的功能。

一九七九年，第一個屬於日本禪宗的雪梨禪中心（Sydney Zen Centre）[11]誕生。它是附屬在夏威夷的金剛僧伽會，指導老師羅伯特．艾特肯。艾特肯於二次大戰期間，接觸到日本禪宗，跟隨日本禪師中川宋淵和安谷白雲學習，艾特肯於一九五九年在夏威夷成立禪修中心——金剛僧伽會。一九七九年開始，艾特肯定期走訪澳大利亞教禪。一九八五年，艾特肯在墨爾本的學生們，成立墨爾本禪小組（Melbourne Zen Group）。

一九八九年，艾特肯的學生貝利．法荏（Barry Farrin）在昆士蘭州陽光海岸成立森林道禪（Forest Way Zen）。一九九九年禪空心圓（Zen Open Circle）在雪梨郊區的巴爾曼（Balmain）成立。雪梨禪中心於二〇〇一年，在位於雪梨西北方的聖奧爾本斯（St. Albans）興建了古士寺，是一座功能完整的禪修道場。目前，禪中心在各大城市共有六處聚會所，是日本禪在澳大利亞最大的組織。

直正庵佛教禪中心（Jikishoan Zen Buddhist Community）由 Ekai Korematsu Osho（一九四八—）於一九九九年在墨爾本成立，屬日本曹洞宗，禪中心出版《明珠》季刊（*Myoju Magazine*）。

二十世紀八十年代初期，韓國法身學會（Korean Dharmakaya Society）成立於雪梨西郊的夏山（Summer Hill）。一九八四年，來自韓國的真祥禪師在雪梨的伊爾伍德（Earlwood）賃屋成立弘寶寺，後改為達摩寺（Dharma Sa）。一九八五年真祥禪師離開，由藏山法師接管達摩寺。後因與寺裡的管理委員關係緊張，所以帶領一些信徒離開，另外在夏山成立佛光寺。一九八六年，藏山法師因簽證到期返回韓國，一九八八年再回佛光寺任住持。韓國法身寺於一九八六年，派了比丘尼貞御法師到澳大利亞，貞御法師後來也因為與寺院管理委員會不合，於一九八八年離開，另外在貝爾莫爾（Belmore）成立觀音寺。韓國法身寺再派慈英比丘尼到澳大利亞，當時伊爾伍德的道場已經荒廢，所以另外在韓國僑民聚集的坎普西（Campsie）成立新道場。與此同時，佛光寺的住持藏山法師不滿寺院管理委員會的活動安排，認為大家只是把寺院當成俱樂部，聚會談論政治商務，對佛法的修學沒有興趣，所以藏山法師就返回韓國，留下沒有法師的寺院。直到一九九一年，在慈英法師和佛光寺的新任住持 Ki Hu Sunim 的協調下，道場合併管理。至此，韓國裔的信徒也以道場的種種紛爭感到羞恥，希望有一和諧的團體。

韓國由朴重彬成立於一九一六年的新興宗教——圓佛教，也於一九九三年在雪梨北方的戈斯福德（Gosford）成立圓禪修中心（Won Meditation Centre）。

一九七〇年代後期到八〇年代，有許多越南難民逃到雪梨西南的格里布（Glebe），一九七九年，成立新南威爾斯州越南佛教會（Vietnamese Buddhist Society of NSW），第一次法會借泰國佛寺佛陀朗西寺舉行。在澳大利亞政府的協助下，第一座越南寺院法寶寺，於一九八五年在邦尼里格（Bonnyrigg）成立，由越南來的 Ven. Thich Bao Lac 法師主持，法寶寺也是新南威爾斯州越南佛教會會所。

第一位抵達澳大利亞的越南法師是長老級的福慧法師（Ven. Thich Phuoc Hue，一九二二—二〇一二），他於一九八〇年抵達雪梨，隔年即成立澳大利亞越南佛教聯合會（Vietnamese Buddhist Federation of Australia），組織在一九八七年易名為澳大利亞統一越南佛教會（United Vietnamese Buddhist Congregations of Australia），目前在澳大利亞全國都有分會。佛教會初期是將位於費爾菲爾德（Fairfield）的一處大車庫，改建為福慧寺；後又遷至弗茲格瑞（Footscray）。但由於信眾日增及附近居民抗議，經由地方政府協助，在雪梨維特萊爾公園（Wetherill Park）旁邊，覓得一廢棄的學校用地，於一九八七年正式興建傳統莊嚴的福慧寺[12]。福慧法師三十多年來，在澳大利亞興建多座越南佛寺，辦學弘法，對佛法的弘揚功不可沒。

一九八一年，福慧法師的弟子輝同法師（Thich Huyen Ton）抵達墨爾本，與當地的越南僑民一起成立大悲觀音寺，後改名為觀音寺（Quan Am Temple）。一九八九年，終於在現址柏克街（Burke Street）興建光明寺。光明寺落成後，即舉辦參與各種慈善活動，發揮服務社區的功能。一九九七年後，由華天法師擔任住持，法師積極參與各項社會利生活動，及與維多利亞州大學、佛教會、佛教聯合會共同策畫推廣佛教在澳大利亞的會議。

福慧寺的信眾以船民居多，法寶寺的信眾以學生及外交官居多，兩個團體都非常重視年輕人學佛，都設有佛教青年家庭（The Young Buddhist Family），類似童子軍的組織。

一九八六年，一行禪師應佛教和平同盟（Buddhist Peace Fellowship）邀請，第一次抵達澳大利亞弘法。之後，信眾們於雪梨西北購置了一百畝的土地，一九八九年，仿效一行禪師在法國的梅村，成立蓮花僧團（Lotus Bud Sangha）⓭。直到現在，已在各大城市發展出十多個靜修中心。

位於墨爾本近郊的越南寺院華嚴寺，由添譚法師建於一九八七年。二〇〇五年，華嚴越南語文學校誕生，二〇一六年，更創辦華嚴小學，將佛法與基礎教育結合在一起。

越南僑民為紀念一九六三年在西貢為保護佛教而自焚的廣德法師，於一九九〇年在維多利亞成立廣德佛教福利協會（Quang Duc Buddhist Welfare Association）。

一九七七年，臺灣的藏慧法師移民澳大利亞雪梨，法師先在紅坊（Redfern）租屋，成立華藏寺，是為第一位定居澳大利亞並弘揚漢傳大乘佛教的華僧。藏慧法師也是合格的數理學科教師，法師早期除了弘揚佛法，還在寺院開辦包括中文、英文、數學、理化等高中課程補習班，吸引了許多年輕學子，之後進入雪梨大學，日後成為社會菁英。法師於一九九三年，克服種種困難，在霍姆布什（Homebush）創建華藏寺。華藏寺的建築風格中西合併，西式的三門，仍保存著中式的飛簷。華藏寺的占地面積大約有三萬多平方公尺，由一座主殿及圖書館、齋堂、廚房和幾處別墅式的僧寮組成。住眾最多時，大約有二十人。華藏寺也有許多當地的白人虔誠地信仰著佛教，並參加寺裡的禪修、念佛、聞法等活動。藏慧法師於一九八一年在林清涼居士的積極配合下，在新南威爾斯大學創立「慧命社」（UNIBUDS）。宗旨是：1.在大學及澳大利亞國內外鼓勵、提倡及宏揚佛法；2.促進及溝通佛教各宗派對於佛法的了解；3.提倡靜坐修學；4.促進佛教徒及其他宗教團體和社會大眾間的了解和友誼；5.為大學新生及社會大眾提供福利和服務。為了推動澳大利亞佛教的發展。藏慧法師把目光集中在各大學院所並任佛法導師。華藏寺多年來一直致力於把臺灣印順長老的著作譯成英文的工作。

在藏慧法師的支援下，一九八一年成立新南威爾斯大學佛學社（University of New South Wales Buddhist Society，簡稱UNIBUDS）；隔年，澳大利亞最古老的雪梨大學也成佛學社（Sydney University Buddhist Society）；一九九二年，麥考瑞大學佛學社成立（Macquarie University Buddhist Society）。

澳洲雪梨中華佛學會明月居士林成立於一九八二年，是一所集合釋道儒三教合一的宗教道場。經過三十多年歷屆會長及理監事共同勞力發展下，明月居士林也是雪梨西區一所宏揚佛教的道場。

澳洲人乘佛教幸福文化佈教所（The Australia Buddhist Bliss Culture Mission）由臺灣聖開法師成立於一九九六年，經西澳政府核准成立，是世界各地所創建的唯佛宗人乘道場之一。

二十世紀九十年代開始，臺灣的星雲法師把「佛光山人間佛教」傳到澳大利亞。從一九九二年起，星雲法師先後在布里斯本興建了中天寺，在雪梨臥龍崗興建了南天寺，在西澳興建了講堂等道場，國際佛光會也在澳大利亞各地設立了分會。位於雪梨南方一百公里的工業城市臥龍崗市的南天寺，占地五十五英畝，建築面積達一萬一千平方公尺，採用中國宮殿式造型，匯集了東西文化的精華。造型美觀，莊嚴古樸，是當地最受歡迎的景點之一。南天寺不惜鉅資發行英文佛教小叢書，中、英、粵語佛教錄音帶以及每年一萬份的中英文版刊物《南天通訊》，免費贈送給前來索閱的社會人士，不但有助於當地人士了解佛教，對於佛法的弘揚、人心的淨化也發揮了很大的效果。南天寺同時設立南天佛學院，培養佛教中英文弘法人才。南天寺和中天寺秉持了佛光山的宗旨：叢林道場的禪風，誦經，念佛，修禪，共修，其硬體與軟體又應用了現代化的先進設備。在弘揚佛法的同時融合了多元文化特色，在寺裡經常舉行各種文藝活動，如書法班、繪畫班、歌詠班、書畫展、青銅器展、茶壺展、梵唄音樂會等。

一九九五年「淨宗學會、淨宗學院」在臺灣淨空法師的推動下，首先在澳大利亞昆士蘭成立澳洲淨宗學會，後來相繼在雪梨、墨爾本及西澳成立分會。並積極支持和融入了澳大利亞的多元文化體系。

臺灣千佛山白雲禪師的弟子如山法師，於一九九三年應信眾邀請，前往澳大利亞弘法，信眾法喜充滿，反應熱烈。於是信眾在墨爾本近郊購地三十二英畝，一九九五年建築了雲陽寺。

越南華僑遷移到澳大利亞後，於一九八〇年在維多利亞州的史賓威市（Springvale），成立了維州佛學明月居士林（Bright Moon Buddhist Society）。周理性居士擔任林長期間，於一九九三年特聘請中國廣東韶關丹霞山監院妙淨法師為導師，定時開設佛學講座，啟發正信。至今居士林的會員已發展到上千人。維州佛學明月居士林做為佛學團體，也是華人活動的中心，在墨爾本影響很大，每到週末華人佛教徒大多雲聚於此，參加居士林開設的佛教活動、講經法會、兒童德育班、聊天喝茶等。一九九五年七月，濟群法師還應邀在這裡主持了佛教冬令營活動。現任林長為李戒明居士。

生於福建福安縣的妙淨法師（一九五九—），曾任職於廣東的光孝寺及丹霞寺。法師於一九九五年正式移民澳大利亞，之後，陸續建設了四座道場。一九九六年，法師購置了位於南澳大利亞州的首府阿得萊德市（Adelaide），沿海綿延三公里約八百畝的土地，興建南海普陀寺。妙淨法師於二〇〇八年，在墨爾本市中心成立永福禪寺，提供信眾念佛、參禪、聞法，研修經藏，以及社教活動之用。法師也在墨爾本購下原為義大利人所有，包括三棟一層的西式建築，占地十八畝的莊園，成立墨爾本兜率內院。妙淨法師在原有建築外，再加建大雄寶殿、大悲殿及念佛堂等設施，舉辦法會活動。同年，法師還在澳大利亞的首府坎培拉興建精舍成立護國報恩寺，推動有關佛教文化、教育、弘法、慈善等事業[14]。

大陸福建莆田廣化寺的毅然、善念、般若、證雲、戒文、德法法師，廣東丹霞山別傳寺的妙淨法師，北京廣濟寺的啟燈法師等陸續移民澳大利亞，為澳大利亞佛教的弘揚增添了新生力量，促進了澳大利亞佛教的發展。

雪梨的般若院，住持般若法師（一九七三—），祖籍安徽太湖。一九九四年十月因雪梨華藏寺藏慧法師的因緣移民澳大利亞，並先後在新南威爾斯大學（University of New South Wales）、雪梨大學（Sydney University）、麥覺理大學（Macquarie University）等學府擔任佛學授課法師。二〇〇〇年第二十七屆奧運會在雪梨召開，應澳大利亞奧會的邀請，般若法師代表佛教入駐奧運村，利用佛教靜坐和佛教心理學等進行宗教服務，幫助運動員克服緊張情緒，成為「奧運和尚」。二〇〇六年般若法師應華藏寺四眾弟子邀請，擔任華藏寺住持；同年五月，他接受了澳大利亞新南威爾斯州警方的邀請，在雪梨帕拉馬塔（Parramatta）警察總部擔任義務「宗教顧問」（Buddhist Police Chaplain）一職（任期五年）。般若法師二〇〇九年還創辦了澳大利亞佛教《般若》（*Prajna*）雜誌在全澳發行，是一份中英文佛教雜誌。般若法師一邊學習英文，一邊利用佛法結合西方文化的需要，將漢傳佛教積極融入澳大利亞的社會，在多個領域發揮了宗教師的特殊作用。

一九九七年三月一日，「慈濟基金會澳洲雪梨分會」成立，由移居澳大利亞的臺灣慈濟基金會委員發起組建，是基金會在美國、加拿大、日本、新加坡之後成立的第五個分會。宗旨是：秉持佛教「無緣大慈、同體大悲」的精神，彙集臺灣移民的人力和資源，扶助或回饋當地社會各階層，廣泛傳布博愛精神，主要是推動慈善、醫療工作。

目前在澳大利亞有一百六十二個分屬於臺灣、越南、日本、韓國的漢傳道場⓯，其中最多分布在新南威爾斯州有五十個組織，其次在維多利亞有四十一個，昆士蘭有三十三個。

三、藏傳佛教在澳大利亞

一九七〇年代，有不少澳大利亞的年輕人到北印度和尼泊爾，參加由西藏喇嘛組織的禪修活動，再把對藏傳佛教的熱情帶回到國內。

一九七四年耶喜喇嘛及梭巴仁波切在澳大利亞帶領一個月的禪修課程，吸引了兩百多位來自全國各地的學員。禪修結束後，為了能繼續修學佛法，即有四名學員一起捐贈了位於昆士蘭州陽光海岸優德羅（Eudlo）的一塊土地，成立了「觀音學院」（Chenrezig Institute）。觀音學院培養出許多藏傳僧侶，現在學院裡分別設有男女眾道場。一九八二年，又在昆士蘭營盤山（Camp Hill）成立朗日塘巴中心（Langri Tangpa

Centre），做為舉辦佛學課程和指導禪修的地方。

由耶喜喇嘛及梭巴仁波切成立的護持大乘法脈聯合會，七十年代開始，陸續在澳大利亞各處設立道場，提供研究和實踐藏傳佛教格魯派傳統的地方。一九八一年，坐落在維多利亞州中部本迪戈（Bendigo）附近的阿底峽中心（Atisha Centre）成立；一九八二年，梭巴仁波切在南澳大利亞州成立佛陀之家（Buddha House）；一九八四年，金剛乘學院（Vajrayana Institute）在新南威爾斯州的艾士菲（Ashfield）成立。一九八七年，聯合會在東布萊頓（East Brighton）購得一棟拍賣的豪宅，改為救度母學院（Tara Institute）成立藏傳佛教教學和禪修中心。一九八八年，金博爾·卡德（Kimball Cuddihy）和格雷格·利思（Greg Leith）將位於袋鼠島（Kangaroo Island）一千三百畝的土地，捐贈給梭巴仁波切，成立德通林（De-Tong Ling），開發格魯派的佛學院和修行道場。耶喜喇嘛及梭巴仁波切除教授藏傳佛教課程外，也舉辦研討會及閉關、修持等修行活動。

一九七〇年代，在耶喜喇嘛座下出家的土登嘉措法師（Ven. Thubten Gyatso，一九四三—），俗名阿德里安·費爾德曼博士（Dr. Adrian Feldmann），是藏傳格魯派裡第一位西方出家人。一九九六年，土登嘉措法師於本迪戈成立土登雪都林道場（Thubten Shedrup Ling Monastery）。

一九七七年，在墨爾本「護持大乘法脈聯合會」的美籍法師袞卻都娜（Ven Konchog Donna），曾前往珀斯弘法。她是第一批前往珀斯的教師之一。直到一九八七年，梭巴仁波切才在珀斯成立護持大乘法脈聯合會，道場命名為哈亞貴瓦佛教中心（Hayagriva Buddhist Centre）。該中心經過數次搬遷，於二〇〇一年購置了現在的道場。二〇〇二年，澳大利亞出生的土登頓珠法師（Ven Thubten Dondrub）擔任中心住持，二〇一二年，法師又被任命為位於阿德萊德（Adelaide），護持大乘法脈聯合會的住持。

藏傳佛教護持大乘法脈聯合會的發展，還包括監獄弘法（Liberation Prison Project）、西塔瑪尼臨終關懷服務（Cittamani Hospice Service）、卡魯納臨終關懷服務（Karuna Hospice Services）、昆桑耶喜佛教中心（Kunsang Yeshe Retreat Centre）、塔斯馬尼亞（Tasmania）的千手千眼藏傳佛教中心（Chagtong Chentong Tibetan Buddhist Centre）及二〇一五年於本迪戈建成的宇宙慈悲大佛塔（The Great Stupa of Universal Compassion），將提供藏傳佛教修學環境及靜修中心；還有男女眾寮房及安養院，並提供餐廳旅館，供參學者使用。

西藏格魯派的格西阿闍黎土登洛登（Geshe Acharya Thubten Loden，一九二四—二〇一一）於一九七六年受耶喜喇嘛邀請，到觀音學院任教。三年後，他離開觀音學院，在維多利亞成立洛登大乘中心（Loden Mahayana Centre）。他曾在一九八二年，負責安排第十四世達賴喇嘛，訪問澳大利亞的任務。該中心後改稱藏傳佛教協會（Tibetan Buddhist Society）。格西洛登並於二〇〇〇年時，在墨爾本興建第一座西藏傳統風格的道場，命名為和平土地——喜悅禪修中心（Peaceful Land of Joy Meditation Centre）[16]。他的學生瑪格麗特（Margaret）和萊斯·希伊（Les Sheehy）夫婦，也於一九八一年，在西澳大利亞成立珀斯藏傳佛教協會，並於二〇〇九年在珀斯興建藏傳風格的寺院。另外，雪梨藏傳佛教協會（Tibetan Buddhist Society Sydney）也由格西土登洛登成立於一九九八年。

一九九二年，達賴喇嘛第二次訪問澳大利亞，促成西藏新聞辦公室（Tibet Information Office）在坎培拉成立。

悉達多本願會（Siddhartha's Intent），是由宗薩蔣揚欽哲仁波切（Dzongsar Khyentse Rinpoche）於一九八六年始創於澳大利亞墨爾本的國際佛教組織，時稱悉達多本願會南大門（Siddhartha's Intent Southern Door）。此後悉達多本願會擴增了北美、墨西哥、印度、香港、歐洲、臺灣和日本分支機構。其主要宗旨是致力於保存傳承佛陀的教法，同時也希望超越文化和傳統的藩籬，提昇大眾對佛法的認知與了解。

澳洲佛教顯密研修院（The Australian Institute of Buddhist Learning and Practice），屬藏傳格魯派，由祈竹仁波切（Khejok Rinpoche，一九三六—二〇一三）成立於一九

八九年。總部位於雪梨圖恩加比（Toogabbie），在澳大利亞各地有許多分會。

澳大利亞的藏傳佛教中心（Australian Tibetan Buddhist Centre）由格西阿旺根墩（Geshe Ngawang Gedun）於一九九五年成立，屬宗喀巴傳承的格魯派。

黃金海岸鑽石道佛教禪修中心（Diamond Way Buddhist Meditation Centre in Gold Coast），成立於一九九〇年。在澳大利亞有十多處鑽石道系統的禪修中心。

一九九一年，十五世嘉塞祖古仁波切（Gyalsay Tulku Rinpoche）在新南威爾斯成立薩迦塔巴林佛學院和靜修中心（Sakya Tharpa Ling Buddhist Institute and Meditation Centre）。二〇〇六年開始，由董居祖古仁波切（Dungyud Tulku Rinpoche）負責。

旅居澳大利亞的確札喇嘛（Lama Choedak，一九五四—），於一九八九年在坎培拉成立薩迦洛薩確宗（Sakya Losal Choe Dzong）藏傳佛教協會（Tibetan Buddhist Society of Canberra）。一九九六年，在薩迦法王秋吉崔欽仁波切（H.E.Chogye Trichen Rinpoche，一九二〇—二〇〇七）的贊助下，於伊瓦特成立了榮敦佛學院（Rongton Buddhist College）。二〇〇八年建成的藏傳佛教薩迦學院（Sakya International Buddhist Academy）位於墨爾本附近的東吉普斯蘭（East Gippsland）風景區，占地十八英畝。由秋吉崔欽仁波切主持了開光儀式。來自雪梨、坎培拉、墨爾本等地藏傳佛教中心和西藏人社區的代表，參加了這次開光儀式。確札喇嘛表示，這裡將會成為一個真正的學校，在這裡人們將更系統地學習藏文和藏傳佛教。

格西土登達瓦於一九八一年，任教於墨爾本的觀音學院，一九九〇年後任教於雪梨的金剛乘研究所。現為格魯派薩帕（Tharpa Choeling）——惠靈頓佛教中心（Wellington Buddhist Centre）住持。

目前在澳大利亞有一百四十二個藏傳道場[17]，其中新南威爾斯州有五十五個，維多利亞有三十二個道場。

在澳大利亞弘法三十多年的澳籍尊者慧聖法師（Ven. Pannyavaro），一九七八年在泰國曼谷布翁尼維寺（Wat Borvornivet）依泰國僧王蘇瓦塔那摩訶長老（Somdet Phra Nyanasamvara）出家，在緬甸、泰國和斯里蘭卡參學多年。慧聖法師於一九九二年，在雪梨成立佛法教育學會（Buddha Dharma Education Association Inc），並創建佛教網站（BuddhaNet.net），希望透過現代的網路科技，將佛陀的教法，免費提供給全世界所有需要的人。網站包括南北傳佛教電子圖書館、語音佛法開示及唱誦、兒童佛書、靜坐內觀指導等內容豐富，還提供世界各地佛教道場組織的訊息，是不可多得的優質佛教網站。二〇〇六年，慧聖尊者在新南威爾斯州特雷拉（Tullera）購置了九十五英畝的土地，興建菩提樹森林道場內觀靜修中心（Bodhi Tree Forest Monastery and Vipassana Retreat Centre）。

由於二〇〇四年在西雪梨大學舉辦系列佛教研討會，讓許多與會的學者對佛教讚歎不已。之後，澳大利亞的學者們覺得應該成立一個可以交流分享佛教研究的組織，於是，澳大利亞佛教研究協會（Australasian Association of Buddhist Studies，簡稱AABS），於二〇〇五年十月正式成立[18]，附屬於雪梨大學印度學系內。該協會旨在建立澳大利亞從事佛教研究領域的學者和學生之間、本地學者與海外學者之間，以及不同宗派學者之間的聯繫。為達到這些目的，協會舉辦研討會、會議、公開講座，討論和研究小組，並努力建立與其他學術組織在相關學術領域的聯絡，及出版佛學研究的刊物。目前該研究協會，除了每個月舉辦專題討論，並且不定期舉辦大型的學術會議。

澳大利亞的佛教團體為結合佛教的力量，爭取政府的認同，所以在各行政區組織佛教協會，代表佛教發言，並促進佛教界的合作，推動社會關懷。目前依行政區的劃分有：

新南威爾斯州佛教協會（The Buddhist Council of NSW），成立於一九八四年。當時因世界佛教徒聯誼會在雪梨舉辦，會後，當時新南威爾斯州的許多佛教團體，共同發起組成新南威爾斯州佛教協會，目前有超過一百一十個佛教組織成員。

維多利亞州佛教協會（Buddhist Council of Victoria）成立於一九九五年，目前有四十多個佛教組織成員。

昆士蘭州佛教協會（Buddhist Council of Queensland）成立於一九九九年，目前有五十七個佛教組織成員。

西澳佛教協會（Buddhist Council of Western Australia）成立於二〇〇五年，目前有十四個佛教組織成員。

澳大利亞佛教聯合會（The Federation of Australian Buddhist Councils）成立於二〇〇三年。目前，聯合澳大利亞五州的佛教協會，共有超過兩百個佛教寺院組織會員。聯合會成立的目的是為了向澳大利亞政府、媒體及其他宗教提供佛教界的代表，集結支持澳大利亞佛教界，宣傳佛教，弘揚與實踐佛法，並與海外佛教團體聯繫合作。

結語

澳大利亞居民中百分之七十是英國及愛爾蘭後裔，百分之十八為歐洲其他國家後裔，亞裔占百分之六，土著居民約占百分之二點三。英語為通用語言。依澳大利亞的平等機會法，任何人不會因是否有宗教信仰、或宗教信仰的不同而受到歧視。根據統計，一九九六年澳大利亞有一百六十七個佛教團體；二〇〇四年四月增至三百七十八個；僅六年中增加了百分之一百二十六。漢傳佛教占百分之三十六點五；南傳佛教占百分之二十四；藏傳佛教占百分之二十四點五；其他宗派百分之十五。又二〇一一年的普查數據顯示，澳大利亞基督教聖公會教徒占總人口百分之十七點一，羅馬天主教教徒占百分之二十五點三，其他的基督教教派占百分之十八點七，沒有任何宗教信仰者占百分之二十二點三，非基督信仰者占百分之七點二，其中最多的為佛教徒，約占全人口的百分之二點五。

佛教在澳大利亞發展的歷史不長，但它是該國增長最快的宗教之一。從一九九六年到二〇〇一年間，佛教徒人數增加了百分之七十九，成為僅次於基督教，澳大利亞的第二大宗教。根據澳大利亞統計局（Australian Bureau of Statistics）在二〇一一年公布的人口普查數據，佛教人口從二〇〇六年的四十一萬八千七百多人，增加到五十二萬八千九百多人，成長率為百分之二十，占澳大利亞總人口的百分之二點四六。

根據米歇爾．史畢勒（Michelle Spuler）針對澳大利亞佛教的特色，在二〇〇〇年發表的論文中，分析南北傳佛教團體數量的統計，以北傳佛教有一百零三個團體占最多（其中越南佛寺占第一，中國佛寺占第二，日本禪寺第三）；次為南傳上座部有八十六個團體（其中內觀禪道場最多，次為泰寺、斯里蘭卡佛寺）；再次為藏傳金剛乘七十九個團體（其中格魯派組織幾乎占半數，次為寧瑪派、噶舉派）。另有超過百分之十的佛教團體，不屬於任何宗派，包括十個學生社團。

目前在澳洲有多達四百八十五個佛教團體[19]，主要分布在新南威爾斯州，其次為維多利亞州，再次為昆士蘭州。這些團體，可分為本土的佛教和移民的佛教。移民的佛教多數著重宗教儀式外，還包括了各民族的文化色彩；本土的佛教則多著重禪修的學習及佛法的義理，如同在西方的佛教，一些本土的佛教，有著反權威的傾向。

澳大利亞佛教節日主要的有：1.佛誕節與佛成道日：這是佛教最重要的節日，在雪梨等地都舉行慶祝活動；2.佛曆新年：東南亞的佛教新年在每年的四月，泰國、寮國、柬埔寨等國的移民會舉行包括「潑水節」等活動，這些傳統在澳大利亞的佛教徒中得以繼承；3.安居：上座部佛教僧人在雨季進行三個月的靜修；4.佛牙節：這是斯里蘭卡寺的佛教節日，澳大利亞的斯里蘭卡裔保持這一傳統。此外，大乘佛教與上座部佛教各有自己的儀式。但是，在澳大利亞無論那一種佛教節日或活動都與其移民的群體相關，也就是說與移民國家的佛教文化有密切的關係，都有各個佛教傳統文化之烙印。

❶ Graeme Lyall, 1993, *History of Buddhism in NSWand Current Developments*.

出處：http://www.buddhanet.net/filelib/genbud/ub3-lyl1.txt。

❷ Elkin, A.P.Aboriginal Men of High Degree:Inittion and Sorcery in the World's Oldest Tradition. 1937. Inner Traditions, 1994.

❸ 維多利亞州佛教會：http://bsv.net.au/about-us/history-of-the-bsv/。

❹ 出處：http://adb.anu.edu.au/biography/byles-marie-beuzeville-9652。

❺ Graeme Lyall, Buddhism and the Future of Humanity.

出處：http://www.purifymind.com/BuddhismFuture.htm。

❻ 出處：http://mahamakut.org.au/history/。

❼ 出處：http://www.australianbuddhisthistory.com/index.php/Wat_Dhammarangsee。

❽ 出處：http://www.sunnataram.org/about-us/location。

❾ 出處：http://santifm.org/santi/about/。

❿ 出處：http://www.australianbuddhisthistory.com/index.php/Category:Theravada。

⓫ 出處：http://szc.org.au/。

⓬ 出處：http://www.phuochue.org/home.html。

13. 出處：http://www.lotusbudsangha.org/lbs_aboutus.htm。
14. 出處：http://www.australia-buddhism.org.au/zh-tw/miaojing.html。
15. 出處：http://www.australianbuddhisthistory.com/index.php/Category:Mahayana。
16. 喜悅禪修中心：http://tibetanbuddhistsociety.org/our-founder/。
17. 出處：http://www.australianbuddhisthistory.com/index.php/Category:Vajrayana。
18. 出處：http://www.buddhiststudies.org.au/about/。
19. 出處：http://www.australianbuddhisthistory.com/index.php/Category:Buddhist_Groups_in_Australia。

第二章　紐西蘭佛教略史

紐西蘭（New Zealand）位於大洋洲西南部，面積二十七萬平方公里，人口四〇一萬，是屬於英聯邦國家之一。歐洲後裔的移民占百分之七十九，其他主要為毛利安人等。居民多信仰基督教新教、天主教，首都惠靈頓，通用英語。奧克蘭市是紐西蘭最大的城市，人口一百多萬，現有華人五萬多。整個紐西蘭有華人八萬多，是來自臺灣、香港、馬來西亞等。

在一百多年前，紐西蘭沒有佛教社團，但已有英文的佛教書刊，在圖書館更藏有多達四百多本的佛學書籍。土著毛利人民族文化也比較其他種族容易接受佛教思想。

一八六〇年代，前往奧塔哥金礦（Otago Goldfields）掏金的中國人，是紐西蘭最早出現的佛教徒，但人數不多。一九二〇年的人口普查，首次包括佛教，當時只有一百六十九個佛教徒，之後，就自然消聲匿跡了。直到一九七〇年代，由於澳洲人前往亞洲國家，有機會接觸佛教的教師，引發了他們對亞洲傳統宗教傳統的興趣，在紐西蘭也開始看到佛教的實踐和教義[1]。

一九八〇年之後，隨著亞洲移民和難民的進入，紐西蘭出現了不同形式的佛教道場。在二〇一一年時，佛教團體已超過五十個，主要集中在奧克蘭地區，包括寺院、禪修中心和閉關中心等不同佛教傳統的道場。許多移民社區，從他們自己的國家請來法師或宗教專家，寺院道場，也扮演保存特定民族文化的功能，提供本國語言和宗教教育。

第一節　藏傳佛教

多傑羌學院（Dorje Chang Institute）由耶喜喇嘛和梭巴仁波切，於一九七六年在奧克蘭成立，是紐西蘭最早的藏傳佛教道場，隸屬護持大乘法脈基金會。學院包括佛殿、圖書館、寮房和流通處，提供各種佛學及靜坐課程。多傑羌學院現由格西圖登旺成（Geshe Thupten Wangchen，一九五四—）主持。一九八四年，又在紐西蘭北島的科爾維爾（Colville）成立大手印佛教中心（Mahamudra Centre），是一個靜修道場。一九九四年，伊麗莎白．庫伯勒—羅斯（Elizabeth Kubler-Ross）因梭巴仁波切的鼓勵，於紐西蘭成立阿彌陀佛臨終關懷服務（Amitabha Hospice Service），後來也納入護持大乘法脈基金會，也成為紐西蘭臨終關懷的正式成員。

格魯派的格西阿旺達吉（Geshe Ngawang Dhargyey，一九二一—一九九五）於一九八五年到紐西蘭南島的達尼丁（Dunedin）成立達吉佛教中心（Dhargyey Buddhist

Centre）。格西阿旺達吉的教學，包括寂天的《入菩薩行》、月稱的《入中論》、宗喀巴大師的《菩提道次第》等格魯派的核心。一九九二年，達賴喇嘛到訪，在達吉佛教中心舉辦他在紐西蘭的第一次法會。

格魯派的堪梭薩比仁波切（Khensur Thabkhey Rinpoche，一九二七——一九九九），一九九六年在奧克蘭的曼格里（Māngere）成立札西果芒中心（Trashi Gomang Centre），現任住持是格西督楠（Geshe Dhonam，一九五七——）。一九九九年又在威靈頓成立札西格佩林（Trashi Ge Phel Ling）。

月稱禪修中心（Chandrakirti Meditation Centre）於一九九九年建於尼爾森郊區，隸屬梭巴仁波切創立的護持大乘法脈基金會的藏傳佛教研究和禪修中心。達賴喇嘛曾於二〇〇二年造訪，並將新蓋好的佛殿命名為那爛陀殿（Nalanda Hall），現任住持格西強巴旦滇（Geshe Jampa Tharchin，一九六八——）。

噶瑪噶舉西松秋克林（Karma Kagyu Thigsum Chokhorling）成立於一九八〇年，位於北奧克蘭，座落在五十畝的丘陵地上。喇嘛三旦（Lama Samten）和喇嘛些竹（Lama Shedrup）為完成十六世噶瑪巴讓炯日佩多傑的心願，於一九八四年建成西藏傳統風格的道場，佛殿裡多幅由十六世噶瑪巴贈送的唐卡和精美的佛像雕塑，殿外有多座莊嚴的佛塔。道場由紐西蘭噶瑪噶舉信託（The New Zealand Karma Kagyu Trust）管理，是藏傳佛教噶瑪噶舉傳統的研究實踐和閉關中心[2]。

一九九一年，鑽石道佛教中心在基督城（Christchurch Diamond Way Buddhist Centre）成立，之後，陸續也在紐西蘭各大城市成立分會。

奧克蘭香巴拉中心（Auckland Shambhala Centre）屬藏傳創巴仁波切系統，世界性的香巴拉中心。融合了藏傳佛教的噶舉派和寧瑪派的傳統，現由創巴仁波切的兒子薩姜米龐仁波切領導。

慈悲噶當派佛教中心（Compassion Kadampa Buddhist Centre）設在奧克蘭的伊甸山，由新噶當巴的創始人格西尊者格桑嘉措（Venerable Geshe Kelsang Gyatso）成立。現任常住法師為紐西蘭籍，一九九三年出家的根格桑悉拉布（Gen Kelsang Sherab）。

第二節　南傳上座部佛教

成立於一九八〇年的奧克蘭南傳上座部佛教會（Auckland Theravada Buddhist Association）隸屬阿姜查的森林禪修道場，在東奧克蘭的威靈頓山（Mount Wellington）建有奧克蘭佛教精舍（Auckland Buddhist Vihara），包括有活動共修的佛殿和一棟供聯誼聚會和僧眾住宿的兩層樓建築。另外，在奧克蘭郊外山丘上一片一百四十四畝的森林裡，建有解脫佛教道場（Vimutti Buddhist Monastery），屬森林禪修道場的形式，供僧俗大眾長期禪修[3]。

一九八五年成立的菩提智寺（Bodhinyanarama），屬阿姜查森林禪修道場之一。一九八二年時，阿姜查的弟子阿姜蘇美多訪問紐西蘭，答應學佛的大眾派遣比丘前往教導禪修、主持道場，於是一群熱心的護法，於一九八五年在威靈頓附近交通方便的斯托克斯山谷（Stokes Valley），購置了一百多英畝的森林，成立了菩提智寺，提供出家、在家眾修學佛法及禪修的地方。一九九二年出家，曾在英國隨阿姜蘇美多學習多年的紐西蘭籍比丘阿姜俱尸羅（Ajahn Kusalo，一九五二—）是現任住持[4]。

由於泰國皇冕基金會支持，一九九六年泰國僑民於奧克蘭興建泰國寺院 Watyarmprateep Thai Buddhist Temple，一九九九年在基督城（Christchurch）興建 Wat Buddha Samakhee，二〇〇二年在威靈頓成立泰國寺院 Wat Dhamma Prateep，提供泰國僑民禮佛學佛的場所[5]。

威靈頓柬埔寨佛寺（Wellington Cambodian Buddhist Temple）是由柬埔寨僑民建於一九八四年，也是紐西蘭有史以來的第一個高棉寺院，寺院的正式名稱為 Buddhajayamahanat。如同許多柬埔寨難民，素帖素拉蓬尊者（Venerable Suthep Surapong）在一九七五年的紅色高棉時流亡泰國，並在泰國的柬埔寨難民營，幫助輔導難民。一九七九年，柬埔寨難民被紐西蘭政府接受，素拉蓬尊者也被請到紐西蘭做為宗教導師，建設了Buddhajayamahanat佛寺，保存柬埔寨的傳統文化和歷史[6]。另外，因為柬埔寨難民的分布，目前在奧克蘭的塔卡尼尼（Takanini）有柬埔寨佛寺，另外三所寺院，分別在曼格里（Māngere）、威靈頓和漢密爾頓（Hamilton）。

一九八七年，葛印卡內觀禪修系統在奧克蘭北方馬克勞山谷（Makarau Valley）的叢林裡，成立正法之地（Dhamma Medini）內觀中心，占地一百三十七英畝，可容納一百人禪修[7]。

一行禪師的正念生活系統，在紐西蘭也有多處聚會中心，主要地點在奧克蘭的佛法蓋亞（Dharma Gaia）紐西蘭正念生活中心[8]。

第一座斯里蘭卡的佛教寺院於一九九九年，在奧克蘭的奧塔胡胡（Ōtāhuhu）成立。二〇一一年時，在塔瓦（Tawa）的達摩加維斯禪修中心（Dhamma Gavesi Meditation Centre）成立，服務惠靈頓地區的五百多個家庭。

二〇〇二年，斯里蘭卡佛教徒在紐西蘭南島的基督城，成立三摩地佛教精舍（Samadhi Buddhist Vihara）。

第三節　漢傳佛教

在奧克蘭市的佛教團體，包括本土人士、日本佛教團體、韓國佛教團體、臺灣佛教團體等三十多個，其中屬於華人的寺院團體有十一個。一九八五年五月臺灣聖印法師應信眾邀請，前往紐西蘭大城奧克蘭講學，其後又數度至紐宣法。一九九一年七月，紐西蘭佛門弟子，決定將原「觀音佛教會」和「正信佛教會」合併為「慈明佛教會」，恭請聖印老和尚擔任會長，並於奧克蘭市瓦依拉奇街（Wairakei Street）購得道場現址。一九九二年，開始興建慈明寺大雄寶殿，恭請達賴喇嘛主持動土大典，定名為「紐西蘭慈明寺」。於一九九五年舉行落成開光大典，大雄寶殿並展示泰國僧王致贈的鎮寺佛陀舍利開放供信眾瞻仰膜拜。當地皈依信徒達一千餘人，盛極一時。大雄寶殿莊嚴高大，中間供奉一尊玉佛、文殊菩薩、普賢菩薩，後面供奉千佛。另外還有三聖殿、華嚴殿、圖書館等。三門的大廣場內供奉一尊由韓國信徒贈送的巨大石雕地藏王菩薩立像。該寺監院常順法師，每週日的共修法會，講經說法，深入淺出，攝受聽眾。還經常舉辦佛化婚禮。自創設以來，經常參與當地社團公益活動，讓西方人士感受到佛法能融入西方社會，佛教是關心社會之宗教[9]。

一九七五年到一九八〇年間，紐西蘭政府接受約三千五百名越南難民，一九八〇年至二〇〇〇年間，又接受了四千名越南移民。居住在奧克蘭的越南移民，於一九八八年在奧塔胡胡成立越南協會，並在一處民宅舉辦佛教共修活動。一九九一年，崇善法師（Ven. Thich Truong Sanh）開始興建位於紐西蘭的第一座越南佛寺——覺然寺（Giac Nhien Temple），覺然寺是為紀念覺然法師，以他的名字為寺名。至二〇〇〇年時，覺然寺已是一處超過四千平方呎的道場，由越南海外統一佛教會（Unified Buddhist Church of Vietnam Overseas）管理[10]。

日本的創價學會也於一九七五年，就開始在紐西蘭成立小組，至二〇一一年時，已有一千名會友。

臺灣星雲法師的國際佛光會，一九九二年開始，在紐西蘭成立兩處佛教道場，即南島佛光山及北島佛光山，都是由當地的佛光協會會員支持而建立的。南島佛光山位於紐西蘭第三大都市基督城，建於一九九二年，每週有定期弘法活動。北島佛光山位於紐西蘭第一大城奧克蘭東區，也是紐西蘭最大的佛寺，大雄寶殿氣勢弘宏，飛簷翹角，殿內圓穹式設計，增大了人的視覺空間，佛祖獨自端座在中央，眾菩薩分列左右，莊嚴肅穆，使人毅然生起敬畏之心，於一九九二年啟用。北島佛光山除每週定期弘法外，還辦有佛光學校、佛教青年會、佛教聖歌班、抄經班、佛教素食烹飪班等。又在每星期六會舉行「英文念佛共修會」，從二〇〇六年開始至今，平均約有十至二十位當地毛利人士及亞裔人士參加，相當受到好評。

越南僧人福恩法師（Thich Phuoc An），曾留學臺灣師範大學，於一九九八年在紐西蘭奧克蘭的南區，建設紐西蘭觀音山道場（Quan Am Buddhist Monastery），並展開佛事活動。福恩法師自幼醉心繪畫、雕刻、銅鑄圖形與影片等藝術，尤其精於繪製觀音菩薩聖像。自一九九一年法師開始構思三十三觀音菩薩化身形像，一邊親自繪畫，一邊尋購大理石。歷時十年，二〇〇一年八月，三十三觀音菩薩化身像雕塑工程在越南中部蜆港市完成。二〇〇三年七月，法師開始籌款興建道場，實現他多年宿願，一個佛教文化藝術中心。四年後，大雄寶殿落成，到二〇〇九年十月再安置三十三尊大理石觀音菩薩雕像。觀音山道場，莊嚴寬敞，氣勢宏偉。占地三萬零五百二十四平方公尺，寬敞庭園內四分之三擺放著三十三尊觀大理石觀音菩薩彫像。庭園中，三十三尊觀音雕像或坐、或臥、或站，姿態各異，其不同法相、神態栩栩如生，誓願普度眾生、善應諸方，將佛家藝術內涵發揮得淋漓盡致。

香港佛教青年會原會長袁文忠夫婦居士，現定居於奧克蘭，他們在此創辦了一個佛教青年電台，每天通過電台來弘揚佛法（在紐西蘭南、北兩島都有佛教電台）。香港佛教青年會不斷地將中、英文的佛教書刊從香港運來弘揚佛法。

二〇〇七年，奧克蘭的十四個佛教團體，組成紐西蘭佛教協會（The New Zealand Buddhist Council）。現在已經有超過三十個團體參加會員。協會宗旨在於各佛教團體間的互相尊重與合作，團結佛教力量爭取政府的認同與福利，代表佛教界對外發言，代表佛教參加不同宗教的聚會，並聯合各宗教倡導和平[11]。

二〇〇八年十一月六日至七日，第六屆全球佛教會議在紐西蘭奧克蘭大學舉行，吸引了來自世界各地的代表和發言人。有十八人發表演說，約三百多人出席聽講。會議議題包括生死輪迴、業力與命運、結束戰爭、創建和平、佛教與科技、女性在佛教的地位、環保等九個議題。

第四節　英美澳人的本土佛教

屬於英國三寶普濟會的奧克蘭佛教中心（The Auckland Buddhist Centre）成立超過二十五年，其活動以靜坐課程為主，定期共修。在紐西蘭首都也設有「威靈頓佛教中心」（Wellington Buddhist Centre），於科特奈廣場（Courtenay）內設有一間佛舍。這裡接納前來打坐的遊客，並定期提供介紹佛教的課程。

由美國人約翰·大道·羅利在美國成立的山水僧團，在紐西蘭的奧克蘭等五個大城市都成立了禪修中心，每週有靜坐課程，每年定期舉辦禪修，由山水僧團現任住持傑弗瑞．松根．阿諾德（Geoffrey Shugen Arnol）親自帶領。

奧克蘭出生的阿瑪拉．萊特森（Amala Wrightson，一九五八—）與丈夫理查德（Richard）於一九八二年在瑞士參加由菲力浦．凱普樓禪師主持的禪修後，即前往紐約習禪近二十年。萊特森與丈夫於二〇〇三年返回紐西蘭，成立奧克蘭禪中心（Auckland Zen Center）。二〇〇四年，萊特森獲得認證為教師，開始帶領禪修活動⓬。

紐西蘭最大的大學奧克蘭大學裡成立有「奧克蘭大學佛學會」，會員有中西青年一百多位，每週四舉行講經活動，還辦有《奧大佛刊》，在大學生中宣傳佛法，為未來培養弘法人才。

紐西蘭的佛教徒大部分來自亞洲佛教國家的移民，根據二〇一三年的人口普查，紐約蘭的佛教人口有五萬八千人，占全國總人口的百分之一點五，是紐西蘭的第三大宗教⓭，較之二〇〇一年的人口普查，佛教人口有四萬一千人，成長了百分之四十。

❶ Paul Morris. 'Diverse religions - Buddhists', Te Ara - the Encyclopedia of New Zealand, updated 13-Jul-12.
出處：http://www.teara.govt.nz/en/diverse-religions/page-3。

❷ 噶瑪噶舉西松秋克林：http://www.kagyu.org.nz/temple.html。

❸ 解脫佛教道場：http://vimutti.org.nz/vimutti/atba/。

❹ 菩提森林道場：http://www.bodhinyanarama.net.nz/。

❺ 出處：http://www.teara.govt.nz/en/thais/page-3。

❻ 威靈頓柬埔寨佛教寺院：http://wellingtoncambodianbudhisttemple.blogspot.com/。

❼ 正法之地內觀中心：http://medini.dhamma.org/。

❽ 正法蓋亞：http://www.dharmagaia.org/us.htm。

❾ 紐西蘭慈明寺：https://www.facebook.com/pg/nztsimingtemple/about/?ref=page_internal。

❿ 覺然寺：http://quangduc.com/p23318a25522/chua-giac-nhien。

⓫ 紐西蘭佛教協會：http://www.buddhistcouncil.org.nz/。

⓬ 奧克蘭禪中心：http://www.aucklandzen.org.nz/。

⓭ 出處：https://en.wikipedia.org/wiki/Buddhism_in_New_Zealand。

第六篇

非洲

第一章　非洲各國的佛教

阿非利加洲（Africa），簡稱非洲，位於地球東半球西部，歐洲之南，亞洲以西，地跨赤道南北，總面積約三千萬平方公里，人口約十一億一千一百萬（二〇一三年），約占全球總人口百分之十五。非洲是世界面積第二大洲，同時也是人口第二大洲，以黑人為主，宗教基本上有回教和基督教。非洲於二次世界大戰後分裂出多個國家，有五十四國，為世界上國家數最多的大洲。

佛教傳入非洲的歷史不超過一百年，由來自斯里蘭卡、泰國、緬甸、臺灣、日本等國的佛教徒，播下佛法的種子。近幾十年來，人們常讀到中國大乘佛教傳入非洲的報導，其實非洲多處更早就有南傳佛教存在，還有日蓮宗，晚近並有藏傳佛教的存在。

非洲的佛教史，因受到資料的限制，無法全面寫出，在這裡分為六節簡介：一、南傳佛教系統；二、漢傳佛教系統；三、藏傳佛教系統；四、非洲佛教本土化；五、誓願弘法非洲的慧禮法師；六、佛教慈善事業。

第一節　南傳佛教系統

一、南非

十九世紀後半期，許多契約勞工從印度來到卡瓦祖魯——納塔爾省（Kwazulu-Natal），其中有佛教徒也有印度教徒。一九一一年，南非首次人口統計，有佛教徒三百九十四人。一九二〇年代，納塔爾省的許多印度教徒改信佛教，讓佛教徒的人數上升到一萬兩千四百八十七人。不過他們改信的目的，是為了改變自己印度的低種姓，提高社會地位。據學者路易士・梵龍博士（Dr. Louis H. Van Loon，一九三六—）調查發現，他們其中只有四分之一的人，認為修行可以證得涅槃。但到三十年代，可能由於印度教徒不再強調種姓，或是改信佛教也沒有讓他們達到想要的社會地位，佛教人口遞減，到七十年代，自稱佛教徒的印度人，只有四十戶家庭[1]。

一九七〇年代，不同宗派的佛教團體開始在南非的各大城市出現，一九八六年後，佛教才正式成為南非政府承認的宗教團體[2]。目前，南非各大城市都有佛教道場組織，是非洲國家中，佛教團體最多的國家。

南非的第一個佛教中心，是由路易士・梵龍所建立，位於南非伊索波（Ixopo）的佛教靜修中心（Buddhist Retreat Centre）。一九八〇年五月正式向公眾開放，並發展成為一個不分宗派，寧靜的學佛、禪修和學習佛教藝術的地方[3]；靜修中心也鼓勵信徒們，能遵守一些佛教的戒律。

路易士．梵龍是荷蘭人，大學畢業後前往非洲發展。一九五九年，他在印度看到被迫離開家園，逃亡印度的藏人，在艱苦的逆境中，由於佛教信仰的引導，每個難民的生命中，似乎有著堅不可摧的祥和與慈悲，讓他印象非常深刻，也令他難以置信。所以梵龍博士決定深入了解佛教，修學佛法。返回南非後，他購置一百多畝位於伊索波的農場，興建佛教靜修中心，並開辦佛法課程，促成後來南非幾所大學都開設有佛學研究課程。路易士．梵龍博士不但是專業土木結構工程師和建築師，還是開普敦大學（University of Cape Town）和德班韋斯特維爾大學（University of Durban-Westville）的佛教哲學教授[4]。

二〇〇〇年開始，梵龍博士在離佛教靜修中心不遠處，成立「快來莫亞」（Woza Moya），是一個非營利的慈善機構，提供社會關懷服務，專門收容照顧愛滋病患、孤兒，提供醫療服務、基礎教育及生活技能，希望能改善他們的生活條件[5]。

一九九七年，一座緬甸傳統的修行中心在皮特馬利茨堡（Pietermaritzburg）成立，由法護法師（Ven. Dhammarakkita）住持。之後，法護法師聯合其他佛教靜修團體一起合作，在弘法工作上取得了很大的進展。

葛印卡創立的國際內觀禪中心，在開普敦附近的伍斯特鎮（Worcester），也成立有法幢（Dhamma Paṭāka）內觀禪修道場。

二〇〇〇年，吉帝薩羅（Kittisaro，原名哈利・蘭多夫・溫伯格〔Harry Randolph Weinberg〕）和妻子塔妮莎拉（Thanissara，原名琳達・瑪麗・埤卡克〔Linda Mary Peacock〕）成立南非正法聖山中心（Dharmagiri South Africa）。指導佛法禪修，並創立愛滋病病毒及愛滋病預防推廣方案，幫助當地貧困的居民，提供教育及醫療協助。吉帝薩羅夫婦於一九九二年至一九九九年，曾擔任過佛教靜修中心的指導老師。

吉帝薩羅生於美國田納西州，畢業於普林斯頓大學，並獲羅德獎學金前往英國牛津大學進修。之後，前往泰國阿姜查道場，於一九七六年在阿姜查座下出家，並幫忙英國森林道場的創立建設與教學。吉帝薩羅於一九九一年還俗，之後仍致力於佛法的傳播。

塔妮莎拉生於倫敦，曾修學緬甸禪法，一九七五年，在阿姜查座下剃度，出家十二年期間，幫忙成立英國的森林道場，舉辦弘法活動。塔妮莎拉擁有英國密德薩斯大學（Middlesex University）和卡魯納研究所（Karuna Institute）的正念心理治療碩士學位。塔妮莎拉也是美國靈岩禪修中心（Spirit Rock Meditation Center）的主持人之一。

二〇〇六年，泰國法身基金會，倡導世界和平的達摩闍耶法師（Luang Por

Dhammajayo，一九四四—），在開普敦和約翰尼斯堡（Johannesburg）成立禪修中心，分別為開普敦禪修中心（Cape Town Meditation Centre）和約翰尼斯堡佛寺（Wat Buddha Johannesburg），提供免費的禪修課程，希望人們透過禪修的訓練，獲得內心的平靜，以期達到世界和平的目標。

二、坦尚尼亞

一九二〇年時，約有四百至四百五十位的斯里蘭卡人到坦尚尼亞（Tanzania）最大的城市沙蘭港（Dar es Salaam）工作。他們先註冊成立「僧伽羅佛教協會」（Singhalese Buddhist Association）❻。之後，從當地政府手裡買了一塊土地，並種下由求那波羅居士（Mr. H. G. Gunapala）從斯里蘭卡的阿耨羅陀（Anuradhapura）古都帶來的一棵菩提樹幼苗，現在菩提樹已經長得很高大，樹冠能覆蓋約四分之一英畝的面積。一九二七年由摩訶菩提會支援，佛教協會修建了一座建築，內有禪堂和廚房，供舉辦法會、禪修和聯誼。直至一九五六年才加建佛塔和佛殿，成為非洲第一座佛教寺院——坦尚尼亞佛寺暨禪修中心（Tanzania Buddhist Temple and Meditation Center）❼。

「僧伽羅佛教協會」因為長期以來，將佛殿開放給泰國、緬甸、中國、非洲和其他佛教徒舉辦活動，所以一九六八年決定改名為「佛教協會」（Buddhist Association）。

一九六二年，斯里蘭卡的那羅陀長老曾到坦尚尼亞的占吉巴（Zanzibar）短期訪問教學，他是第一位來到非洲的僧人。佛教協會自成立後，一直沒有常住僧人，一直到一九八三年以後，才有來自可倫坡的僧人毘婆尸（Ven. Puhulwelle Vipassi Thero）、迦葉（Ven. Witarandeniye Kassapa）、畢耶帝須（Ven. Pidiwille Piyatissa）三位法師到坦尚尼亞常駐[8]。當時坦尚尼亞的首任總統朱利葉斯．尼雷爾（Julius Kambarage Nyerere，一九二二—一九九九）的兒子安德魯．尼雷爾（Andrew Nyerere）曾在佛教協會學佛，之後並前往斯里蘭卡一年半的時間，進一步修學佛法[9]。

一九九八年，南傳上座部佛教在非洲大陸的首席僧人，擁有博士學位的般若塞迦羅法師（Rev. Dr. Ilukpitiye Pannasekara）來到坦尚尼亞，擔任坦尚尼亞佛寺和禪中心第十二任住持，進一步建築了多功能用處的會堂，至二〇〇〇年時完成。般若塞迦羅法師開辦佛學講座、靜坐教學課程，佛寺每天開放給所有的人進來禮拜[10]。為了照顧坦尚尼亞貧困的兒童，般若塞迦羅法師成立了兒童庇護所（Chanika Children Shelter）。另外，還辦有託兒所及青年教育，並將有志學佛的青年，送至南非南華寺興辦的佛學院就讀，甚或到臺灣佛學院深造。般若塞迦羅法師身負重任，經常要前往其他鄰近國家如波札那、肯亞、馬拉威、尚比亞、南非、盧安達、桑吉巴、史瓦濟蘭、賴索托（Lesotho）、埃及、利比亞等去舉行各種佛教法會活動，因為目前為止在這些國家，都沒有長住弘法的僧人[11]。

三、波札那

大約一九七〇年，一群斯里蘭卡人去到位於非洲中部的波札那（Botswana），隨著社區人數的增加，他們開始安排一些宗教文化慶典活動，也開始舉辦禪修課程。後來，來自斯里蘭卡的葛榮．三摩羅羅頓（Godwin Samararatne，一九三二—二〇〇〇）居士，教導他們禪修的技巧。之後，有烏塔．科里亞（Utum Corea）先生和夫人，決定在他們位於嘉柏隆里（Gaborone）北面的私人土地上建設佛教中心，到一九九〇年註冊為「波札那佛教協會」（Botswana Buddhist Association）。佛教協會的成員來自許多不同的國家和民族。一九九三年，他們又加建一座佛塔，並邀請來自坦尚尼亞的菴摩羅菩提（Ven. Kahandawa Amarabuddhi）法師住持。次年由圖塔夫婦（Mr. & Mrs. Thutta）從緬甸捐贈了一顆寶石供在佛塔上。在佛殿內，供奉了兩尊分別從斯里蘭卡和緬甸請來大佛像。一九九六年，緬甸佛教徒決定鑄造一座青銅鐘，捐贈給這座佛寺，這口鐘重一百二十五公斤。

波札那佛教協會的嘉柏隆里寺（Gaborone Temple），在一九九六年至一九九八年期間，曾有三位常住僧人弘法，分別有來自斯里蘭卡的耶舍尸法師（Kekunawela

Yasassi）、羅多那溫薩法師（Diyapattugama Ratanawansa）及泰國的摩訶朗維羅闍那法師（Phra Maha Rungvirojana）。之後，也有其他的比丘和比丘尼來訪。特別是般若塞迦羅法師，曾多次到波札那大學舉辦佛學講座，或參加衛塞節慶祝及其他宗教活動⑫。

四、肯亞

肯亞（Kenya）有一所南傳上座部佛教中心（Theravada Buddhist Center）在奈洛比（Nairobi）郊區，是一九九九年由喬治．菲諾梅爾基金會（George Phylnormel Foundation）為了紀念喬治．菲諾梅爾先生（Mr. George Phylnormel）和諾瑪．佩雷拉夫人（Mrs. Norma Perera）而成立。由維摩羅法師（Bhante Wimala）擔任會長。該中心建在一塊半英畝的土地上，包括一座佛殿、一個禪房、一座佛塔，一間僧寮、兩棵小菩提樹和一個雇工住處。佛殿和禪房裡有一尊從斯里蘭卡請來的佛像，僧人住寮是一棟兩層樓的建築，設備齊全。在二〇〇一年至二〇〇六年期間，加拿大籍的雅利安溫薩比丘（Bhikkhu Ariyavansa）曾在此寺常住弘法，其他時間只有一些來訪的僧人掛單。維摩羅法師每年固定帶領幾次弘法活動，並利用中心開展人道主義項目。當沒有僧人常住的時候，曾幾次邀請坦尚尼亞的般若塞迦羅法師到佛教中心講課、開示。目前，由維奇塔薩拉比丘（Bhikkhu Vicitta Sara）常住道場⑬。

葛印卡內觀禪修系統，在肯亞成立的內觀協會，每年租借阿道夫科爾平中心（Adolph Kolping Centre），舉辦數次十日內觀課程，及兒童的三日禪修和青少年的一日禪。

五、烏干達

一九九〇年，烏干達（Uganda）籍的史蒂芬．卡巴葛薩（Steven Kaboggoza，一九六六——）前往印度讀大學時，有機會認識兩位年輕的泰國僧人，開始接觸到佛教。一九九四年，史蒂芬在印度達蘭薩拉，參加十二天的禪修後，決定放棄學業，專心修學佛法。一九九七年，返回烏干達前，還曾前往尼泊爾、西藏、泰國、斯里蘭卡等地參學。一九九九年，史蒂芬到美國麻薩諸塞州參加內觀靜修學會舉辦的三個月密集禪修，之後，並留在那裡服務。二〇〇二年史蒂芬在加州如來禪修中心（Tathagata Meditation Center），獲得尸羅難陀法師（U Sīlananda）授予比丘戒，法名覺護（Ven. Kaboggoza Buddharakkhita）。之後八年多，他常在美國西維吉尼亞州的修行協會（Bhavana Society）跟隨德寶尊者（Bhante Gunaratana）學習禪修和佛法。二〇〇五年五月，覺護法師在烏干達成立了烏干達佛教中心（Uganda Buddhist Centre），占地二英畝。之後有十一個烏干達人改信佛教並受五戒（包括他的母親和家人），其他信眾是生活在烏干達的四十五位斯里蘭卡人，七位泰國人和一位緬甸人。他們在烏干達建築了一間寺院，希望在烏干達及其他非洲國家，指導佛教徒學習，修學內觀禪，以及組織社會文化活動。除了在烏干達播撒佛法種子外，他也在巴西、歐洲和美國教導禪修。

六、尚比亞

在尚比亞（Zambia）也有一些佛教徒，他們大多數都來自斯里蘭卡。他們有一個佛教協會，進行日常修行。有時也邀請法師來做佛事，特別是在衛塞節的日子。沒有法師時，他們仍然保持個人修行。

七、史瓦濟蘭

史瓦濟蘭（Swaziland）位於非洲東南部，大約有五十至六十個斯里蘭卡佛教徒。二〇〇八年二月，他們有史以來第一次邀請僧人來此主持宗教儀式。

八、埃及

埃及（Egypt）也有一些佛教徒，他們大多數都來自斯里蘭卡。因此，他們在斯里蘭卡大使館，舉行各種宗教和文化活動。

九、剛果

菩提羅闍比丘（Bhikkhu Bodhiraja）是剛果公民，他於二〇〇八年出家，在般若塞迦羅法師的指導下，菩提羅闍比丘積極從事弘法的工作，至二〇一三年時，已在剛果不同的城市成立有四處靜修中心。有一棵來自坦尚尼亞，種於一九二〇年的菩提樹分枝，現已分植在剛果⓮。

十、利比亞

根據二〇〇七年的人口普查，有一萬三千斯里蘭卡人在利比亞工作，其中百分之七十是佛教徒。加上來自韓國和中國的移民，佛教徒人數占總人口的百分之零點三。所以儘管利比亞沒有任何佛教道場，但其佛教徒人口在北非國家中比例最高。

總之，在許多非洲國家，通常都可以找到一些佛教團體，或一些佛教中心，許多當地人也都有興趣學習和實踐佛教教義⓯。

第二節　漢傳佛教系統

一、南非

一九八〇年代初，日本日蓮宗創價學會在南非成立，總部設在約翰尼斯堡的帕克伍德（Parkwood），目前有會員四百人。

一九八二年，由海拉與羅德尼．唐尼（Heila & Rodney Downey）在西索美列斯特（Somerest West）成立達摩中心（Dharma Centre），此團體初期與美國菲力浦．凱普樓禪師創立的羅徹斯特禪中心有關聯。但到一九九一年，達摩中心成為韓國崇山行願禪師的國際禪宗觀音庵系統的非洲總部。一九九四年隨著崇山行願禪師的去世，達摩中心又成為一獨立團體，並推廣生活中的正念覺醒（Mindful Awareness in Action）禪修[16]。目前，達摩中心搬遷到羅伯特森（Robertson），並在開普敦成立市區教學中心。

一九九一年臺灣佛光山派依來法師前往南非了解當地情況，次年再次前往與當地華僑座談，並在新堡主持佛教與人生佛學講座，與會聽眾有二百餘人。之後，有時任南非議員，現職新堡副市長的黃士豪先生等發心覓屋設置道場，請佛光山法師住持。一九九二年三月，南非布朗賀斯特（Bronkhorstspruit）市議長漢尼・幸尼科爾博士（Dr. Hennie Seneral）與市府祕書長藍昆・藍波切（Mr. Lampies Lampecht）及南非駐華代表林宗遠等人代表南非政府，帶了三公頃土地合約書到臺灣佛光山，邀請星雲法師到南非建寺弘法。在造訪佛光山時，因為體會佛教普度眾生的意義，當場又增加贈地為六公頃，及最後追加到十二公頃[17]。

星雲法師當時即徵求門下弟子發心前往弘法，慧禮法師以不惜身命的精神，決心前往布朗賀斯特市負責建寺工作，定名為南華寺，距離南非行政首都普勒多利亞（Pretoria）只有五十公里。一九九二年三月，慧禮法師飛往南非，在建寺工程進行中，舉辦禪修、佛學講座、青少年營、義工培訓等，將弘法的活動擴展到中非各國，並經常前往剛果。不久，依來法師也奉命帶滿穆法師等人到南非協助弘法。後來陸續在新堡、布魯芳登、約堡、開普敦、德班等地成立講堂或禪淨中心。國際佛光會也在以上各地及史瓦濟蘭、剛果等地，成立協會或分會[18]。

一九九四年九月，南華寺成立非洲佛學院，以接引當地人在非洲住持正法，招收以高中、大學畢業男生為主。

最初當地人不了解佛法，由於李小龍的功夫片曾在非洲流行一段時日，都以為出家人會打功夫。所以慧禮法師大開方便門，南華寺非洲佛學院增加少林寺功夫課程[19]，就有近百位當地人來入學就讀。後來其中有十位曾送往臺灣佛光山深造，以促進非洲佛教本土化。南華寺並在當地承購了四〇七公頃耕地，學生在佛學院研讀佛法，並藉農禪制度生產為寺院主要經濟來源[20]。

非洲佛學院，學生說英語、法語、阿斐利康語，但無論何種母語背景，一律使用中文學習佛法。有人置疑為何不用母語教學，慧禮法師表示：「古代高僧玄奘、法顯、義淨等，前往印度取經，必定先學梵文，因為當時經典都是梵文記載，必須先學會梵文才能深入經藏。回到中國，即用中文傳播佛法……非洲學生雖在非洲佛學院讀書，卻是向中國佛教學法，所以必須要懂得中文，才能研讀經典。何況當代保存得最完整、最豐富的佛教經典是中文《大藏經》，所以非洲僧伽學習中文，然後才用本土語言傳播佛法[21]。」

一九九六年，克魯格博士（Dr. Kurger）見南華寺宏偉的外觀，在布朗赫斯特鎮成立多元化的佛教機構，並敬佩慧禮法師的智慧、修持、耐力，就與慧禮法師交往。克魯格博士後被聘為非洲佛學院佛教史教授，而且盡力護持佛教。另有積極從事愛滋病防治的美籍教師馬思道，了解南華寺的理念後，即加入義工陣容，幫忙成立育幼院，照顧兒童。據馬思道說，非洲每四個人中，就有一人是愛滋病帶原者，而非洲平均每家有五個小孩，當大人發病死亡後，小孩就變成孤兒了，成立育幼院就是為了照顧教養孤兒[22]。

二、史瓦濟蘭、賴索托、剛果、迦納等

一九九四年十月十五日，舉行史瓦濟蘭佛光協會成立大會暨皈依典禮，有三百人正式皈依為佛教徒。旅居賴索托華僑也組團向星雲法師請法，並出資購屋一棟，捐給佛光山為信眾共修之用，定為為妙覺佛堂。不到半年後，祖魯族酋長率領十餘萬族人請求皈依佛教，剛果也有數千人皈依三寶，這真是驚人的成果[23]。

向非洲傳布佛教最艱辛和貢獻最大的人是臺灣的慧禮法師，法師一九五五年生於屏東，在高中時因借宿潮州明心佛堂，受僧人引導進入佛門。一九七四年依止佛光山星雲法師剃度出家，同年受具足戒，後畢業於佛教研究部。一九九二年自願請纓前往南非，歷經十年創建非洲第一座南華寺，成為非洲最大寺院，並擔任住持和弘法。

有人研究過南非本地佛教徒皈依的情況。可以分成白人和黑人兩個群體，他們對宗教的認識或認同也會分化。結果就是大多數皈依佛陀的信徒都是受過良好教育的白人，黑人明顯較少，這一點在短期內極難改變。在非洲其他地方的佛教傳播恐怕也會遇到類似的問題[24]。

迦納法華寺（Hokkeji Temple In Ghana）屬日本日蓮正宗傳統，成立於一九九八年。另有美國人安東尼．埃爾莫爾（Anthony Elmore），在迦納成立「驕傲的黑人世界佛教會」（Proud Black Buddhist World Association）。

第三節　藏傳佛教系統

南非

從義大利移民南非的蘿絲瑪莉．福斯（Rosemary Vosse，一九一三—一九九七）由於閱讀了英國佛教協會發行的《中道》雜誌得到啟發，於一九五〇年代，成立西藏友誼集團（Tibetan Friendship Group），主要是援助西藏難民，並在一九五〇年代後期編輯出版《西藏友誼集團通訊》（*The Tibetan Friendship Group Newsletter*），多年後，改名《菩薩道》（*The Bodhisattva Path*），最終改為 *MAITRI* 出版了十八期[25]。

一九七二年，蘿絲瑪莉邀請斐達．貝荻比丘尼到南非弘法，促成藏傳佛教噶舉派噶瑪日多中心（Karma Rigdol Centres）在十六世大寶法王的指示下成立，首任會長由恩斯特．蘭茨貝格博士（Dr. Ernst Landsberg）擔任[26]。

生於英格蘭的斐達．貝荻獲牛津大學的哲學、政治學與經濟學的碩士學位。一九五〇年代，貝荻以聯合國社會服務計畫委員會身分，被派駐緬甸時，有機會成為緬甸禪師提帝羅尊者的學生，並多次代表緬甸官方出席世界佛教徒聯誼會。一九五九年，達賴喇嘛與數千藏民抵達印度時，尼赫魯（Nehru）指派貝荻負責社會福利委員會（Social

Welfare Board），從那時開始，貝荻盡其餘生照顧藏民。她曾擔任達賴喇嘛在新德里為藏族青年建立的青年學校校長[27]。貝荻於一九六六年出家，是十六世噶瑪巴剃度的第一位西方女眾弟子，也是藏傳佛教中最早的西方出家女眾。斐達・貝荻於一九七二年抵達南非弘法[28]，將藏傳佛教帶進南非。一九七七年，噶瑪日多中心已在開普敦、約翰尼斯堡、德班（Durban）和伊麗莎白港（Port Elizabeth）四大城市成立小組，由噶三旦（Karma Samten）領導。

一九八二年，阿貢仁波切在十六世大寶法王的指示下，第一次抵達南非弘法，在他的學生羅布・奈恩博士（Dr. Rob Nairn，一九三九—）創辦的佛法中心指導修行。之後，阿貢仁波切開始在南非各大城市成立桑耶宗佛法中心（Samye Dzong Dharma Centre），包括最早的約翰尼斯堡中心，位於格魯特馬里科（Groot Marico）的度母洛帕中心（Tara Rokpa Centre），及位於開普敦的七個佛法中心。目前由羅布・奈恩博士擔任噶舉派的非洲代表，負責南非的十一個佛法中心及另外三處非洲國家的噶舉佛法中心[29]。

羅布・奈恩博士出生於南非的津巴布韋（Zimbabwe），獲蘇格蘭愛丁堡大學的法學博士。是南非早期將佛法的理論與實踐，介紹給西方人的學佛先驅。奈恩博士曾接受十四世達賴喇嘛及十六世嘉瓦噶瑪巴的教導，他於一九八〇年辭去開普敦大學的教授職位，一九八一年至一九八八年曾在紐貝塞斯達（Nieu Bethesda）成立佛法中心教授佛法，之後，前往蘇格蘭的桑耶林佛法中心接受四年閉關的訓練，全力投入佛法的學習與弘揚。奈恩博士目前除了在非洲的教學，也在歐美其他國家指導禪修，將佛教的正念修行與心理治療結合，介紹給西方社會。著有《寧靜的心靈》（*Tranquil Mind*）、《金剛石的心靈》（*Diamond Mind*）及《人生、夢想、死亡》（*Living, Dreaming, Dying*）等書。

約翰尼斯堡菩提道次第廣論佛教中心（Lam Rim Buddhist Centre, Johannesburg）屬於藏傳格魯派，成立於一九九三年，由在英國威爾斯成立菩提道次第佛法中心的拉然巴格西旦丘永騰（Lharampa Geshe Damchö Yonten）成立。第十四世達賴喇嘛和第一百零二任甘丹赤巴日宗仁波切（一九二八—）都曾經造訪。

新噶當巴在南非的德班設有大成就者噶當派禪修中心（Mahasiddha Kadampa Meditation Centre），另外，在約翰尼斯堡和開普敦也設有兜率噶當派禪修中心（Tushita Kadampa Buddhist Centre）佛法中心。

由創巴仁波切的兒子薩姜米龐仁波切領導的香巴拉國際組織，在開普敦也設有佛法中心。另外，噶瑪噶舉傳承的噶瑪三乘中心（Karma Thegsum Chöling）及鑽石道佛法中心紛紛在南非成立道場。

第四節　非洲佛教本土化

剛果、馬拉威

讓「非洲佛教本土化」係慧禮法師的一貫主張，一九九四年十月排除萬難成立的非洲佛學院是本土化的第一步，有十位剛果青年黑人哇拉等請求剃度出家，這是非洲的第一次剃度儀式，使佛法在非洲有了傳承。他們經過送到臺灣佛光山學習訓練，其中已有兩位回到自己國家開始弘法，即剛果的慧然法師，馬拉威的慧宏法師。

關於非洲佛教本土化，慧禮法師的理念是：注重他們的傳統文化，堅持非洲人一定要保留非洲的文化根基和精神內涵，並與當地種族、文化傳統，風俗習慣融和以後，發展出具有非洲特殊風貌的佛教信仰出來。中國佛教傳法給非洲佛教，讓非洲佛教本土化，讓佛教法脈在非洲延續下來。甚至把經典翻譯成他們的文字。

剛果的慧然法師，一九七二年出生於黑角（Pointe-Noire）一個較為富裕商人的家庭，他是第一位非洲出家人。一九九五年通過佛光山在南非南華寺青年佛法學習班，經過兩年半學習，他是第二期十九個學員中的一員，然後於一九九七年到臺灣學習佛法。在臺灣學習期間，一九九八年到印度菩提伽耶受具足戒，戒期圓滿後，再回到佛光山參禪一年。二〇〇一年十二月回到故鄉黑角弘法。

二〇〇三年，慧然法師又兼南華寺佛學院教務主任，來往於黑角與約翰尼斯堡之間。經過他不懈的努力，現在寺院已被剛果政府承認，成為合法的宗教法人。寺院平時來共修的信眾有三百多人。他收了八個徒弟，其中兩個等待機會前往臺灣學習，發心出家。法師在剛果弘法初期，主要的弘法對象都是年輕人，其中也有不少中年人來寺參加誦經聞法，成為佛教信眾。

目前慧然法師在剛果的海港黑角市，稱為揭揭（Jie-Jie）區的窮人區裡，設有租來的非常簡陋的小型佛堂，平常共修的內容和中國佛寺早晚課內容差不多，有爐香讚、〈大悲咒〉、念佛、三皈依等，都是本地的佛友根據中文拼音一字一句的唱出來的，發音很正確。這些課誦內容都是慧然法師這些年來教會大家念誦的。慧然法師說：「我在剛果弘法很困難。」最大的困難是沒有信徒供僧，百姓一白二窮，肚皮都填不飽，哪有可能再做布施，他的經費來源由南華寺供給。他藉著同文同種的優勢，受到當地一些居民的接受，對信徒用中文經典傳播佛法，譯經工作還要待將來開始。

第五節　誓願傳法非洲的慧禮法師

慧禮法師目見非洲蒼生的貧苦以及未蒙佛法教化，立誓「埋骨非洲，五次轉世為黑人僧伽」的度眾悲願。他發心開啟以非洲五十四國為版圖，設定三百年的進程，宣揚佛教。二〇〇一年，為了實現自己的理念，不再擔任南華寺住持，開始深入非洲，為續佛慧命再入蠻荒。行腳遍及馬拉威、坦尚尼亞、尚比亞、辛巴威、查德、奈及利亞、喀麥隆、迦納、布吉納法索、剛果、塞內加爾、賴比瑞亞、史瓦濟蘭和賴索托等國，或為招收佛學院學生，或為慈悲救助，或為認養孤兒，足跡涵蓋東、西、南非。慧禮法師迄今已栽培出近十位本土比丘，有的已回到自己國家開始弘法（如剛果的慧然法師，馬拉威的慧宏法師），有的則仍在佛光山的道場修學，希望將來非洲佛教能落實本土化。

當慧禮法師弘法的步履，前進到中、北非時，第一站選定馬拉威，而且派出的先驅是美國白人馬思道。馬思道到了馬拉威後，設計一套因時制宜的農禪制度。共有五位南華寺佛學院畢業生充當副手，每人帶領當地高中畢業生，一起做早晚課，學佛行誼，出坡作業，白天晚上都生活在一起。同時也要求在當地經過挑選的高中畢業生，每人到孤兒院去照顧五個孤兒。後來，甚至創辦多所學校，教育學童。

馬拉威、賴索托、史瓦濟蘭、莫三比克四所孤兒院

因為以上的因緣，慧禮法師積極推行創辦「馬拉威阿彌陀佛關懷中心」（Malawi Amitofo Care Centre，簡稱ＡＣＣ）。二〇〇四年十月已經完成第一期工程，以認養孤兒二千名為目標。後續將有愛滋關懷中心、職業訓練所和佛學院等之建立。後來又陸續成立了賴索托、史瓦濟蘭ＡＣＣ，及莫三比克（Mozambique）ＡＣＣ等非洲四國院區。ＡＣＣ收容、認養，再加上院外部落救濟站（ＣＢＯ），照顧孤兒已達八千名。附設的圓通中學、小學是依照當地教育學制正式註冊。同時聘請當地中學、小學教師來授課，課程安排中輔以「中文教學」，希望學生學得第二專長語言，可以和國際接軌。

由於十多年來，慧禮法師不顧自身安危，風塵僕僕地往返非洲內陸各貧困國家，提倡醫療、物資、教育、佛法智慧，在各處為生命燃起光明和希望，並建立孤兒院與學校，收容且教養被遺棄的孤兒及愛滋兒童。二〇〇四年，慧禮法師榮獲「全球熱愛生命獎章」，譽有「非洲佛法之父」及「佛教史懷哲」之稱。

二〇〇七年十二月，慧禮法師為了專心致力於非洲弘法和慈善事業，因為他的理念漸與佛光山不同，所以脫離佛光山，辭去寺務。他需要人才和金錢支援，但佛光山常住重心在文化、教育、弘法和僧伽培養方面，無法支援慧禮法師龐大的經費需求，國內年輕的的僧尼也無人願意隨他遠赴非洲弘法，所以慧禮法師因而向淨耀法師處請求讓渡

「財團法人普賢教育基金會」，做為其非洲孤兒募款的運作基金會，並經過該董事會通過擔任董事長，自己負擔一切責任。佛光山也能體恤他的辛勞未能給予支持，因此多年默許該基金會的運作[30]。

第六節　慈濟的慈善事業

慈濟在非洲當地設了四個慈濟分會和聯絡處，即辛巴威、南非、莫三比克、賴索托，大概有六百個駐點，慈濟教會非洲的婦女和人們謀生的技能，比如耕種糧食等，用愛關照她們，使她們很感動。推廣慈悲惜世的理念，去照顧愛滋病患、照顧孤寡老人，彼此之間相互的友愛。

非洲地區天然資源豐富，但是歷經早期殖民統治的強取豪奪，大肆搜刮，近期的人謀不臧，戰亂紛紜，爭權奪利，疾病橫行，社會安全體制崩潰，貧富懸殊拉大，失業率很高，窮鄉僻壤的居民甚至勞碌終日仍難以取得溫飽。這種現象在五個南部非洲國家——南非、賴索托、史瓦濟蘭、莫三比克以及辛巴威，隨處可見。慈濟人懷著悲天憫人的胸懷，在遙遠的黑色大陸撒播大愛。他們帶領一群本土志工，冒著生命危險，深入蠻荒之地，去救助及教育當地貧病的居民，奉行慈濟人的信念，而且不求回報。

所以佛教不只是傳教弘法，平常仍要做些類似慈善非政府組織（Non-governmental organization）的工作，像救濟災難、辦醫院，為殘疾人群捐款等。這些事情看起來與佛教無關，但潛在有關。本地非洲人很難理解佛教的意義，但很容易明白佛教的社會意義。

結語

目前，在非洲許多國家，如坦尚尼亞、波札那、肯亞、剛果、烏干達、馬拉威和南非已經有多所佛教寺廟、佛教組織、佛教中心和佛教學術研究機構。而坦尚尼亞、波札那、肯亞、烏干達和馬拉威這些國家，各有一座寺廟。剛果有五座寺廟，南非則有更多的佛教中心、佛教寺院以及佛教組織，傳授不同的佛教修行法門。尤其是南非大學（University of South Africa），在宗教學科下開設了佛教課程，包括碩士和博士學位的研究。在波札那大學（University of Botswana）也教授內觀禪的修習[31]。

非洲的寺院，目前總共約有十位上座部佛教僧人，十位大乘佛教僧人[32]。其中，模里西斯由於有四萬多華人移民，佛教徒占全國人口的百分之一點五至百分之二，是佛教徒人口比率最高的國家；南非則是佛教團體組織最多的國家。根據二〇一三年皮優論壇

（Pew Forum）的資料，南非約有十萬到十五萬的佛教徒，占總人口的百分之零點二到零點三。馬達加斯加也有將近兩萬佛教徒。北非的利比亞有兩萬佛教徒，主要是來自亞洲的工作人員。

---

❶ Clasquin, Michel（2002）: "Bud*dhism in South Africa*". in: Charles S. Prebish / Martin Baumann（eds.）（2002）: *Westward dharma: Buddhism beyond Asia. Berkeley*, Calif.: Univ. of California Press, pp. 152–162

❷ Michel Clasquin，Buddhism and South African. 出處：http://www.academia.edu/815639/Buddhism_and_Africa。

❸ 出處：http://www.brcixopo.co.za/teachers/teachers/louis-van-loon.html。

❹ 出處：http://www.bodyandmind.co.za/therapist.php?id=491。

❺ 出處：http://www.wozamoya.org.za/。

❻ 出處：http://buddhisminafrica.blogspot.tw/2007/09/buddhism-in-africa-and-tanzania.html。

❼ 出處：http://www.pannasekara.com/Tanzania.html。

❽ Rev. ILukpitiye Pannasekara Nayaka Thero, *How Buddhism is spreading in Africa?*

出處：http://dharmalib.net/how-s-buddhism-spreading-in-africa。

9. 出處：http://www.pannasekara.com/Tanzania.html。

10. Rev. ILukpitiye Pannasekara Nayaka Thero, *How Buddhism is spreading in Africa?*
出處：http://dharmalib.net/how-s-buddhism-spreading-in-africa。

11. 同上。

12. 同上。

13. 出處：http://nairobibuddhisttemple.org/。

14. 出處：http://www.buddhistchannel.tv/index.php?id=9,11583,0,0,1,0#.V9nPs5grLct。

15. Rev. Ilukpitiye Pannasekara Nayaka Thero, *How Buddhism is spreading in Africa?*
出處：http://dharmalib.net/how-s-buddhism-spreading-in-africa。

16. 達摩中心網站：http://dharmacentre.org.za/。

17. 星雲編著：《佛教叢書之五・教史》，第八三七—八三八頁。

18. 星雲編著：《佛光教科書四・佛教史》，第二六三頁。

19. 張燿維著：《十年磨一劍——佛光山非洲傳法十年紀實》，第三十—三十二頁。

20. 星雲編著：《佛教叢書之五・教史》，第八四二—八四三頁。

21. 張燿維著：《十年磨一劍——佛光山非洲傳法十年紀實》，第三十六—三十七頁。

22 周慶華著：《微雕人文：歷世與渡盡未來的旅程》，第一四五—一四六頁。

23 張熣維著：《十年磨一劍——佛光山非洲傳法十年紀實》，第八四三—八四四頁。

24 網路：引用自〈法水長流在南非〉一文。

25 出處：http://www.luxlapis.co.za/Dolma.html。

26 出處：http://www.academia.edu/815639/Buddhism_and_Africa。

27 出處：https://sreenivasaraos.com/tag/freda-bedi/。

28 出處：http://www.luxlapis.co.za/palmo-cv.html。

29 出處：http://www.samyeling.org/courses/course-leaders/display/9。

30 慧禮法師、張融琳著：《行腳非洲的和尚爸爸》，第一四二—一四三頁。

31 Rev. Ilukpitiye Pannasekara Nayaka Thero, *How Buddhism is spreading in Africa?* 出處：http://dharmalib.net/how-s-buddhism-spreading-in-africa。

32 同上。

佛教在西方各國的傳播

【總結】

綜觀佛教在歐洲地區的傳播，與十七、十八世紀歐洲國家對印度、亞洲及其他殖民地的殖民歷史有著深厚的關係。為了統治殖民國家及傳播基督教的信仰，法國於一八二二年，在巴黎成立亞洲學會；英國於一八二三年，在倫敦成立了英國皇家亞洲學會。學會成立的目的，除了調查研究亞洲的科學、宗教和風俗民情外，也鼓勵研究巴利語和梵語。英國駐尼泊爾公使霍奇森，在尼泊爾蒐集到大量梵文貝葉經文獻；繆勒以牛津大學為研究東方學術的中心，領導翻譯五十冊《東方聖書》叢書；戴維斯夫婦成立巴利聖典協會，英譯巴利三藏典籍，為歐洲的佛學研究打開了大門。德國的奧登堡、英國的斯坦因、法國的比爾奴夫、匈牙利的喬瑪、荷蘭的柯恩、俄國的瓦西里耶夫、義大利的洛倫佐、丹麥的福斯包爾、比利時的瓦萊——普桑、奧地利的紐曼等優秀的佛教學者，陸續翻譯出版佛經及佛學著作。由於學者專家對佛教文獻和考古的研究，無意間也將佛教傳播到歐洲。

二十世紀初，由於英國埃德溫．阿諾德的著作《亞洲之光》，接引了許多歐美人士學佛、出家。英國的阿難陀彌勒比丘、德國的三界智尊者、向智尊者、髻智尊者，以及佛教的信奉者，開始將佛教的修行落實在生活中。二次大戰前，各地的佛教社團紛紛成立，歐洲的佛教已從學術研究的領域，走向信仰的修行與實踐。一九五九年，達賴喇嘛的流亡政府出走西藏，也因而將藏傳佛教傳播到世界各地。

美洲地區的佛教，在一八九三年由日本禪師釋宗演與斯里蘭卡的達摩波羅，在芝加哥的世界宗教議會上，成功地將佛教介紹給西方世界。巴利文學者亨利．克拉克．華倫和梵文教授查爾斯．羅克韋爾．朗曼，於一八九一年創辦的《哈佛東方叢書》，為美國在佛學領域的領導地位打下了基礎。保羅．卡羅斯在芝加哥的公開議庭出版社，出版佛教刊物及著作，對佛教的傳播發揮很大的作用。美國佛教的研究雖是由於歐洲的影響，但有後來居上的趨勢。十九世紀後期，日本的移民將佛教信仰帶進美國，但由於服務對象僅限於日本僑民，所以並未將佛教傳播到美國社會。直到一九六〇年前後，由於鈴木大拙的著作和教學，將禪學介紹給美國社會，以及一些曾前往亞洲學佛的美國人，將佛教信仰帶回美國，成立道場。加上一九六五年以後，美國移民政策開放，大量的亞洲移民及難民，將北傳佛教、南傳佛教帶到美洲大陸；藏傳佛教由於西藏的政治因素，隨著西藏難民也介紹給美國大眾。二十世紀的美國佛教，開展出多采多姿的型態。

另外，加拿大的佛教，與二十世紀初大量的日本移民有很大的關係；澳大利亞的佛教，始於早期斯里蘭卡的移民；非洲的佛教也是隨著移民，在近幾十年逐漸傳播開來。

根據美國民調機構皮優研究中心（Pew Research Center）發表於二〇一二年的《全球宗教景觀》報告，分析去年調查數據，涵蓋世界二百三十個國家地區、二千五百份調查報告，在全球六十九億人口中，有百分之八十四的人（五十八億人）有宗教信仰，其中佛教徒百分之七，有五億信徒❶。又將世界佛教徒人口分布為六大地區：其中亞洲有四億八千一百二十九人，歐洲一百三十三萬人，北美洲三百六十六萬人，拉丁美洲和加勒比四十一萬人，撒哈拉以南非洲十五萬人；六大地區共計四億八千七百五十四萬人❷。

另據二〇一六年九月一十三日維基百科，自由的百科全書編輯專頁，二十一世紀世界佛教徒的人口分布是：漢傳佛教地區占百分之六十七點三（三億六千萬人），南傳佛教地區占百分之二十八（一億五千萬人），藏傳佛教地區占百分之三點四（一千八百萬人），亞洲以外地區占百分之一點三（七百萬人），合共五億五千三百萬人❸。目前有人估計又有增加約七億多人。

二十一世紀初，佛教的寺院道場及修學中心，現已遍布全球五大洲。世界各地的許多大學，都設有佛學研究及佛教相關課程。近二十年來，科學、心理學、醫學和佛學之間的對話和思想交流不斷擴大，卡巴金博士更將佛教的正念修行，結合西方醫學研究，將正念帶入歐美主流社會，在醫療界、心理界、健康照護、各級學校、企業、監獄皆掀起正念風潮。拜現在的科技網路之賜，佛教在歐美社會及大洋洲、非洲各處非常普及，已開展成全球性的佛教。但也由於各國文化風俗民情的不同，傳統的移民佛教與轉型的現代佛教，在戒律和儀式上，勢必有所調整。假以時日，將開展出本土化的佛教。

總之，在近一、二百年，東方亞洲的佛教，包括南傳、漢傳、藏傳佛教三大系統，都先後傳入西方歐美等各國，初被認為是異教徒的偶像崇拜者，大多被貶低持鄙夷不屑的態度，如今已經轉變成各宗教徒之間的對話者，並列被看成是一種世界性宗教。佛教能引導西方人士學佛，形勢雖已逐漸擴展開來，但基礎還不夠深厚，尚未定型完成本土化。同時在佛教三大系統傳播中，我們漢傳佛教遠不及南傳佛教和藏傳佛教的努力，其主要原因是不能衝破語言的障礙，以及師資培養的缺乏。甚至同是漢傳佛教系統，我們也落在日本佛教徒之後，這是華人佛教徒仍須要努力的。宗教是一種很特殊的信仰兼文化體系，今日在世界各種宗教同在一個國家或地區併立發展，也是一種新趨勢，但歷史上也告訴我們，一種宗教特別地發展興盛，另一種宗教又非常地衰弱，也有被替代淘汰的可能。所以佛教在西方新土地上求發展，仍需要一段很長艱難的進程。

❶ 出處：http://www.merit-times.com.tw/NewsPage.aspx?Unid=288324。

❷ 美國皮優研究中心於二〇一二年十二月十八日發布。

❸ 出處：https://zh.wikipedia.org/wiki/%E4%BD%9B%E6%95%99。

附錄

一、西方各國佛教大事記

英國

時期	重要大事
一七九六	英國替代荷蘭殖民斯里蘭卡。
一八二三	在倫敦創立「英國皇家亞洲學會」，研究亞洲的自然科學、歷史文化、風土人物、巴利文和梵文。
一八二四	克洛夫傳教士完成《簡明巴利語文法》，一八三〇年編輯《英語——辛哈利語辭典》，在可倫坡出版。
一八三三—一八五〇	霍奇森在尼泊爾搜集到梵文貝葉經文獻三百八十一部和紙本梵夾多件，其中有《八千頌般若》、《普曜經》、《金光明經》、《法華經》等。又從西藏運了藏文大藏經《甘珠爾》和《丹珠爾》到英國。
一八五〇年代	英國逐漸殖民印度、巴基斯坦和孟加拉。
一八五七	威廉姆斯爵士完成《實用梵文文法》，牛津出版。

一八七五	奇爾德斯完成《巴利語字典》兩冊，在倫敦出版。
一八七九	阿諾德著《亞洲之光》出版，用詩歌體裁敘述佛陀的傳記，詞藻典雅優美，暢銷半世紀，被譯成十多種語文出版。
一八七九—一八八三	奧登堡編纂巴利文《律藏》中的《戒經》、《大品》、《小品》譯為英文，被收藏在《東方聖書》叢書中。一八九七年，奧氏又翻譯了《島史》。
一八八一	戴維斯創立「巴利聖典協會」於倫敦。出版巴利聖典羅馬字母拼音、巴利聖典英譯、佛教學者名著。
一八九一	斯里蘭卡達摩波羅創立摩訶菩提協會。
一八九四	科威爾英譯《本生經》及馬鳴菩薩所著梵本《佛所行讚》出版。
一八九九	威廉姆斯爵士完成《梵英大辭典》，牛津出版。
一九〇二	英人貝尼特在緬甸出家受比丘戒，法名阿難陀彌勒。
一九〇七	斯坦因抵莫高窟千佛洞，以很少金錢收購了二十四箱寫本和印本的經卷、四箱繪畫、繡像等文物，運回英國。 弗朗西斯·磐尼等在倫敦成立「大不列顛愛爾蘭佛教會」。

一九二四	法官韓福瑞成立「倫敦佛教協會」。
一九二五	戴維斯和施鐵達完成巨著《巴英辭典》出版。
一九二六	斯里蘭卡達摩波羅，在倫敦成立摩訶菩提協會英國分會——倫敦佛教精舍，輪派僧人駐西方弘法。
一九四三	韓福瑞創辦《中道》季刊。
一九四六	倫敦佛教協會韓福瑞每年固定在倫敦市區舉行盛大的佛誕紀念慶祝。
一九五五	孔茲英譯《大智度論》出版；並採集佛經的精粹編輯《佛教聖典》出版。
一九六六	泰國智成上座、達須法師推動在倫敦新建佛光寺。
一九六七	僧護法師在倫敦創立「西方佛教僧團之友」，屬一種改革新型教團。現稱為三寶普濟會。 阿貢喇嘛和創巴仁波切成立「噶舉桑耶林藏族中心」，是藏傳佛教在西方的第一座道場。
一九七二	曹洞禪的第一位女禪師，英國籍慈友．肯尼特禪師，成立「瑟羅塞洞穴修道院」。

一九七九	阿姜蘇美多成立西方第一座泰國阿姜查上座部傳統森林道場，奇瑟斯特佛寺。

德國

時　期	重　要　大　事
一八六八	馬克斯・繆勒受聘牛津大學教授，領導編譯《東方聖書》。其中包括梵文英譯《法句經》、《無量壽經》、《阿彌陀經》、《金剛般若經》、《大品般若經》及《小品般若經》等。
一八八一	奧登堡傑作《佛陀生涯、教義、教團》在柏林出版，採用巴利原典資料，敘述佛陀的真實歷史、教義及教團的情況，一掃過去多種神話及傳說。英譯本為 *Buddha: His Life, His Doctrine, his Order.*。
一九〇三	哲學博士塞頓杜克在萊比錫，創立「德國佛教傳道協會」，發行《佛教徒》及副刊《佛教世界》。
一九〇四	德國第一位比丘，安頓・華特・弗羅斯・古斯，在緬甸出家受戒，法名「三界智」，以後成為西方著名的高僧。

一九〇八—一九一六	蓋格校勘巴利羅馬字體《大史》，巴利聖典協會出版，當年並被譯成德文。一九一二年，德文版又被譯成英文。一九一六年出版《巴利文語法》。
一九二四	外科醫生保羅·達爾克，在柏林建築一座亞洲式著名的「佛教精舍」。
一九二五	華雷沙在慕尼黑創立「佛學研究所」，促進西歐學者對於佛教哲學的研究。
一九二六	法名藍蓮花的德國人，她在斯里蘭卡的阿耨羅陀城的摩訶菩提樹下出家，受持沙彌尼十戒。
一九三六	向智尊者抵斯里蘭卡，在三界智尊者座下出家受比丘戒。一九五八年，他與兩位斯里蘭卡僧人，在康提成立「佛教出版協會」，擔任會長及編輯。
一九四五	佛教「韋勒出版社」，出版《阿育王文集》佛教系列叢書。
一九五二	戈文達喇嘛的弟子在德國西柏林，創立藏傳佛教「聖彌勒曼陀羅西方教團」。

一九五五	法蘭克福成立「德國佛教協會」，一九五八年改名為「德國佛教聯盟」，有六十四個佛教社團及兩千六百多個人參加。
一九五六	哈利·皮珀，在柏林創立了淨土真宗佛教協會。
一九五七	阿育·威爾拉特那及德國法界協會派往德國的第一個弘法團，成立柏林佛教精舍，成為德國第一個上座部佛教寺院。
一九七九	日本曹洞宗禪師弟子丸泰仙的弟子們，成立德國禪宗協會。
一九八六	大井禪師教授的臨濟禪，在德國成立禪圈系統。
一九八九	南傳比丘尼艾雅·凱瑪成立佛陀精舍。

法國

時期	重要大事
一八二二	尤金·比爾奴夫創立「法國亞洲學會」。
一八三五—一八五九	《大唐西域記》、《慈恩傳》、《百喻經》，迦葉摩騰的蒙古版《四十二章經》，被學者譯成法文。

一八五二	比爾奴夫把梵本《妙法蓮華經》譯成法文出版。
一八五八	菲利浦・富科《藏文文法書》及《釋迦牟尼佛傳》出版。
一八八二—一八九七	塞納爾特參考巴利文本編訂梵文《大事》，其中內容題解及重要的註解，分三冊出版。
一八九〇	第一份國際漢學期刊《通報》創刊。
一九〇五	福舍開創印度和中亞考古學，探究佛教藝術發表的論文，著有佛教藝術七冊。
一九〇七	西爾萬・萊維以梵典為中心，參校漢、藏資料，對唯識學派的研究，發表《成唯識論研究）》、《唯識體系研究資料》，並翻譯了世親的《唯識二十論》。校勘《大乘莊嚴經論》梵本，並譯為法文。
一九〇八	伯希和前往中國敦煌石窟探險，為莫高窟石窟編寫窟號，拍攝許多石窟內部的塑像和壁畫。並將購得敦煌藏經洞的經卷文物六千餘卷，大批敦煌文物運回法國。一九二〇年至一九二四年，編輯六大冊《敦煌石窟》出版。

一九二四	保羅・戴密微出版《彌蘭陀王問經各種譯本的研究》，發表了《大乘起信論真偽辨》。
一九二七	亞歷珊卓・大衛・尼爾出版了《一個巴黎女子的拉薩探險記》。
一九二八	太虛大師遠赴歐洲宣揚佛教。
一九二九	太虛大師女弟子格蕾絲・康斯坦・龍貝爾在巴黎成立「巴黎佛教友誼會」。後改名為「巴黎佛教會」。
一九六七	日本曹洞宗的禪師弟子丸泰仙抵達巴黎，一九七〇年創建了歐洲禪宗協會，後改稱國際禪協會。
一九七〇	一行禪師流亡法國，在巴黎成立統一佛教會。
一九七三	藏傳薩迦派峨派的法王遍德仁波切，在法國諾曼底建立了「諾爾旺遍德林」。
一九七五	保羅・阿諾德法官在倫敦成立「歐洲佛教聯盟」，成員有歐洲十六國五十個組織參加。 越南玄微長老在巴黎郊區創建靈山寺。出版《靈山季刊》及《佛學研究評論》雙年刊。

一九七七	布凱業尊者領導柬埔寨流亡在法國的佛教徒，在巴黎成立「高棉佛教協會」。
一九八二	一行禪師在法國西南部波爾多的鄉間創建了梅村，致力推廣正念的禪修。
一九八六	亞克・馬丁博士成立「法國佛教聯盟」。

義大利

時期	重要大事
一二九五	馬可波羅從中國元朝回到義大利，說起南傳、漢傳、藏傳佛教，沒有人相信。他被送進監牢，寫出名著《馬可波羅遊記》一書。
十六世紀開始	羅馬教廷向東方大規模輸出天主教，派出聖方濟・沙勿略東渡日本，利瑪竇飄洋來華傳教，陸續寫了不少關於遠東的遊記或書信，記載一些佛教情況。

一七一五	耶穌會會士德西德里與葡萄牙籍神父埃馬努埃爾．弗雷勒神父抵達列城，次年到拉薩傳教。德西德里在西藏住了六年，寫出著名《西藏紀事》四卷。
一七一七	卡普清修會的傳教士弗朗西斯科．奧拉濟奧神父到拉薩，在色拉寺學習藏文和西藏文化三十三年。一七三二年編成《藏文——義大利文辭典》，並翻譯了宗喀巴《菩提道次第廣論》。
一九五〇年開始	圖齊主持編集《羅馬東方叢書》，到一九八五年出版《紀念圖齊東方學文集》，有關藏學三十四種，包括《現觀莊嚴論》、《金剛般若波羅蜜多經》、《欽則〈衛藏聖蹟志〉譯註》、《法稱的〈量釋論〉》、《紅史》、《布敦活佛傳》、《西藏的宗教》、《超越喜馬拉雅的古代文明》等。
一九二五—一九六六	一九二五年，義大利人洛迦那塔在緬甸出家，研究佛法及靜坐修行，並嚴格遵守十三頭陀行，實行坐姿不倒單，成為一位傑出的高僧。
一九六〇	藏傳佛教寧瑪派的南開諾布，應圖齊邀請到義大利研究講學。
一九六七—一九七四	馬蒂內利，創辦《科學佛教》期刊；一九七四年，在佛羅倫斯成立義大利佛教協會。

一九七三	路易吉・馬里奧成立義大利臨濟宗禪心寺。
一九八四	義大利籍福斯托・泰天禪師，成立義大利曹洞宗普傳寺。
一九八五	文森佐・皮加發起成立義大利佛教聯盟於米蘭。
一九八八	文森佐・皮加成立彌勒基金會，宣揚南、北、藏傳佛教。創辦《波羅蜜多》雜誌，現改名《正法》。
一九九〇	文森佐・皮加創建「寂滅心精舍」，屬泰國阿姜查森林道場傳統。

丹麥

時期	重要大事
一八五五—一八八一	福斯包爾編輯巴利文《法句經》出版，又譯為拉丁文出版。之後，繆勒依此版本翻譯為第一本英文的《法句經》。一八七七年至一八九七年，福斯包爾進行校對編輯《本生經》，共譯成《本生經及其註釋》七冊出版。一八八一年，又把巴利小部的《經集》翻譯成英文。

十九世紀末	特倫克納編輯巨構《精審巴利語辭典》，繼又編輯精校的《彌蘭王所問》。其後他並致力於《中部》及《中部註釋》、《殊勝義》、《經集》、《相應部》、《增支部》及《增支部註釋》等校抄本。
一八九一—一九〇一	狄尼斯．安德遜受聘於大學圖書館，以文獻學原則編輯《巴利語辭典》，同時為福斯包爾校勘的《本生經》做索引。一九〇一年狄尼斯．安德遜又編寫了《巴利讀者》。
一九二〇	保羅．杜仙是第一位把《法句經》譯成丹麥語，並有一篇很長的介紹及評註出版。
一九二一	丹麥兩個最早的佛教團體，佛教生活協會和摩訶菩提協會，由克里斯蒂安．梅爾比博士成立。（已於一九五〇年宣告解散）
一九六〇	塔拉土庫仁波切應邀，前往哥本哈根大學研究及任教達三十年。仁波切並成立塔拉研究所。
一九七〇年代早期	喇嘛歐雷．尼達爾與夫人漢娜在第十六世噶瑪巴讓炯日佩多傑授權下，成立鑽石道佛法中心。目前在全世界約有約六百二十九處靜修中心。

荷蘭

時期	重要大事
一八七四—一八九六	約翰·亨德里克·卡斯帕·柯恩出版《有關南方佛教的紀事》。一八八三年出版《印度佛教史》。一八八四年翻譯《法華經》為英文，收錄在《東方聖書》中，又校訂出版梵文版《本生鬘》。一八九六年出版名著《印度佛教手冊》。
一九〇三	雅各布·斯派爾的代表作《梵文語法》，也翻譯許多梵文大乘經典，集成《佛教的聖典》。
一九一二	菲利普·沃格爾考古發現，發表有關於犍陀羅的希臘式佛教藝術的研究。他並指出現在印度的卡西亞小村，就是拘尸那羅，是佛陀涅槃的地方。
二十世紀	狄雍是荷蘭著名佛教學者，是西方學術界最重要的佛學書評家之一。能運用多種語文，舉凡與佛學和印度學有關的材料，皆多所涉獵。對西藏佛教的歷史和語言，尤其擅長。所撰佛學書評，飲譽學術界；中譯有霍韜晦所譯《歐美佛學研究小史》。

一九六七	荷蘭佛教聯盟的前身荷蘭佛教協會成立，並出版《妙法》雜誌。
一九六八	禪圈於一九六八年由雷歐．波爾和維羅尼卡．拉德維爾成立於阿默斯福特，是荷蘭最早成立的坐禪中心。
一九七二	泰國駐荷蘭大使 Sompong Sucharitkul 發起創建佛法寺。
一九七五	禪圈會長與埃里克．布魯傑恩，出版荷蘭第一本有關靜坐的指導手冊《坐禪的方式》，帶動了日本禪在荷蘭的傳播。
一九七七	荷蘭心理學家韓德維特，在阿姆斯特丹成立了歐洲第一個隸屬創巴仁波切的香巴拉中心。
一九八五	為照顧在荷蘭的越南難民，在阿姆斯特丹成立了梵漢寺，荷蘭越南佛教聯合會。
一九九四	荷蘭阿姆斯特丹唐人街的華僑羅輔聞居士等，花了三百萬美金買一塊地，禮請佛光山興建「荷華寺」弘法。

比利時

時期	重要大事
一九〇三—一九二九	比利時著名佛教學者普桑，一九〇三年至一九一三年，先後刊行了月稱的《中觀論釋》梵本和《入中觀論》藏譯本。一九〇七年至一九一七年，完成了巨著《入中觀論》法文翻譯。一九二九年漢譯本《成唯識論》完成法譯，並結合梵、藏文有關資料做了註釋。
一九四四—一九五八	著名的佛教學者艾蒂安·拉莫特翻譯龍樹的《大智度論》，出版了五卷，內容譯出大部分並做了詳細地註解。另外，還翻譯《首楞嚴三昧經》、《解深密經》、《維摩詰經》、無著的《攝大乘論》和世親的《成業論》等並出版。一九五八年出版著作《印度佛教史》。
一九七一	滾桑卻杰多吉喇嘛，在布魯塞爾創建了歐洲第一座寧瑪派寺院「烏金滾桑卻林寺」。
一九七六	隸屬日本西本願寺淨土真宗道的場慈光寺成立。

一九八〇	阿貢仁波切成立比利時噶舉派桑耶林寺。 越南僑民成立列日佛教協會成立。
一九八六	正法禪師創立正法集團，教導馬哈希內觀禪修。
一九八八	弟子丸泰仙禪師的弟子創立了比利時國際禪協會。
一九九七	比利時佛教聯盟成立。
一九九九	泰國政府資助在滑鐵盧成立了泰國正法寺。
二〇一〇	在斯里蘭卡出家的保羅法師，創立親見佛教中心。

奧地利

時期	重要大事
一八九一—一九五七	卡爾·歐根·紐曼於一八九一年在萊比錫大學獲得哲學博士學位，論文是版本校勘 *Sarasangaho* 的第一章《佛教觀概要》。一八九三、一八九四年，翻譯完《法句經》後，前往印度和錫蘭朝聖。一八九四年，紐曼回到維也納，開始將大量巴利藏經《長部》、《中部》、《經集》、《長老偈》、《長老尼偈》等翻譯為德文。 海因里希·哈克曼，一九〇五至一九〇六年，出版介紹佛教的歷史與傳播的著作《佛教》三卷。他還編寫了一本德——梵文《中國佛教釋義詞典》。
一九七五	奧地利的第一個佛教團體「佛教中心」，由弗蘭茨·力特爾，保羅·庫柏勒博士和埃里希·斯卡利塔等一群熱心學佛的人，在維也納成立。佛教中心不分宗派，目的是希望讓有興趣學佛的人，有一個可以聚會的場所。
一九七八	「上座部學校」由醯摩洛迦尊者領導，舉辦定期的佛法教學。

一九八〇	日本臨濟宗佐佐木上州的弟子任羅・棲雲，於維也納創建菩提達摩禪堂。
一九八三	奧地利佛教宗教協會成立。
一九八九	古滕斯泰因成立的彌勒院，是學習噶瑪噶舉傳統和靜坐的實踐中心。
一九九五	佛教中心由梭巴仁波切成立。
二〇一〇	「維也納佛光山」五層樓道場興建落成。
二〇一三	臺灣中台禪寺在歐洲成立第一家分院「普法精舍」落成，位於奧地利東北部上奧地利州首府林茲市。

瑞士

時期	重要大事
一九〇九	三界智尊者訪問瑞士，獲得洛桑一位富人魯道夫・阿德里安・柏吉爾供養慈善精舍弘法，並剃度巴特・鮑爾為沙彌，法名憍陳如，是為第一位在歐洲本土剃度的沙彌。

一九四二	瑞士最早的上座部佛教組織「蘇黎世佛教團體」，由文學家麥克斯．拉德納和拉烏爾．莫勞特創立，並出版發行佛教雜誌《洞察》。
一九六七	「勒貢西藏研究所」成立，照顧西藏難民，包含格魯派、薩迦派、寧瑪派、及噶舉派的傳統。
一九七二	弟子丸泰仙禪師在日內瓦成立瑞士曹洞禪組織——瑞士禪宗協會。
一九七二—一九七五	庫爾特．昂肯和姊姊爾娜及弗蘭克、弗里茨．舍費爾及渃格，共同創立「佛教協會」，舉辦上座部佛學講座。一九七五年開始出版《菩提葉》叢書。
一九七八	瑞士佛教聯盟，由米爾科．弗利伐成立，總部設在伯爾尼。瑞士的佛法伯爾尼集團，由米爾科．弗利伐成立，以上座部佛教組織為主。
一九八四	泰寺佛教會，由泰國駐蘇黎世的領事倡議成立。
一九八六	瑞士禪師馬塞爾．蓋撒成立「陶家禪修中心」。
一九八八	泰國阿姜查系統的達摩波羅道場，由加拿大比丘阿姜希爾達摩成立。

一九九二	日內瓦國際佛教中心，由斯里蘭卡曇彌迦・多瓦羅摩法師成立。
一九九七	米爾科・弗利伐博士在斯里蘭卡康提森林寺院出家，法名為俱舍羅難陀比丘，他被認為是歐洲巴利文經典，特別是《阿毘達磨》的權威之一。
二〇〇八	日內瓦伯爾尼禪中心，是由臺灣法鼓山聖嚴法師的西方弟子所成立的禪修道場，由瑞士女弟子常捨負責。二〇〇八年起，繼程法師曾多次前往指導。

俄羅斯

時期	重要大事
一二二三—十六世紀末	一二二三年，成吉思汗大軍橫掃亞洲。到十六世紀末，佛教以戲劇般的方式從蒙古傳播到冰雪覆蓋的西伯利亞。當時的蒙古統治者俺答汗在佛教傳播中發揮了開拓性作用，主要指的是少數民族蒙古族所信奉的藏傳佛教。

一七四一	俄國伊莉莎白女皇頒布法令，宣布佛教為俄羅斯正式承認的宗教信仰，下詔封立可汗喇嘛為其佛教行政之最高首長，當地佛寺如雨後春筍般相繼建立。
一八五七	瓦西里耶夫系統而深入地研究漢語以及藏語的佛教文獻，編著了多卷的鴻篇巨著《佛教及其教義、歷史和文學》。一八五七年，出版了第一卷，之後被譯成德文和法文出版，奠定了俄國學派的基礎。
一八八八	阿格旺多傑喇嘛從烏蘭烏德去到西藏求學，一八八八年在拉薩的哲蚌寺學習六年經論畢業，獲得「格西」學位，被指派為十三世達賴喇嘛的教師，讓他日後成為傑出的宗教和政治人物。
一八九七	奧登堡和徹爾巴斯基在聖彼得堡創立印度學和佛學研究，蒐集編撰並出版了罕見的佛教經典。他們設立了「佛教藏書」系列，第一部出版的是寂天菩薩的《學處集要》（*Cikshasamuccaya*），目前佛教藏書已出版三十多部作品。

一九〇三—一九三二	徹爾巴斯基在一九〇三年至一九〇九年出版兩冊《後期佛教義理的理論》，及一九二三年的《佛教的核心概念和佛法的意義》和一九二七年出版的《佛教涅槃的概念》在西方引起轟動，隨後他很重要的兩冊英文著作《佛教邏輯》於一九三〇及一九三二年出版，對佛學研究產生巨大的影響。
一九〇九	布里亞特出生的阿格旺多傑喇嘛，代表十三世達賴喇嘛向沙皇尼古拉二世爭取，在聖彼得堡（現今的列寧格勒），興建一座佛寺——扎倉，做為舉行佛事活動場所，和僧人教育學院。
一九一五	聖彼得堡佛寺落成。
一九一七	俄羅斯各蒙古部落之間，有大小寺院近二百座，喇嘛僧約一萬三千人；在聖彼得堡也有喇嘛約二十位。
一九二五	莫斯科成立歐洲第一所為研究佛教而設立的大學。
一九三〇年代	史達林當政，大肆毀佛，加強無神論宣傳，所有寺廟、教堂等，大多遭到關閉、拆毀或轉作他用，變成文化中心、學校、俱樂部、醫院。大量僧侶遭逮捕，強迫還俗。所有佛教典籍、佛像、法器等一概焚毀。

一九四一	六月二日，德國法西斯突然發動了對蘇聯的襲擊，保衛祖國成了首要任務。為了團結人民一致對敵，蘇共對宗教採取了一些寬容政策，成立機構，制定管理章程，恢復宗教活動。
一九四六—一九五〇	二戰後，當局恢復了於二十世紀初興建的聖彼得堡佛寺，一九五〇年由布利亞特首府烏蘭烏德的佛教徒集資興建了伊沃爾金扎倉。
一九七〇	全俄有十九個佛教團體，分別設在莫斯科、彼得堡、海參威、烏蘭烏德等主要地區。
一九八九	佛教協會在聖彼得堡被正式確認，位於列寧格勒市濱海大街的喇嘛寺院，聖彼得堡佛寺交還給了該市佛協。
一九九二	僅在西伯利亞地區新建並舉行開光的寺院就有十座。沙俄和前蘇聯時代喇嘛廟中保存的一些文物和藝術品也陸續歸還原主。

歐洲其他國家

時期	重要大事
公元前三—二世紀	希臘—巴克特里亞王國的統治者彌蘭王，改信佛教。（南傳《彌蘭王問經》記載）
十一世紀	元世祖忽必烈征服歐洲時，到了波羅的海地區，從那時起，佛教就是拉脫維亞、愛沙尼亞及立淘宛知識分子中的一種信仰。
一三四八	捷克的布拉格大學，設有巴利文佛學課程。
一八八四	出生於愛爾蘭的勞倫斯·卡羅爾，在緬甸仰光受戒出家，法名達摩洛迦，成為西方最早的佛教僧侶。
十九世紀上葉	匈牙利出現佛教著名的學者喬瑪，是語言學家兼東方學家，熟諳十三種語言，掌握了孟加拉語和梵語。他著有《藏英詞典》及《藏語語法》等。

一九一七	赫爾默是瑞典一位著名的巴利語、梵文、僧伽羅語、緬語和塔米爾文專家，最專長的是僧伽羅語；他與安德遜開始編著《精審巴利辭典》。
一九二二	波蘭的印度學家、語言學家安傑・迦羅斯基，創立波蘭東方協會。一九三二年出版波蘭的第一本梵語手冊，是波蘭的梵文基本學術教科書。
一九二三	但尼生被任命為拉脫維亞、愛沙尼亞、立陶宛三國的佛教僧王，並在拉脫維亞首都設立主教席位，任命為拉脫維亞佛教總主教。
一九二六年後	捷克的佛教之父利奧波德・普羅恰茲卡博士，發表佛陀和他的教導、佛教的世界觀、道德和宗教、佛教禪定等多部佛書。
一九三八	馬丁・那弗薩在斯里蘭卡的德國比丘三界智尊者座下出家，法名源智比丘，為捷克第一位比丘。
一九三九—一九四五	第二次世界大戰爆發，導致波蘭利沃夫和華沙兩個研究中心的關閉。戰爭期間，大多數波蘭的東方學學者被殺害。
一九四五	「芬蘭佛教會」開始弘法活動，出版佛教典籍。
一九四七	菩提達摩協會是芬蘭成立最早的佛教協會，最初稱為佛教之友協會。

一九五〇	寧瑪派大師奇美日津仁波切應義大利藏學家圖齊教授之邀，至羅馬大學任教。
一九七八	喇嘛歐雷陪同十六世噶瑪巴前往雅典弘法，並創辦了雅典最早的佛教中心。
一九八六—一九八七	一九八六年，捷克籍性空法師前往日本，跟厚田禪師修習曹洞宗，法名性空。一九八七年於斯里蘭卡剃度出家，依止那難羅摩長老座下修習南傳禪法，法名法光，通曉法、德、英、中、俄、印度、日語等十幾種語言。
一九九五	波蘭佛教聯盟成立。
一九九七	布達佩斯一批華人信眾集資建起虛雲禪院，邀請中國河北趙州柏林寺淨慧法師及弟子明證、明來來此為禪院開光。應當地信眾請求，明證法師、明來法師留在布達佩斯主持禪院。波蘭唯一的漢傳道場——禪佛教協會，由臺灣法鼓山聖嚴法師的西方法子約翰．克魯克博士指導的禪修團體。二〇〇八年起，多次邀請繼程法師及法鼓山僧眾前往帶領禪修活動。
二〇〇三	明來法師另在首都布達佩斯一處創立的普濟寺。

二〇〇九	芬蘭佛教聯盟成立。聯盟出版半年刊佛教雜誌《菩提子》。

美國

時期	重要大事
一八四四	一月，美國波士頓《日晷》第四卷第三號上發表《法華經》的英文節譯，題為《佛陀的佈道》，轉譯自歐洲佛教研究之父法國學者歐仁·比爾奴夫的一篇文章。
一八七五	奧爾科特上校在紐約創立「靈智學會」。
一八七九—一八八〇	英國阿諾德爵士的《亞洲之光》詩集，分別在英國和美國出版，對美國佛教產生很大影響。 惠特尼出版著名的《梵文語法》。
一八八〇	奧爾科特遠赴錫蘭受持三皈五戒，成為第一位美籍優婆塞，並幫助斯國佛教的復興。
一八八一	英國著名佛教學者戴維斯訪美，對美國學術界的佛教研究起了開拓作用。

一八八七	愛德華．黑格爾在芝加哥創辦的公開議庭出版社，是最早期的學術出版社之一，由保羅．卡羅斯擔任編輯。出版《公開議庭》宗教科學月刊，每期佛教理論都占了很多篇幅；除了出版雜誌外，還出版了多本有關佛教的書籍。
一八八九	西本願寺日僧曜日蒼龍在夏威夷建立淨土真宗寺。
一八九一	華倫和哈佛大學梵文教授朗曼共同創辦《哈佛東方叢書》，可視為佛教在美國弘揚的原動力，得到許多人的關注。
一八九三	在芝加哥舉行世界宗教會議上，斯里蘭卡達摩波羅居士發表演說：〈世界受惠於佛陀〉；日本鎌倉圓覺寺的住持釋宗演也發表關於禪的演說，由鈴木大拙譯為英文，引起美國人對佛教的興趣和重視，美國學者保羅．卡羅斯皈依佛教。
一八九四	保羅．卡羅斯仿照《新約》，採選上座部佛教的材料，用譬喻的方式敘說佛陀的故事，出版他的第一本書《佛陀的福音》，極為暢銷，被翻譯多種文字。並幫助日本鈴木大拙在美國弘揚禪法。
一八九九	淨土真宗僧人薗田宗惠與西島覺了，被日本本願寺指派來到美國，總部設在舊金山。

一九二三	磯部峰仙在洛杉磯建立「禪宗寺」。
一九二七	美國研究藏傳佛教的先驅，沃爾特・埃文斯・溫茲，譯出《西藏生死書》，將藏傳佛教介紹給西方社會。
一九二九	春，太虛大師抵美訪問，在紐約、華盛頓、芝加哥、舊金山等各地大學、學術機構說法數十次；在夏威夷分別在十字架教會、中華總商會、中華總會館、佛教青年會，演講佛法多次。
二十世紀上葉	富蘭克林・埃傑頓教授編有《佛教混合梵文辭典》，是佛教文獻的巨著。
一九四九	蒙古喇嘛帝洛瓦呼圖克圖活佛，受到約翰霍普金斯大學的邀請，任職外語系四年。是最早進入美國的喇嘛。
一九五〇—一九五八	鈴木大拙在哥倫比亞大學及各處城市演講，弘揚禪法，掀起美國一股禪學熱潮。

一九五三—一九五五	一九五三年夏威夷一班華人僑領佛教徒，成立「檀香山華僑佛教總會」。一九五五年另一佛教社團，成立「夏威夷中華佛教總會」。兩個佛教社團聘請華僧法師來夏威夷駐錫弘法。先有筏可、知定、源慧、法慧諸法師，其中知定和法慧二師在夏威夷創建「虛雲禪寺」。
一九五八	藏傳格魯派第一座道場「美國喇嘛教寺院」，由美國格魯派的開山祖師喇嘛格西汪嘉，在新澤西建立。
一九五九	艾特肯在夏威夷創立「檀香山金剛僧團」，教導禪法。宣化上人到達美國舊金山，成立「中美佛教總會」，後改名「美國法界佛教總會」。
一九六一	越南一行禪師得到普林斯頓大學提供的獎學金，研究宗教學，曾在康乃爾大學及哥倫比亞大學任教。其後在歐美多國傳教，分別在美國加利福亞州、佛蒙特州等地設立鹿野苑寺、綠山佛法中心、楓林寺。一九七三年後流亡法國。

一九六二	應金玉堂女居士在美國紐約市創立「美東佛教研究總會」，前後從亞洲邀請多位出家人來住持。 日本臨濟宗與曹洞宗合流的安谷白雲禪師，到美國訪問教禪。美籍弟子中，最有成就者是艾特肯和凱普樓，對美國禪的推廣貢獻很大。
一九六三	舊金山馮善甫、馮善敦、唐退謙等，在舊金山華埠發起組織「佛禪會禮教堂」，建築一幢五層鋼　水泥大樓，落成啟用。
一九六四	樂渡法師得到沈家楨居士等護持，在紐約市創立「美國佛教會」。
一九六六	菲力浦·凱普樓在紐約州羅徹斯特城創立「羅徹斯特禪中心」，積極弘揚美國化的禪法。 越南天恩法師來到美國洛杉磯發展，一九七〇年成立「禪學中心」，一九七三年創立「東方大學」。
一九六七	曹洞宗禪師鈴木俊隆，成立塔撒哈拉禪修道場——禪心寺；並於一九六九年成立舊金山禪中心，接引美國大眾。

一九六八	斯里蘭卡維尼塔法師在華盛頓特區，開創「華盛頓佛教精舍」，推行用英語弘法，包括佛教節日慶祝、星期日定期演講法會、指導禪修、教授巴利文、梵文。 塔唐活佛到加州柏克萊，創建全美第一座「寧瑪派禪修中心」。後成立「佛法出版社」。
一九七〇	丘揚創巴到達佛蒙特州的巴納，創立「虎尾禪修中心」；後來又成立「金剛界」教團組織，還包括「香巴拉出版社」。
一九七一	聖荷西「靜點研究所」，是美國僧人蘇闍多創建，一九七四年遷到聖荷西，主要活動是坐禪修持。
一九七二	韓國曹溪宗的崇山法師抵達美國，在羅德島州普羅維登斯市教導佛法。一九八三年，創立「國際觀音禪院」。
一九七三	仁俊長老應美國佛教會之請，赴紐約弘法，後任「大覺寺」住持及「美國佛教會」副會長、會長。
一九七四	丘揚創巴在科羅拉多州博德市成立那洛巴學院。 西藏薩迦派的總教主吉札．達欽．薩迦仁波切與在華盛頓大學教授西藏佛教哲學的德松仁波切，共同成立薩迦大乘佛法中心。

一九七五	聖嚴法師應邀蒞美弘法，先後擔任美國佛教會董事、副會長，紐約大覺寺住持及駐臺譯經院院長。一九七九年在紐約創立「禪中心」，後來遷址更名為「東初禪寺」。 堪布卡塔仁波切在紐約市成立了第一個噶瑪噶舉佛學中心，即後來的噶瑪三乘中心。
一九七六	寧瑪派的敦珠仁波切，在美國紐約建立「耶喜寧波」弘法中心，是寧瑪派在美國的總部。 美國白人本土的「內觀禪修會」，由傑克・康菲爾德、約瑟夫・葛斯坦、莎倫・索茨伯格三位老師奠基，禪修著重於生命的覺醒，簡化修持的方法。 星雲法師組團訪美，以慶祝美國建國兩百週年為契機，赴美弘揚佛法。
一九七八	星雲法師在洛杉磯開始籌建「西來寺」。

一九七九	泰國洛杉磯佛寺落成，迅速發展壯大，目前已是美國最大的泰國寺院。 永惺長老、淨海法師、嚴寬祜居士等創辦「德州佛教會」，屬下佛光寺為美南華人第一座佛教道場。
一九八二	葛印卡教授的內觀禪修，一九八二年開始在美國租賃地點舉辦十日課程，每年舉行大規模的二至三次，報名參加者踴躍。
一九八四	美國慈濟於加州成立。
一九八七	哥倫比亞大學教授羅伯特・瑟曼，和李察・吉爾、菲利普・格拉斯一起，在紐約成立西藏之家，協助保存西藏文化。
一九九一	佛光山星雲法師在洛杉磯柔似蜜市成立「西來大學」。
一九九二—一九九五	繼如法師來美國弘法，歷任美國紐約莊嚴寺董事、方丈、大覺寺住持等。一九九五年應密蘇裡州聖路易佛學社邀請弘法，創辦美中佛教會。
二〇〇〇	臺灣中台禪寺惟覺老和尚於美國舊金山灣區拉弗葉成立了第一座國外弘法的佛門寺。

加拿大

時期	重要大事
一九〇五	一九〇五年十二月十二日，在溫哥華的日本移民，向日本西本願寺申請派遣「開教使」，在市政廳舉辦第一場弘法活動。
一九三三	加拿大淨土真宗佛寺成立，總部設在不列顛哥倫比亞省的列治文。
一九四二	二次世界大戰時，所有日本僑民全被遣離西海岸，所以寺院也就關閉了。直到一九四九年，日本僑民才又被允許回到溫哥華。
一九四七	淨土真宗位於安大略省的多倫多佛教會成立。
一九五四	「溫哥華佛寺」再次成立，買下衛理公會教堂，改建成佛寺
一九六四	不列顛哥倫比亞大學，開設了第一個佛學課程。
一九六五	北美洲第一位在斯里蘭卡出家的南傳上座部的比丘尼法授，返回加拿大不列顛哥倫比亞，教導學生。

一九六六	阿難陀菩提比丘在安大略省附近金芒特，建立北美第一座非亞裔的佛教道場「加拿大佛法中心」，教導佛法及禪修。
一九六七	美籍日本禪師菲力浦・凱普樓，在加拿大成立「多倫多禪中心」。香港性空、誠祥二位法師在多倫多申請註冊成立「加拿大佛教會」，是加拿大最早的華人佛教社團。
一九六八	溫哥華世界佛教會佛恩寺，由來自香港的呂雛九居士和馮公夏老師成立，位於溫哥華的唐人街，是不列顛哥倫比亞最早的華人佛教團體。
一九七一	噶瑪噶舉傳承的噶廷萊仁波切，陪同一群西藏難民移居加拿大安大略省，並於一九七三年在多倫多建立了貢噶竹舉林。
一九七二	卡盧仁波切在不列顛哥倫比亞，創建噶舉袞恰確林藏傳佛教中心，是成立最早的藏傳道場。 格西堪拉甘堅仁波切應加拿大政府邀請，前往蒙特利爾照顧四百名加拿大政府接受的西藏難民，成立阿底峽佛法中心。
一九七三	在多倫多士嘉堡的斯里蘭卡移民，成立加拿大佛教精舍學會。一九七八年創立多倫多摩訶精舍佛教禪修中心，為加拿大首座上座部佛教寺院。 加拿大佛教會在多倫多，新建「湛山精舍」。

一九七五	越南難民到魁北克省，成立越南佛教會蓮花寺。
一九七六	成立於多倫多的多倫多噶瑪噶舉中心，是藏傳噶舉派在加拿大的總部。
一九八三	噶舉傳承的香巴拉傳統岡波寺，位於加拿大諾瓦斯科西亞省布雷頓角，由丘揚創巴仁波切成立，為北美第一座國際香巴拉的總部。
一九八四	安大略省的寮國難民，成立多倫多寮國佛寺理事會。
一九九一	緬甸僑民在溫哥華成立了「緬甸上座部佛教學會」。
一九九二	加拿大的第一座泰國佛寺——揚毘梨耶寺於溫哥華成立。
一九九四	加拿大出生的阿姜須那，在不列顛哥倫比亞省的彭伯頓，建立了第一個阿姜查泰國傳統的森林道場——柏肯佛教森林道場。
一九九七	「多倫多佛光山寺」成立。
二〇〇〇	蘇古納西里在多倫多創立那爛陀佛學研究學院，是加拿大的第一所佛學院。蘇古納西里並於二〇〇五年，創辦加拿大第一份佛教學術期刊〈加拿大佛學研究期刊〉。
二〇〇六	阿姜維羅達摩在加拿大安大略省珀斯，創建「三歸寺」。

二〇〇八	加拿大第一個南傳上座部比丘尼道場正念和諧道場，由加拿大籍的艾雅．梅陀難提比丘尼，成立於安大略省珀斯。

墨西哥

時期	重要大事
一九五七	八月，墨西哥自治大學舉辦「心理分析與禪佛教」的學術會議，心理學大師埃里克．佛洛姆，及日本禪學大師鈴木大拙出席。會議之後，主辦單位將他們的對談出版成書《禪與心理分析》。
一九六七	擁有日本京都花園大學禪宗哲學博士學位的高田慧穰禪師，抵達墨西哥，成立了臨濟宗第一座禪堂——白鷺禪堂。高田禪師一生的後三十年都在墨西哥度過，被尊為「出生在日本的墨西哥人」。
一九七九	前角博雄禪師至墨西哥主持禪七，次年成立「墨西哥禪修中心」。
一九八〇	菲力浦．凱普樓到墨西哥弘法及成立禪之家。
一九八五	泰國阿姜彤的學生坤洽卡拉塔妮，創立內觀之家於墨西哥城。

一九八六	薩姜米龐仁波切成立香巴拉佛教禪修中心。
一九八九	達賴喇嘛首次造訪墨西哥，在瓜達拉哈拉創立「墨西哥西藏之家」。這是拉丁美洲第一個代表西藏文化的組織。
一九九九	馬哈希禪師系統的喜戒尊者及難提舍那尊者，在維拉克魯茲州創立「墨西哥南傳上座部佛教中心」，及「正法精舍」，是拉丁美洲西語系的寺院。
二〇〇九	佛法研究所由印度藏傳達摩妲塔比丘尼成立，製作西班牙語文的網路佛法教學服務。
二〇一三	格魯派傳統的墨西哥洛色林研究所成立，由第一位西班牙語系的格西——格西洛桑達瓦擔任所長。

中美洲各國

時期	重要大事
一九六八	國際創價學會在巴拿馬首都，成立巴拿馬國際創價學會。

一九七四	哥斯大黎加卡薩禪中心，由美國菲力浦．凱普樓創立，舉辦禪學講座及禪修活動。
一九八九	第十四世達賴喇嘛應哥斯大黎加總統邀請，首次訪問哥斯大黎加，也促成哥斯大黎加藏族文化協會的成立。
一九九〇	臺灣一群移民佛教徒發起興建福慧精舍，登記立案全名為「哥斯大黎加佛教協會」。一九九四年邀請佛光山派法師接任住持，次年改名為「佛光山哥斯大黎加福慧精舍」。
二〇〇〇	格西格桑嘉措尊者在尼加拉瓜的馬那瓜，成立菩提心佛教中心。
二〇〇五	「瓜地馬拉西藏之家」成立，包含藏傳佛教噶舉派，寧瑪派、格魯派的傳播。
二〇〇一	薩爾瓦多發生大地震，慈濟賑災志工前往發放食物、義診施藥，關懷災民。
二〇一二	由斯里蘭卡的移民及僧人，在聖荷西市成立哥斯大黎加上座部佛教協會。

巴西

時期	重要大事
一九〇八	日本移民搭乘「笠戶丸」抵達巴西的桑托斯港，佛教也傳到了巴西。
一九三六	屬日蓮正宗的本門佛立宗的松原米二，捐地建立第一個聚會所——聯盟崇拜中心。（二戰期間被禁止活動）
一九五一	日蓮正宗傳教士茨木友次郎，正式在林斯建立本門佛立宗的巴西總部太森寺。
一九五五	日本曹洞宗大本山永平寺的方丈高階瓏仙禪師抵達巴西，三個月在南美洲做了近百場演講。同時在聖保羅市創建首座曹洞宗道場佛心寺，是巴西在南美洲曹洞宗的總部。
一九五八	在巴西的西本願寺派、東本願寺派、曹洞宗、淨土真宗、日蓮、真言等宗派，共同組織成立「巴西佛教聯合會」。
一九五九	一九五三年抵達巴西的日本東本願寺傳教師小蝶大谷，在聖保羅創立南美本願寺，為淨土真宗大谷派南美特派團南美本願寺在巴西的總部。

一九六四	南美洲最早的中國人佛教寺院——彌陀寺，於巴西聖保羅市成立。由既明法師擔任首任住持。
一九六七	第一個巴西人創立的佛教團體——巴西佛教協會，由穆里略・努內斯・阿澤維多教授，在里約熱內盧的利奧波爾迪納成立，旨在弘揚上座部佛教的教法。一九七五年出版《蓮花》雜誌。
一九七四	德田五十嵐良探禪師決定走出日本移民佛教的道場，與巴西弟子在東南部瓦爾任山丘上，成立拉丁美洲的第一座曹洞宗道場——莫羅瓦爾任禪修道場也稱禪光寺，做為培訓弘法人才及靜修的道場。
一九七九	曹洞宗弟子丸泰仙禪師的學生泰和佩雷，成立巴塞隆納禪宗道場——新月寺。
一九八六	致力於探討量子力學與佛法的相關性的物理學教授阿爾弗雷多，創立了佛菩薩研究中心。阿爾弗雷多教授於一九九六年，依恰度祖古仁波切受戒為帕德馬三旦喇嘛。
一九八七	南美洲第一個噶舉派的道場——噶舉班德嘉措藏傳佛教中心，由卡盧仁波切的弟子，成立於巴西首都巴西利亞成立。

一九八八	剛堅仁波切喇嘛在聖保羅成立和平佛法中心。現在中心的常住法師是出生於巴西的米歐爾喇嘛。 塔唐活佛在巴西聖保羅，成立寧瑪派研究所，教導藏傳佛教寧瑪派的傳統、佛教藝術、建築、語言和藏族文學。
一九八九	臺灣普獻法師應邀前往巴西弘法，在聖保羅興建中觀寺，於一九九三年落成啟用。
一九九四	寧瑪派金剛乘傳承的大師恰度祖古仁波切，創建巴西恰度貢巴。
一九九六	巴西聖保羅的蒙杰·柯恩尼師，曾依前角博雄禪師出家，學習十二年。一九九六年，柯恩禪師擔任佛心寺住持，並被選為南美洲曹洞宗總會的第一位女性會長，二〇〇一年退位。
一九九九	佛光山巴西如來寺，位於巴西聖保羅市。並成立「巴西如來翻譯中心」，出版葡文經典及多種佛教葡文重要參考書，編有葡文《佛光世紀》季刊。
二〇〇〇	葛印卡內觀中心在巴西成立寂靜法等五個靜修中心。 巴西彌陀寺禮請旅居阿根廷的守志法師，擔任第三任住持，拆除舊屋重新改建彌陀寺，成立南美普陀總山的會所。

二〇〇九	巴西籍的蘇難陀法師，二〇〇四年前往斯里蘭卡出家受戒，二〇〇九年回巴西，創辦環球正法精舍。
二〇一三	出生於聖保羅的阿姜牟提多，於二〇〇二年，前往泰國東北部阿姜查的森林道場出家學習。第一次回到巴西，指導禪修。

阿根廷

時期	重要大事
一九八三	拉丁美洲第一所藏傳道場，噶瑪噶舉派的噶舉大乘佛法中心，由多傑羌波卡仁波切成立。
一九八五	六月，阿根廷首都布宜諾斯艾利斯一些華僑佛教徒，成立「旅阿中國佛教會」。

一九八六	竹巴噶舉傳承的喜苑林佛教中心由竹古・確嘉仁波切和德頌仁波切第一次訪問布宜諾斯艾利斯時成立。第一位阿根廷裔的日本臨濟宗禪師奧古斯托・阿爾卡爾德，在科爾多瓦山谷成立正法庵禪堂；一九八九年邀請艾特肯禪師，蒞臨阿根廷教禪，成立布宜諾斯艾利斯南風禪集團，隸屬於檀香山金剛僧伽會。
一九八七	四月，美國休士頓德州佛教會會長淨海法師，受到「旅阿中國佛教會」的邀請，飛往阿根廷首都布宜諾斯艾利斯，做為期三週的弘法活動，是漢傳佛教第一位前往阿根廷弘法的法師。九月，臺灣普獻法師應邀抵達阿根廷弘法，改旅阿中國佛教會為中觀寺。並以新臺幣一元象徵性的購買阿根廷華僑聯合中文學校，成為中觀寺佛教中文教育機構。
一九九九	曹洞宗丸泰仙的弟子古錢禪師，在阿根廷成立正法禪寺，及在拉丁美洲成立多處禪協會。
二〇〇九	巴西中觀寺住持智翰法師，也是阿根廷菩提乘基金會創辦人及中觀寺僑聯中文學校董事長、巴拉圭玉泉寺住持，能用西班牙、葡萄牙與英語三種語言演講和授課，同時積極參與中文佛經譯成葡萄牙文，英文與西班牙文的工作。

南美洲其他國家

時期	重要大事
一九六〇	創價學會由日本移民在烏拉圭成立。
一九六五	國際創價學會在祕魯首都利瑪扎根。
一九七三	創價學會在委內瑞拉成立，並出版《聖教克里奧雜誌》。
一九七七	祕魯的日本曹洞宗道場慈恩寺成立，與早期的日本移民有關，是利瑪地區的第一座佛教道場。
一九八〇	出生於智利的溫貝托·巴拉奧納，創立了佛教傳播研究所，提供各個不同傳統的佛教教學，舉辦講座及禪修活動，積極地在智利和南美洲傳播佛教。
一九八〇	祕魯最早的兩座噶瑪噶舉派佛教道場——噶舉智利大乘中心及聖地亞哥佛法中心成立。
一九八〇	護持大乘法脈基金會，在哥倫比亞波哥大，成立大威德金剛中心。

一九八〇	烏拉圭有三個藏傳寺院、兩個日本禪宗、一個南傳上座部道場及一個一行禪師的正念小組。
一九八一	藏傳佛教噶瑪噶舉傳統的大師之一堪布卡塔仁波切，在哥倫比亞波哥大成立噶特桑秋林。
一九八七	智利擁有美國哈佛大學博士學位的生物學家、哲學家和神經學家，弗朗西斯科·瓦雷拉和亞當·恩格爾創辦了「精神與生命研究所」，透過對佛教修行者的測試，探索精神與生命的真相，協助推動佛教界與科學家之間的對話，及推廣佛教靜坐修行，創造和諧的社會。此研究所至今仍相當活躍。
一九八七	烏拉圭禪宗協會——三寶禪堂，由曹洞宗森山大行禪師的女弟子淨心法師成立。
一九八九	金特羅法師在哥倫比亞的波哥大建立曹洞禪的第一個禪中心——哥倫比亞曹洞禪協會的大心禪寺。
一九九〇	日本曹洞宗禪師弟子丸泰仙的學生瑞泰·里莫，在哥倫比亞成立哥倫比亞禪協禪會。

一九九四	僧護在委內瑞拉創立「梅里達佛教中心」，提供各級靜坐及佛法教學課程。
一九九四	高雄元亨寺菩妙老和尚應厄瓜多爾華僑邀請，在厄瓜多爾第一大城瓜亞基爾市購地建寺，派弟子觀定法師及頤定法師常駐，推動法務。大雄寶殿及加建寮房、課室等，於二〇〇七年完工，堪稱南美大型道場之一，並附設一所中文學校。
一九九六	葛印卡在委內瑞拉阿拉瓜州，成立「正法內觀禪修中心」。
一九九七	哥倫比亞唯一的漢傳道場，由虛雲禪苑佛教會成立的分會——般若禪佛法中心，教導臨濟禪。
二〇〇一	祕魯全國有二十二個佛教團體：十個藏傳、八個曹洞宗、兩個金剛乘、一個南傳上座部佛教團體、一個淨土真宗團體。
二〇〇一	寧瑪派的大師固仁波切和恰度祖古仁波切，在烏拉圭成立烏拉圭恰度貢巴佛教中心，並建造西藏傳統風格的聖吉宗閉關中心。
二〇〇一	弟子丸泰仙禪師在法國的弟子伊夫・南森禪師，在委內瑞拉各大城市成立了七處「菩提禪中心」。

二〇一二	祕魯的第一座漢傳寺院圓覺寺，又名佛心村，由宣化上人的弟子恆有法師建成。
二〇一二	智利的普查，有一萬一千八百三十九個佛教徒，有八十九個佛教團體，其中創價學會占二十三個，日本禪宗道場二十五個，金剛乘道場三十一個，有十五個為噶瑪噶舉傳承的道場。

澳大利亞

時期	重要大事
一九一〇	在緬甸出家的英國人德佳法師曾經到過雪梨，是第一位在澳大利亞弘法的法師。
一九二五	澳大利亞第一個白人佛教團體——佛法圈，在墨爾本成立，創立人是馬克·泰勒及莫利斯。該團體屬於緬甸南傳佛教系統，存在時間很短。

一九二六	生於澳大利亞新南威爾斯州的佛教學者大衛・莫里斯，赴緬甸研究佛教；後被緬甸聯邦政府任命為一個佛經翻譯組組長，負責翻譯巴利文經典為英文，並擔任英文《佛法之光》季刊的編輯。莫里斯最出名的著作是一九六二年出版的《獅子吼》。
一九三八	倫納德・布倫在墨爾本創立了第二個佛教團體——墨爾本佛教研究小組。
二十世紀四十、五十年代	出生在英格蘭的瑪麗・拜爾斯，在雪梨的神論教會、靈智學會，通過文章、書籍、廣播電台，傳播佛教信仰，定每星期日晚上有節目宣傳佛法。
一九五三	美國籍法施比丘尼抵達雪梨，促成新南威爾斯州佛教會的成立。 維多利亞州佛教會，由倫納德・布倫成立，弘揚南傳上座部為主。 在瑪麗・拜爾斯的贊助下，荷蘭裔的里奧・柏克萊正式成立新南威爾斯州佛教會。出版《慈心》雜誌，一九八六年，改名為《今日佛教》。 昆士蘭佛教會成立，但一九五六年解散後，至一九八〇年才再度成立。
一九五八	新南威爾斯州佛教會與維多利亞佛教會聯合組成澳大利亞佛教聯合會。

一九七〇	澳國政府取消「白澳政策」，實行較為自由的移民政策，不少亞洲的移民到達澳大利亞。因此傳入澳大利亞的佛教，分有南傳、漢傳、藏傳佛教等不同流派。
一九七一	斯里蘭卡的蘇摩洛迦法師，應邀抵達雪梨常住，是第一位常住澳大利亞的南傳上座部法師。一九七三年，澳大利亞的第一座佛教道場——澳大利亞佛教精舍成立。
一九七二	中國商人廖英源居士，在雪梨成立澳大利亞中國佛教協會。並於一九八四年成立澳大利亞佛教圖書館。
一九七四	耶喜喇嘛及梭巴仁波切在澳大利亞帶領一個月的禪修課程，禪修結束後，即有四名學員一起捐贈了位於昆士蘭州陽光海岸的一塊土地，成立了「觀音學院」。
一九七五	泰國波利耶帝迦維法師和英籍比丘忍護法師，在雪梨成立泰國佛陀朗西寺，是當時法務興隆的南傳上座部道場。

一九七七	護持大乘法脈基金會，七十年代開始，陸續在澳大利亞各處設立道場，提供研究和實踐藏傳佛教格魯派傳統教法。 臺灣的藏慧法師移民澳大利亞雪梨，成立華藏寺。自一九八一年，在新南威爾斯大學、雪梨大學等成立佛學社，及組成各大學院校老師，致力於把臺灣印順長老的著作《妙雲集》下編譯成英文出版。
一九七八	緬甸禪師烏巴慶傑出的女弟子 Sayamagyi Daw Mya Thwin，在西澳大利亞帕斯成立國際禪修中心，開辦指導十日內觀的禪修。
一九七九	忍護比丘的學生，伊爾莎・萊德曼在斯里蘭卡受戒出家，法名艾雅・凱瑪，是一位很有成就的西方比丘尼，曾多次返回澳大利亞指導禪修。 第一個屬於日本禪宗的雪梨禪中心誕生，隸屬夏威夷的金剛僧伽會。 雪梨的越南難民成立新南威爾斯州越南佛教會。
一九八〇	越南福慧長老抵達雪梨，隨後興建福慧寺及在澳大利亞全國成立多座道場弘法。
一九八一	美國內觀禪修會的約瑟夫・戈爾茨坦領導的禪修小組，在雪梨成立佛法內觀協會。協會於一九八六年起，改由馬哈希系統的禪師指導，改名為澳大利亞佛教協會。

一九八二	兩位澳大利亞籍泰國阿姜查的弟子闍伽羅比丘和富利沙比丘抵達珀斯，開始成立森林道場。隔年，英籍的阿姜布拉姆也從泰國抵達，協助建立占地九十七英畝的森林道場——菩提智寺。此為澳大利亞本土化的佛教組織中，最成功的西澳大利亞佛教會。 澳洲雪梨中華佛學會明月居士林成立，是一所集合釋道儒三教合一的宗教道場。
一九八五年前後	寮國難民建立兩座寺院：法悅寺和佛妙寺。 柬埔寨難民也成立自己的道場。
一九八六	第一座泰國佛寺 Wat Dhammarangsee，在墨爾本成立，隸屬於泰國瑪哈泰寺。 悉達多本願會是由宗薩蔣揚欽哲仁波切始創於澳大利亞墨爾本的國際佛教組織。 一行禪師抵達澳大利亞弘法，一九八九年，成立蓮花僧團，現在各大城市已發展出十多個靜修中心。
一九八七	緬甸僑民在雪梨西方的帕拉馬塔租賃了一棟公寓，做為佛教精舍。

一九八九	旅居澳大利亞的確札喇嘛在坎培拉成立薩迦・洛薩・確・宗藏傳佛教協會。
一九九〇	鑽石道系統的黃金海岸鑽石道佛教禪修中心成立。之後，在澳大利亞有十多處鑽石道系統的禪修中心。
一九九二	慧聖尊者在雪梨成立佛法教育學會，並創建佛教網站（BuddhaNet.net）。星雲法師先後在布里斯本興建了中天寺，在雪梨臥龍崗興建了南天寺。
二〇〇五	澳大利亞佛教研究協會正式成立，附屬於雪梨大學印度學系內。
二〇〇九	十月二十二日，英籍阿姜布拉姆在西澳珀斯菩提智寺，為四位女眾授與南傳上座部佛教比丘尼具足戒。是南傳上座部佛教的創舉。

紐西蘭

時期	重要大事
一九七五	加拿大籍的藏傳朗傑仁波切，在紐西蘭南島尼爾森南阿爾卑斯山的山麓，成立旺嘉佩卡研究和禪修中心，教導佛教的慈悲與智慧，提供禪修的教學課程。 日本的創價學會在紐西蘭成立小組。
一九七六	多傑羌學院由耶喜喇嘛和梭巴仁波切在奧克蘭成立，是紐西蘭最早的藏傳佛教道場，隸屬護持大乘法脈基金會。
一九八〇	北奧克蘭的噶瑪噶舉西松秋克林成立，由喇嘛三旦和喇嘛些竹建築藏式風格的寺院。 隸屬阿姜查的森林禪修道場，在東奧克蘭的威靈頓山建有奧克蘭佛教精舍，供僧俗大眾長期禪修。
一九八四	威靈頓柬埔寨佛寺，由柬埔寨僑民建成，是紐西蘭第一個高棉寺院。

一九八五	格魯派的格西阿旺達吉到紐西蘭南島的達尼丁，成立達吉佛教中心，教學寂天的《入菩薩行》、月稱的《入中論》、宗喀巴的《菩提道次第》等。 阿姜蘇美多在紐西蘭惠靈頓成立了菩提寺，提供出家、在家眾修學佛法及禪修。
一九八七	葛印卡內觀禪修系統在奧克蘭北方成立正法地內觀中心。
一九八八	在奧克蘭的越南移民，於一九八八年在奧塔胡胡成立越南協會，並在一處民宅舉辦佛教共修活動。
一九九一	崇善法師開始興建位於紐西蘭的第一座越南佛寺——覺然寺。 鑽石道佛教中心在基督城成立，之後，陸續在紐西蘭各大城市成立分會。
一九九二	國際佛光會在紐西蘭建兩處道場，即南島佛光山及北島佛光山。北島佛光山是紐西蘭最大的佛寺，佛殿氣勢宏偉。
一九九五	臺灣聖印法師，在紐西蘭奧克蘭市購地興建慈明寺，監院常順法師，每週日法會，講經說法。

一九九八	西澳大利亞佛教會建設了南傳上座部佛教的女眾森林禪修道場法依尼寺。
一九九九	第一座斯里蘭卡的佛教寺院，在奧克蘭的奧塔胡胡成立。

非洲各國

時期	重要大事
一九二〇	有四百至四百五十位的斯里蘭卡人到坦尚尼亞最大的城市沙蘭港工作，註冊成立「僧伽羅佛教協會」，舉辦法會。一九五六年加建佛塔和佛殿，成為坦尚尼亞佛寺暨禪修中心。一九六二年，斯里蘭卡的那羅陀長老曾到坦尚尼亞的占吉巴短期訪問教學。
一九五〇	蘿絲瑪莉．福斯於一九五〇年代，在南非成立西藏友誼集團，主要是援助西藏難民。
一九六九	藏傳佛教中噶舉派最早傳入南非，成立藏族友誼小組。
一九七二	蘿絲瑪莉邀請斐達．貝荻比丘尼到南非弘法，促成噶舉派噶瑪日多中心成立。由恩斯特．蘭茨貝格博士擔任首任會長。

一九八〇	位於南非伊索波的佛教靜修中心，由路易士‧梵龍建立，發展成為一個不分宗派，開辦佛法課程，禪修和學習佛教藝術的場所。 日本日蓮宗創價學會在南非成立，總部設在約翰尼斯堡。
一九八二	由海拉與羅德尼‧唐尼在西索美列斯特，成立達摩中心。此團體初期與美國菲力浦‧凱普樓禪師創立的羅徹斯特禪中心有關聯。 阿貢仁波切在十六世大寶法王的指示下，第一次抵達南非弘法，在他的學生羅布‧奈恩博士幫助下，在南非各大城市成立有十一個佛法中心及另外三處在其他非洲國家。
一九九〇	斯里蘭卡僑民烏塔‧科里亞夫婦，在波札那的嘉柏隆里北面，建立佛教中心，註冊為「波札那佛教協會」。
一九九二	星雲法師徵求門下弟子前往非洲弘法，慧禮法師發心前往南非布朗賀斯特市負責建造南華寺。並舉辦禪修、佛學講座。
一九九四	九月，南華寺成立了非洲佛學院。 十月，非洲佛學院有十位剛果青年黑人哇拉等請求剃度出家，這是非洲第一次剃度儀式，之後他們被送到臺灣佛光山學習訓練。

一九九六—一九九八	波札那佛教協會的嘉柏隆里寺，曾有斯里蘭卡二位法師、及泰國一位法師長駐弘法。
一九九八	斯里蘭卡般若塞迦羅博士法師來到坦尚尼亞，擔任坦尚尼亞佛寺和禪中心住持，進一步建築了多功能用處的會堂，長駐非洲各國弘法。為了照顧坦尚尼亞貧困的兒童，般若塞迦羅法師成立了兒童庇護所。
一九九九	肯亞有一所南傳上座部佛教中心，在奈洛比的郊區，由喬治·菲諾梅爾基金會，為了紀念喬治·菲諾梅爾夫婦而成立，由維摩羅法師擔任會長。在二〇〇一年至二〇〇六年期間，加拿大籍的雅利安溫薩比丘，曾在此寺常住弘法。
二〇〇〇	梵龍博士成立「快來莫亞」組織，是一個非營利的慈善機構，提供社會關懷服務，專門收容照顧愛滋病患、孤兒，提供醫療服務、基礎教育及生活技能，希望能改善他們的生活條件。 吉帝薩羅和妻子塔妮莎拉成立南非正法聖山中心，指導佛法禪修，並創立愛滋病病毒及愛滋病預防推廣方案，幫助當地貧困的居民，提供教育及醫療協助。

二〇〇一	剛果的慧然法師，是第一位非洲出家人。一九九七年到臺灣學習佛法。在臺灣學習期間，一九九八年到印度菩提伽耶受具足戒，再回到佛光山參禪一年。之後，回到故鄉黑角弘法。
二〇〇二	慧禮法師在馬拉威，創辦「馬拉威阿彌陀佛關懷中心」，以認養孤兒二千名。後來又陸續在了賴索托、史瓦濟蘭、莫三比克等成立三所孤兒院，各收容認養二千名孤兒，目前共達八千名。
二〇〇五	五月，烏干達籍的覺護法師，在烏干達成立烏干達佛教中心，指導學習佛法，修學內觀禪。
二〇〇八—二〇一三	剛果籍的菩提羅闍比丘，於二〇〇八年出家，在般若塞迦羅法師的指導下，菩提羅闍比丘積極從事弘法工作，至二〇一三年時，在剛果不同的城市成立有四處靜修中心。
二〇一六	目前慈濟在非洲當地設了四個慈濟分會和聯絡處，即辛巴威、南非、莫三比克、賴索托，訓練非洲的婦女和人們謀生的技能，耕種糧食等，推廣慈悲惜世的理念，照顧愛滋病患、孤寡老人。

二、參考文獻

（一）中文書目

《CBETA 電子佛典集成》Verion 2014，中華電子佛典協會。

于凌波著：《中國海外弘法人物誌》，臺北：慧炬出版社，一九八八年。

于凌波著：《美加華人社會佛教發展史》，臺北：新文豐出版社，一九八六年。

任繼愈、杜繼文編著：《佛教史》，臺北：曉園出版社，一九九五年。

多哇．更桑協熱布來著：《當代藏傳佛教在國外》，中國西藏網 Tibet.cn。

宋立道編著：《世界佛教》，河北：河北省佛學院，二〇〇〇年。

李四龍著：〈美國佛教研究的近況（上）〉，《普門學報》，第十九期，高雄：普門學報社，二〇〇四年。

李四龍著：〈佛光西漸：美國佛教的傳播經驗〉，《世界宗教文化》，二〇〇九年第二期。

李四龍著：《美國佛教：亞洲佛教在西方社會的傳播與發展》，北京：人民出版社，二〇一四年。

李四龍著：《歐美佛教學術史》，北京：北京大學出版社，二〇〇九年。
狄雍原著、霍韜晦譯：《歐美佛學研究小史》，〈本書譯者序〉Ⅳ頁。
星雲編著：《佛光教科書四．佛教史》，高雄：佛光出版社，一九九九年。
星雲編著：《佛教叢書之五．教史》，高雄：佛光出版社，一九九五年。
翁仕杰中譯，《如夢覺醒——倫珠梭巴格西自傳》，臺北：春天出版，二〇一四年。
馬可波羅著，馮承鈞譯：《馬可波羅行紀》，臺北：臺灣商務出版社，二〇〇〇年。
張曼濤主編：《歐美佛教之發展》，《現代佛教學術叢刊》第八十四冊，臺北：大乘文化出版社，一九七八年。
張曼濤主編：《現代世界的佛教學》，《現代佛教學術叢刊》第八十五冊，臺北：大乘文化出版社，一九七九年。
張燦維著：《十年磨一劍——佛光山非洲傳法十年紀實》，臺北：菩提心文化，二〇〇二年。
黃心川著：〈當前東亞佛教的復興情況及其對社會經濟的影響〉，《中華佛學學報》，第十三期，臺北：中華佛學研究所，二〇〇〇年。
房建昌著：〈藏傳佛教在美國的興盛及其發展〉，《西藏民族學院學報》（社會科學版），一九八九年第一期，陝西：西藏民族學院，一九八九年。

楊健著、魏道儒主編：《亞洲之外佛教》，《世界佛教通史》第十三卷，北京：中國社會科學出版社，二〇一五年。
楊曾文主編：《當代佛教》，北京：東方出版社，一九九三年。
慧禮法師、張融琳著：《行腳非洲的和尚爸爸》，臺北：普賢教育基金會，二〇一〇年。
慧禮法師等著：《為愛行腳：在非洲交會的生命花園》，臺北：一家親文化有限公司，二〇一三年。
蓮龍居士：《中國佛教百年回顧》。
鄭金德著：《歐美的佛教》，臺北：天華出版，一九八四年。
《辨神論》：論上帝的善良、人的自由與邪惡的起源。（Essays of Theodicy on the Goodness of God, the Freedom of Man and the Origin of Evil）
釋妙達：《面向世界的中國佛教——中國佛教在法國本土化的方向》一文（巴黎佛光山）。
《顯密文庫》網路：《黃夏年文集．二十世紀美國的佛教》。
William Peiris著，梅迺文譯，藍吉富主編：《西洋佛教學者傳》，《世界佛學名著譯叢》第八十四冊，臺北：華宇出版社，一九八六年。

王昱海著：〈美國禪宗四十年〉，《美佛慧訊》，第九十期，美國佛教會，二〇〇四年。
李明濱著：〈佛教傳俄尋蹤〉，《普門學報》，第九期，高雄：普門學報社，二〇〇二年。
杜永彬著：〈論藏傳佛教在美國的傳播和影響〉，《北京藏學研討會論文集》，北京：中國藏學研究中心，二〇〇一年。
黃迪秋著：〈俄國的佛教文明〉，《西伯利亞研究》，第六期，黑龍江：黑龍江省社會科學院，二〇一一年。
黃夏年著：〈國際佛教組織與主要活動〉，《當代佛教》第六章。
黃夏年著：〈二十世紀義大利的佛教〉。
黃陵渝著：〈比利時佛教及其研究〉，《法音》，第十期（總九十八期），北京：中國佛教協會，一九九二年。
黃陵渝著：〈德國的佛教〉，《法音》，第十一期（總一一一期），北京：中國佛教協會，一九九三年。
黃曉星著：〈義大利的佛教徒〉（佛教網）。
夏金華著：〈佛法東漸美利堅〉，《香港佛教》月刊，第五四七—五四九期，香港：

香港聯合佛教會，二〇〇六年。
維基百科，自由的百科全書：〈佛教在奧地利〉。
〈阿彌陀佛關懷中心・簡介〉中英文說明。

（11）外文書目

American Religious Identification Survey, The Graduate Center of the City University of New York, 2001.

Andrew Scott, 1981, “About Anagarika Dharmapala” The Maha Bodhi, Vol. Apr- Jun.

Asian Americans: A Mosaic of Faiths, Pew Research Center, July 19, 2012.

Benjamin A. Elman, 1983, “Nietzsche and Buddhism”, Journal of the History of Ideas, Vol. 44, no.4.

Buddhism in Argentina, Encyclopedia of Latin American Religions, Springer International Publishing Switzerland, 2005.

BUDDHISM IN CANADA, edited by Bruce Matthews 2006.

Buddhism in Central America, Encyclopedia of Latin America Religions, Springer International Publishing Switzerland, 2015.（http://link.springer.com/

referenceworkentry/10.1007/978-3-319-08956-0_132-1#page-1）

Buddhism in Chile, Encyclopedia of Latin American Religious, Springer International Publishing Switzerland, 2005.

Buddhism in Saint Petersburg by Elena A. Ostrovskaya-Junior.

Buddhism in Uruguay, Encyclopedia of Latin American Religious, Springer International Publishing Switzerland, 2005.（http://link.springer.com/referenceworkentry/10.1007/978-3-319-08956-0_131-1#page-1）

Centro de Estudos Nipo-Brasileiros, Pesquisa da População de Descendentes de Japoneses Residentes no Brasil—1987-1988, São Paulo: unpublished research, 1990.

Charles Prebish, Luminous Passage: The Practice and Study of Buddhism in America, Berkeley: University of California Press, 1999.

Christmas Humphreys, 1968, Sixty Years of Buddhism in England （1907-1967）: A History and a Survey, Gerald H. Anderson, Biographical Dictionary of Christian Missions.

Collected Wheel Publications Volume VIII: Numbers 101－115, By Nyanaponika Thera, V. F. Gunaratna, I. B. Horner, John D. Ireland, Nanamoli Thera, Helmuth von Glasenapp, L. R. Goonesekera, Dr. Hellmuth Hecker.

Cristina Moreira da Rocha, Zen Buddhism in Brazil: Japanese or Brazilian?, Journal of Globle Buddhism 1（2000）: pp. 31-35.（http://dhagpo-kundreul.org/index.php/en/）

Eckel, Malcolm David, Neusner, Jacob （editors）, World Religions in America, Westminister John Knox Press, 2009.

Elkin, A.P. Aboriginal Men of High Degree: Inittion and Sorcery in the World's Oldest Tradition. 1937. Inner Traditions,1994.

Encyclopedia of Latin America Religions, Springer International Publishing Switzerland, 2015.（http://gandenling.org/）

Global Religious Landscape, Pew Research Center, 2012.

Graeme Lyall, 1993, History of Buddhism in NSW and Current Developments.（http://www.buddhanet.net/filelib/ub3-lyll.txt）

Hamilton Bower, 1895, "A Trip to Turkistan" Geographical Journal, Vol. 5.

Hellmuth Hecker & Bhikkhu Nyanatusita, 2008, The Life of Nyanatiloka Thera: The Biography of a Western Buddhist Pioneer, Kandy: Buddhist Publication Society.

Jørn Borup, 2008, "Buddhism in Denmark", Journal of Global Buddhism, Vol. 9.

Kwon, Ho-Youn, Kim, Kwang Chung, Korean Americans and their Religions, The

Pennsylvania State University, 2001.

Lotus Seeds, Introduction the US Immigration and Convert Buddhism（蓮子著：〈美國移民佛教和皈依者佛教的關係簡介〉）。文章來源：香港佛教聯合會 Martin Baomann, 2000, "Buddhism in Switzerland", Journal of Global Buddhism, pp.154-159.

Martin Baumann, 1998, Tibet und Buddhismuszugleich, Buddhismus in Deutschland—Geschichte und Gegenwart. , Heft 47, 1998.

Memorial Celebration: Anagarika Dhammadinna.（http://www.sakyadhitacanada.org/docs/Angarika%20Dhammadinna%20Celebration%20Reflections.pdf）

Order of Interbeing 的網站：http://www.orderofinterbeing.org/.

Paul Morris. 'Diverse religions - Buddhists', Te Ara - the Encyclopedia of New Zealand, updated 13-Jul-12.

Peter Harvey. An Introduction to Buddhism: Teachings, History and Practices. Cambridge University Press. 2012-11-22: 5. ISBN 978-0-521-85942-4.

Prebish, Charles S. & Tanaka, Kenneth K., The Faces of Buddhism in America, University of California Press, 1998.

Prebish, Charles S., Luminous Passage, University of California Press, 1999.

Richard Hughes Seager, Buddhism in America, Columbia University Press, 2012.

Rick Fields, How the Swans Came to the Lake: A Narrative History of Buddhism in America, (1992) Shambhala Publications.

Senaka Weeraratna Asoka Weeraratna - pioneer in developing post-war Sri Lanka-German ties , Asian Tribune, Oct 8, 2008.

Stephen Prothero, The White Buddhist: Henry Steel Olcott and the Sinhalese Buddhist Revival, TRICYCLE: THE BUDDHIST REVIEW Fall 1996.

Terry Shine, 2009, Honour Thy Fathers: A Tribute to The Venerable Kapilavaddho. (http://www.buddhanet.net/pdf_file/honourfathers.pdf)

The Inspiring and Remarkable Life story of Sister Uppalavaṇṇā by the Sri Lalita Rajapakse Charitable trust.

Urs App, 2011, Richard Wagner and Buddhism, Switzerland: UniversityMedia.

Walter Kaufmann and R. J. Hollingdale, ed., & trans., 1967, The Will To Power, New York: Random House.

Zen Buddhism in Brazil: Japanese or Brazilian? By Cristina Moreira da Rocha Ph.D. candidate, Department of Anthropology University of São Paulo, Brazil.

Wendy Cadge, Heartwood: The First Generation of Theravada Buddhism in America.（http://bbs.theravada-chinese.org/thread-156-1-2.html）

加拿大佛教 BUDDHISM IN CANADA Edited by Bruce Matthews.

（三）參考網路

法國梅村：https://plumvillage.org/。

三歸寺：https://tisarana.ca/overview/。

舊金山禪中心：http://sfzc.org/about-zen-center/welcome。

三寶寺：http://www.monasterozen.it/monastero-zen-senbo-ji/。

三寶禪堂：https://zendo3tesoros.wordpress.com/。

巴西佛教協會：https://www.sociedadebudistadobrasil.org/。

扎雅・洛丹喜饒仁波切網站：http://www.dagyab-rinpoche.com/。

加拿大日本移民史：http://www.japanesecanadianhistory.net/secondary_timeline.htm。

加拿大佛教協會：http://buddhistcouncil.ca/history.html。

加拿大淨土真宗佛教寺院：http://www.bcc.ca/。

卡爾加里佛寺：http://calgary-buddhist.ab.ca/our-temple/history-of-the-temple/。

卡薩禪中心：http://www.casazen.org/workshops.html。

史蒂夫斯頓佛寺：History of the Steveston Buddhist Templehttp，2011 http://www.steveston-temple.ca/ar/Book/SBTBook.pdf。

本覺會網站：http://www.rigpawiki.org/。

正法土地內觀中心：http://medini.dhamma.org/。

正法蓋亞：http://www.dharmagaia.org/us.htm。

永聖寺：http://eishoji.com.br/mestre-tokuda/。

加拿大白玉基金會：http://palyulcanada.org/。

如來寺：http://www.templozulai.org.br/historia.html。

如來禪修中心：http://www.tathagata.org/AboutUs。

艾森柏禪中心網站：http://www.eisenbuch.de/centre/。

西方佛教僧團之友網站：https://thebuddhistcentre.com/。

西方的甘丹：http://www.gadenforthewest.org/links.html。

西班牙語佛法研究所：http://www.institutobudadharma.org/。

西雅圖薩迦寺 https://www.sakya.org/aboutus.html。

西端佛教中心：http://www.westendbuddhist.com/webtmc/index.php/about-halton-peel-budd

hist-cultural-society-vihara/temple-history。
西藏中心網站：https://www.tibet.de/das-zentrum/geschichte/。
佐欽中心：http://www.dzogchen.org/lama-surya-das/。
佛光寺網站：http://www.watbuddhapadipa.org/。
佛法僧：https://dharma-sangha.de/。
佛陀精舍網址：http://www.buddha-haus.de。
佛書流通網站：http://monasterystore.org/about-us/。
佛教出版協會網址：https://www.bps.lk/bps-history.php。
佛教協會網站：http://www.thebuddhistsociety.org/。
佛教訊息中心：http://www.pluralismoreligioso.it/gruppi-di-origine-orientale/gruppi-buddisti/centro-dinformazione-buddista/。
佛教新聞網：http://www.bbc.com/sinhala/news/story/2006/12/061215_vajiragnana.shtml。
佛教網絡團體網站：http://www.nbo.org.uk/。
佛禪會禮教堂：http://www.bucsf.com/history/。
那爛陀道場：http://nalanda-monastery.eu/index.php/en/the-monastery/a-brief-history。
夏思塔寺院：http://shastaabbey.org/。

依旺中心：http://www.ewam.org/about。

奇瑟斯特佛寺網站：http://www.cittaviveka.org/。

委內瑞拉道場：http://www.budismo.com/directorios/venezuela2.php。

明尼蘇達禪修中心網站：http://mnzencenter.org/katagiri/。

東蓮覺苑：http://tlkycs.buddhistdoor.com/。

松特露波研究協會：http://www.chanteloube.asso.fr/。

法林寺：http://kagyumonlamny.org/aboutktc/?lang=zh-hans。

法界佛教大學：http://www.drbu.org/。

法界佛教總會：http://www.drbachinese.org/。

法國佛教聯盟：http://www.bouddhisme-france.org/。

法華禪寺：http://www.foguangshan.fr/。

芬蘭佛教聯盟：http://sbu.fi/。

芮娜．塞卡履歷：http://www.ciis.edu/rina-sircar。

金佛聖寺：http://www.gbm-online.com/gbm_history/02_intro.htm。

金剛法光寺：http://www.vajira.org/index.php?cid=1&type=content&mid=9。

阿摩羅缽底佛教寺院網站：http://www.amaravati.org/。

南風禪集團：http://www.zen-vientodelsur.com.ar/。

柏林佛教會網址：http://www.buddhistische-gesellschaft-berlin.de/impressum.html。

柏肯佛教森林道場：http://birken.ca/about。

柯槃寺：http://www.kopanmonastery.com/about-kopan/kopan-history。

美國上座部佛教協會：http://www.tbsa.org/about-tbsa。

美國第一禪協會研究所網站：http://www.firstzen.org/。

耶喜喇嘛：https://biglovelamayeshe.wordpress.com/category/1967-thubten-yeshe-meets-a-russian-princess/。

英國相即共同體網站：http://www.coiuk.org/。

英國淨土真宗協會網站：http://www.purelandnotes.com/。

香巴拉：http://shambhala.org/。

修行協會網址：http://www.bhavanasociety.org/main/teacher/bhante_henepola_gunaratana/。

倫敦佛教精舍網站：http://www.londonbuddhistvihara.org/。

倫敦禪中心網站：http://www.rinzaizencentre.org.uk/。

哥斯大黎加藏族文化協會：http://www.tibetencostarica.com/。

朗曼的「亨利．克拉克．華倫：訃告通知」：http://obo.genaud.net/backmatter/gallery/warr

en.htm。

朗傑仁波切小傳：http://www.wangapeka.org/teachers/ven-namgyal-rinpoche/。

朗傑寺：http://namgyal.org/。

格培林藏傳佛教學院：http://www.ghepelling.com/index.php?option=com_content&view=article&id=103&Itemid=528&lang=en。

烏仗那靜修中心：http://odiyan.org/。

烏拉圭恰度貢巴：http://www.budismo.com.uy/quienes-somos.html。

烏拉圭噶當巴佛教中心：http://www.meditarenuruguay.org/。

紐西蘭佛教協會：http://www.buddhistcouncil.org.nz/。

紐西蘭慈明寺：https://www.facebook.com/nztsimingtemple/。

馬修・李卡德：http://www.mathieuricard.org/en/pages/about。

國際佛教觀音寺：http://www.buddhisttemple.ca/zh-hant/about-us/history。

國際噶當巴佛教聯盟網站：http://kadampa.org/。

國際禪協會：http://www.zen-azi.org/en。

國際禪協會英國分會網站 www.izauk.org。

捷克佛教：http://mujweb.cz/buddha.cz/btschecd.htm。

淨土真宗佛教協會網站：http://www.jodoshinshu.de/。
荷蘭佛教聯盟網：http://boeddhisme.nl/。
鳥巢禪堂：http://www.choka-sangha.de。
創價學會網站：https://www.sgi-uk.org。
惠光寺網站：http://www.eko-haus.de/index.html。
威靈頓柬埔寨佛教寺院：http://wellingtoncambodianbudhisttemple.blogspot.com/。
普賢佛教影音網站：http://poyinweb.com/。
溫哥華世界佛教會：http://www.ubt-bc.org/history/。
菩提比丘英文簡介：http://en.wikipedia.org/wiki/Bhikkhu_Bodhi。
菩提森林道場：http://www.bodhinyanarama.net.nz/。
菩提道：http://www.bodhipath.org/trinlay/。
華盛頓佛教精舍：http://www.buddhistvihara.com/。
華嚴寺：http://www.avatamsaka.ca/。
奧克蘭禪中心：http://www.aucklandzen.org.nz/。
義大利創價學會：http://www.sgi-italia.org/sokagakkai/IBISG-QuandoNasce.php。
意志學會：http://www.willpowerinstitute.com/about-us/。

獅門修道院：http://www.lionsgatebuddhistpriory.ca/。

解脫佛教道場：http://vimutti.org.nz/vimutti/atba/。

達波噶舉佛學中心：http://www.dhagpo.org/fr/presentation/histoire-du-centre/historique。

噶瑪噶舉家族聯絡：http://fumama.blogspot.tw/2007/12/blog-post.html。

僧伽利美佛教道場：http://www.rimay.net/Denys-Rinpoche.html。

寧瑪學院：http://www.nyingmainstitute.com/。

漢堡佛教會網址：http://www.bghh.de/html/verein.html。

漢諾威佛教會網址：http://www.buddha-hannover.de/。

蒙得維的亞禪中心：http://www.zen-deshimaru.com.ar/uruguay/home.php。

劍橋內觀禪修中心：https://cambridgeinsight.org/。

德國西藏之家網站：http://www.tibethaus.com/home.html。

德國佛教聯盟網站：http://www.buddhismus-deutschland.de/basic-information-in-english/。

德國俱舍智慧學院：http://www.gomde.de。

摩訶菩提協會網站：http://mahabodhisociety.com/。

歐洲佛教聯盟網站：http://europeanbuddhism.org/。

蔣揚禪修中心網站：https://jamyang.co.uk/。

噶瑪三乘中心：https://kagyu.org/。

噶瑪噶舉西松秋克林：http://www.kagyu.org.nz/temple.html。

噶舉中心：http://www.kagyu-dzong.fr/histoire/histoire-du-centre/。

噶舉派桑耶林藏族中心網站：http://www.samyeling.org。

龍承協會網站：http://www.longchen.de/wirueberuns.html。

彌陀寺：https://temploamitabha.wordpress.com/2007/08/04/。

檀香山金剛僧團：http://diamondsangha.org/about-us/。

禪光寺：http://www.mosteirozen.com.br/index.php/retiro。

禪和平締造者協會網站：http://zenpeacemakers.org/bernie-glassman/。

禪宗寺網站：http://www.zenshuji.org/history.html。

薩迦澤千林網站：http://www.sakyanederland.nl/index.html。

藏傳佛教學習中心：http://www.labsum.org/welcome.html。

覺然寺：http://quangduc.com/p23318a25522/chua-giac-nhien。

靈磐禪修中心網站：http://www.spiritrock.org/about。

鑽石道佛教網站：http://www.diamondway-buddhism.org/。

巴西阿彌陀寺網站：http://amida.org.br/quem/。

鴦掘摩羅協會網站：http://angulimala.org.uk/。

加拿大泰國佛寺 yanviriya 網站：http://asia-canada.ca/changing-perspectives/thais/wat-yanviriya。

紐西蘭菩提森林道場網站：http://bodhinyanarama.org/。

淨土真宗美國佛教會網站：http://buddhistchurchesofamerica.org/welcome/bca-history/。

巴西日蓮正宗本門佛立宗網站：http://budismo.com.br/budismo.php。

墨西哥佛教網站：http://budismo.com/quienes.php。

墨西哥三寶普濟會網站：http://budismo.org.mx/。

墨西哥西藏之家網站：http://casatibetgdl.org/nosotros/casa-tibet/。

德國直貢噶舉林網站：http://drikung.de/die-drikung-kagyue-linie/。

英國佛陀教育基金會網站：http://faculty.stust.edu.tw/~tang/Mahayana/bef_uk.htm。

柏林佛光山網站：http://www.fgs-tempel.de/。

英國森林靜修道場網站：http://foresthermitage.org.uk/。

護持大乘法脈聯合會網站：http://fpmt.org/mandala-today/meet-geshe-lobsang-kunchen/。

日本曹洞宗巴西佛心寺網站：http://global.sotozen-net.or.jp/eng/temples/outside_jp/a_year_of_temples/busshinji.html。

日本曹洞禪北美網站：http://global.sotozen-net.or.jp/eng/temples/outside_jp/America/。

施普林格數據庫網站：http://link.springer.com/referenceworkentry/10.1007/978-3-319-08956-0_134-1#page-1。

巴西那爛陀佛教中心網站：http://nalanda.org.br/sobre-o-nalanda/quem-somos/quem-dirige。

巴西和平佛法中心網站：http://ngalso.org/pt-br/?master=lama-michel-rinpoche。

佛教修行道場網站：http://obcon.org/。

奧博佛教網站：http://obo.genaud.net/backmatter/gallery/bhk.nanamoli.htm。

薩迦扎西陵網站：http://sakyalima.blogspot.com/2008/04/sakya-tashi-ling-el-monasterio.html。

寂滅心佛寺網站：http://santacittarama.altervista.org/archive/archive.htm。

廣泛禪網站：http://sweepingzen.com/densho-quintero-bio/。

墨西哥禪宗中心網站：http://szba.org/centers/l-centro-zen-de-mexico/。

道久迦措林尼寺網站：http://tenzinpalmo.com/jetsunma-tenzin-palmo/ 。

禪宗網站：http://terebess.hu/zen/mesterek/Thien-An.html。

南美的佛教學術論文：http://www.academia.edu/8871699/Buddhism_in_South_America。

加拿大佛教：http://www.ahandfulofleaves.org/documents/Buddhism%20in%20Canada_Matthews.pdf。

聖彌勒曼陀羅網站：http://www.arya-maitreya-mandala.org/。

慕尼黑阿里亞塔拉研究所網站：http://www.aryatara.de/ueber-uns/geschichte.html。

達摩協會網站：http://www.bodhidharma.info/。

菩提出版社德國作者：http://www.bps.lk/olib/wh/wh074_German-Buddhist-Writers.html。

保羅・德貝斯簡介：http://www.buddha-dhamma.de/pauld.htm。

義大利佛教聯盟網站：http://www.buddhismo.it/in-ricordo-di-vincenzo-piga/。

德國佛教聯盟網站：http://www.buddhismus-deutschland.de/basic-information-in-english/。

瓜地馬拉西藏之家網站：http://www.casatibet.org.gt/category/ensenanzas/。

巴西佛菩薩研究中心網站：http://www.cebb.org.br/lamasamten/。

義大利佛教網站：http://www.cesnur.com/il-buddhismo-in-italia/il-buddhismo-theravada/。

德千國際協會網站：http://www.dechen.org。

法樂靜修中心網站：http://www.dhammasukha.org/ven-bhante-vimalaramsi.html。

智利佛教傳播研究所網站：http://www.dharmachile.cl/?page_id=74。

鑽石道佛教會網站：http://www.diamondway-buddhism.org/buddhist-teachers/lama-ole-nydahl/。

喜苑林佛教中心網站：http://www.dongyuling.com.ar/wp/?page_id=2。

宗喀巴靜修中心介紹：http://www.dorjeshugden.com/places/ganden-chang-chub-choling-monastery/comment-page-1/。

歐洲佛教教學中心網站：http://www.ebtc.hu/academics/。

百科全書：http://www.encyclopedia.com/religion/encyclopedias-almanacs-transcripts-and-maps/theravada-buddhism

西班牙護持大乘法脈聯合會網站：http://www.fpmt-hispana.org/centros_01.php。

普傳寺網站：http://www.fudenji.it/en/institute.html。

禪宗生活基金會網站：http://www.fundacionzen.org/index.html。

喬治．格利姆網站：http://www.georg-grimm.at/prolog/prologue-english/。

全球佛教學報網站：http://www.globalbuddhism.org/1/derocha001.html。

空圈協會網站：http://www.ilcerchiovuoto.it/pages/lignaggio.php。

第十七世大寶法王噶瑪巴官方網站：http://www.kagyuoffice.org.tw/news/20150905。

柏林菩提行中心網站：http://bodhicharya.de/das_zentrum.html。

馬來西亞佛教總會網站：http://www.malaysianbuddhistassociation.org/index.php/2009-04-27-01-48-19/228-2009-04-30-03-35-14.html。

國際禪協會龍門寺網站：http://www.meditation-zen.org/de/foerderkreis-ryumonji-de。

柯恩尼師網站：http://www.monjacoen.com.br/a-monja-coen。

Muskoka 內觀中心網站：http://www.muskokainsightmeditation.ca/biography.htm。

巴西寧瑪派禪修中心網站：http://www.nyingmario.org.br/cnbt.php。

皮優論壇宗教分布網站：http://www.pewforum.org/files/2014/01/global-religion-full.pdf。

庇護所——佛教中心網站：http://www.refugebouddhique.com/historique-refuge.html。

淨信會——寂滅心之友網站：http://www.saddha.it/。

巴西寂天菩薩中心網站：http://www.shiwalha.org.br/quem/quemsomos.php。

巴西曹洞宗佛心寺網站：https://sotozen.org.br/o-templo/historia-do-templo/。

曹洞宗本山網站：http://www.sotozen-net.or.jp/column/ki_201406.html。

阿根廷豪爾赫．路易斯．博爾赫斯文稿：http://www.southerncrossreview.org/48/borges-buddhism.htm。

維也納上座部學校網站：http://www.theravada-buddhismus.at/theravada-schule-wien/geschichte/。

國際禪協會德國網站：http://www.zazen.de/p31.shtml。

柏林禪協會網站：http://www.zen-berlin.org/en/。

布宜諾斯艾利斯禪修道場網站：http://www.zen-buenosaires.com.ar/el-maestro-kosen/。

介紹天龍坦布里爾禪師，柏林禪協會網站：http://www.zen-vereinigung-berlin.de/p9.html。

國際大圓滿協會網站：https://dzogchen.net/teacher/。

介紹亞歷珊卓，維基百科：https://en.wikipedia.org/wiki/Alexandra_David-N%C3%A9el。

介紹加拿大佛教，維基百科：https://en.wikipedia.org/wiki/Buddhism_in_Canada。

介紹中美洲佛教，維基百科：https://en.wikipedia.org/wiki/Buddhism_in_Central_America。

介紹髻智比丘，維基百科：https://en.wikipedia.org/wiki/Nanamoli_Bhikkhu。

介紹諾曼・菲舍爾，維基百科：https://en.wikipedia.org/wiki/Zoketsu_Norman_Fischer。

國際森林道場網站：https://forestsangha.org/。

加拿大溫莎靈山寺網站：https://linhsontemple.wordpress.com/about/。

義大利彌勒基金會網站：https://maitreya.it/storia/。

法國寶塔寺院網站：https://watlaosimoungkhoune.wordpress.com/。

厄瓜多爾元亨寺臉書：https://www.facebook.com/TemploYuanHeng/。

墨西哥白鷺禪堂網站：https://zendoaguilablanca.wordpress.com/。

介紹羅蘭・湯野・雷赫，尼斯道場行佛網站寺：https://zen-nice.org/roland-yuno-rech/。

舊金山 Wat Buddhanusorn 網站：http://www.watbuddha.org/about-us/。

美國舍衛精舍網站：https://sravastiabbey.org。

美國無畏山寺網站：www.Abhayagiri.org。

英國馬爾巴之家網站：www.marpahouse.org.uk。

國際禪協會網站：http://www.zen-azi.org/en。

（四）重要工具書目

慈怡法師主編：《佛光大辭典》索引、上、中、下，高雄：佛光出版社，一九八八年。

藍吉富主編：《中華佛教百科全書》，臺南：中華佛教百科文獻委員會出版，一九九四年。

國立編譯館編訂：《外國地名譯名》，臺北：臺灣商務印書館，一九九五年。

黃曉風主編：《世界地理地圖集》，北京：中國大百科全書出版社，二〇一一年。

雄峰出版編譯部編譯：《英文姓名譯名字典》，臺北：雄峰出版社，一九八八年。

水野弘元著：《南傳大藏經總索引》（日文），日本學術振興會，昭和三十六年。

水野弘元著：《バーリ語辭典》（日文），東京：東京春秋社，二〇〇五年。

A.P. Buddhadatta Mahāthera: *Concies Pāli-English Dictionary*, The Colombo Apotaecarirs' Co., LTD. 1957.

三、中文索引

四畫

五畫

六畫

七畫

八畫

九畫

十畫

十二畫

十三畫

十四畫

十五畫

十六畫

十七畫

十八畫

十九畫

二十畫

二十一畫

二十三畫

二十四畫

二十五畫

二十七畫

四、外文主要名詞中譯對照表

A

Abhayagiri 無畏山寺
Adam's Peak 亞當峰
Aginsk Datsan 阿金斯克扎倉
Agvan Dorzhiev 阿格旺多傑（喇嘛）
Ajahn Amaro 阿姜阿默爾
Ajahn Brahm 阿姜布拉姆
Ajahn Chah 阿姜查
Ajahn Chandapālo 阿姜闡陀波羅
Ajahn Karuniko 阿姜迦魯尼
Ajahn Khemadhammo 阿姜差摩達摩
Ajahn Kusalo 阿姜俱尸羅
Ajahn Maha Boowa 阿姜摩訶布瓦
Ajahn Mudito 阿姜牟提多
Ajahn Punnadhammo 阿姜富樓那達摩
Ajahn Sona 阿姜須那
Ajahn Sumedho 阿姜蘇美多
Ajahn Suwat Suvaco 阿姜蘇瓦特
Ajahn Thanavaro 阿姜塔那瓦羅
Ajahn Thiradhammo 阿姜帝羅達摩
Ajahn Viradhammo 阿姜維羅達摩
Ajo Repa Rinpoche 阿喬雷巴仁波切
Alain Liebmann 愛倫．列布曼
Alan Watts 艾倫．沃茨
Albrecht Friedrich Weber 阿爾布雷希特．弗里德里希．韋伯
Alex．Wayman 亞歷克斯．韋曼
Alexander Csoma des Körös Institute for Buddhology 喬瑪佛學研究所
Alexandra David Neel 亞歷珊卓．大衛．尼爾
Alfred Charles Auguste Foucher 阿勒弗萊德．查爾斯．奧古斯特．福舍
Alfred Deakin 艾爾弗雷德．迪金
Alfredo Aveline 阿爾弗雷多
Amala Wrightson 阿瑪拉．萊特森
Amaravati Buddhist Monastery 阿摩羅缽底佛寺、甘露法道場
American Institute of Buddhist Studies 美國佛學研究所
Ameriican Bodhi Center 美洲菩提中心
Amida Temple 彌陀寺
An Raku Ji-Templo Serena Alegría 安樂寺
Anagarika Dhammadinna 法施比丘尼
Anagarika Dharmapala 達摩波羅（長者）
Anagarika Sujata 行者蘇闍多
Ananda College 阿難陀學院
Anandabodhi bhikkhu 阿難陀菩提比丘

Andin International Diamond Corporation 安鼎國際鑽石公司
Andrzej Gawronski 安傑・迦羅斯基
Angulimala, the Buddhist Prison Chaplaincy 鴦掘摩羅協會
Anna Burian 安娜・布里安
Anthony Elmore 安東尼・埃爾莫爾
Antoine-Léonard de Chezy 安托萬－萊昂納爾・謝齊
Antonio Eiju Pérez 安東尼奧・佩雷斯
Antonio Sánchez Orellana 安東尼奧・桑切斯・奧雷利亞納
Anuradhapura 阿耨羅陀城
Aranya Bodhi Hermitage 菩提森林道場
Archbishop Tennisons 但尼生
Arnaldo Graglia 阿納爾多・格拉格里亞
Arrow River Forest Hermitage 箭河森林冬宮
Arthur Schpenhauer 叔本華
Arya Maitreya Mandala 聖彌勒曼陀羅（西方教團）
Āsalhapūjā 敬僧日
Asiatic Researches《亞洲研究》
Asiatic Society of Bengal 孟加拉亞洲學會
Asociación Budista Soto Zen Argentina 阿根廷曹洞禪佛教協會
Asociacion Budistas De Argentina 阿根廷佛教協會
Asociación Cultural Peruano Tibetana 祕魯西藏文化協會
Asociación Cultural Tibetano Costarricense 哥斯大黎加藏族文化協會
Asociación Zen de América Latina 拉丁美洲禪協會
Asociación Zen de Andalucía 安達盧西亞禪宗協會
Asociación Zen de Colombia 哥倫比亞禪協禪會
Asociación Zen de Venezuela 委內瑞拉禪協會
Asociación Zen del Uruguay-Zendo de los Tres Tesoros 烏拉圭禪宗協會—三寶禪堂
Asoka Weeraratna 阿育・威爾拉特那
Association Bouddhique Khmère 高棉佛教協會
Association des Bouddhistes de Linh Son 靈山佛教協會
Association of Buddhists of Tuva 圖瓦佛教協會
Association Zen de Belgique 比利時國際禪宗協會
Associazione Buddhista Italiana 義大利佛教協會
Athens Buddhist Culture Centre 雅典佛教文化中心

Atitse 阿底峽
Atisha Centre 阿底峽中心
Atisha Dharma Centre 阿底峽佛法中心
Auckland Buddhist Vihara 奧克蘭佛教精舍
Auckland Theravada Buddhist Association 奧克蘭南傳上座部佛教會
Auckland Zen Center 奧克蘭禪中心
Augusto Alcalde 奧古斯托・阿爾卡爾德
Australasian Association of Buddhist Studies / AABS 澳大利亞佛教研究協會
Australian Buddhist Vihara 澳大利亞佛教精舍
Australian Tibetan Buddhist Centre 澳大利亞藏傳佛教中心
Awakened Meditation Centre 覺醒禪修中心
Ayang Rinpoche 安陽仁波切
Ayukusala Central European Sangha / ACES 阿諭俱舍羅中歐僧伽會
Ayya Gunasari 艾雅・求那室利
Ayyā Medhānandī Bhikkhunī 艾雅・彌陀難提比丘尼
Ayya Tathaaloka 艾雅・塔他洛迦

B

Banaras 貝拿勒斯
Banaras Hindu University 貝拿勒斯印度大學
Bandido Khambo Lama 最高首長堪布喇嘛
Banglong Huofo 邦龍活佛
Barcelona Zen Dojo 巴塞隆納禪宗道場一新月寺
Barre Center for Buddhist Studies 巴瑞佛教研究中心
Bartel Bauer 巴特・鮑爾
Ben & Jerry's Ice Cream 班與傑瑞冰淇淋
Berlin Buddhist Vihāra 柏林佛教精舍
Bernard Benson 伯納德・本森
Bernie Glassman 伯納德・格拉斯曼
Bertsen Karma Ling 貝爾森噶瑪靜修中心
Bhante Dr. Havanpola Ratanasara 拉塔納薩拉長老
Bhante Gampola Bhaginda Mahathera 加姆波勒・巴哈金達
Bhante Henepola Gunaratana 德寶尊者
Bhante Nyanabodhi 智覺尊者
Bhante Shravasti Dhammika 曇彌迦法師
Bhavana Society 修行協會
Bhikkhu Ānanda Mettayya 阿難陀彌

勒比丘
Bhikkhu Asoka 阿育比丘
Bhikkhu Bodhi 菩提比丘
Bhikkhu Kusalananda 俱舍羅難陀比丘
Bhikkhu Ñāṇamoli 髻智比丘
Bhikkhu Nyanasatta 源智比丘
Bhikkhu Nyanatiloke 三界智比丘
Bhikkhu Pāsādika 淨行比丘
Bhikkhu Seelananda 喜拉難陀比丘
Bhikkhu Sīlacāra 戒行比丘
Bhikkhu Srideva Mitra 吉祥天友比丘
Bhikkhuni Ayya Khema 艾雅・凱瑪比丘尼
Bhikkhuni Khemanandi 差摩難提比丘尼
Bhikshuni Thubten Chodron 圖丹・卻准比丘尼
Bob Jon Sunim 鮑勃・喬恩法師
Bodhi Tree Forest Monastery and Vipassana Retreat Centre 菩提樹森林道場內觀靜修中心
Bodhicharya Deutschland e.V. Berlin 德國柏林菩提行中心
Bodhidharma Zendo 菩提達摩禪堂
Bodhinyana Monastery 菩提智寺
Boeddhistische Unie Nederland / BUN 荷蘭佛教聯盟
Botswana Buddhist Association 波札那佛教協會
Brāhmī 婆羅米文
Brian Houghton Hodgson 布萊恩・霍頓・霍奇森
Bright Moon Buddhist Society 佛學明月居士林
Bruce Matthews 布魯斯・馬修斯
Buddha Dhamma Chile 智利佛陀正法
Buddha Dhamma Insight Meditation Society 佛法內觀協會
Buddha Dharma Education Association Inc 佛法教育學會
Buddha House 佛陀之家
Buddha Sasana Association of Australia 澳大利亞佛教協會
Buddha Sasana Yeiktha
Buddha's Universal Church 佛禪會禮教堂
Buddhadham Tempel Graz 佛陀正法寺
Buddha-Dhamma Fellowship 佛法基金會
Buddhadharma Institute 佛法研究所
Buddha-Haus 佛陀精舍
BuddhaNet.net 佛教網站
Buddharama 佛法寺
Buddha's Light International Association 國際佛光會
Buddhismin Ystävät-Buddhismens Vänner ry 佛教之友協會
Buddhist Association of Canada 加拿大佛教會
Buddhist center of Merida 梅里達佛教

中心
Buddhist Center Riga 里加佛教中心
Buddhist Centre Geneva International 日內瓦國際佛教中心
Buddhist Churches of America 美國佛教會
Buddhist Communities of Greater Toronto 大多倫多佛教協會
Buddhist Community Jodo Shin-Europe 歐洲淨土真宗
Buddhist Council of Canada 加拿大佛教協會
Buddhist Education Foundation of Canada 加拿大佛教教育基金會
Buddhist Federation of Australia 澳大利亞佛教聯合會
Buddhist Federation of Norway 挪威佛教協會
Buddhist Foundation of Victoria 維多利亞佛教基金會
Buddhist Global Relief 佛教全球救濟會
Buddhist League 佛教徒聯合會、佛教聯盟
Buddhist Lodge 佛教居士林
Buddhist Mission 佛教任務（社團）
Buddhist Peace Fellowship 佛教和平同盟
Buddhist Publication Society 佛教出版社（斯里蘭卡）
Buddhist Realists' Vihara 佛教現實者精舍
Buddhist Retreat Centre 佛教靜修中心
Buddhist Society for Compassionate Wisdom 慈悲智慧佛教協會
Buddhist Society for Germany 德國佛教會
Buddhist Society of America 美國佛教社
Buddhist Society of NSW 新南威爾斯州佛教會
Buddhist Society of Queensland 昆士蘭佛教會
Buddhist Society of Victoria 維多利亞州佛教會
Buddhist Society of Western Australia 西澳大利亞佛教會
Buddhist Sri Lankan Association 斯里蘭卡佛教會
Buddhist Study Center 佛教研究中心
Buddhist Study Group Melbourne 墨爾本佛教研究小組
Buddhist Traditional Sangha of Russia / BTSR 俄羅斯佛教傳統僧伽
Buddhist working group Hamburg 漢堡佛教工作小組
Buddhistische Bund Hannover 漢諾威佛教會
Buddhistische Gemeinde 佛界
Buddhistische Gemeinde für

Deutschland 德國佛教團體
Buddhistische Gemeinschaft Jodo Shinshu 淨土真宗佛教協會
Buddhistische Gesellschaft Berlin 柏林佛教會
Buddhistische Gesellschaft Hamburg / BGH 漢堡佛教會
Buddhistische Zentrum Scheibbs 沙伊布斯佛教中心
Buddhistische Zentrum 佛教中心
Buddhistischen Gemeinschaft Österreich 奧地利佛教協會
Buddhistischen Missionsverein für Deutschland 德國佛教傳道協會
Buddyjska Wspólnota Zen Kannon 觀音禪佛教協會
Budismo Camino del Diamante Costa Rica 哥斯大黎加鑽石道佛教
Bund für buddhistisches Leben 佛教生活聯盟

C

Calgary Buddhist Temple 卡爾加里佛寺
Calgary Theravada Society 卡爾加里上座部學會
Cambridge Insight Meditation Center 劍橋內觀禪修中心
Cape Town Meditation Centre 開普敦禪修中心
Caritas Viharo 慈善精舍
Carl Friedrich Koeppen 卡爾・弗里德里斯・科本
Carl Herman Vetterling 卡爾・赫爾曼・菲特林
Carl Theodor Strauss 卡爾・特奧多爾・斯特勞斯
Carlo Zendo Tetsugen Serra 卡羅・鐵玄・塞拉
Carlos Etchevarne 卡洛斯
Caroline Ausgusta Foley 卡洛琳・奧古斯塔・芙麗
Casa de Dharma 正法之家
Casa de Meditación Vipassana 內觀之家
Casa Tibet Guatemala 瓜地馬拉西藏之家
Casa Tibet Mexico-Sede El Salvador 西藏之家聖薩爾瓦分會
Casa Tibet México 墨西哥西藏之家
Casa Zen De Costa Rica 哥斯大黎加卡薩禪中心
Casa Zen 禪之家
Centre Zen de la Pleine Conscience 正念禪中心
Centro Buddhista Nalanda 那爛陀佛教中心
Centro Budista Bodhichita 菩提心佛教中心（尼加拉瓜）
Centro Budista Lama Je Tsongkhapa

喇嘛宗喀巴佛教中心
Centro Buddhista Tara Cittamani 心寶度母佛教中心
Centro Budista Tibetano Kagyü Pende Gyamtso 噶舉班德嘉措藏傳佛教中心
Centro Budista Zen 佛教禪宗中心
Centro de Budismo Kadampa Uruguay 烏拉圭噶當巴佛教中心
Centro de Dharma da Paz 和平佛法中心
Centro de Estudos Budistas Bodisatva 佛菩薩研究中心
Centro de Meditação Kadampa Brasil 巴西噶當巴禪修中心
Centro de Meditación de Budismo Shambhala 香巴拉佛教禪修中心
Centro de Meditación Kadampa México 墨西哥噶當巴禪修中心
Centro de Meditación Vipassana Dhamma Makaranda 正法摩迦羅陀內觀中心
Centro d'Informazione Buddhista 佛教訊息中心
Centro Muni Gyana 穆尼加亞中心
Centro Shiwa Lha 寂天菩薩中心
Centro Studi Tibetani Mandala 曼陀羅藏學研究中心
Centro Terra di Unificazione Ewam 耶旺統一地球中心
Centro Zen Bodai Shin 菩提禪中心
Centro Zen de Caracas 加拉加斯禪中心
Centro Zen de Montevideo 蒙得維的亞禪中心
Ch'an Meditation Center 禪中心
Chagdud Gonpa Brazil 巴西恰度貢巴
Chagdud Gonpa Foundation 恰度貢巴基金會
Chagdud Gonpa Uruguay 烏拉圭恰度貢巴
Chagdud Tulku Rinpoche 恰度祖古仁波切
Chanika Children Shelter 兒童庇護所
Charles F. Knight 查爾斯・萊特
Charles Luk 陸寬昱
Charles Prebish 查爾斯・普雷比什
Charles Rockwell Lanman 查爾斯・羅克韋爾・朗曼
Charles Willemen 查爾斯・威樂曼
Chenrezig Institute 觀音學院
Chinese Buddhist Association of Hawaii 檀香山華僑佛教總會
Chinese Buddhist Electronic Text Association 中華電子佛典協會
Chinese Buddhist Society of Australia 澳大利亞中國佛教協會
Chogyam Trungpa Rinpoche 丘揚創巴仁波切
Chökyi Gyatso Translation Committee

卻吉嘉措翻譯委員會
Chokyi Nyima Rinpoche 卻吉尼瑪仁波切
Chöling e.V. in Hannover 漢諾威秋林
Christian F. Melbye 克里斯蒂安・梅爾比
Christiano Bitti 克里斯蒂亞諾・比蒂
Christmas Humphreys 韓福瑞
Cimarron Zen Center of Rinzai-ji 臨濟禪寺
Cittaviveka Chithurst Monastery 奇瑟斯特佛寺
City of Ten Thousand Buddhas 萬佛城
Clark Strand 克拉克・斯特蘭德
CLASBEC—Pagode Wat Simoungkhoune 寶塔寺
College de France 法蘭西學院
College of Oriental Studies 東方研究學院
Colonel Henry Steel Olcott 奧爾科特上校
Comunidad Budista Interser 相即佛教界
Comunidad Budista Soto Zen 曹洞禪佛教協會
Comunidad de Sotozen Perú 祕魯曹洞禪協會
Comunidad Soto Zen Colombia 哥倫比亞曹洞禪協會
Comunidade Budista Sootoo Zenshuu da América do Sul 南美洲曹洞宗（總部）
Connie Waterton 康妮・沃特頓
Copenhagen Buddhist Vihara 哥本哈根佛教精舍
Copper Mountain Mandala 銅山曼陀羅
Council of Thai Bhikkhus 泰國比丘理事會
Cristian Albertidijo 克里斯蒂安・阿爾貝蒂
Cyril John Bartlett 西里爾・巴特利特

D

Dagyab Kyabgoen Loden Sherab Rinpoche 扎雅・洛丹喜饒仁波切
Dai Bosatsu Zendo Kongo-Ji monastery 大菩薩禪堂金剛寺
Daiji Strathern 戴吉・斯特拉森
Daishinji temple 大心禪寺
Daniel Roshi Terragno 丹尼爾
Das Buddhistische Haus 佛教精舍
Datsan Gunzechoinei 聖彼得堡佛寺
David Maurice 大衛・莫里斯
David Ross Komito 大衛・羅斯・科米托
De Zen Kring 禪圈
Deer Park Buddhist Center 鹿野苑佛教中心
De-Tong Ling 德通林

Deutshe Pali Gesellschaft / DPG 德國巴利文協會
Dezhung Rinpoche 德松仁波切
Dhagpo Kagyu Ling 達波噶舉佛學中心
Dhagpo Kundreul Ling in Auvergne 達波袞卓林閉關中心
Dhamma Cetiya Vihara 達摩支提精舍（尼眾）
Dhamma Dhara Vipassana Meditation center 持法內觀禪修中心
Dhamma Dena Vipassana Meditation Center 迪納佛法內觀中心
Dhamma Mahavana Vipassana Meditation Center 法林內觀禪修中心
Dhamma Sukha Meditation Center 法樂禪修中心
Dhamma Paṭāka 法幢
Dhamma Santi 寂靜法
Dhamma Torana 正法門
Dhamma Venuvana-Vipassana Meditation Center 委內瑞拉正法內觀禪修中心
Dhamma: A Theravada Buddhist Society in Vancouver 正法：溫哥華上座部佛教學會
Dhammacariya Dhanapala 陀那波羅
Dhammadharini Vihara 法持精舍（尼寺）
Dhammadinna 法施
Dhammadīpa Meditation Centre 法洲禪修中心
Dhammaloka 達摩洛迦
Dhammananda Vihara in Half Moon Bay 半月彎法喜寺
Dhammānanda 達磨難陀比丘
Dhammasara Nuns' Monastery 法依尼寺
Dhammasarana Vihara 法歸精舍
Dhammayutta 法宗派
Dhammazentrum Nyanaponika 向智佛法中心
Dhargyey Buddhist Centre 達吉佛教中心
Dharma Centre 達摩中心
Dharma Culture Religious non-profit Association 正法培育宗教學會
Dharma Dīpa 法燈（內觀中心）
Dharma House 法屋
Dharma Place of the Karma Kagyu 噶瑪噶舉佛法中心
Dharma Publishing 佛法出版社
Dharma Realm Buddhist University 法界佛教大學
Dharma Vihara 正法精舍
Dharma Vijaya Buddhist Vihara 法勝佛教精舍
Dharmadatta 達摩陀多
Dharmadhatu Santiago 聖地亞哥佛法

中心
Dharmagiri South Africa 南非正法聖山中心
Dharmaraja College 法王學院
Diamond Mountain Center 鑽石山中心
Diamond Way Buddhism 鑽石道佛教
Diamond Way Buddhist Meditation Centre in Gold Coast 黃金海岸鑽石道佛教禪修中心
Dilgo Khyentse Rinpoche 頂果欽哲仁波切
Dilowa Gegen Hutukhtu 帝洛瓦呼圖克圖（活佛）
Dojo Zen de Paris. Bukkokuzenji 巴黎禪宗道場佛國禪寺
Dojo Zen de Sevilla 塞維利亞禪宗道場
Donald S. Lopez Jr. 唐納德・洛佩茲
Dongyu Gatsal Ling Nunnery 道久迦措林尼寺
Dorje Chang Institute 多傑羌學院
Dr Lisa Schroeder 斯克羅德博士
Dr. Armin Gottmann 阿明・戈特曼博士
Dr. Bhimrao Ambedkar 安貝特爾博士
Dr. Daniel Wright 軍醫丹尼爾・賴特
Dr. Edmund James. Mills 彌爾博士
Dr. Edward Conze 艾德華・孔茲博士
Dr. Ernest Rost 羅斯特博士
Dr. Greenly 格陵來博士
Dr. Helmut Palmie 赫爾穆特・帕米里醫生
Dr. Hellmuth Hecker 赫爾穆特・黑克爾
Dr. Irmgard Schloegl 伊姆佳德・史羅格爾博士
Dr. Jean Eracle 吉恩・埃拉克博士
Dr. Kurger 克魯格博士
Dr. Kurt Schmidt 庫爾特・施密特
Dr. Laura Del Valle 蘿拉醫生
Dr. Leopold Procházka 利奧波德・普羅恰茲卡博士
Dr. Louis H. Van Loon 路易士・梵龍博士
Dr. Malalasekera 馬拉拉塞奇羅博士
Dr. R. L. Soni 桑尼博士
Dr. Rina Sircar 芮娜・塞卡博士
Dr. Ritter von Meng 瑞塔・明博士
Dr. Rob Nairn 羅布・奈恩博士
Dr. Seelawansa Wijayarajapura Maha Thero 尸羅旺沙長老主持
Dr. W. A. de Silva 錫爾瓦博士
Dr. Walter Karwath 華爾特・卡沃醫生
Dr. William Henry Denham Rose 威廉・亨利・鄧漢姆・羅斯博士
Drikung Kagyu Dharmachakra Centre 直貢噶舉派法輪中心
Dudjom Rinpoche 敦珠仁波切
Duinkhor Kalachakra 時輪金剛學院
Dwight Goddard 德懷特・戈達德
Dzogchen Center 佐欽中心

Dzogchen Orgyen Chö Ling 大圓滿佛法中心

Dzogchen Pönlop Rinpoche 竹慶本樂仁波切

E

E. Gene Smith 吉恩・史密斯

École Pratique des Hautes Etudes 高等研究應用學院

Ecole Zen Kwan Um 國際觀音禪院

Edmonton Dharma Study Group 埃德蒙頓佛法研究小組

Edward Byles Cowell 愛德華・拜爾斯・科威爾

Edward C. Hegeler 愛德華・黑格爾

Edward Muiller.Hess 穆勒海斯

Ehipassiko Boeddhistisch Centrum 親見佛教中心

EKÔ-House 惠光寺（屬淨土真宗）

El Centro Budista Kadampa Shakyamuni 釋迦牟尼佛教噶當巴中心

El Centro Zen de México 墨西哥禪修中心

El Dharma del Prajna Dhyana 般若禪佛法中心

el Grupo Zen Viento del Sur de Buenos Aires, Argentina 布宜諾斯艾利斯南風禪集團

Electronic Buddhadharma Society 美國佛教電腦資訊庫功德會

Elizabeth Bell 伊麗莎白・貝爾

Emile Senart 埃米爾・塞納爾特

Engaku Taino 恩格庫・泰諾（禪師）

English Sangha Association 英國僧伽會

English Sangha Trust 英國僧伽信託基金會

Erich Frauwallner 埃里希・弗沃納

Erich Fromm 埃里克・佛洛姆

Ernö Hetényi 艾爾諾・赫特尼

Ernst Lothar Hoffmann 霍夫曼

Ernst Steinkellner 恩斯特・斯坦因凱爾勒

Ernst Verwaal 恩斯特・弗瓦爾

Ernst Waldschmidt 厄恩斯特・瓦斯密特

Et. Col. Payne 佩恩

Etienne Lamotte 艾蒂安・拉莫特

Eugène Burnouf 尤金・比爾奴夫

Eugeniusz Leonard Słuszkiewicz 尤金・倫納德・斯斯西奇斯

European Buddhist Education and Training Center 歐洲佛教教育及培訓中心

European Buddhist Union / EBU 歐洲佛教聯盟

Évariste Régis Huc 埃瓦里斯特・雷吉斯於克

Everyday Zen Foundation 每日禪基金

教靜修中心
Galyani Vadhana 瓦塔娜（公主）
Gampo Abbey 岡波寺
Ganden Buddhist Meditation Centre 甘丹寺佛教禪修中心
Ganden Ling Institute 甘丹寺學院
Gemeinschaft für achtsames Leben Bayern 拜仁正念生活中心
Gendun Rinpoche 根敦仁波切
Genève Chan Bern 日內瓦伯恩禪中心
George Grimm 喬治・格利姆
George Sharp 喬治・夏普
George Turnour 喬治・杜諾爾
Georges B.J. Dreyfus 喬治・德雷福斯
Gerardo Abboud 赫拉爾多・阿布德
German Branch of the Mahabodhi Society 摩訶菩提協會德國分會
German Buddhist Society 德國佛教協會
German Buddhist Union / DBU 德國佛教聯盟
German Karma Kagyu Gemeinschaft 德國噶瑪噶舉學會
Geshe Acharya Thubten Loden 格西阿闍黎土登洛登
Geshe Gedürr Sangpo 格西根敦桑波
Geshe Kelsang Gyatso 格西格桑嘉措
Geshe Khenrab Gajam Rinpoche 格西堪拉甘堅仁波切
Geshe Lhundub Sopa 倫珠梭巴格西
Geshe Michael Roach、Lama Christie McNally 格西羅滋格西麥可・羅滋，或稱喇嘛麥克納利
Geshe Ngawang Dhargyey 格西阿旺達吉
Geshe Pema Samten 格西白瑪三旦
Geshe Tamdin Rabten 格西拉登仁波切
Geshe Tenzin Gonpo 格西丹增貢布
Geshe Thubten Ngawang 格西圖登阿旺
Geshe Tsultim Tenzin Rinpoche 格西梭提天津仁波切
Geshe Wangyal 格西汪嘉
Gessellschaft Fur Freunde Des Buddhismus 柏林佛教之友協會
Ghesce Jampel Senghe 格西降邊
Giac Nhien Temple 覺然寺
Giuseppe De Lorenze 朱塞佩・洛倫佐
Giuseppe Toscano 朱塞佩・托斯卡諾
Giuseppe Tucci 朱塞佩・圖齊
Glenn H. Mullin 格倫・穆林
Gochen Tulku Sangak Rinpoche 果千祖古桑阿丹增仁波切
Gotami Bhikkhuni 瞿曇彌比丘尼
Great Vow Zen Monastery 宏願禪寺
Greyston Bakery 葛雷史東糕點烘焙坊
Greyston Fundation 葛雷史東基金會
Guatemala City Buddhist Center 瓜地馬拉市佛教中心
Guéshé Lobsang Tengyé 格西洛桑騰業

Guido Auster 奧斯特
Gyalsay Tulku Rinpoche 嘉塞祖古仁波切

H

H. E. Phende Khenchen 法王遍德仁波切
Halton Peel Buddhist Society 哈爾頓皮爾佛教學會
Hamilton Bower 漢彌頓・鮑爾
Hans Much 韓斯・穆克
Harold Musson 赫魯特・穆森
Harry Pieper 哈利・皮珀
Harvard Buddhist Studies Forum 哈佛佛教研究論壇
Hawaii Chinese Buddhist Society Tan Wah Chi Temple 夏威夷中華佛教總會
Hayagriva Buddhist Centre 哈亞貴瓦佛教中心
Healing Buddha Foundation 藥師佛基金會
Heart of Wisdom Zen Temple 智慧心禪寺
Heila & Rodney Downey 海拉與羅德尼・唐尼
Heinrich Hackmann 海因里希・哈克曼
Helena Petrovna Blavatsky 海倫娜・彼得羅夫娜・布拉瓦茨基夫人
Helga e Karl Riedl 卡爾・里德爾
Helmuth von Glasenapp 赫爾穆特・格拉塞納
Hemamala Wickramasinghe Library（圖書館）
Henri Maspéro 亨利・馬伯樂
Henri-Léon Feer 亨利－萊昂・菲爾
Henry Clarke Warren 亨利・克拉克・華倫
Henry Thomas Colebrooke 亨利・托馬斯・寇爾布魯克
Herbert Genro Koudela 赫伯特・任羅・樓雲
Herbert V. Günther 赫伯特・岡瑟
Herman Hesse 赫曼・赫塞
Hermann Oldenberg 赫爾曼・奧登堡
Hippy 嬉皮士
His Holiness Drikung Kyabgon Chetsang 直貢澈贊法王
His Majesty King Norodom Sihamoni 諾羅敦・西哈莫尼
Hokkeji Temple In Ghana 加納法華寺
Hokyoji Zen Practice Community or Catching the Moon Zen Mountain Center 追月禪山中心
Honmon Butsuryu Shu 本門佛立宗
Honolulu Diamond Sangha 檀香山金剛僧團
Horst R. Brumm 候思特・布朗
Hortensia de la Torre 托雷（法名印智）

http://poyinweb.com/ 普賢佛教影音網站
http://www.accesstoinsight.org/ 內觀之道網站
Humberto Barahona 溫貝托・巴拉奧納

I

Immanuel Kant 康德
Indian Texts Series 印度聖典刊行會
Indo-Oriental Philology 印度—東方語言學
Insight Meditation Dublin 都柏林內觀禪
Insight Meditation Society 內觀禪修會
Insight Meditation West 西部內觀中心
Institut international bouddhique 國際佛教學會
Instituto Budista de Estudos Missionários 佛教真宗特派團研究學院
Instituto De Difusion Budista 佛教傳播研究所
Instituto de Medicina Búdica Nonindô 藥師佛醫學研究所
Instituto Loseling de Méxic 墨西哥洛色林研究所
Instituto Nyingma de São Paulo Guiado 聖保羅寧瑪派研究所
Instituto Peruano de Estudios Budistas 祕魯佛教研究所
Instituto Samantabhadra 普賢佛學院
Instituts Tarab 塔拉研究所
International Association of Buddhist Studies 國際佛教研究協會
International Buddhist Dhammarama Foundation / IBDF 國際上座部佛教基金會
International Buddhist Meditation Center 國際佛教禪修中心
International Dzogchen Community 國際大圓滿協會
International Kadampa Buddhist Union / IKBU 國際噶當巴佛教聯盟
International Meditation Centre 國際禪修中心
International Tibet Support Group Network 國際支持西藏網絡集團
International Zen Association United Kingdom 國際禪協會英國分會
International Zen Center at Songgwang Sa 松廣寺國際禪中心
Ippolito Desideri 伊波利托・德西德里（耶蘇會會士）
Irish Sangha Trust 愛爾蘭僧伽信託
Isaak Jakob Schmidt 以撒・雅各布・施密特
Island Hermitage 隱居島、島寮寺院
Istituto Italiano Zen Soto 義大利曹洞禪研究所
Ivan Minayev 米那耶夫

Ivilginski Temple 伊沃爾金扎倉

J

J. E. Ellam 艾倫上尉
J. K. M'Kechhie 麥克欽
J. R. Pain 班因
Jack Austin 傑克・奧斯汀
Jacob Speyer 雅各布・斯派爾
Jacques Bacot 雅克・巴科
Jacques Gernet 雅克・謝和耐
Jade Buddha Temple 玉佛寺
James Robson 詹姆斯・羅布森
Jamgon Kongtrul Rinpoche 蔣貢康楚仁波切
Jampa Thaye 強巴塔耶
Jamyang Tashi Dorje Rinpoche 蔣扎西多傑仁波切
Jan Chozen Bays 珍・秋荏・貝絲
Jan de Breet 簡・德・布利特
Jan Willem de Jong 狄庸
Jean Philippe Vogel 菲利普・沃格爾
Jean Sainteny 吉恩・聖塔尼
Jean Shogen Baby 吉恩・修健・貝比
Jeanette G. Shin 珍妮特・格雷西・欣
Jean-Louis Massoubre 吉恩—路易斯・馬薩布雷
Jean-Pierre Abel-Rémusat 雷慕沙
Jeffrey Hopkins 傑弗瑞・霍普金斯
Jetsunma Tenzin Palmo 丹津・葩默
Jigdal Dagchen Sakya Rinpoche 吉札・達欽・薩迦仁波切
Jigme Rinpoche 吉美仁波切
Jikishoan Zen Buddhist Community 直正庵佛教禪中心
Jimmy Yu 俞永峯
Jodo Shinshu Buddhist Mission of North America 淨土真宗北美佛教傳教團
Jodo Shinshu Buddhist Temples of Canada 加拿大淨土真宗佛教寺院
Johan Hendrik Caspar Kern 約翰・亨德里克・卡斯帕・柯恩
Johannes Nobel 約翰尼斯・諾伯耳
John Bullitt 約翰・布利特
John Daido Loori 約翰・大道・羅利
John Roger 約翰・羅傑
Jon Kabat-Zinn 喬・卡巴金
Jorge Luis Borges 豪爾赫・路易斯・博爾赫斯
Joseph Edkins 約瑟夫・埃德金斯
Joseph Gabet 約瑟夫・加比特
Jotika Hermsen 喬悌卡・赫姆森
József Hollósy 尤迦・霍洛西

K

Kagyu Kunkhyab Chuling Tibetan Buddhist Centre 噶舉袞恰確林藏傳佛教中心
Kagyu Pende Gyamtso Ling 噶舉班德嘉措林

Kagyu Samye Dzong 噶舉桑耶寺（愛爾蘭）
Kagyu Samye Dzong 噶舉桑耶道場（西班牙）
Kagyu Samyé Ling Belgique 比利時噶舉桑耶林寺
Kagyu Tekchen Chöling Dharma Center 噶舉大乘卻林佛法中心
Kagyu Thubten Choling 噶舉法林寺
Kalu Rinpoche 卡盧仁波切
Kamalashila Institute 蓮花戒佛學院
Kampo Gangra Drubgyud Ling 貢噶竹舉林
Kampo Gangra Kagyu Ling 堪波貢噶噶舉林
Kandy 康提
Kanzeon Zen Centers of Salt Lake City, Utah 猶他州鹽湖城坎澤翁禪中心
Karl Eugen Neumann 卡爾・歐根・紐曼
Karl Seidenstücker 卡爾・塞頓杜克
Karl-Heinz Gottmann 卡爾－海因茨・戈特曼
Karma Chile Thegsum Choling 噶舉智利大乘中心
Karma Dechen Ozel Ling 噶瑪德慶歐尼爾林
Karma Drubgyu Thargay Ling 噶瑪竹舉薩迦林
Karma Kagyu Centre of Toronto 多倫多噶瑪噶舉中心
Karma Kagyu Sangha 噶瑪噶舉僧團
Karma Ling Institute 噶瑪林學院
Karma Rigdol Centres 噶瑪日多中心
Karma Tashi Ling Buddhist Societ 噶扎西林佛教協會
Karma Tekchen Yi Ong Ling 噶瑪大乘悅意閉關中心
Karma Tengyal Ling 噶瑪教勝林
Karma Thegsum Chöling 噶瑪三乘中心
Karma Thinley Rinpoche 噶廷萊仁波切
Karma Triyana Dharmachakra 噶瑪三乘法輪寺
Karmapa Trinley Thaye Dorje 噶瑪巴聽列泰耶多傑法王
Karme Tenpe Gyaltsen
Kelsang Rinchung 格桑妮彩
Ken Wriedt 肯・瑞德
Kenneth Kuan-Sheng Ch'en 陳觀勝教授
Kham Tibetan Center 康藏禪中心、康藏之家
Khema Ananda 差摩阿難陀
Khenchen Thrangu Rinpoche 堪千創古仁波切
Khenpo Karthar Rinpoche 堪布卡塔仁波切

L

Lao Buddhist Association 寮國佛教協會
Lao-Canadian Buddhist Temple 加拿大寮國佛寺
Larry Rosenberg 賴利・羅森伯格
L'Art Gréco-Bouddhique du Gandhara 犍陀羅的希臘式佛教藝術
L'Association Bouddhique de Liège 列日佛教協會
Laurence Carroll 勞倫斯・卡羅爾
Leo Berkeley 里奧・柏克萊
Leon Hurvitz 理昂・赫維茲
Leonard Bullen 倫納德・布倫
Lerab Ling 雷瑞林
Les Amis du Bouddhisme in Paris 巴黎佛教友誼會
Leslie George Dawson 萊斯利・喬治・道森
Lesotho ACC 賴索托阿彌陀佛關懷中心
Leven in Aandacht 正念生活中心
Lhundup Lam-Rim Ling 道次第倫珠林
Li Gotami 李・喬達彌
Light of Dhamma in Edmonton 埃德蒙頓正法之光
Lionel Stutzer 萊昂內爾・斯塔特勒
Linh Son Temple 靈山寺
L'Institut d'Études Bouddhiques （IEB, autrefois Université Bouddhique Européenne UBE）佛教學院（前歐洲佛教大學）
L'Institut Vajra Yogini 金剛亥母研究所
Little Circle of Dharma 佛法圈
Loden Mahayana Centre 洛登大乘中心
Lodro Sangpo 洛卓・桑格波
London Buddhist Society 倫敦佛教協會
London Zen Center 倫敦禪中心
Long Beach Zen Buddhist Temple 長堤禪佛寺
Lotus Bud Sangha 蓮花僧團
Louis De La Vallee Poussin 路易・德・拉・瓦萊－普桑
Louis Finot 路易斯・菲諾特
Luciano Petech 盧西亞諾・佩特克
Luigi Mario 路易吉・馬里奧
Luigi Martinelli 馬蒂內利
Luz Serena Zen Monastery 和光禪寺

M

M. Jacques Martin 亞克・馬丁
M. A. Spruitenburg-Dwars 斯普魯坦伯格・德瓦爾斯夫人
Madcssme Fuente 芬德
Maestro Kosen 古錢禪師
Magadha Garden of 1,000 Buddhas 曼噶達千佛公園
Mahakaruna Foundation 大悲慈善基金會
Mahamakut Foundation 皇冕基金會

Mahamoudra Ling 大手印林
Mahapajapati Monastery 摩訶波闍波提寺
Mahasi Sayadaw 馬哈希尊者
Mahasiddha Kadampa Meditation Centre 大成就者噶當派禪修中心
Mahotti Vatta Guṇānanda 羯那難陀
Maitreya Institut Gutenstein 古騰斯坦彌勒學院
Maitreya Instituut 彌勒研究所
Malawi Amitofo Care Centre / ACC 馬拉威阿彌陀佛關懷中心
Manjushri Institute 文殊師利佛學院
Manjushri Kadampa Meditation Center 文殊師利噶當巴禪修中心
Maple Buddhist Society 楓樹佛教會
Mar de Jade 翠玉之海
Marcel Geisser 馬塞爾・蓋撒
Marcelle Lalou 瑪賽樂・拉露
Marco Antonio Karam 馬爾科・安東尼奧・卡拉姆
Marco Polo 馬可波羅
Marie Byles 瑪麗・拜爾斯
Mark Williams 馬克・威廉斯
Marpa Gompa Meditation Society 馬爾巴寺禪修協會
Martin Novosad 馬丁・那弗薩
Martin Scorsese 馬丁・斯科瑟斯
Martin Steinke 馬丁・斯坦基
Matteo Ricci 馬泰奧・里奇（漢名利瑪竇）
Matthew Flickstein 馬修・弗利克斯坦
Matthieu Ricard 馬修・李卡德
Max Ladner 麥克斯・拉德納
Max Walleser 馬克斯・華雷沙
Melbourne Zen Group 墨爾本禪小組
Metta Forest Monastery 慈心森林道場
Metta Vihara 慈心精舍
Mid-America Buddhist Association 美中佛教會
Migme Chodron 密各米・丘卓
Milarepa Retreat Center 密勒日巴閉關中心
Mind and Life Institute 心靈與生命學會
Mind and Life Institute 精神與生命研究所
Mindful Awareness in Action 生活中的正念覺醒
Minnesota Zen Meditation Center （Ganshoji） 明尼蘇達禪修中心
Mipham Namgyal 米龐朗傑
Mirko Frýba 米爾科・弗利伐
Miss Grace Constant Lounsbery 格蕾絲・康斯坦・龍貝爾小姐
Miss Isaline Blew Horner 伊莎琳・布露・荷娜小姐
Missão Sul-Americana Nambei Honganji 南美特派團南美本願寺
Montreal Zen Center 蒙特利爾禪中心

Most Venerable Madihe Pannasiha Mahanayaka Thera 長老慧獅尊者
Mosteiro Zen Morro da Vargem (Zenkoji) 莫羅瓦爾任禪修道場（禪光寺）
Mosteiro Zen Pico de Raios 閃峰禪院
Mount Baldy Zen Center 鮑爾迪禪宗中心
Mountain River Order 山水僧團
Mozambique ACC 莫三比克阿彌陀佛關懷中心
Mr. H. G. Gunapala 求那波羅居士
Mr. More 摩爾
Mrs. Marie Musaeus Higgins 瑪利・摩西斯・希金斯夫人
Mrs. Avery 阿威尼女士
Mrs. Caroline. Augusta. Foley. Rhys Davids 卡洛琳・賴斯・戴維斯夫人
Mrs. Hla Oung 哈拉翁夫人
Mrs. Mary Mikahala Foster 瑪麗・米卡哈拉・福斯特夫人
Much's Granules 穆克顆粒
Munich Buddhist Society 慕尼黑佛教協會
Murillo Nunes de Azevedo 穆里略・努內斯・阿澤維多
Musaeus College 摩西斯女子學院

N

Nai Boonman 奈布恩曼
Nalanda College of Buddhist Studies in Toronto 那爛陀大學多倫多佛學研究
Nālandā Pāli Institute 那爛陀巴利文研究院
Namgyal Institute of Buddhist Studies 朗傑寺佛學研究所
Namgyal 朗傑寺
Namkhai Norbu 南開諾布
Ñāṇasiddhi 智成
Ñānavīra 轉智（法師）
Nancy Nanshin Amphoux 南西・南星・恩姆弗克斯
Naropa Institute 那洛巴學院
Naropa University 那洛巴大學
Nederlands Buddhistische Vriendenkring 荷蘭佛教之友
Nelly Kauffman 奈莉・考夫曼
New Kadampa Tradition / NKT 新噶當巴傳承
New Orleans Zen Temple 紐奧爾良禪寺
Newbury Buddhist Monastery 紐伯里佛教道場
Ngor（薩迦派中的）峨派
Nichiren Shoshu Academy 日蓮宗學園
Nichiren Shoshu of America 美國日蓮宗
Nichiren Shoshu Temple 日蓮寺
Niels Ludvig Westergaard 尼爾斯・路

O

P

Pema Chödrön 佩瑪．丘卓
Peter Gregory 彼得．格雷戈里
Pew Research Center 皮優研究中心
Philip Kapleau 菲力浦．凱普樓
Philip Yampolsky 菲利普．亞姆波爾斯基
Philippe Édouard Foucaux 菲利浦．富科
Phra Dhammadiraja Muni 達摩底羅闍牟尼法師
Phrasoodthibongse Soodthiwungso 帕索德悉邦斯索德悉烏索長老
Plateau Zen Center 高原禪宗中心
Plum Village 梅村
Polgasduwa 波加斯都瓦（小島）
Poul Tuxen 保羅．杜仙
Prof. Juan José Bustamante 胡安．何塞．布斯塔曼特教授
Prof. Moritz Winternitz 摩利斯．溫尼茲教授
Prof. Piyatigovski 皮亞得考夫斯基教授
Prof. Richard Gombrich 岡布里其教授
Prof. Rupert Gethin 魯柏．葛汀教授
Prof. Timothy Hugh Barret 巴瑞特教授
Proto-Indo-European 原始印歐語
Proud Black Buddhist World Association 黑人世界佛教會
Pura Vida Sangha 普拉維達僧伽
Pure Land Buddhist Fellowship 淨土佛教聯誼會

Q

Quan Am Buddhist Monastery 觀音山道場

R

R. et M. de Maratray 狄．馬拉汰
R. J. Jackson 傑克森
Ralph Baldwin Chapin 拉爾夫．鮑德溫．蔡平
Rangjung Rigpe Dorje 讓炯日佩多傑
Rasmus Kristian Rask 拉斯克
Reitai Lemort 瑞泰．里莫
Rene Croussel 勒內．克魯塞
Rev. Benjamin Clough 班傑明．克洛夫
Rev. Daishin Morgen 大進．摩根
Rev. Dr. Ilukpitiye Pannasekara 般若塞迦羅（博士）法師
Rev. Grant Masami Ikuta 格蘭特．生田正美
Rev. Paul Ambrose Bigandet 保羅．安布羅斯．白黎迦達主教
Rev. Robert Stuart Clifton 羅伯特．斯圖爾特．克利夫頓法師
Rev. Sunantho 蘇難陀法師
Rev. Yosaku Yamashita
Ricardo Dokyu 里卡多．道久
Richard Crowly 理查德．克勞利

S

旺遍德林
Sakya Tashi Ling 薩迦扎西林
Sakya Tegchen Choling 薩迦大乘佛法中心
Sakya Tharpa Ling Buddhist Institute and Meditation Centre 薩迦塔巴林佛學院和靜修中心
Sakyong Mipham Rinpoche 薩姜米龐仁波切
Samanera Bodhesako 菩提沙迦沙彌
Samatha Trust 奢摩他信託
Samual Beal 塞繆爾・比爾
Samuel L. Lewis 山姆・路易士
Samuel Wolpin 塞繆爾・沃爾濱
Samye Dzong Dharma Centre 桑耶宗佛法中心
San Francisco Javier 聖方濟・沙勿略
San Francisco Zen Center–Beginner's Mind Temple 舊金山禪中心—發心寺
San Salvador Buddhist Center 聖薩爾瓦多佛教中心
Sándor Kőrösi Csoma 也作 Alexander A. Csoma 喬瑪
Sangha Council of Ontario Buddhist Ministry 安大略省佛教僧伽委員會
Sangha Metta 慈心僧伽
Sangha of the Bamboo Forest 竹林僧伽
Sangharakshita / Saṅgharakṣita 僧護
Santacittarama Monastero Buddhista 寂滅心佛寺
Santacittarama 寂滅心精舍
Santidhamma 寂靜法
Sasana Sevaka Society 塞瓦迦佛學會
Sati Saraniya Hermitage 正念和諧道場
Satipanya Buddhist Trust 正念智慧佛教信託
Satya Narayan Goenka 葛印卡
Sayadaw U Thila Wunta 提拉旺塔尊者
Sayadaw U Sīlānanda 喜戒尊者
School of Oriental and African studies, University of London 倫敦大學亞非學院
Schweizerische Buddhistische Union 瑞士佛教聯盟
Segyu Rinpoche 瑟格瑜仁波切
Sensei James Martin 詹姆斯・馬丁
Sergey Fyodorovich Oldenburg 謝爾蓋・費奧多羅維奇・奧登堡
Shambhala Press 香巴拉出版社
Shambhala Training 香巴拉訓練
Shangshung Institut 象雄學院
Shasta Abbey 夏思塔寺院
Shechen Monastery 雪謙寺
Shetrop Akong Tarap 阿貢喇嘛
Shin Buddhist Association of Great Britain 英國淨土真宗協會
Siddhartha's Intent 悉達多本願會
Singhalese Buddhist Association 僧伽

羅佛教協會
Sinhalese 僧伽羅語、辛哈語
Sino-American Buddhist Association 中美佛教總會
Sir Cyril de Zoysa 西里爾・德索伊薩爵士
Sir Edwin Arnold 埃德溫・阿諾德爵士
Sir Lalita Rajapakse 拉利塔・拉賈帕克西爵士
Sir Marc Aurel Stein 馬爾克・奧萊爾・斯坦因
Sir Monier Monier-Williams 莫尼爾・威廉姆斯爵士
Sitavana Forest Buddhist Monastery 尸陀林佛寺
Sociedade Budista do Brasil 巴西佛教協會
Sociedade Vipassana de Meditação 內觀禪修協會
Société Asiatique 法國亞洲學會
Society Soto Zen in Brazil 巴西曹洞禪協會
Soka Gakkai International / SGI-UK 國際創價學會英國分會
Soka Gakkai International Belgium 比利時國際創價學會
Soka Gakkai International, Panama 巴拿馬國際創價學會
Sompong Sucharitkul 頌彭蘇乍立塔庫
Soto Zen Buddhism North America Office 曹洞禪在北美的總部
Spanish Association of Theravada 西班牙上座部協會
Spirit Rock Meditation Center 靈岩禪修中心
Spirit Rock Meditation Center 靈磐禪修中心
Sravasti Abbey 舍衛城精舍
Sri Lankan Buddhist Temple 斯里蘭卡佛寺
Sri Lanka-Sweden Buddhist Association 斯里蘭卡瑞典佛教協會
Stanislas Aignan Julien 斯坦尼斯・拉塞那・朱利安
Stanisław Schayer 斯坦尼斯・尸耶
Stanley Weinstein 斯坦利・溫斯坦
Steven Heine 史蒂文・海涅
Steveston Buddhist Temple 史蒂夫斯頓佛寺
Stillpoint Institute 靜點研究所
Sumangala Maha Thera 蘇曼伽羅長老
Sumangalo 蘇曼伽羅
Sunday Dharma School 週日佛法學校
Sunnataram Copenhagen Buddhist Meditation Temple, in Dragør 哥本哈根僧納塔寺佛教靜修中心
Sunnataram Forest Monastery 性空森林道場
Sunyana Graef 桑雅納・葛利夫
Sunyata Retreat Centre 空性靜修中心

Suomen Buddhalainen Unioni 芬蘭佛教聯盟
Surya Das 蘇里亞・達斯
Suwanda H. J. Sugunasiri 蘇旺達・蘇古納西里
Sven Anders Hedin 斯文・安德斯・赫定
Sveriges Buddhidtiska Samarbetsråd / SBS 瑞典佛教聯合會
Swaziland ACC 史瓦濟蘭阿彌陀佛關懷中心
Sydney Buddhist Centre 雪梨佛教中心
Sydney University Buddhist Society 雪梨大學佛學社
Sydney Zen Centre 雪梨禪中心
Sylvain Lévi 西爾萬・列維

T

Toronto Buddhist Federation 多倫多佛教總會
Taehye sunim 大慧禪師
Tail of the Tiger Meditation Center 虎尾禪修中心
Taissenji Temple 太森寺
Tam Bao Son Monastery 三寶山寺
Tamil 泰米爾語
Tan Kapuja Buddhista Egyház 法門佛教會
Tan Kapuja Buddhista Főiskolát 法門佛學院
Tanzania Buddhist Temple and Meditation Center 坦尚尼亞佛寺暨禪修中心
Tara Institute 救度母學院
Tara Rokpa Centre 度母洛帕中心
Tarab Tulku Rinpoche 塔拉土庫仁波切
Tarthang Tulku Künga Gelek Yeshe Dorje 塔唐祖古一貢噶給雷依喜多傑
Tarthang Tulku 塔唐活佛
Tassajara Zen Mountain Center–Zen Mind Temple 塔撒哈拉禪修道場—禪心寺
Taungpulu Kaba-Aye Monastery 唐樸陸佛教道場
Temple Lien Hoa of the Vietnamese Buddhist Association 越南佛教會蓮花寺
Temple of Enlightenment 大覺寺
Templo Corazon de Buda 圓覺寺一佛心村
Templo Jionji 慈恩寺
Templo Nambei Honganji 南美本願寺
Tenryu Tenbreul 天龍・坦布里爾（禪師）
Tetsugen Serra 鐵玄・塞拉
Texas Buddhist Association 德州佛教會
Thamthog Rinpoche 聖索仁波切
Thanissara 塔妮莎拉
Thanissaro Bhikkhu 坦尼沙羅比丘

The Association Wat Thai 泰寺佛教會
The Auckland Buddhist Centre 奧克蘭佛教中心
The Australian Institute of Buddhist Learning and Practice 澳洲佛教顯密研修院
The Buddhist Association of the United States / BAUS 美國佛教會
The Buddhist Meditation Centre 佛教禪定中心
The Buddhist Society of Great Britain and Ireland 大不列顛愛爾蘭佛教會
The Buddhist Society of Manchester 曼徹斯特佛學會
The Buddhist Society 佛教協會
The Bund für Buddhistische 佛教生活協會
The Community of Interbeing UK / COI 英國相即共同體
The Dharma Centre of Canada 加拿大佛法中心
The Dharma Trust 佛法信託
The Eight Gates of Zen 八門禪
The Federation of Buddhist Communities of Spain / FCBE 西班牙佛教聯盟
The Forest Hermitage 森林靜修道場
The German Dharmaduta Society 德國法界協會
The Golden Lotus《金蓮》
The Hampstead Buddhist Vihara or Dhammapadipa 翰普斯泰佛教精舍
The Institut Fur Buddhismus Kunde 佛學研究所
The Institute of Buddhist Studies Foundation 佛學研究基金會
The Kagyu Samye Ling Tibetan Center 噶舉桑耶林藏族中心
The Korusi Csoma Society 喬瑪學會
The Lions Gate Buddhist Priory 獅門佛教修道院
The London Buddhist Vihara 倫敦佛教精舍
The Mahabodhi Society 摩訶菩提協會
The Manawmaya Theravada Buddhist Society 緬甸上座部佛教學會
The Manjushri Centre 文殊師利中心
The Mexican Center of Theravada Buddhism 墨西哥南傳上座部佛教中心
The Middle Way《中道》（季刊）
The Network of Buddhist Organisations / NBO 佛教網絡團體
The New Zealand Buddhist Council 紐西蘭佛教協會
The Order of Interbeing 相即共修團
The Oriental Institute, University of Oxford 牛津大學東方研究所
The Phoenix Society 鳳凰學會
The Samatha-Vipassana Meditation

Centre 止觀禪修中心
The Western Buddhist Order / WBO 西方佛教僧團
The World Buddhist Congress 世界佛教大會
The World Fellowship of Buddhists 世界佛教友誼會
Theosophical Society 靈智學會
Theravada Buddhist Community of Costa Rica 哥斯大黎加上座部佛教協會
Theravada Buddhist Society of America 美國上座部佛教協會
Theravada-Schule 上座部學校
Thích Nhất Hạnh 一行（禪師）
Thich Phuoc An 福恩法師
Thomas William Rhys Davids 賴斯·戴維斯
Thrangu Monastery 創古寺
Throssel Hole Priory 瑟羅塞洞穴修道院
Thubten Dhargye Ling 土登達杰林
Thubten Shedrup Ling Monastery 土登雪都林道場
Thubten Yeshe 土登耶喜
Thubten Zopa 土登梭巴
Thupten Jigme Norbu 土登晉美諾布
Tibet Charity 西藏慈善會
Tibet House 西藏之家
Tibet Institute Rikon 勒貢西藏研究所
Tibetan Buddhist Institutes 西藏佛教研究所
Tibetan Buddhist Learning Center 藏傳佛教學習中心
Tibetan Buddhist Resource Center 藏傳佛教資源中心
Tibetan Cultural Cente 西藏文化中心
Tibetan Friendship Group 西藏友誼集團
Tibetan Nyingma Meditation Center 藏傳寧瑪禪修中心
Tibetan-Mongolian Buddhist Cultural Center 藏蒙佛教文化中心
Tibetischen Zentrums 西藏中心
Tisarana Buddhist Monastery 三歸寺
Tissadatta 帝須達多
Toronto Buddhist Church 多倫多佛教會
Toronto Maha Vihara Buddhist Meditation Centre 多倫多摩訶精舍佛教禪修中心
Toronto Zen Centre 多倫多禪中心
Tricycle《三輪》
Trinlay Rinpoche 廷列仁波切
Triratna Buddhist Community 三寶佛教團體、三寶普濟會
Tsongkhapa Meditation Center 宗喀巴靜修中心
Turrell Verl Wylie 特瑞爾·維爾·威利

Tushita Kadampa Buddhist Centre 兜率噶當派禪修中心

U

U Ba Khin 烏巴慶
U Bhikkhu Nandisena 難提舍那尊者
U Nanapunnika 那那富尼迦法師
U Kelatha 翅羅他尊者
U Nārada 那羅陀尊者
U Sasana Dhaja 德佳法師
Uganda Buddhist Centre 烏干達佛教中心
Unified Buddhist Church 統一佛教會
Union bouddhiste de France 法國佛教聯盟
Union of Vietnamese Buddhist Churches in Canada 加拿大越南佛教會聯盟
Unione Buddhista Italiana / UBI 義大利佛教聯盟
United Vietnamese Buddhist Congregations of Australia 澳大利亞統一越南佛教會
Universal Buddhist Temple 哥華世界佛教會（佛恩寺）
Universal Dhamma Vihara 環球正法精舍
University of New South Wales Buddhist Society / UNIBUDS 新南威爾斯大學佛學社
University of the West 西來大學
Upaya Zen Center 烏帕亞禪中心
Uppalavaṇṇā 藍蓮花比丘尼

V

Vajiradhammapadip Temple 金剛法光寺
Vajra Dakini Nunnery 金剛空行母尼庵
Vajradhara-Ling 金剛苑
Van Hanh Pagode 梵漢寺
Vancouver Buddhist Temple 溫哥華佛寺
Vasilij Pavlovic Vassilief 瓦西里・帕夫洛維奇・瓦西里耶夫
Vasily Vasilievich Radlov 瓦西里・瓦西里耶維奇・拉德洛夫
Ven Bogoda Seelawimala Nayaka Thera 希拉威瑪拉尊者
Ven Konchog Domna 袞卻都娜法師
Ven. Ajahn Tong Sirimangalo〔Ven. Chao Khun Phra Raja Prommajarn〕阿姜彤
Ven. Ānanda Bodhi 阿難陀菩提法師
Ven. Anzan Hoshin Roshi 安贊・霍欣禪師
Ven. Bodhidhamma Bhikku 菩提達摩尊者
Ven. Bope Vinitha 維尼塔法師
Ven. Dhammadīpa 法光法師
Ven. Dhammāloka Nayaka Thera 達摩

洛迦長老
Ven. Dhammarakkita 法護法師
Ven. Dr. K. Sri Dhammananda 達摩難陀法師
Ven. Dr. Rewata Dhamma 禪師離婆多達摩
Ven. Dr.Vajirañāṇa 金剛智法師
Ven. Freda Bedi 斐達・貝荻比丘尼
Ven. H. Saddhatissa 薩他帝須法師
Ven. Heng Sure 恆實法師
Ven. Luang Por Dhammajayo 達摩闍耶法師
Ven. Madawela Punnaji Thera 本雅吉尊者
Ven. Pannyavaro 慧聖法師
Ven. Sayadaw U Pandita Bhivamsa 班迪達禪師
Ven. Somaloka 蘇摩洛迦
Ven. Sumana Siri 蘇摩那室利長老
Ven. Sumaṅgala 蘇曼伽羅法師
Ven. Tampalawela Dhammaratana 法寶法師
Ven. Thich Huyen Vi 玄微長老
Ven. Thich Phuoc Hue 福慧法師
Ven. Thich Truong Sanh 崇善法師
Ven. Thubten Gyatso 土登嘉措法師
Ven. U Lokanātha 洛迦那塔長老
Ven. Vijitha 維吉他法師
Ven. W. Sonatha Thero 蘇那達長老
Venerable Ahangama Rathanasiri Nayaka Thera 羅他那師利長老
Venerable Akaravita Sanghananda Thero 僧伽難陀長老
Venerable Bour Kry 布凱業尊者
Venerable Chao Khun Parityatikavi 波利耶帝迦維法師
Venerable Fedor Stracke 費奧多爾・史塔克法師
Venerable Khantipalo 忍護法師
Venerable Narada Maha Thera 那羅陀尊者
Venerable Pema Losang Chogyen 佩瑪洛桑曲堅
Venerable Quintero 金特羅法師
Venerable Taungpulu Tawya Kaba-Aye Sayadaw 禪師唐樸陸西亞多
Venerable Thich Tam Chau 譚洲法師
Venerable Thich Thien Nghi 添尼法師
Victor Henry Mair 梅維恆
Vietnamese Buddhist Society of NSW 新南威爾斯州越南佛教會
Vietnamese Buddhist Temple 越南佛寺
Viggo Fausböll 維戈・福斯包爾
Vijradhatu 金剛界
Vilcabamba Meditation Center 比爾卡班巴禪修中心
Vilhelm Trenckner 特倫克納
Vincenzo Piga 文森佐・皮加
Vipassana Costa Rica 哥斯大黎加內觀

中心
Vipassana Meditation Centre 內觀禪修中心
Vipassana Trust 內觀信託
Volker Helmut Manfred Zotz 沃爾克・赫爾穆特・曼弗雷德・佐茲
Volker Zotz 沃爾克・佐茨

W

Walleser Institute of Buddhism in Heidelberg 華雷沙佛教研究院
Walter Markgraf 沃爾特・馬克格拉夫
Walter Yeeling Evans-Wentz 沃爾特・埃文斯・溫茲
Warsaw Zen Center 華沙禪中心
Washington D. C. Buddhist Vihara 華盛頓佛教精舍
Wat Buddha Dhamma 佛法寺
Wat Buddha Johannesburg 約翰尼斯堡佛寺
Wat Buddhalavarn 佛妙寺
Wat Buddhapadipa 佛光寺
Wat Buddharangsee 佛陀朗西寺
Wat Dhammananaram 法悅寺
Wat Mahādhātu 大舍利寺
Wat Pa Pong 巴蓬寺
Wat Pah Nanachat International Forest Monastery 拿那恰國際森林道場
Wat Srinagarindravararam 詩納卡琳佛寺
Wat Thai Denmark Brahmavihara 丹麥四梵住泰寺
Wat Thai Dhammaram 泰國正法寺
Wat Thai Los Angeles 洛杉磯泰國佛寺
Wat Vajiradhammapadip 金剛法光寺
Wat Yanviriya 揚昆梨耶寺
Watyarnprateep Thai Buddhist Temple
Wellington Cambodian Buddhist Temple 威靈頓柬埔寨佛寺
West End Buddhist Centre 西端佛教中心
Westcoast Dharma Society 西海岸佛法學會
Western Buddhist Order 西方佛教僧團
White Plum Asanga 白梅無著（組織）
White Wind Zen Community 白風禪中心
Wihelm Stegmann 威廉・斯特曼
Wilhelm Geiger 威廉・蓋格
William August Purfurst 威廉・珀弗斯特
William Dwight Whitney 威廉・德懷特・惠特尼
William Edward Soothill 威廉・愛德華・蘇鐵爾
William Hoey 威廉・霍伊
William Jones 威廉・瓊斯
Wladyslaw Czapnik 瓦迪斯瓦夫・洽布

尼克
Wolfgang Waas 沃爾夫岡・瓦斯
World Parliament of Religions 世界宗教大會
Wylie transliteration 威利（藏文）轉寫

Y

Yeshe Lama 耶喜喇嘛
Yeshe Losal Rinpoche 益西仁波切
Yeshe Nyingpo 耶喜寧波
Young Buddhist Association 青年佛教會
Young Lamas Home School 青年喇嘛之家學校
Yves Nansen Carouget 伊夫・南森禪師

Z

Zen Association Switzerland 瑞士禪宗協會
Zen Buddhist Temple of Chicago 芝加哥禪佛寺
Zen Center Eigenji Mendoza 門多薩禪中心永源寺
Zen Center of Los Angeles 洛杉磯禪修中心
Zen Centre of Vancouver 溫哥華禪中心
Zen Community of New York 紐約禪社區
Zen Community of Oregon 俄勒岡禪中心
Zen Lotus Society in Toronto 多倫多禪蓮社
Zen Lotus Society 禪蓮社
Zen Mission Society 禪宗傳教會
Zen Mountain Center in California 加州禪山中心
Zen Mountain Monastery in New York 紐約禪山道場
Zen Open Circle 禪空心圓
Zen Peacemaker Order 禪和平締造者協會
Zen Studies Society 禪宗研究會
Zenbuddhistiska Samfundet-Stockholm 斯德哥爾摩禪宗佛教協會
Zen-Budismo de Campinas 坎皮納斯禪協會
Zendo Aguila Blanca 白鷲禪堂
Zenkreis 禪圈系統
Zentatsu Richard Baker-Baker Roshi 貝克禪師
Zen-Vereinigung Deutschland 德國禪宗協會
Zina Rachevsky 冼娜・娜柴夫士基
Zoketsu Norman Fischer 諾曼・菲舍爾
Zopa Rinpoche 梭巴仁波切

智慧人 31

西方各國佛教略史

A Brief History of Buddhism in the West

編著	淨海法師等
出版	法鼓文化
總監	釋果賢
總編輯	陳重光
編輯	李金瑛
封面設計	化外設計
內頁美編	小工
地址	臺北市北投區公館路186號5樓
電話	(02)2893-4646
傳真	(02)2896-0731
網址	http://www.ddc.com.tw
E-mail	market@ddc.com.tw
讀者服務專線	(02)2896-1600
初版一刷	2017年12月
建議售價	新臺幣880元
郵撥帳號	50013371
戶名	財團法人法鼓山文教基金會—法鼓文化
北美經銷處	紐約東初禪寺 Chan Meditation Center (New York, USA) Tel: (718)592-6593 Fax: (718)592-0717

法鼓文化

國家圖書館出版品預行編目資料

西方各國佛教略史 / 淨海法師等編著. -- 初版. --
臺北市 : 法鼓文化, 2017. 12
面 ； 公分
ISBN 978-957-598-770-1（平裝）

1.佛教史

228　　106020989